언어유형론 관점에서 본
한국어 내포절과 접속절

Embedded Clauses and Clause Linkage in the Korean Language
from a Typological Perspective

by Suk-Yeong Mun

ACANET, PAJU KOREA 2023.

대우학술총서 646

언어유형론 관점에서 본

한국어

내포절과

접속절

문숙영 지음

아카넷

머리말

  이 책은 언어유형론의 관점에서 한국어의 내포절과 접속절의 특징을 탐구한 것이다. 본격적으로 다룬 대상은 관형사절, 명사절, 부사절, 접속절, 인용절이다. 언어유형적인 논의가 모든 종류의 절에 대해 고루 이루어진 것이 아니므로, 사안에 따라 몇몇 언어와의 대조에 기대기도 하였다. 따라서 엄밀히 말하면 이 책은 언어 대조 및 유형론에 바탕을 둔, 한국어 절의 보편성과 특수성에 대한 기술이라고 할 수 있다.

  전통적으로 한국어의 절은 유럽어 기반의 절 분류에 입각하여 기술되어 왔다. 그러나 관계절·보어절·부사절로 대별되는 유럽어의 체계는 한국어의 현실과는 거리가 있다. 유럽어는 문법적으로 관계절과 명사 보어절이 구별되고, 명사 보어절과 동사 보어절은 동일하다. 그래서 관계절과 보어절이 나뉘어 왔다. 그러나 한국어는 관계절과 명사 보어절이 오히려 유사하고, 명사 보어절과 동사 보어절은 크게 다르다. 즉 유럽어처럼 관계절과 보어절로 대별될 만한 상황이 아니다.

또한 한국어는 명사절을 상당히 다양하게 활용하는 언어인데, 유럽어의 체계에서는 명사절이 독자적인 부류가 아니다. 무엇보다, 한국어는 연결어미가 유례없이 발달하여 접속절의 비중이 막강한데, 유럽어의 체계에 따르면 이들은 모두 수의적인 성분인 부사절로 묶여야 한다. 그런데 한국어 접속절은 의존적이기는 하지만 성분의 자격으로 내포되는 것은 아니며, 따라서 문장의 문법보다 담화의 문법으로 다루어질 만한 절의 종류이다. 이 책은 이런 문제의식 아래, 한국어 밖의 시각에서 볼 때 한국어 절의 특징이라고 할 만한 것들을 담았다.

필자의 한국어 절에 대한 관심은 10여 년 전부터 시작되었다. 언어유형론을 공부할수록, 세계 언어학계에 유통되는 한국어 기술이 제한적이고 일부 부정확하며, 이 중에서 특히 한국어의 절은 교착어 기술의 정교화와 절 유형론의 수립을 위해 본격적으로 소개될 필요가 있다는 확신이 들었기 때문이다. 이에, 한국어 관계절의 특수성, '것' 명사절의 성립, 부사절과는 구별되는 종속접속절, 단어와 절의 구분과 관련된 접사와 어미의 문제를 각각 한 편씩 논문으로 다루었다. 또한 의존적인 구성이 독립절로 발달하는 탈종속화 현상, 인용절의 화시어 전이 현상, 인용의 일종이면서 문학의 서사기법인 자유간접화법을 다룬 글도 한 편씩 썼다. 이 책은 그간 써 온 이런 논문들을 밑천으로 하고 있다.

우리가 속한 세계는 동료 평가를 기반으로 한다. 그래서 늘 나의 글이 어떻게 읽힐까도 두렵지만, 다른 이의 글을 어떻게 읽을까, 나의 앎이 부족하여 제대로 읽어 내지 못하고 인색하게 평하지는 않을까 하는 두려움이 있다. 여기에, 덜 다듬어진 글 속에서도 참신함과 숨은 의의를 알아볼 수 있어야 한다는 중견으로서의 책임까지 더해지면, 앎에 대한 조바심은 더욱 커진다. 그래서 선택한 방법이, 하나의 주제에 한 편의 논문만 쓰고 바로 다음 주제로 넘어가는 것이었다. 나의 부족함이 누군가에게 폐가 되지 않으려면 다양한 주제의 글을 부지런히 읽고 쓰는 수밖에 없다고 생각했기 때문이다. 그런데 공교롭게도 한국어의 절은 쟁점이 얽혀 있어서 오랜 고민과 긴 논의가 필요한 주제인데, 이를 한 편씩으로 마무리하다 보니 대부분의 논문이 조금씩 허술하고 성에 차지 않았다.

논문의 완성도를 아쉬워하며 자신을 탓하는 학생들을 종종 만난다. 그럴 때마다 나는 논문이란 완성되는 것이 아니라 멈추는 것이라는 말을 건네 왔다. 완벽하게 풀어 낼 수 있는 주제란 있기 어려운 우리의 현실을 말한 것이기도 하지만, 한편으로는 시간과 늘 타협해야 했던 스스로를 향한 위안이자 합리화이기도 하였다. 이 책은 이런 불편한 마음을 조금이라도 덜어 보고자 계획되었다. 그래서 기존에 발표한 글에 두 배 정도의 분량을 추가하여, 전체 5부 총 13개의 장으로 구성하여 내놓게 되었다.

그러나 이번에도 역시 완성하지 못하고 멈추었다는 느낌을 지울 수 없다. 그래서 이 책이 세상에 나온 후, 꽤나 편치 않은 시간을 보낼 것 같다. 길을 가다 문득 잘못 파악한 사실이 떠올라 멈춰 서는 일도 있을 것이며, 자려다가 생각이 바뀔 만한 기술이 떠올라 우두커니 앉아 있는 날들도 있을 것이다. 그러나 오늘 하나를 깨우칠수록 어제의 내가 뼈아플 수밖에 없는 이런 고약한 상황이, 지금까지 그래 왔듯 나를 더 나은 사람으로 이끌 것이다. 그래서 두려움을 뒤로하고 이렇게 또 한 걸음 용기를 낸다.

원고 검토 과정에서 많은 분들께 신세를 졌다. 원고의 분량이 예상보다 많아져서 교열에 대한 걱정이 컸는데, 서울대학교 국어학 박사 과정의 고동현, 김미주, 백인영, 신현규, 이윤복, 장윤예, 정민채, 조연수, 최준호, 한지수, 황현동 선생이 도움을 주었다. 읽기 쉽지 않은 글을 장을 나눠 맡아 꼼꼼히 검토해 주었고, 그 덕에 마음 편히 원고를 넘길 수 있었다. 깊이 감사드린다. 또한 이 책이 출간될 수 있도록 도움을 주신 대우재단에도 깊은 감사의 말씀을 드린다. 재단의 지원이 없었다면 이 책은 세상에 나오지 못했을 것이다.

작년, 마음의 준비를 할 새도 없이 어머니를 떠나보냈다. 학교에 자리를 잡은 이래, 앉아 있는 자리의 무게가 버겁고 조심스러워, 어머니는 늘 나중 순위로 두고 마음도 시간도 제대로 쓰지 못하였다. 해내야 할 것들을 어느 정도 끝내면 마음 편히 함께할 기회가 오겠거니 한 것인데, 참으로 어리석은 계산법이었다. 그래서인지 요즘에야 비로소, 늘 글의 문구로만 여겨 온, 삶은 무엇인가, 사람은 무엇인가 하는 물음과 마주하고 있다. 갑자기 얻은 병마에 죽음이 지척에 왔음을 짐작하시면서도 내내 명랑하고 의연하셨던 어머니, 한평생 선하고 선하셨던 나의 어머니께, 나의 수년의 발자취이기도 한 이 책을 바친다. 많이 늦었고 비록 멀리 계시지만, 그동안 함께하지 못한 시간에 대한 작은 위로가 되었으면 좋겠다.

2023년 12월
문숙영

차례

2장 의존적인 절과 독립적인 절의 구분

2부 한국어의 관형사절

3장 관계절에 대한 언어유형적 접근

4장 한국어 관계절의 위상

5장 한국어 관형사절의 종류와 특성에 관한 몇 문제

3부 한국어의 명사절

6장 명사화와 명사절에 관한 언어유형적 접근

7장 한국어 명사절의 종류와 위상

8장 한국어의 명사화와 명사화소에 관한 몇 문제

4부 한국어의 부사절과 접속절

9장 부사절에 관한 언어유형적 접근

10장 의존적이지만 내포는 아닌, 한국어의 종속접속절

13장 자유간접화법과 해석적 사용

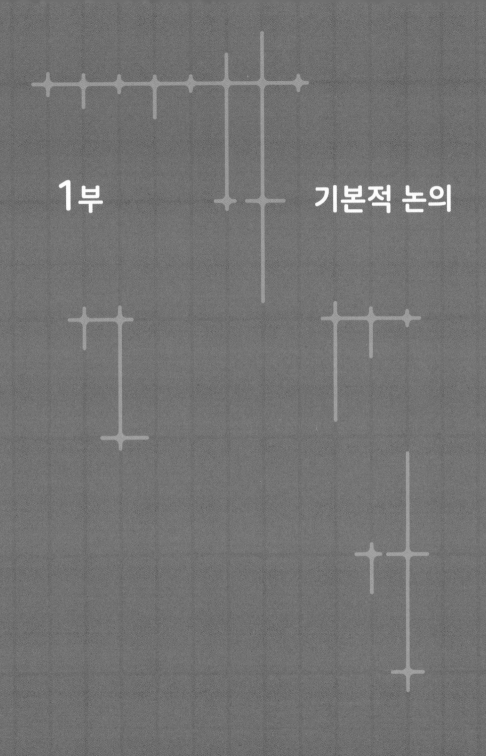

1부   기본적 논의

1장
절의 개념과 종류

1.1. 절과 문장

1.1.1. 연구 대상과 술어

이 책은 언어유형론의 관찰 결과를 기반으로 하여, 한국어의 내포절과 접속절의 특징을 탐구한 것이다. 본격적으로 다룬 대상은 관형사절, 명사절, 부사절, 종속접속절, 인용절이다. 언어유형적 논의가 모든 주제에 대해 고루 이루어진 것이 아니므로, 참조할 성과가 부족한 경우는 몇몇 언어와의 대조에 기대기도 하였다. 따라서 엄밀히 말하면 이 책은 언어 대조 및 유형론에 바탕을 둔, 한국어 절의 보편성과 특수성에 대한 기술이라고 할 수 있다.

책은 전체 5부로 구성된다. 1부는 기본적 논의이다. 본문 내용의 바탕이 되는 개념들과 문제의식을 담은 장이다. 1장은 절의 개념, 복문의 범위, 절의 종류를 기술하되, 유럽어 중심의 분류를 그대로 적용할 수 없는 한국어의 특수성에 중점을 둔다. 2장은 절의 독립성과 의존성을 판단할 수 있는 기제들을 다룬다. 독립적인 절과 의존적인 절은 형태통사적으로 차이가 있는데, 이런 차이에 동원되는 정형성 범주에는 어떤 종류가 있는지를 기술한다. 아울러, 의존적인 절이 독립적인 절로 발달하는 탈종속화 현상을 소개하고, 탈종속화 구성의 특징과 검증법에 대해서도 살펴본다.

2부에서 5부까지는 관형사절, 명사절, 부사절과 접속절, 인용절에 대한 각론이다. 2부부터 4부까지는 각각 세 개의 장으로 구성된다. 첫 번째 장은 절의 종류에 따른 언어유형적 쟁점과 성과를 다룬다. 절 각각의 범주적 특징과 언어 대조 시 고려할 만한 지표를 제공함으로써, 절 일반론이나 개별 언어 연구에 참고할 수 있도록 하였다.

두 번째 장은 관형사절, 명사절, 종속접속절 각각이 한국어 문법 안에서 어떤 위상에 있으며 다른 언어들과는 어떻게 다른지를 다룬다. 언어 대조와 유형론의 관점에서 볼 때 한국어 절의 특징이라고 할 만한 것들이다. 관계절과 명사보어절이 구분되는 유럽어와는 달리, 상대적으로 이들의 차이가 크지 않아 관형사절로 묶여야 하는 한국어의 특수성 ; 일반언어학이든 언어유형론이든 별로 중요하게 부각되지 않았던 명사절의 존재와 이 명사절을 보어절 방책으로 폭넓게 활용하는 한국어의 현실 ; 부사절로 뭉뚱그리기에는 그 독립성과 기능 부담량이 유례없이 무겁고 방대한 한국어의 종속접속절과 이런 접속절을 절 유형론에 추가해야 하는 사정을 모두 두 번째 장에 담았다.

세 번째 장에는 각각의 절의 속성과 특징을 탐구하는 과정에서 자연스럽게 맞닥뜨리게 되는 현상이나 함께 탐색되어야 하는 추가적인 질문을 모았다. 국내 논의의 그간의 관심사를 반영한 것이면서, 향후 한국어의 특징을 기술하는 데도 비중 있게 다루어져야 하는 것들이다. 관형사절에서는 한국어에 내핵관계절이 존재하는가 하는 문제, '다는'으로 표현되는 인용절과 문장형 보어절의 문제, '은/을'의 의미 범주와 대립 여부를 다룬다. 명사절에서는 파생도 겸하는 굴절로서의 '음, 기'의 속성, '음, 기'의 의미범주와 '은/을 것'과의 대체 양상, 명사형어미가 포함된 어미나 어미 상당구성이 관심사이다. 접속절에서는 병렬접속절과 종속접속절의 구분, 파생부사와 부사형 구분의 어려움, 필수적 부사절, 주절 없이 단독으로 쓰이는 접속절을 논의한다.

5부는 동사보어절로 쓰이는 절 중에서 인용절만 떼어내어 다룬다. 이는 인용절의 연구 역사가 깊고 많은 언어에서 상당히 비중 있게 다루어 온 점을 고려한 것이다. 동사보어절에는 내포의문절도 있는데, 관련된 언어유형적인 논의가 별로 없는 듯하여 일단 제외하였다. 인용절의 첫 번째 장은 언어유형적 논의를 포함하여 한국어 인용절의 문법과 특징을 다룬다. 두 번째 장은 인용의 한 종류이면서 문학의 서사기법으로 알려진 자유간접화법이 한국어에도 존재하는지를 논의한다.

다음은 이 책에서 사용하고 있는, 절의 종류와 관련된 술어와 개념을 정리한 것이다. 그동안 통용되어 온 술어와 달리 쓰이는 경우도 있고, 일반 언어학이나 언어유형론에서 써 온 의미와 한국어 문법 안에서의 의미가 다른 경우도 있다. 이런 경우 그 사정도 간략히 언급해 두었다. 이 부분은 이해의 편의를 위한 것이니, 건너뛰어도 된다.

- 관계절(relative clause)
 - 유럽어 중심의 문법 기술에서는, 명사를 수식하되, 수식을 받는 핵어명사가 관계절 내의 성분과 공지시되는 절을 가리킨다.

- 유럽어에서는 관계절과 명사보어절을 구분한다. 따라서 국외 논의에서 관계절이라는 술어를 쓸 때는 명사보어절을 제외하는 것이 일반적이다.
- 일반 언어학에서든 언어유형론에서든, 한국어의 관형사절과 같이, 명사를 수식하는 절을 아우르는 술어는 없다. 그러다 보니 관계절의 문법적 요건을 갖추었는지 여부와는 상관없이, 명사를 수식하는 기능을 하고 있을 때 관계절이라는 술어를 쓰는 일도 간혹 있다.

• 보어절(complement clause)
- 명사의 보어 자리에 오는 절과 동사의 논항 자리에 오는 절을 가리킨다.
- 일례를 들면 "the fact [that he left]", "know [that he left]"에서 대괄호 부분이다. 전자는 명사가 요구하는 보어 자리에 절이 온 명사보어절이고, 후자는 동사의 목적어 자리에 절이 온 동사보어절이다.
- 국내에서는 보문이 더 익숙한 술어이다. 다른 내포절과는 달리, 홀로 '문'으로 불리는 것이 적절치 않다고 판단되어 '절'로 바꾸고, 의미의 투명성을 위해 '보어'를 그대로 드러내기로 하였다. 따라서 기존의 논의에서는 대부분 '보문'이나 '보절'이 쓰여 왔지만, 이 책에서는 이를 일일이 반영하지 않고 모두 '보어절'로 바꾸어 기술한다.
- 다만, 영어의 'that'이나 'if'처럼 보어절을 이끄는 문법적인 형식을 아우르는 술어로는, 전통적으로 써 온 '보문자' 대신에 '보절자'를 쓴다.

• 내포절(embeded clause)
- 이 책에서는 명사절과 관형사절처럼 문장의 성분으로 쓰인 절을
  가리킨다.
- 유럽어 기반의 문법에서는 내포절이 종속절(subordinate clause)
  과 동의어로 쓰여 왔다. 이에 따르면 부사절이나 (한국어의) 종속
  접속절도 내포절의 하나이다. 그러나 이 책에서 수립한 한국어
  의 절 체계에서 병렬접속절이나 종속접속절은 내포절에서 제외
  한다.

• 종속절(subordinate clause)
- 이 책에서는 내포절을 제외한 종속접속절을 가리키는 술어로 사
  용할 것을 주장한다.
- 유럽어 문법의 전통에서는 내포절과 동의어로 쓰여 왔다. 따라
  서 관계절과 보어절도 종속절의 일종이다.

• 부사절(adverbial clause)
- 이 책에서 수립하고자 하는 한국어의 절 체계에서 부사절은 문
  장의 성분으로 인정되는 것에 한한다. 종속접속절은 내포절과는
  분리하여, 절-연결의 종류인 접속절로 따로 분류하자는 입장에
  있다.
- 유럽어 기반의 문법에서는 '관계절, 보어절'과 함께 부사절이 내
  포절에 포함된다. 'because, after'와 같은 종속접속사가 쓰인 절
  이 모두 이에 해당된다.

• 접속절

– 유럽어 중심의 절 체계에서는 접속절이 없다. 즉 접속절을 절의 한 종류로 따로 두지 않는다.

– 그러나 한국어에서는 전통적으로 병렬접속(더 익숙한 술어로는 대등접속)과 종속접속이 있어 왔다.

– 이 책에서는 한국어의 종속접속절은 부사절과는 구별되어야 한다는 입장을 취하므로, 병렬접속절과 종속접속절을 통칭하여 접속절로 명명한다.

• 관형사절

– 관형사형어미 '은/을'이 결합되어 명사를 수식하는 절을 통칭하는 술어이다.

– 한국어는 관계절과 명사보어절로 양분되지만은 않는다는 시각이 반영된 술어이기도 하다.

– '관형사'에 대당하는 영어 술어가 없듯이, '관형사절'에 해당하는 전통적인 영어 술어는 없다.

• 독립절과 의존절

– 이 책에서는 전통적인 의미의 주절처럼, 홀로 문장을 이룰 수 있는 절을 독립절, 그렇지 못한 절을 의존절로 부른다.

– 탈종속화 구성처럼 형태상 주절은 아니지만 홀로 문장을 끝맺는 경우도 있고, 병렬접속절처럼 상대적으로 독립적이지만 홀로 문장을 이루지는 못하는 경우도 있다. 이런 종류의 쓰임을 논의할 때, 독립절과 의존절이라는 술어가 필요하다.

본격적인 논의에 앞서, 이 책의 표현 방식에 대한 설명을 해 둔다. 먼저, 어미나 접사와 같은 의존 형식은 앞이나 뒤에 하이픈을 두는 것이 원칙이나, 이 책에서는 자립 형식과 구별이 어려운 경우를 제외하고는 하이픈을 생략한다. 또한 본문에서 예문을 설명할 때도 꼭 필요한 경우가 아니라면 예문 번호는 따로 밝히지 않는다. 즉 한번 (30가)라고 언급하면 동일한 번호의 예문에 대해서는 (나)와 (다)로만 설명한다. 언어명의 경우, 처음 언급할 때는 괄호로 원어를 병기하고 이후는 원어는 생략한다.

1.1.2. 절 성립의 요건

한국어 문법서에서 '절'은 다음과 같이 정의된다.

- 절은 주어와 서술어를 가지고 있다는 점에서 구와 구별되고, 더 큰 문장 속에 들어가 있다는 점에서 문장과 구별된다. (국어교육연구소 2002: 149)
- 주어와 서술어를 갖추어 큰 문장에 안겨 있는 성분의 재료이다. (고영근·구본관 2008: 565)
- 주술 관계를 유지해야 하고, 주술 관계에 있는 언어적 단위의 통사적 자격(성격)을 결정하는 요소가 있어야 하며, 독립적으로 쓰여서는 안 된다. (김정대 2003: 98)

이 같은 기술에서 공통되는 요건은, 절은 주어와 서술어를 갖추어야 하며 더 큰 단위에 안겨 있다는 것이다. 여기에 표지의 필수성이 추가되기도 한다. 그러면 절의 요건과 관련한 쟁점은 세 가지로 정리된다.

(A) 주어와 서술어를 가져야 하는가.

(B) 다른 절(혹은 문장)에 안겨 있어야 하는가, 독립적으로 쓰여도 되는가.

(C) 절의 통사적인 자격을 결정하는 표지가 있어야 하는가, 없어도 되는가.

주어와 서술어 조건

주어와 서술어를 갖추어야 절이라는 시각은 아주 전통적인 것이다. 유럽 고전어의 문법은 시제나 서법 등이 표현된 정형 동사와 주어를 절의 필수조건으로 보았다. 정형 동사만이 명시적으로 주어를 취할 수 있기 때문이다. 그래서 비정형 동사와 그에 딸린 성분들은 절이 아니라 구성이나 구로 간주된다. 예컨대 아래 밑줄 친 부분은 구이다. 'wearing'과 'be'가 주절의 동사로는 쓸 수 없는 비정형의 형식이기 때문이다.

(1) 가. I don't like you wearing a hat.

　　나. I want you to be a teacher.

그러나 이런 두 요건이 모든 언어에 들어맞는 것은 아니다. 먼저 정형성은 정도적 현상이기에 언어마다 정형/비정형을 판단하는 기준이 다를 수 있다(2.1. 참조). 예를 들어 정형 동사에 시제·인칭·서법이 표시되는 언어가 있다고 하자. 그리고 이 언어의 종속절에는 서법만 제외하고 시제와 인칭이 표시되는 것과, 인칭만 표시되는 것, 그 어떤 것도 표현되지 못하는 것이 있다고 하자. 그러면 이런 언어의 종속절은 모두 비정형적인가, 아니면 종속절 중에도 정형적인 것이 있다고 할 수 있는가.

여기에 종속절에 따라 주어의 출현 여부가 달라진다면 문제는 더욱 복잡해진다. 고전어에서는 비정형의 동사가 주어를 취할 수 없었지만 현대의 많은 언어는 비정형 구성에도 주어가 표현되는 경우가 있다. 즉 세계 언어는 정형의 동사형은 주어를 취하고, 비정형의 동사형은 주어를 안 취하는 식으로 양분되지 않는다. 그래서 Haspelmath(1995: 11)에서는 통사 유형론을 위해서는 절은 술어를 포함한다는 사실만 명세하는 것이 최선이라고도 하였다.

한국어 문법에서의 절 개념도 고전어의 전통을 따른 것이다. 그러나 실제 적용은 좀 다르다. 유럽어는 문장에 주어가 표현되는 경우에 한한다면 한국어는 주어가 생략되었다 하더라도 주어를 상정할 수 있으면 절로 보아 왔다. 그래서 (2)의 대괄호 부분은 주어가 표현되어 있지 않음에도 각각 명사절, 부사절로 불려 왔다.

(2) 가. [그 일은 하기]가 쉽지 않다.
    나. 내일 해도 될 일은 오늘 하기가 [죽도록] 어렵다.

그런데 주어의 상정 가능성은 적용하기에 상당히 모호한 조건이다. 생략된 주어를 찾아내 문면에 복원할 수 있다는 의미인지, 모종의 이유에 의해 주어는 표현될 수 없지만 동사의 서술성이 유지되고 있다면 주어도 가능한 것으로 간주하자는 의미인지 분명하지 않다.

한국어에서도 절의 성립에 주어 조건은 완화될 필요가 있다. 주어 없이 쓰이는 절이 아주 흔할 뿐 아니라, 많은 경우 생략된 주어를 찾아내기도 어렵기 때문이다.[1] 게다가 어렵게 찾아낸 주어를 절에 표현할 경우, 문법적으로 설명하기 어려운 어색함이 초래되는 경우도 많다. 다음 (3가)와 (4가)의 대괄호에는 모두 주어가 표현되어 있지 않다.

(3) 가. 은수는 [∅ 원인을 알 수 없는] 어두운 그림자가 자신을 향해 덮쳐 오는 듯했다.

나. [*은수가 원인을 알 수 없는] 어두운 그림자가 자신을 향해 덮쳐 오는 듯했다.

(4) 가. 요즘 사람들은 시간을 [∅ 편하게] 쓸 수 있는 직업을 선호한다.

나. 요즘 사람들은 시간을 [?마음이/?몸이/?사람들이 편하게] 쓸 수 있는 직업을 선호한다.

(3가)의 대괄호로 표시된 절에는 주어가 생략되어 있고, 주어는 '은수' 정도를 상정할 수 있다. 그러나 실제로 이 주어를 문면에 표현하려면, 전체 문장의 주어이자 화제임을 표현하는 '은수는'은 가능하지만, (나)에서 보듯이 내포절의 주어임을 명시하는 '은수가'는 거의 불가능하다. 즉 절의 주어 자격으로 표현되는 것은 어렵다. 또한 (4가)의 [편하게]는 '마음, 몸, 사람들'이 주어로 상정될 만하지만, 실제로 상정된 주어를 (나)처럼 드러내면 상당히 어색해지고 주어가 없을 때의

---

1 한국어 논의에서도 주어가 절의 성립에 꼭 필요하지는 않다고 본 사례가 있다. 이선웅(2015: 91)에서는 "불이야!"나 "역시 철수야."와 같은 무주어문은 주어 없이도 절을 이루므로, 주어가 절의 필수요건은 아니라고 하였다. 한국어에 주어 없는 문장이 존재하는 것은 사실이다. 이현희(1989)에서 지적한 것처럼 "사과는 대구지.", "[여섯을 둘로 나누면] 셋이다.", "[형인 네가 동생한테 그렇게 해서는] 안 되지."와 같은 예들이 대표적이다. 그러나 무주어의 특수 구문 때문에 주어 요건을 완화해야 하는 것은 아니다. 아마 다른 언어들에도 이 정도의 주어 없는 구문은 존재할 것이다. 주어 요건을 완화해야 하는 이유는 별다를 게 없는 평범한 구문에서도 주어 없이 쓰이는 일이 너무도 빈번하다는 데 있다.

의미와도 다소 달라진다. 주어 없이 쓰이는 이런 예들은 모두 특별한 종류의 용언이나 구문이 아니다.

지금까지는 주어가 표현되지 않은 경우 문맥상 복원 가능하다고 전제하고 주어가 생략된 것으로 보아 왔다. 그러나 문장 단위가 아니라 담화 단위로 보면, 생략된 주어가 무엇인지 알기 어려운 경우도 많고, 따라서 주어를 채워 넣을 수 없는 경우도 부지기수이다. (5) 밑줄 친 부분의 첫째 절에는 '진우'를 상정할 수 있지만 두 번째 절에는 어렵다.

(5) 진우는 시를 쓰기 시작했다. 하지만 한 번도 그동안 시인이라는 면류관을 탐내 본 적은 없었다. 고해성사를 하듯 언제나 자기 고백적인 시들을 써 왔기 때문이다. 그래서 한 번도 타인에게 시라는 한 글자를 입 밖으로 내 본 적이 없는 진우였다. <u>그만큼 [(∅, 진우가) 삶이 고달팠으므로].</u> <u>그만큼 [(∅, *진우가) 가슴 저린 나날들이었으므로].</u>

반대로, 담화에서 주어는 확실하지만, 오히려 쓰지 않는 것이 자연스러운 경우도 많다. 아래 예에서는 주어 자리가 세 곳이나 비어 있다. 그리고 여기에 적절한 주어로는 '나'가 유일하다. 그러나 마지막 자리를 제외하고는 나머지 두 자리에 '내가, 나는'을 넣으면 오히려 어색해진다.

(6) 결정을 못 하고 망설여질 때면 언제나 내가 사진으로만 알고 있는 작품보다는 원작을 직접 보았던 작품을 택하여 설명하려고 했다. 그러나 [개인적인 사정으로 ∅ 여행을 못 한 것까지 독자들에게

∅ 누를 끼쳐서는 안 되므로 이것을 절대적인 규칙으로 ∅ 못 박아 놓지는 않았다].

이런 예들의 존재는, 담화 안에서 성분의 생략이 필연적으로 일어나는 일이 많음을 보여 준다. 주어를 절의 성립에 필수요건으로 세우기 어려운 것은 이런 예들 때문이다. 한국어에서 주어 출현은 절의 충분조건일 수는 있지만, 필요조건은 아니다. 즉 주어가 없더라도 절일 수 있다.

내포성 여부

국내 다수의 문법서에서 절은 큰 문장에 들어가 있는 것으로 기술해 왔다. 그러나 다른 절에 포함되어야만 절인 것은 결코 아니다. 언어 일반적으로 단문은 하나의 절, 더 정확히는 하나의 주절로 이루어진 문장으로 정의된다. 만약 다른 절에 포함된 것만이 절로 인정된다면, 단문의 이런 정의는 포기되어야 한다. 그런데 단문의 다른 정의란 가능하지가 않다.[2]

그간의 절의 정의는 내포절과 절을 동일시한 혐의가 짙다. "더 큰 절 속에 포함되는"이라는 속성은 내포절과 접속절에 해당된다. 단독으로도 문장을 이룰 수 있는 주절은 이런 정의에서는 설 곳이 없다. 그러나 절의 가장 핵심적인 종류는 주절이다. 당장 아래의 예만 보더라도 모두 주절을 가지고 있다.

---

2 절의 정의에 의존성이 불필요함은 유현경(2015), 이선웅(2015), 함병호(2020)에서 지적한 바 있다.

(7) 가. 나는 갔다 왔으니까, [이번에는 네가 가].

나. 뭐라고? 가기 싫다는 [나보고 가라고]?

다. 응, [이번에는 나는 안 가].

절의 가장 일차적인 구분은, 홀로 문장을 이룰 수 있는 절과 그렇지 못한 절 사이에 이루어진다. 앞에서 전통적인 절의 요건에 정형 동사가 있었다고 하였는데, 정형 동사란 독립적인 절(혹은 주절)에 쓰인 동사 형태를 말한다. 이는 절의 기본은 문장을 이루는 능력에 있다고 보았음을 말해 준다. 그래서 홀로 문장을 이루는 주절과 그럴 수 없는 절이, 절의 일차적인 구분이 되어 온 것이다. 따라서 어느 면으로 보아도 주절을 절의 종류에서 제외할 근거는 없다. 이런 점에서 한국어 문법에서 큰 문장에 안긴 절 위주로 절을 정의해 온 관례는 상당히 특이한 것이며, 따라서 수정되어야 한다.

표지의 필수성 여부

절로 보기 위해서는 통사적 자격을 결정하는 표지가 있어야 한다는 주장과, 표지가 없어도 된다는 주장이 있다. (8가)와 (나)에는 관형사절과 명사절이 포함되어 있는데, '을', '음'이 그런 표지이다. 반면에 (다)의 (일명) 서술절인 [가을이 좋다]는 이런 표지가 없다. 그래서 절의 성립에 표지의 필수성을 고수하는 입장에서는 서술절은 표지가 없으므로 절로 인정될 수 없다고 하고, 절의 성립에 표지는 무관하다는 입장에서는 그 근거로 서술절이 표지가 없다는 사실을 든다.

(8) 가. [내가 먹]을 밥은 가지고 왔어.

나. [그것이 사실이었]음이 결국 밝혀졌다.

다. 나는 [가을이 좋다].

한국어는 절의 종류가 어말어미에 의해 표시되는 언어이다. 즉 표지 없이는 절의 종류가 분간되지 않는다. 주절임은 종결어미가, 관계절임은 관형사형어미가, 명사절임은 명사형어미가 표시한다. 그리고 이런 표지 없이 절의 자격으로 문장에 등장하는 일은 없다. 주어가 있어야 한다는 절의 전통적인 정의나 서술어만 있어도 된다는 최근의 정의는 모두, 문장에서 절이 어떻게 표현되는가에 대한 기술이지, 기저형을 겨냥한 것이 아니다. 이런 점에서 어말어미 없는 어간까지를 절로 보자는 것은, 그간의 기술문법의 전통과도 맞지 않고, 한국어의 문법 기술에 주는 이점도 없다.[3]

절의 성립에 표지가 필수적이지는 않다는 증거로 인용절을 드는 일도 있다. 이선웅(2015: 84)은 '고' 없이도 구성되는 간접인용절을 들어, 표지의 필수성 조건은 재고의 여지가 있다고 하였다.

(9) 가. 선생님께서는 돌이가 착하다고 말씀하셨다.
　　나. 선생님께서 돌이가 착하다∅ 말씀하셨다.

그러나 '고'만이 인용절 표지인 것은 아니다. 오히려 현대국어에서는 '고'를 간접인용절의 단독 표지로 인정받기가 쉽지 않다. 간접인용절은 주로 '다고, 냐고, 라고, 자고, 마고'로 표현되거나, '고' 없는 '다, 냐, 라, 자, 마'로만 나타나기 때문이다.

3　이은경(2000)에서는 동사 어간이나 선어말어미가 결합한 단위만을 절로 보고 있고, 도재학(2018)은 선어말어미도 제외하고 동사 어간까지만 절로 본다.

먼저, '다고'류는 '다'에 '고'가 결합한 것이기는 하지만, 현대국어에서는 하나의 어미로 보는 것이 일반적이다. 사전에서의 처리도 그러하다. 『표준국어대사전』에서는 '다고'에 대해 어미라고 하고, "간접인용절에 쓰여, 어미 '다'에 인용을 나타내는 격조사 '고'가 결합한 말"로 풀이한다. 『고려대한국어대사전』에서는 '다고'를 하나의 연결어미로 보고, "서술하는 내용을 간접적으로 인용하여 옮기는 뜻을 나타내는 말"로 풀이한다. '다고'류가 하나의 어미로 굳어졌음은, 아래의 예처럼 '다고' 자리에 '다 하고'가 쓰일 수 없는 예에서도 확인할 수 있다.

(10) 가. 아이가 할머니 집에 {간다고/*간다 하고} 그랬어.

　　 나. 아이가 내일 할머니 집에 {간다고/*간다 하고} 했어.

　　 다. 크리스마스엔 산타클로스가 {온다고/*온다 하고} 말했다.

또한, '다'와 '고' 중에서 인용절임을 드러내는 데 더 크게 기여하는 것은 '고'가 아니라 '다'이다. 간접인용절에는 상대높임법이 중화된 '다, 냐, 라, 자, 마'만 쓰인다. 이는 이들 어미가 간접인용절에 특화된 종류임을 의미한다. 한국어 화자라면 '고'가 없어도, 어미 '다'류와 후행하는 인용동사만으로도, '다'류절이 인용된 것임을 안다. 이런 점에서 인용표지로서의 기능 부담량은 '고'보다 '다'가 더 진다고 할 수 있다. 따라서 '고'만 인용표지인 것도 아니며, '고' 없는 인용절이 표지가 없는 절인 것도 아니다.

(11) 가. "나도 갔습니다." → 친구는 자기도 갔다(고) 말했다.

　　 나. "당신도 갔습니까." → 친구는 당신도 갔냐(고) 물었다.

다. "당신도 가십시오." → 친구는 당신도 가라(고) 말했다.

라. "우리도 갑시다." → 친구는 우리도 가자(고) 말했다.

마. "나도 가마." → 친구는 자기도 가마(고) 했다.

혹시 '다'류가 간접인용절에만 쓰이는 어미가 아니라, 해라체의 종결어미이기도 한 점을 들어, 인용절의 표지로 보는 데 주저하는 이가 있을지도 모르겠다. 그러나 간접인용절에 독점적으로 쓰여야만 표지라는 이름을 달 수 있는 것은 아니다. 가장 쉬운 예로 영어의 'that'을 들 수 있다. (12가)의 'that'은 'know'의 목적절을 이끄는 보절자이고 (나)의 'that'은 관계절을 이끄는 관계대명사이다. 이들은 형태가 아니라 나타나는 환경에 의해 구별된다. 한국어의 다섯 개의 어미도 마찬가지이다. 간접인용절의 환경에서 반드시 선택되어야 하는 어미로 보면 된다.

(12) 가. I know that he comes from Korea.

　　　나. I've read the book that the woman wrote.

'고'를 간접인용표지로 기술해 온 역사는 길지만,[4] 의외로 '고'가 단독으로 활약하는 경우는 드물다. '다'와 분리되어 '고'만 쓰이는 경우는 대개 직접인용이며, 그것도 아주 제한된 경우에 한해서이다. 이필영(1993)에서는 인용절의 종결어미가 'ㅏ'로 끝나는 경우에 한한다고 하였고, 이에 더해 채숙희(2013)에서는 종결어미를 갖춘 예에서만 가

---

4 채숙희(2013: 137)에서는 '라고'나 '하고'는 인용표지로서의 자격을 인정하지 않는 주장도 있으나 '고'는 인용표지로서의 자격을 의심받은 적이 없을 정도로 대표적인 인용표지로 인정받아 왔다고 하였다.

능하다고 하였다. 직접인용절과 '고' 사이에는 간접인용절에는 없던 휴지가 끼어든다(이필영 1993: 38).

> (13) 가. 경기가 끝난 뒤 인터뷰에 나선 장원삼은… "잘 던지려고 했죠?
>   생각이 있겠습니까."고 농담을 던졌다. (이필영 1993: 38의 예)
>   나. 속으로 "초등학생도 아니고, 오징어가 뭐야. 설마 나는 아니
>   겠지." 생각하며 "혹시 나?" {하고, *고} 물어보았다. (채숙희
>   2013: 139의 예)

이상 요약하면, 간접인용절도 '다고'류나 '다'류를 표지로 가지는 절이다. 한국어는 절의 실현에 표지가 반드시 필요한 언어이다.

예외적으로 절의 한 종류이지만 표지가 필요하지 않은 부류가 있기는 하다. 내포절을 안은 절인 모절(matrix clause)이 그러하다. 아래 (14)에서 명사절 [매일 조금씩이라도 성숙해지기]를 안고 있는 절은 [소망하—]이다. 그런데 이 절이 (가)는 주절, (나)는 접속절, (다)는 관형사절로 표현되고 있다. 이들 절의 문장에서의 기능은 이렇게 각기 다르지만, 이들이 앞의 '기' 명사절을 안은 모절이라는 사실은 공통적으로 유지된다. 모절은 내포절을 가지는 경우에만 성립되는 절이고, 표지로 그 기능이 표시되는 종류가 아니기 때문에 따로 표지가 없어도 된다.

> (14) 가. [매일 조금씩이라도 인격적으로 성숙해지기]를 소망했다.
>   나. [매일 조금씩이라도 인격적으로 성숙해지기]를 소망하고, 그
>   래서 노력한다.
>   다. [매일 조금씩이라도 인격적으로 성숙해지기]를 소망하는 사

람이 되고자 했다.

어디까지를 모절로 볼 것인가가 국내에서는 쟁점이 되어 왔다. 크게, 내포된 절까지 포함하자는 의견, 내포된 절을 제외한 나머지라는 의견, 부사절과 관형사절은 제외하고, 명사절, 인용절, 서술절은 포함하자는 의견으로 갈린다.[5]

먼저, 관형사절과 부사절은 이들 절의 위상을 어떻게 보느냐에 따라 의견이 갈릴 수 있다. 관형사절은 모절과 직접적인 관계를 맺지 않는다. 모절의 한 성분인 명사구를 수식하는 절이기 때문이다. 예컨대 '난 식은 밥을 먹었다'에서 '나'와 '밥을'은 '먹다'가 요구하는 것이지만 '식은'은 '먹다'가 강제하는 것이 아니다. 이런 점을 중히 여기면 관형사절은 모절에서 제외될 여지가 있다. 부사절도 동사의 논항 자리에 쓰인 일명 필수적 부사절이 아니라면, 모절에 반드시 포함해야 할 이유는 없다. 특히 상당수의 부사절을 절과 절이 접속된 것으로 본다면, 종결어미가 붙은 절은 부사절을 성분으로 안은 모절이 아니라, 그저 주절일 뿐이다.

문제는 논항 자리에 오는 절이다. 이선웅(2015: 90)에서는 내포절을 제외한 절을 모절로 보았다. (15)에서 주어에 쓰인 명사절을 제외한, 밑줄 친 부분만이 모절이라는 것이다. 주어 없이도 절이 성립하는가에 대해서는, 주어도 서술어가 요구하는 보충어의 하나로 보면 없어도 된다고 하였다. 주어가 없는 것은 목적어나 보어가 없는 것과 별반 다르지 않다고 본 것이다.

---

5 대표적인 논의로는 각각 순서대로, 이익섭·임홍빈(1983: 74~77), 이선웅(2015), 함병호(2020)가 있다.

(15) 가. [하루에 10분 걷기가] <u>우리 건강을 지킨다</u>.

　　나. [그가 범인임이] <u>확실하다</u>.

그러나 성분에 쓰인 절을 제외하면, 나머지를 모절이라고 할 근거가 사라진다.[6] 이는 내포절이 없는 (16)을 모절이라고 하지 않는 것과 같은 이치이다. 모절은 근본적으로 내포절이 있을 때 성립하는 개념이다. 따라서 모절에는 내포절까지 포함되는 것이 합당하다.

(16) 가. 운동이 우리 건강을 지킨다.

　　나. 범행 동기가 확실했다.

지금까지 대부분의 절에는 통사적 기능을 담당하는 표지가 필요하다는 점을 살펴보았다. 마지막으로, 절의 성립에 필요한 표지는 정규 어미에 국한되지 않는다는 사실을 지적해야 할 것 같다. 우리는 (17)의 대괄호에서 절의 표지를 지목하기 어렵고 이로써 절의 종류도 확실하게 말할 수 없지만, 이들이 사태를 표상하는 절임을 부정하지는 못한다.

(17) 가. 그냥 놔두면 [저절로 해결됐을 것을], 괜히 나서서 일을 크게
　　　　만들었다.

　　나. 내일 해도 될 [일은 절대 오늘 하지 말 것].

6　함병호(2020)에서도 내포절을 제외하면 나머지를 절로 보게 하는 요소가 사라진다고 하였다. 엄밀히 말하면 절이 아닌 것이 아니라 모절이 아니라고 해야 하지만, 근본적인 문제의식은 동일하다고 판단된다. 주절도 절이므로, 내포절을 제외한 나머지도 절이라고 할 수는 있다. 내포절이 없다면 모절이라는 개념이 불필요해질 뿐이다.

다. 어쩔 수 없죠. [내가 포기하는 수밖에요].

(17가)는 '을 것을'이 연결어미에 준하는 기능을 하는데, 아직 연결어미로 인정된 형태는 아니다. (나)의 '을 것'은 명령형어미처럼 쓰이지만, 역시 어미라고 하기에는 '것'의 어원 의식이 아직 강하다. (다)의 '는 수밖에'는 심지어 어미류가 아니고 형태적으로 보면 명사구에 가깝다.

이들이 절로 인식되는 이유가 각각 [놔두면 해결됐을], [절대 오늘 하지 말], [내가 포기하는]이라는 관형사절 때문이라고 하기도 어렵다. 관형사절은 보통 피수식 명사의 지시 범위를 좁히는 역할을 한다. 예를 들어 '읽은 책'에서 '읽은'은 세상의 수많은 책 중에서 '읽은' 것으로 책의 범위를 좁힌다. 그러나 위의 관형사절은 후행의 '것'이나 '수'의 지시 범위를 좁히는 데 기여하지 않는다. 이때의 '을 것을', '을 것', '는 수밖에'는 어말어미에 상당하는 기능을 한다고 보아야 한다. 이를 인정하면 이들은 종결어미 없이 주절처럼 쓰인 예가 될 것이다.

1.1.3. 문장

일반적으로 문장은 절보다 더 정의하기 어려운 것으로 알려져 있다. 문어와 구어의 사정이 다르고, 언어마다 문장이 표시되는 방식도 아주 다양하기 때문이다. 분명한 운율적 신호가 있거나 별도의 문법 표지를 가지는 언어도 있지만, 이 외에 대화의 속도나 억양 등 여러 요인이 복합적으로 작용하는 언어도 많다. 게다가 쓰기 전통이 없는 언어에서는 문장부호와 같은 문자문화의 도움도 받을 수가 없다.

한국어 문법에서는 문장을 다음과 같이 정의해 왔다. 겉보기에 간단한 것 같지만, 여러 생각할 거리가 있다.

- 문장은 원칙적으로 단어들이 결합되어 이룬 자립적인 통사적 구성으로, 서술어가 요구하는 성분을 완전히 갖추어야 하며, 그 의미 관련이 온전해야 함과 동시에, 발화상황과 관련하여 화자가 의도하는 의미 내용을 전달할 수 있어야 한다. (임홍빈·장소원 1995: 195)
- 의미상으로 완결된 내용을 갖추고 형식상으로 문장이 끝났음을 나타내는 표지가 있는 것. (국어교육연구소 2002: 148)
- 주어와 서술어를 갖추면서 문말 수행 억양을 가진 것. (유현경 2015)

문장의 형식적 요건으로는 문장 종결의 표지나 문말 수행 억양이 제시되어 왔다.[7] 한국어는 문장이 끝났음을 표시하는 수단인 종결어미가 있다. 그래서 텍스트에서든 구어에서든 종결어미가 있으면 거기서 문장은 끝난 것이 된다. 그러나 (18가)처럼 도치되거나 (나)처럼 후행절이 생략되면 종결어미에 기댄 판정이 어려워진다. 이런 경우는 마침표, 물음표와 같은 구두점이 동원된다.

(18) 가. 밥 먹었다, 들어오기 전에.
　　 나. 존경심이 아주 사라졌다. 제발 조금은 남아 있기를 바랐는데. 더 이상 실망은 없었으면 했는데.

문장 단위를 표시하는 문법적 수단이 없는 언어에서는 구두점이

---

7 문말 수행 억양을 가져야 한다는 조건은 구어의 것이 아닌가 한다. 문어 텍스트에 쓰인 문장에는 문장 유형이 표현되고 이로써 예상되는 발화수반력이 전제되지만, 실제로 억양이 수행되는 것은 아니다.

상당한 역할을 한다. 그래서 어떤 논의에서는 문장을 두 개의 마침표 사이에 오는 것으로 정의하기도 한다. 그러나 문장부호는 필자에 따라, 문체에 따라 달라질 수 있는 문제가 있다. 예컨대 앞에 쉼표가 붙고 이어서 'or'와 같은 접속사가 쓰이는 것이 보통이지만 마침표가 붙고 'or'로 문장을 시작하는 일도 있고, 콤마나 세미콜론 형식으로 문장을 끝내는 일도 있다(Dixon 2010). 무엇보다 구두점은 텍스트에서만 활용할 수 있는 수단이다. 한국어에서도 위 (18)의 예가 텍스트가 아니라 구어로 실현된 것이라면, 문장의 경계를 정하는 데 어려움이 따른다.

문장은 '완전한 생각', '의미상 완결된 내용'을 담는 단위로 기술되어 왔다. 예컨대 '나무'라고만 해서는 의미하려는 바가 완전하지 않고, 이 나무가 어떠한지, 무엇인지, 나무에 무엇을 했는지 등이 표현되어야 완전한 생각이 담긴다고 보는 것이다. 완결된 내용이나 완전한 생각이라는 기술이 모호한 점이 있지만, 이를 보완할 뾰족한 대안이 있지도 않다. Trask(1993)의 문법술어사전에서도, "문장의 전통적인 정의는 응집적인 생각(coherent thought)을 표현하기 위해 자립할 수 있는 단어의 연쇄나 발화"라고 기술하고 있다.

문장과 관련된 가장 오래된 난제는 완전한 문장과 추론 가능한 요소가 생략된 문장과의 구별이다. 생략의 허용 범위는 언어마다 다르다. 일례로 Dixon(2010)은 "smoking, non-smoking?"과 같은 질문에 "Non"과 같이 접두사로만 대답하는 경우도 들은 적이 있다고 하였다. 문장의 판별에서 생략은 결코 가벼운 사안이 아니다. 일례로, 앞서 소개한 한국어에서의 정의에 쓰인 "주어와 서술어를 갖추면서"라는 요건도 그러하다.

한국어는 주어를 잘 생략한다. 그래서 생략된 주어는 문맥에서 추

론 가능하다고 보고, 문장으로 판정하는 데 별로 문제 삼지 않아 왔
다. 그러나 추론 가능한 것까지 포함하면, "뭐 먹을 거야?"라는 물음
에 "냉면"이라고 답하는 것도 문장으로 간주되어야 한다. [나는 냉면
을 먹을 거야]와 같이 주어와 서술어를 추론해 채워 넣을 수 있기 때
문이다. 결국, 주어와 서술어를 갖추어야 한다는 아주 명시적인 요건
도 실상을 들여다보면 그리 간단한 문제가 아님을 알 수 있다.

형태소는 단어를 구성하는 요소이고 단어는 절을 구성하는 요소인
것과 같이, 문장은 담화를 구성하는 요소이다. 따라서 담화 구성의
단위로 바라보면, 생략이 일어난 표현을 문장에서 배제할 근거는 없
다. 이런 점에서 개별 언어에서의 문장의 범위나 정의는 약정의 문제
이기도 하다. 즉 어떤 정의도 전적으로 틀렸다거나 전적으로 옳음이
증명될 수 없다. 어디까지를 문장으로 간주할지는 연구자의 선택인
셈이다.

1.2. 복문의 범위

1.2.1. 복문의 범위에 대한 세 가지 견해

복합문(complex sentence)은 두 개 이상의 절로 이루어진 문장으
로 정의된다. 관계절, 보어절, 부사절을 포함한 문장은 모두 복문이
다. 그러나 최근에는 드문 경우이기는 하지만, 관계절을 복문에서 제
외하거나, 성분으로 내포되지 않은 절의 연결만을 복문으로 보는 일
도 있다. 이를 존중하면 복문의 범위에 대한 견해는 크게 세 종류가
된다.

(A) 복문은 두 개 이상의 절로 구성된 문장이다.

(A′) 한 문장 안에 주어와 서술어의 관계가 두 번 이상 맺어져 있는 문장. (국어교육연구소 2002: 160)

(B) 문장의 직접구성성분으로서 절을 가진 문장이 복문이다. (Quirk et al. 2010)

(C) 복문은 함께 연결된 두 개의 (비-내포된) 절을 포함한다. (Dixon 2010)

가장 대중적인 정의는 (A)이다. 이는 절-연결을, 절들이 독립적으로 연결된 병렬(coordination)과 하나가 다른 하나에 내포되는 종속(subordination)으로 나누어 온 전통에 바탕을 둔 것이다. 종속절에는 관계절, 보어절, 부사절이 있으므로, 이들 중 하나라도 있으면 복문이 된다. 한국어 문법도 이런 전통을 따라 왔다.

이런 전통에 따르면 (19)의 (가), (다)는 단문, (나), (라)는 복문이다. '어떤'은 관형사이고, '슬피'는 부사이다. 반면에 '빨간'은 관형사절이고, '슬프게'는 부사절이다. 그래서 절이 포함된 (나)와 (라)는 복문으로 분류된다.

(19) 가. 넌 어떤 꽃을 좋아하니?

나. 난 빨간 꽃을 좋아한다.

다. 그는 그 소식에 슬피 울었다.

라. 그는 그 소식에 슬프게 울었다.

(B)에 제시한 것처럼, 직접구성성분인 절만 고려하는 시각도 있다. Quirk et al.(2010: 719~720, 987~990)에서는 직접구성성분으로 절을

가지는 다중문(multiple sentence)과 그렇지 않은 단문을 나눈다. 이에 따르면 관계절은 직접구성성분이 아니므로 복문에서 제외된다.

(20가)의 대괄호 처리된 절은 선행 명사인 'the car'를 수식한다. 이 관계절은 동사 'borrow'의 직접적인 성분이 아니다. 직접구성성분은 주어 'you'와 목적어 'the car'이다. 따라서 (나)처럼 관계절이 없이도 문장은 성립한다. 이런 점에서 관계절은 명사를 명사구로 만듦으로써 구의 층위에서 복합적인 것이지, 절이나 문장 층위에서 복합적인 것은 아니다.

(20) 가. You can borrow the car [that belongs to my sister].

　　　나. You can borrow the car.

다중문은, 직접구성성분이 둘 이상의 주절로 이루어진 합성문 (compound sentence)과 직접성분 중 하나 이상이 종속절[8]로 실현되는 복문(complex sentence)으로 나뉜다. (21가)는 선행절과 후행절이 모두 주절인 합성문이며, (나)는 'although' 부사절을 가진 복문이다.

Quirk et al.(2010)의 다중문 분류

다중문 (multiple sentence)	합성문 (compound sentence)	직접구성성분이 둘 이상의 주절
	복문 (complex sentence)	직접성분 중 하나 이상이 종속절

8　여기서 종속절이란 직접목적어로 쓰이는 보어절이나 부사절을 가리킨다.

(21) 가. I admire her reasoning but I reject her conclusions. (합성문)

　　 나. Although I admire her reasoning, I reject her conclusions.

　　 (복문)

관계절을 복문에서 제외한 이런 시도는, 문장의 확장을 바라보는
시각과 관련하여 시사점이 있다. 명사를 수식하는 절의 추가가, 절이
직접구성성분으로 내포되거나 절과 절이 연결되는 것과는 문장의 확
장 차원에서 다른 점이 있는지 과제를 던져 주기 때문이다.

　복문은 사태나 사건이 대개 복합적이지만, 관계절을 포함한 절도
의미적으로 복합적인지는 생각해 볼 여지가 있다. 일례로, 아래 (가)
의 '들꽃'과 (나)의 '[들에 핀] 꽃'은 사태의 복합성 차원에서는 크게 차
이가 없어 보인다.

(22) 가. 우리 엄마는 들꽃을 좋아하서.

　　 나. 우리 엄마는 [들에 핀] 꽃을 좋아하서.

이런 사정은 여러 개의 관계절을 덧붙인다고 해서 완전히 사라지
는 것도 아니다. 예를 들어, (22)에 비해 (23)이 더 복합적인 사태를
나타내는지는 분명하지 않다. 그저 '꽃'에 대한 부수적인 정보를 추가
한 것이라는 인상도 받기 때문이다.

(23) [한겨울 매서운 추위를 이겨 내고 온갖 무심한 발걸음을 견뎌 내
　　 며 질긴 생명력을 보여 주는 들에 핀] 꽃이 좋다 하서.

관계절을 문장의 확장에 포함해 온 데는, 기저의 복수의 문장을 가

정해 온 전통도 관련되어 있다. 예를 들어, 위의 (22나)는 관계화 변형 과정, 즉 아래와 같은 두 개의 문장에서 공통된 '꽃' 하나가 삭제되면서 도출된다고 기술되어 왔다.

[꽃$_i$이 들에 피었다.]S$_1$ + [우리 엄마는 꽃$_i$을 좋아한다.]S$_2$
→ 우리 엄마는 [∅$_i$ 들에 핀] 꽃$_i$을 좋아한다.

그런데 실제로 위와 같은 과정을 통해 관계절이 만들어질까. 이런 규칙이 한국어 화자의 머릿속에 존재할까.

규칙에는 언어 자료를 관찰하고 여기서 발견되는 규칙성을 '기술하기 위한 규칙'과, 화자의 인지 체계 안에 존재하고 이에 따라 언어 행위를 하는 '따르는 규칙'이 있다. 채현식(2003: 73~75)에 따르면 일례로 아래와 같은, 'ㅂ'변칙 용언의 이형태를 단일한 기저형에서 도출해 내는 규칙은 '기술의 규칙'이다.

(24) 가. /X β-/Vstem → /Xp-/Vstem/ _____ + [CY] ending;
     굽고, 굽더라, 굽는, 굽지
   나. /X β-/Vstem → /Xw-/Vstem/ _____ + [VY] ending;
     구워도, 구워서, 구우니, 구우면

위의 규칙은 기저형에 추상적인 음소 /β/를 세우고 규칙을 통해 '굽-'과 '구우-'와 같은 표면형이 나온다고 함으로써, 표면형의 변칙적 현상을 규칙적 현상으로 포착해 주는 이점이 있다. 그러나 가정된 기저형은 심리적으로 존재하지 않고, 그 도출 과정도 실재한다고 보기 어렵다는 비판을 받아 왔다. 이런 점에서 따르는 규칙은 아니다.

채현식(2003)은 통사 규칙과는 다르게, 합성어나 파생어의 단어 형성 규칙이, 심리 규칙이 아닐 가능성을 제기하며 위의 예도 함께 들었다. 그러나 통사 규칙이라고 해서 다 심리적으로 실재하는지는 앞으로 연구해 볼 여지가 있다. 위의 관계절 변형 규칙도 그러하다. 관계절을 포함한 문장을 만들 때, 과연 화자들이 복수의 문장을 떠올리고 공통되는 단어를 찾아 삭제하는 과정을 밟을까. 이런 의심은 변형 규칙의 적용을 받을 문장이 몇 개인지도 제대로 지목하기 어려운 아래와 같은 예를 보면 더욱 분명해진다.

(25) 가. [한겨울 매서운 추위를 이겨 내고 온갖 무심한 발걸음을 견뎌 내며 질긴 생명력을 보여 주는 들에 핀] 꽃이 좋다 하셔.
　　 나. [직접 시장에서 씨를 사 와서 손수 마당에 심으시고, 아침저녁으로 물 줘 가며 애지중지 키운 끝에 얻은] 꽃을 좋아하셔.

(C)에 제시된, "복합문(complex sentence)은 함께 연결된 두 개의 (비-내포된) 절을 포함한다."는 기술은 Dixon(2010: 133~134)의 것이다. 이런 절 연결에서는, 전체 문장의 서법을 결정하고 핵심 행위나 상태를 지시하는 초점절과 이에 대한 조건, 전제 등을 기술하는 보조절을 구별하는 것이 유용하며, 그 유형으로는 시간, 이유, 추가, 대조 등이 있다고 하였다. 기존에 부사절로 분류되었던 것들을 비-내포된 절 연결로 분리한 것이다.

그런데 위의 Dixon(2010)의 "비-내포된 절"이, 관계절과 보어절을 적극적으로 제외한 것인지는 확실하지 않다. 보어절 유형론을 다룬 Dixon(2010)의 또 다른 글에서는 복문을 만들기 위해 두 개의 절이 연결되는 방식에 세 가지가 있다고 하면서 아래 종류를 제시했기 때문이다.

① 병렬과 비-내포된 종속 구성
  병렬 연결소(ex. and, but), 시간 종속 연결소(ex. before, after), 논리적 종속 연결소(ex. since, because), 대조 연결소(ex. however, moreover), 목적 연결소(ex. in order)
② 관계절 구성
③ 보어절

복문의 범위도 엄밀히 말해 문법 기술상의 선택과 약정의 문제이다. 복문임이 확실한 것에서부터 복문임이 아주 의심스러운 것까지 스펙트럼을 이루기 때문이다. 복문의 존재 의의를 무엇으로 보느냐에 따라 적용 기준이 달라질 뿐 아니라, 어떤 기준을 선택하더라도 포함되지 않는 문제적 예들이 남을 수밖에 없다. 이런 점에서 복문의 범위에 대한 논쟁은 소모적일 수 있다.

그렇지만, 이를테면 관계절은 사태의 복합성에 영향을 미치지 않으므로 복문에서 제외하자는 식의 문제의식은 눈여겨볼 점이 있다. 관계절이 문장의 의미에 기여하는 방식, 복문이 사태 표상에 기여하는 방식에 대해 던지는 질문이 있기 때문이다. 두 개 이상의 절이 있으면 복문이라는 정의는 복문의 존재 의의에 대해서는 정작 말해 주는 바가 많지 않다.

1.2.2. 한국어의 특수성
단문/복문의 구분에 관한 한국어의 특수성은 동사성 형용사를 가진다는 사실과 관련이 깊다. 동사성 형용사란 형용사의 문법적인 속성이 동사와 유사한 형용사를 가리킨다.

Stassen(2005), 『WALS』에서는, 주어의 속성을 기술하는 형용사 술어의 부호화 방식에 따라 언어유형을 세 가지로 나눈다.

- 동사가 부호화되는 방식과 동일하게 부호화되는, 동사 유형의 언어
- 명사가 부호화하는 방식과 동일하게 부호화되는, 비-동사 유형의 언어
- 이 두 유형을 혼합한 유형의 언어

동사에 표시되는 일치 유형이 형용사에도 표현되면 동사 방책을 가진 것으로 간주되고, 형용사의 실현에 계사가 필요하거나 하면 명사 방책을 가진 것으로 간주된다. 동일한 어휘 항목이 영구적이냐 일시적이냐에 따라 부호화하는 방식이 갈리거나, 동사 부호화 방식을 따르는 어휘와 형용사 부호화 방식을 따르는 어휘가 갈리는 언어들이 혼합 유형에 해당한다. 비-동사 유형의 언어에는 유럽어, 오스트레일리아어, 뉴기니어 등이 포함되고, 동사 유형의 언어에는 아프리카나 사하라 지역의 언어, 한국어나 일본어 등의 동아시아 언어들, 동남아시아 언어, 폴리네시아 언어 등이 속한다.

여기서 하나를 더 추가해, Dixon(2010)에서는 세계 언어의 형용사를 네 유형으로 나눈다.

(A) 형용사가 동사와 문법적 속성이 유사한 유형.
형용사도 동사처럼 서술어로 기능한다. 형용사는 오로지 관계절을 이용해 명사를 수식할 수 있다.

(B) 형용사가 명사와 문법적 속성이 유사한 유형.

명사와 형용사는 명사구 안으로 그 쓰임이 제한된다.

(C) 형용사가 명사의 속성과 동사의 속성 일부를 혼합하는 유형.

명사구 안에 나타나고 명사처럼 굴절하지만, 서술어로도 쓰이고 동사처럼 굴절한다.

(D) 명사와도 동사와도 유사하지 않은 유형.

명사구 안의 유일한 어휘소일 수도 없고, 서술어로도 쓰이지 않는다.

영어는 (B) 유형인 명사성 형용사를 가진다. 즉 기본적인 기능이 명사를 수식하는 데 있다. 이런 형용사가 서술어로 쓰이려면 'be'동사가 필요하다.

(26) 가. A red flower.

나. Her hair is red.

반면에 한국어는 (A) 유형인 동사성 형용사를 가진다. 동사성 형용사는 단독으로 서술어로 쓰일 수 있다. 대신, 명사를 수식할 때는 '빨간'과 같은 관형사형으로 바뀌어야 한다. 즉 영어와는 변화의 양상이 반대이다. 영어는 서술어로 쓰일 때 'be'동사가 추가되는 변화가 따른다면, 한국어는 명사를 수식할 때 '은/을'이 붙는 변화가 따른다.

(27) 가. 그 아이 머리는 빨갛다.

나. 그 아이 빨간 머리야.

한국어의 형용사는 서술어 기능을 할 수 있으므로, 문장에 쓰이면 절을 이루는 것으로 간주된다. 예를 들어 관형사형어미 '은'이 붙은 '빨간'은 관형사절(혹은 관계절)이고, 부사형어미 '게'가 붙은 '빨갛게'는 부사절이다. 따라서 이들이 포함된 문장은 모두 복문이 된다.

(28) 가. 꽃잎이 빨갛다. + 꽃잎이 바람에 떨어졌다.

⇒ <u>빨간</u> 꽃잎이 바람에 떨어졌다.

나. 꽃잎이 빨갛다. + 꽃잎이 물이 들었다.

⇒ 꽃잎이 <u>빨갛게</u> 물이 들었다.

그런데 형용사의 관형사형이지만 주어-서술어 관계를 상정하기가 쉽지 않은 예들도 있다. 다음이 그런 경우이다.

(29) 가. [많은 환영]을 받으며 입장했다.

나. 지금 그 사람은 [사소한 복수]를 하고 있다.

다. [삐뚤어진 역사]에 고개를 숙인다.

(29가)의 '많은'은 [환영이 많다]가 어색하다. (나)의 '사소한'도 [복수가 사소하다]가 썩 자연스럽지 않다. (다)의 '삐뚤어진'도 [역사가 삐뚤어졌다]가 일상적으로 흔히 쓰일 만한 표현은 아니다. 이들은 주어-서술어 관계보다는 수식어와 피수식어 간의 의미화용적 어울림에 기반해 쓰였을 가능성을 보여 준다(4.3.2. 참조). 이런 예들은 형용사의 관형사형과 부사형을 일괄 절로 간주하는 것이 타당한지, 이로써 얻는 소득이 무엇인지를 묻게 한다.

부사형도 동일한 문제가 있다. 한국어 문법은 '이'는 파생접사, '게'

는 부사형어미로 분류한다. 그래서 '이'가 붙은 '빨리, 달리' 등은 부사이고, '게'가 붙은 '빠르게, 산뜻하게' 등은 부사절이 된다. 따라서 '이' 부사가 있으면 절이 추가된 것으로 보지 않지만, '게' 부사형이 있으면 절이 추가된 것으로 보고 복문으로 분류한다.

(30) 가. 아주 {슬피, 슬프게} 운다.

　　　나. 오늘은 네가 아주 {달리, 다르게} 보인다.

문제는 '이'형과 '게'형이 문장의 의미에 기여하는 양상이 별로 달라 보이지 않는다는 데 있다. 게다가 이들 사이에 설령 미세한 의미 차이가 있다 하더라도, 그것이 서술성의 유무에서 비롯되는 것인지는 더욱 분명하지 않다. 즉 '게'형의 기능이 본질적으로 '이' 부사와 동일한 것일 수 있다는 의심이다.

다음 (31)의 예도 '게'형이 부사절보다는 부사에 가까운 것처럼 보인다. (가)의 '흐드러지게'는 [꽃이 흐드러지다]로 환원하면 다소 어색하다.

(31) 가. [흐드러지게] 핀 꽃에 잠시 아찔했다.

　　　나. 참석 인원이 [많게는] 백여 명에서 [적게는] 4~50명 선이다.

(나)의 '많게는'과 '적게는'은 [참석 인원이 많다] 정도를 상정할 수 있지만, 상식적으로 이를 염두에 두고 표현한 것 같지는 않다. 그저 수의 범위를 나타낼 때 쓸 만한, 굳어진 구성의 일종으로 보이는 것이다. '많으면, 적으면, 많아야, 적어야' 등이 모두 그러하다. 이들은 모두 부사처럼 쓰일 뿐, 이들이 따로 추가하는 사태란 없어 보인다.

즉 이상의 예들을 절로 볼 근거는 이들이 원래 용언이라는 사실 외에는 없는 듯하다(11.2. 참조).

구문 분석 말뭉치를 대상으로 한국어 문형의 실현 양상을 살펴본 신서인(2006/2017)에 따르면, 절의 경우 논항 없이 용언만 쓰인 문례가 전체의 21.78%로 가장 많은 비율을 차지한다. 이런 높은 수치에는 위에서 살펴본 주어를 상정하기 어려운 관형사형과 부사형들이 포함되었을 가능성이 매우 높다.

형용사에서 도출되는 관형어와 부사어 외에도, 복문 논란을 일으킬 만한 형태는 다양하다. 조사 상당어에 해당하는 '에 따라서, 을 통해, 에 비해' 등도 사전에 등재되기 전까지는 절일 수밖에 없다. '애써, 해도 해도'와 같은 어휘형도 그러하다. 사전에 부사로 등재된 '통틀어, 이를테면'처럼 등재되기를 기다리는 많은 형태가 존재한다. 실제로 접속부사로 인정되는 '그렇지만, 그러면, 하지만' 등은 모두 용언의 활용형이 굳어져 부사로 된 것들이다.

(32) 가. [시대와 장소에 따라서] 전혀 다른 것을 의미하기도 한다.

　　나. 나는 [애써] 눈을 피했다.

　　다. 사람들 참 [해도 해도] 너무한다.

한국어의 형용사는 용언의 일종이므로, 영어의 형용사처럼 명사를 수식하려면 관형사형어미 '은/을'이 붙어야 하고, 영어의 부사처럼 동사를 수식하려면 부사형어미 '이'나 '게'가 결합되어야 한다. 즉 유럽어의 형용사와 부사에 상당하는 단어부류를 만드는 데도, 절의 자격으로 내포되는 데도 모두 이들 '은/을'이나 '이, 게'가 필요하다. 따라서 한국어의 관형사형과 부사형은 아주 어휘적인 관형사와 부사에서부터 절의 전형적인 속성을 보이는 관형사절과 부사절에 이르기까지 모두 아우르는 형태로 보는 것이 합당하다. 즉 이들을 절과 절 아닌 것으로 일괄 구분하기는 어렵다.

분류의 편이성을 위해 약간의 허술함은 감수하자고 할 수도 있다. 부사와 부사형, 부사절을 일일이 판단하기 어려운데, 용언이 포함되면 절, 그리고 이런 절이 포함되면 복문이라고 정한다면, 판정이 일관되게 이루어질 수 있는 이점이 있기 때문이다. 그러나 문법 기술의 목적이 분류나 구분에 있을 수는 없다.

분류나 구분은 문법에서 관찰되는 자연군에 의할 뿐, 기술의 편의를 위한 약정이어서는 안 된다. 우리의 언어 현실이 분명한 구분이 어렵도록 이루어져 있다면 그 어려움을 그대로 인정하는 것이 바람직하다. 부사와 부사형, 부사형과 부사절을 구분하기 어려운 것은, 동사성 형용사를 가진 한국어의 당연한 언어 현실이다. 그리고 이런 현실은 다른 언어와 구별될 만한 한국어 문법의 주요 특징이다. 문법 기술의 정연함을 위해 포기하거나 뭉뚱그릴 수 있는 그런 속성이 아니다.

1.3. 절의 종류

1.3.1. 절의 전통적인 분류와 문제 제기

복문의 전통적인 분류는 다음과 같다. 유럽어에서는 병렬과 내포로만 대별하는 반면, 한국어에서는 접속과 내포로 대별하고 접속의 하위 부류에 종속접속이 추가되는 차이가 있다.

유럽어에서의 분류	한국어에서의 전통적인 분류
coordinate clause	접속 대등접속(coordinate clause)
	종속접속(subordinate clause)
———	
embeded(=subordinate) clause	내포(embeded clause)
relative clause	관계절(관형사절)
complement clause	보어절
adverbial clause	부사절

그런데 이익섭(2003)에서 일찍이 지적했듯이, 원어를 비교해 보면 이상한 점이 발견된다. 한국어의 종속접속에는 'subordinate clause', 내포에는 'embeded clause'가 할당되어 있는데, 유럽어에서는 이 둘이 동의어로 쓰이는 것이다. 이런 사정은 아래 기술에서도 확인된다. 관계절, 보어절, 부사절을 아우르는 절로 (A)와 (B)에서는 'subordinate clause'를, (C)에서는 'embeded clause'를 쓰고 있다. 요컨대 한 종류를 가리키는 두 개의 술어를, 한국어에서는 종속접속과 내포라는 별개의 종류를 수립하는 데 써 온 것이다.

(A) Thompson et al.(2007: 237): 주절과 종속절(subordinate clause)은 연속체를 이룬다. 종속절에는 세 가지 유형이 있는데, 관계절과 보어절은 이 연속체 끝에 있는 종속 구조를 표상한다. 이에 반해 부사절은 덜 종속적이다.

(B) Cristofaro(2003: 15): 절 연결 방책은 크게 병렬과 종속 두 유형으로 나뉜다. 종속은 의존성(홀로 쓰일 수 없고), 절 내포(주절에 성분으로서 내포되는 것)와 같은 여러 기준으로 확인된다.

(C) Noonan(1985: 42): 내포된(embeded) 문장 중에서 동사의 논항인 것만 보어절로 취급한다. 관계절이나 부사절은 제외한다.

이런 차이가 발견된 이상, 한국어 종속접속의 처리에 대한 논의가 불가피하다. 유럽어의 체계에 따라 종속접속도 내포절의 한 유형인 부사절로 처리해야 하는가, 아니면 한국어만의 특수성을 인정하여 유럽어와는 다른 절 체계를 수립해야 하는가.

그간의 한국어 문법은 유럽어의 절 분류의 전통을 그대로 이어받아 왔다. 그러다 보니 정작 질문되어야 할 것들이 간과되어 온 면이 있다. 바로 다음과 같은 의문들이다.

- 종속절과 내포절이 동의어라면 한국어의 종속접속절은 부사절로 분류되어야 하는데, 그럴 만한가. 종속접속절의 발달은 언어유형적으로도 주목할 만한, 한국어의 주요 특징일 수는 없는가.
- 한국어의 대표적인 절 유형인 명사절은 어디에 두는가. 보어절인가.
- 관계절도, 명사보어절도 아닌 관형사절은 또 어디에 두는가.
- 위의 절의 종류에는 없는, 인용절과 내포의문절은 어떻게 분류되어야 하는가.

1.3.2. 유럽어의 관계절, 보어절, 부사절

내포절의 세 종류

내포절의 대표적인 유형은 관계절, 보어절, 부사절이다. 관계절은 명사(구)를 수식하는 절이다. 다음의 대괄호 부분이 관계절이다. 이들 관계절에는 대개 성분 하나가 비어 있고, 관계절의 수식을 받는 핵어명사(head noun)가 이 비어 있는 성분으로 해석된다. 즉 관계절 안의 비어 있는 성분과 관계절의 수식을 받는 핵어명사가 같다.

(33) 가. I saw the picture_i [that you painted Ø_i].

나. [네가 던진 Ø_i] 공_i에 유리창이 깨졌다.

보어절은 논항 자리에 오는 절을 말한다. (34가)의 that절은 동사 'know'의 목적어이다. (나)의 that절은 명사 'fact'의 보어이다. 'fact'만으로는 의미가 충분하지 않고 '어떠한' 사실인지가 추가되어야 가리키는 바가 완전해지기 때문이다. (가)처럼 동사가 필요로 하는 절을 동사보어절이라 하고, (나)처럼 명사가 필요로 하는 절을 명사보어절이라 한다.

(34) 가. A lot of people knew [that you painted the picture].

나. He knew the fact [that she has left].

부사절은 주절 상황에 대한 배경, 이유 등을 제공하는 데 쓰인다. (35가)에서 시간 정보를 주는 after절, (나)에서 이유를 제공하는 because절이 부사절이다.

(35) 가. I'll call you after I've spokent to him.

나. I did it because he told me to.

Whaley(1997)는, 관계절은 명사를 수식하므로 형용사와 아주 비슷하고, 보어절은 동사에 대해 주어나 목적어의 관계를 가진다는 점에서 명사와 유사하며, 부사절은 전달하는 의미도 그렇고 통사적으로 꼭 필요한 절도 아니라는 점에서 부사와 유사하다고 하였다. 즉 이들 절은 각각 형용사적, 명사적, 부사적이라는 것이다.

관계절과 보어절이 구분되는 언어

영어를 비롯한 유럽어는 관계절과 보어절이 달리 표현된다. (36가)는 'painted'의 목적어인 'picture'가 핵어명사가 되면서, 관계절의 목적어 자리는 비어 있다. 반면에 동사보어절인 (나)에는 빈자리 없이 성분이 모두 갖추어져 있다.

   (36) 가. I saw the picture$_i$ [that you painted ∅$_i$].

       나. A lot of people knew [that you painted the picture].

비어 있는 성분의 유무 외에, 관계대명사와 보절자 간의 차이도 있다. 일례로 영어는 관계절에 'that, who, which' 등이 모두 쓰이지만 보어절에는 'that'만 쓰이고 'who-', '-which'는 쓰이지 않는다.

관계절과 보어절의 이런 차이와는 달리, 명사보어절과 동사보어절 사이에는 차이가 없다. (37)의 대괄호 부분에는 비어 있는 성분이 없고, 보절자도 'that'으로 동일하다. 이런 까닭에 유럽어는 관계절과 보어절이 구분되는 언어로 분류된다.

   (37) 가. A lot of people knew [that you painted the picture].

       나. He knew the fact [that she has left].

그러나 명사보어절과 관계절이 동일하고, 동사보어절과는 크게 다른 언어들도 있다. 대표적으로 한국어와 일본어가 그러하다. 이에 대해서는 다음 절과 3.3.에서 더 자세히 다룬다.

내포절인 부사절과 비-내포의 종속 구성

부사절은 보어절이나 관계절과 함께 내포절의 한 종류로 분류되어 왔다. 이는 부사절도 문장의 한 성분을 이루는 것으로 여겨져 왔음을 의미한다. 그러나 부사절은 다른 두 내포절에 비해 내포하는 주체가 분명하지 않고, 주절처럼 독립적인 양상을 보이는 경우도 있다. 이에 부사절을 내포절과는 분리해서 보려는 시도가 있어 왔다.

대표적으로, 부사절이 연결된 복문을 담화의 수사적 구조가 문법적으로 표현된 절-연결로 보려는 논의가 그러하다(10장 참조). 이들 논의에서는 주절이 부사절을 내포한다고 볼 수 없는 예들에 주목하고, 부사절은 주절에 종속적일 수는 있지만 성분으로 내포되는 것은 아니라고 하였다. 앞서 잠깐 언급한 Dixon(2010)에서, '비-내포된 종속 구성'을 따로 내세운 것도 문제의식이 비슷하다. 종속적이지만 내포되지 않는 종류를 따로 분리한다는 것은, 적어도 내포와 종속을 동일하게 보아 온 그간의 전통을 그대로 수용하지는 않았음을 보여 준다. 이 외에, 영어의 부사절 중에는 주절같이 독립적인 양상을 보이는 종류가 있다는 논의도 일찍부터 있었다(9장 참조).

이런 논의들은 부사절의 독립성/의존성 정도가 균일하지 않으며, 따라서 일괄 내포절로 간주할 수는 없음을 시사한다. 즉 부사절은 내포절의 일종인가, 비-내포적인 종속 구성인가 하는 쟁점이 던져진 셈이다.

문법부류와 문법기능

절을 논의할 때는 문법부류와 문법기능을 구분할 필요가 있다. 영어에서의 관계절, 부사절, 보어절은 문법부류이다. 관계절은 절 내부에 핵어명사와 공지시하는 성분을 가지고 관계대명사가 이끄는 절이다. 보어절은 절 내부에 빈 성분이 없고 보절자를 가지는 절이며, 부사절은 because나 after와 같은 종속접속사가 이끄는 절을 가리킨다.

물론, 이들 문법부류는 일정한 문법적 기능을 한다. 관계절은 핵어명사를 의미적으로 수식함으로써 핵어명사의 지시 범위를 좁히고, 보어절은 명사의 보어나 동사의 논항으로 기능하며, 부사절은 부가어의 자격으로 동사나 주절을 수식한다. 그러나 어떤 절이 이와 유사한 기능을 한다고 해서 동일한 부류로 불리지는 않는다.

예를 들어, (38가)의 before절은 명사구 'the happy days'를 의미적으로 수식하고, (나)의 because절은 be동사의 보어 자리에 쓰였다. 그러나 이들을 각각 관계절과 보어절이라고 하지는 않는다. 단지 관계절처럼 쓰였다거나 보어절처럼 쓰였다고 할 뿐이다. 이런 점에서 문법부류와 문법기능은 다르다.

(38) 가. The happy days [before the Magistrate had been invited].

　　나. This was <u>because</u> he was afraid that the duties to which the Lord had called him might prove too much for his strength.

유럽어의 관계절·보어절·부사절은, 종종 형용사절·명사절·부사절로 기술되기도 한다. 후자의 명명은 문법기능에 의한 것이다. 형용사절은 관계절이 명사를 수식하는 기능이 형용사와 비슷하다고 해서 붙여진 이름이며, 명사절은 보어절이 논항으로 쓰이는 기능이 명사와 같다고 해서 붙여진 이름이다. 이들이 형태적으로 형용사나 명사와 유사한 것은 아니다. 따라서 엄밀히 말해 유럽어의 경우, 관계절을 형용사절이라거나 보어절을 명사절이라고 하는 것은 정확한 기술이 아니다.[9] 문법부류인가 문법기능인가 하는 문제는 한국어의 절의 종류를 세우는 데 꽤 중요하다.

1.3.3. 한국어의 관형사절, 명사절, 부사절, 간접인용절, 내포의문절, 접속절

관형사절, 명사절, 종속접속절의 수립

한국어의 절의 종류는 유럽어와는 조금 다르게 세워져야 한다. 근거는 많다. 첫째, 한국어는 관계절과 명사보어절 간의 문법적 차이가 크지 않다. 유럽어는 관계절과 보어절이 구분된다. 즉 관계절과 명사보어절은 문법적으로 구분되고 오히려 명사보어절과 동사보어절은 동일하다. 앞에서 살펴본 'know that' 구문과 'know the fact that' 구문이 이에 해당한다. 명사보어절이든 동사보어절이든 부절자 that을 취하고 절 안에 비어 있는 성분이 없다.

반면에 한국어는 관계절과 명사보어절은 문법적인 차이가 크지 않고, 오히려 명사를 수식하는 관형사절과 동사의 논항인 보어절 사이가 크게 다르다. (39)에서 대괄호로 묶인 절은 (가)는 관계절, (나)는 명사 '사실'의 내용절인 보어절, (다)는 동사 '인정하다'의 보어절, (라)는 동사 '묻다'의 보어절이다. (나)는 명사를 수식하므로 명사보어절, (다)와 (라)는 동사의 논항이므로 동사보어절이다.

---

9 언어유형론에서는 문법부류보다는 문법기능이 중시될 수 있다. 이를테면 논항 자리에 오는 절을 보어절로 아우르는 것도 이런 태도이다. 이를 통해 보어절의 유형론에는 절의 축소된 형태이지만 절의 속성을 일부 보이는 분사나 부정사 등도 포함될 수 있고, 유사한 기능을 하는 것들을 모아야 언어가 구현되는 방식의 차이도 대조할 수 있다.

(39) 가. [내가 ∅ᵢ 투고한] 글ᵢ이 드디어 실렸다.

　　나. 결국 [네가 비판적인 글을 투고한] 사실이 알려졌다.

　　다. 그는 [그 글을 자신이 썼다고] 인정했다.

　　라. 그 사람은 [그 글을 누가 썼는지] 물었다.

　관계절과 명사보어절은 모두 관형사형어미 '은'을 취하지만, 동사보어절에는 '다고'나 '은지'가 쓰이고 있다. 이런 점에서 한국어의 관계절은 명사보어절과 형태적으로 아주 가깝고 동사보어절과는 멀다. 즉 유럽어처럼 보어절이 하나로 묶이고, 이것이 관계절과 구분되는 그런 언어가 아니다.

　둘째, 관계절을 명사 수식의 대표적인 절로 내세운 것도 한국어의 실정에는 맞지 않는다. 유럽어의 전통에 따라 한국어도 명사 수식절의 종류를 관계관형사절, 보문관형사절로 나누어 왔다. 그러나 생략이 많은 한국어는 이 둘의 구분도 현실적으로 쉽지 않을 뿐 아니라, 이 둘 어디에도 속하지 않는 관형사절도 많다. 아래의 관형사절은 전통적인 의미의 관계절이나 보어절로 보기 어렵다.

(40) 가. [네가 먹은] 그릇은 네가 치워.

　　나. [영희가 집을 나간] 철수.

　위의 (가)는 절 안의 '그릇'이라는 성분이 생략되었다고 보기 어렵다. (나)에는 생략된 성분이 없지만 피수식어인 '철수'가 내용절인 보어를 필요로 하는 명사도 아니다. 이런 예들의 존재는, 한국어에서 관계절이 명사 수식절을 대표할 수 있지 않음을 보여 준다. 관계절보다는 오히려 관형사절을 내세우는 것이 한국어의 현실에 더 부합한다(4장 참조).

셋째, 한국어는 명사절의 활약이 대단한 언어인데, 유럽어의 절의 종류에서는 명사절이 주요 부류가 아니다. 한국어에서 명사절은 역사적으로도 오래되었고, 명사형어미의 세대교체는 있다 하더라도 명사절의 쓰임 자체는 결코 줄지 않는 그런 종류의 절이다. 특히 명제가 논항으로 와야 하는 자리에서는 명사절이 가장 많이 쓰인다. 아래 (41가)는 주어 자리에, (나)는 목적어 자리에 명사절이 쓰인 예이다. 이런 현상은 언어유형적인 관점에서도 꽤 유의미하다(7장 참조).

(41) 가. [그녀가 남몰래 어려운 사람들을 도와 왔음]이 결국 세상에 알려졌다.
나. 그녀는 [세상 사람들이 칭찬해 주기]를 바라고 한 일이 아니라고 하였다.

넷째, 한국어의 종속접속절은 성분절인 부사절로 뭉뚱그려질 만한 절이 아니다. 부사절이라면 성분으로 내포되고 동사구를 수식해야 한다. 그러나 종속접속절은 수식하는 대상을 찾는 것도, 내포하고 있는 동사구를 지목하는 것도 어려울 때가 많다. 또한 주절에 독립적인 발화수반력을 가지기도 하고, 주절보다 정보적 위상이 더 중할 때도 많다(10장 참조).

다섯째, 한국어의 종속접속절은 문법적인 여러 양상이 상대적으로 병렬문(coordination)에 가깝지 내포절에 가깝지 않다. 유럽어는 병렬과 내포(종속)로 대별함으로써, 부사절을 접속사가 연결된 병렬문보다 관계절과 같은 내포절에 가까운 것으로 취급한다. 그러나 한국어는 이들이 모두 연결어미에 의해 표시되며, 동일한 연결어미가 병렬접속과 종속접속에 두루 쓰일 때도 있다. 또한 병렬접속절은 단독으로 문장을 끝맺지 못하므로 완전히 독립적이지 않으며, 종속접속절은 독자적인 시제 표현을 할 수 있는 등 완전히 의존적이지 않다. 즉 한국어에서의 병렬접속과 종속접속은 독립성과 의존성 차원에서 연속체를 이룬다고 할 만큼 가깝다.

한국어 내포절의 문법부류

한국어 내포절의 문법부류로는 관형사절, 명사절, 부사절이 있다. 그리고 이들 외에 내포의문절과 간접인용절이 있다. 이들은 전담 어미가 있고 이로써 서로 구별된다. 이를테면 '은, 을', '음, 기', '이, 게', '은가, 은지', '다고, 냐고' 등의 어미만 보아도 절의 부류를 알 수 있다. 한국어가 교착어임을 고려하면, 어미에 의해 문법부류가 표시되는 이런 양상은 당연하다.

이들 내포절 부류의 문법기능은 쓰이는 환경에 따라 달라질 수 있다. 일례로, 명사절은 주로 동사의 논항 자리에 보어절로 쓰인다. 그런데 이 외에도 명사형어미에 부사격조사가 붙어 부사절처럼 쓰일 수도 있고, 의존명사 앞에서 관형사절처럼 쓰일 수도 있다. (42가)는 '밝혀지다'의 논항으로 '음'절이 쓰인 것이고, (나)는 '음'에 '으로써'가 붙어 연결어미처럼 쓰인 것이며, (다)는 대개 관형사절이 오는 의존명사 앞에 '기'절이 쓰인 것이다.

(42) 가. 그가 남몰래 선행을 [해 왔음이] 밝혀졌다.

　　　나. [뜻있는 사람들의 행동이 많은 호응을 받음으로써], 새로운 풍토가 조성되기를 바라는 마음 절실하다.

　　　다. [학교를 가기] 전, [학교를 가기] 때문에 등

문법부류와 문법기능을 구분하면, 필수적 부사절의 존재도 전혀 문제가 되지 않는다. 문법부류인 부사절이 특정한 환경에서 성분인 보어절의 문법기능을 한다고 보면 그만이다.

한국어에서 보어절은 문법기능에 따른 절의 종류이므로, 다양한 부류가 보어절로 쓰일 수 있다. 논항 자리에 쓰이는 명사절, "네가 떠났다는 소문"처럼 '소문'의 내용절로 쓰인 '다는' 관형사절, '다고 말하다'와 같은 인용동사의 논항 자리에 오는 간접인용절, '은지/을지 묻는다'와 같은 발화동사의 논항 자리에 오는 내포의문절은 모두 기능상 보어절이다.

한국어의 절의 종류에는 이들 내포절 외에 접속절이라는 부류도 필요하다. 종속접속절과 병렬접속절을 위한 것인데, 이들은 성분으로 내포된 절이 아니며 문장이 이어지는 것과 유사하게 절이 접속된 종류이다. 접속절의 전담 표지는 연결어미이다. 그래서 병렬접속절, 종속접속절, 부사절은 형태적으로는 잘 구별되지 않는다. 그렇다고 이들을 문법부류가 아닌, 문법기능에 따른 종류로 볼 수는 없다. 접속절이 담당하는 기능이라는 것이 주절과 연결되었다는 것 외에 따로 없으며, 병렬절과 종속절은 현실적으로 구분이 어렵고 기능상의 차이도 별로 없다.

간접인용절과 내포의문절

간접인용절과 내포의문절이 내포절의 어떤 부류인가 하는 문제가 일찍부터 논의되어 왔다. 부사절로 묶이는 일도 있었고, 명사절로 파악되는 일도 있었으며, 동사보어절로만 불린 적도 있다. 그러나 이들의 문법부류명은 명사절이나 부사절이 아닌, 간접인용절, 내포의문절이 적절하다. 사정을 살펴보자.

간접인용절에 대해서는 부사적 성분에 상당한다는 분석이 있었다. (43가)처럼 인용절의 대형식이 '그렇게'와 같은 부사이며, (나)처럼 조사가 잘 붙지 않는다는 근거에서이다. 이와는 달리 대형식이 부사이면서 부사격조사를 취할 수는 없으므로 동사구 보문이라고 주장한 논의도 있었다.

(43) 가. 내가 먼저 {그만하자고, 그렇게} 말했다.
　　　나. 내가 먼저 그만하자고{*가, *를} 말했다.
　　　다. 내가 먼저 그만하자 말했다.

먼저, 부사절과 동사보어절은 양자택일해야 하는 절의 종류가 아니다. 필수적 부사절처럼, 인용의 부사절이 이 구문에서는 동사보어절로 기능한다고 보면 된다. 문제는 간접인용절이 과연 부사절인가 하는 데 있다.

간접인용절에는 어미 '다고, 냐고, 라고, 자고, 마고' 혹은 '고' 없이 '다, 냐, 라, 자, 마'가 붙는다. 이들은 인용절의 표지이다. 따라서 형태적으로는, 굳이 이들에 부사절이라는 이름을 부여해야 할 이유가 없다. 그렇다면 기능적으로는 어떠한가. 기능상으로도 이들을 부사절로 보아야 할 이유는 없다. 부사절의 기능이라면 동사구나 주절을 의미적으로 수식해야 하는데, 간접인용절은 수식어가 아니라 논항으로 쓰이고 있다.

내포의문절에 대해서도 비슷한 논란이 있었다. 아래의 '은지' 절은 '모르다'와 '묻다'의 논항 자리에 쓰이기에 '은지, 을지'를 명사화소, 이들 절을 명사절로 보는 일이 있었다.

(44) 가. 누구도 비가 언제 올지는 모른다.

　　나. 친구는 내게 어디로 가는지를 물었다.

그러나 논항 자리에 쓰였다고 해서 명사절로 인정된다면, 필수적 부사절이나 위에서 다룬 인용절 등도 모두 명사절로 분류되어야 한다. 명사절은 문법부류이지, 문법기능에 따른 절의 종류가 아니다.

임홍빈(1974)에서도 '은지, 을지' 절이 명사화라면, 아래 예들도 동일하게 취급해야 한다고 비판한 바 있다. '울고불고'나 '살아서'를 명사화된 것이라고 할 수는 없을 것이다.

(45) 가. 그것은 [울고불고]의 문제가 아니다.

　　나. [살아서]의 인생이 더 중요하다.

'은지, 을지'는 내포된 의문절을 형성하는 어미이고, 따라서 이들만의 정체성을 드러내는 문법부류명으로는 내포의문절이 적절하다. 그리고 내포의문절은 '모르다'나 '묻다'와 같은 동사 구문에서 보어절로 기능한다.[10]

그간 인용절이나 의문절을 독립적인 절의 부류로 인정하지 않고, 명사절·부사절·보절 어딘가에 소속시키려 한 데는, 문법부류와 문법기능을 구분하지 않았던 것 외에, 기존의 유럽어 기반의 절 분류를 고수하려는 태도도 작용한 듯하다. 내포절의 종류에는 주로 세 부류

---

10 연결어미 '는지'가 있지만, 이는 내포절 어미에서 발달한 것이다. 이지영(2008)에서는 '-은디'는 15세기부터 주로 '알-'과 '모르-' 구문에서 내포문 어미로 쓰였으며, 반복 구문으로 쓰인 '-은디 -은디'와 같은 과도기적 용법을 거쳐, 16세기부터 단독으로 접속문의 선행절로 쓰인 구문이 발견된다고 하였다.

만 언급되어 왔기에, 새로운 부류를 끌어들이기가 그만큼 어려웠을 것이다. 그러나 한국어는 어미가 절의 부류를 표시하고 결정하는 만큼, 유럽어와는 다른 부류의 절이 얼마든지 있을 수 있다.

간접인용절과 내포의문절만 특별한 어미를 가지는 것이 이상하지 않은가를 물을 수도 있다. 동사의 의미에 따라 보어절의 형식이나 보절자의 종류가 달라지는 일은 범언어적으로 낯선 일이 아니다. 가장 쉬운 예로, 영어에서도 동사 'know'의 보절자는 that이지만 'ask'의 보절자는 if나 weather이다.

2장
의존적인 절과 독립적인 절의 구분

절은 홀로 문장을 이룰 수 있는 독립적인 절과 그렇지 못한 의존적인 절이 있다. 상당수의 언어는 독립적인 절과 의존적인 절을 형식적으로 구분한다. 이 장에서는 절의 독립성과 의존성이 어떻게 구분되며 언어마다 어떻게 다른지를 살펴본다.

2.1. 정형성의 개념

한 문장에 동사가 여러 개일 경우 각각 그 형식이 다를 수 있다. 아래 예에서 'comes'와 'doubting'은 여러 가지가 다르다.

(1) By doubting, he comes at the truth.

'comes'는 주어가 3인칭 단수이며 시제가 현재임이 표현되어 있다. 그러나 'doubting'에는 의심하는 주체의 인칭이 표현되어 있지 않고, 시간 정보도 'comes' 기준으로 동시에 일어난 사태라는 정도만 표현되어 있다. 전통적으로 'comes'와 같은 형식을 정형(finite) 동사형, 'doubting'과 같은 형식을 비정형(non-finite) 동사형이라 불러 왔다.[1]

아래 예에서도 이런 구분은 손쉽다. (2)의 'makes'와 'is'는 정형 동사형이다. 주어가 3인칭 단수이며 시제는 현재임이 표현되어 있다. 반면에 (2가)에서 'want'나 'be'는 동사원형으로 인칭과 시제가 표현되어 있지 않으므로 비정형 동사형이다. 또한 (나)에서 조동사 'can' 뒤의 'imagine'도 동사원형으로, 비정형의 동사형이다.

(2) 가. That <u>makes</u> me want to be a better person.

　　나. Everything you can imagine <u>is</u> real.

동사의 이런 형태적 차이는 기능의 차이가 반영된 것이다. 대개 정형 동사형은 문장의 단독 술어가 될 수 있지만 비정형 동사형은 그럴 수 없다. 비정형 동사형이 표현하지 못한 시제와 인칭 등의 정보를 얻어야 하기 때문에, 같은 문장에 반드시 정형 동사형도 있어야 한다. 위의 문장에서 단독 술어가 될 수 있는 형태는 'makes'와 'is'이다. 그래서 정형 동사형을 아예 주절 술어에 사용되는 동사 형태라고 정

1　필자는 'finiteness'를 한정성으로 번역해 왔다. 대표적으로 「한국어 탈종속화의 한 종류」(2016)라는 논문에서도 한정성으로 관련 현상을 설명하였다. 이는 정형 동사형은 시제나 인칭 등이 표시됨으로써 제한되지만, 비정형 동사형은 이런 제한이 표시되지 않음을 반영한 것이었다. 그러나 이 책에서는 'definite, definiteness'도 언급할 필요가 생기면서 '한정적, 한정성'은 이 술어의 번역어로 쓰고, 이와의 혼동을 피하기 위해 'finiteness'는 정형성으로 바꾸어 번역한다.

의하는 일도 있다.

이런 구분은 그리스 라틴 전통의 동사 형태법에서 비롯한 것인데, 현대언어학에서는 정형성을 동사에 국한된 것이 아닌, 절의 영역으로 본다. 대표적으로 Givón(1990)은 원형적인 타동성 주절을 독립된 사건 표현의 원형으로 보고, 정형성은 이 원형과의 유사성 정도로 파악한다. 이해를 위해, 한국어로 예를 들어 보자.

동사 '살다'는 주절로 쓰일 때는 (3가)처럼 쓰인다. 즉 주어에는 '이/가', 장소의 부사어에는 '에/에서', 목적어 상당의 논항에는 '을/를'이 붙는다. 그런데 (나)는 '살다' 구문이 목적어로 내포된 것인데, 이런 환경에서는 '기' 앞에 '었'이 붙지 않는다. 여기에 더해 (다)는 '제주에서 하루 살기'의 주어가 '그가'가 아닌 '그의'로 바뀌었다. 요컨대 (가)가 주절의 원형으로서 가장 정형적이라면, (나)는 이보다 정형성이 덜하며 (다)가 가장 비정형적이다.

(3) 가. 그가 제주에서 하루를 살았다.

　　나. 그는 요즘 너무 바빠서 제주에서 하루 살기를 겨우 했다.

　　다. 그의 제주에서 하루 살기는 성공적이었다.

이처럼 주어의 표시 방식, 시제어미의 결합제약 등에 따라 정형성 정도가 달라지기에 정형성은 절의 영역이다. 그리고 정형성 정도는 독립된 사건일 때 표시되는 통사적 자질들이, 의존적인 사건을 표현하는 데 얼마나 유사하게 나타나는가로 파악된다. 원형적인 주절과의 유사함이 낮아질수록, 즉 비정형적일수록 다른 절에의 의존도가 높아진다.

주절은 원형적으로 정형절이고 내포절은 비정형절이다. 비정형절의 의존성은 주절이라면 표시될 만한 통사적 자질이 표현되지 않거나 다른 형식으로 표현됨으로써 드러난다. (4)에서 밑줄 친 부분이 비정형절이다. 이들 절에는 주어가 없는데, 이는 주절의 주어와 같음을 함축한다. 또한 'arriving'은 'saw' 기준의 현재/동시를, 'having completed'는 'had' 기준의 과거/선시를 표시한다. 즉 시제의 표현 방식이 주절과 다르고 그 종류도 주절보다 훨씬 적다. 이처럼 비정형절은 주어와 시간 해석을 주절에 의존한다.

(4) 가. <u>Arriving at the party</u>, we saw him standing alone.
　　나. <u>Having completed the book</u>, he had a holiday.

이런 점에서 정형성은 주절과 내포절 간의 독립성/의존성의 차이가 문법적으로 반영되는 장치라고 할 수 있다. 즉 내포절이 비정형적일수록 주절에 통합되는 정도도 크다. 정형성을 절의 독립적/의존적 지위와 관련된 의미범주로 파악한 기술은 여러 논의에서 발견된다.

- 어떤 절이 다른 절에 통합되는 정도를 통사적으로 반영한 것이다. (Givón 1990: 853)
- 문장의 구조적 독립성을 외현적으로 표시하는 장치이다. (Bisang 2007: 116, 133)
- 비정형성의 주요 기능은 통사적, 의미적 내포를 표시하는 데 있다. (Nikloeva 2007: 138)

정형성을 이렇게 이해하면 다음과 같은 후속질문과 대강의 대답이 가능해진다. 첫째, 정형성 표시에 활용되는 범언어적인 범주가 존재할까? 세계 모든 언어에 공통되는 범주는 기대할 수 없다 하더라도, 정형성 표시에 주로 이용되는 범주는 있다. 대표적으로 시제, 인칭, 격 표시 등이 그런 종류이다.

둘째, 언어마다 정형성 범주가 다를 수 있을까? 해당 언어가 어떤 문법범주를 가지고 있는가와 직결되어 있는 문제이므로, 당연히 언어마다 다르다. 일례로, 한국어는 인칭이 동사에 표시되는 언어가 아니므로, 정형성 범주에 인칭은 없다.

셋째, 개별 언어 안에서도 의존적인 절의 종류에 따라 정형성의 범주나 그 정도가 달라질까? 앞의 영어의 경우 'doubting'은 'having been doubting'이 있으므로 주절과 똑같은 종류의 것은 아니라 하더라도 시간 정보는 어느 정도 표시할 수 있다. 그러나 인칭은 어떤 경우에도 표시할 수 없다. 이를 보면 절에 따른 정도의 차이도 기대할 수 있다.

넷째, 모든 언어가 절의 독립성과 의존성을 문법적으로 구분하는가, 즉 정형성 대립은 보편적인가? 모든 언어가 의존절과 독립절을 형태적으로 구분하는 것은 아니다. 중국어처럼 별도의 연결 표지 없이 동사를 나란히 놓는 언어들은 정형형과 비정형형의 구분이 없다.

다섯째, 독립절의 동사는 모두 정형형이고 의존절의 동사는 모두 비정형형인가? 그렇지는 않다. 명령문처럼 주절 동사이지만 시제나 인칭이 표현되지 않는 것이 있다. 그리고 (5)에 제시된 영어의 일부 내포절처럼 정형성 차원에서 주절과 크게 다르지 않은 의존절도 있다.

(5) 가. He knows [that she has left]. [보어절]

나. She has left [because he made get her angry]. [부사절]

다른 언어학의 개념도 그렇지만, 정형성 및 정형성 범주도 경향성으로 접근해야 한다. 정형성 관련 범주의 목록과 반영 정도는 개별 언어의 문법 체계 안에서 판단해야 할 문제이다.

2.2. 정형성 관련 문법범주

정형성 범주란 주절이라면 표현될 만한 범주가, 주절이 아닌 곳에서는 표현되지 못하거나 주절에서와는 다른 방식으로 표현되는 범주를 말한다. 즉 정형형과 비정형형의 차이에 동원되는 범주이다. 따라서 정형성 범주는 주절(혹은 독립절)과 의존절을 대조함으로써 파악된다.

아래 영어의 예에서 'ing'절은 시제의 대립이 주절과 다르다.

(6) 가. Arriving at the airport(=When we arrived), we realized that he has already left.

　　나. Having won one of major prizes(=After Tom won one of major prizes), Tom retired from his work.

주절이라면 현재(arrive), 과거(arrived), 미래(is going to arrive), 현재완료(have arrived), 과거완료(had arrived), 미래완료(will have arrived) 등이 가능하지만, 이 환경에서는 대개 동시성과 선시성 정도만이 표현된다. 즉 'arriving'은 주절 사건과 동시간대의 사건임을, 'having won'은 주절 사건보다 먼저 일어난 사건임을 나타낸다. 따라서 영어에서 시제는 정형성 범주로 간주된다.

언어마다 정형성 구분에 쓰이는 범주는 상당히 다르다. 일례로 영어는 시제가 정형성 대립에 상당한 역할을 하지만, 헤브루어는 인칭이 결정적으로 작용한다. 헤브루어에서 '형용사적 동사'인 분사는 성과 수를 표시하지만, 주절 동사와는 달리 인칭은 표시하지 못한다. 이처럼 언어마다 사정이 다르다 보니, 정형성 범주에 관한 한 범언어적인 보편성은 없다는 것이 최근의 중론이다(Cristofaro 2007, Bisang 2007: 133).

그러나 정형성 범주가 개별 언어에 따라 혹은 같은 언어 안에서도 구성에 따라 다르다고 해서, 무엇이든 정형성 범주로 쓰이는 것은 아니다. 대개 정형성에 관여하는 종류는 다음과 같은 것들이다. 이들은 Givón(1990), Noonan(1985), Bisang(2001, 2007), Cristofaro(2007)에 제시된 것을 바탕으로 재구성한 것이다.

(A) 동사 형태에 허용되는 범주적 구별의 유지, 변형, 부재

　　① 시제, 상, 양태

　　② 인칭, 성, 수 등의 일치 표시

(B) 성분의 격 표시

　　① 주어, 목적어의 격 표시

　　② 소유주 논항의 표시

(C) 명시적인 논항의 허용, 불허

(D) 동사의 명사류 형태론 관련

　　① 명사화 접사의 유무

　　② 격 표지나 후치사의 허용 여부

　　③ 관사의 허용 여부

(E) 독립절에서 사용되지 않는 특별 형식(예, 접속법)

(F) 화제 표시의 사용

(G) 발화수반력과 공손성

(H) 부정

(I) 사역성, 태, 타동성 등

가장 대표적인 방식은 주절 동사에 표시되던 문법범주가 비정형절
에서 바뀌거나 사라지는 정도와 관련된다. 다음은 Bybee(1985)에서
동사에 표시되는 범주의 종류를 조사한 결과이다. 결합가는 주로 동
사 파생형으로 표현되는 반면에, 시제, 서법, 인칭 일치는 거의 전적
으로 동사 굴절형으로 표현된다.

동사 범주의 굴절/파생 표시 (Bybee 1985: 30)

	굴절 (Inflectional)	파생 (Derivational)	Total
결합가(Valency)	6	84	90
태(Voice)	26	30	56
상(Aspect)	52	22	74
시제(Tense)	48	2	50
서법(Mood)	68	0	68
수일치(Number agreement)	54	12	66
인칭일치(Person agreement)	56	0	56
인칭일치(목적어) (Person agrement(Object))	28	0	28
성일치(Gender agreement)	16	0	16

정형성을 나타내는 데도 이런 범주들이 이용된다. 시제, 상, 서법

등은 주절 동사에 표현되는 구별이 그대로 유지될 수도 있지만, 상당수는 대립의 종류가 줄거나 아예 표시되지 않는다. 또한, 수나 인칭의 일치 패턴이 의존적인 절에서는 감소하거나 사라지는 일도 흔하다.

문장성분의 격 표시도 정형성 정도의 지표이다. 비정형절에서 주어나 목적어의 표지가 달라지는 일도 있고, 러시아어에서 동명사가 명시적인 주어를 허용하지 않는 것처럼, 아예 논항이 표현되지 못하는 경우도 있다. 비정형 동사형에 인칭이 표현되지 않는 것도, 일치할 주어가 생략되는 현상과 관련된다.

Givón(1990), Bisang(2001: 1401~1402)은 동사의 명사화에서도, 명사류 형태의 출현 정도에 따라 정형성의 정도가 갈린다고 본다. 동사적 속성을 많이 보일수록 정형적이고 명사적 속성을 많이 보일수록 비정형적이라는 것이다. 격표지나 후치사의 결합, 관사의 수식은 명사적 속성이고 이에 대한 불허는 동사적 속성이다. 일례로 영어에서는 'arrival'과 같은 어휘적 명사화와 'to, for' 뒤에 붙는 생산적인 명사화가 구별되는데, 전자만이 관사와 어울린다. 이런 점에서 영어에서의 생산적인 명사화는 정형성 정도가 높고, 어휘적 명사화는 정형성 정도가 낮다고 할 수 있다.

Bisang(2001, 2007)에서는 정형성의 주요 지표로 화제 표지, 발화수반력, 공손성을 추가한다. 화제 표지는, 일본어의 'wa(한국어의 '은/는')가 의존절에는 나타날 수 없고 모문에만 나타날 수 있음을 들었다. 한국어도 화제 표지로서의 '은/는'은 주로 주절에만 쓰인다. "[철수가 읽은] 책은 위인전이었다."는 가능하지만, "[*철수는 읽은] 책은 위인전이었다."는 어색하다.

정형성이 발화수반력과 공손성 표지에서만 차이나는 경우로는 일본어의 공손 표지 'mas(습니다)'를 들었다. 이 표지는 관계절이나 부동사형에는 결코 나타날 수 없고, 독립절의 마지막 동사에만 나타난다(Bisang 2007: 128).

(7) 가. ringo   o   **tabe-ta**

      apple   ACC   eat-PST

      '[He] ate an apple.'

    나. **tabe-ta**   ringo

      eat-PST   apple

      'the apple [he] ate'

(7가)는 주절 동사에 과거시제가 쓰인 예인데, 이와 똑같은 형태가 (나)의 관계절에도 나타난다. 그러나 'mas'가 포함된 형태는 (8)에서 보듯이 관계절에 쓰일 수 없다. 즉 공손성을 표현하지 못한다는 것만이 관계절이 주절과 다른 점이다.

(8) *tabe-masi-ta   ringo

    eat-POL-PST   apple

정형성 범주로는 이상 살펴본 것 외에도 태, 사역성, 타동성, 부정 등이 거론된다. 내포절에 따라 피동과 능동 대립이 표현이 안 된다거나 부정소가 문장에 쓰이는 것과는 다른 형식이 사용된다든가 하는 일도 종종 있다(6.2. 참조).

지금까지의 기술에서 짐작되듯이, 정형절/비정형절 구분에 영향력을 더 미치는 범주가 있는가 하면, 비교적 영향을 덜 미치는 범주가 있다. 아래 위계에서도 보듯이 정형절의 대표 범주는 시제이다. 상은 시제보다는 정형절임을 보증하지는 않으며, 부정이나 태 등은 비정형절에도 상대적으로 잘 쓰인다.

- Givón(1990: 118)

  (정형적) ◄─────────────   ─────────────► (비정형적)

  시제 > 과거 대 비과거 > 상 > 태, 타동성, 사역성,

  　　　　　　　　　　　　　　　　　소망법(desiderative),

  　　　　　　　　　　　　　　　　　목적어 일치(Noonan 1985: 57)

  시제 > 　　　양태　　　 > 상 > 부정

사실, 범언어적으로 문법범주가 되는 인지영역의 수는 많지 않은데, 정형성에 관련되는 범주는 더욱 제한적이다. Slobin(2001)은 문법범주가 되는 종류로 아래 목록을 제시한다.

- 시제, 상과 국면, 사동성, 결합가/태, 서법, 화행 유형, personation (자기를 향한 행위, 혹은 남을 향한 행위), 인칭, 사건 참여자의 수, 참여자의 성, 대화 참여자의 사회적/대인적 지위, 화자의 증거, 사건의 존재에 대한 긍정/부정 지위 (Slobin 2001의 목록)

그러면서 집합 내 하위 구분의 수가 매우 적어 의미영역을 애매하지 않게 나누면서, '일반적인 관련성'을 가지는 개념들이 문법범주로 발달한다고 하였다. 이런 점에서 색깔·가격·온도 등을 가리키는 문법굴절이 없는 것은 미스터리가 아니라는 것이다.

Bisang(2007: 130~133)은 문법범주 중에서도 일부만이 정형/비정형 구분과 관련되는 이유를 일반적 관련성과 의무성에서 찾는다.

Bybee(1985)의 일반성 개념을 따라, 정형성과 관련되는 범주는 어떤 사건/상태와도 어울릴 수 있도록 의미적으로 충분히 일반적이어야 한다는 것이다.

> 굴절 범주는 적당한 의미적 통사적 범주의 모든 어간에 적용되어야 하며,
> 적당한 통사적 문맥에서 의무적으로 나타나야 하고,
> 형태적 과정이 일반적인 것이 되기 위해서는 의미 내용을 최소한으로 가져야 한다. (Bybee 1985: 16)

이에 따르면, 시제와 인칭이 높은 정도의 일반성을 보여 주기에 정형절 표시에 가장 빈번히 활용된다. 반면에 태나 결합가 등은 자신의 의미적 무게를 너무 많이 가지고 있다. 그래서 술어의 의미와도 깊게 관련된다. 즉 의미적으로 일반적이지 않기에 비정형절이라고 해서 생략되거나 축소되기가 쉽지 않다. 한편, 정형성 표시에 자주 사용되는 범주 목록에 발화수반력 표지가 없는데, 이는 발화수반력이 동사 형태법에 독립 범주로 표시되는 일이 드물기 때문이다.

Chamoreau, Claudine & Zarina Estarda-Fernández(2016)에서도 오랫동안 이어져 온 질문은 어떤 동사범주가 비정형 형식에서는 빠지는가 하는 것이었으며, 표준적인 후보는 시제와 주어 일치라고 하였다. 비정형형인 행위명사류, 분사, 부동사에는 주어와의 동사 일치가 대개 사라진다는 것이다. 한국어에서도 시제가 정형절의 대표적인 지표로 이야기되어 왔다. 맞는 말이지만 전적으로 의지하기는 어려운 면도 존재한다. 이는 다음 절에서 기술한다.

2.3. 의존절과 독립절 사이의 비대칭의 종류

비정형절과 정형절이 보이는 형태통사적인 차이를 '비대칭'이라고
하면, 종속절이 주절과 비대칭을 이루는 방식은 크게 두 가지이다.
하나는 주절이라면 표현될 만한 범주가 생략되거나 그 종류가 축소
되는 것이고, 다른 하나는 비정형절에만 특정 표현이 추가되는 것이
다. Bisang(1998: 735~736)에서를 이를 각각 '결여적 비대칭(마이너스
비대칭)'과 '추가적 비대칭(플러스 비대칭)'이라 하였다. 이를 하나씩 살
펴보자.

2.3.1. 정형성 범주의 의무성

독립적인 절과 의존적인 절 사이의 비대칭에 관한 논의는 기본적
으로 해당 범주가 의무적이라는 전제를 가진다. 주절이라면 표시되
어야 하는 범주가 의존적인 절에서는 생략되거나 축소되는 현상이기
때문이다. 그래서 Bisang(2001, 2007)은 의무범주가 없는 언어에서는
정형절과 비정형절 사이의 비대칭성이 발달할 수 없다고 하였다. 일
례로 중국어, 베트남어, 타이어 등의 동부아시아어나 남동부 아시아
어들은 의무적인 문법범주가 없다. 그래서 형태적으로 주절과 의존
절도 별로 구분되지 않는다.

여기서 의무성이란 특정 범주가 반드시 명세되어야 하고, 비명세
상태일 수 없음을 의미한다. 하위 성원을 가진 어떤 범주가 있을 때,
대개 이 범주의 출현 여부는 언어 사용자가 결정한다. 즉, 언어 사용
자는 이들 범주의 하나를 특정할 수도 있고, 아예 어떤 것도 선택하
지 않을 수도 있다. 그러다가 이를 명세하지 않을 자유가 제한되고,
결국 표현하지 않을 선택권이 사라지면 이 범주는 의무적인 것이 된

다(Lehmann 1986). 예컨대 과거 사건에 '었'을 쓸 수도 있고 안 쓸 수도 있다가, 과거에 일어난 일에는 반드시 '었'을 써야 하게 되면, '었'이 의무범주가 되는 것과 같다.

앞에서 정형성 표시로 가장 많이 동원되는 것이 시제이고 그다음이 인칭이라고 하였다. 이 둘은 대표적인 의무범주이다. 한국어에서도 정형성 범주로 시제가 언급되어 온 것은, 한국어의 의무범주로는 시제가 거의 유일하기 때문이다. 한국어의 모든 문장에는 시제가 표현된다. 그래서 (9다)와 같은 형식은 기사 제목과 같은 특수 상황에서나 허용되지, 일상적으로 쓰이지는 못한다.

(9) 가. 영수가 저녁밥을 먹-었-다.
　　나. 영수가 저녁밥을 먹-는-다.
　　다. ?영수가 저녁밥을 먹다.
　　라. 수희가 저녁밥을 먹-었-어.
　　마. 수희가 저녁밥을 먹-∅-어.

그런데 의무범주가 정형/비정형을 구분하는 결정적인 지표인 것은 맞지만, 유일한 지표는 아니다. 의무범주는 아니지만 주절에는 별 어려움 없이 표현되는 범주가 의존절에서는 쓰이지 못하는 경우가 얼마든지 있다. 일례로 한국어의 양태어미 '겠'이 관형사절에는 상대적으로 잘 결합되지 않는 현상이 그러하다. 따라서 이런 현상도 정형성의 정도 차이로 간주될 만하다. 또한 의존적인 절에서 독립적인 절로 발달하는 탈종속화 같은 현상에서는, 끝까지 시제어미 결합이 불가능한 상태로 주절처럼 쓰이기도 한다. 요컨대 정형성 판단에서 범주의 의무성은 필요조건은 아니므로 조금 유연하게 적용할 필요가 있다.

2.3.2. 결여에 의한 비대칭

다음은 Bisang(1998/2001/2007)에서 열거한, 결여적 비대칭을 만드는 범주들이다. 이들은 주절에는 표현되지만 의존절에는 표현되지 않는 것들이다. 이를 한국어와 대조하며 살펴본다. 단, 인칭은 한국어에 없으므로 제외한다.

시제 ; 발화수반력, 공손성 ; 인칭 ; 격 ; 정보구조

시제, 상, 양태
정형/비정형 간의 가장 큰 차이로는 시제가 꼽힌다. 시제가 주동사에 표시되는 방식과 동일하게 표현되는 예를 제외하고, 비정형절에 표현되는 양상은 크게 다음 세 가지일 것이다.

1) 시제의 종류가 줄어들거나,

2) 시제의 표현 방식이 달라지거나,

3) 아예 시제가 표현되지 않는다.

앞에서 살펴본 영어의 'ing' 구문은 시제가 동시/선시 두 종류로 나뉘며, 표현방식도 'ing'형과 'having been pp'형으로 주절 동사와 다르다.

유럽어는 접속사형 언어이기에 부사절은 상당히 정형절로 실현되는데도, 일부 부사절은 어느 정도 비정형성을 보이기도 한다. 대표적으로 조건문이 그러하다. Comrie(1986)에 따르면, 가정성을 가진 조

건문에서 범언어적으로 발견되는 고빈도 현상의 하나는, 시제 구별이 중화되는 것이다.

가정성이란 조건절에 지시된 상황이 실현 가능한 정도를 뜻한다. 즉 높은 가정성은 낮은 개연성을 의미하고 낮은 가정성은 큰 개연성을 의미한다. (10가)와 (나)는 영어의 조건절에서 현재와 미래의 대립이 중화된 예이다. (다)는 러시아어의 예인데, 과거/현재/미래로 구분되는 시제 대립이 조건문에서는 유지되지 않는다.

(10) 가. If he comes (regularly), I run away.

　　 나. If he comes (tomorrow), I'll run away.

　　 다. Esli by prišel, ja byl by rad

　　　　 'If you came/had come, I would be/have been glad.'

유럽어에서는 높은 가정성의 경우 시제 앞당김도 있다. 즉 현재 시간을 가리킬 때는 과거시제를 사용하고 과거 시간을 가리킬 때는 과거완료를 사용한다.

한국어는 인칭이나 일치가 없기 때문에 시제가 정형성의 대표 범주이다. 그렇다면 의존절에서는 시제어미가 사라질 것으로 기대되기 쉬운데, 실상은 그렇지 않다. 시제어미가 결합될 수 없는 경우보다 결합될 수 있는 경우가 더 많다. 이 때문에 한국어는 부동사형 언어인데도(9장 참조) 시제어미가 결합된다는 점이 특징으로 기술되어 왔다.

연결어미의 시제어미의 결합 여부 목록은 다음과 같다.[2]

2　연결어미 뒤의 아라비아 숫자는 필자가 임의로 분류한 번호이다.

- 시제어미 결합이 가능한 연결어미 목록 (문숙영 2005/2009)

  거나, 거니와₁, 거늘, 거든(거들랑), 거드면, 관데, 건마는(건만), 고₁
  (병렬), 기로, 기로서니, 기에, 나니, 노니, 노라고, 다, 다가₁, 다가
  는, 다시피₁, 더라도, 으되, 든지, 듯(이), 으니₁, 으니까, 으나₁(대
  조), 으나마, 을지, 을지라도, 을지언정, 을망정, 을뿐더러, 으련마
  는, 음에도, 으며₁(열거), 으면, 으면서₁, 으므로, 어도, 어야, 으니
  만큼, 으니만치, 은데, 은지, 은지라, 은바, 라면, 은들, 으니₂, 지,
  지만 등.

- 시제어미 결합이 불가능한 연결어미

  고₂(종속), 고서, 고서야,³ 고서는, 고는₁(곧) 고는₂(조건), 고도, 고
  야, 고자, 거니(조건), 거니와₂, 건대, 게, 노라니, 노라면, 느라(느라
  고), 느니₁, 느니만, 다가₂, 다시피₂, 더니,⁴ 도록, 으나₂, 으랴, 으러,
  으려(으려고, 으려거든, 으려면 등), 으리니, 으며₂(동시), 으면서₂
  (동시), 자, 자마자, 은즉, 을라치면, 을수록, 어, 어다(어다가), 어
  서 등.

  그렇다면, 한국어에서 시제어미가 결합하는 연결어미절은 정형적
이고, 그렇지 못한 절은 비정형적일까. 상대적으로는 그렇다. 즉 시
제어미가 결합할 수 있는 절이 더 정형적이다. 그러나 시제어미가 결

---

3 '고서야'와 '고서는'은 사전에 등재되어 있지 않다. 그러나 '예쁘지 않고서야, 예쁘지 않
고서는'과 같은 예에서의 '고서야'와 '고서는'은 '−고서'와는 달리 형용사에도 잘 결합된
다는 점을 고려하여 별도의 연결어미로 분리하였다.

4 '−으니'에는 세 가지 용법이 있는데, 이 중 '었더'와의 대립을 가지는 '배경 상황 설정'의
'−으니₂', '었'과의 대립을 가지는 원인의 '니₁'를 제외한 늘 '더니'로만 나타나는 '−으니₃'
을 '더니'로 제시한다.

합되더라도 원칙적으로는 홀로 문장을 이루지는 못하므로, 주절과 비교해서는 덜 정형적이다.

연결어미절의 시제는 주로 상대시제로 기술되어 왔다. 상대시제란 발화시 기준이 아니라, 주절 사건시 등 다른 시간을 기준으로 하는 시제를 말한다. (11가)에서 '들었고'와 '왔어요'는 모두, 발화하고 있는 시간 기준에서 과거의 사건임을 표시한다. 즉 절대시제로 쓰였다.

(11) 가. 어제 학교에서 수업 들었고, 끝나고는 바로 집으로 왔어요.
　　　나. 어제 학교에서 수업 듣고, 끝나고 바로 집으로 왔어요.

반면에 (11나)의 '듣고'는 후행절 [집으로 왔다]는 사건 기준에서 현재임을 나타낸다. 즉 '었'이 안 쓰였지만, 후행절의 '었'에 의지해 실제로는 과거의 상황으로 해석된다. 이는 상대시제이다.

연결어미절의 시제가 상대시제라는 것은 시제를 주절 사건시에 의존한다는 의미이므로, 비정형성을 드러내는 속성이라 할 만하다. 즉 절대시제가 쓰이면 정형적일 가능성이 높고, 상대시제가 쓰이면 비정형적일 가능성이 높다. 그런데 문제는 연결어미절의 시제가 늘 상대시제는 아니라는 데 있다. 다시 말해, 연결어미절의 시제가 늘상 주절 기준의 상대적 현재(즉 동시), 상대적 과거(즉 선시)로만 해석되지는 않는다.

문례에 따라 주절시와는 무관하게 발화시 기준의 절대시제 현재 및 과거를 나타낼 때도 있다. 아래 (12가)의 '기에' 절은 미래의 상황이고 후행절은 과거의 상황이다. 즉 선행절의 시제는 절대시제 미래로 해석된다. 또한 (나)의 '지만' 절에는 '었'이 쓰였지만, [거절했다] 기준의 과거가 아니다. 발화시 기준의 과거이다. 이는 '었'을 쓰지 않은 '수락하지만'은 어색한 데서 확인된다.

(12) 가. 그 친구 내일 떠나기에 어제 마지막으로 봤어.

　　 나. 친구는 그 제안을 {수락했지만, *수락하지만}, 난 거절했어.

연결어미절에 발화시 기준의 절대시제가 쓰일 수도 있다는 것은, 연결어미절의 독립성을 방증한다. 즉 보통의 내포절보다 주절에 의존하는 정도가 약하다.

한국어 내포절의 상대시제에 대해서는 해외에서도 언급되는 바가 있다. Dixon(2012: 15)에서는 상대시제란 주절 사건시를 기준으로 한 종속절 사건시의 위치를 나타낸다고 하면서, 한국어는 이를 위한 산뜻한 방법을 가지고 있다고 하였다. 종속절의 사건시가 주절 사건시와 동일한 경우에는 시제어미가 붙지 않고, 만약 시제어미가 붙는다면 이는 주절시를 기준으로 먼저 일어났음을 표시한다는 것이다. 그러면서 예로, (13가)는 상대적 현재, (나)는 상대적 과거를 나타낸다고 하였다. 종속절의 '었'을 상대시제로 본 것이다.

(13) 가. 어머니가 <u>우니까</u> 아들도 울었어요. (주절 사건시 기준의 동시)

　　 나. 영호는 <u>아팠다고</u> 말하였다. (주절 사건시 기준의 선시)

이 예에서는 이런 해석이 맞지만, 늘 이렇지는 않다.[5] 즉 주절 사건시와 동일한데 '었'이 쓰이는 일도 얼마든지 있다. 앞의 (11가)와 (12

5　Dixon(2012)의 기술은 Sohn(1994: 325~327)을 참조한 것으로 되어 있지만, Sohn (1994)에서도 종속절에 절대시제가 가능하다는 사실은 여러 차례 언급되어 있다.

나)의 '었'은 모두 발화시 기준의 과거일 뿐, 후행절 사건시 기준의 더 이른 사태가 아니었다.

한국어는 관형사절에서도 절대시제가 가능하다. Ogihara & Sharvit (2012: 28)는 한국어 관계절의 시제 양상이 일본어와 비슷하다고 하고,[6] 현재시제의 관계절은 주절의 시제와 동시로 해석된다고 하였다. 예컨대 (14가)의 '피는'은 [바라보았다] 기준의 동시로 해석되며, 이는 결국 과거 사건이라는 것이다.

(14) 가. 꽃이 피는 것을 바라보았다.

나. 지금 우리가 사는 집은 100년 전에 지어졌어.

그러나 (14나)의 '사는'은 [지어졌어] 기준의 동시가 아니다. 발화시 기준의 현재이다. 이처럼 종속절에 절대시제가 가능하다는 점은 주절에 덜 의존적인, 즉 상대적으로 독립적인 속성이라고 할 수 있다.

시제와는 달리 상은 종속절에도 대체로 결합하는 것으로 알려져 있다. 상은 동사의 의미와 더 큰 상호작용을 하고 결합된 상황의 시간적 속성과 직결되기 때문이다. '고 있다'와 '어 있다'를 상의 형식으로 본다면, 이들이 특별히 제약되는 종속절은 찾기 어렵다. 아래는 각각 종속접속절, 명사절, 관형사절에 진행의 '고 있다'가 결합된 예들이다.

(15) 가. [학교로 가고 있는데도] 계속 재촉 전화가 왔다.

---

6 일본어에서, 주절에 단독으로 나타날 수 없다는 의미에서 의존적이며, 비정형적인 유일한 형식은 부동사이다. 이 형식은 시제를 취할 수 없다.

나. [해외 유학을 준비하고 있음]이 알려져서 좀 쑥스럽다.

다. [네가 지금 먹고 있]는 도시락은 내가 어제 미리 준비해 둔 거였다.

양태는 선어말어미에 국한할 경우 상당히 제약되는 편인 듯하다. 특히 증거 양태의 '더'는 아주 일부의 연결어미에만 결합할 수 있다. '겠'은 관형사절에는 대개 결합하지 않으며 일부 연결어미 앞에서 가능하다. 양태가 명제에 대한 화자의 태도를 나타내는 범주라고 할 때, 명제는 복문 전체 상황이고 이에 대한 태도는 한 번만 나타나도 되기 때문인 듯하지만, 이와 관련해서는 다른 언어의 사정도 들여다 보아야 분명해질 듯하다.

발화수반력과 공손성

독립적인 절에 표현되던 것이 의존적인 절에서는 나타나지 않는 대표적인 것으로는, 발화수반력과 공손성을 들 수 있다. 발화수반력은 진술·질문·명령·감탄과 같은 문장 유형이나 화행을 표현하는 것이고, 공손성은 청자에 대한 높임 정도를 표현하는 것을 말한다.

정형절과 비정형절이 발화수반력의 표현 여부로 구분되는 언어가 있다. 일례로, 압하스어(Abkhaz)에서는 정형형이 접사로 표시되는데, 이런 접사가 비정형적인 형식에서는 생략되거나 다른 형식인 'ẑ'로 대체된다. 그리고 관계절에도 비정형의 형식이 쓰인다.

키스타네어(Kistane) 혹은 소도어(Soddo)도 이와 비슷하다. (16가)의 독립절에서는 동사에 'u'라는 평서문 표지가 있으나, (나) (굵게 표시된) 보어절에는 이것이 없다(Bisang 2007: 125~128).

(16) 가. 독립적인 절

abi	yä‒bayy‒äw	yǝ‒**wädd‒u**
father.DEF	MOD‒son‒	3SG.IPFV‒love‒
	POSS.3SG.M	DEC.3SG.M

'The father loves his son.'

나. 보어절의 의존 형식

tä‒kätäma‒yy	yä‒**mäṭṭa**‒hom	ä‒šl‒u
to‒city‒towards	MOD.PFV‒	PFV.1SG‒know‒
	come.3SG.M‒COMP	DEC.1SG

'I know that he came to the city.' (Leslau 1992: 20)

앞에서 언급했듯이 한국어는 의존적인 절에도 시제어미가 결합할 수 있다. 그래서 정형성 범주의 대표적인 범주로 시제가 아니라, 종결어미를 지목하는 일도 있다. 의존적인 절에는 연결어미, 관형사형어미 등이 쓰이고 주절에는 종결어미가 쓰이므로, 정형절/비정형절의 구분은 어말어미의 종류가 담당한다고 보는 것이다.

한국어의 종결어미는 문장이 종결되었음을 표시하면서, 동시에 두 가지 의미를 더 나타낸다. 하나는 평서·의문·명령 등의 문장 유형이고, 다른 하나는 하십시오·하오·하게·해라 등급 등의 청자를 대우하는 정도이다. 예를 들어 '오십시오.'는 문장 종결 외에, 명령문이며 청자를 매우 높이고 있음을 표현한다. '먹니?'는 문장 종결 외에, 의문문이며 청자를 아주 낮추고 있음을 나타낸다. 이때 명령문이니 의문문이니 하는 것이 발화수반력이고, 청자를 높이느니 낮추느니 하는 것은 공손성이다.

한국어의 정형성의 지표는 발화수반력과 공손성이라는 해외에서의 지적은, 바로 이 종결어미의 기능을 겨냥한 것이다. 다음이 이런 기술들이다.

- 한국어에서 정형절은 동사의 마지막 자리에 나타나는 접미사에 의해 결정된다. 이런 접미사들은 발화수반력과 공손성으로 특징지어질 수 있다. 하십시오체, 해체, 하오체, 해요체의 공손성은 정형성을 결정하는 유일한 기준이다. (Bisang 2007: 129)
- 한국어에서 정형성은 시제·상·양태나 인칭 등의 전통적인 자질에 의해서가 아니라, 독립절 동사에 반드시 나타나야 하는 문장 유형과 화행의 접미사에 의해 규정된다. (Schmidtke-Bode 2009: 35~36)

종결어미를 정형성 지표로 보면, 주절 외에는 모두 비정형절로 분류된다. 따라서 병렬접속절도 비정형절이 된다.

그런데 한국어의 연결어미절이 늘 발화수반력을 주절에 의존하는 것은 아니다. (17)은 병렬접속절의 예인데, 선행절이 각각 의문과 명령으로 해석되지 않는다. 즉 주절의 의문과 명령의 효력이 선행절에는 영향을 못 미치고 있다.

(17) 가. [내 친구는 집에 일찍 들어갔다는데], 넌 왜 그렇게 늦게 들어 갔어?
    나. [나는 오늘 등록할 거고], 넌 내일이라도 해라.

병렬절만이 아니라 종속접속절 중에도 주절의 발화수반력에서 벗어나는 경우가 있다. 영어에서도 (일명) 주변 부사절은 주절에 독립적인 발화수반력을 가지기도 한다. 이런 양상은 한국어의 접속절이나 영어의 부사절과 같이 전통적으로 의존적인 절로 분류되었던 것들 중에는, 주절처럼 독립적인 것도 있을 수 있음을 시사한다. 이는 9장에서 본격적으로 다룬다.

발화수반력이 비정형절에도 간혹 허용되는 것과는 달리, 공손성은 대체로 주절에만 표현된다. 일례로, 일본어의 공손 표지 'mas'는 정형 표시의 가장 분명한 예이다. 관계절과 같은 내포절에는 시제는 표시될 수 있지만 공손 표지는 나타날 수 없다. 한국어의 접속절도 비슷하다. 첨사 '요'를 제외하고는 청자 대우는 표시될 수 없다.

격, 주제

절의 정형성 정도를 결정하는 통사적 자질에는, 주어와 목적어의 격 표시도 있다. 정형절/비정형절에서 격이 달라지는 일은 오래전부터 관찰되어 왔다. 조지아어(Gerogian)의 경우, 주절에서 주격이나 능격으로 표현되던 주어가, 비정형절에서는 속격으로 표현된다. 영어의 분사구문에서 주어가 속격으로 나타나거나, 한국어의 내포절에서의 일명 주어적 속격은 다 이런 현상이다(6장 참조).

범언어적으로 정형/비정형의 동사가 주어를 취할 수 있는가 여부도 언어마다 다르다. 앞에서 언급한 대로 러시아어의 동명사는 명시적인 주어를 허용하지 않는다. 그러나 다른 언어에서는 주어도 취할 수 있을 뿐 아니라 독립절과 같은 형식으로 나타나기도 한다. 영어에서 파생명사인 'arrival'의 의미상의 주어는 'her'로 나타나고, 이보다 생산적인 명사화인 'to 부정사' 앞의 의미상의 주어는 'for+목적격'으로 나타나는 것도 정형성 정도와 관련된다(Bisang 2001: 1402). 후자가 더 동사적, 즉 정형적이다.

(18) 가. Her early arrival was a surprise. (Givón 1990: 507)

　　 나. For him to arrive early would be a mistake.

　앞에서도 언급했다시피 Bisang(2001: 1402)은 주제 표시의 출현도 정형성의 지표로 본다. 일본어의 주제 표지 'wa'는 주절에만 쓰인다. (19가)는 "[하나코가 죽은] 것을 몰랐다."와 같이, 내포절에 'ga'가 쓰인 것이다. 이는 [화자든 누구든 하나코가 죽은 걸 몰랐다]를 의미한다. 반면에 (나)는 "하나코는 [(누군가) 죽은 것]을 몰랐다"에 해당되는 것으로, 주제 표지 'wa'가 쓰임으로써 '하나코'가 내포절의 주어로는 해석되지 않는다.

(19) 가. *Hanako　ga　　shin-da　koto　　o　　　shira-nakat-ta.*
　　　　Hanako　SBJ　die−PST　thing　ACC　know−NEG−PST
　　　　'X did not know that Hanako died.'

　　 나. *Hanako　wa　　shin-da　koto　　o　　　shira-nakat-ta.*
　　　　Hanako　TOP　die−PST　thing　ACC　know−NEG−PST
　　　　'Hanako did not know that X died.' (Shibatani 1990: 272)

　한국어의 '은/는'도 대조의 의미가 아닌, 주제 표지로서는 명사절과 관형사절에 쓰일 수 없다. (20)에서 보듯이 [그 남자가 형사였음]이라는 명사절과 [내가 던진]이라는 관형사절에는 주제 표지로서의 '는'은 올 수 없다. 즉 내포절의 주어에는 '이/가'가 붙는다.

(20) 가. 나는 {그 남자가, *그 남자는} 형사였음을 밝혀냈다.

나. {내가 던진, *나는 던진} 공이 담장 밖으로 넘어갔다.

2.3.3. 추가와 대체에 의한 비대칭

Bisang(2001)은 절 연쇄의 표지나 부사적 종속접속의 표지처럼 절-연결에 배타적으로 표시되는 형식들은 특별한 처리가 필요하다고 하였다. 만약 그것이 주절 동사의 의무적인 범주의 생략과 연결된다면 '결여적 비대칭'으로 분류될 만하고, 주절에도 나타나는 형식에 덧붙여진 것이라면 '추가적 비대칭'에서 다루어질 만하다는 것이다.

한국어에서 절의 연결을 배타적으로 표시하는 형식은 연결어미이다. 이 연결어미는 어절 끝에 오는 어말어미로서, 주절이라면 종결어미가 쓰일 만한 자리에 쓰인다. 따라서 종결어미가 오지 못한다고 보면 결여적 비대칭일 수 있고, 이 자리에 연결어미가 추가된다고 보면 추가적 비대칭일 수 있다. 단, 추가되기는 해도 주절에도 나타나는 형식에 연결어미가 덧붙여지는 방식은 아니므로, Bisang(2001)의 추가적 비대칭과는 차이가 있다. 이런 점에서 비대칭의 종류에는 주절에 의무적인 범주가 빠지면서 그 자리에 의존절에 의무적인 형식이 추가되는, 대체의 비대칭도 따로 세울 만하다. 그래서 제목을 추가 및 대체에 의한 비대칭이라고 하였다.

종속절에 추가되는 대표적인 형식은 종속접속소이다. 접속사형 언어는 (부사) 접속사가 추가될 것이고, 부동사형 언어는 부동사어미나 접사가 이에 해당될 것이다. 이 외에 별도의 인칭 표시가 추가되는 언어도 있다.

아래는 파푸아뉴기니어의 하나인 포레어(Fore)의 예이다. 이 언어는 술어의 주어뿐 아니라, 다음 술어의 기대되는 주어 표시까지 한다. 'you came'에 대당되는 첫 줄을 보면, 'come'의 주어인 2인칭 외에, 뒤에 이어지는 동사 'saw'의 주어가 3인칭이라는 것까지 표현되어 있다.

(21) *Kaná-uʔ-ki-na*

come-2S.AG.PST-DEP-3S.AG

a-ka-ʔtá-i-e.

3S.UG-See-PST-3S.AB-DECL

'You came and he saw it.' (Scott 1978, Bisang 2001 : 1406에서 재인용)

중간동사를 가진 절-연쇄에서, 주어가 다를 때 추가되는 인칭 표시도 있다. 이를테면 이런 방식이다. 중간동사와 문말동사에는 인칭이 표시될 수 있다. 그리고 중간동사의 주어가 문말동사와 동일하면 따로 인칭이 표시되지 않을 수 있지만, 주어가 다르면 표시된다. 이런 중간동사의 인칭표지는 추가적인 비대칭 형식이다(Bisang 2001 : 1406~1407). 문말동사의 인칭 표시와는 다르기 때문이다(9.1. 참조).

2.4. 의존절이 독립절로 발달하는 탈종속화 현상[7]

비정형적으로 보이는 절이 주절로 쓰이는 경우가 있다. 원래는 종속적이던 절이 주절로서의 독립적 용법을 획득한 탈종속화의 예들이

---

[7] 2.4.와 2.5.는 문숙영(2015)에서 다룬 내용을 가져오되, 기술의 순서를 바꾸고 일부 내용을 추가하였다.

그러하다. 탈종속화는 Evans(2007)에서 본격적으로 논의가 시작되었는데, 그 문제의식은 다음에서 엿볼 수 있다.

원형적인 정형절은 주절이고, 원형적인 비정형절은 종속절이다. 그러나 문제는, 표준적인 기준에 따르면 비정형절로 분석될 만한 절이 주절로 나타나는 예에서 발생한다. 일례로 이탈리아어나 독일어에서 명령을 표현하는 데 사용되는 부정사가 그런 예이다.
이 난제에 대한 가장 흔한 두 가지 해결책은, 이들을 무시하거나, 주절이 생략된 기저의 종속절로 처리하는 것이다. 그러나 세 번째 해결책은, 다양한 방식으로 정형성의 정의를 확장하면서 이들을 정형절의 범주로 허용하는 것이고, 네 번째 해결책은 주절의 지위와 정형성 간의 가정된 필수 연결고리를 해제하는 것이다. 내 생각에 이런 구성들은 생각보다 훨씬 널리 퍼져 있다. (Evans 2007: 366~367)

한국어도 종속절 형식이 독립절 형식으로 발달하는 일이 적지 않다. 이런 현상이 주절은 정형절이라는 연결고리를 해제할 만한 것인지, 주절의 정형성도 정도성의 문제로 접근할 만한 것인지를 살펴본다.

2.4.1. 탈종속화의 개념

탈종속화(insubordination)란 언뜻 보기에 형식적으로는 종속절로 보이는 것이, 관습적으로 주절로 쓰이는 용법을 가리키기 위해 Evans(2007: 368)에서 처음 사용한 술어이다. 아래 독일어의 dass절과 영어의 that절이 이에 해당된다. 이 두 절은 단독으로 문장을 이루지 못하는데, 이 예에서는 (대괄호 속의 주절 없이) 단독으로 쓰이고 있다. 한국어로 예를 들자면 연결어미절이나 보어절만으로 문장이 끝난 것과 같은 경우이다.

(22) 가. [**Ich wundere mich**]　　Dass du immer noch Witze

　　　 I am.amazed myself　　　 that you still　 still jokes

　　　 mach-en　　 kann-st!

　　　 make-INF　　 can-2SG

　　　 '[I'm amazed] that you can still make jokes (about it).'

　　　 (Buscha 1976)

　　나. [**I'm amazed and shocked**] That he should have left
　　　 without asking me!

　　　 '[I'm amazed] That I should live to see such ingratitude!'

　　　 (Quirk et al. 1985)

　　Evans(2007)는 이처럼 종속절의 형태통사적 속성을 가진 절이, 주절 없이 단독으로 쓰이는 경우를 탈종속화라 하였다. 이런 절들은 대개 주절이 생략된 불완전한 문장으로 간주되어 왔지만, Evans는 주절을 복원하기 어렵거나 복원될 만한 주절 후보가 극히 제한되는 경우는, 주절이 단순 생략된 구성과 구별한 것이다. 이런 탈종속화 구성은 보통의 that절이나 dass절보다는 그 범위가 훨씬 좁은, 상당히 특정적인 의미를 가진다.

　　종속절과 같은 의존적 구성이 단독으로 문장을 끝내는 경우는 일상대화에서는 아주 흔하다. 예컨대 한국어의 다음과 같은 예들이 다 그러하다.

(23) 가. 오락 좀 그만하면 안 돼? 차라리 잠을 자든가.

　　나. 지금 와서 그런 수를 쓰다니! 비열하게시리.

　　다. 내가 뭐 달리 할 수 있는 게 있어? 그저 듣는 수밖에.

'든가'와 '게시리'는 연결어미이지만, 주절 없이 쓰이고 있다. '는 수밖에'는 뒤에 올 만한 용언인 '없다' 없이 쓰이고 있다.

문제는 이런 예들이 주절이 도치되거나 생략된 것인가, 아니면 이런 단독적 용법이 굳어진 것인가에 있다. 한국어 논의에서도 반말체 어미로 인정된 것이 아니면, 대개 도치되었거나 주절이 생략된 것으로 다루어져 왔다. 담화 안에서의 임의적인 사용 정도로 보아 온 것이다. Evans(2007: 368~9)에서도, 탈종속화의 상당수가 언어능력과 언어수행의 경계에 있는 주변적인 현상으로 간주되어, 표준적인 참조문법서에서는 거의 다루어지지 않는다고 한 바 있다.[8]

Evans(2007)에 따르면, 탈종속화 논의 이전에도 종속절이 단독으로 쓰이는 현상은 아주 드물게 언급된 바 있다. 독일어 기술이 그 시초인데, Buscha(1976)의 분리종속절이나 Weuster(1983)의 비내포의 종속절이 그것이다. 이 외에 스페인어의 si절 등, 일부 언어에서 관련 현상이 기술된 바 있지만, 이후 논의가 본격적으로 이어지지는 않았다. 정규 문법의 일환으로 여겨지는 않았기 때문이다.

탈종속화가 시작되는 기제는 생략이다. 위에서 언급한 독일어나 스페인어의 예들도 주절이 생략된 것들이다. 이에 Evans(2007: 370~374)에서는 탈종속화 과정을, Buscha(1974)와 Weuster(1983)의

8　Evans(2007)는 독일어 dass절의 예도 문법서가 아닌 담화 연구에서 나온 것이며, 탈종속화에 대한 문제의식도 오스트레일리아 원주민의 언어의 하나인 카야르딜드어를 연구하면서 얻게 되었다고 밝히고 있다.

논의에 기대어 다음과 같이 제시한다.[9]

종속 구성 ⇒ 생략(주절의 생략) ⇒ 관습화된 생략 ⇒ 주절 구조로의
재분석

주절과 종속절로 이루어진 구성에서, 먼저 주절이 생략될 수 있다.
이런 단순 생략 단계에서는 통사적으로 허용되는 범위 안에서 다양
하게 주절을 복원할 수 있고 의미적인 제한도 없다.

그러다가 주절의 생략이 관습화되고 복원되는 주절에 제한이 생기
면, 탈종속화가 일어난 것으로 본다. 이때 허용되는 주절의 범위는
긍정문이면 될 정도로 비교적 폭넓을 수도 있고, 특정 어휘를 가진
구문만 가능할 정도로 매우 제한적일 수도 있다.

일례로 다음 (24가)에서 요구를 나타내는 if절의 주절은 긍정문이
기만 하면 된다. 반면에 (나)의 독일어 예는 주절로는 'Was geschieht
(what happens)' 정도만이 가능하다.

(24) 가. If you could give me a couple of 39c stamps please, (I'd
be most grateful)
　　나. (Was geschieht) Und wenn ich nicht von ihr loskomme?
(And if I don't get away from her?)

Buscha(1974)는, 관습화된 생략 단계에서는 주절이 제거되어도 의

9　탈종속화는 종속절과 구조적으로 유사한 독립절의 공시적 패턴을 가리키기도 하고, 이
런 패턴이 야기되기까지의, 이전의 종속절이 독립적으로 사용되게 된 통시적 과정을
가리키기도 한다(Cristofaro 2016: 393).

미의 변화가 없고, 남아 있는 종속절을 해석하는 데 별도의 문맥이 필요하지 않다고 하였다. 이런 구성이 이제 자신만의 특정한 의미를 가지게 되고 생략된 요소의 복원이 불가능할 정도로 관습화되면 주절로 재분석된다.[10]

이 과정은 탈종속화 구성들이 겪었을 만한 변화를 포괄적으로 그린 것으로, 모든 탈종속화 구성이 이런 발달 경로를 거친다는 주장으로 이해할 필요는 없다. 탈종속화되기 전과 후를 비교하면, 무언가 생략되기 시작하고 이런 생략이 관습화되면서 주절로 재분석되었다고 추정할 만하지만, 탈종속화 구성 각각의 사정은 조금씩 다를 수 있다.

일례로, 특정한 주절만 복원이 허용되는 경우는 애초부터 그 주절이 있었던 환경에서만 탈종속화가 시작되었을 가능성이 있다. 또한 생략된 후행 요소가 주절로 불릴 만한지 분명하지 않은 경우도 있다. 복원되는 후보가 동사이거나 조동사에 준하는 것일 때가 그러하다.

아울러, 남은 절과 생략된 요소가 우리가 보통 말하는 종속절과 주절의 관계인지도 모호할 수 있다. 이 외에 주절이 있었으리라고 짐작은 되지만 어떤 종류의 주절인지는 분명히 지목할 수 없는 경우도 있다. 무엇보다 탈종속화가 생략이 아닌 확장(Mithun 2008)이나 절 이탈(Cristofaro 2016) 등의 기제를 통해 일어날 수도 있고, 이런 여러 기제가 하나의 구성에 복합적으로 작용(Cristofaro 2016: 394)했을 가능성도 있다(10.3. 참조).

Evans(2007) 이후 개별 언어의 탈종속화를 다룬 논의들이 본격적

---

10 Evans(2007: 374)에서는 생략된 요소를 복원할 수 없을 정도로 관습화된 예로 Buscha(1976)의 기술을 인용하였다. 독일어 wo절의 양보적 사용 예인 'Wo Zehntausende verreck-en müssen (where tens of thousands must die)'는 원래의 구문이라고 할 만한 주절을 복원할 수가 없다.

으로 발표되고 있다. 이는 그만큼 언어마다 종속절이나 의존적 구성이 독립적으로 쓰이는 일이 흔하기 때문이다. 또한 전통문법 아래에서는 이런 구성들에 부여할 이름이 마땅치 않았다면 이제는 가능해진 데 힘입은 것이기도 하다. 앞의 독일어의 dass절이나 영어의 that절도 전통문법 아래에서는 주절이 생략된 불완전한 문장 외에는 부를 이름이 없었던 것들이다.

2.4.2. 탈종속화의 범위

탈종속화의 개념 자체는 단순해 보이지만, 특정 형식이 탈종속화의 산물인가를 확인하는 작업은 시작부터 그리 녹록지 않다. 개별 언어마다 문법적 속성이 다른 것은 일단 차치하더라도, 탈종속화되는 종속절의 범위가 어디까지이며 또한 생략되는 요소는 주절에 한하는지, 그렇다면 탈종속화는 종속절과 주절의 관계 안에서만 일어나는 것인지 등에 대한 입장 정리가 먼저 이루어져야 하기 때문이다. 이들을 어떻게 규정하느냐에 따라 탈종속화 구성의 범위는 크게 달라진다.

[1] 탈종속화에서 '원래 종속적'이라는 것의 범위는 어디까지인가.

Evans(2007: 370)는 탈종속화를 "언뜻 보기에 형식적으로는 종속절로 보이는 것이, 관습적으로 주절로 쓰이는 용법"이라고 정의하면서 '언뜻 보기에'라는 완화 표현을 쓴 사정이, 술어 '종속적(subordinate)'이 기껏해야 '종속절을 통시적 기원으로 가지는' 정도를 의미하는 데 있다고 하였다. 이들 절이 보절자나 종속절의 어순 등을 가지기에 종속절처럼 보이지만, 시간이 지나면서 독립절로 재분석되면 더 이상

종속절로 부를 수 없는 모순에 대한 절충안인 셈이다.

Evans(2007)에서는 탈종속화의 대상이 되는 종속절의 종류는 따로 밝히고 있지 않다. 따라서 그 종류에 특별한 제한을 둔 것 같지는 않다.[11] 우리는 앞에서 한국어는 내포절에 명사절·관형사절·부사절·인용절·내포의문절이 있고, 접속절에 병렬접속절·종속접속절이 있다고 하였다. 이를 인정하면 내포절의 종류와 종속접속절은 모두 탈종속화가 가능한 후보가 된다. 이들 절은 모두 단독으로는 문장을 이룰 수 없는 의존적인 절이기 때문이다.

문제는 유럽어에서도 논의의 대상에 들지 않았던 병렬접속절이다. 유럽어의 병렬문은 독립절과 구조적인 차이가 없다. 아래 (25가)에서 'and' 이후의 후행절은 독립절과 동일하다. 반면에 한국어의 병렬접속절은 (나)에서 보듯이 연결어미가 붙고, 홀로 문장을 이루지 못한다. 따라서 한국어는 병렬절도 탈종속화의 후보가 된다.

(25) 가. My father is from Jeju-do and my mother is from Icheon.

　　　나. 나의 아버지는 제주도 사람이고, 어머니는 이천 사람이다.

병렬절이 어떤 식으로든 의존성을 보이며 독립절과 구별되는 사정은 일본어도 비슷하다. Narrog(2016: 3~4)는 탈종속화 구성을 확인하는 첫 번째 어려움은 병렬과 종속의 구분에 있는데, 일본어는 진정한

11　예로 제시한 탈종속화 구성들이 대개 보어절, 일부는 부사절에서 온 것들이다. 관계절의 예는 Evans(2007)에서 다루지 않았으나, 일본어의 탈종속화를 다룬 Narrog(2016)에서는 관형사절도 탈종속화의 일종인지를 논의하고 있는 것으로 보아, 원칙적으로 그간의 종속절이라는 이름 아래 묶였던 절의 종류는 일단 모두 포함된다고 볼 수 있을 듯하다.

병렬절이 없다고 여겨져 왔으므로 큰 문제가 아니라고 하였다. 병렬절은 비정형형을 취하거나 정형형을 취하는 경우에도 부사형 첨사를 가지는 등, 어떤 식으로든 주절과는 구별되는 의존성을 보인다는 것이다. 일본어의 병렬절은 종속성 정도가 아주 낮지만, 다른 부사절들과 구조적 차이도 없다고도 하였다.

(26) 가. *Taroo=ga ie=ni* **modot.te** *kagi=o* *sime.ta*

　　　PN=NOM　house=DAT　return.GER　lock=ACC　shut.PST

　　　'Taro returned home and locked the door.'

　　나. *Taroo=ga ie=ni* **modot.ta=ga** *kagi=o* *sime.na-kat.a*

　　　PN=NOM　house=DAT　return.PST=AVS　lock=ACC　shut-NEG-VBZ.PS

　　　'Taro returned home but didn't lock the door.'

그러나 한국어나 일본어만이 병렬절의 탈종속화가 가능한 것은 아니다. 즉 병렬절의 탈종속화가 한국어나 일본어처럼 비교적 의존적인 병렬절을 가지는 언어에서만 일어난다고 볼 이유는 없다. Evans(2007: 384)에서도 논의의 현실적인 문제 때문에 병렬절이 독립적으로 사용되는 것을 제외했지만, 병렬절이 오히려 탈종속화된 절의 기능적 속성을 가질 때가 있다고 하였다.

Cristofaro(2016: 411~412)에서도 일부 언어에서는 탈종속화가 표준적인 의미에서 종속절이라 할 만하지 않은 and절이나 이와 등가의 절에도 적용된다고 하였다. 이해를 돕기 위해, 이때 제시한 예와 설명을 그대로 가져온다.

먼저, 일부 언어에서 and절이나 이와 등가의 절이 의무, 바람, 명령 등과 같은 의무양태의 의미를 전달하기 위해 독립적으로 사용될

수 있다고 하고, 나일−사하라어족(Nilo-Saharan)의 하나인 투르카나
어(Turkana)의 아래의 예를 들었다.

(27) 가. ɛ̀-à- ìnɔ̀k-à-kìn-ɪ`        à-bɛ̀r-ʊ̀  a-kìmɪ̯, k-ìtʊ-kʊl-a-`y̩

　　　3−PAST−light−E−DAT−A woman   fire   3−CAUS−boil−E−VEN

　　　ŋa-kipì.

　　　water

　　　The woman lit the fire and boiled water.' (Dimmendaal 1982: 177)

　나. àpɛ`  tɔ̀-bʊc-ar`ı̯!

　　　go   you−save−IT−V

　　　'Go and good luck' (Lit. 'Go and stay safe!') (Dimmendaal 1982: 176)

　다. A−to−yew−o=ki−i`

　　　we−sing−E−DAT−PL

　　　'Let us sing!' (Dimmendaal 1982: 176)

　위에서 볼드체로 표시한 후속서법(subsecutive mood)은 동사구가
연결되는 구성에서 비어두 위치에 쓰인다. (27가)는 "여인이 불을 지
폈다, 그리고 물을 끓였다"에서 두 번째 동사에, (나)는 "가라 그리고
잘 지내라"에서 두 번째 동사에 이 서법이 표현되어 있다. 그런데 이
런 비어두 위치의 형태가 (다)에서는 명령을 표현하기 위해 단독으로
사용되었다.

　이런 패턴에 대한 가능한 설명은 (27나)와 같은 문맥에서 앞에 접
속된 동사가 생략된 결과로 보는 것이다. 앞의 접속구는 의미적으로
일반적이고, 자신만의 사태를 기술하기 위해서라기보다 두 번째 접
속구를 도입하기 위해 사용되었다고 본다면 이런 변화가 그럴듯하다

는 것이다.

비슷한 패턴을 아래의 이탈리아 상업 광고에서도 볼 수 있다. 이는 고릴라가 들어와 Crodino를 요구하니 바텐더가 놀라서 아내에게 어떻게 할까를 묻는 장면이다. 이때 아내는 (28가)처럼 명령의 and절을 사용하여 지시한다. 이 절은 [호들갑 떨지 말고 줘]와 같은 부가적인 의미를 전달한다는 점에서, (나)의 'and' 없는 대응 짝과는 조금 다르다고 한다. 따라서 (나)는 '호들갑 떨지 마'와 같은 병렬절이 생략된 결과일 수 있다는 것이다.

(28) 가. 'E   *dajelo!*'

   and   give.IMP.2SG.3SG

   '(Stop the fuss) [Lit. 'And'] give it to him!' (Roman variety of Italian)

   나. *Daglielo!*

   give.IMP.2SG.3SG

   'Give it to him!' (standard Italian)

병렬접속절도 의존절의 일종인 한국어와는 달리, 이들 유럽어에서의 병렬절은 의존절은 아니다. 그런데도 탈종속화가 일어나고 있는 것이다. Cristofaro(2016: 415)는 이런 예들을 보면 탈종속화가 결코 종속절을 포함하는 복문에 국한되지는 않는다고 하였다. 절–연결의 다양한 유형을 두루 포함하는, 더 넓은 현상으로 보는 것이 적절하다는 것이다. 타당한 지적이다.

탈종속화의 대상을 전통적인 의미의 내포절과 종속절로 제한해야 할 당위성은 없다. 오히려 종속성을 의존성으로 확대하여, 홀로 문장을 이루지 못하는 의존적인 절은 원칙적으로 탈종속화가 가능한 대상으로 보는 것이 유용하다. 한국어는 특히 그러하다. 후행 동사가 생략되면서 굳어진 탈종속화 구성도 있고, 남은 절이 종속절인지 분명하지 않은 경우도 많기 때문이다.

[2] 원래 종속절이었다는 것은 어떻게 확인하는가.

Evans(2007: 378)는 확인의 수단으로, 종속절에만 나타나는 형태통사적인 속성들에 주목한다. 예컨대 어떤 언어에서 종속절만의 특별한 어순이 있는데 탈종속화 구성에서 그 어순이 발견되거나, 어떤 언어에서 종속절만의 특별 동사 형식이 있는데 탈종속화 구성에서 그 형식의 동사형이 보이면, 형태적으로 종속적인 절로 보는 것이다. 즉 탈종속화 구성이 종속절에서 발생했다는 대조적인 혹은 역사적인 증거를 찾아 나서는 방식이다.

이런 증거가 찾아지지 않을 경우에는 언어유형적인 유추에 기대기도 한다. 예컨대 명사화된 동사에 격 접사가 붙은 명사절은, 범언어적으로 종속적 구조이므로 종속절로 분류하는 것과 같은 방식이다. 이런 처리는 탈종속화 논의의 출발점이 종속절의 종류가 아니라, 절의 종속성을 보여 주는 형식적 지표에 있음을 보여 준다.

[3] 탈종속화 과정에서 생략되는 요소는 주절이어야 하는가.

Evans(2007)는 탈종속화의 기제로 생략, 특히 주절의 생략을 들었다. (29가)는 이탈리아어의 예인데, 주절이 없다. 대괄호로 제시한 정도가 주절로 복원할 만하고, 따라서 (가)는 이런 주절이 생략된 것으로 보았다. (가)는 전형적인 종속절인 (가´)과 구분된다.

(29) 가. Che   venga   domani

   that   come.3SG.SBJV   tomorrow

   [it's possible/likely/I hope/believe etc.]

   that he'll come tomorrow.

가´.Non   vogl-io   che   venga   domani

   not   want-1SG   that   come.3SG.SBJV   tomorrow

   I don't want him to come tomorrow.

나. If you could give me a couple of 39c stamps please,

   [I'd be most grateful]

다. Aber   wo   komm-st   du   denn   jetzt   her?

   but   where   come-2SG   you   then   now   hither

   'but where are you coming from now?'

   Wie bitte?

   how please

   'What's that?'

   Wo   du   jetzt   herkomm-st?

   where you now come-2SG

   '(I asked) Where you're coming from(?)'

　　(29나)는 영어에서 if절이 단독으로 공손한 요구를 나타낼 때 쓰이
는 예로, [I'd be most grateful]이나 [I wonder] 정도가 복원될 만하
다. (다)는 독일어의 예로, 질문을 반복할 때, 'ich sagte/fragte'와
같은 주절이 없는데도 종속절의 어순으로 표현된 예이다. 독일어의
주절은 동사-목적어 어순이지만, 내포절에서는 목적어-동사 어순
이다.

탈종속화를 주절 생략의 결과로 보는 Evans(2007)에 따라, Narrog (2016)는 두 개의 절로 볼 수 없는 구성에서 생략이 일어난 것은 탈종속화와 구분하였다. 탈종속화 구성인지를 판단할 때, 생략된 것이 주절이어야 한다는 기준을 엄격하게 적용한 것이다. 그래서 복합술어에서 조동사 같은 후행 동사가 생략된 예는 탈종속화에서 제외하였다.

아래 (30가)는 '기다려 주세요'와 같은 구성에서 수여동사인 '주세요'가 생략된 것이다. 그런데 이 '주세요'를 복원하면 (나)의 '나를/그를'과 같이 동사 'mat-(기다리다)'의 대격 논항은 취할 수 있지만, '주세요'에 맞추어 '에게' 여격 논항은 취할 수가 없다. 이로써 동사 '주다'가 별도로 절을 이루지 않고, 선행 동사 '기다리다'와 함께 하나의 복합술어를 이룬다는 것을 확인할 수 있다.

(30) 가. Mat.te

　　　　wait. GER

　　　　'wait!'

　　나. Watashi/kare=o/*ni　　　　mat.te　　(kudasa.i)

　　　　I/he-ACC/DAT　　　　　　wait.GER (give.IMP)

　　　　'wait!'

생략된 동사 '주다'가 절을 이루지 않음은 부사의 수식 양상에서도 확인된다. (31가)에서 보듯이 부사 '빨리'는 '돌아와 줘' 전체를 수식하지, (나)에서 보듯이 '서둘러 돌아와서 제발 줘'처럼 동사 하나만 수식할 수는 없다.[12] 이것도 이들이 하나의 술어라는 증거이다. 따라서 이런 구성에서의 '주세요'의 생략은 주절 생략이 아니므로, 탈종속화가 아니라는 것이다.

(31) 가. Hayaku   kaet.te   kure#

quickly   return.GER   give

'Come back (for me) in a hurry/quickly!'

나. *Isoide   kaet.te   zehi   kure#

hurriedly   return.GER   please   give

'Please come back quickly (for me)!'

그러나 주절이 생략되어야만 탈종속화로 볼 만한지는 재고의 여지
가 있다. 복합술어로 굳어졌다 하더라도, 단독으로 문장을 이룰 수
없었던 동사 형태가 후행 동사가 생략되면서 독립적으로 쓰이게 되
었다면, 이는 비정형형이 정형형처럼 쓰이는 현상에 해당된다. 무엇
보다 'kudasi(주세요)'가 표현하던 '명령/요청'의 의미가, 선행의 'te'형
동사에 온전히 옮겨져, 'te'형만으로는 담아내지 못했던 명령의 발화
수반력이 표현되고 있다. 이는 탈종속화 구성의 전형적인 변화 중의
하나이다.

게다가 만약 탈종속화를 엄격히 정의하고 이런 구성을 제외한다
하더라도, 후행 동사가 생략되어 주절처럼 쓰이는 이런 구성만을 지
시하기 위한 또 다른 술어가 필요하다. 이런 점에서 탈종속화의 조건

---

12   Narrog(2016)에서는 이들이 모두 생략된 요소가 예측 가능하고 결과된 구성에 흡수된
'닫힌' 탈종속화의 예들이라고 하였다. 그러나 단일 절로 분석되는 것이 맞기에 본인
은 탈종속화로 다루지 않는다고 하였다. 다만 다른 이들은 이를 '유사-탈종속화'라고
할 수도 있다고 하였다.

을 주절 생략만으로 둘 것인가는 선택의 사안인 면이 있다.

우리는 앞에서 탈종속화의 '종속적'이라는 술어가 전통적인 의미의 종속절만을 겨냥한 것이 아니며, 따라서 의존적인 절을 모두 포함하는 의미로 받아들일 필요가 있다고 한 바 있다. 마찬가지 이유로, 생략되는 요소도 전통적인 의미의 주절이어야 할 필요는 없다. '종속적'을 '의존성(비정형형)'으로 확대 수용한 데 맞추어, 주절도 정형 동사형을 가진 형식으로 확대하는 것이 합리적이다. 예컨대 동사들의 문법적 위상과는 상관없이, 정형적 동사가 생략되어 비정형형(의존형)이 문말 형식이 되는 경우이면 모두 탈종속화의 가능성을 따져 볼 만하다는 것이다. 이런 유연함이 필요한 이유는 여러 가지이다.

첫째, 원론적인 문제인데, 탈종속화 논의에서 복원 가능한 주절 후보는 짐작되는 것이지 엄밀한 의미에서 증명된 것은 아니다. 일례로 Evans(2007)에서 영어의 'if-요구'의 경우 'If you could give me a couple of 39c stamps please'는 [I'd be most grateful] 정도가 복원된다고 하였지만, 이 주절이 생략되어 탈종속화 구성이 만들어졌다는 보장은 없다. 확실한 것은 다음 세 가지 사실 정도이다.

(i) 탈종속화된, 즉 남아 있는 절은 원래 의존적인 절이었다.
(ii) 지금은 후행절 없이 단독으로 문장을 이룰 수 있다.
(iii) 복원할 수 있는 (주절) 후보가 있다.

여기 어디에도 복원할 수 있는 주절 후보가 곧 생략된 요소라는 직접적인 연결고리는 없다. 복원 가능한 후보가 비교적 분명한 경우에도 이런 약점을 가지는데, 생략된 후보를 지목하기 어려운 경우라면 그 약점은 더욱 커질 수밖에 없다. 뒤에서 살펴볼 '기는₂' 같은 경우이다. 생략된 요소를 좁히는 일부터 쉽지 않고 지목한 주절도 가능한 후보일 뿐 완전히 보증되는 것은 아니므로, 생략된 요소의 위상을 확인하는 전(前) 작업은 실효성이 별로 없다.

둘째, 생략된 요소가 비교적 분명하더라도, 그것의 문법적 지위는 덜 분명할 수 있다. 탈종속화가 특정 동사 앞에서 일어나는 경우가 이에 해당한다. 일례로 명령형어미 '도록'은, 아래와 같은 ᄒ(여)라체 문장에서 왔을 가능성이 큰데(석주연 2013: 16), 이 구성에서의 '하다'의 문법적 지위는 긴 논의가 필요한 사안이다. 탈종속화 논의에 관한 한, 당시 '하다'의 문법적 지위는 부차적인 문제이다.

(32) 늬 귀예 불안한 말이 아니 들니도록 ᄒ여라 (『행락도』)

셋째, 독립적으로 쓰이는 절이 원래 종속절이었다는 사실만 확인될 뿐, 어떤 주절이 생략된 것인지는 알기 어려울 때도 있다. 일례로 11.4.에서 논의되는 예들처럼, 아예 주절 없이 종속절만 단독으로 쓰이다가 독립절의 지위를 획득하는 경우도 그러하다. 주절이 따를 수 있는 환경이지만 따르지 않게 되는 현상은, 엄밀히 말하면 생략이라기보다 종속절의 지위를 스스로 벗어난 것이기도 하다.

2.5. 정형성과는 다른, 탈종속화 구성의 특징

탈종속화 구성은 종속절의 형식을 간직한 채 단독으로 주절처럼 쓰이는 것들이다. 즉 종속절적 요소와 주절적 요소를 함께 가지는 것들이다. 따라서 어떤 형식이 탈종속화된 구성인가를 확인하는 작업은 상당히 까다롭다. Evans(2007)의 말대로 '주절은 정형적이다'라는 기술이 탈종속화 구성에는 적용되지 않으므로, 비정형적 요소가 있음에도 불구하고 독립된 절로 보아야 하는 근거를 찾아내야 하기 때문이다. 대개는 독립절이 보이는 정형성 자질 외에, 종속절로 쓰일 때와는 다른, 의미적·문법적 특징을 찾아냄으로써 논증이 이루어진다. 가능한 방향은 다음과 같은 것들이다.

- 탈종속화 구성은, 대당 종속절의 원래 쓰임보다 복원 가능한 주절의 종류가 제한되는가?
  (예) 단독으로 쓰이는 'if-요구'는 if 조건절보다 주절의 종류가 제약된다.
- 탈종속화 구성과, 대당 종속절의 의미 기능에 차이가 있는가?
  (예) if절은 보통 조건·가정의 의미인데 탈종속화된 if절은 공손한 요구를 나타낸다.
- 탈종속화 구성과, 대당 원 종속절의 문법적 양상이 어떻게 다른가?
  (예) 스페인어에서 조건문 si절은 여러 개 이어질 수 있는데, 탈종속화된 si절은 발화당 한 번밖에 출현할 수 없다.
- 생략된 주절을 복원한 복문과 단독으로 쓰인 탈종속화 구성 사이에 문법적인 차이가 있는가?
  (예) 복문에서 쓰이던 화시소가 탈종속화된 구성에서는 사용되지 못한다.

주의할 점은 이들 검증 도구들 중 어느 하나가 독립절/의존절 지위에 결정적인 속성이라고 할 수는 없어서, 여러 특성을 두루 살펴야 한다는 데 있다.

2.5.1. 생략의 관습화와 복원 후보의 제약

탈종속화 구성은 주절이 생략된 구성과 구별된다. Evans(2007: 371~372)에서는 생략된 요소를 복원하는 데 유의미한 제한이 발견되면, 잠재적으로 어떤 주절도 복원될 수 있는 생략 단계에서 생략의 관습화 단계로 넘어간다고 보았다.[13]

Evans가 보기에, Buscha(1976)와 Weuster(1983)에서 제시한 독일어의 탈종속화된 ob절의 경우는 어떤 주절도 복원될 수 있는 상황이다. 생략된 주절에 의미적 제한이 있다고 주장할 근거가 없어 보인다는 것이다. Buscha(1976)는 이런 절들이 대화 참여자의 의견이나 객관적인 가능성에 대한 불확실성을 표현한다고 주장했지만, 이것이 종속된 ob절의 일반적인 의미 조건을 넘는 것임을 증명하지는 않았다고 하였고, Weuster(1983: 38)의 (33라)의 예는 판정의문문을 표현하는 주절만 있으면 되는데 이는 ob절 사용의 일빈적인 의미 조건이라고 하였다.

(33) 가. [Was   mein-st   du   dazu,]   Ob   ich   mal
        what   think-2SG   you   to.it   if   I   just

        wegan   meiner Galle   frag-e?
        because   my   gall.bladder   ask-1SG

        '(What would you think), If I just ask about my gall bladder?'
        (Buscha 1976)

---

13 Evans(2007: 370 각주 5번)에서는 생략에 대해 이렇게 말한다. 생략 이론은 생략된 성분이 회복되느냐 정도에 있어 상당히 다르다. Quirk et al.(1972: 536)은 이 술어를 회복 가능한 후보가 유일할 때로 제한해 사용한다. 그러나 나는 오히려 생략을 '문법적으로 받아들여지는 몇 가지 회복 요소'를 포함하는 것으로 정의할 것이다.

나. [Ich zweifl-e,] Ob wir richtig sind?

I doubt-1SG if we right are

'(I doubt), whether we are right?' (Buscha 1976)

다. Ob diese Wortstellung zulässig ist?

if this word.order permissible is

[, erschein-t mir fraglich]

appear-3SG I.DAT doubtful

'Wheter this word order is permissible (, seems doubtful to me).'

(Weuster 1983: 33)

라. [Dieser Aufsatz macht deutlich,] ob diese

this article makes clear whether this

Wortstellung zulässig ist[?]

word.order permissible is

'This article makes it clear, as to] whether this word order is acceptable.'

(Weuster 1983: 38), (이상, Evans 2007: 371~372에서 재인용)

탈종속화 구성은 복원되는 후행 요소가 제약된다. 아래는 독립된 if절이 공손한 요청에 쓰인 프랑스어, 영어, 네덜란드어, 일본어의 예이다.

(34) 가. Si on allait se promen-er?

if one went REFL walk-INF

'What if we went for a walk?'

나. If you could give me a couple of 39c stamps please.

다. Hans, of je even naar Edith zou lopen

Hans, whether you just to Edith will go

'Hans, would you just go to Edith?' (Evans 2007: 380)

라. oishasan ni it-tara ii to omo-u

doctor LOC go-if good COMP THINK-PRS

'I think that it would be good to go to a doctor.' (Evans 2007: 389)

공손한 요청에 if절을 사용하는 모든 언어는 주절이 생략되지 않
은 구문도 가능한데, 대개 그 생략된 부분은 전형적으로 '만약 X라면,
[나를 행복하게 해 줄 것이다]'나 '만약 X이면, [아주 좋을 것이라고
나는 생각한다]' 정도를 생각해 볼 수 있다. 이는 보통의 if절이 연결
될 수 있는 주절의 범위에 비하면 상당히 제한적이다.

이렇게 탈종속화된 if절이 더 관습화될수록 화자들은 무엇이 생략
되었는지에 대한 확신이 줄어든다. 일례로 영어 화자들에게 위의 (34
나)의 주절을 요청했을 때, 의문절 내포 구문인 'I wonder if'와 조건
절 구문인 'if…it would be good' 사이에서 의견이 갈리는 것이 확인
되었다(Evans 2007: 380, 389~400).14 이런 사실들은 탈종속화 구성은
정규의 종속절 용법보다 그 의미가 특수하며, 따라서 복원되는 후행
요소의 종류도 제한된다는 것을 보여 준다.

한국어 논의에서도 연결어미로 문장이 끝나면, 주절 생략으로 보
는 것이 관례였다. 일상 대화에서 생략은 흔히 일어나고, 대개 생략

---

14 만약 내포의문에서 'I wonder'가 생략된 것이라면 '*whether you could give me a
couple of 39c stamps'도 가능해야 하나, 이는 쓰이지 않는 구문이므로 복원 가능한
후보는 조건문이라는 주장도 있었다. 그러나 실제 영어 화자는 공손한 요구의 if절에
쓰일 수 있는 주절로 두 가지를 모두 들었고, 실제로 바스크어에서는 조건과 내포된
의문 두 형식이 모두 공손한 요구에 쓰인다는 점을 보면, 두 가지 가능성 중 하나를
배제해야 할 이유는 없어 보인다(Evans 2007: 380 각주 16).

된 주절을 복원할 수 있다는 이유에서이다. 그러나 생략이 유독 특정 환경에서만 관습적으로 이루어진다면, 보통의 생략과는 구별할 필요가 있다.

일례로, 탈종속화 구성으로 볼 만한 것으로 '긴/기는₁'이 있다. (35가)의 "학교 가긴"은 '학교 아직 못 갔다'는 의미로 해석된다. 이때의 '기는₁'은 (나)와 같은, 'V-기는 [뭐가/뭘/어딜 V-]'와 같은 구문에서 수사의문문인 부분이 생략되면서 단독으로 쓰이게 되었을 가능성이 높다.[15]

(35) 가. 학교 가긴. 아직도 꿈나라야.

　　　나. 학교 가긴 어딜 가.

'기는'이 올 만한 구문 전체와 견줄 때, 수사의문문이라는 범위는 상당히 좁다. 원래의 'V-기는 V-' 반복 구문만 하더라도, '기는₁'과는 달리 (36)에서 보듯이 여러 문장 유형이 가능하다.

(36) 학교를 가기는 {간다, 가니?, 가마}

'기는₁'의 의미는 이들 반복 구문과도 다르다. 평서형의 'V-기는 V-다'는 해당 사태가 어떤 식으로든 이루어지고 있거나 이루어졌다

---

15 이수연(2014: 154~156)은 'V-기는 V-'라는 어간 반복 구문 중에서 '좋기는'과 같은 예는 후행 부분이 생략되면서 독특한 의미를 나타내는 것으로 보았다. 그리고 그 의미를 복원하기 위해서는 '좋기는 뭐가 좋아?'와 같은 특수한 형태의 수사의문문이 필요하며, '좋기는'에서 '좋지 않다'와 같은 부정의 의미가 왜 드러나는지 알 수 없으므로 하나의 관용 표현으로 이해할 만하다고 하였다.

는 의미이다. 의문형의 'V-기는 V-냐'는 해당 사태가 이루어지는지를 묻는다.[16]

(37) 가. 가기는 {갔다, 간다, 가마}

　　나. 공부하긴 {하니?, 했니?, 할 거야?}

반면에 '기는₁'은 해당 사태가 이루어지지 않았거나 간혹 미래 사태일 경우 해당 행위를 하지 말라는 의미로 해석된다.[17] (38가)는 가지 않았다는 의미이고 (나)는 앉지 말라는 의미이다.

(38) 가. A: 아들은 학교 갔어요?

　　　B: 가기는.

　　나. A: 저도 앉아도 될까요?

　　　B: 앉긴 {어딜 앉아.}

수사의문문보다 생략된 범위가 더 제한적인 경우도 있다. 연결어미 '든지'[18]가 후행절 없이 단독으로 쓰이는 경우도 그런 예이다.

(39) 가. 못 오면 못 온다고 전화를 해 주든지. (유현경 2003: 124)

16　해당 동사가 지시하는 최소한의 행위는 이루어졌음을 드러낸다(이수연 2014: 152).

17　'기는₁'이 미래의 사태에 대해 쓰일 때는 금지의 의미로도 해석된다. "저 지금 갈래요."에 대한 응대로 "가기는. 기다려."라고 말하는 경우가 이에 해당된다(문숙영 2015 참조).

18　연결어미로서의 '든지'는 ①처럼 두 개의 선택항을 이접하거나 ②처럼 선택항 나열의 '~든지 ~든지 하다' 구성으로 쓰인다. "① 불나비가 달려들어 불을 끈다. 불나비는 죽었든지 화상을 입었으리라." "② 계속 가든지 여기서 있다가 굶어 죽든지 네가 결정해라."

나. 알았으니까 빨리 좀 해라. 이왕 할 거면 좀 빨리 하든지. (고비
　　비 2013: 34)

다. 가스 불에… (머쓱) 물 쪼끔 데워 놨는데… 쓰든지. (고비비
　　2013: 33)

'든지'가 연결어미로 쓰일 때는 나열된 동작이나 상태 중에서 무엇이든 선택될 수 있음을 나타낸다. 그러나 단독으로 문장을 끝내고 있는 예들에서는 그런 선택항이 드러나지 않는다. 특히 (39다)는 데워 놓은 물을 쓰라는 권유로 해석되지 '쓰거나 쓰지 않거나' 중에서 선택하라는 말로 해석되지는 않는다.[19]

이런 독립적 용법의 '든지'는 후행절 전체가 생략되면서 발달했다고 보기는 어렵다. 복원할 수 있는 동사로는 '하다' 정도가 가능하다. 그리고 이때 서법도 (40가)에서 보듯이 명령형만 가능하다.[20] 이는 (나)처럼 동사구 내포문에서는 서법 제한이 없는 것과 대조된다.

(40) 가. 가스 불에… (머쓱) 물 쪼끔 데워 놨는데… 쓰든지 {해라, *한
　　　　다, *하자, *하마, *하냐?}

나. 돈이 모자라면 빚을 내든지 {한다, 하자, 해라, 하냐?}

명령과 같은 서법의 제약이 아니라, 특정 어말어미만 허용되는 경

19　유현경(2003)에서는 '든지'가 종결어미처럼 쓰인다고 하였고 고비비(2013)는 아예 반말체 종결어미라고 하였다. 이를 이어받아 문숙영(2015)에서도 후행 동사가 생략되면서 문말 형식으로 쓰이게 된 탈종속화 구성이라고 하였다.

20　'한다, 하자, 하마, 하냐'도 가능하다고 할지 모르나, 이때는 동사구 내포문 구성으로, (39나)의 의미와는 달라진다.

우도 있다. 과거에 선택되지 않은 사태에 쓰이는 '든지'가 그러하다. 이 용법에서는 (41가)에서 보듯이 복원 가능한 후보로 '하지' 정도만 가능하다.

(41) 가. 밥 먹고 올 것 같으면 미리 말을 해 주든지 {하지, *해(평서),
　　　 *해라, *했어.} 괜히 저녁 했잖아.
　　나. 나 먹을 것도 좀 남겨 두지.

(41가)는 미리 말해 주지 않았음을 탓하거나 아쉬워하는 발화이다. 즉 과거에 일어나지 않은 사태에 대한 타박과 원망을 표현한다. 이때 어미 '지'만 허용되는 것은, '지'가 (나)와 같이 과거의 반사실적 사태에 대한 유감을 표현하는 데 쓰이는 어미(박재연 1998: 96)이기 때문이다.

단독으로 쓰이는 '었으면'도 복원 가능한 후보가 극히 제약된다. 단독적 용법의 '었으면'은, '었'과 '으면'의 단순 결합과는 여러 면이 다르다. 먼저, 조건과 가정을 나타내는 '으면'과는 달리, 단독으로 쓰인 '었으면'은 화자의 바람을 나타낸다.[21] 그리고 이때의 '었'은 과거를 지시하지도 않는다.

(42) 가. 이대로 곧장 저 아래로 떨어져 버렸으면.

---

21 '화자의 바람'으로 읽히는 문맥에서는 '었' 없이 '(으)면'만 나타나기는 어렵다. 문숙영 (2005/2009: 256)에서는 '었으면'이 단독으로 문장을 끝맺을 수 있으나 '(으)면'은 이런 쓰임이 어색하다고 하면서 내적 화법의 종결어미로 굳어져 쓰인다고 한 바 있다. 유현경(2003: 135)에서도 '(으)면'이 후행절이 생략된 채 '었으면' 꼴로 화자의 바람을 나타내는 종결어미적 용법을 가지는데, 이는 조건의 어미인 '(으)면'이 아니라 별개의 어미 복합체인 '었으면'의 용법으로 보는 것이 좋겠다고 한 바 있다.

나. 7월 9일. 아프지 않았으면.

단독으로 쓰인 '었으면' 뒤에 가능한 술어로는 '좋겠어' 정도가 가장 무난하다. '좋겠어'가 아닌 '좋을 텐데'나 '좋았을 텐데' 정도도 이런 단독의 용법에는 어울리지 않는다. '었으면'의 해석이 달라지기 때문이다.

(43) 가. {어제 샀으면, 미리 사면, *내일 샀으면} 좋았을 텐데.
　　 나. {어제 샀으면, 미리 사면, *내일 샀으면} 좋을 텐데.
　　 다. {*어제 샀으면, 미리 사면, 내일 샀으면} 좋겠어.[22]
　　 라. 내일 샀으면.

(43가), (나)의 '좋았을 텐데'와 '좋을 텐데' 앞에서는 '었'에 의한 시제 대립이 유지된다. 이는 '샀으면'이 '어제'와는 공기할 수 있으나 '내일'과는 공기할 수 없는 데서 확인된다. 반면에 (다)의 '좋겠어' 앞에서는 '었'이 과거로 해석되지 않는다. 즉 '었'에 의한 시제 차이가 없다. 이는 '샀으면'이 '어제'와 공기할 수 없는 데서도 확인된다. 이런 제약은 단독으로 쓰인 '었으면' 뒤에는 '좋았을 텐데'보다는 '좋겠어' 정도가 생략된 것으로 보게 한다.

혹시 '었으면' 뒤에 내적 화법 구문을 형성하는 '하다'가 생략되었을 가능성은 없는가. '었으면 하다' 구문은 제삼자의 바람도 표현할 수 있다는 점에서, '었으면' 구문과 다르다.

---

22 "어제 샀으면 좋았겠어."는 가능한데, 이때 '샀으면'의 '었'은 과거를 지시한다. 반사실적 과거에 쓰이는 '었'은 과거의 사태를 지시한다.

(44) 가. 철수는 자기도 캠프에 갔으면 한다.

　　가'. ~~철수는~~ *자기도 캠프에 갔으면 ~~한다~~.

　　나. 나는 나도 갔으면 한다.

　　나'. ~~나는~~ 나도 캠프에 갔으면.

　　다. 나는 나도 갔으면 했다.

　　다'. ~~나는~~ 나도 갔으면 ~~했다~~.

　(44가)에서 '하다'가 생략된 것이라면 (가')이 가능해야 하지만, 어색하다. (나)처럼 화자 자신의 바람일 때만 (나')처럼 생략되는 것이 가능하다. 그런데 이것도 '하다'가 현재형일 때만 가능하다. 과거형인 (다)에서 '했다'가 생략되면 결코 (다')의 의미가 아니다. (다)는 과거의 소망이지만 (다')은 현재의 소망이기 때문이다. 따라서 '었으면 하다'를 원천 구문으로 세우려면 '하다'의 생략은, 바라는 주체가 화자이면서 '하다'의 시제가 현재일 때 한한다는 조건을 달아야 한다. 따라서 '었으면 좋겠다'보다는 원천 구문일 가능성이 낮다.

　'었으면 하다' 구문은 오히려 '었으면'이 독자적인 어미로 자리 잡았음을 보여 주는 증거일 수 있다. '었으면'이 탈종속함으로써, 내적 화법 구문으로 분포를 넓혔다고도 볼 가능성이 있기 때문이다. '좋겠다' 앞에서는 '었' 없는 '으면'이 가능하지만, '하다' 앞에서는 늘 '었으면'만 가능한 것이 한 근거이다. 또 다른 내적 화법 구문인 '싶다' 앞에서도 '었으면'만 가능하다.[23]

23　2003년 전반부에 완성된, 810만 어절 규모의 세종 코퍼스를 검색해 보면 '-면 V-'는 총 953회 검색되는데, '좋-'이 후행되는 경우 229회, '하-' 281회, '싶-'이 39회 검색된다. 그런데 '좋-'과는 달리 '하다'나 '싶다' 앞에서는 '었으면'만 가능하다.

(45) 가. 조만간 제주도 한번 {내려갔으면/*내려가면} 해.

　　나. 조만간 제주도 한번 {내려갔으면/*내려가면} 싶다.

2.5.2. 구문 의미의 흡수

생략된 요소의 후보가 제한적인 것은, 그만큼 탈종속화 구성이 의미 특정성을 가지도록 발달했기 때문이다. 이런 의미 특정성은, 생략된 요소의 의미를 탈종속화 구성이 흡수하면서 얻어진 것이다. Evans(2007)에서 보인 많은 탈종속화 예들도 생략된 주절의 의미를 흡수한 것들이다. 일례로 아래의 that절이나 how절이 감탄·평가·놀라움을 표현하는 데 쓰이는 것은, 주절 생략 후 남게 된 절만으로는 설명되지 않는다.

(46) 가. [I'm amazed and shocked] That he should have left
　　　　without asking me. (Evans 2007: 403)

　　나. [I don't understand] How they can bet on a bloody dog
　　　　like that!

앞에서 '기는₁'은 'V-기는 [뭐가/뭘/어딜 V-]'와 같은 구문에서 탈종속화된 것으로 보았다. 이 '기는₁'은 'VP-기는 뭐가 V-'라는 전체 구문의 의미를 다 흡수한 대표적인 경우이다. 아래 (47)의 '다 크긴'은 [아직 다 안 컸다]로 해석되는데, 이는 '다 크긴 뭐가 다 커'가 나타내는 의미이다. '기는₁'의 이런 의미는 어말어미가 흔히 가지는 의미의 종류가 아니다.

(47) A: 어 혼자 숙제를 다 하는군. 다 컸네.

B: 다 크긴. 아직도 잘 때 날 찾아.

게다가 '다 크긴'은 앞서 다른 화자의 발화가 있었음도 표현한다. 'V-기는 V' 반복 구문도 선행 발화를 전제한다. 아래의 '숙제를 하기는 했대'도 선행 발화인 '숙제를 안 해 갔냐'는 물음에 부분적으로 긍정하고 부분적으로 부정하고 있다.

(48) 가. 숙제 안 해 갔대?
　　　나. 숙제를 하기는 했대. 다 못 해서 그렇지.

탈종속화 구성은 구문 전체의 의미와 함께 발화수반력을 흡수하기도 한다. 앞에서 탈종속화된 '든지' 뒤에 생략되었음 직한 요소로 '하다'의 명령형을 제시한 바 있다. '든지'가 명령의 발화수반력을 가짐은 부정문이 '지 말다'로 표현되는 데서도 뒷받침된다.

(49) 가. 이렇게 협조 안 할 것이면 아예 오지를 {말든지, *않든지.}
　　　나. 가기 싫으면 난 가지 {않든지 한다, ?말든지 한다.}

'든지'가 '하다'에 내포되는 (49나)에서는 '지 않다'가 더 자연스럽다. 그러나 탈종속화 구성인 (가)에서는 '지 않다'가 불가능하다. '지 말다'가 명령이나 청유의 효력을 지니는 의문문과 평서문에 주로 쓰이므로[24] (가)의 양상은 '든지'가 명령의 효력을 가진다는 증거이다.

24　김선영(2005)은 '지 말-'에 결합 가능한 어미로는 '(으)ㄹ까, 지어다, 어야지, 지, (으)ㄹ걸'이 있다고 하였다. 그리고 이들은 제안이나 금지의 의미로 해석되는데, 크게는 모두 청유나 명령의 효력을 가지는 것으로 보았다. 예컨대 "늦지 말아야지."나 "차라

즉 '듣지'는 '듣지 해라'와 같은 구성에서 '해라' 등이 생략되고 명령의 발화수반력을 흡수하면서 발달한 것이다.

명령형어미 '도록'도 생략된 요소의 발화수반력을 흡수한 사례이다. 석주연(2013: 16)은 명령문 '도록'의 기원은 '도록 ᄒᆞ-'에 의한 명령문일 것이라고 하였다. 근거로는 20세기 초 신소설 자료를 보면 'V도록 ᄒᆞ-'는 행위의 주체가 청자인 문맥에서 많이 나오며, 특히 명령문에 빈번하게 사용된다는 것을 들었다.

(50) 가. 늬 귀예 불안한 말이 아니 들니도록 ᄒᆞ여라 (『행락도』)

나. 장돌아 조심히셔 상ᄒᆞ지 아니ᄒᆞ도록 ᄒᆞ야라 (『월하가인』)

다. 지체 말고 어셔 써나 아비 눈으로 씀직시러온 것 보지 안이 ᄒᆞ도록 ᄒᆞ여라 (『옥호기연』)

라. 아모죠록 남 위세 과히 안이 ᄒᆞ도록 ᄒᆞ여 쥬게 (『산천초목』)

마. 아모럿턴지 혼인만 되도록 ᄒᆞ여 줍시오 (『홍도화』)

바. 긔어히 득정을 ᄒᆞ도록 ᄒᆞ야 쥬옵쇼셔 (『화의 혈』)

생략된 요소의 의미를 흡수하는 탈종속화의 또 다른 예로는 '기를'이 있다. 절의 도치로 볼 수 있는 (51가)와는 달리, 단독으로 문장을 끝내는 (나)의 '기를'은 탈종속화 구성으로 볼 만하다. 탈종속화 판단 근거는 2.5.3.에서 언급하기로 하고, 여기서는 의미의 흡수 문제만 보자.

(51) 가. 희망한다. 이따위 억설이 깨끗이 무산되기를. 또다시 국민을

리 하지 말걸."과 같은 예이다.

능멸하는 일이 없기를.

　　나. 예쁘게 만들어 준 출판사 가족에게 큰절을 한다. 우리 조국에
　　　　영광이 있기를!

　　단독의 '기를'은 화자의 바람을 표현하되, 명령이나 청유보다는 기원(optatives)에 가깝다. 명령과는 달리, 청자에게 사태 실현의 책임이 있지는 않기 때문이다.[25] (51나)의 '조국에 영광이 있기를'은 화자가 희망하는 사태일 뿐, 청자가 수행해야 할 행위는 아니다. '기를'은 명령이 아니기에 "식사는 무사히 마쳤기를!"과 같이 과거 사건에도 쓰일 수 있다.[26]

　　'기를'이 가지는 이런 기원의 의미는 명사형어미 '기'와 조사 '를'의 결합에서 도출될 수 있는 종류가 아니다. '바라다, 빌다, 원하다, 희망하다' 등, 생략된 것으로 짐작되는 후행 동사의 의미가 옮겨 간 것이다.[27] "합격하기를 빌어."는 '빌다'라는 수행동사가 드러난 명시적인 수행문에 해당되고, "합격하기를."은 수행동사가 생략된 암시적인 수행문에 해당될 만하다. 따라서 '빌다'류 동사의 출현 여부가 발화수반력 차원에서는 차이를 야기하지 않으므로 생략이 덜 부담스럽다.

25　'명령'은 화자의 바람을 이행하도록 하는 청자에의 호소가 수반되지만, '기원'은 화자가 원하는 사태의 실현이 화자의 영향권 밖에 있다. 이는 van der Auwera, Dobrushina & Goussev가 『WALS』(2005)에 쓴 "Imperative-Hortaive Systems" 장을 참조한 기술이다.

26　명령과 청유는 화자가 희망하는 사태가 달성할 만하다는 믿음을 전제한다. 따라서 과거 사건을 지시할 수 없다(Nikolaeva 2007: 169).

27　'기를'의 탈종속화 동인에는 '기를'에 '기원'의 의미가 담기면서 '빌다' 등의 의미가 잉여적인 것이 되었을 가능성이 있다. 또 다른 동인으로는, '빌다' 등이 가지는 노골적인 '기원'의 의미가 부담스러워서 이를 회피하기 위한 전략이 작용했을 수도 있다. 생략은 대화 상대자에 대한 체면 위협 행위의 회피라는 차원에서뿐만 아니라, 필요 이상의 적극적인 표현을 피함으로써 화자 자신의 체면을 지키려는 차원에서 일어날 가능성도 있기 때문이다.

'도록'과 '든지'가 후행 동사의 어미가 표현하던 발화수반력을 넘겨받은 경우라면 '기를'은 후행 동사의 어휘적 의미가 담당하던 발화수반력을 넘겨받은 경우라고 할 수 있다. .

후행할 수 있는 요소가 유일하다 보니, 자연스레 그 의미를 넘겨받은 예로는, '는/을 수밖에'도 있다. 아래 예의 '는/을 수밖에'는 '없다'가 생략되면서 탈종속화된 예이다. '수밖에'를 검색하면, 후행하는 용언은 '없다'가 유일하다. 아니면 '수밖에'로 끝나거나 '요'가 붙은 '수밖에요'가 있을 뿐이다.

(52) 가. 그러나 다른 길이 없었다. 도서관 앞까지 내려가는 수밖에.

　　나. 여학생만 보면 왜 그렇게 가슴이 떨리고 다리가 후들거렸던
　　　　지. 똑바로 보지를 못했으니까 그럴 수밖에요.

단독으로 쓰인 '는/을 수밖에'는 주로 구어에서 쓰인다. 이는 '없다'가 없는 형태가 단언의 정도를 약화시키고, 상대에 대한 체면 위협 정도를 낮추기 때문인 것으로 보인다. "네가 포기할 수밖에 없어."라고 하는 것보다 "네가 포기할 수밖에."를 대조하면 전자가 훨씬 단언의 강도가 세다.

이와 비슷한 어미로 『표준국어대사전』에 등재되어 있는 '을밖에'가 있다. 사전에서는 이를 "해할 자리에 쓰여, '을 수밖에 다른 수가 없다'의 뜻을 나타내는 종결어미"로 기술하고 있다.

(53) 가. 주인이 내놓으라면 내놓을밖에.

　　나. 불을 켜니 밝을밖에.

2.5.3. 원천 구문과의 문법적 차이

탈종속화 구성을 단순한 주절 생략과 구별하는 근거에는, 복원 가능한 후보가 극히 제약되고 생략된 요소의 의미까지 흡수하면서 의미 특정성을 띤다는 사실 외에, 원천 구문과 문법적 양상이 다소 다르다는 사실도 존재한다. 예컨대 특정 어미의 결합 여부가 바뀐다거나 주어의 인칭제약이 다르다거나, 쓰일 수 있는 화시소가 달라지는 등의 차이가 존재한다. 그런데 원천 구문과의 차이에 대한 탐색은 정형성 범주로만 제한해서는 안 되고, 대개 가능한 모든 문법적 양상에 대해 이루어져야 한다. 우리의 탈종속화는 종속절의 형태통사적 속성을 간직한 채 주절처럼 쓰이는 구성이기 때문이다.

Evans(2007: 374)는 아래 스페인어의 si절은 탈종속화된 것인데, 이의 주절로서의 지위는 여러 방면으로 논의된 바 있다고 하였다.

(54) (Sisters Q and R are looking at clothes in a shop window.)

    Q: Ah,   imira   qué   chaqueta   más   chula!

        ah   look.IMP   what   jacket   INT   great

    R: Si   es   horrible.

        if   is   horrible

    Q: 'Hey, look what a great jacket!'

    R: 'But it's horrible!'

si절은 역사적으로 조건문이었으나, 지금은 선행 화자가 전제하거나 표현한 것과는 어울리지 않는(즉 다른) 명제를 제안하는 데 쓰인다. 이런 si절은 원래의 조건절과 여러 면에서 다르다. 먼저, 이 탈종속화된 용법은, 'any'와 같은 부정극어를 활성화시키지 못하고, 발화당 한 번만 출현할 수 있다. 원래의 si 조건절은 반복될 수 있다. 또한 주절적 si절은 화행동사 아래 내포되는 것이 불가능하고 'obviously' 와 같은 문장 부사의 작용역 안에 나타날 수 없다.[28]

한국어에서도 탈종속화 여부를 가리는 데 활용할 만한 문법은 다양하다. 먼저 화시소의 사용 양상이다. 앞에서 살펴본 '기를'과 '기를 빌다'의 구문을 보자. 우선 '기를'은 화자의 바람만 표현될 수 있는데, '기를 빌다'는 화자 이외의 제삼자의 바람도 표현할 수 있다.

(55) 가. 그는 이따위 억설이 깨끗이 무산되기를 빈다.

　　나. 우리 차례를 위해서 신이 용서하기를! 그들은 술은 한잔 두잔 석잔 들이켜고 안주를 먹고, 술병이 바닥이 나자 기분이 좋아 졌다.

　　다. '우리ᵢ 차례를 위해서 신이 용서하기를!' 그들ᵢ은 술은 한잔 두 잔 석잔 들이켜고 안주를 먹고, 술병이 바닥이 나자 기분이 좋아졌다.

(55가)는 내레이터가 관찰자의 입장에서 '그'의 바람을 기술한 것이다. (나)의 '기를' 절은 '그들'이 곧 화자가 되어 자신들의 바람을 직접 토로한 것이다. 뒤에 이어진 문장은, 내레이터가 다시 관찰자의 입장에서 '그들'에 대해 기술한 것이다. 이런 '기를' 절은 전통적인 내러 티브에서라면 대사, 즉 큰따옴표로 묶일 만한 것이다. 이는 (다)에서 표시했듯이, '기를' 절 안의 주어 '우리'가 실제로는 '그들'을 가리키는 데서 확인된다.

28　이에 대한 예가 제시되지는 않고 있다.

그런데 이들이 내포된 절이라면 대명사 '우리'를 사용하는 데는 여러 제약이 따른다. (56가)에서 보듯이 '기를 빌다' 전체 구문의 주어가 '나/우리'일 때는 가능하다. 그러나 (나)에서 '그들'이 주어일 때는 내포절의 '우리'가 '그들'을 가리키는 말로는 쓰일 수 없다.

(56) 가. {나는/우리ᵢ는} 우리ᵢ 차례를 위해서 신이 용서하기를 빌었다.
    나. {*그들ᵢ은} 우리ᵢ 차례를 위해서 신이 용서하기를 빌었다.

만약 '그들'이 전체 주어이고 이를 가리키고자 할 때는 (57가)처럼 '자신'으로 바꾸어야 한다. 그런데 이 구문은 (나)에서 보듯이 탈종속화된 구문으로는 쓰일 수 없다. 따라서 위의 (55나)의 '우리'가 있는 절은, 후행절에 내포된 절이 아니라고 할 수 있다.

(57) 가. {그들ᵢ은} {자신ᵢ들의} 차례를 위해서 신이 용서하기를 빌었다.
    나. *{자신ᵢ들의} 차례를 위해서 신이 용서하기를!

이런 현상은 내포절의 화시소는 주절의 화시적 중심에 맞추어야 하는 원칙에서 비롯되는 것이다. 간접인용절의 화시소 전이 현상인 것이다. 아래 (58가)에서 '나'는 간접인용 즉 내포절로 바꿀 경우 '나'를 그대로 유지하기 어렵고 '자기'로 바뀐다.

(58) 가. 그ᵢ가 "나ᵢ 덕분에 성공했어."라고 말했다.
    나. 그는 나ᵢ 덕분에 성공했다고 말했다.
    다. 그는 자기ᵢ 덕분에 성공했다고 말했다.

따라서 단독으로 쓰인 '기를' 절 뒤에 후행 동사 '빌다' 등을 복원할 수 있는 경우는, 이런 종류의 대명사의 변화가 일어나지 않을 만한, 즉 전체 구문의 주어가 화자일 때에 한한다고 할 수 있다. 그리고 이런 제약은 '기를'을 후행 동사가 생략된 구문이 아니라 이미 독자적인 용법을 획득한 것으로 보게 한다.

주어의 인칭 제약도 따져 볼 만하다. 단독으로 쓰인 '기를'은 원칙적으로 주어에 제약이 없으나, 실제로는 1인칭 및 2인칭 주어가 잘 나타나지 않는 편이다. 반면에 '기를 빌다' 구문은 특별히 이런 제약을 두지 않는다. (59가)의 '조심하기를'의 주어는 청자로 예상되지만 표현되지는 않고 있다. 문맥을 통해 충분히 짐작할 수 있기 때문이다. 그러나 (나)처럼 '기를 빌다' 구문에서는 모문 술어의 주어와 종속절의 주어가 동일하지 않는 한, 주어를 써 주는 것이 필요하다.

(59) 가. 나는 나의 모습을 당신이 해석해 주기를 바라고 있다. 더 철저하게 내가 드러나도록. 하지만 지극히 조심하기를. 나도 무의식이니 정신 분석이니에 대해 귀동냥해 들은 것이 있다.

　　　나. 나는 당신이 조심해 주기를 빌어요.

그렇다고 탈종속화의 '기를'이 늘 2인칭 주어를 취하지 않는 것은 아니다. 아래의 '기를'은 단독으로 쓰였지만 2인칭 주어인 '여러분'이 있다. '나는 ~하고자 하니 여러분도 그러시기를'의 문맥으로, '나'와 '여러분'이 대비되도록 주어가 필요한 경우이다.

(60) 가. 나는 계절의 변화를 민감하게 젊은 감촉을 보이고자 하노라. 여러분도 그러시기를.

나. 네가 가라, 하와이.

다. 김 선생이 가시지요.

명령문의 주어는 생략되는 것이 일반적이다. 그러나 임동훈(2011: 254)에서 지적했듯이, (60나) "네가 가라."처럼 주어에 대조적 초점이 놓이거나 (다)처럼 명령의 효력을 완화하고자 할 때는 주어가 쓰이기도 한다. (가)도 이와 비슷하다. 요컨대 '기를' 구문은 2인칭 주어가 표현되는 것이 특별한 경우이고, '기를 빌다' 구문은 2인칭 주어가 생략되는 것이 특별한 경우인 셈이다.

이 외에, 결합 가능한 선어말어미나 용언 부류의 변화 등도 관찰의 대상이 된다. 일례로 탈종속화된 '든가' 앞에는 '었'이 쓰이지 않는다. 특히 (61가)에서 보듯이 과거에 달성되지 못한 사태에도 '었'을 쓰지 않는다. 그러나 연결어미 '든가'는 (나)에서 보듯이 '었'의 결합이 가능하기는 하다.

(61) 가. 저녁 먹고 올 것 같으면 미리 말을 해 주든가. 괜히 식사 준비했잖아.

나. 몇 년 전 무허가 건물 일제조사 때 시에서 빠뜨렸든가 아니면 사유지 건물로 판단했든가 한 것이지요.

과거의 사태에 '었'이 결합되지 않는 일은 반말체 어미인 '지'에서도 발견된다. 박재연(1998: 96)은 다음의 '지'에 대해 평서문이나 명령문의 문장 유형에는 포함하기 어렵다고 하면서, 이들은 과거의 반사실적 사태에 대한 유감이나 미래의 사태에 대한 바람을 표현한다고 하였다.

(62) 가. 나 먹을 것도 좀 남겨 두지.

　　　나. (버스 안에서) 차도 밀리는데 여기서 좀 내려 주시지.

　탈종속화된 '는/을 수밖에'는 과거 사태와 비과거 사태에 모두 쓸 수 있다. 즉 '었' 없이도 과거 사태에 쓰일 수 있다. 이는 탈종속화된 일부 구성들이 보이는 특징 중 하나이다.

(63) 가. 어쩔 수 없었어. 바로 떠날 수밖에.

　　　나. 어쩔 수 없어. 바로 떠날 수밖에.

2.5.4. 도치 구문과의 차이

　탈종속화 구성임이 인정되려면, 단순한 도치가 아니라는 확인도 필요하다. 먼저, 절의 순서를 원래대로 바꾸어, 선행절이 주절인지 확인해 보는 방법이 있다. 탈종속화된 구성이라고 해서 모두 순서 뒤바꿈이 어색한 것은 아니지만, 적어도 순서 뒤바꿈이 어색하면 선행절을 도치된 주절로 보기는 어렵다.

　(64가)는 연결어미로 쓰인 '든지'이고 주절과 도치된 것이다. 따라서 주절과 순서를 바꾸어도 자연스럽다. 그러나 앞에서 탈종속화의 예로 들었던 (나)의 '든지'는 이런 순서 바꿈이 어색하다. 앞에서 언급한 (다)의 '는 수밖에'도 선행절을 주절로 옮겨 놓은 것이 어색하다. (라)의 '게시리'는 한지수(2020)에서 탈종속화 구성으로 다루었던 것인데, 역시 선행절과 자리를 바꾸면 어색해진다.[29]

29　'게시리'는 한지수(2020)에서 탈종속화된 어미로 기술된 바 있다. 사전에서 '게시리'는 '게끔'과 동일한 의미의 어미로 처리되어 있으나, 이들은 아주 다르다. 이는 '게시리' 자리에 '게끔'을 넣어 보면 아주 어색해지는 데서 확인된다. "그런 내가 (주제 넘게시

(64) 가. 네가 결정해. 당장 포기하든지, 이제라도 시작하든지.

→ 당장 포기하든지, 이제라도 시작하든지 네가 결정해.

나. A: 만기 적금을 들어 준 것도 그 때문이지. 하지만 석 달 붓
고 통장을 헐 수 없지 않니?

B: 헐겠어. 아니면 통장째 날 주든지. 내가 부을게.

→ *통장째 날 주든지, 아니면 헐겠어.

다. 빼도 박도 못하게 되었다, 달라는 대로 내어주는 수밖에.

→ *달라는 대로 내어주는 수밖에 빼도 박도 못하게 되었다.

라. 장난을 해도 그럴듯하게 해야지. 싱겁게시리.

→ *싱겁게시리 장난을 해도 그럴듯하게 해야지.

다음으로 문장 유형이나 화행이 선행절과 같은지를 확인해 보는
방법이 있다. 한국어는 연결어미절이 늘 주절 의존적이지는 않다. 즉
주절 독립적인 문장 유형을 가지는 경우가 있다(10.2. 참조). 그러나
단독으로 끝난 절을 보통의 어순인 주절 앞으로 옮길 때 발화수반력
이 달라질 수 있다면, 이는 의존성/독립성 정도의 차이를 반영한 것
으로 볼 만하다. '는 수밖에'를 대상으로 이를 살펴보자.

(65가)의 '는 수밖에' 절을 (나)처럼 도치하면 대개는 선행절과 동
일하게 의문문의 억양으로 실현된다. 만약 평서문의 하향 어조로 실
현된다면 이는 "별도리가 있어? 묵묵히 따르는 수밖에 없지"에 더 가
깝다. 반면에, (다)의 선행절은 수사의문문의 억양이고 탈종속화된
'는 수밖에' 절은 평서문의 억양이다. 만약 도치된 것이라면 '수밖에'
절도 의문 억양을 따르거나 적어도 이것이 허용되어야 한다.

리. *주제 넘게끔 무슨 대답을 하겠어."에서 보듯이 이 예에서는 '게끔'이 어색하다.

(65) 가. [묵묵히 따르는 수밖에] 별도리가 있어?

　　나. 별도리가 있어? [묵묵히 따르는 수밖에]?

　　다. 그저 단념할 수가 있습니까? 넓으신 아량을 빌어 보는 수밖에요.

'는/을 수밖에'가 단독으로 쓰이는 경우는 대개 의미적으로 '없다'에 상응할 만한 문장이 앞설 때이다. (66가)의 '어쩔 수 없다', (나)의 '빼도 박도 못하게 되었다'는 '는/을 수밖에'로 표현되는 사태가 이미 불가피함을 단언하고 있다. 그렇다고 이들이 단순 도치된 문장도 아니다. 선후 문장을 바꾸면, '?다녀올 수밖에 할 수 없지.'나 '?달라는 대로 내어주는 수밖에 이제는 빼도 박도 못하게 되었다.'에서 보듯이 어색해진다.

(66) 가. 속을 버무리다가 아차 생강이 빠졌다. 늘 이런 식이지요. 손은 고춧가루로 이미 범벅이 되어 있는데 말입니다. 그래도 어쩔 수 없습니다. 손을 씻고 다시 슈퍼에 다녀올 수밖에요.

　　나. 이젠 빼도 박도 못하게 되었다. 달라는 대로 내어주는 수밖에.

실제로 세종 코퍼스에서 '는 수밖에' 뒤의 후행 요소를 검색해 보아도 '없다'가 압도적으로 많고 간혹 '도리가 없다'나 '별도리가 없다'가 나올 뿐,[30] 위에서 보는 것처럼 '없다'에 의미적으로 상응할 만한 동사구가 오는 예는 별로 없었다.

30　세종 말뭉치 810만 어절에서 '수밖에'는 2904회가 검색되는데, 직접 후행 요소를 보면 '없-'이 2708회로 압도적으로 높다. 이 밖에 '도리, 다른, 별' 등이 검색되지만, 위의 예문에서 선행절로 제시된 동사구들이 직접 후행한 예들은 찾기 어렵다.

앞에서 살펴보았던 '든지'와 '든가'도 탈종속화 구성에서는 명령의 발화수반력을 가졌지만, 연결어미절로 쓰여 도치될 때는 주절의 발화수반력을 유지한다. (67나)는 (가)에서 도치된 것인데, '든지' 절은 의문의 억양으로 실현되어야 한다. (다)에서 도치된 (라) 역시 마찬가지이다.

(67) 가. 무엇을 그리든지 잘만 그리라고?

　　나. 잘만 그리라고? 무엇을 그리든지?

　　다. 내가 서울로 가든 부산으로 가든 당신은 관심 없어?

　　라. 당신은 관심 없어? 내가 서울로 가든, 부산으로 가든?

다음은 보다 특수한 경우로, '요'의 결합 유무로 도치 여부를 판정할 수도 있다. 이는 '요'기 결합될 수 없는 달종속화 구성에 한해서 적용된다. 탈종속화 형식인 '기를', '었으면', '(후회의) 을걸'은 모두 '요'의 결합이 불가능하다.

(68) 가. 나의 모습을 당신이 해석해 주기를 바랍니다. 하지만 지극히 조심하시기를.

　　가'. 나의 모습을 당신이 해석해 주기를 바랍니다. ?하지만 지극히 조심하시기를요.

　　나. 속으로 빌었어요. 시간이 이대로 멈춰 버렸으면.

　　나'. 속으로 빌었어요. *시간이 이대로 멈춰 버렸으면요.

　　다. 사고가 나서야 깊이 후회했어요. 가지 못하게 할걸.

　　다'. 사고가 나서야 깊이 후회했어요. *가지 못하게 할걸요.

그러나 단순 도치된 구문이나 연결어미로 쓰인 구문에서는 이런 제약이 없다. 특히 '었으면'은 '으면'과는 달리 도치도 거의 허용되지 않는 것이 특이하다.

(69) 가. 험한 뱃길 무사하기를 간절히 소망합니다.

　　　→ 간절히 소망합니다. 험한 뱃길 무사하시기를(요).

　　나. 제가 직접 갈걸, 괜히 다른 사람을 보냈네요.

　　　→ 괜히 다른 사람을 보냈네요, 제가 직접 갈걸요.

　　다. 이번 대회에서는 우승했으면(요) 좋겠어요.

　　　→ 좋겠어요. *이번 대회에서는 우승했으면(요).

　　라. 연락이 오면 바로 전화드릴게요.

　　　→ 바로 전화드릴게요, 연락 오면요.

　지금까지 살펴본 탈종속화 구문의 문법적 양상은 반말체 어미의 특징으로 기술되었던 것들과 다르다.

　첫째, 종속절이 독립절로 쓰인다고 해서 시제어미의 결합이 가능한 환경으로 바뀌는 것은 아니다. 과거의 반사실적 사태에 쓰이는 '든지'와 '기는₂'는 아예 '었'이 결합할 수 없고, '기는₁'과 '는/을 수밖에'는 '었'이 결합되더라도 시제 대립을 보이지 않는다. 이들 모두 시제어미 없이 과거 사태를 지시할 수 있다.

　이런 양상은, 시제어미의 결합 유무가 절의 독립적 지위를 판단하는 주요 준거라고 할 때, 독립절로서의 쓰임을 인정하지 않거나 독립절이 시제어미 없이 나타나는 경우가 있음을 인정하게 한다. 탈종속화는 종속절일 때의 속성을 간직한 채 발달하기도 하므로 정규 어미들과 다른 양상을 보일 수 있다.

둘째, 탈종속화에 의해 발달한 종결 형식들 중에는 여러 문장 유형으로 두루 쓰이지는 않는 방향으로 발달하는 경우도 있다. 반말체 어미들은 아래 '지'에서 보듯이, 수행 억양에 의해 다양한 문장 유형으로 쓰인다.

(70) 가. 난 휴일에는 운동하러 가지. [평서]

　　나. 너 오늘 도서관 가지? [의문]

　　다. 휴일인데 도서관 좀 가. 책 좀 읽지. [명령]

　　라. 우리 이제 그만 가지. [청유]

그러나 탈종속화 구문은 생략된 구문의 의미를 흡수하다 보니 문장 유형이 제한되거나 모호할 수 있다. 일례로 '기는₂'와 '는/을 수밖에'는 주로 평서문으로만 쓰이며, 미래 사태에 쓰이는 '든가'는 약한 명령으로 쓰인다. '기는₂'와 '었으면'은 화자의 평가와 바람에 대한 표현행위로 쓰이고, '기는₁'은 수사의문문과 유사하게 쓰이나 실제 의미는 단언에 가깝다.

셋째, '요'와의 결합에서도 이들 탈종속화 구문은 반말체 어미와 다소 다르다. 반말체 어미는 청자 높임을 실현하고자 할 때 '요'를 붙여 쓸 수 있는데, '었으면', '기는₂', '기를'은 이런 청자 높임을 실현할 수 없다. '후회'의 '을걸'에 '요'가 붙을 수 없는 것과 비슷하게, '었으면', '기는₂'는 다분히 화자 지향적어서 의미상 충돌하기 때문일 것이다. 그러나 탈종속화의 다른 예인 명령의 '도록'이나 '기를'에 '요'가 붙을 수 없는 것은, 의미에 기대어 설명할 수 없다. 이런 점은 이들 어미의 청자 대우 등급이 분명하지 않은 것과도 연결된다.

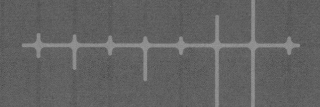

2부

한국어의
관형사절

3장
관계절에 대한 언어유형적 접근

3.1. 관계절의 정의와 종류

3.1.1. 관계절의 정의

관계절은 형식적 요건과 기능을 중심으로 정의된다. 다음의 기술
들이 다 그러하다.

• Keenan(1985)

- 관계절은 한정사(determiner)와 보통명사로 구성되는 명사구와, 제
  한절(restrictive clause)을 가진 것이다.
- 의미적으로 보통명사는 사물의 부류를 결정하고, 제한절은 그 부류
  의 하위집합을 확인한다.
- 정형절로서의 출현을 관계절의 정의적 자질로 수용한다.

• Comrie(1989)

– 관계절은 반드시 핵어명사와 제한절로 구성된다.

– 핵어명사 자체는 지시대상의 잠재적인 범위를 가지지만, 제한절이 실제 지시대상에 해당되어야 하는 명제를 제공함으로써, 핵어명사의 집합을 제한한다.

• Dixon(2010)

– 한 억양 단위의 문장을 구성하는 두 개의 절(주절과 관계절)을 포함한다.

– 이 두 절의 기저 구조는 하나의 논항을 공유해야 한다. 이 공통논항은 주절과 관계절에서 각각 논항으로 기능하는 것으로 이해된다. 이 공통논항은 두 절 모두에서 혹은 하나의 절에서만 나타나거나 혹은 어느 절에서도 안 나타날 수 있다.

– 관계절은 주절에 있는 그 공통논항의 통사적 수식어로 기능한다. 의미 층위에서 공유된 논항의 지시를 초점화하는 제한적 관계절과, 배경적 정보를 제공하는 비제한적 관계절이 있다.

– 관계절은 술어와 핵심 논항을 담은, 절의 기본 구조를 가진다. 어떤 언어에서는 주변 논항을 포함하기도 한다. 주절에 표현되는 모든 문법범주가 표시되지 않을 수도 있다.

그런데 위의 기술에서 엿볼 수 있듯이, 관계절의 정의에는 명사를 수식하는 절만이 아니라, 피수식 명사까지 포함하는 일이 흔하다. 예컨대 "the letter that he sent me(그가 내게 보낸 편지)"에서 관계절은 'that he sent me'인데도, 위의 정의 대부분에는 제한절과 핵어명사로 구성된다고 기술되어 있다. 관계절이 명사를 수식하는 절을 가리키는 술어로도 쓰이고, 관계절과 피수식 명사 전체를 가리키는 술어로도 쓰이고 있는 것이다.

이는 술어의 정확성 차원에서 바람직한 일은 아니나 불가피한 면이 있다. 관계절인지 아닌지를 판단하려면 피수식 명사에 대한 확인이 있어야 하기 때문이다. 대표적으로 외핵관계절이란 술어도 핵어명사까지 포함한 것이다. 이런 혼란을 피하기 위해서인지 Dixon(2010)에서는 아예 '관계절 구성'이라고 명명하기도 한다.

위의 기술에서 꾸준히 언급되는 관계절의 속성은 다음과 같다. 이들은 언뜻 보기에 단순해 보이지만, 논의의 여지는 있다.

(A) 관계절 구성은 핵어명사와 제한절로 구성된다. 이때 핵어명사는 관계절과 주절의 공통논항이다.
(B) 관계절의 기능은 수식하는 명사의 지시 범위를 좁히는 데 있다.
(C) 관계절은 정형절, 혹은 절의 기본 구조를 가진다.

(A)의 핵어명사는 관계절이 수식하는 명사를 가리킨다. 관계절과 피수식 명사로 구성된 명사구에서 명사가 핵이 됨을 반영한 술어이다. 예컨대 "어제 본 웹툰"은 관계절 '어제 본'과 핵어명사 '웹툰'으로 구성된 명사구이며, 이 명사구의 핵은 명사 '웹툰'이다. 이 명사구의 분포는 '어제 본'이라는 관계절이 아니라 명사 '웹툰'에 의해 결정되기 때문이다.

관계절의 수식을 받는 명사는 주절의 논항이면서 관계절의 논항이어야 한다. 다음 (1가)에서 관계절의 수식을 받는 '웹툰'은 주절인 '재미있었다'의 주어이면서, 관계절 내부의 목적어이다.

(1) 가. [어제 (∅ᵢ) 본] 웹툰ᵢ은 아주 재미있었다.

　　나. 어제 웹툰을 보았다.

　언어에 따라 이런 공통논항이 주절에만 표현되는지, 관계절에도 표현되되 형식이 다른지, 아니면 관계절에만 표현되는지 등이 다르다. 한국어는 대개 관계절에는 생략되고 주절에 남는다.

　(B)에 제시된 관계절의 기능은 제한적 관계절에만 해당된다. 관계절의 또 다른 종류인 비제한적 관계절은 피수식 명사의 잠재적 지시 범위를 좁히는 데 쓰이지는 않기 때문이다(3.1.2.참조). (A)의, 관계절 구성이 제한절로 구성된다는 기술도 이런 사정을 드러낸 것이다. 실제로 상당수의 논의에서 관계절을 제한적 관계절로 국한한다고 밝힌다.

　그런데 관계절의 이런 기능은, 명사 수식어가 대체로 하는 기능이다. 예컨대 아래의 [네가 쓴]과 [헌]이 하는 기능은 결코 다르지 않다.

(2) 가. [네가 쓴] 책을 나도 읽고 싶어.

　　나. [헌] 옷가지들을 버렸어.

　'책'이라고 할 때보다 '네가 쓴 책'이라고 할 때, 지시대상의 수는 현저히 줄어든다. 이 때문에 '네가 쓴'과 같은 관계절은 핵어명사의 지시 범위를 좁힌다고 기술되어 왔다. 그러나 관형사인 '헌'도 '옷'의 지시대상을 좁히기는 마찬가지이다. 영어에서도 마찬가지이다. 'red flower'에서 'red'는 'flower'가 지시할 수 있는 대상을 제한한다.

　관계절이 형식적으로 절의 지위를 가진다는 (C)의 기술도 단순한 문제가 아니다. 절의 요건을 어떻게 보느냐에 따라 달라지는 문제이

기도 하고, 실제로 언어에 따라 관계절과 동일한 기능을 하지만 절의
형식이 아닌 것도 있다.

일례로 Comrie(1989: 142)에 따르면, 터키어는 관계절에 대당할 만
한 구성에 비정형 동사가 쓰인다. 아래 (3)에서 동사형 'ver-diğ-'는 명
사화접사 'diğ'를 취한 동사 'ver ('give')'의 비정형형이다. 따라서 관계
절이 정형절이어야 한다면, 터키어의 이 관계절 대당 구성은 절도 아
니고 관계절도 아닌 것이 된다.

(3) [*Hasan-in Sinan-a ver-diğ-i*] *patates-i*   *yedim*

    Hasan of Sinan to give his   potato ACCUSATIVE   I–ate

    'I ate the potato that Hasan gave to Sinan.'

이와 비슷한 문제의식을 가지고 Nikolaeva(2006)에서도 관계절이
라는 술어가 오해의 소지가 있다고 하였다. 그러면서 관계절이 반드
시 절의 지위를 가질 필요는 없다고 하였다. 많은 언어에서 관계절은
주절과는 달리 구조적으로 강등되어 표현되는 경우가 많기 때문이
다. Dixon(2010)에서 주절에 적용되는 모든 문법범주가 관계절에 표
시되지 않을 수도 있다는 기술은, 바로 이런 강등 경향에 대한 언급
이다.

3.1.2. 제한적 관계절과 비제한적 관계절

관계절의 전통적인 종류로는, 제한적 관계절과 비제한적 관계절이
있다. 쉼표 없이 who절이 이어지는 (4가)는 제한적 관계절이고, 쉼
표를 두고 who절이 이어지는 (나)는 비제한적 관계절이다.

(4) 가. The man who was reading a book suddenly spoke to us.

　　나. The man, who was reading a book, suddenly spoke to us.

이들은 의미에 기여하는 방식이 다르다. (4가)는 다른 남자가 아닌 '책을 읽고 있던 남자'가 우리에게 말을 걸었다는 의미이다. 즉 '책을 읽고 있던'은 '남자'를 특정하는 데 기여한다. 반면에 (나)는 그 남자가 우리에게 말을 걸었는데, 당시 그 남자는 책을 읽고 있었다는 의미이다. 즉 '책을 읽고 있던'은 남자가 누구인지를 특정하는 데 필요한 정보가 아니다. 이미 그 남자가 누구인지는 특정할 수 있는데, 여기에 부가 정보를 더하고 있는 것일 뿐이다. 제한적 관계절은 이처럼 잠재적으로 가능한 지시대상 중 어느 하나를 특정하고, 비제한적 관계절은 이미 지시대상은 알고 있다고 전제되고 이에 대한 부가 정보를 추가한다.

영어는 이런 차이가 문법적으로도 구별된다. 비제한적 관계절은 'who, which'와 같은 관계대명사나 'whose, whom'과 같이 격을 반영한 관계대명사를 요구한다. 또한 억양상으로도 주절과 분리되며 정서법상으로도 쉼표로 표시된다. 반면에 제한적 관계절은 'who, which' 외에 관계대명사 'that'이 허용되며 심지어 관계대명사가 드러나지 않기도 한다. 또한 주절과 의도적으로 분리될 필요가 없고 혹은 분리되는 것이 이상하다(Comrie 1989).

그러나 관계절의 이런 구분이 언어 보편적인 것은 아니다. 세계 언어에는 제한적 관계절이 비제한적 관계절보다 훨씬 흔하고, 특히 비제한적 관계절만 가지는 언어는 없다. 그리고 대부분의 언어는 이 두 종류의 표면적인 표현에 중요한 구별을 두지 않는다. 단, 운율적으로는 차이가 있을 수 있는데, 비제한절은 동격이나 삽입구처럼 대개 억양상 휴지를 둘 수 있다(Nikolaeva 2006).

또한 두 절 사이의 의미적 차이도 관계절에만 국한되는 것이 아니다. 영어의 경우, 관계절이 아닌 형용사에서도 이런 의미 차이가 읽힌다. 다음은 Comrie(1989)의 예와 기술이다.

(5) 'diligent Japanese'의 의미

　가. (게으른 사람들은 아닌) 근면한 일본인들

　나. 모든 일본인들, 그들은 근면하다

(가)의 해석은 모든 일본인이 아니라 '근면한 일본인'을 특정하는 해석이다. 제한적 관계절에 대응될 만한 것이다. (나)의 해석은 '근면한 일본인'만을 특정하는 것이 아니라, 일본인에 대해 말하면서 그들은 모두 '근면하다'는 부가 정보를 추가하는 해석이다. 즉 비제한적 관계절에 대응될 만한 것이다. 이들은 who와 that의 구별에 대응될 만한 형식적 구별이 있지도 않으며, 다른 억양 유형이 있는 것도 아니다(Comrie 1989).

절의 종류에 따라 수식할 수 있는 핵어명사의 종류가 갈리는 일도 있다.[1] 영어의 경우 제한적 관계절에서는 고유명이나 대명사 단수는 핵어명사가 되지 못하는 경향이 있다. 이들은 완전히 특정한 지시를 가지기 때문에, 핵어명사의 지시 후보를 줄이는 제한적 관계절이 굳

---

[1] 또한 Dixon(2010)에서는 핵어명사가 될 수 있는 대명사의 적합성도 언어마다 다르다고 하였다. 일례로, 영어의 경우 (가)에서 보듯이 주어형이 아닌 'me'는 핵어명사로 쓰일 수 있지만, (나)처럼 1인칭 주어는 관계절이 동격 억양으로 한참 분리되어 있어야 수용 가능해지는 등, 많은 제약이 따른다.

　가. Why do youA denounce [me [, who have done so much for you] RC]o?

　나. ??[I [, who have done so much for you,] RC]s do not deserve to be denounced.

이 필요하지 않다. 반대로, 부가 정보를 추가하는 비제한적 관계절에서는 고유명과 인칭대명사가 핵어명사가 될 수 있다. 대신에 비한정적 한정사(indefinite determiners)와 결합하는 명사와는 잘 쓰이지 않는다(Nikolaeva 2006, Dixon 2010).

아래의 예처럼 대명사가 제한적 관계절의 핵어명사로 쓰이는 일도 있는데, 이들은 총칭적 의미로 쓰인 경우이다(Dixon 2010). '어떤 모험도 하지 않으려는 사람' 정도로 해석된다.

(6) [One/He/you [who venture(s) nothing]$_{RC}$]$_S$ stand(s) to gain nothing.

한국어는 제한적 관계절과 비제한적 관계절의 문법적인 구분은 없다. Dixon(2010)에서는 한국어를 이런 구분에 운율을 활용하는 언어로 소개하고 있다. Sohn(1994: 65)의 기술에 의지한 것인데, 제한적 관계절의 핵어명사는 강세를 받지 않지만, 비제한적 절에서의 핵어명사는 자주 강세를 받는다는 점을 들었다. 이 외에 Sohn(1994: 64)에서는 제한적 관계절은 핵어명사와의 사이에 휴지가 올 수 없는데, 비제한적 관계절은 약간의 휴지가 가능하다고 하였다.

그러나 실제로 강세와 휴지로 구별이 가능한지는 회의적이다. 휴지나 강세가 비제한절의 독점 속성이 아니기 때문이다. 강세나 휴지가 있다고 해서 비제한절임을 보증하지도 않고, 강세나 휴지가 없다고 해서 또 제한절임을 보증하지도 않는다. 무엇보다, 관형사절과 피수식 명사 사이에 휴지를 두는 일이 경험적으로 별로 그럴듯하지 않다.

제한적/비제한적 관계절의 문법적 구분이 없다 보니, 핵어명사와 관련한 제약도 없다. 고유명, 인칭대명사, 비한정 대명사 등이 모두 핵어명사로 가능하다.

(7) 가. [도서관 앞에 도착한] 수혜는 가쁜 숨을 몰아쉬었다.

　　나. [혼자 자전거를 타고 오던] 그녀는 잠깐 멈추더니.

　　다. [거기에 있을] 누군가를 향해 소리쳤다.

　　라. 거기 가서 [떠나는] 아무나 전송할까?

　물론, 핵어명사가 보통명사일 때는 제한적 관계절로, 고유명일 때는 비제한적 관계절로 해석되는 경향은 있다. 이를테면 핵어명사가 '남자'인 (8가)는, '철수가 본'이 '남자'의 지시 범위를 좁히는 것으로 해석되기가 쉽다. 반면에 핵어명사가 '영철'인 (나)는, 화청자 사이에 '영철'의 존재는 알고 있다고 전제하고, '영철'에 대한 부가 정보를 추가하는 것으로 해석된다.

(8) 가. [철수가 본] 남자는 영희의 선생님이었다.

　　나. [철수가 어제 만난] 영철은 영희의 오빠였다.

　그러나 이는 가능성일 뿐, 반대의 해석이 아주 불가능한 것은 아니다. 즉 (8가)는 '남자'는 이미 알고 있고 이에 대한 정보를 추가하는 의미로도 쓰일 수 있고, (나)는 여러 명의 '영철' 중에서 특정한 영철로 좁히는 의미로 쓰일 수도 있다.

3.2. 관계절 유형론의 변인

관계절을 언어유형적으로 분류하거나 언어 간 비교 대조할 때, 고려되는 차이는 다음과 같은 것들이다.

(A) 핵어명사의 위치: 관계절에 선행하는가, 후행하는가. 또한 핵어명사가 관계절 안에 있는가, 관계절 밖인 주절에 있는가.

(B) 관계화 방책: 핵어명사가 관계절 안에 남아 있는가, 남아 있다면 어떤 형식으로 남아 있는가. 공백, 대명사 보유, 관계대명사, 명사 유지 등.

(C) 관계화되는 문법적 관계: 관계절의 어떤 성분이 핵어명사가 될 수 있는가. 주어만 가능한가, 부사어까지 가능한가 등.

(D) 핵어명사의 주절에서의 기능: 핵어명사는 주절의 어떤 성분이라도 될 수 있는가, 일부 성분만 가능한가 등.

3.2.1. 어순과 핵어명사의 위치

관계절은 핵어명사와의 순서에 의해 두 유형으로 나뉜다. 관계절이 명사에 후행하는 유형과 관계절이 선행하는 유형이다. 이를 각각 N-Rel, Rel-N이라 하겠다. 영어는 관계절이 핵어명사 뒤에 오는 언어이고 알람블락어(Alamblak)는 관계절이 핵어명사 앞에 오는 언어이다. 『WALS』(지도 90)에 따르면 관계절이 선행하는 언어가 141개, 후행하는 언어가 579개로, 후행하는 언어가 압도적으로 많다.

(9) 가. the book *[that you wrote]*

        N   Rel

나. Alamblak (Bruce 1984: 109, 『WALS』에서 재인용)

   [ni   hik-r-fë]   yima−r

   [2SG   follow−IRREAL−IMMED.PST] person−3SG.M

   Rel   N

'a man who would have followed you'

보통, 한국어처럼 OV언어는 관계절이 명사 앞에 오고, 영어처럼 VO언어는 관계절이 명사 뒤에 오리라고 생각하기 쉽지만, OV언어 중에도 관계절이 후행하는 언어가 아주 많다. 『WALS』(지도 96a)에 따르면 OV언어 중에서 관계절이 선행하는 언어는 132개, 후행하는 언어가 113개로 수 차이가 크지 않다.

반면에 VO언어에서는 관계절이 후행하는 언어가 416개로 압도적으로 많다. VO언어 대 OV언어의 비율이 약 2:1인데, N−Rel 순서 대 Rel−N 순서의 비율은 약 5:1인 셈이다. 목적어와 동사의 어순과 상관없이, 관계절이 명사 뒤에 오는 언어가 훨씬 많은 것이다.

목적어−동사 어순과 관계절−명사 어순의 상관관계 (Dryer, 『WALS』 96A)

	언어 수
목적어−동사 어순이면서 관계절−명사 어순 (OV & Rel−N)	132
목적어−동사 어순이면서 명사−관계절 어순 (OV & N−Rel)	113
동사−목적어 어순이면서 관계절−명사 어순 (VO & Rel−N)	5
동사−목적어 어순이면서 명사−관계절 어순 (VO & N−Rel)	416
네 유형으로 분류되지 않는 언어들	213
Total	879

Keenan(1985: 144~145)에 따르면, 동사가 맨 앞에 오는 언어에서는 유일하게 N-Rel 유형만 포착된다.[2] 동사가 가운데 오는 언어들에서도 N-Rel 유형이 압도적으로 우세하지만, 동사가 맨 앞에 오는 언어들보다는 두 유형이 모두 가능한 언어가 많다.

Rel-N 유형이 유일하거나 보다 많이 쓰이는 경우는, 모두 동사가 끝에 오는 언어들이다. 앞서 Greenberg(1963)에서도 보편성24로, "관계 표현이 명사를 선행한다면, 그 언어는 후치사 언어이거나 형용사가 명사를 선행하거나 혹은 이 두 가지 특성을 모두 지닌다."고 한 바 있다. 한국어는 동사-말 언어이고 후치사 언어이며, 관계절과 형용사 모두 명사 앞에 온다.

어순 외에, 수식을 받는 핵어명사가 관계절 외부에 있는가, 관계절 내부에 있는가, 혹은 둘 다에 있는가에 의해서도 유형이 나뉜다. 이를 각각 외핵관계절, 내핵관계절, 상호관계절이라 한다. 앞에서 살펴본 (9가)와 (나)는 모두 외핵관계절의 예이다.

다음 (10)은 내핵관계절의 예이다. 내핵관계절은 핵어명사가 관계절 안에 고스란히 남아 있고, 주절에는 없는 유형이다. 따라서 관계절 내부에 복수의 명사가 있을 때는 무엇이 핵어명사인가 하는 모호함이 야기될 수 있다.

(10) 디에게뇨어 (Couro and Langdon 1975: 187, 186, 『WALS』에서 재인용)

　가. *[ebatt gaat akewii]=ve=ch chepam*

2　단 아주 부분적인 예외로, 두 유형이 모두 나타나는 타갈로그어(Tagalog)와 필리핀어들이 있는데, 이들 언어에서도 'N+rel'이 선호되는 것처럼 보인다고 하였다.

[dog   cat   chase]=DEF=SUBJ get.away

'The cat that the dog chased got away.'

나. [ʹehatt gaat *kw-akewii*]=ve=ch   *nye-chuukuw*

[dog   cat   REL.SUBJ−chase]=DEF=SUBJ 1OBJ−bite

'The dog that chased the cat bit me.'

위의 디에게뇨어(Diegueño)[3]의 예에서는 관계절 안의 동사에 '주어−관계절 접사'(REL.SUBJ)가 출현하느냐 여부로 핵어명사를 알 수 있다. (10나)처럼 이 접사가 붙으면 주어인 'dog'가 핵어명사로 해석되고, (가)처럼 이 접사가 없으면 주어 아닌 '고양이'가 핵어명사로 해석된다.

그러나 다른 언어들에서는 이런 표지가 없어, 중의성이 발생하기도 한다(Keenan 1985, Comrie 1989). 관계절 내부에 핵어명사를 두는 언어는 꽤 드문 편이다. 밤바라어(Bambara), 디에게뇨어, 나바호어(Navajo), 케추아어(Quechua), 티베트어, 와포어(Wappo) 정도인데, 『WALS』에서는 24개로 집계되어 있다.

한국어는 핵어명사가 관계절 밖에 있는 외핵관계절이 주를 이룬다. 단, '마늘 다진 것', '신문 온 것'과 같은 형식을 내핵관계절로 보는 연구자도 있으므로, 이를 인정하면 내핵관계절도 가지는 언어가 된다. 이에 대해서는 5장에서 다룬다.

외핵/내핵관계절 외에, 상호관계절이라는 유형이 있다. 핵어명사는 관계절 내부에 나타나고, 동일한 핵어명사의 완전한 형태나 혹은 대명사나 지시표현과 같은 대용표현이 주절에 다시 반복되는 유형이

---

3 캘리포이나 남부와 멕시코 북서부의 유마어족(Yuman)이 사용하는 언어.

다.[4] (11)에서 핵어명사는 'muso(woman)'인데, 이를 가리키는 3인칭 대명사 'o'가 관계절 밖에도 표현되어 있다.

(11) 밤바라어 (Bird and Kante 1976: 9, 『WALS』에서 재인용)

[*muso*   *min*   *taara*], *o*   *ye*   *fini*   *san*

[woman   REL   leave], 3SG   PST   cloth   buy

'The woman who left bought the cloth.'

상호관계절을 가지는 언어는 대개 종속절이 주절에 선행하는 언어들과, 핵어명사가 관계절 내부에 나타나는 언어에서 발견된다. 일례로, 내핵관계절을 가지는 언어인 밤바라어는 상호관계절도 가진다 (Keenan 1985: 168). 이에 대해 내핵관계절과 상호관계절은 모두 동사가 끝에 오는 언어에서 나타나기 때문이라고 보기도 한다(Song, J.J. 2001). Comrie(1989)에서는 상호관계절을 내핵관계절의 한 종류로 다루기도 하였다.

3.2.2. 관계화 방책: 관계절에서의 핵어명사의 표현방식

관계절의 수식을 받는 핵어명사는, 관계절의 논항이면서 주절의 논항이다. 앞에서 핵어명사가 주절과 관계절 어디에 나타나는가에 따라, 외핵관계절, 내핵관계절, 상호관계절로 나뉜다고 하였는데, 이는 관계절에서의 핵어명사의 표현 방식에 따라 재분류될 수도 있다. 주절에 핵어명사가 표현됨으로써 관계절에는 생략되는 언어가 있고

---

4 일례로, 힌두어는 명사가 그대로 반복되고, 왈피리어(Warlpiri)는 지시적 표현이나 영 대용을 이용한다(Lehmann 1986: 670).

생략된 자리에 대명사를 남기는 언어가 있다. 또한 주절에는 핵어명사가 따로 표현되지 않고 관계절에 핵어명사가 고스란히 남아 있는 언어도 있다. 관계절 내부에 핵어명사가 표현되는 이런 차이를 언어유형론에서는 관계화 방책이라 하고, 공백, 대명사 유지, 관계대명사, 핵어명사 유지 방책 등으로 구분한다.

공백 방책은 관계절에서 핵어명사에 대한 어떤 외현적인 표지도 제공하지 않는 유형이다. 아래에서 '($\emptyset_i$)' 부분이 공백을 표상한다. 이 방책은 N-Rel과 Rel-N 유형 모두에서 발견되지만, Rel-N의 유형에서 훨씬 우세하다(Keenan 1985: 154).

(12) 가. The meal$_i$ [you made ($\emptyset_i$) for me] was really good.

　　나. [네가 ($\emptyset_i$) 만들어 준] 밥$_i$ 맛있었어.

공백 방책의 경우, 관계화된 위치를 알아내야 하는데 전략은 언어에 따라 다르다. 영어처럼 어순이 엄격한 경우는 어순으로 확인이 가능하다. 어순이 엄격하지 않은 언어에서는 동사의 의무 논항 수에 의지하여 빠진 논항을 추적할 수 있다. 이를테면 관계절에 목적어와 부사어가 남아 있다면 비어 있는 주어가 관계화된 것으로 추정하는 방식이다. 그러나 어순이나 논항 등 구조적인 정보에 기반한 전략이 먹히지 않고, 상식에 의존해야 할 때도 있다.

한국어는 공백 방책이 주로 쓰인다. Comrie(1989: 153)는 공백 방책의 언어에 한국어를 포함했고, 다양한 비-직접목적어를 관계화하는 데 공백 방책을 쓰는 예로 아래를 들었다. 그러면서 이의 해석은 구조에 기반해서 이루어지지 않으므로 상식에 의존해야 한다고 하였다.

(13) [현식-이 그 개-를 때린]_{Rel} 막대기

   (*the stick with which Hyensik beat the dog*) (Comrie 1989: 151)

'막대기'는 현식이 개를 때리는 데 사용한 도구로 해석되는데, 이는 우리의 세상 지식에 기반한 것이다. 도구 논항은 동사 '때리다'의 필수논항이 아니기 때문이다. 한국어의 관계절 해석에는 상식, 혹은 화용적인 그럴듯함이 동원되는 경우가 많다. 이는 4.3.에서 다룬다.

  다음은 대명사-보유 방책이다. 핵어명사가 주절에 표시되고 관계절에는 그 자리에 핵어명사를 대신하는 대명사가 쓰이는 유형이다. 범언어적으로 매우 빈번한 유형이다(Comrie 1998). 아래 길버트제도어(Gilbertese)의 예에서 관계절의 동사 'oro' 뒤에 붙은 'ia'가 그런 예이다. 'ia'는 'him'에 해당하는 대명사로, 핵어명사 'the man'을 대신한다.

(14) 길버트제도어 (Keenan & Comrie 1979: 337)

te	*mane*	*are*	**oro-ia**	*te*	*aine*
the	man	that	hit-him	the	woman

'the man whom the woman hit'

비표준 영어이기는 하지만, 영어 구어에서도 대명사가 유지되는 일이 있다. 아래의 예는 'the road'가 관계절 앞으로 이동하면서 그 자리에 'it'을 남겨둔 것이다(Comrie 1989/1999).

(15) This is the road that I know where it leads.

       ← I know where the road leads.'

대명사-보유 유형은 주로 영어처럼 N-Rel 유형을 가지는 언어에서만 나타나는데, 만다린어와 한국어는 예외적이라는 기술이 있어 왔다.[5] (16가)와 (나)가 이때 언급된 한국어의 예이다. 각각 '영희의'와 '기호의'가 관계절의 수식을 받는 핵어명사가 되면서 그 자리에 '자기의'라는 대명사가 쓰였다는 것이다.

(16) 가. [자기의 선생님이 총각이신] 영희 ← 영희의 선생님은 총각이시다.
　　 나. [(자기의) 재능이 뛰어난] 기호 ← 기호의 재능이 뛰어나다.

그런데 한국어 직관으로는 '자기의'가 없이 "선생님이 총각이신 영희"나 "재능이 뛰어난 기호"가 훨씬 자연스럽다. Song, J.J.(1991)에서도 이처럼 속격이 관계화할 때 대명사를 남기기도 하지만, '자기의'가 생략되는 공백 전략으로 실현되기도 한다고 하였다.

게다가 이런 예가 과연 대명사-보유 유형으로 분류될 만한지는 의심스럽다. '자기'의 출현이 관계화 방책의 일환이라기보다, 3인칭 주어와의 공지시를 표시하기 위해 쓰인 형태로 보이기 때문이다. 일례로, "[자기의 밥을 다 먹은] 철수는 남의 밥을 넘보기 시작했다."와 같은 문장에서 관계절이 되기 전의 문장은 "철수가 밥을 다 먹었다"일 수도 있지만, "철수가 자기의 밥을 다 먹었다"일 가능성도 높다.

5　Keenan(1985: 148~9)는 중국어와 한국어만 대명사-보유 방책과 관계절 전치의 외핵 관계절 유형을 둘 다 사용하는 언어일 가능성이 있다고 하였다. Song, J.J.(2001: 305) 도 대명사-보유 방책은 주로 핵어명사 뒤에 관계절이 오는 외핵관계절 유형에 제한된 다고 하면서, 대명사-보유 방책을 가진 언어 중에서 관계절이 핵어명사 앞에 오는 유형의 언어는 중국어와 한국어뿐이라고 하였다.

즉 관계절로 만들기 전에 이미 3인칭 주어인 철수를 가리키기 위해 '자기'가 쓰였기가 쉽다.

관계대명사[6] 방책은 대명사-보유 방책처럼 대명사가 관계절 내부에 나타나되, 원래 핵어명사의 위치가 아니라 관계절의 맨 앞에 위치하는 유형이다. 대명사가 관계절 안에서의 핵어명사의 역할을 표시해야 하는데 맨 앞으로 이동하면 어순으로는 이것이 확보되지 않는다. 그래서 관계대명사에는 격이 필수적으로 표시된다. 영어에서 주격의 'who', 목적격의 'whom'이 이런 예이다(Comrie 1989). 아래 독일어의 예에서도 관계대명사 'den'에는, 'the man'이 가지는 속성인 남성·단수·대격 정보가 담겨 있다.

(17) *der   Mann,   den   Marie   liebt*

the   man   who (M.SG.ACC)   Mary   loves

'the man whom Mary loves'

관계대명사 방책은 언어 전체로는 별로 흔하지 않은데 유럽어에서 가장 많이 나타나고,[7] 주로 N-Rel 유형의 언어에서 발견된다.

명사-유지 방책이란 관계절 내부에 명사가 완전한 형식으로, 즉 정상적인 위치에서 그리고/혹은 그 절에서의 해당 기능을 나타내는

---

6 관계대명사는 성, 수, 격과 같은 명사적 속성을 표시한다는 점에서 명사적이며, 작은 폐쇄부류에서 나왔다는 점에서 대명사적이다(Keenan 1985).

7 Comrie(1998: 60)에서도, 핀란드어나 헝가리어처럼 우랄어족과 조지아어와 같은 카르트벨리어족(Kartvelian)이 포함되기는 하지만, 관계대명사 방책을 가진 언어는 유럽어가 대부분이라고 하였다. 그리고 유럽 밖에서 사용되는 인도-유럽어들은 흔히 다른 방책을 사용한다. 가장 동쪽의 우랄언어들도 다른 방책을 사용하고, 핀란드어와 헝가리어에서 발견되는 관계대명사 방책은 게르만어, 슬라브어 등과의 언어 접촉에 의한 것이다.

정상적인 격 표지를 가지고 존재하는 유형이다. Comrie(1989: 147)에서는 비-축소(non-reduction) 유형이라 하였는데, 앞에서 살펴본 내핵관계절의 예가 이에 해당된다.[8]

3.2.3. 관계화되는 문법적 관계의 종류와 공모 전략

관계절의 논항이기도 한 핵어명사가 관계절과 주절에서 어떻게 표현되느냐 하는 문제 외에, 관계절의 어떤 성분이 핵어명사가 될 수 있는가 하는 문제도 관계절 유형론의 주요 관심사이다. 언어에 따라 핵어명사가 될 수 있는 문법적 관계의 종류가 다르기 때문이다.

일례로, 말라가시어(Malagasy)처럼 주어만 관계화가 가능한 언어도 있고(Keenan & Comrie 1977: 70의 예), 키냐르완다어(Kinyarwanda)처럼 주어와 직접목적어만 가능한 언어도 있다. 물론 영어처럼 주어, 직접목적어를 포함해 소유주까지 관계화가 가능한 언어도 있다.

(18) 말라가시어

　가. ny mpianatra　izay　　　nahita　ny　　　vehivavy

　　　the student　　COMP　saw　　the　　　woman

　　　'the student that saw the woman.'

　나. *ny vehivavy　izay　　　nahita　ny　　　mpianatra

8　내핵관계절 외에 명사가 그대로 유지되는 유형은 없는 듯하다. Keenan(1985)에서도 핵어명사가 관계절 내부에서 완전한 형태로 표현되는 경우는 찾기 힘들다고 하였다. 일부 예외적인 경우가 발견되는 듯하지만 자세히 들여다보면 비제한적 해석을 가지는 관계절, 즉 핵어명사의 지시대상의 범위를 좁히기 위해 사용된 것이 아니라 추가적인 단언을 위한 것이라고 하였다.

the woman   COMP   saw   the   student

'the woman that the student saw.'

(19) 영어 (Song, J.J. 2001 : 223의 예)

　　가. the girl who swam the Straits of Dover [주어]

　　나. the girl whom the boy loved with all his heart [직접목적어]

　　다. the girl to whom the boy gave a rose [간접목적어]

　　라. the girl with whom the boy danced [사격]

　　마. the girl whose car the lady bought for her son [속격]

　　바. the girl who the boy is taller than [비교 대상]

　언어마다 관계화되는 문법적 관계의 수나 종류는 다르다. 그러나 관계화되기 쉬운 것과 어려운 것 사이의 일관된 경향은 있다. 이를 다음과 같이 접근 가능성 위계로 나타낼 수 있다(Keenan & Comrie 1977).

・ 관계화 접근 가능성 위계

주어 > 직접목적어 > 간접목적어 > 사격(obliques) > 속격 > 비교 대상

쉬움 ←　　　　　　　　　　　　　　　　　　　→ 어려움

　이 위계는 관계화하기 가장 쉬운 문법적 관계 순으로 열거한 것이다. 왼쪽에서 오른쪽으로 갈수록 관계화가 어렵다. 이 위계는 어느 항목이 관계화가 가능하다면 이보다 왼쪽의 항목에서는 모두 관계화가 가능함을 함의한다. 범언어적으로 주어가 가장 관계화되기 쉽고 속격이나 비교 대상이 가장 관계화되기 어려운데, 만약 어떤 언어에

서 간접목적어에서의 관계화가 가능하면 그 위의 두 관계, 즉 주어와 직접목적어에서도 당연히 가능하다. Keenan & Comrie의 논문에서 조사된 약 50개의 언어 가운데 거의 전부가 이런 일반화에 부합한다.

그러나 반례가 없지는 않다. 특히 많은 오스트로네시아어족(Austronesian) 언어는 주어와 간접목적어 그리고/혹은 속격도 허용하면서, 직접목적어는 관계화되지 않는다. 말레이어는 주어와 소유주는 가능한데 직접/간접 목적어는 가능하지 않다(Comrie 1989: 157). 또한 뒤르발어는 자동사 주어와 타동사의 목적어는 관계화가 가능한데 타동사 주어는 불가능하다. 더 높은 층위에 있는 타동사 주어는 관계화가 안 되면서 더 낮은 층위에 있는 목적어는 관계화를 허용하는 것이므로 이것도 위의 위계에 반례가 된다(Song, J.J. 2001). 따라서 위의 접근 가능성 위계는 경향성으로 이해하는 것이 좋다.

관계화 접근 가능성 위계와 관계화 방책 간에도 상관관계가 있다. 이 위계에서 관계화하기 어려운 위치일수록 그 복원이 쉬워지도록 명시적인 방책을 사용하는 경향이 그것이다. 예를 들어 주어에 공백 방책은 쓰고 이 외의 낮은 단계에서는 대명사 유지 방책을 사용하는 언어는 발견되어도, 그 반대인 언어는 없다.[9] 일례로 페르시아어는 공백 유형은 주어와 직접목적어에, 대명사-보유 방책은 직접/간접 목적어와 속격에 사용된다. 말레이어에서도 공백 방책은 주어에, 대명사 보유 방책은 속격에 사용된다(Comrie 1989).

직접 관계화가 되지 않는 문법적 관계인 경우 다른 문법 장치들이

---

9 Keenan & Comrie(1977)에 따르면, 주어만 관계화하는 언어는 있지만 주어도 관계화할 수 없는 언어는 없다. 즉 주어를 관계화하는 전략은 모든 언어가 가지고 있다. 따라서 이를 '일차적 방책'이라 하고, 어떤 문법적 관계에서 '일차적 방책'이 사용된다면 위계상 상위의 관계에서는 모두 이 전략을 사용한다고 하였다.

'공모'하여 이를 가능하게도 한다. 일례로 마다가스카르어는 주어만 관계화하고, 이 밖의 문법적 관계는 풍부한 '태'를 활용하여 일단 그 것을 주어로 만든 후에 관계화한다. (20가)는 직접목적어가 관계화될 수 없음을 보여 준다. 여기서 목적어 '여성'을 관계화하려면 (나)처럼 이 문장을 피동문으로 만들어 '여성'을 주어가 되게 한 이후에, 이 주 어를 관계화해야 한다.

(20) 말라가시어 (Song, J.J. 2001: 228의 예)

　가. *ny vehivavy   izay   nahita   ny   mpianatra
　　　the woman   COMP   saw   the   student
　　　'the woman that the student saw.'

　나. ny vehivavy   izay   nohitan'ny   mpianatra
　　　the woman   COMP   seen   the   student
　　　'the woman that was seen by the student'

　위의 마다가스카르어 외에, 루간다어나 많은 반투어들은 사격 명 사구의 관계화가 불가능한데, 이들을 직접목적어로 승격할 수 있는 형태적/통사적 과정이 있어서, 사격을 목적어로 승격한 후에 관계화 를 한다(Song, J.J. 2001).
　한국어는 부사어와 같은 사격 명사구까지 관계화가 가능한 언어 로 알려져 있다. Keenan & Comrie(1977: 74)는 관계화 위계상의 모든 문법적 관계를 관계화할 수 있는 언어에 한국어를 포함했고, Dixon(2010: 320)도 한국어는 사격 기능에서도 관계화가 가능한 언어 라고 기술하고 있다. 이는 4.3.에서 다룬다.

3.2.4. 핵어명사의 주절에서의 기능

문법서들이 주로 관계절 안에서의 핵어명사의 기능에 집중해 왔지만, Dixon(2010)에서는 주절에서의 기능도 살펴볼 필요가 있다고 하였다. 그러고는 여러 기존 논의를 바탕으로 하여 주절에서 가능한 위치와 관계절에서 가능한 위치를 다음과 같이 대조한다.

관계절 구성에서 가능한, 공유 논항의 기능 (Dixon 2010: 321)

주절에서 가능한 위치	관계절에서 가능한 위치	언어 예
모든 핵심 혹은 주변 위치	모든 핵심 혹은 주변 위치	Fijian, Tarinan
모든 핵심 혹은 주변 위치	S, A, O	Jarawara, Longgu
모든 핵심 혹은 주변 위치	S, O	Ilocano
핵심 위치, 도구, 여격, 처소	S, O	Dyirbal
S, O, 도구, 처소	S, O	Warekena
S, O	S, O	Yidiñ

일례로, 와라케나어(Warekena)는 주절에서 핵어명사는 주어·목적어·도구격·처격으로 쓰일 수 있지만, 타동사 주어로는 쓰일 수 없다. 뒤르발어에서는 모든 핵심적인 문법관계와 도구·여격·처격이 가능하지만 향격이나 탈격은 안 된다.

그러나 대체로 많은 언어에서 주절의 핵어명사는 어떤 기능으로도 표시될 수 있고, 특히 관계화되는 문법적 관계의 종류보다 더 많은 문법적 관계가 허용된다. 따라서 주절에서 "핵어명사가 할 수 있는 기능의 수는 관계절에서 핵어명사의 기능의 수와 같거나 그 수보다 많다."는 일반화가 가능하다. 더 자세한 일반화는 "관계절에서 허용되는 기능은 주절에서도 허용된다."일 것이다(Dixon 2010).

3.3. 관계절과 명사보어절이 구분되는 언어, 구분되지 않는 언어

인도유럽어처럼 관계절과 보어절이 구분되는 언어가 있는가 하면, 일본어처럼 명사보어절이나 관계절이 동일하고 동사보어절과는 구별되는 언어가 있다. 다음 (21가)의 that절은 관계절이고 (나)의 that 절은 보어절이다. (가)의 that 관계절에는 비어 있는 논항 자리가 있지만 (나)의 that 보어절에는 비어 있는 자리가 없다. 이처럼 관계절과 보어절은 으레 구분되는 것으로 여겨져 왔다. 그러나 이런 구별이 모든 언어에서 이루어지는 것은 아니다.

(21) 가. I heard the news [that you brought ∅].

　　나. I heard [that you passed the test].

영어와는 달리 관계절과 명사보어절이 통사적으로 구별되지 않는 언어가 있다는 주장은, 일본어를 다룬 Matsumoto(1988)에서 시작되었다. 이후 Comrie & Horie(1995), Comrie(1997/1998)을 거치면서 이런 특성을 가지는 언어유형을 별도로 수립해야 한다는 주장으로 확대되고, 이런 언어들로 일본어, 한국어, 크메르어, 아이누어, 카라차이-발카르어(Karachay-Balkar),[10] 타밀어[11] 등이 언급되었다. 이를 자세히 살펴보자.

10　코카서스 지역에서 사용되는 터키어. 러시아 지역에서 사용되는 터키어이기도 한 듯하다.

11　남인도 스리랑카 언어.

3.3.1. 관계절이 보어절과 구분되는 언어

여러 번 언급했듯이, 명사보어절과 관계절은 비어 있는 성분의 유무로 구별되어 왔다. Comrie & Horie(1995)에 따르면 다른 유럽어와 마찬가지로 영어 문법에서 이 두 절은 구분이 비교적 뚜렷하다.

아래의 예에서 보어절인 (가)는 동사 'know'의 목적어 논항으로, 절 내부를 들여다보면 비어 있는 성분이 없다. 반면에 관계절인 (나)는 명사 'book'의 수식어로, 절 내부의 목적어 논항이 비어 있다. 게다가 보어절인 (가)는 'that'을 'which'로 바꿔 쓸 수 없지만, (나)는 가능하다.

(22) 가. The teacher knows [that/*whick the student bought the book].

　　 나. the book [that/which the student bought ∅]

동사의 논항 자리에 오는 보어절 외에, 명사의 논항 자리에 오는 보어절도 있다. 명사 '선언, 지식, 사실'은 그 내용을 알려주는 보어절이 필요한데 이 자리에 that절이 쓰인다. 이런 명사보어절에는 동사보어절과 마찬가지로 비어 있는 논항이 없다. 그리고 'that' 자리에는 'which'가 대신 쓰일 수 없다.[12]

(23) 가. the declaration/knowledge/fact [that the student bought the book]

---

[12] 영어의 경우 관계절은 'that, who, which' 등이 모두 쓰이지만 명사보어절과 동사보어절에는 'that'만 쓰인다. 관계절에 쓰인 'that'은 'who, which'와는 달리 관계절 안에서의 격에 따른 굴절형을 가지지 않기 때문에 종속소일 가능성이 높다는 주장도 있다.

나. the declaration/knowledge/fact [*which the student
bought the book]

이상을 살펴보면 다음 셋 중에서 어느 것이 서로 더 가까운지는 분명하다. 영어는 명사보어절과 동사보어절이 동일하고, 관계절은 이들과 구별된다.

(24) 가. knows [that/*which he bought the book] (동사의 보어절)
     나. the fact [that/*which he bought the book] (명사의 보어절)
     다. the book [that/which he bought ∅] (관계절)

다른 유럽어에서도 관계절과 보어절의 차이가 발견된다. 네덜란드어의 경우, 관계대명사는 'die(비중성, 복수 명사), dat(중성, 단수 명사)'가 있으나, 보어절에는 'dat'만 쓴다. 러시아어에서도 보절자 'čto'가 극히 제한된 관계절에서 쓰이고 나머지 관계절에서는 'kotoryi'가 쓰인다(Comrie 1989).

3.3.2. 명사보어절과 동사보어절이 구분되는 언어

영어와는 달리 두 보어절 간에 구별이 이루어지는 언어가 있다. 즉 관계절과 명사보어절이 동일 형식이고, 동사보어절이 이들과 구별되는 유형이다. 한국어, 일본어, 크메르어, 아이누어가 다 그러하다. 다음은 일본어의 예이다. (25가)는 관계절의 예이고 (나)는 명사보어절의 예이다. 모두 관계화소나 보절자 없이 완전한 문장형으로 표현되고 있다.

(25) 가. [*Gakusei-ga*   Ø   *kat-ta*]   *hon*

　　　학생　－이　　　　　사다－PST　　책

　　　"학생이 산 책"

　　나. [*Gakusei ga*   (*hon-o*)   *kat-ta*]   *zizuto*

　　　학생　－이　　（책－을）　사다－PST　사실

　　　"학생을 (책을) 산 사실"

　　Comrie & Horie(1995)에서는 영어에서 관계절과 보어절을 구분하는 요인 중 어떤 것도 일본어에는 적용이 어렵다고 하였다. 일본어는 필수 논항도 얼마든지 생략할 수 있기 때문에 (25가)의 관계절을 공백 방책에 의한 것이라고 하기 어려우며, 영어와 달리 (나)의 보어절에서도 성분이 생략될 수 있다는 이유에서이다. 그러면서 일본어에는 명사를 수식하는 단일한 구성이 있다고 주장한 Matsumoto(1988)를 인용하며, 두 가지 근거를 들어 이런 분석이 옳다고 하였다.

　　첫째는, Matsumoto가 지적한 것처럼 일본어가 단일한 명사 수식절을 가진다면, '수식절+피수식 명사' 구성 중에 보어절이나 관계절로는 해석하기 어려운 예가 있을 듯한데, 그런 예들이 있다는 것이다. 예컨대 "누군가 문을 두드리는 소리" 등이 그러하다. 이 예는 '[누군가 문을 두드림]에 연결된 소리'로 해석된다. 그런데 이런 해석 방식은 관계절이 '[학생이 삼]에 연결된 책', 보어절이 '[학생이 책을 삼]에 연결된 사실'로 해석되는 것과 유사하다.

　　(26) 관계절로도 보어절로도 해석하기 어려운 예: 누군가 문을 두드리는 소리

　　　　이 절의 해석 the sound connected with [someone's knocking

at the door]

가. 관계절의 해석

the book connected with [the student's buying]

나. 명사보어절의 해석

the fact connected with [the student's buying the book]

둘째는 동사보어절의 표현이 이들과 다르다는 점이다. 일본어에서
는 동사보어절이, 명사보어절처럼 보절자 없는 완전한 문장형으로만
표현되지는 않는다. 오히려 일본어는 동사보어절 관계를 표현하는
많은 장치를 가지는데, 가장 생산적인 방법은 (27가)와 (나)처럼 첨사
no나 koto를 쓰는 것이다. 게다가 발화동사 앞에서는 (다)에서 보듯
이 전혀 다른 첨사를 쓴다. 이 구조는 명사보어절과는 아주 다르다.

(27) 가. [Gakusei ga   hon-o   kat-ta]   no-o   sir-ana-katta.

　　　　학생　　-이　 책 -을　사다-PST 것-을　알다-NEG-PST

　　나. [Gakusei ga hon-o kat-ta]   koto-o sir-ana-katta.

　　　　학생　 -이 책 -을　사다-PST 것-을　 알다-NEG-PST

　　　　'I did't know [that the student bought the book]'

　　　　(Comrie & Horie 1995: 70의 예)

　　다. [Gakusei ga hon-o kat-ta]   to/tte boku ga   it-ta.

　　　　학생　 -이 책 -을　사다-PST 다고　 나- 가　 말하다-PST

　　　　'I said [that the student bought the book]'

　　　　(Comrie & Horie 1995: 71의 예)

일본어와 같은 예를 바탕으로 Comrie & Horie(1995)에서는 관계절 개념이 보편적으로 유효하지 않을 수도 있다고 하고, Comrie(1998)에서 아시아의 여러 언어가 일본어와 유사한 특성을 보인다고 하였다. 일례로, 터키어족의 하나인 카라차이-발카르어에서는 단일 구성이 관계절로 해석되는 구성에 사용되고, 보통 관계화되기 어려운 위치에서도 관계화가 가능하다. 또한 관계절에 쓰이는 동일한 구성이 명사보어절에도 사용되고, 위에서 언급한 그 밖의 해석도 가진다.

한국어의 경우도 관계화된 성분이 공백으로 나타나는 것을 제외하면, 명사보어절과 관계절은 모두 관형사형어미 '(으)ㄴ, (으)ㄹ'에 의해 표현되고 동사보어절은 '다고'와 같은 다른 형식에 의해 표현되므로, 관형사절과 보어절이 구분되는 언어유형이라고 할 만하다. Comrie(1998)에서는 한국어도 일본어 같은 특성을 보이는 언어라고 하고 세 가지 근거를 들었다.

첫째, 관형사절(attributive clause)은 관계절 해석이나 명사보어절의 해석이 아닌, 다른 해석도 허용한다. '어떤 사람이 문을 두드리고 있는 소리'와 같은 예가 그러하다. 둘째, 한국어는 영 조응을 허용하므로, 관계절에 공백이 있다고 하지 않아도 된다. 셋째, 관계절 해석을 가질 때 명사구의 관계화에 대한 통사적 제약도 없다. 즉 통사적 제약을 가진 언어에서는 전형적으로 관계화가 어려운 위치에서도 화용적으로 그럴듯하기만 하면 관계화가 가능하다.

관계절과 보어절이 구분되지 않는 언어유형이 존재한다는 것은 한국어의 관형사절을 이해하는 데 시사하는 바가 크다. 여기에서는 일단 한국어가 유럽어와는 구별되고 일본어와 함께 묶이는 유형임을 밝히는 데 만족하기로 하고, 구체적인 것은 4장에서 살펴본다.

3.3.3. 관계절 유형론의 또 다른 변인: 관계화소의 유형

그간 관계절 유형론에서 관계절 표지의 종류는 상대적으로 관심을 덜 받아 왔다. 전통적으로 관계절 유형 분류의 중심은 주절과 관계절의 공통논항이 관계절 내에서 어떻게 표현되느냐에 놓여 있었기 때문이다. 그런데 관계절의 기능만 보면, 절 내부의 공통논항의 표현이 그리 중요한 이유는 알기 어렵다. Comrie(1989)에서도 선험적으로는 관계절 안에서의 핵어명사의 부호화 방식이 주절에서의 기능 이상으로 중요해 보이지는 않지만, 유형론의 관점에서는 가장 의미 있는 변수 중의 하나라고 한 바 있다. 관계절의 기능을 이해하는 데는 직접적인 관련이 없지만, 언어를 대조할 때는 가장 두드러진 차이이기에 중요 변수로 인정된다는 의미인 것이다.

관계절의 기능과 이에 따른 통사적 속성을 파악하는 데는 관계절 표지, 즉 관계화소의 종류와 기능도 중요하다. 앞에서 살펴본, 관계절이 보어절과 구분되는 언어유형과 단일한 수식절을 가진 언어유형의 문제도, 관계절 표지가 논의의 중심에 있었다면 이리 늦게 제기될 일이 아니다. 한국어의 경우 관계절과 명사보어절은 모두 '(으)ㄴ/(으)ㄹ'로 표현되고 이는 한국어의 전형적인 수식어 표지로서, 동사보어절의 형식과는 확연히 다르다. 따라서 관계절과 명사보어절이 통사적으로 구분되는가 하는 문제 이전에, 명사 수식절과 동사보어절 구분이 먼저 수립되어 있었어야 하고 이것이 내포절 체계에 반영되었어야 한다.

관계화소를 관계절 확인의 주요 변수로 기술한 Dixon(2010: 338~348)은 관계절을 표시하는 방식이 다양하게 있다고 하고, 한 언어에서 이를 여러 개 활용할 수 있다고도 하였다.

a) 하나의 억양 굴곡에 의해

b) 주절 안에서의 관계절의 위치에 의해

c) 강세, 어조 등 운율적 수단에 의해

d) 관계절 동사의 굴절에 의해

e) 접어나 짧은 문법적 단어와 같은 관계절 표지에 의해

f) 관계대명사에 의해

한국어의 관계화소인 관형사형어미는 위의 분류에 의하면, d) 관계절 동사의 굴절 방식이 가장 가깝다. 그런데 관형사형어미는 관계절만이 아니라, 명사보어절을 만들 때도 쓰인다. 한국어는 관형사절 전용의 어미가 존재한다는 사실이 아주 중요하다.

4장
한국어 관계절의 위상

4.1. 관계절과 명사보어절 구분의 어려움

인도유럽어에서 관계절과 보어절이 대별되던 오랜 전통이 있었던 것과 달리, 한국어 문법 기술에서는 1970년대 변형생성 문법이 도입되면서 이들을 구분하기 시작하였다. 보어절은 명사나 동사가 필수적으로 요구하는 절로서 비어 있는 성분이 없는 절이고, 관계절은 명사를 수식하는 수의적인 절로서 핵어명사와 공지시하는 성분이 비어 있는 절로 나뉘어 온 것이다. 이 장의 질문은 한국어에서도 관형사절의 종류를 이런 차이로 구분할 수 있는가 하는 것이다.

한국어의 관계절과 명사보어절은 문법적으로는 구분하기가 쉽지 않다. 여기에는 세 가지 이유가 있다.

첫째, 한국어는 성분 생략이 흔하다. 따라서 비어 있는 성분의 유무로 이 둘을 구분하기는 어렵다.

둘째, 성분 생략이 흔하므로, 단순히 비어 있는 성분이 아니라 공백, 즉 핵어명사와 공지시되는 성분이 관형사절 안에 있는가 여부로 절의 종류를 판단해야 하는데, 이런 판정 또한 쉽지 않다. 특히 핵어 명사가 관계절의 수의적인 성분으로 해석되는 경우, 관계절의 본래 성분으로 볼 만한지가 불분명하다.

셋째, 관형사절의 성분이 생략되어 있지만, 적절한 성분을 채워 넣기 어렵거나 성분이 생략된 상태가 훨씬 자연스러운 경우가 많다. 이런 절은 성분이 차 있는 것을 보어절로 보아 온 전통에서는 절의 종류를 부여하기가 어렵다. 이런 점들을 하나씩 살펴보자.

4.1.1. 공백과 성분 생략

한국어의 관계절에는 핵어명사의 자리가 비는, 일명 공백이 있다. (1가)의 관계절 안에는 목적어가 비어 있고 이 자리에는 핵어명사 '하늘'이 옴 직하다. (나)의 관계절 안에는 주어가 비어 있고, 이 자리에는 핵어명사 '선율'이 올 만하다. 이처럼 관형사절 안에 핵어명사와 공지시되는 성분이 비어 있으면, 즉 공백이 있으면 관계절로 판정한다.

(1) 가. [문득 ($\emptyset_i$) 바라본] 하늘$_i$은 시원하게 펼쳐진 물 빛깔이었다.

　　나. 그것은 [($\emptyset_i$) 귀에 익은] 선율$_i$이었다.

그런데 한국어는 성분이 잘 생략된다. 따라서 보어절에서든 관계절에서든 성분이 얼마든지 비어 있을 수 있다. (2가)의 대괄호로 표시된 절에는 '에게' 성분과 '를' 성분이 생략되어 있다. 그러나 피수식 명사인 '사실'이 이 관형사절 안에 들어갈 만한 자리는 없으므로, 보어절이다. 반면에 (나)의 대괄호에는 주어와 목적어 성분이 비어 있지만, 피수식 명사인 '사실'이 목적어 자리에 쓰일 수 있다. 이를 인정하면, 이 절은 관계절이다.

(2) 가. 그 사람들이 가진 증명서는 가짜였어요. [∅ ∅ 허위로 발급해
　　　준] 사실을 인정합니까.
　　나. [∅ ∅ 알아낸] 사실을 들으려고 그의 집으로 갔다.

따라서 성분 생략이 흔한 한국어에서는, 공백의 유무보다 핵어명사가 관계절의 성분이 될 수 있느냐 여부로 관계절과 보어절이 구분된다고 할 수 있다. 그런데 문제는 핵어명사가 관형사절 안의 성분인지를 판단하는 것도 그리 쉽지 않다는 데 있다.

먼저, (3가)는 주어, (나)는 부사어 자리가 비어 있다. 그리고 이들 자리에는 핵어명사 '눈빛이, 눈빛에'를 상정할 수 있다. 따라서 관계절이라고 할 만하다.

(3) 가. 수혜가 [∅ 칼날 같은] 눈빛으로 그를 보았다.
　　　← [눈빛이 칼날 같다]
　　나. 여자는 [∅ 정을 가득 담은] 눈빛으로 효철을 보았다.
　　　← [눈빛에 정을 가득 담다]

그런데 아래 예는 주어와 목적어 자리가 비어 있지만, (4나)에서 보듯이 핵어명사 '눈빛'은 이 자리에는 들어가지 못한다. 대신에 부사어 '눈빛으로' 정도가 간신히 가능하다. 그러면 이는 관계절인가, 보어절인가. 여기에는 핵어명사가 관계절의 수의적인 성분이 되는 경우, 어디까지를 관계절의 성분으로 인정할 것인가 하는 문제가 있다.

(4) 가. 수혜는 [∅ ∅ 거절하는] 눈빛으로, [∅ ∅ 경멸하는] 눈빛으로
　　　올려다보았다.

　　나. *눈빛이 거절하다: *눈빛이 경멸하다

　　다. 눈빛으로 거절하다: ?눈빛으로 경멸하다

　　첫째, 핵어명사가 관계절의 수의적 성분이 될 수 있는 경우는, 그
것이 관계절의 본래 성분이었음을 보장하기가 쉽지 않다. 즉 우연한
결과일 수 있다.

　　한국어는 부사어도 관계화가 가능하다. 다음 예에서의 '식당'도 (5
가)의 '식당에서' 성분이 관계화한 것이다. 이를 인정하면 위의 (4)도
부사어 '눈빛으로'가 관계화된 것으로 볼 여지가 생긴다.

(5) 가. 나는 어제 식당에서 국수를 먹었다.

　　나. [내가 어제 (식당에서) 국수를 먹은] 식당

　　그러나 (4)에 복원된 '눈빛으로'는 완전히 수의적으로 추가된 것이
다. 이는 '먹다' 구문에서 '식당에서' 성분이 가지는 수의성보다 그 정
도가 훨씬 심하다. [누가 무언가를 먹는다]는 사태의 표상에서 장소
는 꽤 유의미한 정보인 것에 비해, [누가 무엇을 거절하다]는 사태의
표상에서 거절의 수단은 그다지 필요한 정보라고 하기 어렵다.

　　'눈빛으로'와 같은 온전히 수의적인 성분까지 관계절의 성분으로 끌
어들이면, 유사한 절이 달리 분류되는 결과도 야기할 수 있다. (6가)에
는 핵어명사 '눈빛'이 관형사절의 성분으로 상정되기 어렵다. 따라서
관계절이 아니다. 그런데 '눈빛으로'의 복원을 인정하면 (나)의 '눈빛'
은 관형사절 내부의 성분이 된다. 그러면 관계절이 된다.

(6) 가. [부러운] 눈빛을 보냈다. ← [*눈빛이/*눈빛으로 부럽다]

　　나. [부러워하는] 눈빛을 보냈다. ← [눈빛으로 부러워하다]

　　결국 수의적인 것을 성분으로 인정하느냐에 따라 '부러운 눈빛'은 보어절, '부러워하는 눈빛'은 관계절로 분류되는 것이다. 이는 수의적 성분인 '눈빛으로'로 복원할 수 있는 것 자체가 우연한 결과일 수도 있음을 보여 준다.

　　둘째, '눈빛으로'와 같은 수의적 성분을 상정하는 시도는, 그 구문이 실제로 쓰이는 것인가에 대한 부담도 가진다. '눈빛으로'를 채워 넣은 "누가 누구를 눈빛으로 거절하다/경멸하다" 구문은 이론적으로는 가능하지만, 실제로는 잘 쓰이지 않는 형식이다. 일례로 '눈빛으로'를 말뭉치에서 검색하면, 관형어 없이 '눈빛으로'만 나타나는 일이 거의 없다.[1] 대부분 아래 예처럼 '은'이 결합한 관형사절이 선행하고, 아주 적은 예로 '분노의 눈빛으로'와 같이 '의' 성분이 선행한다. 즉 의미상의 보어를 요구하는 명사처럼 쓰이는 것이다. 이런 현실도, 수의적 성분으로의 복원을 주저하게 하는 요인이다.

(7) 가. 황소의 눈조차도 전쟁 전의 순한 눈이 아니라, [어딘지 평화로부터 멀리 떠나 버린 거친] 눈빛으로 변하고 있었다.

　　나. [그렇게 과잉반응을 할 것까지는 없잖아 하는] 눈빛으로 보았다.

　　셋째, 수의적인 성분을 관계절 내의 성분으로 인정하는 경우, 그

1　관형어 없이 쓰이는 예는, "멀리서 눈빛으로 인사를 나누다/말하다"와 같은 예이다.

의미 기능의 차이도 부담이다. '눈빛으로 거절하다'와 '거절하는 눈빛'
은 의미가 약간 다르다. 전자는 '으로' 성분이 거절의 수단을 나타내
지만, 후자는 거절의 수단보다는 '눈빛'의 의미가 곧 '거절'인 것에 가
깝다. '경멸하는 눈빛'도 경멸의 수단이 '눈빛'이라기보다 '경멸의 눈
빛'처럼 의미적인 동격으로 읽힌다. 의미적인 동격은 관계절이 아니
라, 보어절의 의미 기능이다.

　지금까지 논의한 것처럼, "거절하는 눈빛, 경멸하는 눈빛"의 경우,
'눈빛으로'를 관계절의 성분으로 인정하느냐에 따라 절의 종류가 갈
린다. 아래 (8가)는 핵어명사 '눈빛'을 관형사절의 성분으로 끌어들이
기 어려운 예이다. 즉 보어절의 예이다. 따라서 (다)의 '눈빛으로'를
관형사절의 성분으로 인정하면, (가)는 보어절, (다)는 관계절로 분류
된다. 그러나 '눈빛으로'를 성분으로 인정하지 않으면 (가)와 (다)는
모두 일단('일단'이라는 표현은 제3의 관형사절의 존재를 고려하지 않았음
을 표현함) 보어절이 된다.

(8) 가. [∅ 안타깝게 나를 보던] 눈빛에서 나는 지난날을 떠올렸다.

　　나. *눈빛이 안타깝게 나를 보다, ?눈빛으로 안타깝게 나를 보다

　　다. 수혜의 [∅ ∅ 거절하는] 눈빛에서, 나는 지난날을 떠올렸다.

　이처럼 겉보기에 별 차이가 없지만 성분으로서의 가능성에 따라 두
종류의 절로 갈리는 예는 많다. 핵어명사가 성분이 되기 어려운 (9가)
는 보어절, 주어 자리에 올 수 있는 (나)는 관계절이다. 그렇지만 이들
이 과연 다른 절일까.

(9) 가.　안타까운 눈빛, 부러운 눈빛 ← *눈빛이/*눈빛으로 안타깝다,

*눈빛이/*눈빛으로 부럽다

　　나. 날카로운 눈빛 ← 눈빛이 날카롭다

　이 외에도 구분이 어려운 예는 얼마든지 찾을 수 있다. (10가)는 '기업들'이 관계절의 주어일 수 있으므로 관계절이다. 그런데 (나)는 [나라가 정책에서 비결로 성공하다]가 가능하다고 보면 관계절이고, 이것이 불가능하다고 보면 보어절이다.

　(10) 가. [∅ 어느 정도 기술 축적에 성공한] 기업들만 피해를 보고 있다.
　　　　나. [싱가포르 같은 나라가 주택 정책에서 성공한] 비결은

　아래 예를 보면 이런 혼란은 더욱 분명해진다. 전통적인 기준에 따르면, (11가)는 관계절일 수 있지만 (나)와 (다)는 관계절이기 어렵다.

　(11) 가. 그는 [성공한 사람]이다. ← [사람이 성공하다]
　　　　나. [성공한 직업]은 아니었지만 ← [?직업이/직업에서 성공하다]
　　　　다. [성공한 선생]은 못 되지만 성실한 선생이지는 않을까.
　　　　　　← [?선생이/?선생으로 성공하다]

　그런데 더 곤란한 일은 (11나)와 (다)를 보어절이라고 할 때 일어난다. [성공한]만으로는 성분이 다 채워져 있지 않으므로 생략된 성분을 채워 넣으려 해도, 적당한 후보가 찾아지지 않기 때문이다. 보어절은 성분이 다 채워진 절로 분류되어 왔는데, 실제로는 이처럼 성분이 비어 있는 상태가 더 자연스러운 경우가 있다는 것도, 관계절과

보어절 구분이 가지는 어려움 중의 하나이다. 이는 4.1.2.에서 이어서 다룬다.

남은 문제는 한국어 관계절에서의 공백의 위상이다. 관계절과 보어절을 통사적으로 구분하는 데 어려움이 있다면, 공백의 유무로 두 절을 나누었던 전통은 폐기되어야 하는가. 3장에서 언급한 것처럼, 한국어는 관계절과 명사보어절이 나뉘지 않는다는 주장이 Comrie(1998)에서 있었다. 한국어는 영 조응(zero anaphora)이 있기 때문에 관계절에 공백이 있다고 하지 않아도 되며, 공백이 없다면 성분의 이동이나 삭제도 없다는 점이 근거의 하나였다.

그러나 성분의 생략이 쉽고 영 조응이 가능하다고 해서, 공백도 인정할 수 없다는 시각은 지나치다. 핵어명사가 채울 만한 공백을 현실적으로 식별해 내기 어려울 뿐이지, 핵어명사와 공지시하는 공백은 분명 존재하기 때문이다. 핵어명사가 관형사절의 명사와 공지시하는 경우, 그 명사는 관형사절 내부에 남아 있을 수 없고(일명 내핵관계절 제외), 그 성분은 반드시 비어 있어야 한다. 따라서 관계절과 보어절을 통사적으로 분명하게 구분할 수 있는가 하는 문제와는 별개로, 공백을 반드시 요구하는 관형사절이 있다는 것은 인정되어야 한다.

4.1.2. 내용절 아닌 보어절, 성분 충원이 어려운 보어절

명사보어절은 내용절 혹은 동격절로도 불려 왔다. "네가 유학 간다는 소문을 들었다."와 같은 예에서라면 [네가 유학 간다]는 '소문'의 내용이라는 것이다. 그리고 이 내용절은 명사 '소문' 앞에 반드시 나타나야 하는 필수적 요소로 여겨져 왔다. 예컨대 "나 소문 들었어."와 같이 명사 '소문'만 쓰게 되면 "어떤 소문?"과 같이 소문의 내용을 묻는 후속질문이 바로 이어질 만하기 때문이다.

보어절 명사는 제한되어 있다. 그래서 그간의 논의들은 어떤 명사들이 보어절을 요구하는지를 기술해 왔다. 일례로, 남기심(1973)에서는 다음과 같이 나누었다.

- '다는'과 같은 완형보절만 취하는 명사: 사실, 약점, 욕심, 이점, 소문, 낭설, 소식, 연락 등
- 불완전보절을 취하는 명사: 가능성, 용기, 불상사, 사건, 기억 등
- 이 둘 모두를 취하는 명사: 죄목, 혐의, 의심, 전력 등

명사보어절은 명사가 필수적으로 요구하는 절로서 관계절과는 달리 비어 있는 성분이 없으며, 이런 보어절을 필요로 하는 명사는 제한되어 있는 것으로 이해되어 왔다. 그런데 한국어 관형사절에는 관계절은 아니면서, 보어절로 보자니 핵어명사가 전통적으로 보어절 명사로 분류해 온 부류가 아니거나, 보어절 내에 성분이 비어 있지만 적절한 성분을 채워 넣기가 어려운 경우들이 있다.

일례로, 앞에서 관계절로는 보기 어렵다고 언급했던 "성공한 직업"이나 "부러운 눈빛"에서의 '직업', '눈빛'은 전통적인 보어절 명사와는 거리가 멀다. (12가)의 '운동'이나 (나)의 '환경'도 전형적인 보어절 명사 부류가 아니다. 내용절을 필요로 하는 명사류가 아니기 때문이다.

(12) 가. [걷는] 운동, [근육을 쓰는] 운동이 긴장 해소에 좋다.
　　나. [넉넉한] 환경에서 자라 여유가 있는 듯했다.

게다가 이들은 주어 성분이 비어 있는데, 여기에 넣을 주어가 마땅치 않다. 이를테면 (12가)는 '[사람들이 걷는] 운동' 혹은 '[각자가 걷

는] 운동' 혹은 '[각자가 근육을 쓰는] 운동'이라고 하면 어색해지거나, 원래 의도한 의미와 달라진다. (나)는 '[재산이 넉넉한] 환경'이나 '[경제적 상황이 넉넉한] 환경'이 가능하기는 하지만, 원래 의도한 의미와는 거리가 있어 보인다.[2]

생략된 성분을 채워 넣기가 쉽지 않은 예는 얼마든지 찾을 수 있다. 물론 이는 성분이 충원되면 비문법적인 문장이 된다는 뜻이 아니라, 성분이 비어 있는 상태가 더 자연스럽다는 뜻이다. 아래 (13가)와 (나)는 성분이 빠져 있는 예이다. 여기에 채울 후보를 찾는 것도 녹록지 않지만, (가'), (나')처럼 찾아 넣는다 하더라도, 없는 편이 더 자연스럽다. 이런 예들은, 한국어는 관계절뿐만 아니라 보어절도 따로 구분해 내기가 쉽지 않음을 보여 준다.

(13) 가. [일찍 자는] 습관을 들이면, 하루에 쓸 수 있는 시간이 훨씬
        늘어난다.
    가'. [(사람들이) 일찍 자는] 습관을 들이면, 하루에 쓸 수 있는 시
        간이 훨씬 늘어난다.
    나. [누워서 책 보는] 습관은 좋지 않다.
    나'. [(누가) 누워서 책 보는] 습관은 좋지 않다.

기존의 논의에서도 문제적 예로 다루어진 것들이 있다. Tagashira (1972: 224~225)는 (14가)를 들며 핵어명사가 관계절의 어떤 성분과도

---

2 이들을 관계절로 분류하기도 어렵다. (가)는 [운동으로 걷는다]나 [운동으로 근육을 쓰다]에서 부사어가 이동한 것으로 보면 관계절로 볼 수 있지만, [운동으로 근육을 쓰다]는 일상생활에서 흔히 쓰이는 표현은 아니다. (나)도 [환경이 넉넉하다]가 아주 자연스럽지는 않다.

공지시하지 않는 관계절이 있다고 하였다. Song, J.J.(2001: 231~232)
에서도 이들 예에 대해 그 기능이 관계절처럼 '수식, 한정'이기는 하
지만, 순수히 관계절로 간주되어야 하는지는 후속 과제라고 하였다.

(14) 가. [귀가가 늦어지는] 교외생활.
　　　나. [네가 먹은] 그릇은 네가 치워.

　　앞에서 살펴본 '걷는', '근육을 쓰는'은 운동의 유형을 식별하는 데
동원되는 정보이다. 즉 '운동'과 '환경'은 지시대상의 범위만 제공하고
구체적인 식별은 '걷는' 등의 관형사절의 정보를 동원해 이루어진다.
명사의 잠재적인 지시대상의 범위를 좁히는 기능은 제한적 관계절의
것으로 기술되어 왔지만, 앞에서 언급한 'red flower'에서 red와 같이
명사를 수식하는 성분은 모두 이런 기능을 수행한다. 즉 후행 명사의
지시 범위를 좁히느냐 여부는 관계절과 보어절을 구분하는 근거가
되기 어렵다. 한국어는 특히 더 그러하다.

4.1.3. 보어절의 필수성 여부

　　구조적 관점에서 관계절은 부가어 성분으로, 보어절은 명사의 어
휘 내항에 필수적인 성분으로 표시되는 보어로 분석해 왔다. 그러나
이홍식(1999: 373)은 분포의 필수성을 따지면 보어절도 필수적이지는
않다고 하였다. 예컨대 "도둑질을 한 사실을" 대신에 '사실을'만 쓰여
도 문장은 성립하기 때문이다.
　　명사 '식당', '학생', '운동' 등에 비해 '사실', '소문', '기억' 등이 상대
적으로 보어를 더 필요로 하는 것은 분명하다. 그러나 필수성도 정도
의 문제이기에 관계절과 보어절을 가를 때 일관되게 적용하기는 어

렵다. 시험적으로 명사 '약점, 습관, 느낌, 얼굴'을 검색해 보았다. '약점'은 대표적인 보어절 명사이고, '습관'과 '느낌'은 경우에 따라 보어절을 취할 수 있는 명사이며, '얼굴'은 보어절 명사로 취급된 일이 없다.

다음은 명사 '약점'의 바로 앞 요소 중 빈도수가 높은 것만 추린 것이다. 수식어 없이 '약점'만 쓰인 경우는 총검색 수에서 아래 제시된 빈도수의 총합을 빼면 된다.

- 명사 '약점(총 247회)'의 고빈도 선행 요소

  72 의/관형격조사   61 ㄴ, 다는, 라는/관형사형어미

  12 적/접미사   8 그/관형사

선행어의 경우 '내 약점'처럼 '의' 성분을 취한 경우가 가장 많고 관형사절을 취한 경우도 꽤 많이 나온다. 그러나 이들이 모두 보어절인 것은 아니다.

(15) 가. 그들에게 <u>약점을</u> 보였기 때문이라고 보고 방안을 마련하고자 했다.

　　　나. 기업들의 <u>약점을</u> 보험사들이 이용했다.

　　　다. 그는 [근본적인] 약점이 있다.

　　　라. [상품 구색이 부족하다는] 약점을 가지고 있다.

(15가)는 '약점'이 수식어 없이 쓰인 예이고 (나)는 '의' 성분을 가진 예이다. (다)의 '근본적인'은 관계절로 보기에는 부담이 있다. ['?약점이 근본적이다]라는 표현이 어색하기 때문이다. (라)는 '다는'

절을 내용절로 취한 보어절이다. 이처럼 명사 '약점'이 수식어 없이 단독으로 쓰이는 일이 가능하고, 무엇보다 늘 보어절만이 절 수식어로 오지 않는다는 사실은, 과연 명사가 보어절을 필수적으로 요구한다는 것이 어떤 현상인지를 묻게 한다.

다음은 명사 '습관'의 고빈도 선행 요소 목록이다. '학습 습관', '독서 습관' 등이나 '습관성, 습관적으로'처럼 쓰이는 예가 많지만, 아래에서 보듯이 관형사절과 '의' 성분을 취한 예도 상당수이다.

- 명사 '습관(총 543회)'의 고빈도 선행 요소
  139 는, ㄴ/관형사형어미   52 의/관형격조사

(16) 가. [창문 열고 자는] 습관을 버려야 한다.
　　나. 부모가 자녀에게 [씹는] 습관을 길러 주어야 한다.
　　다. 나의 만류를 받아들이지 못하는 것은 [몸에 밴] 습관인지 모른다.
　　라. 음악 들으며 발을 떨다가 아버지에게 지적당한 기억이 있다. 그런 것은 [제일 나쁜] 습관이라고.

핵어명사를 관형사절 내 성분으로 상정할 수 있는가를 기준으로 하면, 이 중에서 (16가)와 (나)가 보어절이다. [습관이/은 창문을 열고 잔다]나 [습관이/은 씹는다]가 썩 자연스럽지 않기 때문이다. 반면에 (다)는 [습관이 몸에 배다], (라)는 [습관이 제일 나쁘다]가 가능하다고 보면 관계절이다. 그런데 관계절인 (라)의 '제일 나쁜'은 생략되면 문장이 성립하지 않는다. 이처럼 개별 문례를 관찰하면, 보어절만이 필수적인 것도 아니고 관계절이 모두 수의적인 것도 아니다.

다음은 명사 '느낌'과 '얼굴'의 고빈도 선행 요소 목록이다. 앞의 단어들과 마찬가지로 수식어 없는 쓰임만큼 수식어를 동반한 쓰임이 많음을 짐작할 수 있다.

- 명사 '느낌(총 2015회)'의 고빈도 선행 요소

1219	는, 은, ㄴ/관형사형어미	241	다는, ㄴ다는, 라는/관형사형어미
157	의/관형격조사	50	그런/관형사

- 명사 '얼굴(총 6320회)'의 고빈도 선행 요소

1811	의/관형격조사	1699	ㄴ, 는, 은/관형사형어미

아래 예들은 모두 '느낌'의 것인데, (17가)의 '느낌'은 관형사절 안에 성분으로 넣기 어렵다. 즉 보어절이라 할 만하다. (나)는 [느낌이 차갑고 선득하다]가 가능하다고 보면 관계절이다. (다)는 [[?]느낌이 퇴색하다]는 상당히 어색하다. 따라서 관계절은 아닌데, 그렇다고 보어절이라고 하기도 어렵다. '느낌'의 내용으로 보기도 어렵기 때문이다. 이들 절이 무엇이든, 생략되면 통사의미적으로 문장이 불완전해진다.

(17) 가. [산뜻한 과일물들이 여러 색채로 저마다의 가슴을 물들이고 있는] 느낌이었다.

　　나. 오보에가 따사롭고 질박한 흙의 느낌이라면, 플루트는 금속 물질의 [차갑고 선득한] 느낌을 준다.

　　다. 한 점 구겨짐도 [퇴색한] 느낌도 들지 않는 석훈의 눈빛 앞에 지우는 명사 '얼굴'의 선행 요소로는 '의' 성분이 절대 다수인데, 이들은 모두 사람과 관련한 명사나 고유명사가 오는 경우이다. 대명사 '그'가 오는 예가 185회, 복수접미사 '들'의 예가 148회, '나'가 117회, '그녀'가 82회, '사람'이 49회 등이다. 신체 부위명은 소유주가 오기 마련이기 때문이다. 아래 예들은 각각 [얼굴이 의기양양하다], [얼굴이 그립다] 등, 전통적인 검증 방식에 의하면 관계절로 분류될 만하다. 그렇지만 이런 관형사절을 삭제하면 의미는 불충분해진다.

(18) 가. [뽀로통하게 토라진] 얼굴로

나. [다소 의기양양한] 얼굴로 수혜가 말을 걸었다.

다. 그는 [내가 화장 안 한] 얼굴을 보여 줄 수 있는 유일한 사람이었다.

라. 갑자기 [그리운] 얼굴이 떠올랐다.

지금까지 보어절의 필수성이라는 것이 논리적으로는 충분히 짐작 가능한 일이지만, 실제로 문례에 적용하기에는 상당한 어려움이 있음을 살펴보았다. 이 책에서는 이런 어려움이 결국은 한국어가 관계절과 보어절이 문법적으로는 구분이 안 되는 언어이기에 빚어지는 것이라고 보고 있다.

4.2. 관계절도 보어절도 아닌 관형사절의 존재

4.2.1. 제3의 관형사절로 분류되어 온 종류[3]

한국어의 관형사절에는 보어절로도 관계절로도 보기 어려운 수많은 절이 존재한다. 유럽어의 경우 명사를 수식하는 절은 관계절과 보어절 외에 없다. 일례로 영어에서 '소리, 냄새' 등의 명사는 관계절 외에는, 절을 수식어로 취하지 않는다. 따라서 만약에 '긁는 소리'나 '타는 냄새'를 표현하고 싶으면 (19가)처럼 전치사구나, 'ing'가 붙은 형용사형을 사용해야 한다. 반면에 한국어는 이들 명사 앞에도 모두 관형사절이 온다.

(19) 가. scratching sound, smell of burning, a distorted look, a chilly atmosphere

　　나. 긁는 소리, 타는 냄새, 일그러진 표정, 싸늘한 분위기

Comrie(1997, 1998)에서 일본어와 한국어에는 단일한 명사 수식절이 있다고 주장할 때 근거가 된 것도, '소리'와 같은 명사에 붙는 절의 존재였다. '소리'는 전통적으로 보어절을 취하는 명사로 취급되지 않았기 때문에, '누군가 문을 두드리는 소리' 앞의 관형사절은 관계절도 보어절도 아니라고 본 것이다.

그동안 한국어 문법에서는 '소리, 냄새' 등도 보어절을 취하는 명사로 분류하거나(장경희 1987), 보어절과는 구별하여 비동격절이라고 하였다(이홍식 1990). 또한 관계절의 성분도 아니면서 보어절 명사도 아닌 아래의 절들은 의사 관계절(이홍식 1990), 제3의 관형사절인 연계 관형절(연계절)(김지은 2002), 연결 관형사형(홍윤기 2010) 등으로 따로 불리기도 하였다.

3　4.2.1.과 4.2.2.는 문숙영(2012:34~42)에서 기술한 내용에 대부분 기대었으며 일부 자료를 추가하고 기술 방식을 약간 바꾸었다.

(20) 가. [영희가 집을 나간] 철수는 요즘 매일 술을 마신다.

　　나. [그녀는 쌀을 살] 돈으로 꽃을 샀다. (이홍식 1990: 50)

이런 절들을 특이하게 보거나 제3의 이름을 부여해 온 시도는, 관계절과 보어절로 양분되는 전통 아래에서 이루어진 일이었다.⁴ 즉 관계절과 보어절 두 종류는 그대로 두고, 이에 속하지 않는 나머지들을 제3의 관형사절로 묶고자 한 것이다. 그러나 어떤 이름을 주든, 관계절에도 보어절에도 속하기 어려운 제3의 관형사절을 모두 하나로 묶는 것은 불가능하다. 그만큼 이들 사이에는 공통점이 없다. 게다가 어떻게 분류하든 여전히 어디에도 속하지 못하는 예들이 남는다. 이들 중 연계절 논의를 살펴보자.

김지은(2002)에서는 연계절을 형성하는 보어절 명사의 목록을 다음과 같이 제시한 바 있다.

• 연계절을 취하는 명사 부류

　(A) 뒤, 다음, 가운데, 사이; 냄새, 소리, 표정, 모습⁵

　(B) 보어절 명사 I: 사실, 소문 등, 전형적인 보어절 명사들

　(C) 보어절 명사 II: 결과, 대가, 흔적, 효과, 불똥, 여파, 후유증,

　　　보람, 징조, 기미, 준비, 자격 등

4　이런 일련의 시도는 한국어 관형사절의 한 특징을 잘 포착해 낸 것이고, 이를 바탕으로 지금의 논의도 할 수 있는 것이기에 그 의의는 아주 크다고 생각한다. 특히 이홍식 (1990)과 김지은(2002)은 관형사절 연구사에 빠질 수 없는, 많은 생각거리를 던져 준다.

5　'소리, 표정' 등에 대해, 보통의 명사들이 일정한 내용을 가지는 것들이라면, 이들은 그러한 내용이 발생하게 되는 배경이나 조건 자체가 내용을 대신해 말해질 수 있는 특이한 점이 있다고 하였다.

김지은(2002: 165~169)은 (C)의 명사들은 두 개의 사태를 전제하는 것들로, 보어절 명사가 그중 한 사태를 의미적으로 범주화하고, 다른 한 사태는 관형사절로 나타난다고 하였다. 예컨대 "주식에 투자한 결과"라고 하면 '주식에 투자한'이라는 사태 I이 원인이나 이유가 되어 '결과'라는 사태 II가 이루어지고 이 관계가 관형사절과 피수식 명사로 표현된다고 보는 것이다. 따라서 이런 연계절은 동격절과 마찬가지로 필수적인 성분이다.

그러나 명사 의미에 두 개의 사태가 연결되어 있고 하나의 사태가 수식 성분으로 실현되어야 한다는 것은 의미적인 요구일 뿐이다. 즉 그 수식 성분이 절로 나타나는 현상과는 직접적인 관련이 없다. 일례로 영어에서도 이들 명사의 의미가 온전히 채워지려면 수식 성분을 수반해야 한다. 다만, 한국어와는 달리, (18가)에서 보듯이 이들이 절이 아니라 명사구나 전치사구로 나타날 뿐이다.

따라서 한국어와 영어의 차이를 드러내고자 할 때는 '두 개의 사태가 관련되어 있는 명사류'라는 기술보다 한국어에서는 관계된 사태가 '절'로 실현된다는 사실이 중요하다. 요컨대 한국어에서 연계절을 독립된 유형으로 세우려면 보어절이나 관계절과의 통사적인 차이가 우선되어야지, 두 개 사태의 연결이라는 핵어명사의 의미적 특성으로 답할 사안이 아니다.

전형적인 보어절과의 차이가 오로지 수식절과 피수식어 간의 의미에 있다 보니, 연계절과 보어절 간의 구분도 모호하다. 우선, 같은 명사가 연계절도 취하고, 보어절도 취할 수 있는 경우가 상당수 있다. 김지은(2002: 176)에서도 대개 보어절 명사와 관형절의 종류는 고정되어 있어서, 이전 논의에서 보어절 명사로 제시되었던 명사류는 동격절만 취할 수 있고, 보어절 명사 II는 연계절만 취할 수 있지만, 어떤 보어절 명사는 동격절과 연계절에 모두 쓰일 수 있다고 하였다. 그리고 그 예로 '결과'를 들었다. 그러나 이 둘을 모두 허용하는 경우는 이보다 더욱 폭넓게 발견된다.

(21가)는 [핵발전소 건설을 돕다]라는 사태가 '대가'의 원인으로 해석되므로 연계절로 분석할 수 있다. 그러나 (나)는 [침묵의 병을 앓다]는 '대가'의 내용이므로 연계절이 아니라 보어절로 이해된다.

(21) 가. [핵발전소 건설을 돕는] 대가로 그 일을 얻었다.
　　　 나. [긴 침묵의 병을 앓는] 대가를 치렀음이 분명하다.

또한, (22가)는 [운동을 한]이 '효과'의 원인으로 해석되므로 연계절로 볼 수 있지만, (나)의 [치마 색을 돋보이게 하다]는 '효과'의 내용으로 보어절로 분석된다.

(22) 가. [운동을 한] 효과가 점점 나타나기 시작했다.
　　　 나. [그것으로 치마 색을 돋보이게 하는] 효과도 보았다.

이처럼 보어절과 연계절 사이의 통사적 차이가 없고 같은 명사가 두 절을 다 취하는 예가 있다면, 연계절을 세운 효과는 반감될 수밖에 없다. 게다가 아래처럼 한 문장이 보어절로도 연계절로도 해석되는 경우도 있다.

(23) [박람회 유치를 반대하는] 운동이 곳곳에서 일어났다.

위의 예에서 '운동'을 '주장'과 유사한 성격의 명사로 보면 보어절로 분류될 만하다. 그러나 [박람회 유치를 반대하다]의 결과로 여러 종류의 '운동'이 일어난 것으로 보면 연계절로 분류될 수도 있다. 이런 모호함은 보어절과 구분되는 연계절의 수립 의의가 무엇인가를 되묻게 한다.

다음의 절도 그 정체가 불분명하다. (24)의 [내켜서 응하다]와 '약속'과의 관계는 성분과 술어의 관계도 아니고, '약속'의 내용이라고 하기도 어렵다.

(24) 처음부터 [내켜서 응한] 약속은 아니다.

다음 (25)의 '슬픔'도 비슷하다. '슬픔'은 [자식을 잃다]의 성분이 아니며, 자식을 잃은 게 슬픔의 내용도 아니다. 그러나 '슬픔'을 자식을 잃은 사태가 원인이 되어 온 결과라면 연계절이라 할 수도 있다.

(25) [자식을 잃은] 슬픔에 아예 말을 잃었다.

(26)을 보면 관형사절의 기능이 모호할 수 있다는 의심은 더욱 분명해진다. 엄밀히 말해 [독이 깨지다]는 '분'의 원인이지 '분풀이'의 원인은 아니다. 즉 관형사절과 핵어명사 사이의 의미관계가 모호하다.

(26) 나뭇가지를 캐내어 [독이 깨진] 분풀이를 하려고 파내기 시작했다.

연계절의 범위의 모호함 외에, 연계절로도 포함할 수 없는 관형사절이 존재한다는 문제도 있다. 아래 예의 피수식 명사 '직업, 갈림길, 마음'은 모두 선행절의 성분이 되기 어려우므로 관계절로 보기 어렵다.[6] 그렇다고 이들 명사가 두 개의 연관된 사태를 전제하는 종류인 것도 아니다.

(27) 가. [사람들에게 바쁜 서류를 배달해 주는] 직업이다.
　　 나. 세계 역사의 [중대한] 갈림길이 될 걸프전
　　 다. [편지를 쓰는] 마음은 참 즐겁다.

이들을 보어절로 보는 것도 부담스럽기는 마찬가지이다. '평가, 생각, 사실'과 같이 전형적으로 보어절을 취하는 명사들과 비교할 때 '직업', '마음' 등이 내용을 요구한다고 하기 어렵다. 이들 예는 앞에서 보어절의 필수성을 논의하면서 살펴본, 보어절로도 관계절로도 선뜻 결정하기 어려웠던 '눈빛', '느낌', '얼굴'의 예들과 아주 유사하다.
　이것만이 아니다. 다음과 같은 예들도 어느 쪽으로 쉽게 결정이 나지 않는 것들이다.

(28) 가. [네가 먹은] 그릇은 네가 치워.
　　 나. [어제 먹은] 식당도 좋더라고. (이상, Song, J.J. 1991: 215)
　　 다. [집 판] 돈 가져와.
　　 라. [살] 돈도 없으면서 뭘 보고 그래. (이상, 연재훈 2012: 444)

Song, J.J.(1991: 216)에서는 '그릇'이나 '식당'을, 동사 [먹다]가 요구하는 명사구가 아니라 화용적으로 함의된 요소들이 핵어명사로 나타난 것들이라고 하였다. 전형적인 관계절과는 다름을 인정하고 있

---

6 (다)의 경우 "마음으로 편지를 쓰다."와는 그 의미가 다르므로, 관계절로 보기 어렵다.

는 것이다.

이상과 같은 예들은 한국어의 관형사절은 유럽어 기반의 절의 종류로만 유형화할 수 없음을 분명하게 보여 준다. 아니면 적어도 보어절을, 유럽어식의 동격절이나 내용절로 제한하지 않고 관계절을 제외한 모든 관형사절로 그 범위를 대폭 확장해야 할 가능성을 생각하게 한다.

4.2.2. [일명] 굳어진 관형사형 문제

한국어에서는 관형사절의 종류가 통사적으로 구분되지 않는다는 가정은, 다음과 같은 예를 설명하는 문제와도 관련된다.

(29) 가. [아낌없는] 축하를 보냈다.

　　　나. 이런 증상은 [단순한] 부적응증으로 보기 어렵다.

(29가)의 "아낌없는 축하"는 '?축하가 아낌없다'가 어색하고 (나)의 "단순한 부적응증"은 '?부적응증이 단순하다'가 어색하므로, 관계절의 성분으로 보기 어렵다. 이들은 만약에 관형사절의 종류를 나누는 전통을 따른다면 별도의 유형으로 따로 분류하거나, 아니면 각각 "아낌없이 축하를 보냈다"나 "단순히 부적응증으로 보기 어렵다"처럼 부사형이 나타나야 할 것이 관형사형으로 잘못 쓰인 예로 처리해야 하는 것들이다.

우선 전자의 입장이라면 일명 굳은 관형사형으로 처리하는 방안이 있다. 유현경(1998: 277~88)에서는 아래와 같은 형태를 굳은 관형사형이라 하였다. 이들은 주술 관계를 상정하기 어렵기에 서술 기능을 할 수 없다. 따라서 절이 아니라 굳은 관형사형으로 보자는 것이다.

(30) 가. 무거운 침묵 → *침묵이 무겁다

　　나. 걱정스러운 표정으로 → *표정이 걱정스럽다

　　다. 아찔한 현기증이 → *현기증이 아찔하다

　　라. 서러운 얼굴로 → *얼굴이 서럽다

　　마. 고까운 마음 → *마음이 고깝다

　　바. 수다스러운 입 → *입이 수다스럽다

　　이들을 주술 관계로 환원하면 썩 자연스럽지 못하다는 점, 따라서 절과는 다른 점이 있다는 문제의식은 타당하다. 그러나 그 해결책이, 활용형이 그대로 어휘화된 '굳은 관형사형'으로의 분류인 것은 받아들이기 어렵다.

　　그 이유는 첫째, 이들 관형사형의 의미가, 서술어로 기능하는 '무겁다, 걱정스럽다, 아찔하다'의 의미와 별로 다르지 않다는 데 있다. 별도의 어휘로 인정될 때는 '다른(other)'과 '다르다(be different)'의 차이처럼 의미 차이가 확연한 것이 일반적이다.

　　위의 예 중에서 '무거운'을 살펴보자. 『표준국어대사전』에는 '무겁다' 의항7에 [소리나 색깔 따위가 어둡고 침울하다]가 있다. 이런 의미는 [무게나 비중이 크거나 중대하다]는 기본 의미에서 충분히 확장할 법한 의미이다. 그만큼 '무겁다'의 본래 의미와 별반 다르지 않다.

　　그렇다면 위의 '무거운 침묵'도 의항7의 용법이 아닌지를 물을 수 있다. 우선, 이 의항7의 예문은 우연의 결과인지 모르지만, (31)에서 보듯이 모두 관형사형이 쓰였다. 따라서 주로 관형사형으로 표현되는 의미일 가능성이 있고, 그렇다면 굳은 관형사형처럼 보이기도 한다.

(31) 가. 그는 한참 만에 [무거운] 음성으로 말을 하기 시작했다.

나. [무거운] 잿빛 구름이 정수리를 내리누르는데 영팔 노인은 근
심스레 하늘을 올려다보며 걸었다. (박경리, 『토지』)

다. 빗속에 바라보이는 거리나 전원의 풍경은 견딜 수 없이 [무거
운] 회색 바탕이었습니다. (손창섭, 『미소』)

그런데 '무거운 침묵'을 의항7의 용법으로 인정한다 하더라도, '무
거운' 다음에는 '사랑, 우정, 고요, 경제, 제도, 정부' 등 다양한 명사
가 얼마든지 올 수 있다. 그리고 이때의 '무거운'의 의미는 [소리나 색
깔 따위가 어둡고 침울한]에 국한되지 않는다. '무거운 사랑'은 [책임
이 막중한 사랑]을 뜻할 수도 있고, '무거운 경제'는 [움직임이 둔한
경제]를 뜻할 수도 있다. 이런 의미는 모두 '무겁다'의 의항에 포함되
는 것들이지만, '*경제가 무겁다'나 '?사랑이 무겁다'와 같이 주어와
서술어의 관계로는 잘 쓰이지 않는 것들이다. 요컨대, '무거운'의 의
미는 '무겁다'와 크게 다르지 않으면서 피수식 명사는 주어로 취할 수
있는 종류보다 훨씬 다채롭기에, 굳은 관형사형으로 끌어들여야 할
용례가 수없이 늘어날 가능성이 있다.

굳은 관형사형으로의 분류를 반대하는 두 번째 이유는, 일례로 '무
거운'의 의미가 '무겁다'와 크게 다르지 않다 보니, 굳은 관형사형이
라는 판단이 전적으로 피수식 명사에 달려 있다는 데 있다.

(32) 가. 선생으로서 늘 [무거운] 책임을 느낀다.

나. 내게 그것은 아주 [무거운] 약속으로 다가온다.

(32가)는 '책임이 무겁다'가 되므로 굳은 관형사형이 아니지만, (나)
는 약속에 막중한 책임을 느낀다는 의미의 '?약속이 무겁다'는 잘 쓰

이지 않으므로 굳은 관형사형으로 처리될 가능성이 있다. 즉 피수식 명사에 따라 그 위상이 갈리는 것이다.

그런데 이런 식의 구분은 문제가 있다. 우선, 위의 '무거운'은 서로 전혀 달라 보이지 않는다. 또한, 어떤 형용사도 굳은 관형사형의 가능성에서 완전히 배제될 수 없다. 관형사형이 독자적인 의미를 짊어지지도 않았는데 어휘화되었음을 인정한 것이기 때문이다. 위의 '무거운'이 그런 것처럼, 대부분의 형용사는 주어로 쓰이기에는 어색한 명사류를 피수식 명사로 둘 수 있다.

주술 관계를 상정할 수 없는 이런 예들은 얼마든지 찾아낼 수 있다. 아래 예들도 각각 [구석이 엉뚱하다], [무관심이 철저하다], [포기가 냉정하다], [답이 뾰족하다], [판단이 가볍다], [외로움이 커다랗다], [해결책이 성숙하다]가 다 조금씩 어색한 것들이다.

(33) 가. [어른들은 상상도 못 할] [엉뚱한] 구석

　　나. [철저한] 무관심, [냉정한] 포기의 표현인지도 모르겠다.

　　다. 도움을 구하지만 [뾰족한] 답을 찾을 수 없었다.

　　라. 그녀는 이제 [가벼운] 판단까지 남에게 의지하게 되었다.

　　마. 감당하기 어려운 [커다란] 외로움

　　바. [성숙한] 해결책

주어와 서술어의 관계를 상정하기는 어려우면서 형용사일 때의 의미와 크게 다르지 않은 관형사형의 존재는, 그간 특이한 경우로 취급해 온 경향과는 달리, 사실 한국어 형용사의 속성상 아주 자연스러운 일이다. 영어에서 형용사가 할 만한 기능을 한국어는 형용사의 관형사형이 담당한다고 볼 만하기 때문이다. 동사성 형용사를 가졌다고

해서 형용사의 관형사형과 핵어명사 간에 늘 술어—성분 관계를 전제할 필요는 없다. 이렇게 전제하면 한국어는, 다른 언어에 비해 명사 수식어가 담당할 수 있는 의미 범위가 극히 좁아진다.

수식어와 피수식어 간의 의미관계는 성분과 술어 사이에 맺어지는 의미관계보다 훨씬 다양하고 자유롭다. 가장 가까운 예로 '꼬불꼬불한 마음', '못생긴 심보'와 같은 비유적인 표현도, '마음이 꼬불꼬불하다'처럼 주어와 술어의 관계일 때보다 수식어와 피수식어의 관계일 때 더 자유롭다. 위의 예들, 일례로 (33가)는 [구석이 엉뚱하다]를 떠올린 다음에 표현된 문장이 아니라, '엉뚱한'이라는 수식어와 '사람의 일면'을 의미하는 '구석' 사이에서 맺어졌을 가능성이 높다. 이런 양상은 한국어의 전성어미가 파생도 겸하는 굴절의 속성을 가지는 점과도 관련된다. 이에 대해서는 4.3.2.에서 다시 다룬다.

이들을 비문법적인 문장으로 볼 가능성은 없는가. 예컨대 '아낌없는 축하'가 아니라 '아낌없이 축하를 보냈다'이며, '단순한 부적응증으로 보기 어렵다'가 아니라 '단순히 부적응증으로 보기 어렵다'가 아닌가 하는 것이다. 그러나 '아낌없는 축하'와 같은 표현은 일상생활에서 흔히 쓰이므로 이들을 비문으로 처리해서 얻는 소득은 없다.

첫째, 이런 의혹 자체가 관형사절의 종류에는 관계절과 보어절이 있다는 전제에 근거한 것이다. 이들을 특이하게 본 출발점이 이들이 보어절이 아니면서 관계절로도 보기 어렵다는 데 있었기 때문이다. 따라서 한국어 관형사절의 종류를 이 두 부류로 제한하지 않는다면 비문의 가능성조차 따질 이유가 없는 표현들이다.

둘째, 만약 이들을 비문으로 본다면 겉보기에 비슷한 구성이 서로 다른 운명에 처하게 된다. '축하가 아낌없다'는 이상하지만 '사랑이 끝없다'는 가능하다. 따라서 '아낌없는 축하'는 비문이지만, '끝없는 사랑'은 문법적인 것이 된다. 구조나 의미관계가 별로 다르지 않은데, 하나는 정문이고 다른 하나는 비문이 되는 이런 결과는 납득하기가 쉽지 않다.

4.2.3. 의존명사 구성의 관형사절

관형사절의 종류에 대한 논란의 가운데에는 의존명사 구성이 있다. 의존명사는 홀로 쓰일 수 없는 부류로 관형어를 반드시 취해야 한다. 따라서 '것, 수, 바, 리' 등 대부분의 의존명사 앞의 관형사절은 보어절로 불리기도 하고, '중, 대신, 가운데'와 같이 명사로서의 의미적 기여가 아주 적은 것들은 별도의 이름으로 불리기도 하였다. 일례로 다음을 들 수 있다.

- 태도명사보문(김영희 1981)
  (예) 그이가 [아는] 척을 하더라, [퍽 서운한] 듯싶소.

- 동명사 구성(임홍빈 1982), 명사적 관형절(이홍식 1990)
  (예) [그 사람이 집에 가는] 대신 네가 일을 더 해라. (임홍빈 1982: 56)
  [논문을 낸] 뒤에 열심히 공부해야지. (이홍식 1990: 41)

먼저, '대신, 가운데, 뒤' 등이 취하는 관형사절은 전통적인 기준에서 관계절도 보어절도 아니다. 그래서 임홍빈(1982)에서는 동명사 구성으로,[7] 이홍식(1990)에서는 명사적 관형절로 불렀다.[8] 이런 별도의

---

7 역사적으로 '은, 을'은 명사화 기능을 가졌던 것으로 추정되는데, 이들 구성의 관형사절을 이런 명사화 성격의 역사적 잔재로 보고자 한 것이다.
8 모두 피수식 명사의 내용절이 되지 않는다는 이유에서이다.

명명이 필요했던 이유는, 역시 관형사절은 관계절과 보어절로 대별된다는 전제가 있었기 때문이다. 그러나 이들은 명사를 수식하기 위해 관형사형어미가 동원된, 명백한 관형사절이다. 관형사절이 두 종류로 나뉜다는 시각만 포기하면, 조금도 특별히 다루어야 할 이유가 없는 쓰임이다.

다만, 이때의 관형사형어미는 뒤의 명사 및 의존명사와 더불어, 연결어미나 조사에 상당하는 기능을 한다는 점이 특이하다면 특이할 뿐이다. (가)의 '는 족족', (나)의 '는 통에', (다)의 '는 마당에'가 다 이런 구성이다.

(34) 가. [원서를 넣는] 족족, 바로 떨어졌다.

　　　나. [아이가 하도 보채는] 통에, 서둘러 돌아왔다.

　　　다. [나라가 망해 가는] 마당에, 신기술이 다 무슨 소용이냐.

역사적으로 관형사형어미와 의존명사 구성이 연결어미로 발달한 사례가 꽤 있다. 대표적으로 '은데, 은바'가 그러하다. '은데'에는 의존명사 'ᄃ'가 포함되어 있는 것으로 추정되고, '은바'는 현대에도 연결어미와 '은 바'로 띄어 써야 하는 의존명사 구성이 공존한다.

현대국어에서도 관형사형어미와 명사/의존명사 구성이 연결어미에 준해 쓰이는 일은 많다. 다음은 채숙희(2002)에서 연결어미 상당 구성으로 발달했다고 제시한 목록이다. 원문과는 달리 앞의 관형사형어미의 종류에 따라 나누어 제시한다.

• '(으)ㄴ' 뒤: 가운데, 겸, 경우(에), 고로, 관계로, 길로, 길에, 김에, 까닭에, 끝에, 나머지, 날에는, 녘(에), 다음(에), 대로, 대신(에), 데

(에)다가, 도중(에), 동시에, 뒤에, 만큼, 마련으로, 반면에, 서슬에, 양, 이래(로), 이후(에), 족족, 중(에), 즉, 지, 차에, 채(로), 척, 체, 탓에, 탓으로, 터로, 터에, 통에, 판국에, 는 한, 후(에)

- '(으)ㄹ' 뒤: 때(에), 때까지, 무렵(에), 셈으로, 적에, 제, 즈음(에), 양으로
- '(으)ㄴ/ㄹ' 뒤: 동안(에), 둥, 듯, 듯이, 마당에, 바에, 사이(에), 참에, 판에

이 같은 구성들에 대해, 아주 새로운 이름을 부여한 논의가 일부 있었지만, 여전히 보어절로 취급해 온 전통도 있어 왔다. 이들 관형사절의 필수성을 중히 반영한 것이다. 그러나 내용절로서의 보어절의 필수성과 의존명사 앞 관형사절의 필수성은 다르다.

한국어 의존명사는 통사적으로 (다른 수식어가 없다면) 관형사절을 요구한다. 이는 '소문' 등이 내용절로 보어절을 요구하는 것과 차원이 다른 문제이다. '소문'은 소문의 내용을 문맥에서 알 수만 있으면 꼭 표현되지 않아도 된다. 예를 들어 "철수 유학 간다는 소문 들었어?"라고 묻는다면 대답은 그저 "응, 소문 들었어."라고만 해도 된다. 그러나 의존명사 구성은 이런 식의 생략이 애초에 불가능하다. 즉 의존명사가 문장에서 쓰이기 위해서는 반드시 수식어인 관형사절을 동반해야 한다. 그래서 그것이 관계절이든 보어절이든 채워지기만 하면 문법적인 문장으로 인정된다.

이런 점에서 의존명사 앞의 관형사절이 어떤 자격인지는, 관계절/보어절 구분 문제와 무관하다. 그런데 지금까지는 의존명사 앞의 관형사절을 보통의 관형사절과 다르게 보지 않았고, 특히 관계절 외에는 내용절로서의 보어절만을 인정했기에, 의존명사 앞의 절이 어떤

종류인가 하는 논란이 이어져 온 것이다. 의존명사 앞의 관형사절을 보면, 한국어의 관형사절은 더욱 관계절/보어절로 양분할 수 없는 부류임이 분명해진다.

의존명사 앞의 관형사절의 기능을 논하는 것이 별 의미가 없음은, 일종의 양태동사나 보조동사로 굳어진 구성들에서도 찾을 수 있다. 아래의 구성들은 의존명사 앞이기에 관형사형어미가 쓰였지만, 이들 관형사절에 피수식 명사의 내용을 보충한다든가 지시 범위를 제한한다든가 하는 등의 특정 기능을 기대하기는 어렵다.

- 을 셈이다, 을 양이다, 을 수 있다, 을 것 같다, 을 모양이다, 을 만하다 등

의존명사 구성은 아니지만, 관형사절이 조사 상당의 기능을 하는 구성을 보아도, 관계절/보어절로 대별할 수 없는 현실이 보인다. (35가)의 '을 통한' 절은 명사 '해결책'을 수식하는데, 관계절도 보어절도 아니다. (나)의 '을 비롯한'과 (다)의 '으로 인한'도 마찬가지이다. 이들은 피수식 명사와 관형사절 간의 뚜렷한 의미관계가 없다. 그래서 이들은 '타협을 통하여'와 같이 부사절로도 쓰일 수 있다.

(35) 가. [타협을 통한, 타협을 통하여] 해결책의 모색이 있어야 한다.
　　 나. [각계 인사를 비롯한, 각계 인사를 비롯하여] 백여 명의 하객들이 왔다.
　　 다. [물가 상승으로 인한, 물가 상승으로 인하여] 가계 부담이 날로 늘고 있다.

이런 종류의 조사 상당 구성은 많다. 다음은 문병열(2015)에서 제시한 목록의 일부이다. 원문과는 달리 취하는 조사에 따라 구분하여 제시한다.

- '에'와 함께 나타나는 것: 걸친, 관한, 대한, 따른, 부쳐, 의한
- '로'와 함께 나타나는 것: 말미암은, 인한
- '을'과 함께 나타나는 것: 둘러싼, 비롯한, 위한, 전후한, 통한

이런 구성이 발달한 것도, 관형사절이 관계절/보어절로 국한되지 않고, 일단 명사를 수식해야 하는 자리에는, 의미화용적 그럴듯함에 어긋나지만 않는다면 출현하기에 가능한 일이다. 만약 관형사절로서 관계절과 보어절만이 가능하다면, 이런 자리에 쓰이는 관형사절의 출현은 설명할 방법이 없다.

4.3. 수식 관계와 의미화용적 적절성

4.3.1. 관계화 제약과 공모 장치

3장에서 범언어적으로 문법적 관계의 관계화 가능성은 다음과 같이 수립된다고 하였다. 왼쪽에서 오른쪽으로 갈수록 관계화하기 어려운 성분이다. 그리고 복수의 관계화 방책이 한 언어에서 쓰인다면, 오른쪽으로 갈수록 더 명시적인 방책이 쓰인다.

- 관계화 접근 가능성 위계
  주어 〉 직접목적어 〉 간접목적어 〉 사격 〉 속격 〉 비교 대상

한국어는 주어, 직접목적어, 간접목적어는 물론, 처소격, 탈격, 도달격, 도구격, 동반격과 같은 사격의 명사구들도 공백 전략에 의해 관계화된다. 다음이 그 예이다. 관계화된 성분은 차례대로, '영수가, 책을, 친구에게, 도서관에서, 펜으로, 친구와'이고, 각각 이 자리가 비어 있다.

(36) 가. [∅ 작년에 유학을 간] 영수에게서 편지가 왔다.

　　나. [네가 ∅ 쓴] 책이 베스트셀러가 됐대.

　　다. [지난번에 네가 책 ∅ 보내 줬던] 친구가 이번에 찾아오겠대.

　　라. [내가 ∅ 공부하던] 도서관이 한동안 휴관이야.

　　마. [네가 ∅ 이력서 쓴] 펜 나에게 좀 빌려줘.

　　바. [지난번에 크게 ∅ 다투었던] 친구가 화해를 청해 왔다.

그러나 속격인 경우에는 Song, J.J.(1991)에 따르면 대명사(resumptive pronoun)[9] 방책이 쓰인다. 공백 방책 이외의 다른 방책이 사용되는 것은 이 속격이 유일하다. 그래서 Comrie & Keenan(1977)은 한국어의 경우 공백 방책의 컷오프 지점은 사격의 명사구라고 하기도 하였다.

그러나 3.2.3.에서 언급했듯이, 속격에서 대명사를 남기지 않아도 전혀 문제가 되지 않는다. 예컨대 (37나)의 관계절은 (나')이 자연스럽다. 물론 (나")처럼 '자기'를 넣을 수도 있으나, 없는 것이 훨씬 자연스럽다.

(37) 가. [자기의 선생님이 총각이신] 영희

---

9 주절 선행사를 지시하는 관계절 내부의 인칭대명사를 가리킨다.

나. 영희의 담임선생님은 아직 미혼이다.

→ 나'. 담임선생님이 아직 미혼인 영희.

　　나''. 자기 담임선생님이 아직 미혼인 영희

　　다. (∅) 재능이 뛰어난 기호.

따라서 속격도 공백 방책으로 관계화된다고 할 수 있다. Song, J.J.(1991)에서도 모든 속격이 대명사를 남기는 방식으로 관계화되는 것은 아니며, (37다)처럼 공백에 의해 관계화하기도 한다고 하였다.

　게다가 위의 관계절에서의 '자기'는 3.2.3에서 언급한 것처럼 관계화 방책의 일환으로 쓰인 것인지 의심의 여지가 있다. (38가)의 관계절은 (나)일 수도 있지만 (다)에서 비롯했을 가능성도 있다. 만약 그렇다면 이런 '자기'의 출현은 속격의 관계화 방책과 무관한 것이 된다.

(38) 가. [자기 밥 다 먹은] 어린이는 나가 놀아도 좋아요.

　　나. ?어린이가 밥을 다 먹었다.

　　다. 어린이ᵢ가 자기ᵢ 밥을 다 먹었다.

한국어의 사격어 중에는 관계화가 안 되는 성분이 있다. Tagashira (1972: 217~219)는 부사격 중에 탈격이나 도구격, 동반격은 관계화가 안 될 때가 있다고 하였다.

(39) 가. 기호가 온 호주 ↞ 기호가 호주에서 왔다. (탈격)

　　나. *기호가 간 그 차 ↞ 기호가 차로 가다. (도구격)

　　다. *기호가 산에 간 선애 ↞ 기호가 선애와 산에 갔다. (동반격)

이에 대해 Song, J.J.(1991)는 관계화가 안 되는 성분은 공모 장치를 통해 관계화한다고 하였다. 공모 장치란, 관계화가 불가능한 성분을 관계화가 가능한 성분으로 바꾸어 주는 데 활용되는 장치를 말한다.

먼저, 승격 장치가 있다. 관계화가 안 되었던 성분 중에, 직접목적어로 승격이 가능한 명사구만이 공백 방책에 의해 관계화될 수 있다고 보았다. 이를테면 '기호가 온 호주'에서 '호주'가 도달격으로 해석되는 것은, '기호가 호주를 왔다'처럼 '호주'가 '를'로 승격될 수 있기 때문이라는 설명이다. 이런 승격 과정에 어떤 문법적 장치(예컨대 승격을 인허하는 동사 접사)도 사용되지 않는다.

(40) 기호가 호주로 왔다. → 기호가 호주를 왔다. → [기호가 ∅ 온] 호주

다음 공모 장치로는 접속 장치가 있다. 이는 '어서'나 '고'를 도입하여 탈격이 목적어로 승격될 조건을 부여받도록 하는 장치이다. (41가)처럼 탈격은 '호주를'로 승격이 안 되는데, (나)처럼 '떠나'를 접속하면 '호주를'로 승격이 되어 관계화가 가능해진다고 보는 것이다.

(41) 가. 기호가 호주에서 왔다. ↛ 기호가 온 호주 (탈격)
     나. 기호가 호주에서 떠나왔다. → 기호가 호주를 떠나왔다.
        → [기호가 ∅ 떠나온] 호주

도구격을 관계화하는 데는 '고' 공모 장치가 활용된다. "기호가 간 그 차"의 비문법성은 "기호가 타고 간 그 차"로 바꾸면 문법적인 것으로 바뀐다. 새로 도입된 동사에 의해 도구격이 직접목적어 명사구가

될 수 있고, 그러면 어려움 없이 공백 전략에 의해 관계화된다는 것이다.[10]

(42) 가. 기호가 차로 갔다. ↛ 기호가 간 그 차 (도구)

　　나. 기호가 차로 갔다. → 기호가 차를 타고 갔다. → [기호가 타고 간] 차

그러나 이들을 과연 공모 장치라고 할 수 있는지 의문이다. 탈격이나 도구격 전반이 아니라 특정 구문에 한해 개별적으로 적용된다는 점에서 그러하다. 공모 장치는, 예컨대 마다가스카르어와 같이 주어만 관계화가 가능한 언어에서, 목적어를 관계화하기 위해 먼저 피동문으로 바꾸어 주어로 만들어 준 후 그 주어를 관계화하는 것처럼, 구조 전반에 적용되는 것일 때 의미가 있을 듯하다.

특히 [기호가 호주에서 오다]에서 '호주'를 관계화할 수 없기 때문에 연결어미 장치를 통해 '떠나오다'를 만든다거나, [기호가 차로 가다]에서 '차'를 관계화할 수 없기 때문에 '고'를 동원해 '타고 가다'를 만든다는 가정은, 너무나 결과적 설명이다. 직관적으로 '기호가 차로 가다'를 떠올린 후, '차'를 관계화하는 과정을 거칠 것 같지는 않기 때문이다.

게다가 도구격, 탈격, 도달격이 늘 관계화가 불가능한 것도 아니다. (43가)의 '물'은 도구격, (나)의 '옷'은 탈격, (다)의 '바다'은 도달격

---

10 이들 외에, 공동격의 관계화를 위한 부사 공모 장치도 제시되었다. 예를 들어 "[기호가 산에 간] 선애"는 불가능하지만 "[기호가 산에 함께 간] 선애"와 같이 '함께'와 같은 부사가 공모 장치로 쓰이면 가능해진다는 것이다. 이런 예들이 모두 공모 장치라면, 공모 장치의 종류와 수는 무척 많아질 것이다.

으로 해석된다. 그리고 이런 해석에는 세상 지식도 작용한다. 예컨대 (나)에서 '옷'이 아니라 '바닥'이라면 도달격으로 해석될 것이고 (다)에서 '바닥'이 아니라 '옷'이라면 탈격으로 해석될 것이다.

(43) 가. 얼굴을 씻은 물 ← 얼굴을 물로 씻었다.

나. 단추가 떨어진 옷 ← 단추가 옷에서 떨어졌다.

다. 동전이 떨어진 바닥 ← 동전이 바닥으로 떨어졌다.

한국어는 성분에 따른 관계화 제약이 비교적 없는 편이다.[11] 게다가 관계절과 보어절도 통사적으로 산뜻하게 구별되지 않는다. 또한 보어절로 포함하기에도 부담이 있으면서 제3의 관형사절로 분리하기도 어려운 많은 관형사절이 있다. 이런 사정은 한국어의 관형사절과 핵어명사 간의 어울림에는 의미화용적인 그럴듯함이 더 관련되리라는 쪽으로 기울게 한다.

한국어에 관계화 제약이 비교적 없다는 인상은, 복문 구성에서도 찾을 수 있다. 언어 보편적으로 종속절의 성분을 관계화하는 것이 주절의 성분을 관계화하는 것보다 결코 쉽지 않다. 이는 '만약 어떤 언어가 종속절의 직접목적어를 관계화할 수 있다면 주절의 직접목적어도 관계화할 수 있다.'는 보편성으로 표현된다.

영어처럼 둘 다에서 가능한 언어도 있고 마다가스카르어처럼 둘 다에서 불가능한 언어도 있고, 아래 러시아어의 예처럼 주절 목적어

---

11 꾸준하게 관계화가 안 되는 성분은 일명 이중주어문, 혹은 일명 서술절을 가진 문장의 두 번째 성분이다. 이를테면 "철수는 코끼리가 무섭다."와 같은 예에서 '코끼리가 무서운 철수'는 가능하지만 '철수가 무서운 코끼리'는 불가능하다. "철수는 손이 길다."에서도 '손이 긴 철수'는 가능하지만 '철수는 긴 손'은 어색하다.

는 관계화가 가능하지만 종속절 목적어는 불가능한 언어도 있다. 그러나 종속절 목적어는 가능하지만 주절 목적어는 불가능한 언어는 없다(Comrie 1989: 162).

(44) 가. *devuška,*   *[kotoruju*   *ja*   *ljublju]*

       girl   who-ACCUSATIVE   I   love

       'the girl that I love'

   나. **devuška,*   *[kotoruju*   *ty dumaeš,*   *čto*   *ja*   *ljublju]*

       girl   who-ACCUSATIVE   you think   that   I   love

       'the girl that you think (that) I love'

영어는 종속절의 비-주어는 관계화가 쉬운데, 주어는 보절자가 없을 때만 가능하다. 주절의 관계화 접근 가능성과는 다소 다른 결과이다. (45가)는 목적어가 관계화된 예이고, (나)는 보절자가 없을 때 주어가 관계화된 예이다. 그러나 (다)는 보절자가 있어 주어의 관계화가 좌절된 예이다.

(45) 가. the girl [that you think (that) I love ∅]

   나. the girl [that you think ∅ loves me]

   다. the girl [that you think *that loves me]

한국어는 속격까지 관계화가 가능하다고 하였다. 복문 구성에서도 위의 (45)에 해당하는 한국어는 모두 가능하다. 무엇보다 핵어명사 앞에 얼마든지 긴 관형사절을 둘 수 있다. (46)의 긴 관형사절은 관계절을 만들기 전의 문장이 무엇인지도 짚어 내기 어렵다. 이런 일련의 현상은 한국어에 과연 유럽어식의 관계절이 있는가 하는 의심을 향해 있다.

(46) 가. [친구를 믿었음에도 큰 배신을 당하고는 슬픔을 이기지 못한]
　　　 그는 결국
　　 나. [엄마가 기억하기에 내가 어릴 때 놀러 다녔던 빨간 벽돌집
　　　 옆의] 유치원

4.3.2. 관형사절의 적절성과 화용적 지식

우리는 지금까지 일관되게 한국어의 관형사절은 관계절과 보어절로 양분되지 않음을 지적해 왔다. 이런 판단에는 다음과 같은 현상들이 고려되었다.

• 보어절과 관계절 어디에도 속하지 않아서, 의사 관계절, 연계 관형절, 연결 관형절 등으로 분류되어 온, 제3의 관형사절이 폭넓게 존재한다. 다음이 대표적인 예들이다.

(47) 가. [영희가 집을 나간] 철수는 요즘 매일 술을 마신다.
　　 나. [그녀는 쌀을 살] 돈으로 꽃을 샀다. (이홍식 1990: 50)
　　 다. [운동을 한] 효과가 점점 나타나기 시작했다.
　　 라. [자식을 잃은] 슬픔에 아예 말을 잃었다.
　　 마. 나뭇가지를 캐내어 [독이 깨진] 분풀이를 하려고 파내기 시작
　　　 했다.

• 일명 굳은 관형사형이라고 불리기도 해 온, 관형사절과 핵어명사

간에 술어-성분 관계를 상정하기 어려운 관형사형이 아주 많다.

(48) 가. 무거운 침묵, 서러운 얼굴, 고까운 마음

　　 나. [엉뚱한] 구석, [뾰족한] 답, [가벼운] 판단, [커다란] 외로움,
　　　　 [성숙한] 해결책

• 유럽어에서 보이는 관계화 제약이나 핵어명사 제약도 별로 없는 편
　이다. 핵어명사 앞에, 얼마든지 복잡하고 긴 구조의 관형사절이 올
　수 있다.

이상의 양상은, 명사보어절과 동사보어절이 하나로 묶이고 명사
수식의 관계절이 따로 분리되는 유럽어와는 달리, 한국어는 명사보
어절과 관계절이 명사 수식절인 관형사절로 단일하게 묶이며(이 안에
서 하위 구분은 별도의 문제이고), 이 관형사절(혹은 형용사의 관형사형)
과 핵어명사의 어울림은 의미, 화용적인 적절성에 따라 결정되는 것
일 가능성을 보여 준다.

화용적 지식의 역할

한국어 관계절의 해석에 화용적 지식이 관련된다는 사실은 여러
논의에서 지적된 바 있다. 대표적으로 Comrie(1989: 151~152)에서는
'[현식이가 개를 때린] 막대기'와 같은 예에서 '막대기'가 도구로 해석
될 수 있는 이유로 상식을 들었다. 실세계에서 개를 때리는 행위와
막대기 사이의 가장 그럴듯한 관계는 '도구'이며, 이는 '*기호가 그 개
를 때린 배추'가 어색한 이유를 설명해 준다는 것이다.

(49) 가. [기호가 그 개를 ∅ 때린] 막대기

　　　나. [기호가 그 개를 ∅ 때린] *배추

Song, J.J.(1991: 215)에서도 사격 명사구가 공백 전략에 의해 직접 관계화될 수 있는가 여부를 결정하는 것은 화용적 지식이라고 하였다. (49)의 경우 개를 때리는 행위와 '막대기' 사이는 화용적 추론이 자연스럽지만, 때리는 행위와 '배추' 사이에는 그럴듯한 추론이 있기 어렵다는 것이다.

마찬가지로 (50가)는 먹는 행위와 그릇의 역할에 대한 화용적 추론이 가능하기에 자연스럽다. 또한 (나)처럼 관계절이 공지시 명사구를 아예 가지지 않는 경우에도, 언어 밖 지식에 의해 결여된 명사구를 보충한다.

(50) 가. [네가 ∅ 먹은] 그릇

　　　나. [귀가가 늦어지는] 교외생활

이런 시각은 연재훈(2012: 444)에서도 이어졌다. (51)과 같은 예는 동사의 하위범주화 정보만으로 핵어명사의 문법역할을 결정할 수 없고, 이들의 해석에는 문맥과 화용론이 고려된다고 한 것이다. '집 살 돈'은 [돈으로 집을 사다] 정도가 가능하다고 하더라도, '집 판 돈'은 '돈'을 관계절 안에 둘 데가 없다.

(51) 가. [집 살] 돈

　　　나. [집 판] 돈

위의 논의들에서 화용적 지식이 동원된다고 본 예들은, 관형사절 안에 공백이 있지만 핵어명사를 그 자리에 상정하기는 어렵거나, 관형사절 안에 공백은 없지만 보어절로도 보기 어려운 것들이다. '[집 판] 돈'은 전자에 해당되고, '[귀가가 늦어지는] 교외생활'은 후자에 해당된다. 그간의 논의에서는 이들을 편의상 관계절로 간주하였지만, 의미화용적인 그럴듯함은 이런 일부 예에 국한된 것이 아니라 관형사절 전반에 해당된다고 보아야 한다.

다음 예들도 비슷한 사정을 드러낸다. (52)는 모두 핵어명사가 관형사절의 성분이 아니다. (52가)는 낙제 때문에 얻은 분에 대한 풀이로 해석된다. [낙제한]은 '분풀이'의 내용절이 아니므로, 전형적인 보어절과는 다소 다르다. (나)의 '싼 맛'이나 '비싼 맛'은 값이 싸거나 비싼 데서 오는 만족스러운 기분을 뜻한다. [맛이 시다], [맛이 달다]에서 왔음 직한 '신맛, 단맛'과는 달리, [맛이 싸다]는 어색하므로 '싼 맛'의 의미는 [싼]과 '맛' 사이에서 도출된 것으로 볼 수 있다.

(52) 가. [낙제한] 분풀이
    나. [∅ 싼] 맛에 먹었어; [∅ 비싼] 맛에 먹었지.
    다. 거기는 [비용 싼] 맛에 애용하는 편이야.

다음 (53)은 관형사절의 주어가 비어 있지만, 핵어명사가 주어와 공지시될 가능성은 각각 다르다. (가)는 [들인 돈이 거하다, 들인 돈이 막대하다]와 같은 식으로도 쓰인다. 그러나 (나)는 그렇지 못하다. [돈이 싸다/비싸다/검다/점잖다]처럼 주어와 술어의 관계로는 어색하다. 그러나 수식어와 피수식어로 쓰이는 것은 너무나 자연스럽다.

(53) 가. 거한 돈, 막대한 돈

　　나. 싼 돈, 비싼 돈, 죽은 돈, 점잖은 돈

'죽은 돈'은 더 이상 영향력을 발휘할 수 없는 돈이라는 의미로, '점잖은 돈'은 정당한 방법으로 얻은 별문제 없는 돈이라는 의미로 해석된다. 이런 의미는 각각의 관형어와 '돈' 사이의 의미화용적인 그럴듯함에서 얻어지는 것들이다.

그런데 (53나)는 [돈이 비싸다, 점잖다]처럼은 잘 쓰이지 못하면서도, '비싼 돈'처럼 쓰일 때는 반드시 주어 자리가 비어 있어야 한다. 즉 공백이 비교적 의무적이다. 이런 점에서는 (가)와 구조적으로 동일해 보인다. 핵어명사와 주술 관계로는 잘 쓰이지 않으면서 관계절처럼 주어 자리는 공백으로 두어야 하는 '비싼 돈'과 같은 구성이, 핵어명사가 공백과 공지시되는 '막대한 돈'과 같은 관계절과 별로 달라 보이지 않는 이런 양상을 어떻게 설명해야 할까.

성분-술어 간 의미관계를 뛰어넘는 수식어-피수식어 간의 의미관계

한국어의 형용사는 서술어 기능을 할 수 있는 동사성 형용사이다. 그런데 이 점을 과하게 중시해서, 관형사로 굳어진 경우를 제외한 모든 관형사형은 서술성을 가진다고 보고 절로 간주해 왔다. 그러나 형용사의 관형사형이 늘 주어와의 관계가 전제된 상태에서 선택되는 것은 아니다. 오히려 이보다는 수식어와 피수식어 간의 의미관계가 더 우선시될 때가 있다.

이런 가능성은 의미적 제약이 수식어와 피수식어 간의 결합에 더 강력할지, 주어와 술어 간의 결합에 더 강력할지를 생각해 보면 분명해진다. 술어는 하위범주화 제약을 가지므로 공기하는 명사의 의미

부류에 대한 허용 폭이 제한적이다. 예를 들어 '어둡다'는 "?그림자가 어둡다", "?침묵이 어둡다", "?사건이 어둡다" 등으로는 잘 쓰이지 않는다.

그러나 수식 구성에서는 고도로 추상화된 비유적 표현도 얼마든지 허용된다. 그래서 영어 등에서 순전히 수식어로 기능하는 형용사와 피수식 명사 간의 의미적 제약은 훨씬 헐겁다. 한국어도 마찬가지이다. 영어에서 형용사가 하는 역할을 한국어에서는 형용사의 관형사형이 한다는 차이가 있을 뿐이다. 그래서 (54가)처럼 주어와 술어의 관계로는 어색한 것들이, (나), (다)처럼 수식어와 피수식어의 관계에서는 자연스러운 것이다.

(54) 가. ?그림자가 어둡다, ?침묵이 어둡다, ?사건이 어둡다
　　나. 얼굴에 얼핏 [어두운] 그림자가 깔렸다.
　　다. 어두운 사건; 어두운 침묵

앞에서 언급한 [돈이 비싸다], [돈이 점잖다], [맛이 싸다] 등은 다 어색한데도, '비싼 돈, 점잖은 돈, 싼 맛'이 가능한 것은 다 이런 이유 때문이다. 일례로 '무거운' 뒤에는 '침묵, 전염병, 컴퓨터 가격, 시장 점유율, 기분, 음률, 박자' 등 얼마든지 다양한 명사가 올 수 있다. 그리고 뒤의 명사에 따라 각각 '답답한, 가격이나 점유율이 내려가거나 올라가지 않는, 경쾌하지 않은' 등으로 해석된다. 이의 해석에 파격적인 추론은 필요하지 않다.

이런 점에서 형용사 수식어는 수식어의 자격으로 그 쓰임이 확장되었을 가능성이 있다. 예컨대 [침묵이 어둡다]를 떠올린 후에 '어두운 침묵'을 만드는 것이 아니라, '어두운 N' 구성에서 유추에 의해 후

행 명사를 확장하는 방식이다. 이런 가능성은 최근 유행하고 있는 '아찔한 N' 구성에서 엿볼 수 있다.

(55) 가. 그 소식을 듣고 순간 정신이 아찔했다.

　　나. 아찔한 옷차림에 시선을 돌렸다.

　　다. 아찔한 맵시, 아찔한 눈빛, 아찔한 연애, 아찔한 소개팅

'아찔하다'는 갑자기 정신이 아득하고 조금 어지럽다는 의미의 형용사이다. 이 형용사는 '아찔한 절벽, 아찔한 낭떠러지'와 같이 쓰이는 것인데, 이것이 확장되어 '맵시' 등과 같은 외모를 표현하는 말과도 어울려 쓰이게 되었다.

위의 '아찔한'처럼 형용사가 수식어의 자격으로 분포를 넓혔을 가능성은, 위에서 살펴본 '어두운'의 예에서도 얻을 수 있다. 『표준국어대사전』에 따르면, '어둡다'의 의항 중의 하나로, "((주로 '어두운' 꼴로 쓰여)) 수상쩍거나 좋지 아니하다"의 의미가 소개된다. 예는 다음과 같다.

(56) 가. 어두운 과거

　　나. 쓰라린 운명은 벌써 황제가 열다섯 나던 해부터 어두운 그림자를 서서히 드리우기 시작하였다. (이문열, 『황제를 위하여』)

주로 '어두운' 꼴로 쓰인다거나, 이때의 의미가 '어둡다'에서 나옴 직한 '좋지 않다'인 점은, 이런 용법이 '어두운'의 형태로 확장되었을 가능성을 보여 준다.

이처럼 형용사의 관형사형과 피수식 명사 간의 어울림은, 성분과

술어 사이의 의미적 관계를 파격적으로 뛰어넘는다. 그러나 지금까지는 서술기능이 있는 형용사라는 사실에 매여, 수식어로서의 독자적인 횡보는 별로 인정하지 않았던 것이다.

이제 남은 문제는 이들 구성의 위상이다. 공백은 의무적이지만 이 자리에 핵어명사를 두면 어색해지는 '비싼 돈'이나 '싼 맛'과 같은 예는 절인가, 어휘화된 관형사인가, 그저 임시적인 관형사인가. 만약 절이라면 관계절인가, 보어절인가, 제3의 관형사절인가. 아니면 이런 분류가 불가능한 그저 관형사절인가.

동사성 형용사를 가진 한국어의 사정

일단, '비싼 돈, 싼 맛'의 '비싼, 싼' 등은 굳은 관형사형이 아니다. 즉, 예컨대 "갈수록 태산이다"와 같은 예에서의 '갈수록'이 용언의 부사형에서 부사로 어휘화하였음이 인정되는 것과는 달리, '비싼'이나 '싼' 등을 어휘화된 관형사형으로 처리할 수는 없다.

그 이유는 앞에서도 언급한 바 있다. 첫째, 이들 관형사형의 의미는 형용사와 별로 다르지 않다. 이는 한국어 화자라면 이들의 해석에 전혀 어려움을 겪지 않는 데서 알 수 있다. 둘째, 일부 표현에 국한되지 않고, 많은 형용사가 이런 종류의 확장을 보일 수 있고, 보이고 있다. 앞에서 살펴본 '어두운'만 하더라도, 후행명사에 따라 관계절인 것과 관계절인지 의심되는 것이 있다. 일례로 '어두운 말소리'는 전자이고, '어두운 침묵'은 후자이다. 요컨대 굳은 관형사형으로 처리하기에는, 이들이 너무 열린 집합이며 의미의 특수성도 없다.

그렇다면 이들은 절인가. 절로 처리하기에도 부담이 있다. 일례로 '싼 맛'은 '맛이 싸다'로는 쓰이지 않으므로, 적어도 이런 문장에서 관계화된 것으로는 보기 어렵다. 그렇다고 절이 아니라고 단언하기도 어렵다. '싼 맛'과 겉보기에 너무 비슷한 '[∅ᵢ 싼] 옷ᵢ'은 관계절인데, 이런 구분이 온전히 피수식 명사와 화자의 직관에 달려 있다는 점이 그러하다. 의미의 신축성에 대한 판단은 사람마다 제각각일 수 있기에 [맛이 싸다]가 성립한다는 사람도 있을 수 있다. 게다가 '[∅ 싼] 맛'의 [싼]도 대개 주어가 비어 있어야 하므로 관계절과도 닮아 있다.

결론적으로, 이들은 어휘적 성격과 절의 성격을 두루 가지는 것이 본질이다. 이는 동사성 형용사를 가진 한국어로서는 불가피한 면이다. 한국어는 유럽어의 형용사처럼 명사를 수식하려면, 형용사의 어간에 관형사형어미 '은/을'이 붙어야 한다. 또한 유럽어의 부사처럼 동사를 수식하려면, 한국어는 형용사에 '이/히, 게'와 같은 부사형어미가 붙어야 한다. 요컨대 형용사에서 관형어를 만드는 과정이나 형용사에서 부사를 만드는 과정에, 어미의 도움은 필수적이다. 이런 점에서 이들은 단어부류의 변화를 동반하는 굴절이라 할 수 있다. '울음, 삶, 달리기' 등에 쓰인 명사형어미 '음, 기'도 마찬가지로 파생을 겸하는 굴절이다. 명사형어미는 6.2, 8.2에서, 부사형어미는 11.2.에서 자세히 다룬다.

파생도 겸하는 굴절이란, 명사형어미는 어휘 단위인 명사에서부터 명사절에까지 두루 쓰일 수 있고, 관형사형어미는 어휘 단위인 명사 수식어부류(영어의 형용사에 해당하는)에서부터 관형사절에까지 두루 쓰일 수 있음을 의미한다.[12] 실제로 '검은돈'과 '큰돈'은 한 단어로 인정되어 사전에 등재되어 있기도 하다.

서술어가 아니라 명사 수식어로서 만들어졌다는 것이 곧 단어가

---

12 명사 수식어부류는 사실상 관형사가 하는 기능을 하는 단어부류를 가리킨다. 관형사는 한국어 단어부류에서 상당히 특이한 단어부류이고 그 종류도 많지 않다 보니, 영어의 형용사에 대당하는 부류로 관형사를 내세우기가 주저되는 면이 있다.

형성된 것, 즉 굳은 관형사형이 아닌가 묻는 이가 있을 것이다. 그러나 굳은 관형사형은 아니다. 한국어는 형용사에 부사형어미가 붙은 것이 부사로 쓰이듯이, 형용사에 관형사형어미가 결합한 형태가 관형사로 쓰일 뿐이다. 그리고 이는 굳어진 형태로 어휘부에 저장되는 방식이 아니라, 공시적으로 어간에 어미가 결합하는 과정을 통해 산출되었다가 쓰이고 나면 잊힌다. 이 중에서 '빨리, 다른'과 같이 일부 어휘가 굳어져 어휘부에 저장되는 것은 어휘 개별적인 문제이다. 한국어의 많은 명사 수식어와 부사는 형용사를 어기로 하는 경우 어휘부에 저장되는 방식이 아니라 공시적으로 어미를 결합하여 만들어 쓴 후, 사라지는 방식으로 운용된다고 보아야 한다.

한국어의 전성어미가 공시적인 단어 형성에도 참여한다고 본 논의가 김민국(2008)에서도 있었다. 한 예를 보이면 다음과 같다. (57)의 '뼈아픈, 뼈저린, 배부른'은 『표준국어대사전』에는 형용사로 등재되어 있지만, '은'과 결합하여 관형어로의 기능만을 하는데, 주어와 서술어로 쓰이지 못하며, 시제어미도 결합할 수 없고 부정형도 불가한 점이 그렇다는 것이다.

(57) 뼈아픈 기억, 뼈저린 패배, 배부른 소리 (김민국 2008: 105의 예)
　　가. *기억이 뼈아프다, *패배가 뼈저리다, *소리가 배부르다
　　나. *뼈아팠던 기억, *뼈저렸던 패배, *배불렀던 소리
　　다. *뼈아프지 않은 기억, *뼈저리지 않은 패배, *배부르지 않은
　　　　소리

김민국(2008)에서는 이 외에, 명사형어미와 부사형어미도 모두 파생접사의 성격도 동시에 가진다고 보았다. 이 책의 단어부류의 변화

를 동반하는 굴절로 전성어미를 인정하자는 주장과, 큰 생각은 일치한다.[13]

적은 수의 한국어 관형사

영어에서 형용사가 할 법한 대부분의 역할을 한국어의 형용사가 하리라는 기대는, 한국어에는 명사 수식의 기능을 전담하는 관형사의 수가 극히 적다는 점도 작용한다. 형용사의 관형사형 외에는 명사 수식어로 기댈 만한 것이 별로 없는 것이다. 『표준국어대사전』에 수록된 관형사는 총 1557개이다. 이 중 '가공적, 가변적'과 같이 '적'이 붙어 관형사로 등재된 단어가 총 1224개에 달한다. 그리고 수사와 수 관형사를 겸하는 것이 모두 157개다. 그렇다면 나머지 176개가 남는다. 다음이 이들의 목록이다. 대충 눈으로만 보아도 형용사가 담당하는 의미들과는 꽤 다름을 알 수 있다.

• 관형사형

갖은, 고얀, 그런, 그런저런, 긴긴, 난장칠(넨장칠, 넨장맞을), 다른, 대모한, 떡을할, 모든, 몹쓸, 무슨, 뭔, 바른, 빌어먹을, 아무런, 염

---

13 그러나 각론은 다소 다르다. 특히 조사가 빠진 통사적 구성까지 공시적 단어 형성의 일환으로 본 데는 동의하지 않는다. 김민국(2008)에서는 '뼈아프다, 뼈저리다'와 같은 등재어뿐만 아니라, '돈 많은 사람, 뼈 있는 농담, 머리 좋은 사람, 싹수 노란 학생' 등의 관형어도 절로 보지 않는다. '뼈가 있는'이 아니라 조사 없는 '뼈 있는' 등의 형태로는 서술어로 쓰이지 않으며 '뼈 있던'과 같은 활용도 제약된다는 점이 근거이다. 그러나 구어에서는 "음식 맛 좋다", "저 사람 돈 많아", "농담이 뼈 있네"처럼 얼마든지 조사가 빠진 구성이 서술어로 쓰인다. 게다가 시제 등의 활용의 제약이라는 것도 문장을 바꾸면 가능하다. 예를 들어 '작년의 뼈저렸던 패배의 기억 때문에 올해의 도전이 두렵다.'는 전혀 문제없다. 관형사절의 사용은 대부분 문맥 의존적으로 결정된다. 따라서 문맥에 따라 시제의 허용 여부는 달라지며 부정형의 허용도 달라진다.

병할, 오랜, 오른, 왼(왼쪽), 이런, 이런저런, 딴, 먼먼, 저런, 젠장맞을, 젠장칠, 한다는, 한다하는, 허튼, 헌

• 한자어

각(各), 고(故), 귀(貴), 근(近), 단(單), 당(當), 동(同), 매(每), 모(慕아무개), 본(本), 별(別), 성(聖), 순(純), 약(約), 양(兩), 연(延), 일대(一大), 작(昨), 전(全), 전(前), 전적(全的), 전전(前前), 주(主), 제(諸), 총(總), 타(他), 현(現)

• 지시사 포함

고('그' 낮잡은), 고-까짓, 고-깟, 고-따위, 고런, 고만, 그, 그까짓, 그깟, 그따위, 그딴, 그만, 이, 이까짓, 이깟, 요('이' 낮잡아), 요까짓, 요깟, 요따위, 요런, 요런조런, 요만, 이따위, 이딴, 저, 저까짓, 저깟, 저따위, 저딴, 저만, 조(저를 낮잡아 귀엽게), 조까짓, 조깟, 조따위, 조런, 조만

• 기타

까짓(별것 아닌, 하찮은), 네까짓, 네깐, 네깟, 다다음, 맨, 몇, 몇몇, 모모, 뭇(수효가 많은), 별의별, 불가사의, 새, 아무, 아무아무, 애먼, 어나(어느), 어느, 어떤, 여느, 여늬, 여러, 옛, 온, 온가지, 온갖, 이내('나의'를 강조), 왼(→온), 저지난(지지난), 제일의적, 지지난, 첫, 한(하나)

지금까지 살펴본, 한국어 관형사절의 현실을 정리하면 다음과 같다.

첫째, 핵어명사가 관형사절 안의 성분인 경우, 관형사절의 그 성분 자리는 비어 있어야 한다.

둘째, 내용절이나 동격절로 국한하는, 유럽어식의 보어절 개념은 고수하기 어렵다. '[집 판] 돈'처럼 관형사절 안에 핵어명사와 공지시되는 공백도 없으면서 피수식 명사의 내용을 제공하는 것도 아닌, 수많은 관형사절이 있다.

셋째, '싼 맛'처럼 관형사절 안의 성분이 비어 있지만, 주어와 술어 관계로는 잘 안 쓰이는 것들이 있다. 이들은 절 안의 공백과 핵어명사가 공지시 관계인지도 불분명하며, 따라서 영어의 형용사와 같은 어휘적인 자격의 수식어인지 여전히 절 자격의 것인지도 확언하기 어렵다.

넷째, 의존명사 앞에는 필수적으로 관형사절이 와야 한다. 이것이 관계절이든 보어절이든 상관없다.

이런 현실을 고려할 때, 한국어는 Comrie의 주장대로 유럽어와는 달리 단일한 명사 수식절을 가진 언어로 보는 것이 보다 합리적일 듯하다.[14] 즉 관형사절을 의미화용적인 그럴듯함만 확보되면 어떤 명사류 앞에도 쓰일 수 있는 절로 보는 것이다. 많은 의존명사 앞에서 필수적으로 쓰여야 하는 관형사절, 그간 연계절 등으로 불려 온 제3의

---

14 Comrie & Horie(1995), Comrie(1997/1998)는 명사 수식절의 종류가 단일한 언어로, 일본어, 한국어, 크메르어, 아이누어, 카라차이-발카르어, 타밀어 등을 들었다. 『WALS』에서는 이들 언어의 형용사의 부호화 방식과 관련하여, 크메르어와 아이누어는 동사 유형으로, 일본어와 한국어는 혼합 유형으로 분류하고 있다. 구체적으로 형용사의 부호화 방식이 동사의 방식과 어떤 점에서 어느 정도 닮아 있는지는 개별 언어에서 확인해야 하는 일이지만, 일단 형용사가 명사보다 동사에 가까운 언어일 경우에 명사 수식절의 종류가 크게 구별되지 않을 가능성이 높다고 할 수 있다.

관형사절, 공백도 없으면서 내용절도 아닌 '집 판 돈'류의 많은 절들, 무엇보다 동사성 형용사를 가지기에 명사 앞의 형용사 수식어는 절로 분류되어야 하는 운명은 모두, 한국어의 관형사절을 관계절/보어절로 대별할 수 없음을 드러낸다.

단, 단일한 명사 수식절 중에 핵어명사와 공지시되는 성분은 생략되어야 하는 문법을 가진 절이 있다는 것은 인정되어야 한다. 이를 관계절로 부를지는 선택의 문제이다. 관형사절의 한 종류를 관계절로 부른다 하여, 나머지에 대한 이름도 반드시 부과해야 하는 것은 아니다.

관형사절과 피수식 명사 간의 의미화용적인 그럴듯함이란 겉보기에 모호한 듯하지만, 어떤 면으로는 가장 강력하다. 핵어명사가 관형사절의 성분인 관계절도, 절 내 성분인가 여부가 중요시되어 온 데는, 이것이 피수식 명사와의 의미관계를 확보하는 가장 안전한 장치이기 때문일 것이다.

예를 들어, 관형사절 내의 주어나 목적어를 관계화하면 이들 절과 명사 간의 의미관계는 수월히 수립된다. (58가)의 관계는 행위자이고, (나)의 관계는 대상이다.

(58) 가. [집을 떠났던] 아이가 돌아왔다.

　　나. [그 사람이 쓴] 책은 모두 죽어라 읽었다.

앞에서 관계화하기 어렵다고 했던 탈격도 의미화용적인 그럴듯함을 확보하지 못했기 때문이라고 할 수도 있다. (59가)에서 '기호가 온'과 '호주' 사이에 있음 직한 의미관계는 도착점일 것이다. '호주'를 떠나온 지점으로 해석할 수 있는 관계는 이들 사이에 성립하기 어렵다. 동일한 표현이 두 가지 의미관계를 그럴듯하게 가지기 쉽지 않기 때문이다.

(59) 가. [기호가 온] 호주

　　나. [단추가 떨어진] 옷, [단추가 떨어진] 바닥

반면에 (59나)에서는 '단추가 떨어진'과 '옷' 사이의 그럴듯함은 출발점 관계, '단추가 떨어진'과 '바닥' 사이의 그럴듯함은 도달점 관계이다. 뒤의 명사가 달라지면 그럴듯한 의미관계도 달라질 수 있는 예이다.

다음의 예들은 핵어명사가 관형사절 내의 성분일 때와는 다른 종류의 의미화용적 그럴듯함이 동원되는 예들이다. 모두 관형사절의 사태로 인해 얻어진 결과 관계로 어울린 것이다. 운동을 한 결과로 얻은 효과, 집을 팔아서 얻은 돈을 표현하는 것이다.

(60) 가. [운동을 한] 효과

　　나. [집 판] 돈

이 외의 상당수의 의미화용적 그럴듯함은 명사 수식어와 피수식어 사이에서 얻어지는 종류일 것이다. '무거운 침묵'이나 '아찔한 자태' 등이 그런 예이다.

그런데 명사 수식어와 피수식 명사 간의 이런 폭넓은 어울림은 비단 한국어에만 국한된 것은 아니다. 영어만 하더라도 명사를 수식하는 부류를 모두 모으면, 한국어의 관형사절이 하는 의미 기능을 모두 아우를 것이다. 다만, 영어는 이를 관계절, 보어절, 전치사구, 명사, 동명사 등이 나누어 맡아 표현한다면, 한국어는 상당 부분 관형사절에 기댄다는 차이가 있을 뿐이다. 동사성 형용사를 가졌기 때문이다.

5장
한국어 관형사절의 종류와 특성에 관한 몇 문제

5.1. 내핵관계절인가, 명사보어절인가

한국어의 관계절 구성에서 핵어명사는 주절에 표현된다. 예컨대 "[∅ᵢ 정원에 피어 있는] 꽃ᵢ"에서 핵어명사 '꽃'은 관계절의 성분이기도 하지만, 관계절에는 표현되지 않는다. 즉 한국어의 관계절의 전형은 외핵관계절이다. 그런데 핵어명사가 관계절에 남아 있는 내핵관계절로 거론되는 구성이 있다. 다음이 그러하다.

(1) 가. 경찰이 [도둑ᵢ이 도망가는] 것ᵢ을 잡았다.
    나. [마늘ᵢ 다진] 것ᵢ은 어디에 두었어?

만약 (1가)의 '것'이 '도둑'을 가리키고 (나)의 '것'이 '마늘'을 가리킨다면, 이는 내핵관계절이 된다. 핵어명사인 '도둑'과 '마늘'이 관계절에 고스란히 유지되고 있기 때문이다.

이에 대해, '것'은 '도둑'이나 '마늘'을 가리키지 않는다는 분석도 있다. '것'이 사람을 대신 가리키는 일도 드물고, 관계절 안의 '마늘'은 다지기 전의 마늘이며 관계절 밖의 '것'은 다진 후의 마늘이라는 이유에서이다. 이렇게 보면 이들은 '것'이 보어절을 취한 구성이 된다.

이 절에서는 이 문제를 살펴본다. 편의상 '마늘 다진 것'류를 내핵관계절로 명명하기로 하고 논의를 진행한다. 결론부터 말하면, 이 책에서는 이들 구성은 내핵관계절로 보지 않는다.[1]

5.1.1. 분포의 불규칙성

한국어에서 내핵관계절로 해석되는 쓰임은 외핵관계절에 비해 지극히 제한적이다. 먼저, '것'과 공지시하는 관계절 성분은 주로 주어나 목적어이고, 부사어나 속격어를 공지시하는 것으로 해석되는 경우는 별로 없다. (2가)의 '것'은 주어 자리에 있는 '아이'를, (나)의 '것'은 목적어 자리에 있는 '옷감'을 가리키는 것으로 해석할 수 있다. (다)의 '것'도 목적어 자리의 '목걸이'를 지시하는 것으로 해석되지, 부사어 자리의 '나'를 지시하는 것으로는 해석될 수 없다.

(2) 가. [아이ᵢ가 도로로 뛰어가는] 걸ᵢ 간신히 잡았어.
　　나. [할머니가 옷감ᵢ 물려준] 것ᵢ으로 이번에 다들 한복 해 입었어.
　　다. [엄마가 내게 목걸이ᵢ 준] 것ᵢ을 동생이 가져갔다.

주로 주어나 목적어 자리에서만 핵어명사가 유지되는 이런 경향은 관계화 접근 가능성 위계와는 상당히 다른 것이다. 주어나 목적어처

1　이 절은 문숙영(2012ㄱ)의 주요 내용을 중심으로 추가, 재구성한 것이다.

럼 관계화하기 좋은 위치에서는 공백과 명사 유지 방책이 모두 쓰이는 반면에, 관계화하기 어려운 부사어의 위치에서는 공백 방책이 쓰이는 결과가 되기 때문이다.

한 언어에 복수의 관계화 방책이 있는 경우, 관계화하기 어려운 위치일수록 더 명시적인 방책을 사용하는 것이 일반적이다(Comrie 1989: 16~18). 일례로, 영어는 관계대명사 방책과 공백 방책이 있지만, 주어 자리에서는 공백 방책이 쓰인다. 페르시아어는 대명사 보유 방책과 공백 방책이 있는데, 역시 주어와 직접목적어 자리에서 공백 방책이 쓰인다. 모두들 관계화된 위치를 찾아내기 쉽도록, 어려운 위치일수록 핵어명사에 대한 흔적을 더 명시적으로 남겨 놓는 것이다. 이런 점에서 주어와 목적어 자리에서 명사가 유지되는 한국어의 내핵관계절은 특이하다. 그래서 관계절의 종류가 아닐 수도 있다.

게다가 모든 주어와 목적어에서 내핵관계절이 가능한 것도 아니다. (3)은 주어가 핵어명사가 되는 내핵관계절을 만들어 본 것인데, 다 어색하다.

(3) 가. ?한국인이 열심히 하는 것을 고용했어.
　　나. ?나는 꽃이 빨간 것을 좋아해.

(3나)의 경우 자연스럽다고 할 수도 있는데, 이는 어떤 나무들 중에서 [꽃이 빨간 나무]와 같은 해석일 때 한한다. '것'이 '꽃'과 공지시되는 내핵관계절 해석으로는 어색하다.

다음 (4)는 목적어가 핵어명사가 되는 내핵관계절을 만들어 본 것이다. 조금씩 다 어색하다. '것'이 (4가)는 '말리던 오징어'나 (나)는 '차던 공'으로는 잘 해석되지 않는다.

(4) 가. ?햇볕에 오징어를 말리던 것을 가져와 버렸다.

　　나. ?공을 차던 것이 갑자기 펑크가 났다.

그런데 위의 (3)과 (4)를, (5)와 같이 조금 바꾸면 자연스러워진다. 핵어명사에 붙은 조사를 없애고, 후행술어를 바꾼 것이다. 이런 예들을 보면 내핵관계절의 제약은 분명히 존재하는 것으로 짐작된다. 그러나 그 조건을 명세하는 일은 별로 가능해 보이지 않는다.

(5) 가. 한국인ᵢ 일하고 있는 걸ᵢ 잠깐 세우고 물었어.

　　나. 꽃ᵢ 시든 건ᵢ 치워, 보기 싫어.

　　다. 오징어ᵢ 말리던 것ᵢ, 가져와 봐.

　　라. 공ᵢ 차던 것ᵢ, 어디 두었어?

내핵관계절의 수용성에 핵어명사의 부류가 관여한다고 할 수도 없다. '한국인'과 같은 유정명사이든 '꽃'과 같은 구체명사이든 그 수용성에 결정적인 역할을 하는 것 같지는 않다.

내핵관계절의 존재감이 외핵관계절과 확연히 다르다는 것은, 내핵관계절은 외핵관계절로 언제든 바꿀 수 있지만 그 반대는 안 된다는 데서도 확인할 수 있다.

(6) 가. 도둑이 도망가는 것을 잡았다. → 도망가는 도둑을 잡았다.

　　나. 마늘 다진 것 어디에 두었어? → 다진 마늘 어디에 두었어?

　　다. [저렇게 순해 보이는] 사람을 의심했다. ⇏ [사람이 저렇게 순해 보이는] 것을 의심했다.

내핵관계절로 해석되는 (5가)와 (나)는 순조롭게 외핵관계절로 바꿀 수 있다. 그러나 외핵관계절인 (다)를 내핵관계절로 바꾸면 의미가 약간 달라진다. 외핵관계절은 순해 보이는 사람 자체를 의심하는 것으로 해석되지만, 내핵관계절은 사람이 순하게 보이는 상황이나 사실을 의심하는 것으로 해석된다. 이는 '상황'이나 '사실'을 대신하는 '것'이 보어절을 취한 구성으로 볼 때의 해석이다.

아래 (7가)의 두 개의 외핵관계절도, (나)와 (다)처럼 내핵관계절로 표현하면 어색해진다. 또한 (라)의 외핵관계절을 내핵관계절로 바꾼 (마)도 아주 어색하다. 이런 사정은 내핵관계절이 아주 제한된 환경에서만 용인됨을 충분히 보여 준다.

(7) 가. [시각을 알리는] 안내 방송이 [웅성거리는] 소음을 만들어 내었다.

　　나. ?[안내 방송ᵢ이 시각을 알리는] 것ᵢ이 웅성거리는 소음을 만들어 내었다.

　　다. 시각을 알리는 안내 방송이 [?소음ᵢ 웅성거리는] 것ᵢ을 만들어 내었다.

　　라. [우리가 바라본] 하늘은 더없이 시원한 빛이었다.

　　마. [*우리가 하늘ᵢ 바라본] 것ᵢ은 더없는 시원한 빛이었다.

이런 제약을 설명하려는 노력도 있었다. 대표적으로, Kuroda(1976)에서 모문의 화용적 내용에 직접적으로 관련되어야 한다는 관련성 조건을 든 이래, 화용적 조건으로 제약을 설명하려는 시도가 이어졌다. 일례로 Kim, Y.B.(2002: 549~550)는 (8나)가 불가능한 이유가, 내핵관계절은 모절 사건과 시간이나 공간이 겹치는 등의 밀접한 관계가 있어야 하는데, (나)에는 이것이 없기 때문이라고 하였다.

(8) 가. 존은 [도서관에서 공부하는] 동생을 매주 종로에서 만난다.
    나. *존은 [동생이 도서관에서 공부하는 것]을 매주 종로에서 만난다.

비슷한 설명이 Chung & Kim(2003: 59)에서도 있었다. (9)의 문장이 어색한 것은, 사과가 놓여 있는 사건과 먹은 사건의 시간적 위치가 동일해야 하는데 이를 충족하지 못했기 때문이라고 하였다.

(9) *사과가 어제 놓여 있던 것을 오늘 먹었다.

(9)가 과연 어색한지는 일단 차치하더라도, 이런 시간상의 조건에 대한 반례를 찾기는 아주 쉽다. (10가)는 (9)의 시간적 조건과 다르지 않지만, 어색하지 않다. (10나)도 세뱃돈을 감춰 둔 사건과 이것을 발견한 사건 사이에 시간차는 크지만, 수용성에 전혀 문제가 없다.

(10) 가. 내가 그제 사과ᵢ 가져다 둔 것ᵢ 어제야 먹은 거야?
     나. 내가 작년에 세뱃돈ᵢ 비상금으로 감춰 둔 걸ᵢ 오늘 발견했어.

이런 양상은, 관련성 조건의 설명력과는 별개로, 내핵관계절의 조건 자체가 명세하기가 불가능할 만큼 다양한 것은 아닌지를 묻는다.
인상적인 관찰이기는 하지만, 내핵관계절의 제약은 모문에서 담당하는 성분의 종류에서도 발견된다. 내핵관계절은 모문의 주어 자리보다는 목적어 자리에 쓰이는 일이 많다. 즉 주어 자리에서는 상대적으로 덜 허용된다. (11가)의 [아줌마가 일하는 것이]처럼 주어 자리일 때는 어색한데, (나)의 [아줌마 일하는 것을]처럼 목적어 자리에서는 상대적으로 자연스럽다. 특히 핵어명사가 사람일 때 그러하다.

(11) 가. ?아줌마 일하는 것이 얼음물을 가져다주었다.

　　　나. 아줌마 일하는 것을 붙들고는 잔소리를 해 댔다.

지금까지 살펴본 것처럼 내핵관계절의 분포는 그 출현 환경과 조건을 명세하기가 어렵다. 따라서 공백 방책과 명사 유지 방책이 서로 어떻게 역할 분담을 하는지도 여전히 분명하지 않다. 복수의 관계화 방책이 존재하는 경우, 방책 간의 분포가 일정한 경향성을 띠는 것과는 대조되는 현실이다.

5.1.2. 내핵관계절과 외핵관계절의 의미 차이

한국어의 내핵관계절은 외핵관계절일 때와 의미가 다른 경우가 있다. 아래 (12가)의 "사골 우려낸 것"에서의 '사골'은 끓이기 전 소의 다리뼈를 가리킨다. 이를 외핵관계절로 바꾼 '우려낸 사골'에서의 '사골'은 끓여 낸 후 영양소가 빠져나간 소의 다리뼈, 혹은 우려낸 국물을 가리킨다.

(12) 가. 예로부터 사골 우려낸 것으로 만둣국을 끓였다.

　　　　⇏ 우려낸 사골

　　　나. 예로부터 사골 우려낸 국물로 만둣국을 끓였다.

　　　　→ 사골 우려낸 국물

이런 점을 고려하면 (가)의 "사골 우려낸 것"에서의 '것'은 관형사절 내부의 '사골'이 아니라, 사골을 우린 결과물, 즉 사골 국물을 가리킬 가능성이 높다. 즉 (나)와 같은 의미를 의도하고 '국물' 자리에 '것'을 쓴 것일 수 있다. 만약 이것이 맞는다면 (가)는 엄밀한 의미에서 내핵관계절은 아니다.

유사한 예는 더 있다. Chung & Kim(2003)은 (13)에서 '것'이 지시하는 바는 관계절의 사건의 결과로 나오는 숨어 있는 참여자라고 하였다. "넘치는 컵의 물"에서 '물'은 넘치는 사건의 결과로 컵 밖으로 흘러나온 물을 가리킨다는 의미인 듯하다.

(13) 컵의 물이 넘치는 것을 닦았다.

⇒ 넘치는 컵의 물을 닦았다. (Chung & Kim 2003: 56)

Chung & Kim(2003)은 이런 '것'절을 '보어절−핵' 구조라 하고, '것'이 선행하는 보어절의 동사나 논항 중의 하나와 공지시하는 것으로 보았다. 그리고 내핵/외핵관계절 사이에 진리조건적인 의미 차이는 없지만 화용적인 차이가 있다고 하였다.[2]

비슷한 분석이 Park, B.S.(1994)에서 먼저 있었다. (14)의 경우, 시금치를 삶으면 이미 신선하지는 않은 것이 되므로, "신선한 시금치를 삶은 것"은 "삶은 신선한 시금치"와 같기가 어렵다. 이런 예는 '것'이 관형사절 내부에 있는 '신선한 시금치'와 완전히 공지시하지는 않음을 보여 준다.

---

2 이 책에서는 보어절과 핵으로 보는 구조에는 동의하고 이런 구조이기에 내핵관계절이 아니라고 본다.

(14) 신선한 시금치를 삶은 것 ↔ 삶은 신선한 시금치

이상의 예들은, 그간 '것'이 관형사절 안의 명사를 가리키는 것으로 분석한 예들도 의심하게 한다. '사골'과 '사골 국물'처럼 달리 부르는 말이 존재하는 경우와는 달리, 대부분은 구별해 부를 말이 없기에, 우연히 공지시하는 것으로 해석된 경우가 있을 수 있기 때문이다.

(15) 가. 마늘 다진 것 좀 사 와.

　　나. 감자 삶은 것 좀 가져왔어.

　　다. 책 스캔한 것 어디 있어? (박형진 2019의 예)

(15가)의 "마늘 다진 것"에서 '마늘'은 다지기 전의 마늘이고 '것'은 다진 후의 마늘일 수 있다. (나)의 "감자 삶은 것"에서 '감자'는 삶기 전의 감자이고 '것'은 삶아진 감자일 수 있다. (다)는 그 차이가 훨씬 분명히 드러나는데, '책 스캔한 것'에서의 '것'은 스캔한 파일 혹은 출력물을 뜻한다. 이 경우는 '스캔한 책'과는 의미가 다르므로, (가)와 (나)보다 내핵관계절로서의 위상이 더 의심되는 예이다.

모든 내핵관계절이 이런 의미적인 차이를 가지는지는 확실치 않다. 다음 (16)은 앞에서 살펴본 "사골 우려낸 것" 등과 비교하면, 사건의 결과에 따른 지시대상의 차이가 별로 있어 보이지 않는다.

(16) 가. [빈 택시 오는] 걸 얼른 잡아탔어. ; 오는 빈 택시 잡아탔어.

　　나. [등록금 낸] 걸 돌려받았어? ; 낸 등록금을 돌려받았어?

　　다. [월급 몇 푼 받은] 걸 다 써 버렸어.

　　라. [집과 논마지기 조금 있던] 것[3]도 빚으로 다 넘어갔지.

그러나 (16가), (나)의 '빈 택시'나 '등록금'을 총칭적 명사로 쓰였다고 보면 차이가 아주 없는 것은 아니다. 그러면 "빈 택시 잡은 것"에서의 '것'은 내가 잡은 빈 택시, "등록금 낸 것"에서의 '것'은 내가 낸 등록금으로 한정된다고 볼 여지도 생긴다. 반면에 (다)와 (라)는 총칭적인 부류와 사건에서 결과된 개별적인 부류라는 차이가 있지 않다. '몇 푼'과 '조금'이 쓰여서 그런지, 받은 것이 이미 '월급 몇 푼'이고 있던 것이 '집과 논마지기 조금'으로 해석되는 것이다.

그런데 (가), (나)와 (다), (라) 사이에는 탐구해 볼 만한 차이도 있는 듯하다. 관계절 안에서 조사의 출현 제약이 그것이다. (가)와 (나)는 아래에서 보듯이 관계절 안의 명사에 조사가 결합할 수 있다. 반면에 (다)와 (라)는 조사가 붙으면, 안 붙을 때보다 꽤 어색해진다. 따라서 (다), (라)는 [월급 몇 푼] [받은 것을]과 [집과 논마지기] [조금 있던 것]과 같이 동격구성일 가능성도 있다.

(16′)가. [빈 택시가 오는] 걸 얼른 잡아탔어.

나. [등록금을 낸] 걸 돌려받았어?

다. [?월급을 몇 푼 받은] 걸 다 써 버렸어 ;

[?월급 몇 푼을 받은] 걸 다 써 버렸어.

라. [?집과 논마지기가 조금 있던] 것도 빚으로 다 넘어갔지.

지금까지 살펴보았듯이 내핵/외핵관계절의 의미가 다른 경우는 분명히 존재한다. 이는 이들을 명사-유지라는 관계화 방책으로 다룰

---

3 (다)와 (라)는 김민주(2007)의 예인데, 김종복·강우순·안지영(2008: 150~151)에서 가져왔다.

만한 것인지를 묻는다. 한 언어에서 복수의 관계화 방책이 있고 이들의 위계에 대한 논의는 있었지만, 이들 간의 의미상의 차이가 논의된 적은 별로 없다.

내핵관계절과 외핵관계절의 화용적인 차이로, 내핵관계절은 설명의문문의 답이 될 수 없다는 사실이 지적된 바도 있다. Kim, Y.B.(1997), Chung & Kim(2003: 60)에서는 (17)의 '답2'처럼 내핵관계절로 답할 수 없는 이유는, 내핵관계절이 새로이 전달된 정보를 전달하기 때문이라고 하였다. 내핵관계절은 명사를 수식하는 부분이 초점이 되는 것이 외핵관계절과 다른 점이며, 따라서 선행 문맥에 주어질 경우 내핵관계절을 다시 쓸 수 없다는 것이다.

(17) 질문: 경찰이 누구를 잡았다고?
　　답1: 은행에서 나오는 강도를 잡았어.
　　답2: *강도가 은행에서 나오는 것을 잡았어.

그러나 필자의 직관에는 '답2'가 결코 어색하지 않다. 구어에서는 "학교에서 뭘 준비했다고?" "내일 프리젠테이션 할 거 준비했어.", "뭐가 떨어졌다고?" "감이 나무에 걸려 있던 게 떨어졌어." 등이 얼마든지 가능하다.

5.1.3. 전형적인 내핵관계절과의 차이

한국어에 내핵관계절이 존재하는지를 판단하기 위해서는, 다른 언어의 사정을 들여다볼 필요가 있다. 범언어적으로 명사가 관계절 내부에 남아 있는 방책을 가지는 언어는 무척 드물다. 밤바라어, 디에게뇨어, 나바호어, 케추아어, 티베트어, 와포어 정도가 내핵관계절을 가진 언어로 분류된다(Song, J.J. 2001). Comrie(2005: 494~495)에서도 검토 대상 총 166개의 대상 언어 중에서 명사가 유지되는 방책을 가지는 언어는 24개로 집계되었다. 그런데 이 수치는 상호관계절도 포함한 것이므로, 내핵관계절을 가진 언어만을 따진다면 이보다 더 적을 것이다.

Fuji(2010)에서는 대표적인 내핵관계절 언어인 나바호어와 일본어를 대조하고, 이 둘 사이에는 상당한 차이가 있다고 하였다. 먼저, 나바호어에서 내핵은 고유명사이어서는 안 되고, 'the, this'와 같은 강한 한정사를 취해서도 안 된다.[4] 그러나 일본어는 이에 대한 제약이 없다.

(18) 가. _Ken-ga_   _ie-kar_   _deteki-ta]_   _no-o_   _tukamae-ta._
　　　　[Ken–Nom house–from come.out–Past] Nmn–Acc catch–Past
　　　　'I caught Ken, who came out of the house.'

　　나. _[[kono usagi]-ga_   _deteki-ta]_   _no-o_   _tukamae-ta._
　　　　[[this rabbit]–No   come.out–Past] Nmn–Acc   catch–Past
　　　　'I caught this rabbit, which came out.'

(18가)는 'Ken이 집에서 나오는 것을 잡았다' 정도로 해석되는데 내핵이 'Ken'으로 고유명이며, (나)는 '이 토끼가 나오는 것을 잡았다' 정도로 해석되고 내핵에 '이(this)'에 해당하는 'kono'가 붙어 있다.

술어의 종류와 관련해서도 차이가 있다. 나바호어는 내핵관계절의

4　약한 한정사와 강한 한정사는 Milsark(1977)를 따른 것이다. 약한 한정사는 'a, some, many, few' 등이고, 강한 한정사는 'the, all, every'와 같은 것이다.

술어가 개체층위 술어여도 되는데, 일본어는 개체층위 술어는 불가하다. (19)는 '잘생기다'와 '못생기다'가 내핵관계절의 술어로 쓰인 나바호의 예이다. (20)은 '잘생기다'와 '크다'가 내핵관계절에 쓰여 비문이 된 일본어의 예이다.

(19) 가. *[ashkii   (ayóo)   baa dzólní-ígíi]   deezgo*

        [boy   (very)   handsome-Nmn]   fall

        'The boy who is (very) handsome fell.'

    나. *[ashkii   (ayóo)   t'óóbaa'ih-ígíi]   deezgo*

        [boy   (very)   ugly-Nmn]   fall

        'The boy who is (very) ugly fell.'

(20) 가. *Ken-wa [otoko-ga   hansamu-na]   no-o   taihosi-ta.*

        *Ken-Top [man-Nom   handsome-Pres] Nmn-Acc   arrest-Past

        'Ken arrested a man, who is handsome.'

    나. *Sue-wa [otoko-ga   ooki-i]   no-o   nagut-ta.*

        Sue-Top [man-Nom   big-Pres]   Nmn-Acc   hit-Past

        'Sue hit a man, who is big.'

또한, 일본어는 앞에서 살펴본 '관련성 조건'처럼 내핵관계절의 사건이 주절의 사건과 시간적으로 인접해 있어야 한다. 그러나 아래 예에서 보듯이, 나바호어는 이런 제약이 없다.

(21) *[ashkii 'adą ą dą á' Mary   yí'dísooł-ę ę]   jí į dą ą' deezgo'*

    [boy   yesterday   Mary   whistle-Nmn]   today   fall

'The boy who was whistling at Mary yesterday fell today.'

일본어 내핵관계절의 이상의 특징들은 한국어에도 해당된다. 핵어
명사가 고유명사이어도 상관없다. (22가)의 "철수가 뛰어가는 것"이
그런 예이다. 또한 내핵관계절의 술어가 개체층위술어인 경우도 찾
기 힘들다. (다)처럼은 결코 쓰이지 않는다.

(22) 가. 경찰은 **철수**가 뛰어가는 것을 잡았다.

　　 나. 기다리다가 그 토끼가 나오는 것을 잡았다.

　　 다. *도둑이 잘생긴 것을 잡았다.

무엇보다 한국어는 외핵관계절에 비해 내핵관계절의 분포가 아주
제한되며, 내핵/외핵관계절의 의미 차이도 있다. 이런 점들을 보면
일본어와 한국어의 내핵관계절은 나바호어의 것과는 다른 종류일 수
있다.

이 외에 내핵관계절의 형식에는 차이가 없을까. 일반적으로 내핵
관계절은 한정사, 격 표지와 부치사가 붙을 수 있도록 충분히 명사화
되는 특징이 있다. 주절에서 논항의 기능을 해야 하기 때문이다. 다
음은 Dryer(2005)가 『WALS』에서 내핵관계절로 제시한 예의 하나이
다. 핵어명사인 'gaat'가 관계절 안에서 주어와 동사 사이에 나타나
며, 이를 품고 있는 관계절 끝에는 한정사('DEF')와 주어 표지('SUBJ')
가 붙어 있다.

(23) Mesa Grande Diegueño (Couro & Langdon 1975: 187)

　　 [ebatt　　gaat　　akewii]=ve=ch　　　　　　chepam

[dog   cat   chase]=DEF=SUBJ   get.away

'The cat that the dog chased got away.'

Hiraiwa(2007)에 따르면 범언어적으로 내핵관계절은 두 가지 유형이 있다. 명사화 유형과 D-유형이 그것이다. 전자에는 일본어, 한국어, 케추아어, 모호크어(Mohawk) 등이 있고, 후자에는 조지아어, 라코타어(Lakhota), 미스키투어(Miskitu), 나바호어 등이 있다. 명사화 유형은 관계절 전체가 명사화 접사나 보절자에 의해 명사화되는 유형이다. D-유형은 명사화소 대신에 바깥의 한정사를 가지는 유형으로, 외핵관계절이라면 피수식 명사 앞뒤로 인접하여 나타날 한정사가 내핵관계절에서는 절 끝에 나타나는 유형이다. 핵어명사가 관계절 내부에 있기 때문에 절 끝에 붙는 것이다.

• 명사화소 구조: [[SUBJ OBJ V-Nml/C]$_{(RC)}$
• D-구조: [[SUBJ V OBJ] D]$_{(RC)}$.

일본어와 한국어를 명사화 유형에 둔 것은, 일본어의 'no'나 한국어의 '것'을 명사화하는 요소로 간주한 결과이다. 물론 일본어나 한국어 모두 D-구조의 언어는 아니다. 그러나 'no'나 '것'은, 통사적·의미적 지위가 단순하지 않다.[5] 한국어의 '것'은 명사를 대신 지시하는 의존명사 '것'에서부터, 명사절을 만드는 '것'에 이르기까지, 의미의 추상화와 문법화 정도가 다양하다. 이런 다양성은 아래에서 확인된다.

---

5 일본어에서도 형태소 'no'의 통사적 의미적 지위에 대해서는 논쟁 중이다. Shimoyama (1999: 148)는 일단 명사화소(nominalizer)라고 하겠다고 하였는데, 내포된 문장을 명사류 같은 분포를 가지는 구성성분으로 바꾸어 준 책임이 이 형태소에 있다고 보았다.

(24) 가. 나는 [그 아이가 이미 전학 간 것]을 잘 알고 있다.

나. 그 남자는 [그 아이가 먹고 있는] 것을 빼앗았다.

다. [저 멀리서 버스가 오고 있는 것]을 발견했다.

라. 나는 [감이 나무에서 떨어진 것]을 주워서 먹었다.

(24가)는 전형적인 보어절 동사인 '알다' 앞에 '것' 보어절이 쓰인 예이다. (가)의 '은/을 것'은 명사화소로 볼 만하다. (나)의 '것'은 '먹다'의 목적어를 대신해 쓰인, 어휘적 속성을 그대로 유지하고 있는 의존명사이다. (다)의 '것'은 아주 난해하다. 개체 해석과 행위 해석이 모두 가능하다. 개체 해석은 [오고 있는 버스를 발견하다]로 해석되는 것이고, 행위 해석은 [버스가 오고 있음을 발견하다]로 해석됨을 말한다.[6]

그런데 개체 해석의 '것'은 '버스'를 대신해서 쓰인 의존명사로서의 '것'에 가깝다. 그리고 행위 해석의 '것'은 명사화소로서의 '것'이나 '장면' 등을 대신 받은 보어절 명사로서의 '것'에 가깝다. 따라서 내핵관계절의 '것'을 명사화소 상당의 것으로 처리하고자 한다면 (24가)의 '것'과 유사한 것으로 보아야 하는데, 그러기에는 직관적으로 내핵관계절의 '것'의 의존명사로서의 어휘적 속성이 아직 강하다. 즉 다른 언어의 내핵관계절에서 보이는 명사화소보다는 한국어의 '것'은 'the thing'의 의미를 비교적 가지고 있다.

'것'의 의미를 이보다 더 빈 것으로 본 논의도 있다. 내핵관계절의

---

6 버스가 오고 있다는 행위 해석에서 당연히 '오고 있는 버스'라는 개체 해석이 딸려 온다고 볼 수도 있다. Park, B.S.(1994)는 "순경이 도둑이 가게에서 나오는 것을 붙잡았다."와 같은 예에서 행위 해석이 우선되고 개체 해석은 행위 해석에 뒤따르는 것으로 보았다.

구조를 보어-핵 관계로 보고 이때 '핵'인 '것'을 의미가 특정화되지 않은 명사로 본 Park, B.S.(1994), Kim, Y.B.(1996) 등이 그러하다. 그러나 이때의 '것'이, "손에 쥔 것"에서처럼 대용적으로 쓰인 '것'보다는 의미가 더 일반적이고 추상화된 것으로 보이기는 하지만, '것'의 어휘 의미가 완전히 비어 있다고 하기는 어렵다. 앞에서 내핵관계절의 여러 제약이 존재한다고 하였는데, 이런 제약이 '것'과 아주 무관해 보이지는 않기 때문이다. 예컨대 "도둑을 잡은 걸 놓쳤다."는 자연스럽지만, "[?]엄마를 잡은 걸 놓쳤다."는 어색하다. 이는 '것'으로 지시할 수 있는 대상이 '도둑'은 가능하지만 '엄마'는 불가능하기 때문인데, 이런 수용성에 세상 지식이 동원되었다 하더라도 '것'의 의미가 어느 정도 유지되기에 이런 세상 지식도 적용이 되는 것이다.

'마늘 다진 것'과 같은 내핵관계절의 구성이 전통적으로 있어 왔고, 현대국어 내핵관계절의 예에서도 '행위 해석'에서 파생된 것으로 보기 어려운 '개체 해석'의 예들이 분명히 존재한다는 사실은, 시사하는 바가 있다. 내핵관계절이 의존명사를 수식하는 구성에서 왔으며 이런 구성은 관형사절의 종류가 나뉘어 있지 않기에 가능했으리라는 추측이 그것이다. 한국어의 내핵관계절이 외핵관계절과는 달리 그 분포가 극히 협소하고, 분포의 조건도 일관되게 명세하기 어려우며, 외핵관계절과의 의미 차이도 존재한다는 사실은, 한국어의 내핵관계절이 관계절 유형의 상당히 특수한 위치에 있음을 방증한다.

마지막으로 내핵관계절에서의 '것'이 대용적 기능을 가지고 있다면 혹시 상호관계절로 볼 가능성은 없는지 간단히 살펴보자. 상호관계절은 관계화된 명사가 관계절 내부와 외부에 모두 있는 유형으로, 주절에 핵어명사를 대용하는 명사구가 나타나거나 핵어명사 자체가 그대로 반복되는 유형을 가리킨다. 내핵관계절처럼 동사-말 언어에 주로 나타나고 따라서 내핵관계절이 발견되는 언어에서 상호관계절이 많이 발견된다. 다음이 상호관계절의 예이다.

(25) *[Jis   a:dmi   ka   kutta   bema:r   hai],*
   CORR   man   Gen   dog   sick   is,
   Us   a:dmi   ko   mai   ne   dekha
   That   man   OBJ   I   ERG   saw
   (I saw the man whose dog is sick(Lit. Which man's dog is
   sick, that man I saw)) (Nikolaeva 2006: 504)

상호관계절은 내포되지 않고 병렬된 것으로 보는 것이 일반적이다. 관계절에 한정사나 격 표지와 같은 명사 표지를 달지 않아 명사구보다는 문장으로 간주되는 것이 보통이기 때문이다(Keenan 1985). 그리고 관계절 외부에 관계화된 명사가 다시 나타날 때는 대개 지시사가 요구되는 등 한정 명사구로 실현된다. 한국어 내핵관계절은 '것'이 내핵을 대용한다는 점에서는 상호관계절과 비슷한 점이 있다. 그러나 명사화되어 격 표지를 달 수 있다는 점, 이로써 모문의 성분 구실을 한다는 점, '것' 앞의 절은 분명히 내포절이라는 점, '것'이 한정명사구로 실현되지 않는다는 점은 상호관계절과 거리가 있다.

5.1.4. 명사보어절의 가능성[7]

티베트-버만어족의 여러 언어들은 절 명사화(clausal nominalization,

---

7 이 부분은 문숙영(2017), 4.2.2. '것'절의 다중 해석과 한국어의 내포절 체계 부분에 있던 것의 일부분이다.

혹은 명사절)가 보어절, 관계절, 독립절 등에 쓰인다.[8] 그래서 절의 형태가 동일하다 보니 중의성의 문제가 발생하는데, 이런 경우 후행 술어의 의미 특성에 따라 해석이 결정된다. 지시물을 논항으로 요구하는 동사이면 내핵관계절로 해석되고 보어절을 논항으로 요구하는 동사이면 명사절로 해석되는 것이다. 우리의 '것'절도 (일명) 내핵관계절과 명사보어절이, 혹은 명사보어절과 명사절이 중의적으로 해석될 때가 있다.

먼저, 내핵관계절과 명사보어절로 분석되는 예들이다. (26가)의 '것'은 '감독 놈'을 지시하는 것으로도 해석되고, 감독 놈이 싱글대던 '상황, 장면, 일'을 지시하는 것으로도 해석된다. (나)도 '것'은 '사연' 을 지시하는 것으로도 볼 수 있고, 사연이 안타까운 '사정, 사실'을 대신 가리키는 것으로도 볼 수 있다. (다)도 마찬가지로 '것'이 '인연'을 지시하는 것으로도, 인연이 끝나 가는 '상황, 사실'을 대신 가리키는 것으로도 볼 수 있다. 각각 전자는 내핵관계절로 해석한 것이고 후자는 명사보어절로 해석한 것이다.

(26) 가. 뒤이어서 [낮에 감독 놈이 싱글벙글 웃던 것]을 다시금 생각
     했다.
   나. 그 사람이 [내 사연 안타까운 걸] 다 들었어.

---

8 티베트 버만어족의 많은 언어들이 명사화를 아주 다양한 기능으로 활용한다는 사실은 잘 알려져 있다. 일례로 Bickel(1999: 271)은 티베트-버만어족이 포함된 시노-티베트 어족(Sino-Tibetan)의 여러 언어에서 관계절, 수식, 속격의 표지가 명사화 장치와 동일하다고 하고 이를 '표준 시노-티베트 명사화' 패턴이라 불렀다. 이 글에서는 벨하레어(Belhare), 림부어(Limbu), 아트파레어(Athpare) 등의 예들이 소개된다. Genetti et. al.(2008: 101)에서는 티베트 버만어에서 절 명사화는 통사론의 중핵 요소이며 다중 기능적이라고 하고, 명사절이 보어절, 부동사절, 관계절(때로는 분사절), 명사보어절, 비내포된 독립절 등으로 쓰인다고 하였다.

다. [인연이 끝나 가는 걸] 붙잡는다고 뭐가 달라질까.

아래 (27)의 '것'절도 해석이 중의적이다. "미끄러지는 자동차 타이어를 멈추게 하는 체인"과 같이 '것'이 관형사절 안의 '자동차 타이어'를 지시하는 것으로 해석할 수 있다. 혹은, 자동차 타이어가 미끄러지는 '사고, 사건, 사태'를 지시하는 것으로 해석할 수도 있다. 전자가 내핵관계절의 해석이고 후자가 명사보어절의 해석이다.

(27) [자동차 타이어가 미끄러지는 것]을 멈추게 하는 체인도 발명했다.

그런데 중의적인 해석이 허용되지 않는 경우도 있다. (28가)의 '숙제하던 것을 멈추었다'는 '하던 숙제를 멈추고'라는 해석이 가능하지만 (나)의 '손톱 깎던 것을 멈추고'는 '깎던 손톱을 멈추고'라는 해석이 어색하다. 동일한 동사 앞에서 내핵관계절로의 해석이 가능한 경우와 불가능한 경우가 있다는 것은, 내핵관계절의 해석이 구조적인 것이 아니라 화용론의 산물일 가능성을 생각하게 한다.

(28) 가. 나는 [숙제하던 것]을 멈추었다.
　　나. 곽 씨는 [손톱을 깎던 것]을 멈추고 이해가 가지 않는다는 표
　　　　정이 되어 말했다.

이 외에, 동일한 구성이 명사보어절로도, 명사절로도 해석되는 경우도 있다. (29)에서 '사정'과 같은 명사를 대신해서 '것'을 쓴 것으로 보면 명사보어절이다. 그러나 [사상에는 관심이 없었음]으로 해석하면 명사절이다.

(29) [제가 옛날부터 사상에는 관심이 없던 것]을 형님도 잘 아시지 않습니까?

이상 살펴본 예들은 두 해석 중 무엇을 택해도 명제적 의미나 진리조건이 달라지지는 않는다. 이들은 공통적으로 '것' 앞의 관형사절에 성분의 공백을 요구하지 않는다. 또한 내핵관계절로 해석되는 경우에도 '것' 앞에 지시관형사를 넣기가 어렵다. 경우에 따라 "마늘 다진 그것 어디 두었어?"와 같이 '그'를 넣을 수는 있으나 이때는 내핵관계절보다는 [마늘 다진]이라는 관형사절이 '그것'을 꾸미는 구조처럼 해석된다. 즉 이런 예들에서의 '것'은 명사 대용의 '것'과는 명사성 양상이 다르다.

한국어와 일본어의 내핵관계절은 다른 언어의 전형적인 내핵관계절과 여러 면에서 다름은 앞에서 살펴본 바 있다. 게다가 외핵관계절과의 의미 차이도 존재한다. 예컨대 '스파게티 면을 삶은 것'과 '삶은 스파게티 면'은 실제 지시하는 바가 다르다. 삶기 전 스파게티 면은 '우려낸 사골'과 '삶은 스파게티 면'이 아니기 때문이다. 이는 명사 '것'이 보어절 [스파게티 면을 삶은]을 취한 구성일 가능성을 보여준다.

아래의 예들도 마찬가지이다. (30가)의 '연락'은 타인에게 알리는 사정과 말을 두루 아우르고, '연락 온 것'은 구체적으로 전해진 사정이나 기별일 수 있다. 이런 해석은 '것'이 [연락 온]이라는 보어절을 붙은 구조일 때의 것이다. 이를 (나)에도 적용할 수 있다. [전화 온]의 '전화'는 총칭적인 매체이고 '것'은 직접 받은 전화로의 해석이 가능하다.

(30) 가. 그사이 연락 온 것 없어?

　　　나. 미국에서 전화 온 것 있어요?

　내핵관계절과 명사절의 구조가 동일한 언어의 경우, 내핵관계절의 해석은 모문 술어가 지시 표현을 하위범주화하는 부류일 때 이루어진다. 이를 한국어에 빗대어 설명하자면, (31가)는 명사절로, (나)는 내핵관계절로 해석되는 것과 같다. (나)의 동사 '던지다'는 목적어 논항에 구체명사를 취하기 때문이다.

(31) 가. 아이가 숙제한 것을 알고 있었다.

　　　나. 아이가 숙제한 것을 던졌다.

　그리고 이런 언어에서는 내핵관계절의 어느 성분이 핵어명사인지를 알 수 있도록, 모문 동사에 핵어명사의 성, 수, 일치 등이 표시된다(Bickel 1999: 271~272).

　그런데 한국어는 술어에 따라 해석의 종류가 분명하게 갈리지 않는다. 앞에서 중의적일 수 있다고 했던 예들이 다 이에 해당된다. 그리고 한국어는 어떤 명사가 핵어명사인지가 어디에도 표시되지 못한다. 한국어 내핵관계절의 이런 특이점들은 아이러니하게도 이들이 내핵관계절이 아닐 가능성을 향하고 있는 듯하다. 이에 대해서는 8장에서 다시 논의한다.

5.2. 인용의 관형사절과 문장형 관형사절

5.2.1. '다고 하는', '다는', '단'

문장형 보어절

명사보어절에는 어간이나 선어말어미 뒤에 관형사형어미가 붙는 종류와, '다는, 냐는, 자는, 라는'의 형태가 붙는 종류가 있다. 남기심 (1973)에서는 이를 각각 불구 보문과 완형 보문이라 하였다. 이 책에서는 완형 보문을 문장형 보어절로 바꿔 부르고, 불구 보문만을 지시해야 할 필요가 있을 때는 비문장형 보어절이라 하겠다.

일례로, 명사 '사실'을 수식하는 관형사절은 여러 종류가 있을 수 있다. (32가)는 '사실'이 관형사절 안의 비어 있는 성분과 공지시되는 관계절이다. (나)의 관형사절은 핵어명사가 관형사절 안의 비어 있는 성분과 공지시하지 않고, '사실'의 내용을 담은 보어절이다. (다)의 관형사절도 '사실'의 내용절, 즉 보어절이다. 다만, (나)와는 달리 문장형인 '다는'을 취하고 있다.

(32) 가. 당국은 [∅$_i$ 엄연히 존재하는] 사실$_i$을 은폐해서는 안 된다.

　　 나. 이 항구에 정박해 있는 우리나라 선원들은 무전기에서 흘러 나오는 소리를 들으며 [우리가 ∅$_i$ 떠나는] 사실$_i$을 알고 있을 것이다.

　　 다. [어른들은 상상도 못 할 엉뚱한 구석을 지니고 있다는] 사실을 알아야 한다.

'고 하'의 복원이 가능한 '다는'과, 이것이 불가능한 '다는'

문장형 보어절에 쓰이는 '다는'에 대해, '다고 하는'과 같은 인용구
성에서 '고 하'가 생략된 것으로 여겨져 온 면이 있다. 일례로『표준국
어대사전』에서는 '다는'을 "'다고 하는'이 줄어든 말"로 풀이한다. 준
말과는 달리 '줄어든 말'에는 품사 정보가 없는데, 이는 어휘소가 아
니라 통사적 구성처럼 간주하기 때문이다. 따라서 이런 처리가 맞는
다면 '다는' 자리에 '다고 하는'이 쓰일 수 있어야 한다. 그런데 이것이
어색한 경우가 꽤 있다. '고 하'의 복원이 가능한 '다는'과, 복원이 어
색한 '다는'이 있는 것이다.

(33가)의 '결혼했다는 말을 하였다'는 (나)처럼 '결혼했다고 하는 말
을 하였다'로 바꾸면 어색해진다.

(33) 가. 그는 명희가 결혼했다는 말을 하였다.

　　　나. ?그는 명희가 결혼했다고 하는 말을 하였다.

이런 예를 들어 임동훈(1995: 120~124)에서는 '다는'의 기원을 '다고
하는'으로 볼 수 없다고 하였다. 그리고 이런 '다는'은, '고 하'가 생략
된 구성과 여러 면에서 다름을 보였다.

첫째, '다는'의 '는'은 '던'과 대립하지 않으며, '하는'으로 환원하기
도 어렵다.

(34) 가.그는 명희가 결혼했다는 말을 하였다.

　　　나. 그는 명희가 결혼했다{는/*던/??하는/*하던} 말을 하였다. (임
　　　　　동훈 1995: 120의 예)

둘째, '다는'의 '는'은 'ㄴ'으로 줄어들 수 있는데, 줄어든 'ㄴ'은 시제 내용이 항상 현재이다. 보통의 관형사형어미 '는'은 'ㄴ'으로 줄어드는 일이 없다. 게다가 관형사형어미가 'ㄴ'으로 바뀌면 시제 내용도 과거로 바뀐다. 의미 차이가 없는 (35가)와는 달리, (나)의 '하는'의 '는'은 현재로 해석되며 '한'의 'ㄴ'은 과거로 해석된다.

(35) 가. 그는 명희가 {결혼했다는 = 결혼했단} 말을 하였다.

　　　나. {오겠다고 하는, 오겠다고 한} 사람 충분히 환영해 주어야지.

이에, 임동훈(1995)에서는 이와 같은 '다는'의 '는'은 통시적으로 'ㅅ'과 관련된다고 하고, '는'은 속격조사이거나 속격조사화하는 과정에 있는 형태로 보았다.

이와는 달리, '고 하'의 복원이 가능한 '다는'도 있다. (36가)의 '다는'은 (나)의 '다고 하는'으로 바꾸어도 된다. 핵어명사 '강씨'는 내용절을 필요로 하는 보어절 명사가 아니다. [강 씨는 내전 등을 두루 겪었다고 한다]와 같은 구성에서 '강 씨'가 핵어명사로 빠져나온 것으로 본다면, 오히려 관계절과 가깝다.

(36) 가. [캄보디아 내전 등을 두루 겪었다는] 강 씨는 이번이 약탈이 가장 심했다면서…

　　　나. [캄보디아 내전 등을 두루 겪었다고 하는] 강 씨는 이번이 약탈이 가장 심했다면서…

다음의 (37가)의 '라는'도 (나)처럼 '고 하'를 복원할 수 있다. (36)과 비슷하게 핵어명사 '정부'를 [정부는 예방주사를 되도록 맞으라고 한다]와 같은 구성에 있던 성분으로 볼 수도 있다.

(37) 가. [예방주사를 되도록 맞으라는] 정부, 해결책을 모색 중이다.
　　나. [예방주사를 되도록 맞으라고 하는] 정부, 해결책을 모색 중
　　　이다.

'고 하'의 복원이 가능한 예들은 '던'과도 대립한다. (36가)와 (37
가)의 '다는'과 '라는'을 '다던'과 '라던'으로 바꾸면 시제 내용도 과거
로 바뀐다.

(38) 가. [캄보디아 내전 등을 두루 겪었다던] 강 씨는 이번이 약탈이
　　　가장 심했다면서…
　　나. [예방주사를 되도록 맞으라던] 정부, 해결책을 모색 중이다.

그런데 '고 하'의 복원이 가능한 '다는'의 자리에도, 'ㄴ'으로 줄어
쓰임이 가능하다. 그리고 이렇게 바뀌어도 시제 내용에 두드러진 차
이는 느껴지지 않는다.

(39) 가. [캄보디아 내전 등을 두루 겪었단] 강 씨는 이번이 약탈이 가
　　　장 심했다면서…
　　나. [예방주사를 되도록 맞으란] 정부, 해결책을 모색 중이다.

이상의 양상들은 '다는' 중에는 '고 하'의 복원이 가능한 것과 불가
능한 것이 있음은 확인되지만, 이들이 공시적으로 어떻게 구별되는
지는 논의의 여지가 있음을 보여 준다. 이후의 기술은 '다는, 냐는,

(으)라는, 자는'은 '다는'류로, '다고 하는, 냐고 하는, (으)라고 하는, 자고 하는'은 '다고 하는'류로 포괄한다.

'닷' 자리에 쓰이는 '단'

'고 ᄒ'의 복원이 불가능한 '다는'의 '는'이 'ㄴ'으로도 나타나는 것과 관련하여, 이때의 'ㄴ'은 다른 기원임을 주장한 논의들이 있다. 이현희(1986), 임동훈(1995), 안예리(2015) 등이 그러하다.

이현희(1986)에 기대어, 임동훈(1995)에서는 과정을 이렇게 설명한다. 중세국어에서 [NP이 S (ᄒ야) 니르다/ᄒ다]와 같은 인용구문에 대응하는 명사구는 [NP이 S ᄒ논 말]이다. 여기서 'ᄒ논'은 '니르다' 등의 인용동사를 대신하여 쓰인 것인데, 점차 'ᄒ다'의 의미가 추상화되면서, 주어가 실현되지 않은 [S ᄒ논 말]로 나타나게 된다.

인용구문   인용구문에 대응하는 명사구
NP이 S (ᄒ야) 니르다/ᄒ다: NP이 S ᄒ논 말 → S ᄒ논 말

그러다 'ᄒ논'이 앞의 S와 뒤의 '말'이 등가 관계에 있음을 표시하는 기능을 가지게 되면서, 속격 조사 'ㅅ'으로 교체되기도 한다. 그러면서 'S ᄒ논 말'이 'Sㅅ 말' 구문과 공존하게 된다.[9] 그리고 속격조사 'ㅅ'은 문장에 결합하여 후행 명사구를 수식하므로, 16세기 이후에는 그 기능이 비슷한 관형사형어미 'ㄴ'으로 교체되어 가는 양상을 보인다(이현희 1986, 1994).

---

9 'ᄒ논'이 'ㅅ'과 교체하는 예로는 이현희(1986)를 참조하여 다음을 제시한다. "此는 … 올히 여름 머거든 오는 히예 또 여러 댱샹 머그리라 ᄒ논 마리라"(『두시언해』 초간본 15: 22), "正法眼은 正호 法眼이랏 마리니"(『금강경삼가해』 2: 68)(임동훈 1995: 122).

S ᄒᆞ논 말 ⇄ S ㅅ 말

↕

S ㄴ 말

이 과정을 쉽게 쓰면 '~다 ᄒᆞ논 말'의 형태가 '~닷 말'로도 나타나다가 '~단 말'로도 나타나게 되었다는 것이다. 이를 인정하면 '단'의 직접적인 선대형은, 적어도 '다고 하는'이나 '다는'이 아닌 것이 된다.

안예리(2015)에서도 '단'은 어말어미 '다'에 사이시옷이 붙은 '닷'에서 기원한 것으로 보았다. '단'은 '닷'과 분포가 같고, 후행 명사를 수식하는 기능도 동일하다는 근거에서이다. 중세국어에서 '닷'의 후행 명사는 주로 '말'이고, 상당수가 본문의 단어에 대해 의미를 풀이하는 협주문에서 'NP는 ~닷 마리라'와 같은 형식으로 나타난다.

(40) 가. 阿閦은 動 업닷 마리오 (『월인석보』14: 50)

　　나. 廣熾는 너비 光明이 비취닷 ᄠᅳ디오 (『월인석보』2: 9)

　　다. 更無人이라 호ᄆᆞᆫ 저 외예 ᄂᆞᆷ 업닷 마리라 (『금강경삼가해』1: 24) (안예리 2015: 53)

안예리(2015)에서는 시기별 출현 빈도와 후행 명사의 종류도 관찰하였다. 이에 따르면 '닷'은 후대로 오면서 '단'으로 정착하는데, 15세기에 약 12% 비중이던 것이 16세기에는 약 80%에 이르는 등 16세기 이후로는 'ㄴ'형이 압도적으로 우세해졌다. 이런 '단'은 17세기부터 '는' 등의 시제선어말어미와 결합하기 시작하고,[10] 피수식 명사의 종

---

10 중세국어의 사이시옷이 결합되는 문장에서는 시제가 쓰이지 않았다. '단'이 한정절에

류도 다양해진다. 그 전에는 '말, 말쏨, 뜯, 젼츠' 정도로, 모두 피수식 명사의 내용을 구체화하고 있는 것들인데,[11] 17세기에는 이들 외에 '것, 놈, 사름, 글, 소문, 중' 등이 더해지고, 18세기에는 여기에 더해 '뢇, 겨집, 놈, 가사, 글, 글귀, 글ᄌ' 등등으로 확대되어 갔다는 것이다.

'단'과 '다는'

'닷'을 대체해 온 '단' 자리에 19세기 말부터는 '다는'이 광범위하게 나타난다고 한다. 안예리(2015)는 중세국어나 근대국어 자료에서는 발견되지 않는 '다는'이 19세기 말부터는 폭발적으로 발견된다고 하고, 당시 '다는'과 '단'이 혼용되어 쓰인 예들을 보인다. 다음은 신문에서의 혼용 예로 제시한 것이다.

(41) 가. 근일 일본 신문들에 아라샤와 일본이 죠션을 ᄀᆺ치 <u>보호ᄒᆞ다는</u> 말이 만히 잇스되 (《독립신문》 1896년 5월 16일)

　　가'. 빅쟉 졍샹형 씨가 ᄂᆡ각에 다시 <u>드러간단</u> 말도 잇더라 (《독립신문》 1896년 6월 23일)

　　나. 강화 보챵학교쟝 리동휘 씨가 경시쳥에 <u>잡혓다는</u> 말은 젼보에 게지ᄒᆞ엿거니와 (《대한매일신보》 1907년 8월 16일)

　　나'. 횡셩군슈 신홍틱 씨가 포군에게 <u>잡혀갓단</u> 말은 젼보에 게지

널리 쓰이게 된 데는 'ㅅ'에서 기인했다는 인식이 희미해진 점이 주요 동기가 되었을 것이며, 관형사형어미에 견인되어 한정절에 결합하는 어미로 발달되었을 가능성이 높다(안예리 2015: 59).

11　16세기로 오며 '말'의 비율이 70.6%에서 55.9로 하락하였는데, 이런 변화는 '~란 것'의 확대와 관련된 것 같다고 하였다. 예로는 "일히란 거슨/겨지비란 거시/박하탕이란 거슨" 등이 있다.

ᄒᆞ엿거니와 (《대한매일신보》 1907년 8월 16일)

이런 '다는'은 고소설에서는 『소강절』(19XX)에서만 집중적으로 나타나고, 국한문체의 역사전기소설에는 매우 드물게 나타난다. 그러나 신소설에서는 두루 쓰이고, 19세기 말~20세기 초에는 다양한 장르와 문체에 두루 나타난다. 이런 양상을 바탕으로, 안예리(2015)는 '다는'의 출현은 너무나 갑작스럽고 전면적이라고 하였다.

그리고 이런 갑작스러운 출현에 대해 두 가지 가능성을 생각해 볼 수 있는데, 두 가지 다 약점이 있다고 하였다. 하나는, 구어에서 '다는'의 문법화가 점진적으로 일어나다가 19세기 말 구어를 반영한 문헌이 대거 등장하면서 갑자기 많이 발견된다고 보는 것이다. 그러나 이런 가정은 그 이전 시기인 근대국어의 구어 자료에서도 '다는'의 용례는 발견되지 않는다는 점이 난점이다.

두 번째 가능성은, '다는'이 '(고) 하'의 탈락 과정에서 문법화된 형태가 아니라, '단'으로부터 기원했을 가능성이다. '닷 〉 단 〉 다는'으로의 변화를 가정하는 것이다. 그러나 이는 음절수가 적었던 형태에서 늘어나는 형태로의 변화라는 것이 부담이 된다고 하였다.

'단' 자리에 쓰이는 '다는'이, '다고 하는'의 줄임말로서가 아니라 '단'에서 촉발되었을 가능성은 이보다 앞서 임동훈(1995)에서 제시한 바 있다. 임동훈(1995)은 'S ㅅ 말'류에서 교체된 'S-ㄴ 말'류는 그 후 관형사형어미 '는'에 이끌리는 'S-는 말'류의 구문을 탄생시킨 것으로 본다. 그리고 'ㄴ'이 '는'으로도 나타날 수 있었던 것은, 중세국어 인용문의 'ᄒᆞ-'는 'ᄒᆞᄂᆞ'이든 'ᄒᆞᆫ'이든 'ᄒᆞᇙ'이든 시제 내용이 다르지 않은 데 기반한다고 하였다.

① S ㅅ 말 → S ㄴ 말 → S 는 말

② S 흔/ㅎ논 말   →   S ㄴ/는 말

또한 [S ㅎ 논 말]류의 'ㅎ논'을 대신하는 'ㅅ'이 'ㄴ'으로 바뀌자, 이
것이 인용구문 안의 '흔'과 'ㅎ 논'에도 파급되어 형식적인 의미를 지
니던 'ㅎ-'가 줄어든다. 그 결과 인용구문의 '흔'이나 'ㅎ 논'이 'ㄴ'과
'는'으로 변하면서 선행하는 문장에 화합되어 [S-는/ㄴ NP]류의 구
문이 등장하게 되었다. 요컨대 '다는'은 ① [S ㅅ 말]에서 비롯된 것과
② [S 흔/ㅎ논 말]에서 'ㅎ'가 사라진 것이 있다고 본 것이다.

지금까지 살펴본 그간의 논의를 바탕으로 하면, '닷'에서 촉발된
'단'이 있고, 또 모종의 이유로 '단'을 대신하게 된 '다는'이 있었다는
사실은 분명해 보인다. 즉 '다는'에는 '단'에서 촉발된 '다는'과, 지금
도 존재하는 '다(고) 하는'의 줄임말인 '다는'이 있다는 것이다.

'단' 자리에 오는 '다는'과, '다고 하는'의 줄임말인 '다는'의 구분이 얼마큼 가능한가

그러면 '다고 하는'에 기원을 두지 않은, '단' 자리에 쓰이는 '다는'
과 '고 하'를 복원할 수 있는 '다는'의 구분은 현대국어에서 어떻게 이
루어지며, 어느 정도로 가능한가. 이는 아마도 이들의 문법적 양상의
차이와 후행명사의 차이가 있는가 하는 물음일 것이다. 편의상 전자
를 '다는₁', 후자를 '다는₂'로 부르기로 하고 살펴보자.

일단, '다고 하는'류가 쓰인 예에서 '고 하'를 생략할 수 있는 문례
는 많다. 다음은 각각 '다고/라고/자고/냐고 하는'으로 표현된 것을
'다는'류 형태로 바꾸어 본 것으로, 모두 자연스럽다.

(42) 가. 사람들이 매우 감성적으로 훼손당했다고 하는(→ 훼손당했다는) 이야기가 있다.

나. 전화 끊으라고 하는(→ 끊으라는) 말 못 들었니?

다. 그것을 차라리 합법화하자고 하는(→ 합법화하자는) 사람들이 있다.

라. 우리는 뭐냐고 하는(→ 뭐냐는) 말에는 학생들이 민주화라는 대의를 위해 자기를 희생하며…

이를 보면, 공시적으로 '다고 하는'에서 '고 하'가 생략되었을 만한 '다는₂'류가 있음은 확인된다.

그리고 반대로, 앞의 (34)의 예처럼 '다는'에 '고 하'를 끼워 넣으면 어색해지는 문례도 분명히 있다. 아래 예는 '다고 하는'으로 바꾸기 어려운 '다는'의 예이다.

(43) 가. 이제 겁날 것은 아무것도 없다는 생각이었다.

가′. *이제 겁날 것은 아무것도 없<u>다고 하는</u> 생각이었다.

나. 거리가 멀다는 핑계로 일어서긴 했지만.

나′. ?거리가 멀<u>다고 하는</u> 핑계로 일어서긴 했지만.

다. 자신만을 위해 준비되었다는 느낌이 들었다.

다′. *자신만을 위해 준비되었<u>다고 하는</u> 느낌이 들었다.

그런데 '다는₁', '다는₂'가 확인된다는 것이, 이들을 분명하게 구분할 수 있음을 의미하는 것은 아니다. 즉 공시적으로 '고 하'를 복원할 수 있는 '다는₂'와 불가능한 '다는₁'이 있고, '다는₁'은 기원이 '다고 하는'보다는 '닷'을 교체해 온 '단'과 더 연관되었을 가능성이 있음은 확인되지만, 그렇다고 현대국어에서도 이런 차이가 반영되도록 이들이 분명하게 구분되는 것은 아니다.

첫째, '고 하'의 복원 가능성 여부가 그리 탄탄한 검증 도구가 되지 못한다. 화자에 따라 수용성에 대한 판단이 많이 달라지는 경향이 있기 때문이다. '다고 하는'으로 표현된 문례를 '다는'으로 바꾸는 것이 대체로 가능한 것과는 달리, '다는'에 '고 하'를 끼워 넣어 보는 검증은 그래서 어려움이 있다.

다음의 예문은 원래 '다는'류로 표현된 것인데, 여기에 '고 하'를 넣어 보았다. (44가')은 조금 어색하고 (나')은 아주 어색하다. (가')에 대해서는 화자에 따라 별로 어색하지 않다고 할 수도 있다.

(44) 가. 저리 채권을 구입하면 출처 조사를 <u>면제해 주자는</u> 의견도 나오고 있다.

　　가′. [?]저리 채권을 구입하면 출처 조사를 <u>면제해 주자고 하는</u> 의견도 나오고 있다.

　　나. 공동으로 수정 <u>보완하자는</u> 말씀은 철회될 것이다.

　　나′. [*]공동으로 수정 <u>보완하자고 하는</u> 말씀은 철회될 것이다.

다음의 예문도 수용성에 대한 판단이 필자로서는 때마다 달라진다.

(45) 가. 따뜻한 곳에서 이 아름다운 밤을 함께 <u>지새우겠다는 우리의 기대는</u> 무산되는가 싶었다.

　　가′. ^{??}따뜻한 곳에서 이 아름다운 밤을 함께 <u>지새우겠다고 하는 우리의 기대는</u> 무산되는가 싶었다.

이처럼 수용성의 판단이 즉각 이루어지지 않는 예문은 실제 코퍼스를 들여다보면 부지기수이다. 게다가 '고 하'의 끼워 넣기는 어색하더라도, '고' 없는 '하는'류는 얼마든지 가능한 경우도 많다. 위에서 '고 하'를 복원할 수 없는 문례로 다루었던 (43)도 '고' 없이 '하는'만 추가하면 훨씬 자연스러워진다.

(46) 가. 이제 겁날 것은 아무것도 없다 <u>하는</u> 생각이었다.

　　나. 거리가 멀다 <u>하는</u> 핑계로 일어서긴 했지만.

　　다. 자신만을 위해 준비되었다 <u>하는</u> 느낌이 들었다.

비슷한 예는 얼마든지 있다. (47)의 '사실, 표정, 이유'는 전형적인 보절명사로서, '다고 하는'보다는 '다는'이 자연스럽다. 만약 화자에 따라 '다고 하는'도 자연스럽다고 판정한다면, 이는 더욱 '고 하' 끼워 넣기에 의한 검증이 어려움을 방증하는 것이 된다.

(47) 가. 문득 한쪽 어깨가 허전하다는(→*허전하다고 하는) 사실을 깨달았다.

　　나. 김 여사는 한심스럽다는(→*한심스럽다고 하는) 표정으로 혀를 찼다.

　　다. 오로지 돈이 많다는(→*많다고 하는) 이유만으로 감투를 달았으니.

그런데 이들 예에서도 '고 하'가 아닌 '하는'만 추가하면 그 수용성은 올라간다.

(48) 가. [?]문득 한쪽 어깨가 허전하다 하는 사실을 깨달았다.

　　　나. 김 여사는 한심스럽다 하는 표정으로 혀를 찼다.

　　　다. 오로지 돈이 많다 하는 이유만으로 감투를 달았으니.

이런 양상들은 '고 하'의 끼워 넣기 가능성 여부로 이들을 구분하는 것이 쉽지 않음을 보여 준다.

둘째, '다는₁'의 '는'은 'ㄴ', 즉 '단'으로도 나타날 수 있다는 것이 주요 특징으로 지적되어 왔는데, 이런 줄임은 '다는₂'에서도 가능하다. 이는 위 (43)의 '다고 하는'이 쓰인 예를, (49)처럼 '단'류로 바꾸어 보면 드러난다.

(49) 가. 사람들이 매우 감성적으로 훼손당했다고 하는(→ 훼손당했
　　　　　단) 이야기가 있다.

　　　나. 전화 끊으라고 하는(→ 끊으란) 말 못 들었니?

　　　다. 그것을 차라리 합법화하자고 하는(→ 합법화하잔) 사람들이
　　　　　있다.

　　　라. 우리는 뭐냐고 하는(→ 뭐냔) 말에는 학생들이 민주화라는 대
　　　　　의를 위해 자기를 희생하며…

이렇게 바뀐 '단'류와 '다는'류 사이에 시제 내용의 차이가 특별히 부각되는 것도 아니다. 아래 예는 비교할 수 있도록 '단'류와 '다는'류를 나란히 두었다.

(50) 가. 훼손당했단 이야기가 있다.; 훼손당했다는 이야기가 있다.

　　　나. 전화 끊으란 말 못 들었니?; 전화 끊으라는 말 못 들었니?

다. 합법화하잔 사람들이 있다.; 합법화하자는 사람들이 있다.

라. 우리는 뭐냔 말에는; 우리는 뭐냐는 말에는

물론, 모든 '다고 하는'에 대해 '단'류와의 시제 내용의 차이가 없다고 단언할 수는 없다. 아마도 개별 예문을 들여다보면 차이가 부각되는 예들도 발견될 것이다. 그러나 분명한 것은, 시제 내용의 차이가 없는 예가 분명히 있으며, 따라서 시제 차이가 없는 것이 '다는₁'에 국한되지 않는다는 사실이다.

마지막으로, '다는₁'은 '다는₂'와는 달리 '던'과 대립을 이루지 않는다는 것은 어떠한가. '고 하'의 복원 가능성이나 시제 내용의 차이 없는 '단'으로의 실현 여부에 비해, '던'의 허용 여부는 상대적으로 상당한 경향성을 보인다. 즉 비교적 '다던'이 '다는₁'이 쓰였음 직한 자리에서는 어색하고, '다는₂'가 쓰였음 직한 자리에서는 자연스러운 듯하다.

다음은 위에서 '고 하'의 끼워 넣기가 어색한 '다는₁'로 다루어진 예이다. 이들을 '다던'으로 바꾸어 보면 모두 어색해진다.

(51) 가. 자신만을 위해 *준비되었다던 느낌이 들었다.

　　　나. 문득 한쪽 어깨가 *허전하다던 사실을 깨달았다.

　　　다. 김 여사는 *한심스럽다던 표정으로 혀를 찼다.

　　　라. 오로지 돈이 *많다던 이유만으로 감투를 달았으니.

반면에, 위의 (42)에서 '다고 하는'류가 쓰인 예에 대해서는 '다던'도 대체로 자연스럽다.

(52) 가. 사람들이 매우 감성적으로 <u>훼손당했다던</u> 이야기가 있다.

나. 전화 <u>끊으라던</u> 말 못 들었니?

다. 그것을 차라리 합법화하자던 사람들이 있었다.

라. 우리는 <u>뭐냐던</u> 말에는 학생들이 민주화라는 대의를 위해 자기를 희생하며…

따라서 '다는'의 구분에 상대적으로 유효한 것은 '던'의 결합 여부이다. 그렇다면 '던' 결합이 불가능하면 '다는₁'이 쓰인 것이고, '던' 결합이 가능하면 '다는₂'가 쓰였다고 말할 수 있을까. 이에 대해서는 '다는₂'를 독자적인 형태로 인정할 것인가의 여부를 살피면서 함께 논의하기로 하자.

'다는₂'의 독자성 여부

'다는₂'류는 '다고 하는'류가 줄어든 말로 여겨지는 것이 일반적인 듯하다. '다고 하는'과 구별해야 할 특별한 이유가 있지 않는 한, 즉 '다는₂'만의 독자적인 용법이나 양상이 발견되지 않는 한, 줄어든 말은 별개의 형식으로 인정하지 않는 관례를 따라 온 것이다.

그러나 원래 구성과 다른 문법적·의미적 양상이 일관되게 확인되어야만 독자성을 인정하는 태도는 지나치게 엄격하다. '다는'을 선택할 때 '다고 하는'을 떠올리는 화자가 얼마나 될까. 혹은 그보다 앞서 '다는'이 '다고 하는'의 줄임말임을 아는 한국어 화자는 얼마나 될까. 혹은 보다 더 현실적으로 '다는'을 써도 되는 자리에 '다고 하는'을 쓰는 이는 얼마나 될까. 많이 양보해서, '다고 하는'을 떠올리지 않은 채 '다는'을 더 손쉽게 선택하는 이들이 아직 일부라고 해도, 이런 수적인 열세가 '다는'의 독자성을 인정하지 않을 만한 근거가 되는가.

의미가 동일하다면 '다고 하는'보다는 '다는'을 더 수월히 선택할 것 같은 언어 현실 외에도, '다고 하는'으로의 복원 가능성과는 무관하게 '다는₂'의 독자성을 인정해야 하는 사정이 있다.

첫째, '다는'이 쓰인 예를 '다고 하는'으로 바꿀 수 있다고 해서, 이 때의 '다는'은 '다는₁'이 아닌 '다는₂'라고 보장할 수 없다. 먼저, 앞서 지적한 '고 하'의 복원 가능성에 대한 판정이 사람마다 다를 수 있다는 것이 문제이다. 앞에서 살펴본 (44), (45)가 그런 예인데, 판단의 개인적 차이를 인정한다면 그만큼 '다는₁'인지 '다는₂'인지 판단이 달라지는 문제가 뒤따른다. 또한, 보어절 명사로서 '다는₁'을 취할 것으로 기대되는 환경에서도 '다고 하는'이 아닌, '다 하는'은 가능하다. 이는 앞의 (47)과 (48)에서 살펴보았다. 이런 현실도 '(고) 하'의 복원 여부로 '다는'의 종류를 나눌 수 없음을 보여 준다. '다 하는'의 복원 가능성까지 끌어들이면 '다는₁'이 올 만한 자리에서도 '다 하는'으로의 복원이 가능해지기 때문이다.

무엇보다, '다는₁'이 쓰일 만한 환경에서도 '다고 하는'이 나타나는 일이 있다. 다음은 각각 명사 '세계관'과 '관념'이 '다고 하는'을 취하고 있는 예이다. 이들 명사는 내용절을 취할 만한 것들이고, 아래 예들에서 관계절의 핵어명사로 쓰였다고 볼 만한 이유는 찾아지지 않는다.

(53) 가. 그 산정에 최고 존경받아야 할 신인 제석이 자리 잡고 있으며 그 아래 산 주위에 인간들이 살고 있다고 하는(→ 있다는) 세계관을 지니고 있었다.

　　나. 모든 인간은 평등하게 창조되었다고 하는 관념은, 모든 인간들이 그 자체가 목적이지 결코 수단이 아니라고 보는 기본적 권리를 갖고 있다는 의미였다.

이들 예의 '다고 하는'을 '다는'으로 바꾸어도 자연스럽다. 또한 이를 다시 '단'으로 바꾸어도 대체로 자연스럽다. (54가)는 아주 자연스럽고, (나)는 화자에 따라 약간 어색하다고 판단할 수 있지만 아예 비문이라고 할 정도는 아니다.

(54) 가. 그 산정에 최고 존경받아야 할 신인 제석이 자리 잡고 있으며 그 아래 산 주위에 인간들이 <u>살고 있다는(→ 있단)</u> 세계관을 지니고 있었다.

　　　나. 모든 인간은 평등하게 <u>창조되었다는(→ [?]창조되었단)</u> 관념은, 모든 인간들이 그 자체가 목적이지 결코 수단이 아니라고 보는 기본적 권리를 갖고 있다는 의미였다.

그런데 이들 예는 '던'이 쓰이면 꽤 어색해진다. (55가)는 상당히 어색하고 (나)는 화자에 따라 수용 가능하다고 할 수도 있다.

(55) 가. 그 산정에 최고 존경받아야 할 신인 제석이 자리잡고 있으며 그 아래 산 주위에 인간들이 <u>*살고 있다던</u> 세계관을 지니고 있었다.

　　　나. 모든 인간은 평등하게 <u>[?]창조되었다던</u> 관념은, 모든 인간들이 그 자체가 목적이지 결코 수단이 아니라고 보는 기본적 권리를 갖고 있다는 의미였다.

'던'과 대립을 이루지 않는 양상은 '다는₁'과 비슷하지만, '다는'이 아니라 '다고 하는'이 쓰인 이런 예문의 존재는, '다고 하는'으로의 복원 가능성에 기대어 '다는₁'과 '다는₂'를 구별하는 일이 생각만큼 수월하지 않음을 보여 준다. 그리고 이는 '다는₂'를 '다고 하는'이 줄어든 말로만 둘 수 없음을 방증한다. '다는₂'만이 '다고 하는'의 줄임말이라는 보장도 없고, 또 '다고 하는'의 줄임말로서 선택된 것인지도 확인할 길이 없기 때문이다.

내용절, 혹은 동격절로 해석될 만한 문례에 '다고 하는'이 쓰이는 일은 얼마든지 찾아낼 수 있다. 이를 바꿔 말하면, 어떤 경우에 '다고 하는'을 선택하고 어떤 경우에 '다는'을 선택하는지를 정확히 설명해 내기 어려운 예가 많다고 할 수 있다. 아래의 예도 비슷하다.

(56) 가. 때문에 경제적 사회주의와 정치적 민주주의를 겸전시키겠<u>다고 하는</u> 사회민주체제가 과연 성공할 수 있느냐 하는 데 대해서는 의문을 제기하지 않을 수 없다.
　　　 나. 대표와 당 사람들이 매우 감성적으로 훼손당했<u>다고 하는 이야기</u>가 있다면서.
　　　 다. 자신이 규정을 위반했<u>다고 하는 사실</u>을 밝혔다.

'다는₂'의 독자성을 인정해야 하는 두 번째 사정은, '다던'류도 '다고 하던'이 올 만한 환경에서 '고 하'가 생략되어 쓰인 것임을 보장할 수 없다는 데 있다. 아래는 원래 '라던'으로 표현된 문례이다.

(57) 가. 그제야 양 과장님을 바꾸어 달<u>라던</u> 말이 생각났다.
　　　 나. 선생님이 <u>가져오라던</u> 꽃봉투는 신체검사를 하기 위해 ○○을 채취해 담아 가는 것이었다.

(57)의 예에 '고 하'를 넣으면, (58)에서 보듯이 조금 어색해진다. 그

리고 이는 두 표현 사이의 시제나 상의 차이가 관련되어 있는 듯하다.

(58) 가. 그제야 양 과장님을 바꾸어 ^{??}달라고 하던 말이 생각났다.
　　　나. 선생님이 ^{??}가져오라고 하던 꽃봉투는 신체검사를 하기 위해
　　　　　○○을 채취해 담아 가는 것이었다.

관형사절의 '던'은 대체로 과거 비완결상을 표현하고, '었던'은 '었
었'처럼 현재와의 접점이 없는 과거를 표현한다. 그리고 동사에 결합
한 '은'은 '었'처럼 현재와의 접점을 가질 수도 있는 과거를 표현한다.

(59) 가. 형이 입던 옷은 작아지면 늘 내 차지가 되었다.
　　　나. 하루라도 입었던 옷은, 바로 세탁기에 집어넣었다.
　　　다. 형이 입은 옷은 무엇이든 멋져 보인다.

(59가)의 '입던'은 과거의 상황이면서, 당시에 끝나지 않고 계속 반
복되고 있는 상황임을 함축한다. 반면에 (나)의 '입었던'은 과거에 일
어난 상황이면서, '입던'과는 달리 당시에 계속된다는 함축을 가지지
않고 오히려 이미 종료된 상황이라는 뉘앙스를 부각한다. (다)의 '입
은'은 과거에 벌어진 상황일 수도 있고, 과거 사건의 결과로서 얻어진
현재 상태일 수도 있다.

위 (57)의 '라던'을 (58)처럼 '라고 하던'으로 바꾸면 어색해지는 것
은, '라고 하던'에서 읽히는 '던'의 비완결의 의미가 '라던'에서는 그다
지 적극적으로 읽히지 않는 데서 비롯한다. (57)의 예들은 일회적 상
황으로 해석되는 것이 보통이다. 즉 양 과장님을 바꾸어 달라고 말
을 하거나 선생님이 꽃봉투를 가져오라고 지시한 상황이 한 번 있었

던 것으로 읽힌다. 아니면, 이런 말을 하는 상황이 여러 번 계속되었을 가능성을 완전히 배제하지는 않는다 하더라도, 적어도 이런 비완결의 의미가 전면에 부각되지는 않는다.

반면에 (58)의 '라고 하던'에서는 '던'의 비완결적 의미가 효력을 발휘한다. 즉 '바꾸어 달라고 하던 말'은 이런 주문이 여러 차례 있어 왔고, '가져오라고 하던 꽃봉투'는 이런 지시가 여러 차례 이어져 왔다고 보통 해석된다. 따라서 이런 비완결성의 효과를 드러내지 않고 그저 과거에 일어난 어떤 상황임을 표현하고자 한다면 아래와 같이 '었던'이나 '은'을 더 쓸 만하다. 즉 (57)의 '라던'에 의미적으로 대응하는 구성은 '라고 하던'보다는 '라고 했던'이나 '라고 한'일 수도 있다.

(60) 가. 그제야 양 과장님을 바꾸어 달라고 {했던, 한} 말이 생각났다.

나. 선생님이 가져오라고 {했던, 한} 꽃봉투는 신체검사를 하기 위해 ○○을 채취해 담아 가는 것이었다.

비슷한 예는 얼마든지 찾을 수 있다. (61가)에서도 사형수가 자식에게 유언을 전하는 상황은 여러 번 지속되었을 가능성보다 한 번 있었음 직하다. (나)의 '책을 읽자던 마음'은 '책을 읽자고 하던 마음'으로 바꾸면 어색해진다. (다)의 '만나자던 다짐'도 '만나자고 하던 다짐'으로 바꾸면 어색하다.

(61) 가. 들끓던 시절 서둘러 총살형을 집행당한 어떤 사형수로부터 자기 자식에게 꼭 <u>전해 주라던</u> 유언을 그제서야 생각해 낸 지독한 건망증의 간수가…

나. 불안을 메우고자 <u>책을 읽자던</u> 마음을(→ *책을 읽자고 하던

마음) 비웃고 싶습니다.

다. 은혜는 부지런히 <u>만나자던 다짐</u>을(→ *만나자고 하던 다짐)
아주 어기고 말았다.

물론, '다던'의 '던'에서 비완결의 의미가 발현되는 경우도 있다. '라
던'이 쓰인 (62)는 당국의 설명이 여러 차례 있었으리라는 해석이 가
장 자연스럽다.

(62) 민간인에 대한 검문검색은 있을 수 <u>없는 일이라던</u> 당국의 설명도
헌병 순찰이 국군 본래의 국방 의무에 벗어난 활동이 아님을 강조

또한 '다고 하던'에서 '던'이 일회적 상황에 결코 쓰일 수 없는 것도
아니다. (63)은 평소에 그런 말을 여러 차례 한 것으로 해석될 수도
있고, 단 한 차례 한 것으로 해석될 수도 있다.

(63) 전주로 가야 의지할 곳이 <u>있다고 하던 말</u>이 생각나서.

이런 점에서 '다던'류의 '던'은 비완결상의 의미를 가지지 않는다거
나 '다고 하던'에서의 '던'은 늘 비완결상의 의미가 발현된다고 할 수
는 없다.

중요한 사실은 '다고 하던'의 '던'이 대체로 과거 비완결의 의미를
나타내는 데 비해, '다던'의 '던'은 이런 의미가 두드러지지 않는 경우
가 꽤 있고, '다고 하던'으로 복원할 경우 어색해지거나 의미가 달라
지기도 한다는 데 있다. 이런 양상은 '다던'류를 '다고 하던'에서 '고
하'가 생략된 형태로만 볼 수는 없으며, 따라서 '다는'과 더불어 '다던'

도 그 독자성이 인정될 만함을 시사한다.

'다던'류가 의미적으로 '다고 한'이나 '다고 했던'에 대응되기도 한다는 것은, 다음과 같은 상황을 생각해 보면 조금 더 분명해진다. 다음은 '고 하' 구성에서 줄어든 말로 어떤 표현이 쓰일 수 있는지를 짐작해 본 것이다.

(64) 가. 이것 다 먹겠다고 ^{??}하던 사람 어디 갔어?

    → 먹겠다던 사람

나. 이것 다 먹겠다고 했던 사람 어디 갔어?

    → 먹겠단 사람, 먹겠다던 사람

다. 이것 다 먹겠다고 한 사람 어디 갔어?

    → 먹겠단 사람, 먹겠다던 사람

라. 이것 다 먹겠다고 ^{??}하는 사람 어디 갔어?

    → [?]먹겠다는 사람, 먹겠단 사람

(64가)처럼 '먹겠다고 하던 사람'은 필자의 판단으로 아주 자연스럽지는 않지만 허용하지 못할 정도는 아니므로, 이를 줄이면 '먹겠다던'이 되는 듯하다. 그런데 (나)의 '먹겠다고 했던'이나 (다)의 '먹겠다고 한'에 의미적으로 대응되는 줄어든 표현으로는 '먹겠단'이나 '먹겠다던'이 모두 가능하다. (라)의 '먹겠다고 하는'도 조금 어색하지만 역시 허용하지 못할 정도는 아니므로, 의미적으로 대응될 만한 줄어든 표현은 '먹겠다는'이나 '먹겠단'이 가능하다.

직관이 달라서 이런 분석에 동의하지 않는다면, 반대로 '먹겠단 사람'이나 '먹겠다던 사람'이 가지는 시간 해석을 생각해 보는 방법도 있다. '먹겠단 사람'은 아마도 '먹겠다고 한, 먹겠다고 하는'에 해당되는 의미를 떠올릴 것이고, '먹겠다던'은 '먹겠다고 한, 먹겠다고 하던, 먹겠다고 했던' 정도에 해당되는 의미를 떠올릴 것이다. 구어에서는 '먹겠댔던 사람'처럼 '었던'이 결합된 형태가 쓰이기도 하지만[12] 말뭉치에서는 별로 검색되지 않는다.

따라서 이런 양상을 인정한다면, '다는'과 '단'의 시간 차이가 별로 부각되지 않다 보니, 과거 표현의 부담을 '던'이 떠안은 것이 아닌가 추정하게 된다. 즉 '다던'류에서 '던'은 과거비완결 외에 그저 과거임을 나타내기 위해서도 쓰인다고 보는 것이다.

이런 추정은 '고 하'가 생략된 '다는'이나 '다던'과는 달리, '고 하'가 생략되지 않는 구문에서는 비교적 관형사형어미의 시제적 의미가 발휘된다는 점에서도 뒷받침된다. 즉 '다고 하는'과 '다고 한'은, '다는'과 '단'보다 시제 내용의 차이가 있다. (65가), (다)에서 '귀가하겠다고 한'과 '맞으라고 한'은 시제 내용이 과거이고, (나), (라)에서 '귀가하겠다고 하는'과 '맞으라고 하는'은 시제 내용이 현재이다.

(65) 가. [오늘부터 일찍 귀가하겠다고 한] 사람이 왜 아직도 안 들어와?
　　나. [오늘부터 일찍 귀가하겠다고 하는] 사람이 일을 그리 천천히
　　　　해서 어떡해?
　　다. [예방주사를 되도록 맞으라고 한] 정부가 결국은 책임질 일이다.
　　라. [예방주사를 되도록 맞으라고 하는] 정부가 해결책도 내놓아
　　　　야 한다.

12　'먹겠댔던 사람'이 가능하냐고 물을 수도 있다. 이는 좀 어색한 느낌이 드는 것도 사실
　　인데, '먹겠던 사람', '먹으랬던 사람' 등은 이보다 더 자연스러우므로, 원칙적으로 가
　　능한 표현이라고 볼 만하다.

그렇다면, '고 하'의 복원 가능성에 기대어 '다는₁'과 '다는₂'를 구분하기 어려운 예들, '다고 하던'과는 시제 내용이 다르기도 한 '다던'의 쓰임, '다는₁'과 '다는₂' 모두 시제 내용의 큰 변화 없이 '단'으로도 쓰일 수 있는 현상 등은 왜 일어난 것일까. 아마도 '닷'에서 발달한 '단'이나 후대형인 '다는', '다고 하는'의 줄임말인 '다는'을 화자들은 별로 구별하지 않고 표면형에 이끌려 그 쓰임을 확장하는 과정에서 서로 섞인 것이 아닌가 한다. 화자들은 [다는 N]과 같은 구성을 확대 사용하면서, 굳이 '다고 하는'을 떠올렸을 것 같지는 않다.

'다던'류가 가능한 환경

우리는 앞에서 '던' 결합이 불가능하면 '다는₁'이 쓰인 것이고, '던' 결합이 가능하면 '다는₂'가 쓰였다고 말할 수 있을지를 물은 바 있다. '다고 하는'의 허용 여부로 '다는₁'과 '다는₂'를 구분한다면, '던' 결합이 가능하다고 해서 '다는₂'가 쓰였다고 단언할 수는 없다. '다던'의 문례 중에는 '다고 하던'으로의 복원이 어려운 경우도 있기 때문이다.

그러나 '다던'류가 인용문을 상정할 수 있는 관형사절에는 대개 허용되고, '다던 사실'과 같이 전통적으로 보어를 필요로 하는 명사가 내용절을 취하는 구성에서는 어색해지는 경향이 분명히 존재한다. 다음 (66가)의 대괄호로 묶인 인용의 명사구는, 의미적으로 대응되는 인용구문으로 (나)를 상정해 볼 수 있다. 즉 (나)와 같은 인용문을 명사구로 표현한다면 (가)와 같은 형식이 될 것이다. 이때 '던'은 도지사의 결심이 과거에 이루어졌음을 표현한다.

(66) 가. [직을 걸고 쌀 시장 개방을 막겠다던 도지사의 결심]이 있었는데.

나. 도지사가 직을 걸고 쌀 시장 개방을 막겠다고 결심을 했다.

아래 예들도 마찬가지이다. (67가)는 [꼭 대추차를 끓여 먹으라고 친구가 짓궂게 강요했다] 정도의 구문에 상응할 만하며, (나)는 [법사위가 의견을 수렴하겠다고 약속했다] 정도의 구문에 상응할 만하다. 이때 상응할 만하다는 것은 의미적으로 그렇다는 것이지 엄격한 통사적인 변형 관계를 전제하는 것은 아니다. 이들 예에서도 '던'은 모두 해당 발화 행위가 과거에 이루어졌음을 표현한다.

(67) 가. [꼭 대추차를 끓여 먹으라던 친구의 짓궂은 강요]도 생각난다.
　　 나. [최대한 의견을 수렴하겠다던 법사위의 약속]이 지켜지질 않고 있다.

앞의 (57)에서 '라던'이 쓰인 예로 제시했던 아래 (68)도, 인용으로 볼 만한 것들이다. (가)는 [양 과장님을 바꾸어 달라고 말을 했다] 정도에 상응하는 인용의 명사구이다. (나)는 [선생님이 꽃봉투를 가져오라고 했다] 정도에 상응하는 인용의 명사구이다. 특히 (나)는 피수식 명사인 '꽃봉투'가 [선생님이 꽃봉투를 가져오라고 했다]와 같이 내포된 인용절의 한 성분으로 볼 수 있는데, 이처럼 인용절 내부의 공지시되는 성분이 피수식 명사가 되는 구성에서는 '다던'이 아주 자연스럽다.

(68) 가. 그제야 양 과장님을 바꾸어 달라던 말이 생각났다.
　　 나. 선생님이 가져오라던 꽃봉투는 신체검사를 하기 위해 ○○을 채취해 담아 가는 것이었다.

반면에 '다던'류가 불허되는 문례는 명사보어절의 예들이다. 즉 피수식 명사의 내용을 담은 절에는 '다던'류가 대체로 허용되지 않는다.

다음은 '고 하'의 끼워 넣기가 어색한 '다는'의 자리에, '다던'을 넣어 어색해진 예이다. 앞의 (51)에서 언급했던 것인데, 모두 인용절이 아니라 보어절의 예이다. 이는 위의 예들처럼 상응할 만한 인용구문이 있을지를 가늠해 봄으로써 확인할 수 있다.

(69) 가. 자신만을 위해 {준비되었다는, *준비되었다던} 느낌이 들었다.

　　　나. 문득 한쪽 어깨가 {허전하다는, *허전하다던} 사실을 깨달았다.

　　　다. 김 여사는 {한심스럽다는, *한심스럽다던} 표정으로 혀를 찼다.

(69가)의 '다는' 절은 명사 '느낌'의 내용을 표현하며, [??자신만을 위해 준비되었다고 느낌이 들었다]와 같은 의미적으로 상응할 만한 인용구문을 떠올리기 어렵다. (나)도 [*한쪽 어깨가 허전하다고 사실을 깨달았다]와 같은 구문을 떠올리기 어려우며 (다)도 [*김여사는 한심스럽다고 표정을 했다]와 같은 구문을 떠올리기 어렵다.

'다던'류가 가능한 환경은 발화 행위나 사유 행위가 있었던 상황이다. 그리고 이때의 '던'은 해당 행위나 사태가 과거에 이루어졌음을 표현한다. 그래서 동일한 피수식 명사라 하더라도, 사유나 발화 행위가 있었느냐에 따라 '다던'의 허용 여부가 갈리기도 한다. 일례로 '생각, 목표, 선언' 등 내용의 보어절을 취할 만한 명사들도 '-의 생각, 목표, 선언'과 같이 행위주나 경험주가 표현되는 문례에서는 '다던'류가 더욱 자연스럽다.

(70가)는 다른 표현을 수정하지 않은 채 '다던'으로 바꾸면 어색해진다. 반면에 피수식 명사가 '노인의 생각'으로 표현되어 있는 (나)는

'라던'이 자연스럽다.

(70) 가. 모든 상처를 싸매고 싶다는(→ $^{??}$싶다던) 생각을 했다.
　　나. 처음에 그곳을 <u>가 보라던 노인의 생각</u>도 그런 것이었다면
　　　서…

다음의 예도 비슷하다. (71가)처럼 행위주가 표현되지 않은 문례에
서보다 (나)와 (다)처럼 행위주가 표현된 문례에서 '다던'류가 더욱 자
연스럽다. 이는 [누구의 관심도 거부하겠다고 아이가 선언을 했다]나
[그곳까지만 와 보자고 그들이 약속을 했다]와 같은 상황이 과거에
있었음이 드러나는 데 기인한다. 반면에 (가)는 선언 행위가 있었음
을 전제하지는 않는다. 화자가 짐작해 낸 선언의 내용일 수도 있다.

(71) 가. 가쁜 숨소리와 함께 안에서 한마디가 튀어나왔다. 당돌하고
　　　도전적인 목소리였다. 마치 누구의 관심도 <u>거부하겠다는 선
　　　언</u>이 담기어 있는 듯했다.
　　나. 당돌하고 도전적인 목소리였다. 누구의 관심도 <u>거부하겠다던
　　　아이의 선언</u>이 분명하게 담겨 있었다.
　　다. 애초에 그곳까지만 <u>와 보자던 그들의 약속</u>은 불 속에 들어간
　　　얼음처럼 저절로 녹아 버렸습니다.

그 밖의 몇 구성: 하라는 N, 이라는 N, N이랄 것
마지막으로, '다는'류의 문법적 양상이 균일하지 않음을 보여 주는
몇 가지 구성을 살펴보자. 먼저, '하라는 N'은 구어에서 자주 사용되
는 구성이다.

(72) 하라는 {공부, 노래, 장사} 이제 하려고요.

'공부, 노래, 장사'는 어휘 의미상 특별히 내용절을 요구하는 명사라고 하기 어렵다. 이들 예의 '다는'은 시제 내용의 변화 없이 '단'으로 줄어들 수 있다. 그리고 '는' 자리에 '던'이 쓰일 수도 있다.

(73) 가. 하란 {공부, 노래, 장사} 이제 하려고요.

    나. 하라던 {공부, 노래, 장사} 이제 하려고요.

'하라는'은 '고 하'를 복원한다 하더라도 '하라고 하는'보다 '하라고 한'이 더 자연스럽다. 따라서 '하라는'의 '는'은 '하라고 하는'에서 '고 하'가 생략되면서 남은 '는'으로 보기는 쉽지 않다.

(74) 가. ??하라고 하는 {공부, 노래, 장사} 이제 하려고요.

    나. 하라고 한 {공부, 노래, 장사} 이제 하려고요.

다음은 '이라는 N' 구성을 살펴보자. 이들도 시제 내용의 차이 없이 'ㄴ'으로 줄임이 가능하다. 그러나 '는' 자리에 '던'이 쓰이면 어색해진다. 만약 어색하지 않다고 하면, 이는 '누군가 남부군이라고 칭했던 영화'처럼 발화 행위를 전제할 때의 해석이다.

(75) 가. 남부군이라는 영화, 부모라는 이름, 우리라는 대명사

    나. 남부군이란 영화, 부모란 이름, 우리란 대명사

    다. ?남부군이라던 영화, *부모라던 이름, *우리라던 대명사

그런데 이들 구성에 '고 하'를 넣은 '이라고 하는'과 같은 표현도 가능하다. 그리고 이때의 '고 하'는 발화 행위를 전제하는 인용이라기보다 일종의 동격 구성의 것이다.

(76) 남부군이라고 하는 영화, 부모라고 하는 이름, 우리라고 하는 대명사

이들 '이라는' 뒤에 오는 명사는 '사람, 이름, 개념, 제목, 표현, 단어, 책, 글, 직업, 시, 명칭, 낱말, 형식, 시간, 글자, 인물, 여자, 노래, 이미지, 나라, 숫자, 작품, 구절' 등, 대체로 전형적인 보어절 명사들이 아니다.

위의 예와는 달리, '던'의 결합이 가능한 '이라는 N'의 예도 있다. 이들도 '는'이 'ㄴ'으로 줄어들 수 있다.

(77) 가. 불나비라는 놈, 위궤양이라는 진단, 이 건물 주인이라는 소문
나. 불나비란 놈, 위궤양이란 진단, 이 건물 주인이란 소문
다. 불나비라던 놈, 위궤양이라던 진단, 이 건물 주인이라던 소문

또한 이들 구성도 '라고 하는'으로의 표현도 가능하다.

(78) 불나비라고 하는 놈, 위궤양이라고 하는 진단, 이 건물 주인이라고 하는 소문

'던'의 결합이 가능한 것을 보면, 이들은 각각 [사람들은 놈을 불나비라고 한다], [위궤양이라고 진단했다], [건물 주인이라고 소문이 났

다]에 상응하는 인용의 명사구일 수 있다. 그렇지만 그 의미 기능은 '던'의 결합이 어색했던 (74)의 예들과 별반 달라 보이지 않는다. 이처럼 '다는'류의 문법적 양상은 서로 얽혀 있다.

'고 하' 구성에서는 '는', '은', '던'에 따른 시제나 상의 차이가 있는 것처럼, '을'과도 의미 차이가 있다. (가)의 '예쁘다고 할'은 아직 발생하지 않았거나 실제 세계에 존재하지 않는 상황을 표현하고 (나)의 '예쁘다고 하는'은 현재 존재하는 상황을 표현한다. 즉 관형사형어미 '을'의 서상법의 의미와 '은'의 서실법의 의미가 그대로 발현되고 있는 것이다. (다)의 '예쁘다고 한'은 과거의 상황을 나타낸다.

(79) 가. 비난하는 사람을 예쁘다고 할 사람은 아무도 없다.
　　　나. 비난하는 사람을 예쁘다고 하는 사람은 아무도 없다.
　　　다. 비난하는 사람을 예쁘다고 한 사람은 아무도 없었다.

'다고 할'류에서 '고 하'가 생략되어 '달'과 같은 형태로 실현되는 일도 구어에서는 종종 일어난다.

(80) 가. 비난을 일삼는 사람을 예쁘달 사람은 아무도 없다.
　　　나. 비난을 일삼는 사람까지 예뻐하잘 사람은 없다.

그리고 이런 경우에도, '을'은 '은'과 서상법(irrealis)/서실법(realis)의 대립을 유지한다. (81가)의 '자기변호랄'은 아직 발생하지 않은 상황이라면 '자기변호라는 사람'은 지금 존재하는 상황이다. (나)의 '누구 뭐랄'도 서상법의 사태라면 '뭐라는'은 서실법의 사태를 나타낸다.

(81) 가. [체호프의 이런 견해가 과학적 세계관이 결여된 작가의 자기
　　　변호랄(=자기변호라고 할)] 사람도 있을지 모르지만.

　　나. 먹을 것 사다 놓고 맘껏 떠들어도 누구 [뭐랄(=뭐라고 할)] 사
　　　람도 없어요.

　그런데, 특별히 서상법의 상황이 아닌데도 관습적으로 '을'이 쓰이
거나, '은'으로 쓰인다 하더라도 '을'과의 의미 차이가 별로 두드러지
지 않는 'N이랄 것' 구성이 있다. 다음이 그런 예이다.

(82) 가. 반찬이랄 것도 없어요. 그냥 먹던 대로 차렸어요.

　　나. 저희 학교는 사건이랄 거는 별로 안 일어나는데요.

　　다. 추억이랄 게 딱히 없는 게.

　　라. 진상 손님이랄 건 따로 없는데.

　위의 예에서 '을'은 아직 발생하지 않은 상황에 쓰였다고 하기는 쉽
지 않다. 특히 '사건이랄 것', '추억이랄 것', '진상 손님이랄 것'은 모
두 이미 발생한 상황에서 명명할 만한 대상을 가리킨다. 이런 구성
은, 중세국어 명명구문에서 관형사형어미 '을'이 총칭성을 나타내는
데 쓰였던 것과 유사한 현상인 듯하다.

　현대국어에서 총칭성은 관형사형어미의 경우 '을'보다는 동사는
'는', 형용사는 '은'이 주로 담당한다. 예컨대 특정 개체가 아닌 연구
를 업으로 하는 사람을 두루 아우를 때는 '학문을 연구할 사람'보다
'학문을 연구하는 사람'과 같이 표현한다. 따라서 국어사전에서의 뜻
풀이도 명사의 경우 대개 '~하는'으로 기술된다. 일례로 '운동선수'의
풀이는 '전문적으로 운동을 하는 사람'이다.

그런데 역사적으로 '을'이 총칭성을 표현하는 데 동원되던 때도 있었다. 최준호(2019)에 따르면, 15세기 한국어에서 '을'은 [미래성] 외에 [총칭성]을 나타내는 데도 쓰였다. '갈 거(去)'처럼 '한자의 석(釋)'에는 일부 형용사를 제외하면 대체로 '을'이 쓰이는 것, 비록 적은 수이기는 하지만 일부 관형 구성에서 일례로 '흐르는 믈'과 의미 차이 없는 '흐를 믈' 등이 쓰이는 것이, 다 총칭적 용법이라는 것이다. 그런데 특히 15세기 명명의 관형 구성에서는 예외없이 '을'이 쓰인다고 한다.

명명구문이란 어떤 개념을 제시하고 이것의 이름을 밝히는 구문이다. 현대어로 쉽게 풀자면 "그 나라의 왕 이름이 ~이다"나 "그 보살의 이름을 ~라 하다" 등과 같은 형식으로 나타나는 구문이다. 그런데 이런 구문이 관형 구성으로 나타날 때는 "~라 홇~"처럼 어김없이 '을'이 쓰인다고 하였다. 다음은 그런 예로 제시된 것 중의 일부이다.

(83) 가. 그쁴 <u>善惠라 '을'</u> 仙人이 五百 外道이 그르 아논 이를 ᄀᆞᄅ쳐
고텨시ᄂᆞᆯ (月釋 券 1: 9ㄱ)

나. 이 香이 <u>高山이라 홇</u> 뫼해셔 나ᄂᆞ니 그 묏 보오리 쇠머리 ᄀᆞ
틀씨 (月釋 券牛1: 27ㄱ, 최준호 2019: 29에서 재인용)

현대어라면 '선혜라고 하는 선인이'나 '고산이라 하는 뫼에서'라고 할 만한 환경에 '을'이 쓰이고 있음이 확인된다. 15세기 관형 구성에서는 이미 '을'보다는 '은'이 총칭성에 더 많이 쓰이는데,[13] 유독 명명

---

13 예컨대 '흐를 믈, 흐를 믉결'과 같은 표현은 15세기 한글 자료에서 세 번밖에 보이지 않으나, '흐르는/흐르ᄂᆞᆫ 심, 믈, 믉결, ᄀᆞ룸' 등의 표현은 45번 나타나는 등, 15세기부터 '을'보다는 'ᄂᆞᆫ'이 선택되는 경우가 많은 듯하다고 하였다. 이는 15세기 한글 문헌에서 [총칭성]을 나타낼 수 있는 형식은 '을'과 'ᄂᆞᆫ'이 공존하고 있기는 하였으나, 관형 구

관형구성에서는 '을'만 쓰인다고 하고, 이는 자토석독구결 시기의 언어현상이 보수적으로 남은 결과라고 하였다. 이후 '을'의 총칭성은 대부분 '은'에 넘겨주었으나, 현대국어에서도 총칭성 차원에서 '을'이 '은'과 의미 차이가 나지 않는 경우가 간혹 있다. 위의 'N이랄 것'도 명명 관형 구성의 총칭적 용법의 흔적일 수 있다.

5.2.2. '다는'류의 수식을 받는 명사 부류

명사에 따라 달라지는 보어절의 유형은 오랜 관심이 되어 왔다. '다는'류의 보어절을 취하는 명사 부류, '다는'뿐만 아니라 '는' 보어절도 허용하는 명사들과 이들 간의 차이 등이 주된 논의 대상이었다. '다는' 중에는 '다고 하는'의 줄임말과 '단'에서 촉발된 '다는'이 있지만, 이들은 구분이 쉽지 않고 줄임말이 아닌 '다는'만의 독자성도 인정되어야 하는 경우도 있으므로, 이 절에서는 이를 구분하지 않고 살펴본다.

보어절로는 '다는'과 같은 문장형을 주로 요구하는 일련의 명사가 있다. '소식'도 그런 명사이다. '소식' 앞에 보어절이 올 때는 '다는'이 쓰인다. (84가)의 '다는'은 '는'으로 바꾸면 문장이 어색해진다. '다' 없는 '는'만을 취한 (나)는, 피수식 명사 '소식'이 [순경이 ∅ 전하다]의 성분인 관계절이다. (다)처럼 보어절에 '는'이 쓰인 용례가 발견되지만, 아주 소수이다. 그리고 이런 경우는 '다는'으로 바꿀 수도 있다.

(84) 가. 책 열 권을 계획했다는데, 아직 한 책도 완성되었다는(→ *완성된) 소식을 듣지 못했다.

성에서는 이미 '는'이 '을'과의 경쟁에서 이기고 있었음을 보여 준다고 하였다(최준호 2019: 67).

나. 순경이 <u>전하는 소식은</u> 생각보다 심각한 것 같았다.

다. 그해 10월, 친구들이 <u>전사한</u>(→ 전사했다는) 소식을 듣고 입
대를 결심했다.

명사 '말'도 마찬가지이다. 보어절을 취할 때는 '다는, 냐는, 라는,
자는'이 결합되어야 한다. 즉 이 자리에 '는'만 쓰일 수는 없다.

(85) 가. [간을 꺼내 물에 씻는다는] 말은 정말 멋져. 감탄하듯이 그녀
가 말했다.

나. [언제까지 그러고 있을 거냐는] 말이 정우에게는 뼈아팠다.

다. 과장은 [넌지시 몸을 피해 있으라는] 말을 그런 식으로 표현
했다.

라. [수시 폐지를 확산시켜 가자는] 말이 이치에도 맞았다.

문장형 보어절을 취하는 명사 부류, 발화명사와 정보명사

어떤 명사 부류가 문장형을 취하는지는 많은 연구가 이루어졌다.
Song, Zino(1978:120~121)에서는 의사소통에 관련되는 것을 표현하
는 명사와 정신활동을 나타내는 것을 표현하는 명사로 나누었다. 장
경희(1987: 489~492)는 이를 수용·발전시켜, 발화명사와 정보명사라
하였다. (86)의 중괄호 안의 단어들이 이에 해당한다.

(86가)는 구어적 발화를 하위 범주화하여 부르는 명사들이다. (나)
는 문어적 발화나 문어 형식의 이야기를 하위 범주화하여 부르는 명
사들이다. (다)는 의사를 전달하는 인간의 행동이나 모습을 나타내는
명사들이다. 소리나 문자뿐만 아니라 표정과 몸짓을 통한 의사표현도
넓게는 말로 볼 수 있다는 점에서, 이들을 발화명사로 유형화하였다.

(86) 가. 순이가 집에 있다는 {말, 소문, 풍문…}이 있다.

나. 순이가 집에 왔다는 {편지, 엽서, 전보…}가 왔다.

다. 영이는 내가 가도 좋다는 {눈짓, 표정, 손짓…}을 했다.

또한 '생각, 기대, 판단, 의견' 등의 명사는 인간의 정신 속에 존재하는 정보들을 부르는 이름으로 보고, 정보명사로 유형화하였다.

(87) 가. [나는 순이가 안 올지도 모른다는] 생각을 버릴 수가 없었다.

나. [순이가 너를 돌봐 줄 것이라는] 기대는 하지 않는 게 좋다.

다. [나는 그때 순이를 보내야만 한다는] 판단을 내렸다.

장경희(1987)는 보어절 명사를 발화명사와 정보명사로 유형화하는 것은, 문장형 보어절을 내포하는 보어절동사의 두 유형과도 맞아떨어진다고 하였다. (88가)의 '말하다'는 '주장하다, 요청하다' 등과 같이 구어를 통한 발화 행위를, (나)의 '적다'는 '쓰다, 기록하다' 등과 같이 문자를 통한 발화 행위를, (다)의 '손짓하다'는 '눈짓하다' 등과 같이 인간의 행동을 통한 의사소통 행위를 나타낸다는 것이다. 따라서 이들은 발화 행위, 곧 화행을 나타내므로 화행동사로 유형화가 가능하다고 하였다.

(88) 가. 그 아이는 순이가 집에 있다고 말했다.

나. 나는 그날 회의에 20명이 참석했다고 적었다.

다. 철이는 나에게 빨리 오라고 손짓했다.

또한 아래의 '생각하다, 판단하다, 예상하다'는 정보를 처리하는 행위를 나타내는 동사들이므로 인지동사로 유형화할 수 있다고 하였다.

(89) 가. 나는 순이가 집에 있다고 생각했다.

　　　나. 그때 나는 순이가 집에 있다고 판단했다.

　　　다. 나는 올해는 물가가 오르리라고 예상했다.

　　문장형 보어절을 취하는 명사가, 인용절을 내포하는 발화동사 및 인지동사와 밀접하게 관련되어 있다는 지적은 무척 합당하다. 예컨대 '빨리 가라는 눈짓'은 '빨리 가라고 눈짓을 하다'와, '오리라는 기대'는 '오리라고 기대하다', '집에 왔다는 편지'는 '집에 왔다고 편지를 보내다' 등으로 연결지어 보면, 어떤 명사들이 '다는'류를 취하는지가 대충 예상된다. 앞에서 '다던'류가 허용되는 환경은 의미적으로 대응될 만한 인용구문을 상정할 수 있을 때로, 발화 상황이나 사유 상황이 있었을 때라고 했던 것도, 이런 기존 논의에 기댄 것이다.

　　다음 표는 '다는, 자는, 냐는, 으라는'의 수식을 받는 명사를 정리한 것이다. 어떤 종류의 명사들이 쓰이는지 경향을 보이기 위한 것이다. 누락된 것이 있을 수 있고, 일부로 뺀 것도 있다. 일례로 '다는'은 빈도수 26회 이상의 명사만 반영하였다. 1~2회 발견되는 명사도 아주 많음을 고려하면 '다는'의 수식을 받는 명사의 종류는 이보다 훨씬 폭넓으리라고 예상할 수 있다. 특히 계사 뒤에 나타나는 '이라는'은 일절 반영하지 않은 결과이기에 더욱 그러하다.

　　'다는'류 뒤에 쓰이는 의존명사로는 '것, 점, 데, 듯, 듯이, 식, 투, 설, 법' 등이 있다. '것, 점'은 '먹었다는 것이다, 먹는다는 점이다'와 같이 쓰이는 예들이 대거 포함되었다. 이 밖에 '식, 투, 설, 법'은 모두 발화의 방식이나 내용과 관련되므로 '다는'류와 어울릴 만하다.

다는	자는	나는	으라는
것, 듯, 듯이, 설, 점, 투, 법	것, 듯, 듯이, 식, 판	것, 듯, 듯이, 점, 식, 투	것, 점, 듯, 듯이, 식,법, 등, 데
결론, 기록, 견해, 기사, 결심, 각오, 계획, 기분, 꿈	각오, 견해, 결론, 구호, 권유, 결의, 계획, 계산, 결의안	구박, 관측, 권유, 견해, 권고, 기대감	격려, 권유, 기별
느낌, 내용, 논리	내용, 논의, 논리, 노력, 눈치	논의, 논란, 눈빛, 느낌, 논쟁	내용, 눈짓
뜻	대안, 뜻	뜻	뜻, 당부, 단발령, 독촉
말, 말씀, 마음, 믿음	말, 말씀, 마음, 목적, 모임, 목소리, 문제	말, 말씀, 문제, 문의	말, 말씀, 명령, 문제
발상, 보도, 보고, 비판, 분석, 비난, 반응, 방침	발상, 방안, 복안, 방향, 방식	반응, 반론, 반문, 반발, 분석, 비판, 비난	분부
사실, 생각, 소식, 소문, 소리, 설명, 신호, 시각	사상, 생각, 수작, 심산, 소리, 속셈, 심사, 심정, 심리, 심보, 시늉	생각, 소리, 수군거림, 시각, 시선	사실, 생각, 시늉, 소리, 신호, 숙제, 시간
얘기, 이유, 이야기, 의견, 입장, 의미, 의지, 인상, 인식, 의사, 의견, 인사, 우려, 약속, 의도, 원칙, 의식, 의혹	운동, 입장, 일, 여론, 연락, 유혹, 약속, 이유, 의지, 의욕, 요구, 움직임, 의견, 얘기, 이야기, 의도, 의미	요구, 우려, 얘기, 의견, 의혹, 의문, 의심, 의구심, 의아심	얘기, 이야기, 의미, 요구, 압력, 임무, 연락, 인사, 의도, 요령, 인연
장점, 지적, 주장, 증거, 자신감, 전제, 정보, 자세, 전화	주장, 제의, 전갈, 제안	전망, 전갈, 주장, 질문, 지적	지시, 주문, 전갈, 제의
	차원, 취지	추궁, 추측, 추정	충고
태도		태도	태도
판단, 평가, 핑계, 표시, 표현		표정, 푸념	편지, 표현, 팔자
확신, 후문, 현실, 희망, 혐의, 해석	캠페인	항의	화두

(90) 가. 아마 [그의 모습이 일반적으로 호감을 받을] 가능성이 크다는
    데서 오는 안도감이…

　　나. 그는 [더 이상 대화가 불가능하다는] 투로 말했다.

　　다. 그녀는 [난데없이 무슨 소리냐는] 듯 심드렁히 대꾸했다.

　　라. [물에 빠진 놈 건져 놓으니까 보따리 내놓으라는] 식으로 귀
    찮게 달라붙을 놈이야.

　　마. [한은 총재만 물러나지 말라는] 법은 없다.

　문장형 보어절을 취하는 명사들 중에는 보절자와 상관없이 두루
쓰이는 명사가 있는가 하면, 특정 보절자와 주로 공기하는 명사들도
있다. 다음이 일부 예이다.

• 보절자에 따른 명사들
　두루 쓰이는 명사: 말, 말씀, 뜻, 사실, 생각, 태도, 내용, 소리 등
　자는: 구호, 제의, 제안, 취지, 의지, 의욕, 의견, 권유, 결의 등
　냐는: 반문, 의심, 의혹, 추궁, 우려, 의문, 의구심, 추정 등
　으라는: 당부, 명령, 독촉, 분부, 요구, 압력, 지시, 제의 등

　특정 보절자와 자주 공기하는 명사의 경우는, 대개 인용동사와도
밀접하게 관련되어 있음이 확인된다. 일례로, '냐는'은 의문형어미가
포함된 것이고, 따라서 인용동사는 '묻다'와 의미적으로 관련된 동사
들이 쓰인다. 이를테면 '냐고 반문하다/의심하다/추궁하다/질문하다'
와 같이 쓰이는 것과 동일하게, '냐는'은 뒤에 '반문, 의심, 추궁, 질
문' 등이 이어진다.

　그런데 명사 목록을 보면 대표적인 보어절 명사로 분류되어 온 발

화명사와 정보명사 외의 명사들도 상당수 보인다. '다는'을 취하는 명사의 경우에는 '기분, 느낌, 사실, 인상, 장점, 자세, 자신감, 현실' 등이 그러하다. '자는'에는 '모임, 일, 차원' 등이 그러하고, '으라는'에는 '시간, 인연, 팔자' 등이 그러하다.

아래의 '현실, 모임, 팔자'는 전형적인 발화명사나 정보명사가 아니며, 따라서 대응되는 인용구문을 상정하기도 쉽지 않다. 그런데도 '다는'류의 수식이 가능하다. 또한 문장형이 아닌 '는'절의 수식도 허용된다. 물론 이 사이에 미세한 의미 차이는 있을 것이다.

(91) 가. [꼭 필요한 이런 책이 아직 없다는/없는] 현실이 용기를 더욱 북돋워 주었다.
　　　나. [고을 장날 따라 돌아가며 만나자는/만나는] 모임이야.
　　　다. 요놈은 [평생 홀아비 되라는/되는] 팔자인가.

이런 예들을 보면, 한국어에서 '다는'류 절을 취하는 명사는, 보어로서 절을 취해야만 명사의 의미가 완전해지는 보절 명사 부류에 국한되지는 않는다고 할 수 있다.

'다는'류를 취하지 못하는 명사 부류

이와는 반대로, 문장형 보어절을 취하지 못하는 명사도 있다. 장경희(1987)에서는 '일, 사건, 경험, 죄, 행운, 기적, 불상사, 장면, 까닭, 수, 바' 등을 들었다. 그러면서 이들 명사는 사건이나 사건에 관계되는 것들을 나타낸다는 특징을 지니고 있다고 하였다. '일, 사건, 경험, 죄' 등은 사건을 범주화하는 명사들이고, '수, 까닭, 바, 리, 장면'은 사건의 일부를 구성하는 사건의 방법, 이유, 장면 등을 나타낸다는 것이다.

(92) 가. 한 사람의 실수로 많은 사람이 {죽는, *죽는다는} 불상사가
　　　발생했다.

　　나. 어제는 죽은 사람이 {살아나는, *살아난다는} 기적이 일어났다.

　　다. 순이는 작년에 교황님을 만나 {뵙는, *뵙는다는} 행운을 얻
　　　었다.

　이런 종류 외에도 '다는'류가 아닌 '는'류의 보어절을 취하는 명사는
다양하다. '행동, 행위, 실험, 행사'와 같은 사건 관련 명사뿐 아니라,
'사진, 대우, 처지, 기분, 슬픔, 습성, 습관, 일상, 관행' 등도 있다.

　그렇다면 질문은 다시, 이들이 모두 보어절인가 하는 것이다. '자
세, 사진, 슬픔' 등의 명사는 '소문, 소식, 보고'처럼 내용절을 요구하
는 전형적인 보어절 명사와는 다소 다르다. 그렇다고 아래 예늘을 관
계절로 볼 수도 없다. 관형사절 안에 비어 있는 성분이 없기 때문이
다. 이는 한국어의 관형사절이 유럽어처럼 관계절과 보어절로 양분
되지 않음을 보여 주는 현상이다. 한국어의 관형사절은 핵어명사와
공지시되는 성분이 비어 있는 절과 그렇지 않은 절로 양분될 뿐이다.

(93) 가. 세상을 대하는 자세

　　나. 그곳을 방문하면 으레 봉투를 주던 관행

　　다. 언니들이 동생을 흐뭇하게 보고 있는 사진

　　라. 돌아갈 곳이 없는 슬픔

　　마. 세상에 홀로 남겨져 모진 풍파를 홀로 겪어 내야 하는 처지

문장형과 비문장형을 모두 취할 수 있는 명사들

한편, 두 종류의 보어절을 모두 취하는 명사들도 상당수 있다. 대표적인 보어절 명사인 '생각'도 그러하다. (94가)와 (나)는 '다는'을 취한 것인데, 같은 의미로는 '는'으로 바꿀 수 없다. (다)와 (라)는 '는'을 취한 것인데, 아주 동일한 의미는 역시 아니지만, '다는'이 일부 가능해 보인다.

(94) 가. 나는 스스로가 {멋있다는, *멋있는} 생각이 들었지만 내색하지 않았다.

　　　나. 이제 모든 게 {끝났다는, *끝난} 생각이 들었다.

　　　다. 아이들이 떼로 몰려가 가게 좌판을 비우곤 {했던, ?했다는} 생각이 난다.

　　　라. 비탈길 올라가느라 땀을 뻘뻘 {흘렸던, 흘렸다는] 생각이 납니다.

'사실'도 두 종류의 보어절을 모두 취하는 대표적인 명사이다. 그런데 (95가), (나)처럼 둘 다 허용되는 문례가 있는가 하면, (다)와 (라)처럼 '다는'을 '는'으로 대체할 수 없는 문례도 있다. 반대로 (마)처럼 '다는'을 '는'으로 바꾸어도 되는 예도 있다.

(95) 가. [판매 대금으로 백만 원을 {받았다는, 받은}] 사실을 공개하면서

　　　나. [그 사람이 결국 {퇴사했다는, 퇴사한}] 사실이 알려졌다.

　　　다. [어느새 봄이 오고 {있다는, *있는}] 사실이 얼마나 감격스러운가.

　　　라. [그의 잘못이 {아니라는, *아닌}] 사실을 아무도 인정하지 않

았다.

마. [현재의 제작 거부 사태가 ○○ 씨가 요청한 공권력 투입 때문에 {빚어졌다는, 빚어진}] 사실을 정부는 마음에 깊이 새겨야 한다.

이처럼 두 종류의 보어절을 다 취하는 경우 그 차이에 대한 논의는 많이 이루어졌다. 이익섭·임홍빈(1983: 283~284)에서는 직접성과 간접성의 차이라고 하였다. 예컨대 "영호가 영어에 낙제한 사실"은 영호의 경험이라는 측면에서 볼 때 "영호가 낙제했다는 사실"보다 더 직접적인 경험이라는 것이다.

장경희(1987)에서는 비문장형 보어절은 사건을 지시물로 하고, 문장형 보어절은 발화나 정보를 지시물로 한다고 보았다. 이홍식(1990)에서는 화자의 판단이 강조될 때는 비문장형 보어절이 사용되고, 타인의 판단이 강조될 때는 문장형 보어절이 사용된다고 하였다. 안명철(1992)에서는 비문장형 보어절은 사건 보어절의 성격을 가지고 문장형 보어절은 내용 보어절의 성격을 가진다고 하였다.

장경희(1987)와 안명철(1992)의 분석대로, 문장형 보어절은 대개 내용 지시의 보어절인 듯하다. "영호가 영어에 낙제했다는 사실", "끝났다는 생각", "봄이 오고 있다는 사실" 등은 모두 '사실, 생각'의 내용이라고 할 만하다. 이와 비교하면 '낙제한 사실, 봄이 온 사실'은 내용보다는 사건 지시에 더 가깝다. 단, 비문장형 보어절이 모두 사건 보어절인지는 분명하지 않다. '세상을 대하는 자세'나 '돌아갈 곳이 없는 슬픔'은 내용이라고 하기도, 사건이라고 하기도 주저되는 면이 있다.

이런 '는'과 '다는'이 모두 허용되는 데는 명사의 의향이 관련되는 경우도 있다. 예컨대 (96가)의 '자세'는 몸을 움직이거나 가누는 모양을 의미한다. 반면에 (나)의 '자세'는 사물을 대할 때 가지는 마음가짐을 의미한다. 따라서 (나)의 의미일 때 '다는'이 올 만하다.

(96) 가. 책상에 {앉아 있는, *앉아 있다는} 자세
　　 나. 무엇이든 {한다는, ?하는} 자세

'운동'도 그러하다. (97가)는 사람이 몸을 단련하거나 건강을 위하여 몸을 움직이는 일을 의미한다. 반면에 (나)는 어떤 목적을 이루려고 힘쓰는 일을 의미한다. 따라서 (나)의 의미일 때는 '자는'이 가능하다. 이들 예에서도 '다는', '자는'절은 내용을 가리킴이 분명하다.

(97) 가. 걷는 운동이 허리에 좋아.
　　 나. [귀족 불교의 한계를 극복하고 민중 불교를 이룩하자는] 운동이 일어나면서 더욱 생기를 띠었다.

지금까지 살펴본 것은 경향성을 거칠게 기술한 데 불과하다. 어떤 부류가 '다는'류를 취하고, 어떤 부류가 '는'류를 취하는지, 또한 둘 다를 허용하는 경우 어떤 의미적 차이가 있는지는 앞으로 더 살펴보아야 할 문제이다. '다는'류를 취하는 것으로 알려진 명사라 하더라도 '는'절을 취하는 예가 실제 언어자료에서는 발견되기도 하고, '다는'과 '는' 사이에 별 의미 차이가 없는 경우가 보인다. 이는 후속연구를 기대한다.

5.3. 관형사형어미의 의미

5.3.1. '은/을' 대립의 성격

관형사형어미 '은'과 '을' 대립이 어떤 범주의 것인지에 대해서는 오랜 논의가 있어 왔다. 크게 시제나 상적인 것으로 보는 입장과 양태적인 것으로 보는 입장으로 갈리는데, 최근에는 양태와도 다소 다른, '서실법/서상법'의 차이로 보는 것이 지배적이다.

'은', '을' 대립의 범주는 시제적인 것이 아니다.**14** 우선, '을'은 미래 표지이기 어렵다. 첫째, '을'은 과거 표지 '었'과 결합한다. (98)의 '었'은 명백히 과거를 지시하는 것으로, '을'이 미래 표지라면 '었'과 결합하는 현상을 설명하기 어렵다.

(98) 지난 수백 년간 그곳을 들렀을 사람들은 나 같은 무신론자와는 다른 벅찬 감동을 느꼈을 것이다.

둘째, 미래시제의 의미 없이, 추측, 성향의 의미로 해석되기도 한다. (99)의 '받아 줄'은 현재 발화시 이후에 벌어질 상황이 아니다. '김 부장'의 성향에 대한 화자의 추측을 표현한 것이다.

(99) 결국 김 부장 못 만났대. 미리 피한 거지. 청탁 같은 것 받아 줄 사람 아니야.

물론, '을'은 미래 사태에도 쓰인다. 즉 발화시 이후에 발생할 상황

---

14 이는 문숙영(2005/2009: 266~275)에서도 소개된 바 있다.

이거나, 발화시 기준에서 아직 발생하지 않은 상황을 나타내고자 할 때는 '을'이 선택된다. 이때 미래의 상황이 예정되어 있는지 여부는 관계없다.

(100가)는 [의지]로 해석되고 (나)는 [예정]으로 해석된다. 임동훈 (2009ㄱ: 67)에 따르면 핵어명사가 지시적일 때 [예정] 해석이 가능하며, [예정]의 '을'은 (다)처럼 '은'으로 바꾸어도 의미 차이가 없다. 반면에 [의지]는 핵어명사가 비지시적이어도 되고, 지시적이어도 된다.

(100) 가. 집 근사하지? 잘 봐 둬. 언젠가 우리가 살 집이야.
　　　 나. 내일 방문할 학교는 축구로 유명한 곳이야.
　　　 다. 내일 방문하는 학교는 축구로 유명한 곳이야.

그러나 지시성에 따른 의미 해석의 차이가 있을 수 있지만, 전적으로 이에 의지하기는 어렵다. (101가)의 '먹을'은 예정된 것이고 '밥'은 지시적이지만, (나)처럼 '먹는'은 허용되지 않는다.

(101) 가. 이것 냉장고에 잘 넣어 둬. 내일 먹을 밥이야.
　　　 나. 이것 냉장고에 잘 넣어 둬. *내일 먹는 밥이야.

(102가)도 예정된 상황이고 '돈'도 지시적이고 한정적이지만, '는'은 쓰이지 못한다. 또한 (나)를 보면 핵어명사가 '우리 정부'로 비교적 지시적이어도 '대응하고 있을'에서 보듯이 [예정]으로는 해석되지 않는다.

(102) 가. 그 돈은 일 원도 쓰면 안 돼. 다음 달에 집 {살, *사는} 돈

이야.

　나. 이 문제에 가장 정통한 정보를 갖고 <u>대응할</u> 우리 정부조차도

　이런 어려움은, 핵어명사의 지시성 여부를 판단하는 게 어려울 뿐 아니라, [예정]의 의미도 모호한 데서 비롯한다. 실제로 '을'이 쓰인 문례를 가져다가 핵어명사의 지시성을 파악하여 이에 따라 '을'의 의미가 [예정, 의지, 가능성, 성향] 중 무엇으로 해석되는지를 찾는 일은 아주 어렵다.

　이런 점에서 '을'은 해석할 때의 의미보다는, 선택할 때의 의미로 접근하는 것이 실용적이다. 즉 [예정, 가능성, 의지, 추측]을 나타내고자 하면 '을'을 선택한다고 보는 것이다. 이를테면 어떤 사람의 성향에 대한 나의 추측을 말하려고 한다고 하자. 그러면 (103가)처럼 쓰면 된다. 또한 의지를 나타내고자 하면 (나)처럼, 추측한 사태이면 (다)처럼 쓰면 된다. 이들의 의미가 문례에 따라 중의적으로 해석된다 하더라도 상관없다. 오히려 여러 의미가 얽혀 읽히는 것이 '을'의 서상법의 본질일 수 있다.

(103) 가. 그 사람은 그런 말 <u>할</u> 사람이 아니야.

　　　나. 거기, 내가 내년에 <u>입학할</u> 학교야.

　　　다. 애국가 울리는데 <u>기립하지 않을</u> 사람은 없을걸.

　다음, '가는, 간, 먹는, 먹은, 예쁜' 등에 공통되는 관형사형어미 '(으)ㄴ'도 과거 표지로 보기 어렵다. 첫째, '(으)ㄴ' 앞에 '느, 더, 었더' 등의 시제어미가 결합할 수 있다. 그래서 예컨대 '먹은, 먹는, 먹던, 먹었던'은 다 시제 내용이 다르다. 관형사형어미 '(으)ㄴ'은 자체가 과

거시제 표지라면 이런 현상은 설명하기 어렵다.

둘째, 동사에 결합하는 '은'과는 달리, 형용사에 결합하는 '은'은 과거일 수 없다. 시제는 대립하는 요소에 따라 그 값이 결정된다. 동사는 현재형인 '는'이 있으므로 '은'이 과거를 나타낸다. 그러나 형용사는 현재형이 따로 없다. 그래서 '은'이 현재시제로 쓰인다. 이런 점에서 동사의 '은'과 형용사의 '은'에 공통되는 관형사형어미 '(으)ㄴ'은 서실법인 '을'과 대립되는 서상법의 형태라고 할 수 있다.

(104) 가. 먹은 밥, 다닌 학원
     나. 예쁜 인형, 긴 머리

동사에 붙은 '은'은 '옷을 입었어'와 같은 예에서의 '었'이 그런 것처럼, 상태를 나타내는 데도 쓰인다. 이 때문에 '은'은 미래 시간을 지시하는 부사와도 함께 쓰일 수 있다. 아래에서 보듯이 '던, 었던'은 '내일'과는 함께 쓰일 수 없으나, '은'은 가능한데(김창섭 1987: 7~9), 이는 '은'이 당시의 상태를 나타낼 수 있기 때문이다. '었던'은 '었었'처럼 이미 끝난 상황을 나타낸다.

(105) 가. 나는 내년에 이 빈터 위에 우리 집이 {*지어지던, *지어졌던, 지어진} 모습을 상상하고 있어.
     나. 나는 네가 내일 이 옷을 {*입던, *입었던, 입은} 모습을 상상하고 있어.

지금까지 살펴본, '을'과 '은'의 폭넓은 쓰임은, 서실법과 서상법에 보다 부합한다. 이들은 '현실/비현실'로 번역되기도 한다. '은',

'을'의 의미로 'realis/irrealis' 용어를 처음 적용한 논의는 Lee, Hyo-Sang(1991: 77~78)이다. 여기서 '은'은 실제 상황을 표시하는 'realis'의 어미이고, '을'은 어떤 기준시점에서 아직 발생하지는 않았으나 앞으로 발생할 수 있는 상황을 표시하는 'irrealis'의 어미라고 하였다.[15] 이후 관형사형어미의 의미를 현실과 비현실로 수용한 기술이 박재연(2004), 문숙영(2005)으로 이어졌고, 임동훈(2009ㄱ), 박재연(2009)에서 이들의 범주적 특성에 대한 본격적인 논의가 이루어졌다.

임동훈(2009ㄱ)에서는 이들을 서실법과 서상법으로 부르면서, 실제성과 관련된 상황 자체의 성격에 초점을 두는 서법 범주라고 하였다. 예컨대 상황이 실제적인지 아닌지, 발생하였거나 현재 존재하는 것, 혹은 아직 발생하지 않았거나 가능 세계 속에 존재하는 것인지에 대한 구분이라는 것이다. 따라서 상황에 대한 화자의 평가나 태도를 나타내는 양태와는 다르다고 하였다.

박재연(2009)에서도 '은'과 '을'의 차이를 현실과 비현실의 차이로 보는 것은, 이들이 이끄는 명제가 실제 세계에 지시대상(denotation)을 가지는가, 가지지 않는가로 이해하는 것이라고 하였다. 다만 임동훈(2009ㄱ)에서와는 달리, 이들의 범주는 서법보다는 양태로 두되, '현실성 양태'라는 별도의 범주를 구성하는 것으로 봄이 좋겠다고 하였다. 이들을 서법으로 분리할 것인가, 양태의 하나로 둘 것인가는 서법을 어떻게 규정하는가에 따른 문제일 뿐, 이들 대립의 본질적 속

---

15 여기서 기술된 '을'의 의미는 미래시제의 정의와 구별되지 않는 문제가 있으나, '실제 상황'과 '아직 발생하지 않은 상황'은 현실/비현실의 주요 의미 중의 하나이다. 그 이전에는 신현숙(1986: 6~31)에서 유사하게 나눈 바 있다. 관형사절은 현실 사건을 지칭하느냐 기준시점에서 아직 일어나지 않은 비현실 사건을 지칭하느냐에 따라, 현실 관형사절과 비현실 관형사절로 나뉠 수 있다고 하였다(Lee, Hyo-Sang 1991, 1995: 212).

성을 달리 보는 차이는 아니다. 즉 두 논의의 '은/을' 대립을 보는 시각은 크게 다르지 않다.

'은'과 '을'의 차이는 시제나 (명제에 대한 태도를 나타내는 의미의) 양태보다, 서실법과 서상법의 차이로 볼 만하다. 첫째, 앞에서 언급한 대로, '은'과 '을'은 과거와 미래로 해석되지 않는 여러 용법을 가지고 있다. 그리고 이런 용법을 아우를 범주로는 서실법과 서상법이 가장 유력하다. 게다가 '은'은 시제어미 '느, 더, 었더'와, '을'은 '었'과도 결합할 수 있다.

둘째, '을'은 문례에 따라 '예정, 추측, 가능성, 의지' 등으로 해석되는데, 이런 '을'절이 표상하는 사건은 지각하여 알 수 있는 실제의 사건이 아니라는 점에서 서상법 표지라고 할 수 있다(임동훈 2009ㄱ: 75). 반면에 '은'은 이미 발생했거나 현재 존재하는 사태를 나타낸다. 즉 '은'과 '을'은 상황의 실제성과 관련하여 대립한다.

(106) 가. 탈출할 7087번 죄수를 잘 감시해. [예정]
    나. 나는 탈출할 죄수를 알고 있다. [예정, 성향]
    다. 탈출할 죄수가 있는지 눈여겨보시오. [가능성, 의지] (임동훈 2009ㄱ: 67)

이 외에, 임동훈(2009ㄱ)에서는 관형사절에서 '은, 을'의 선택이 필수적인데, 다른 언어에서도 절 연결 표지가 서실법, 서상법 구분을 표시하기도 한다는 점을 근거로 든다. 아울러 한국어의 명사형어미도 서실과 서상의 서법 대립에 포함할 수 있다는 점도 들었다. '알다, 잊다'와 같은 사실성 동사가 '음' 보어절을 취하고 서상법 척도에서 아래에 있는 '바라다, 두렵다' 등이 '기' 보어절을 취한다는 점, '죽기

를 각오하다'와 '죽을 각오를 하다'에서 보듯이 '을'과 '기'의 의미가 상
통한다는 점, '을'과 '기'가 모두 미래 상황에 쓰일 수 있다는 점은, 이
들을 서상법 표지로 함께 묶을 만하다는 것이다. 타당한 지적이다.

5.3.2. 세계 언어에서의 'Realis/Irrealis'

Elliott(2000: 55)에 따르면, 술어 'irrealis'의 가장 초기의 사용 중 하
나는 1917년 남부 파이우트족(Southern Paiute)에 대한 Sapir의 기술이
다. Sapir는 여기서 irrealis[16]의 양태 접사가 "동사에 의해 표현된 활
동이 비현실적임(unreal)을, 즉 가능하거나(potential) 사실에 반함을
가리킨다"(1930: 168)고 하였다. 이후 이 술어의 사용이 시작되었고
이를 표시하는 언어들에 대한 보고도 이어졌다.

그러나 realis/irrealis가 표시되는 언어에 대한 논의가 이어질수록,
한편으로는 이 술어의 의미 기능에 대한 혼란이 가중되기도 하였다.
범언어적인 논의에서 특히 부딪히는 문제는 irrealis가 나타날 수 있
는 의미 문맥의 범위이다. 언어마다 너무나 다양해서 이들을 관통하
는 의미 속성이 모아지지 않는 일이 허다하기 때문이다. 게다가 이의
구별이 의무적으로 요구되는 정도도 언어에 따라 크게 다르다. 일례
로 어떤 언어에서는 모든 부정문이 irrealis 표지를 요구하지만, 어떤
언어에서는 부정과 이들 구분은 전혀 무관하다.

사정이 이렇다 보니 realis/irrealis가 범언어적으로 유효한 문법
범주인가에 회의적인 태도를 보이기도 한다. 대표적으로 Bybee et
al.(1994: 230)에서는 이분지 대립을 상정하고 모든 용법에 공통되는

---

16 이 절에서는 한국어 번역 대신 원어를 쓰기로 한다. 한국어에서는 이들이 서법의 일
종임이 인정될 수 있으나, 언어유형론에서의 이들의 위상은 아주 일관되어 보이지는
않는다. 따라서 이들의 범주에 대한 불필요한 오해를 줄이기 위해 원어를 사용한다.

하나의 의미요소를 찾기 어려울 수도 있다는 점을 들어, 보편 범주로서의 유효성에 의문을 제기하였다. 이들은 이분적인 형태적 구별로 실현되는 경우가 별로 없고, 양쪽 영역에서 다중적인 표지를 가지는 것이 보통이라는 것이다(Bybee et al. 1994: 236~238).

이어 Bybee(1998: 269)에서도 irrealis라는 술어가 너무 일반적이어서 유용하지 않다고 하였다. irrealis가 '잠재(potential), 기원(optative), 반사실, 미래, 접속법, 부정' 등 너무 넓은 범위의, 서로 다른 범주들에 관련되어 있다는 것이다. 게다가 irrealis는 많은 언어에서 상적 범주나 시간적 범주에 의해 혹은 다른 구성을 통해 표현되는 이차적 개념이라는 이유도 들고 있다(Bybee 1998: 264).

그러나 realis/irrealis 표시가 의무적인 언어들이 있다. 페루, 볼리비아, 브라질에 널리 분포해 있는 많은 수의 남부 아라와크어(Southern Arawakan)들도 그런 언어이다. 이에 Elliot(2000)에서는 이들 대립을 '현실성 지위(reality status)'라는 문법범주로 인정할 만하다고 하였다. 모든 언어에서 발견되는 보편적인 범주는 아니지만, 세계 언어에서 충분한 빈도를 가지고 있기 때문이다. 사실, realis/irrealis가 어떤 형식의 부차적인 용법으로 나타나는 것은 문제가 되지 않는다. 실제로 많은 언어에서 시제, 상, 양태가 다른 범주의 부차적 용법으로 실현된다.

Elliot(2000)은 Bybee et al.(1994)에서 지적한 '하나의 의미 요소'의 필요성에 대해 문법범주가, 개별 언어의 문화적 태도와 가치를 반영하면서 특정한 의미가 언어에 따라 다양해지는, 근원에 있는 공통의 미를 표현할 수도 있다고 하였다. 이 기저의 공통된 의미가 '현실성 지위'이다. 따라서 이런 현실성 지위를 Comrie(1985)에서 이루어졌던 '시제' 정의를 모델로 삼아, '실제 세계 혹은 비실제 세계에서의 위치가 문법화된 표현'으로 기술한다.

이해를 돕기 위해, realis/irrealis의 의미에 대한 몇 가지 주요 기술을 소개하면 다음과 같다. 대체로 realis는 이미 발생한, 실제적 사건과 관련되며, irrealis는 비실제적인, 혹은 가상의 사건과 관련된다는 공통점을 보인다.

- Chung & Timberlake(1985: 241)
  - 언어들은 실제 사건(actual event)과 비실제 사건(non-actual event) 사이, 혹은 realis 양태와 irrealis 양태 사이에 대한 구분을 공통적으로 가진다.
  - realis는 기본적으로 평서법과 동가이며 irrealis는 접속법, 조건문, 가정법 등과 동가이다.

- Mithun(1995: 368)
  - realis는 '실현된, 발생했거나 발생하고 있는 것으로서 그리는 사건을 표현하는 데' 사용된다.
  - realis와 대조되는 irrealis는, '화자가 순전히 생각의 범위 안에서 그리는 행위나 상태를 표현하는 절'을 지시한다.

- Elliott(2000: 66~67)
  - realis 명제는 원형적으로 사건이나 상태가 실현된 사실, 혹은 현실의 확실한 사실임을 단언한다.
  - irrealis 명제는 원형적으로 사건이 상상된, 혹은 가상의 영역에 속함을 함축하고 그 결과, 현실의 관찰 가능한 사실은 아니라, 가능하고 잠재적인 사건을 이룬다.

원형적으로 realis는 사건이 발생한 실제 현실에 대한 지각된 확실성이 있는 절에서 쓰이는 반면에, irrealis는 사건이 오로지 가상의 비−실제 세계에 존재하는 것으로 인지됨을 확인할 때 쓰인다.

- Dixon(2012: 22)
  - realis: 일어났거나 일어나고 있는 어떤 것을 가리킨다. 일어날 것이 확실한 어떤 것을 지시하는 데로도 확장될 수 있다.
  - irrealis: 아직 발생하지 않은 어떤 것을 지시한다. 흔히 과거에 발생하지 않았지만 발생할 수 있었을 어떤 것에도 사용된다. 서상법 안에는 의무성, 가능성, 개연성 등 많은 수의 양태 선택지가 있다.

이제, 여러 언어에서 관찰된 realis/irrealis 표시의 기제와 의미 범위, 속성 등이 얼마나 다양한지 살펴보자. 먼저 표시 유형이다. irrealis와 realis 두 항이 모두 유표적으로 표시되는 언어가 있는가 하면, 하나는 영표지 즉 무표적이고 다른 하나는 유표적인 언어가 있다. 그런데 후자의 경우, 즉 한 항이 영표지로 나타난다면 이는 항상 'realis'이다(Dixon 2010: 25).

표시의 의무성 정도
이들의 표시의 의무성도 가능한 모든 환경에서 표시되어야 하는 언어가 있는가 하면, 일부 문맥에서만 표시되는 언어도 있다. 일례로 파푸아뉴기니의 북부 해안의 작은 섬에서 쓰는 언어인, 마남어(Manam)에서는 모든 한정동사에 realis/irrealis 중 하나가 표시되어야 한다. 이 언어에는 시제가 없기 때문에, realis/irrealis 구분의 일차적 기능은 비−미래나 실현된 사건(현실)을, 미래와 아직까지 실현되지 않은 사건으로부터 구분하는 수단을 제공한다(Eliott 2000: 59).

이와는 달리 현실성 지위가 부분적으로만 표시되는 언어도 있다. Roberts(1990)에 따르면 아멜레어(Amele)는 절 연결에서 마지막 동사에만 irrealis가 표시된다. 그리고 irrealis가 붙은 예는, 어떤 식으로든 실제 세계에 실현되지 않은 사건을 지시하는 것처럼 보이는데, 그렇다고 이런 식으로 이해될 만한 사건이 모두 irrealis로 표현되는 것은 아니다(Eliott 2000: 60).

언어에 따라 현실성 지위 표시가 일부 환경에서 중화되기도 한다. Feldman(1986)에 따르면 아우투어(Awtuw)에서 동사의 현실성 지위 표시(원래 쓰인 술어는 factive, non-factive)[17]가 비-부정, 의심(debitive), 양태(명령, 필요성, 강한 제안)에는 쓰이지 않는다고 하였다. 이 외의 다른 환경에서는 의무적이다. 또한 Ekdahl & Grimes(1964: 262)에 따르면, 테레나어(Terêna)의 모든 동사가 'actual'과 'potential' 표현 중 하나를 취하는데, 형용사적인 동사에는 potential만 표시된다(이상 Eliott 2000: 61~62).

Ekdahl & Grimes(1964) (Elliott 2000: 62에서 재인용)

	REALIS (actual)	IRREALIS (potential)
Active Verbs:	−o (suffix)	−a (suffix)
Adjectival Verbs:	−∅	a−(~o−) (prefix)

17 'realis/irrealis'와 유의어처럼 보이는 술어들이 기술문법에서 사용되어 왔다. Feldman(1986)의 'FACTIVE, NON-FACTIVE', Ekdahl & Grimes(1964), Cornyn & Roop(1987)의 'ACTUAL, POTENTIAL'이 그러하다. 이들은 술어와는 무관하게 공통의 기저의 의미적 역할이 있다. 사건을 지각된 현실(perceived reality)에 놓인 것으로 보는 것과, 혹은 오로지 개념적인 생각, 가정적인 개념으로서만 존재하는 것이 그것이다(Elliot 2000: 56).

형태통사적 장치

realis/irrealis는 다양한 종류의 형태통사적 장치에 의해 표시된다. 가장 흔한 장치는 동사에 접사가 붙는 방식이다. 이런 언어에서는 realis와 irrealis 두 개의 접사를 가질 수도 있고, 혹은 하나는 무표적이어서, 다른 하나만 표시될 수도 있다. 대표적으로 오스트레일리아의 늫늫어족(Nyulnyulan) 언어들이 그러하다. irrealis만 접두사에 의해 표시되고 realis는 별도의 표시가 없다(Eliott 2000: 64).

다음 (107)의 예는 모두 과거시제이지만 (나)는 비-미래와 irrealis를 나타내는 'la'가 붙어 '가지 않았다'를 의미하고, (가)는 같은 자리에 아무것도 붙지 않아(혹은 영표지가 붙어) '갔다'를 의미한다.

(107) 가. REALIS

　　　　yi-∅-ma-ny burrula-ŋana

　　　　3SG-R-go-PAST₂　　Derby-ALLAT

　　　　'He went to Derby.'

　　나. IRREALIS

　　　　marlu　wa-la-ma-na　　burrula-ŋana

　　　　NEG　　3SG-NONFUT.IRR-go-PAST Derby-ALLAT

　　　　'He didn't go to Derby.'

realis/irrealis 표시의 매우 일반적인 형식에는, 현실성 지위 외에 다른 문법범주도 함께 표현하는 다중적 접사가 포함된다. 예를 들어, 현실성 지위는 주어의 수와 인칭과 자주 융합된다.

또 다른 수단은 첨사이다. 일례로 버마어는 문장 표지인 두 첨사 -te, -me가 있는데, 전자는 사실의 진술을, 후자는 실제적 사실

(actual fact)이 아닌 진술을 가리킨다(Cornyn & Roop 1987: 43). 한편, 절 연결자의 기능을 수행하는 접사와 첩어도 있다. Mithun(1995: 368)은 포모어족(Pomoan)의 언어들은 절을 연결하는 몇 개의 동사-말 표지가 있는데, 이들은 irealis와 irrealis를 구별한다고 하였다(Eliott 2000: 65~66).

'realis/irrealis'와 시제

어떤 언어들은 realis/irrealis 대립이 있고, 시제는 없다. 오스트레일리아 언어인 위크-나단어(Wik-Ngathan)도 이에 해당된다. 이 언어에서 동사는 두 개의 굴절 접사 중 하나를 택한다(Sutton 1978: 294).

-realis: 발생한, 발생하고 있는, 발생할 어떤 것에 쓰인다.
-irrealis: 발생할 수 있거나 발생하도록 의도된 어떤 것에 쓰인다.

시제 체계와 별도로 realis/irrealis를 가지는 언어도 있다. 오스트레일리아에서 사용되는 언어인 완다만어(Warndaman)가 그러하다(Merlan 1994: 125~136, 175~183). 동사는 접두사 'realis, irrealis, habitual(습관)' 세 종류와, 시제 접미사 '현재, 과거, 미래, potential, zero' 다섯 종류를 가진다. 그런데 'realis'는 시제의 모든 종류와 연결되지만, irrealis는 '현재, 과거, zero'와만 연결된다(이상, Dixon 2012: 22).

irrealis는 전형적으로 미래와 관련된다. 그러나 많은 언어에서 과거에 발생하지 않은(그러나 발생했을지도 모르는) 어떤 것에도 사용되기도 한다. 이는 오스트레일리아의 언어 니이기나어(Nyigina)에서 발견된다.

(108) ŋa-la-MA-na-dyi   miliya   marlu

1sg-IRREALIS-go-PAST-EXPECTATION now   NEGATIVE

ŋa-la-MA-na

1sg-IRREALIS-go-PAST

I was going to go (this morning) but I didn't go

Strokes(1982: 281)는 과거의 상황에 대한 발화는 비현실 서법으로
나타날 수 있는데, 그것은 아마도 그 진술이 현재의 현실에 대응하지
는 않음을 강조하기 위한 것으로 추정된다고 하였다(Dixon 2012: 24).

(109)에 결합된 irrealis는 현재는 긴 꼬리를 가지지 않았음을 표현
하기 위해 붙은 것으로 보는 듯하다. 영어 대역 표현이 'used to'인 것
으로 보아, 과거 당시에는 긴 꼬리를 가졌을 것이므로 과거 사태에
해당되는 것이라면 irrealis가 붙기는 어렵다.

(109) wa-la-DI-na-da   idany-barri   magarra

3-IRREALIS-sit-PAST-HABITUAL   long-COMITATIVE   tail

They used to have long tails (But they don't now)

irrealis가 특수한 종류의 미래에 국한해 쓰이는 일도 있다. Mithun
(1999: 180)은 중앙 포모어(Central Pomo)의 절 연결 표지에 이런 종류
의 상황이 있다고 하였다. 이 언어에서 realis 형식은 확실한 미래 발
생에 쓰인다.

(110가)의 '미래에 네가 나이가 들면'과 같은 상황이 이에 해당한
다. 나이를 먹는 일은 미래에 일어나지 않을 가능성은 없다. 반면에
미래에 발생할 것으로 예상은 되지만 완전히 확실하지는 않은 사태

에는 irrealis가 더 적절하다(Dixon 2012: 23). (나)의 '마을에 감'이라는 사건이 이런 종류이기에 irrealis가 쓰였다.

(110) 가. šéʔ   ʔul   ma   ém-aq́=da…

long   already   2.AGENT   old-INCH:PERFECTIVE

=DIFF:SIMULT:REALIS

In the future, when you are older…

나. téːnta=lil   wa-ːn-hi…

town=TO   go-IMPERFECTIVE-SAME:IRREALIS

I'll go to town…

irrealis의 의미적 문맥[18]

irrealis 명제로 지시된 사건은 상상할 수 있는 것, 가능한 어떤 것, 그러나 실제 세계가 아니라 비실제 세계에 위치한 어떤 것으로 여겨진다. 이런 사건은 가상의(hypothetical) 것으로 지각되고, 이로써 '가능성 있는 사건 ; 반사실을 포함하여, 그것의 발생이 이행된 어떤 조건에 의존하는 사건 ; 양태에 의해 한정된 사건 ; 명령 ; 부정' 등의 의미 문맥이 irrealis가 표현되는 대표적인 의미 문맥이 된다(Elliot 2000: 69~70).

먼저, 가능성 있는 사건이다. 발생할 가능성이 있지만 아직 실현되지 않은 사건이 irrealis 표시를 다는 것은 자연스럽다. 그러나 모든 언어에서 미래 의미의 구성에 irrealis를 표시하는 것은 아니고 일례로 오스트레일리아 언어에서는 가능하면서 확실하지 않은 미래 사건

---

18 이 부분은 Eliiot(2000: 68~79)의 내용을 간추려 제시하였다.

만 irrealis로 표시된다. 확실한 미래 사건은 realis로 표시되는 경향이 있다.

다음은, 조건 구성인데, [If he comes I might see him] 정도에 해당할 만한 가상적 조건문의 귀결절은 원형적으로 비현실 표지를 취한다. 반면에 [If he comes I can see him] 정도에 해당할 만한, 예측의 조건문, 즉 조건절의 조건이 이행되면 이어서 발생하거나 적어도 그럴 가능성이 높은 사건은 realis로 표현되기도 한다.

명령도 irrealis가 주로 쓰이는 문맥이다. Sadock & Zwicky(1985)에 따르면 조사된 언어의 반 이상은 요구를 나타내는 데 접사 없이 동사 어간을 쓴다. 이런 현상은 '현실성 지위'를 형태적으로 표현하는 언어에서도 뚜렷이 발견된다. 그러나 현실성 지위를 가진 상당수의 언어에서 명령 및 명령과 유사한 구성에는 비현실 표시를 요구하기도 한다. 일례로 Dixon(2012: 23)에 따르면 위크-나단어는 긍정명령과 부정명령이 모두 irrealis로 표현된다. 이는 명령이 개념적으로 일어날 가능성이 있고 따라서 실현되지 않은 사건이라는 사실과 관련된다.

명령의 종류에 따라 달리 표시되는 일도 있다. 와르다만어(Wardaman)에서는 긍정의 명령문은 동사 어간만으로 표현하지만 '금지'는 부정 첨사와 동사의 비현실 형식이 사용되어 표현된다. 물론 모든 명령문이 realis를 취하는 마리코파어(Maricopa)(Gordon 1986: 19~27)와 같은 언어도 있다.

긍정 평서문은 realis이지만 대당 부정문은 irrealis로 표시되는 언어들이 있다. 마웅어(Maung)가 그런 언어이다. 그러나 이런 현상은 현실성 위상을 표시하는 모든 언어에서 보편적인 것은 아니고, 많은 언어에서 현실성 위상은 보통 부정에 영향을 안 받는다고 한다(이상,

Eliott, 2000: 77).

irrealis에 연합된 의미 문맥은 realis에 연합된 문맥에 비해 상당히 다양하다. 이에 대해 Frawley(1992: 388)는 언어들은 현실보다 비현실에서 더 정교한 의미 구별을 하는데, '실제'보다는, 사태가 완전히 실제적일 수 없는 다양한 방법이 있기 때문이라고 하였다.

5.3.3. 분포에 따른 '은/을' 대립의 유무와 특징

관형사형어미 '은'과 '을'이 모든 환경에서 대립하는 것은 아니다. 어떤 구성에서는 '은'이나 '을' 하나의 어미만 주로 쓰이기도 하고, 어떤 구성에서는 둘 다 쓰이지만 의미 차이가 별로 두드러지지 않기도 한다. 또한, 원래 대립이 있었던 것으로 보이지만 문법화가 진행되면서 원래의 차이가 잘 드러나지 않는 경우도 있다. 이 절에서는 이런 '은'과 '을'의 대립이나 쓰임과 관련된 특징 몇 가지를 살펴보기로 한다. 단, 여기서 제시하는 이런 특징들은 경향성임을 밝혀 둔다. 이에 반하는 예외는 언제나 있을 수 있다.

'을'의 결합제약

'은'은 용언부류에 따른 결합제약이 없다. 그러나 '을'은 형용사와의 결합에 제약이 있다(장경희 1985, 임동훈 2009ㄱ). 15세기 한국어에서도 이런 제약은 있었다(허원욱 1988, 이병기 2006).

일례로 형용사 '예쁘다'는 (111)에서 보듯이 '을'이 붙으면 좀 어색하다.

(111) ?예쁠 아이를 찾아봐.

그러나 (112가)처럼 '으면, 어도'와 같은 조건절과 양보절이 오면 아주 자연스럽다. 또한 (나)처럼 앞에 '었'이 결합하면 자연스러워진다.

(112) 가. 이 옷을 {입으면, 입어도} 예쁠 아이를 찾아봐.
　　　　나. 예뻤을 아이

이에 대해 임동훈(2009)에서는 시제가 결합하거나 조건절과 양보절이 선행하여 시간적 한정을 받을 때에는, 형용사가 표시하는 속성이 임시적으로 해석되기 쉬워 제약이 없어진다고 하였다.

또한 내포절 표지로, 관련 내포문이 관계절이냐, 보어절이냐에 영향을 받는다고 볼 수 있는데, (113가), (나)처럼 보어절에 쓰일 때는 형용사와의 결합제약이 사라진다고 하였다. 모두 맞는 관찰이다.

(113) 가. 미팅에서 파트너가 예쁠 가능성
　　　　나. 언젠가는 하늘이 맑을 날도 있겠지.

세종 코퍼스에서 형용사 어간에 '을'이 결합된 문례의 후행 요소를 검색하면, 관계절의 수식을 받는 일반명사가 쓰인 문례는 거의 발견되지 않는다. 위의 '예쁠 아이'는 [아이가 예쁘다]에서 주어인 '아이'가 핵어명사가 된 관계절인데, 실제로 이처럼 쓰이는 일은 별로 없다는 방증이다.

일반명사가 후행하는 예들은 아래와 같이 보어절인 경우이다. 피수식어인 '까닭, 필요, 시간, 날' 모두 '을'절의 성분이 아니다.

(114) 가. 아직도 그러고 있으니 누군들 [마음이 편할] 까닭이 있겠

습니까.

　나. [말이 고울] 필요가 있지 않느냐고 물었다.

　다. [아플] 시간이 없어요.

　라. 하루도 [고요할] 날이 없다.

이 외에는, 형용사에 결합된 예의 상당수가, 아래에 제시한 것처럼 보어절 명사 앞에 '그럴'이 오는 경우이다.

(115) 그럴 필요, 그럴 처지, 그럴 형편, 그럴 기분, 그럴 이유, 그럴 의도, 그럴 권리, 그럴 시간, 그럴 징조, 그럴 정도…

이 외에는 대부분 의존명사가 후행한다. 그리고 이 중의 절대 다수 는 '을 것이다, 을 수 있다. 을 뿐이다, 을 리 없다, 을 줄 알다, 을 테 다, 을 따름이다'처럼 굳어진 구성들에 쓰인 것이다. 아니면 '때, 즈 음'처럼 '을' 어미를 주로 취하는 명사들이다.

그런데 형용사에 '었을'이 결합된 형태로 쓰인 예도 잘 검색되지 않 는다. '형용사 어간+았/었+을'의 후행 요소로는 다음이 검색되는데, 굳어진 구성의 의존명사가 절대 다수이고, 나머지 예는 보어절 명사 이다.

・'형용사 어간+았/었+을'의 후행 요소와 빈도

　것(257), 때(249), 뿐(48), 적(48), 터(34), 거(24), 정도(8), 리(3) 등

이런 결과는 '을'의 결합제약과 관련하여 두 가지를 시사한다. 하나 는 쓰인 예가 발견되지 않는다고 해서 결합제약이 있다고 말하기 어

려울 수 있다는 점이고, 다른 하나는 '을' 관형사절이 일반명사를 수식하는 문장은 즐겨 쓰이는 구성이 아닐 수 있다는 점이다.

'형용사 어간+을'을 관계절로 쓰는 문례는, 아래의 예처럼 머릿속에서 꽤 만들어 낼 수 있다. 따라서 앞서 말한 제약도 분명히 존재하지만, 적절한 문맥이 주어지면 가능해지는 경우도 많다고 할 수 있다. 가능한데도 실제로는 잘 쓰이지 않는 것이다.

(116) 가. 우리 아이에게는 <u>작을</u> 가방이야.

나. 네가 보기에 <u>깊을</u> 곳을 찾아서 말해 줘.

다. 공사 때문에 <u>좁을</u> 도로 생각하면 가기 싫어.

'형용사+었을'도 마찬가지로, 일상적으로 흔히 사용되는 구성이 아닐 수 있다. 혹은 "그때 대학 갔으면 크게 성공했을 사람인데."와 같은 표현 대신에 "그 사람 그 때 대학 갔으면 크게 성공했을 텐데."와 같은 표현이 더 선호될 가능성도 있다. 이는 앞으로 더 탐색해 보아야 할 주제이다.

하나의 어미를 주로 취하는 구성

의존명사 구성이 '은'이나 '을' 중 하나를 주로 취하는 경우가 많다. 여기서 '주로'라고 한 것은 실제 세종 코퍼스를 검색해 보면, 다른 어미를 취한 예도 소수이지만 발견되기 때문이다. 그러나 '은'과 '을'이 대립하는 보통의 환경에 비하면, 어미의 편중성이 두드러지는 것은 분명하다.

먼저, 시간성의 명사 및 의존명사의 경우이다. (117)은 '은'만 취하는 구성이다. 이들 앞에는 '는'이나 '었던'도 쓰이지 않는다. '이래, 이

후' 앞에 '은'만 쓰이는 것은, '은'이 결합한 동사가 지시하는 사건이나 행위가 이루어진 다음의 시간을 가리키기 때문인 듯하다. 즉 '은'의 서상법의 의미가 필요할 만한 구성인 것이다.

(117) 은 {이래, 이후, 후, 직후} (cf. -기 전, 직전)

다음은 '을'이 절대적으로 우세한 구성이다.

(118) 가. {을(21299), ㄴ(471), 는(301), 던(302), 은(93)} 때
　　　나. {을(507), 던(35), ㄴ(22), 은(8), 는(8)} 무렵
　　　다. {을(104), 던(4), ㄴ(3), 는(1)} 즈음

다음은 '은'이 절대적으로 우세한 구성이다.

(119) 가. {는(1134), 을(64), 은(12), 던(9)} 동안
　　　나. {ㄴ(2025), ㄹ(490), 은(256), 던(122), 는(47)} 적

이들 빈도에서 'ㄴ'은, '간'의 'ㄴ'과 '예쁜'의 'ㄴ'처럼 구별되어야 하는 'ㄴ'이 포함되어 있으나, 따로 분리하는 작업을 하지 않고 그대로 제시하였다. 관심이 서실법/서상법, 즉 '은'이냐 '을'이냐 하는 문제에 집중되어 있고, 여기에 현재 의미의 '은'인지 과거 의미의 '은'인지는 중요하지 않기 때문이다.

'때'의 앞에는 '을'이 오는 경우가 절대적으로 많다. 그러나 '은, 는, 던' 등 서실법인 '은'이 쓰이는 경우도 있다. 이에 대해 '은'은 화자가 특정한 때를 염두에 두는 경우이고, 반면에 '을'은 불특정한 때를 가

리킨다고 보는 견해도 있다. 이를 인정하면 '때' 앞에서도 '을'과 '은'이 어느 정도는 제 기능을 하는 셈이 된다.

그러나 특정한 때에 '을'을 쓰는 경우도 무척 많다. (120가), (나)의 '을 때'는 모두 특정한 때이다. 반면에 '은'은 (다)처럼 불특정한 때에 쓰이는 경우도 있기는 하지만, 대개는 특정한 때에 주로 쓰이는 것 같다.

(120) 가. [아이를 집에 남겨 두고 떠나올] 때는 추운 겨울이었다.
　　　나. [그 말을 들을] 때는 무슨 말인가 했는데, 결혼생활을 오래
　　　　　하다 보니 정말 맞는 말이구나 새삼 깨닫게 된다.
　　　다. [악취를 풍기는 전철을 타는] 때가 종종 있다.

이런 사정을 보면 '때' 구성은 기본적으로 '을'을 취하고, '은'은 특정한 때임을 드러내고자 할 때 쓰이는 것이 아닌가 한다. 그러면 '때' 앞의 '을'은 서상법의 의미를 겨냥해 선택된 것은 아니라고 할 수 있다.

첫째, '었을 때'의 용례에서 '을'의 서상법의 의미가 거의 없다. "공부를 계속했으면 잘했을 아이인데."와 같은 예에서의 '을'은 여전히 '추측, 가능성' 등의 서상법의 의미를 가지지만, "네가 갔을 때"와 같은 예에서의 '을'은 이런 의미가 읽히지 않는다.

둘째, '을'은 특정한 때와 불특정한 때 모두에 쓰인다. 이는 '었을 때'가 대개 특정한 때로 읽힌다는 점에서도 짐작된다. 따라서 주로 특정한 때를 염두에 둘 경우에 쓰이는 '은'과 대립을 이룬다고 하기는 어렵다.

셋째, '던'이나 '었던'을 '었을'로 바꾸거나, '는'을 '을'로 바꾸어도 의미 차이가 나지 않는다. 다음이 그 예이다.

(121) 가. [지난여름에 참새를 쥐여 주던(→ 주었을)] 때처럼 양복에
　　　서 풍겨 나오는 냄새가 정들게 했다.

　　　나. 영하로 [땅이 얼었던(→ 얼었을)] 때였다.

　　　다. [경제적으로 여유가 생기는(→ 생길)] 때는 보너스를 받는
　　　　 달뿐이었다.

　　　라. 가끔 [얼굴이 일그러지는(→ 일그러질)] 때도 있다.

다음은, '무렵'의 경우이다. '을'이 주로 선택되지만 '던'이나 '는'이
결합하는 일도 있다. 그런데 아래 예에서 보듯이 '던, 었던'의 자리에
'을, 었을'을 써도 의미 차이가 두드러지지 않는다. '때'처럼 관형사형
어미의 대립이 별로 발휘되지 않는 구성인 것이다.

(122) 가. [겨울이 어영부영 끝나 가던(→ 끝나 갈)] 무렵이었다.

　　　나. [그녀를 만나기 시작하던(→ 시작할)] 무렵 가졌던 의아함
　　　　 을 다시 가지게 됐다.

　　　다. [자전거 여행기에 매료되었던(→ 매료되었을)] 무렵 언제부
　　　　 터인가….

'즈음'은 『표준국어대사전』에서도 "주로 어미 '을' 뒤에 쓰여"라고
풀이하고 있다. 아래 '던'과 '은'을 '었을'로 바꾸어도 되는데, 이 사이
에 서실법과 서상법 간의 차이는 발생하지 않는다. 역시 이들 대립이
성립하지 않는 환경이다.

(123) 가. 그 지역에서 일하던(→ 일했을, 일할) 즈음에 망원동 수해
　　　　 가 있었지.

나. 그때 쌀을 수확한(→ 수확했을) 즈음에는 보리와 섞어서 밥
   을 하고.

'동안'은 '는'이 절대적으로 많고 '는, 던, 었던'도 쓰일 수 있으나,
마찬가지로 이들 사이에 큰 의미 차이가 있지는 않다. (124가)처럼
미래 상황에 결합된 '을'을 '는'으로 바꾸어도 되고, 과거 상황에 결합
된 (나)의 '었을'이나 (다)의 '었던'을 모두 '는'으로 바꾸어도 된다.

(124) 가. 앞으로 [집을 지을(→ 짓는)] 동안, 헛간에서 두 집 식구가
      다 살도록 하고.
   나. [저녁 겸 술자리가 벌어졌을(→ 벌어지는)] 동안도 그랬다.
      나는 계속 겉과 속이 따로 놀고 있었다.
   다. [그가 없었던(→ 없는)] 동안에 노동자들이 어떻게 처신했
      는가를 돌아온 뒤 자신이 항상 알게 해 놓았다.

마지막으로, '적'은 지금까지 논의된 구성들과는 다소 다르다. '{적
에, 적에는, 적에도}'처럼 시간부사어로 기능하는 구성 앞에서는 '을'
과 '었을'만이 주로 쓰인다. 이런 구성에서 '을' 대신에 '은'이 쓰이기
는 어렵다.

(125) 가. [고증 같은 것이 잘못되었을(→ *잘못된)] 적에는 즉각 전화
      를 걸어 알려 주기도 하죠.
   나. [그의 끈기 있는 질문을 받을(→ *받는)] 적에도 그를 똑바
      로 쳐다볼 수 없었다.

그러나 '은 적이 {있다, 없다}' 구성에서는 '은'이 절대다수로 나타나고, '던, 었던'도 쓰인다. 이 구성에서 '은'을 '을'로 바꾸면 (126가)와 (나)에서 보듯이 어색해진다.

(126) 가. 작업장에는 [가 본(→*가 봤을)] 적이 없으십니까?
　　　나. 밥 먹는 것도 잊을 만큼 [몰두했던(→*몰두했을)] 적이 있었다.

물론, '을 적이 있다'로 쓰인 예도 아주 적은 수로 발견된다. 그런데 (127)에서 보듯이 썩 자연스럽지는 않다. 따라서 이를 지엽적인 예로 간주하면, '적'은 구성에 따라 '을'만, 혹은 '은'만 선택하는 의존명사가 된다.

(127) 가. 토마토 철이면 문득 그의 말이 생각나서 <u>미소 지을 적이 있다</u>.
　　　나. 그가 외국에서 전화를 걸어 왔을 적이었는데, 식구들 안부에 '예, 아니오'로만 답하자 뭐라도 말을 해 보라고 신경질을 냈다.

'때, 무렵, 즈음'도 '을 적에'처럼 시간부사어나 부사절로 쓰일 때는 '을'이 쓰이는 경우가 대부분이다. '즈음' 뒤에 쉼표나 '에'가 결합한 예를 검색하면, 관형사형어미가 선행할 경우는 대부분 '을'이고, '은'과 '던'은 각각 한 예씩만 검색된다. '무렵'도 비슷하다. 대부분 '을'이고, "침묵이 두 달간 이어지던 무렵"처럼 '던'이나 '은'이 쓰인 예는 10여 개 정도가 찾아진다. 즉 이들 구성의 이런 용법에서는 '은'이 별로 쓰이지 않는다고 할 수 있다. 반면에 이 외의 다른 성분 자리에서는 '은'이 가능하다. 그렇지만 이런 자리에서도 압도적으로 고빈도로 쓰이는 것은 여전히 '을'이다.

문법화 혹은 굳어진 구성에서의 '은'과 '을'

'은', '을' 대립의 유무와 관련해서는 이들이 포함되어 문법화가 일어난 구성을 빼놓을 수 없다. 형태적으로는 '은'과 '을'이 모두 가능한 환경이지만, 굳어진 구성이 되면서 원래의 대립이 유지되지 않는 경우가 있다. 대표적으로 '을 것이다'와 '은 것이다'도 그런 예이다.

(128) 가. 그럴 사람 아니니 무슨 사정이 있었을 것이다.

나. 내일 삼촌 미국에서 들어올 거야. 오늘 연락 왔어.

다. 본모습을 드러내려고 꿈틀거려 보는데 어째 몸짓이 자유롭지가 않다. 그동안 너무 많은 옷을 꺼입은 것이다.

(128가)의 '을 것이다'는 추측, (나)의 '을 거야'는 미래를 나타낸다. (다)의 '은 것이다'는 선행 문장의 이유, 근거 등 부연 설명을 덧붙일 때 쓰이는 표현이다(8.3. 참조). 이들의 발달에 서상법 '을'과 서실법 '은'이 각각 의미적으로 기여했으리라는 것은 충분히 짐작된다. 그러나 지금의 이들은 서로 넘나들어 쓰이는 관계는 아니다.

의존명사 '터'도 앞에 '을'이 오는 구성과 '은'이 오는 구성이 의미 차이가 크다. '을 터이다/테다'는 추측, 의지, 예정을 나타낸다. 반면에 '은'의 수식을 받는 '터'는 처지나 형편으로 해석된다.

(129) 가. 솔직할 수 있다면 내 자신을 발견할 수 있을 텐데.

나. 나는 꼭 국회에 입성하고 말 테야.

다. 작은 회사에서 사환을 하며 야간 고등학교를 다니는 형은
직장에서 바로 학교로 가기 바쁜 터였다4.

라. 다른 나라의 과학 기술이 급속히 발전하고 있음을 확인하고
온 터라서, 한국의 젊은 과학자들의 노력이 더욱 대견스럽
게 느껴졌을지도 모를 일이다.

이들의 '을', '은' 고착화는 서상법과 서실법 의미가 영향을 미친 것
이다. '추측, 예정' 등에 '을'이 쓰이고, 현재나 과거의 '처지, 사정'에
'은'이 쓰였기 때문이다. 그러나 이는 기원적 구성이 그렇다는 것이
고, 지금 두 구성이 관형사형어미에 의해 대립을 이루고 있는 것은
아니다. '을 테-'의 의미가 완전히 '은 터'와는 다른 것이 되었기 때문
이다.

문법화를 겪은 모든 의존명사가 이런 양상을 보이는 것은 아니다.
이런 양상은 아주 불규칙적이고도 개별적으로 일어난다. 일례로, 추
측을 나타내는 '모양이다'는 '은'과 '을'이 모두 가능하다. 그리고 이
들은 서실법과 서상법의 의미 차이를 가진다. 그리고 '었을 모양이다'
처럼 '었을'로 쓰이는 일도 없다.

(130) 가. 웃음을 멈추지 못하는 것을 보니 [무척 기쁜(→ *기쁠)] 모
양이다.

나. 정치에 얽힌 돈은 [야당과도 담을 쌓고 지내지는 않았던
(→ *않았을)] 모양이다.

다. 이 사람이 물러났으면 하나, [좀처럼 물러나지는 않을(→ *
않은] 모양이다.

동일한 의존명사가 분포에 따라 관형사형어미의 편중성이 달라지는데 딱히 그 이유를 찾기 어려운 경우도 있다. 일례로 '지경'을 들 수 있다. '지경이다' 앞에서는 '을'의 빈도가 압도적으로 높고, '지경에 이르다'나 '지경이 되다'에서는 '은'이 상대적으로 많이 쓰인다.

- '지경이다'의 선행어미 빈도: 을(387), 는(14), ㄴ(14)
- '지경에 이르다'나 '지경이 되다'의 선행어미 빈도: 은(65), 을(18)

그러나 이들은 의미 차이가 그대로 존재한다. '은'이 쓰인 (131가), (다), (라)는 이미 발생한 사태를 나타낸다. 그러나 '을'이 쓰인 (나)와 (마)는 아직은 발생하지 않은 사태를 나타낸다. 이들 구문에 '동사+는'은 잘 쓰이지 않는다.

(131) 가. 다시 싸울 수밖에 없는 곤란한 지경에 이르렀다.

　　　 나. 일손이 모자라 농사를 포기해야 할 지경에까지 이르렀다.

　　　 다. 어떤 미련을 갖기에는 당시 상황이 내 개인적으로 막바지에 이른 지경이었다.

　　　 라. 땡감은 거의 죽게 된 지경이었다.

　　　 마. 왕년이가 굿 청을 들어준 것만도 배가 부를 지경이었다.

3부   한국어의
                        명사절

6장
명사화와 명사절에 관한 언어유형적 접근

6.1. 명사화의 종류

6.1.1. 분류의 문제

언어유형적으로 명사화의 종류는 아주 산뜻하게 구분되지 않는다. 명사화는 동사성과 명사성 사이의 정도적인 현상이고, 언어마다 분류의 사정이 다르기 때문이다. 그간 명사화에 대한 연구는 파생명사와 동명사를 중심으로 이루어져 왔다. 언어유형론에서 명사절이 명사화 논의에 포함되기 시작한 것은 아주 최근의 일이다. 따라서 명사화의 종류로 언급되어 온 어휘적 명사화·파생 명사화·참여자 명사화·행위명사류·절 명사화 등은, 엄밀히 말해 정밀한 비교 대조를 바탕으로 수립된 구분은 아니다.

명사화의 범위와 종류가 어떻게 기술되어 왔는지 들여다보자. Comrie & Thompson(1985/2007)은 명사화를 '무언가를 명사로 바꾸는 것'이라고 하고, 동사나 형용사에서 명사가 되는 과정과 술어나 명제로부터 명사구가 되는 과정으로 나눈다. 그리고 이들을 각각 다시 두 부류로 범주화한다.

동사나 형용사에서 파생된 명사에는, 행위나 상태를 명명하는 종류와 동작주나 도구처럼 행위에 참여하는 개체를 명명하는 종류가 있다. 전자는 동사와 형용사의 속성을 일부 간직하는 반면에, 후자는 해당 언어의 전형적인 명사들과 동일하게 행동한다.

• Comrie & Thompson(1985)의 명사화

어휘적인 동사나 형용사로부터의 명사 형성 과정
(A) 행위나 상태의 이름: 행위/상태 명사
    (예, create → creation, arrive → arrival, stupid → stupidity)
(B) 논항의 이름: 동작주 명사(예, sing → singer),
    도구 명사(예, slice → slicer), 처소 명사 등

술어와 명제로부터의 명사구 형성 과정
(C) 행위명사류(action nominals)
(D) 어휘적 파생명사가 없는 명사화, 편의상 '절 명사화(clausal
    nominalization)'라 칭함

명사의 형성과는 달리, 명사구를 형성하는 명사화에는 행위명사류와 절 명사화가 있다. 행위명사류란 동사에서 파생된 명사에, 원래의 술어나 명제가 가지는 성분이 하나 이상 포함되는 명사구를 말한다. (1나)에 있던 주어 'the enemy'와 목적어 'the city'가 (가)에서 각각 'destruction'의 's' 속격과 전치사 'of' 속격으로 포함된 것, (라)에 있던

부사 'loudly'가 (다)에서 형용사 'loud'로 포함된 것이 이런 예이다.

(1) 가. the enemy's destruction of the city

　　나. The enemy destroyed the city

　　다. the loud chanting in the quad

　　라. chanting loudly in the quad

그런데 (A)로 묶인 종류와 (C)로 묶인 종류는 구분이 어려운 면이 있다. 일례로, 위의 'destruction'은 부속 성분과 함께 명사구로 표현된다는 것 외에는 행위/상태명 부류와 다른 점이 없다. Comrie & Thompson(1985)에서도 행위명사류의 파생명사는 행위/상태 동사에서 행위/상태 명사를 만들어 내는 과정에 의해 형성된다고 밝히기도 하였다. 그렇다고 이 둘을 완전히 같은 부류라고 하기도 쉽지 않다. 'chanting'과 같이 일시적인 명사 형태와 'arrival'과 같이 늘 명사인 것 사이의 차이도 있는 것이다.

　Comrie & Thompson(2007: 342~343)에서 밝힌, 파생명사 부류 (A)와 행위명사 부류 (C)의 차이는 이렇다. 전자는 단어의 형성 과정이 비생산적이며, 불규칙적이고, 예측이 어렵다. 일례로 헤브루어의 경우, 어기를 보고 어떤 형태의 행위명사가 파생될지 예측할 방법이 없다. 영어도 비슷하다. 'ate'로 끝나는 다음절 동사에는 'ion'이 붙고 'able'로 끝나는 형용사에는 'ity'가 붙는 등의 예측 가능한 경우가 일부 있기도 하지만, 'refuse'에 'al', 'accuse'에 'ation', 'true'에 'th'가 붙는 것처럼 예측 불가능한 경우도 많다.

　의미적으로도 파생명사는 특별하고 예상할 수 없는 의미를 가지는 일이 흔하다. 예컨대 영어의 'proposal'은 제안하는 행위와 제안한 사실을 가리키거나, (2가)처럼 제안서를 가리킬 수도 있다. 그러나 'refusal'은 거절서와 같은 의미로는 잘 쓰이지 못한다. 즉 동일하게 동사에 'al'이 붙어 명사가 되었지만, 실제 사용되는 의미가 다르다.

(2) 가. His proposal was fourteen pages long.

나. ?His refusal was fourteen pages long.

반면에 (C)로 제시된 행위명사류, 대표적으로 'ing'가 붙는 형태는 어기의 제약이 적어 규칙적인 편이며 의미 예측도 가능하다. 그래서 많은 경우 별도의 어휘소로 인정되지 않아 사전에 따로 등재되지도 않는다. 이처럼 파생명사와 행위명사류는, 'refusal'과 'destruction'의 차이만큼 가까운 것도 있고, 'refusal'과 'chanting'의 차이만큼 먼 것도 있다.

(D)에 제시한 '절 명사화'는 절 전체가 명사화되는 것이다. 절 명사화의 가장 큰 특징은 핵어를 명사로 볼 수 없다는 데 있는 것으로 기술되어 왔다. 절 명사화에서 동사는 명사의 전형적인 특징을 보이지 않으며, 흔히 인칭과 수를 표시하는 등 동사적 특성을 보인다는 것이다. 그런데 6.2.에서 살펴보겠지만 행위명사류가 아주 문장 같은 형식으로 표현되는 언어가 있다. 또한 명사절이 주어적 속격을 취하는 등 보통의 문장과는 다르고, 오히려 행위명사류와 비슷한 경우도 있다. 게다가 명사절의 핵어를 명사로 볼 수 없다는 것도 재론의 여지가 있다. 즉 절 명사화도 행위명사류와 산뜻하게 구분되지 않을 수 있다.

요약하면 Comrie & Thompson(1985)의 네 부류 중에서, 행위/상태 지시 명사(A)는 행위명사류와 겹칠 수 있고, 절 명사화는 행위명사류와 겹칠 수 있다. 따라서 언어에 따라 이들은 각기 다른 이름으로 불리기보다, 명사성/동사성의 척도에서 정도상의 문제로 파악되어야 할 가능성도 높다.

행위/상태 명사와 행위명사류의 구분이 어려워서인지, Comrie & Thompson(1985/2007) 이후의 명사화에 대한 논의들은, 이 둘 중 하나만 취해 크게 세 부류의 명사화를 거론한다. 다음은 이를 엿볼 수 있는 기술들이다. (A)는 '절 명사화'를 유형론 논의의 전면으로 끌어들이는 데 기여한 Genetti et al.(2008)의 기술이고, (B)는 Mithun(2016: 297~298)의 기술이다.

(A) 명사화라는 술어를 비명사적 요소가 문법적인 명사류가 되는 과정을 지시하는 데 쓸 것이다. Comrie and Thompson(1985)은 명사화를 보다 좁게 '어떤 것을 명사로 만드는' 것으로 정의한다. 이런 좁은 정의는 다른 어휘 범주에서 어휘적 명사를 만드는 파생 과정이므로 우리는 이를 파생 명사화라 할 것이다. 티베트-버만어는 보다 큰 통사적 환경에서 어떤 절을 명사구로 기능하도록 하는 통사적 과정인, 절 명사화를 폭넓게 쓰는 것으로 잘 알려져 있다. (중략) 행위명사류 구성과 절 명사화를 비교하는 것이 필요하다. (중략) 본고의 다섯 개의 언어에서는 이 행위명사류 구성은 발견되지 않았다. (Genetti et al. 2008: 98~99)

(B) 명사화 구성이 여러 방면으로 분류되어 왔는데, 그중 하나가 만들어진 구조의 기능에 의해서이다. 행위 명사화는 행위, 활동, 상태 등을 지시하는 표현을 파생하고(예, 고요한-고요, 노래하다-노래하기), 참여자 명사화는 참여자를 지시하는 표현을 파생한다

(행동주, 피동작주, 도구, 위치 등). 이런 구성들은 때때로 동사 형식에 변화 없이 사건, 사실 등을 지시하는 절 명사화와 구별된다(예, I know that she would have loved it).

Genetti et al.(2008)에서는 파생 명사화, 행위명사류, 절 명사화를 구분하는 것으로 짐작된다. Mithun(2016)에서는 Comrie & Thompson (2007)의 행위/상태 지시의 명사화와 논항 표상의 명사화에 해당하는 것을, 각각 행위 명사화, 참여자 명사화로 부르고 절 명사화와 구분한다.

명사화의 종류와 술어의 사용이 동일해야 하는 것은 아니다. 명사화의 종류와 문법적 특성은 개별 언어에 따라 얼마든지 달라질 수 있기 때문이다. 다만 온전히 합의된 술어와 분류가 없으므로, 개별 연구에서는 어떤 술어를 어떤 범위에서 사용하고 있는지를 미리 밝히는 것이 필요하다.

6.1.2. 어휘적 명사화와 행위명사류

참여자 명사화(participant nominalization)

명사는 동사나 형용사로부터 만들어질 수 있고, 이런 명사들은 의미적으로 동사나 형용사가 지시하는 행위/상태를 명명하거나 이런 행위/상태에 참여하는 개체를 지시한다. Comrie & Thompson(2007)은 이를 어휘적 파생명사의 두 부류로 나누었고, 행위/상태 명명의 명사가 핵이면서 부속어가 딸린 명사구를 행위명사류라 하였다. 여기서는 Mithun(2016)을 따라, 이를 각각 참여자 명사화와 행위 명사화로 나누어 살펴본다.

참여자 명사화의 종류로 Comrie & Thompson(2007: 336~342)은 다음을 보였다.

(A) 행위주성 명사: 많은 언어는 행위 동사에서 "'동사 하는" 사람'을 뜻하는 명사가 나오는 과정을 가진다.

bear → *bearer* (영어) ; *cula* → *um-cul-i* (singer, 줄루어)

(B) 도구 명사: 행위동사에서 '그 동사를 하기 위한 도구'를 의미하는 명사가 나왔다. 일부 언어에서 발견된다. 아래는 '채찍질하다'에서 '채찍'과 같은 도구 명사가 나온 예이다.

lat'- → *lat'ema* (와포어)

to whip(v)   for the purpose of whipping=whip(N)

(C) 방식 명사: 동사로부터 '그 동사를 하는 방법'을 의미하는 명사가 나왔다. 일부 언어에서 발견된다. 아래는 '걷다'에서 '걷는 방식'에 해당하는 명사가 나온 예이다.

yürü- → *yürüyüş* (터키어)

to walk   way of walking

(D) 처소 명사: 동사로부터 해당 행위가 발생한 장소를 의미하는 명사가 나왔다. 많은 반투어들이 해당된다. 아래는 '꿈꾸다'에서 '꿈꾸는 장소'에 해당하는 명사가 나온 예이다.

lóta → *li-*   *lot*   *-elo*

dream   CL 5/6   dream   OBL = place of dreaming

(E) 목적 명사: 어떤 행위의 결과나, 전형적인 목적어 혹은 동족의 목적어를 가리키는 명사를 형성하는 접사를 가진 언어가 있다. 아래는 '조각내다'에서 '조각'에 해당하는 명사가 나온 예이다.

lib → *lib-um* (디올라어)

make slices cuts, slices

(F) 이유 명사: '동사하는' 이유를 의미하는 명사가 동사로부터 만들어지는 언어도 있다. 아래는 '도착하다'에서 '도착하는 이유'에 해당하는 명사가 나온 예이다.

dataŋ → *paŋdataŋ* (순다어)

arrive reason for arrival

Comrie & Thompson(2007)은 참여자 명사화가 명사적 속성만 보인다는 근거로 행위/상태 명사화와 구분하였다. 그러나 참여자 명사화로도 쓰이는 형태가 동사성을 간직하는 언어도 있다. Mithun(2016: 306~308)에서 다룬, 캘리포니아 토속어의 하나인 바르바레뇨 추마시어(Barbareño Chumash)[1]에서 이런 예를 찾을 수 있다. 이 언어에는 세 유형의 절 명사화가 있는데, 세 번째 유형이 바로 이에 해당한다.

이 세 번째 유형은 파생명사와 동일하게 접두사 'al'이 붙는데, 이 접두사가 절을 명사화하는 데도 쓰인다. 그리고 이런 절 명사화 형태는 '말하다'류나 '생각하다'류 동사의 목적어로 기능한다. 이는 사건 명사화의 예이다. 그런데 이 유형은 이보다 자주 사람, 동물, 사물,

---

1 Barbareño는 캘리포니아 남부 해안 지역에 거주했던 추마시족(Chumash)의 한 언어이다. 1965년에 마지막 화자가 사망함으로써 사멸한 언어가 되었지만, 언어 기록은 꽤 잘 되어 있다고 한다.

위치, 횟수, 방식 등을 지시하는 데도 사용된다. 즉 참여자 명사화로
도 쓰인다. 그리고 이때 이들 구성은 한정사를 취하면서 동시에 시제
나 상 표현도 간직한다. 명사적 속성과 동사적 속성이 동시에 나타나
는 것이다. 이 예들은 명사화의 종류에 따른 명사성/동사성 정도가
언어마다 다름을 분명하게 보여 준다.

　이제, 한국어의 참여자 명사화를 간단히 살펴보자. 먼저, 동사에서
명사를 파생하는 접사로 '이₁'이 있다. '이₁'은 중세국어 이래 가장 대
표적인 명사파생 접미사로 간주되어 왔다. 송철의(1990: 93~94, 112)
에 따르면, 어기에 따라 '이₁'의 생산성은 조금 다르다. '구이, 놀이, 떨
이, 마무리' 등, 어간이 단일형태소로 이루어진 동사에서의 파생은 그
리 많지 않다. 반면에 '젖먹이, 귀양살이'와 같이 [명사+동사] 어기나
'다잡이, 마구잡이'와 같이 [부사+동사] 어기에서 파생된 것은 많다.

　'이₁'의 의미는 다양하다. 행위나 사건, 물건이나 도구, 그리고 행위
주가 가능하다.

　(3) 가. 행위 또는 사건: 봄맞이, 털갈이, 집들이, 쥐불놀이, 귀양살이,
　　　　　　오막살이, 고기잡이 등
　　　나. 물건 혹은 도구: 재떨이, 옷걸이, 귀걸이, 손톱깎이, 물받이 등
　　　다. 행위주(~하는 사람): 구두닦이, 신문팔이, 총잡이 등

　형용사 어기에 결합해 척도명사를 파생하는 '이₂'도 있다.[2] (4가)가

2　이 외에 '이₃'은 명사나 어근 혹은 의성의태어에 붙어 '~와 같은 성질, 특징을 가지는 사
　람, 동물, 사물'이라는 의미의 명사를 파생한다. '애꾸눈이, 똑똑이 ; 개구리, 꾀꼬리,
　꿀꿀이 ; 누더기, 얼룩이, 바둑이' 등이 이에 해당한다. 행위명사나 추상명사를 파생하
　는 일은 없다(송철의 1990: 134~135).

그 예이다. 이는 원래 (나)와 같이 '이/의'가 붙은 것이 'ᄋ'가 소멸되고, 자음을 가지던 '의'가 '이'로 단모음화되는 변화(예, 거믜 〉 거미, 모긔 〉 모긔 〉 모기)의 결과로 '길이' 등이 되었다(송철의 1990: 133).

(4) 가. 길이, 깊이, 높이, 넓이

　　나. 기릐 〉 길이, 노픠 〉 높이, 너븨 〉 넓이, 기픠 〉 깊이

그러나 현대국어에서는 (5)에서 보듯이 '기'가 붙은 단어도 많다(김성규 1987: 37~38). 이들 척도명사는 모두 긍정값의 형용사에 결합된다. 즉 "*짧이, *낮이" 등으로는 나타나지 않는다.

(5) 크기, 굵기, 밝기, 빠르기, 세기, 기울기, 굳기 등

이들 '이₁'과 '이₂'에 의한 파생명사는 명사성/동사성의 문제를 불러오지 않는다. 온전히 명사적 속성만 보인다.

다음으로는 '음'에 의한 파생이 있다. '음'은 (가)와 같이 행위명사나 사건명사를 주로 파생한다. 그러나 (나)에서 보듯이 구체적인 사물명사도 만들어 낸다. '잠을 자다, 꿈을 꾸다, 춤을 추다' 등과 같이 동족목적어는 '음'에 의해서만 파생된다. '음'이 감정 형용사에 결합되어 추상명사가 만들어지기도 한다. 색채, 미각, 후각, 청각형용사로부터는 '음' 명사화가 일어나지 않는다(송철의 1990: 143~148).

(6) 가. 행위 또는 사건: 가르침, 놀림, 울음, 죽음, 졸음, 도움, 싸움,
　　　　뉘우침, 굶주림, 보살핌 등

　　나. 사물: 그림, 묶음, 얼음, 짐, 찜, 주름, 튀김, 조림 등

다. 동족목적어: 잠, 꿈, 숨, 춤, 걸음, 웃음

라. 추상명사: 간지럼, 게으름, 괴로움, 그리움, 노여움, 두려움, 수줍음, 아픔, 외로움, 기쁨 등

이들 '음' 파생명사는 형태상으로는 명사형 혹은 명사절과 구별되지 않는다. 다시 말해, 참여자 명사화와 행위명사류, 더 나아가 절 명사화까지 형태만으로는 구별되지 않는다. 따라서 명사성/동사성 문제가 불거질 수 있다. 일례로 관형어의 수식을 받는 (7가)의 '보살핌'은 부사의 수식을 받는 (나)의 '보살핌'에 비해 더 명사적이다.

(7) 가. 아이는 [친구의 극진한 보살핌]에 다시 생기를 찾았다.

　　나. 유기된 [아이를 극진하게 보살핌]은 시설 보호자에게 주어진 의무이다.

'기'는 동사 어간에 결합하여 행위명사나 사건명사를 파생하거나, 앞에서 언급한 것처럼 형용사 어간에 결합하여 척도명사를 파생한다. '음'과 마찬가지로 형태상으로는 파생명사와 명사형, 명사절의 구분이 어렵다.

(8) 가. 행위 또는 사건: 달리기, 던지기, 쓰기, 읽기, 보태기, 짜깁기 등

　　나. 척도명사: 크기, 밝기 등

이들 외에 동사 어간에서 명사를 파생하는 접미사 '개'가 있다.[3]

3　명사 파생의 접미사로는 이 외에 '도둑질, 미장이' 등 '질, 장이'가 있지만 이들은 용언

'개'는 주로 도구명사를 파생하고, 간혹 유정명사를 파생하기도 한다. '개'의 이형태로 '게, 애/에' 등이 있었으나 현대국어에서는 '개'로 통일된 것으로 보인다(송철의 1990: 160~162).

(9) 가. 도구명사: 지우개, 끌개, 덮게, 가리개, 집게 등
    나. 유정명사: 똥싸개, 오줌싸개, 코흘리개

행위명사류(action nominals)

행위명사류란 동사와 형용사에서 파생된 행위/상태를 명명하는 명사가, 원래 어기의 논항을 자신의 부속어로 포함하는 구성을 아우르는 말이다. 'the shooting of the hunters', 'the enemy's destruction of the city' 등이 이런 예이다. 행위명사류는 참여자 명사화와 마찬가지로 주로 어근에 결합하며 그 핵은 명사가 된다.

(10) 가. 행위명사류: [[shoot$_V$]-ing]$_N$, [[destroy$_V$]-tion]$_N$
     나. 참여자 명사류: [[hear$_V$]-er]$_N$, [[sing$_V$]-er]$_N$

행위명사류는 의미적으로 정형절과 매우 밀접하다. 예컨대 정형절 "The enemy destroyed the city"에는 참여자로 행위의 주체인 '적'과 그 대상인 '도시'가 있고, 이들 사이의 파괴하는 사건이 있다. 행위명사류인 'destruction'도 마찬가지이다. 의미적으로 파괴의 주체와 대상이 수반된다. 그래서 이들 참여자는 "the enemy's destruction of the city"와 같이, 명사의 문법에 맞추어 속격과 전치사구 등으로 표

에서 파생하는 것이 아니므로 여기서 다루지는 않는다.

현된다. 이런 점은 논항을 필요로 하지 않는 보통의 명사들과 다른 점이다. 그러나 행위명사류가 사건을 서술하기보다는 사건을 명명하며, 이로써 전형적인 명사구 자리에 쓰이는 것은 정형절과는 다른 점이다.

그래서 행위명사류는 명사구와 문장의 속성을 모두 가지는 중간적 존재라고 할 만하다. 그렇지만 이들의 구조가 명사구에 더 가까운지 동사구에 더 가까운지는 언어에 따라 다르다. 그리고 이는, 해당 언어의 일반적인 명사구나 문장과 대조함으로써 판단된다.

일례로 영어에서 (11가)를 각각 (나), (다)와 비교해 보면, 명사구인 (나)와 비슷하다. 둘 다 부속어가 'the enemy's'나 'of the city/of the enemy'처럼 속격으로 표현되고 있기 때문이다. 문장인 (다)에서는 주어나 목적어가 속격으로 표현되지 않는다(Comrie & Thompson 2007: 344).

(11) 가. the enemy's destruction of the city

　　나. the enemy's weapons

　　　　the weapons of the enemy

　　다. The enemy destroyed the city.

그러나 영어에는 'the enemy's destroying the city'와 같이, 의미적인 주어는 속격으로 나타나지만 목적어 성분은 여전히 대격으로 표현되는 일도 있다. 이들은 전통적으로 동명사(혹은 명사형)라 불리면서 파생적인 명사화와 구별되어 왔다. 동명사는 임시로 명사의 형태를 띤 것일 뿐, 여전히 동사로 인정되는 존재이다. 따라서 이런 동명사를 포함한 구성은 명사구가 아니라 절로 분류되어 왔다.

대표적으로, Dixon(2010: 375~376)에서도 (12가)는 동사의 주어 논항에 쓰인 보어절이라 하고, 명사구인 (나)와 여러 면에서 다르다고 하였다. 그리고 이들의 구별 기준으로 다음 다섯 가지를 제시한다.

(12) 가. [John's understanding the news] impressed Mary.
    나. [John's understanding of the rule] impressed Mary.

첫째, 목적어 명사구의 표시 차이이다. 보어절에서 목적어 명사구는 주절처럼 동사에 직접 후행한다. (13가)에서 목적어 'the news'는 'understanding' 뒤에 있다. 하지만 명사구에서는 (나)에서처럼 'of'와 같은 전치사에 의해 표시된다.

(13) 가. [John's understanding the news] impressed Mary.
    나. [John's understanding of the rule] impressed Mary.

둘째, 보어절인 (14가)에서 주어 'John'은 속격으로 표현되는데 이는 'the'로 대체될 수 없다. 그러나 명사구인 (나)에서 'John's'는 관사 'the'로 대체될 수 있다. 전자는 'understanding'의 의미상 주어이지만 후자는 수식어에 불과하기 때문이다.

(14) 가. [John's/*The understanding the news] impressed Mary.
    나. [John's/The understanding of the rule] impressed Mary.

셋째, 수식어의 종류가 다르다. 보어절인 (15가)에서 'understanding'은 부사 'thoroughly'의 수식을 받을 수 있다. 반면에 (나)의 명사화된

'understanding'은 형용사 'thorough'의 수식을 받는다.

(15) 가. [John's understanding the news thoroughly] impressed
　　　　Mary.
　　나. [*John's understanding of the rule thoroughly/John's
　　　　thorough understanding of the rule] impressed Mary.

넷째, 부정의 방식이 다르다. 다른 절들처럼 보어절은 'not'에 의해
부정된다. 그러나 명사구는 접두사 'non'에 의해서만 부정될 수 있다.

(16) 가. [John's {not/*non}- understanding the news] impressed
　　　　Mary.
　　나. [John's {*not/non}- understanding of the rule] impressed
　　　　Mary.

다섯째, 보어절은 "John's having understood…"와 같이 'have, be'
와 같은 조동사를 가질 수 있으나, 명사구에서는 이런 조동사를 사용
할 수 없다.

이 외에, 구조가 다른 이 문장들은 의미도 다르다고 하였다. 보어
절은 존이 처음에는 규칙을 이해하는 데 어려움을 겪었고 지금 이해
하게 된 것이 메리를 감동시켰음을 의미한다. 반면에 명사구는, 존이
이해한 내용이나 그 이해의 성격이 메리를 감동시켰음을 의미한다.

그러나 엄밀히 말해, 이런 문법적인 차이는 절과 명사구 간의 차이
라기보다, 이들 명사형이 가지는 동사성과 명사성의 차이이다. 대격
목적어의 출현, 부사의 수식, 'not' 부정문, 조동사의 사용은 동사의

문법이고, 전치사구의 수식, 형용사의 수식, 'non-'에 의한 어휘적 부정문 등은 명사의 문법이다. 그러나 이런 차이 외에, 이들은 모두 주어 자리에 쓰이며 형태도 명사형이다. 게다가 둘 다 주격의 주어와 는 함께 쓰일 수 없다. 즉 정도의 차이가 있기는 하지만, 이들이 공통 적으로 가지는 것은 명사성이다.

이런 점에서 이들은 명사화라는 척도에서, 가장 명사다운 것과 가 장 명사답지 않은 것 사이 어딘가에 놓인 것들로 볼 수 있다. 따라 서 동명사와 파생명사 상당수가 각각 'appreciating/appreciation', 'stating/statement'으로 구별되는 영어와는 달리, 한국어처럼 동일한 형태를 사용하는 언어에서는 이런 구분이 더욱 쉽지 않을 가능성이 높다.

『WALS』에서 행위명사구성의 세계적인 분포를 살펴본 Koptjevskaja-Tamm(2005)도 'refusal'과 같은 파생명사와 영어의 동명사와 같은 굴절 부류를 구분하지 않고 모두 아울렀다. 파생과 굴절을 구분해 온 그간의 기준이 행위명사류에서는 서로 엇갈린다는 이유에서이 다. 이런 처리에는 이런 부류와 관련하여 술어조차 합의된 바가 없 었다는 점도 작용하였다. 'verbal nouns, gerunds, nominalization, masdars, infinitives' 등이 모두 행위명사류를 지시하는 데 이용되어 왔다(Koptjevskaja-Tamm 1993). 이런 사정을 볼 때 행위/상태 지시의 파생명사, 행위명사류, 동명사는 그리 산뜻하게 구별될 만한 부류가 아님이 꽤 분명하다.

6.1.3. 절 명사화

대개의 명사화 연구는 파생명사 혹은 어휘적 명사화에 집중되어 왔다. 이와 구별되는 것으로 Comrie & Thompson(2007: 376~377)에서 어휘적 파생명사가 없는 명사화라고 한, 절 명사화(이후 '명사절'이라고도 할 것임)가 있다. 한 예로, 애리조나와 캘리포니아의 유마어족(Yuman)의 하나인 모하비어(Mojave)에 이런 종류가 있다.

(17)에서 대괄호 부분이 명사화된 절인데, 어근 'refuse' 등에 결합하던 파생 명사화와는 달리, 절 명사화는 [내가 그때 노래하다]는 절 전체에 붙는다.

(17) 주어가 명사화된 절

[ʔinyep	ʔakor	ʔ-suːvaːr-č]	ʔatay-pč
me	then	I-sing-NOM	much-TNS

'My former singing was considerable (=I used to sing a lot)'

이 명사절을 (18)의 단순문과 비교하면 차이가 드러난다. 첫째, 동사형이 다르고, 단순문에는 표현되던 시제가 명사절에서는 사라졌다. 이 절 명사화는 행위명사류와도 다르다. 주어의 인칭이 단순문과 동일하게 표시되어 있다. 행위명사류는 주어가 속격이나 사격으로 나타난다.

(18) 단순문

ʔinʸeč	ʔakor	ʔ-isvaːr-k
I	then	I-sing-TNS

'I sang then'

라코타어의 절 명사화는 이보다 더 단순하다. (19가)의 단순문에 어떤 형태적 변화도 없이 관사 'kin'만 더해진 것이 (나) 명사절이다.

따라서 명사절 동사는 명사적인 특징을 가지지 않으며, 인칭이 표시되는 동사적인 속성을 보인다.

(19) 가. Unglapi

　　　'We are going home'

　　나. Unglapi　　　　　　　kin　　　iyonicip'ipi.

　　　we.are.going.home　　　the　　　has.pleased.you

　　　'Our going home has pleased you'

　　절 전체를 작용역으로 하는 절 명사화는, 티베트−버만어에서는 문장의 주요 종류로서 다중 기능적이다. 동일한 형식이 동사보어절, 부동사절(한국어의 부사절과 종속접속절에 해당), 관계절, 명사의 보어절로도 쓰이며, 내포되지 않은 채 독립절로 나타나는 경우도 있다. 또한 상당히 제한적이기는 하지만 파생 명사화, 특히 참여자 명사화에 활용되는 예도 발견되며, 어떤 언어들은 형용사의 어휘적 파생에도 사용한다. 반면에 일부 언어 즉 주오케지 얄롱어(Zhuokeji rGyalrong), 동왕 티베트어(Dongwang Tibetan), 몽센 아오어(Mongsen Ao), 돌라카 네와르어(Dolakha Newar), 마낭어(Manange) 등 5개 언어[4]에서는 행위 명사류는 없고 절 명사화만 가지기도 한다(Genetti et al. 2008: 101).

　　Genetti et. al.(2008)에서는 절 명사화의 특징으로, 명사구의 핵이 아니라 절의 핵으로 남아 있고 어휘 범주가 여전히 동사인 점을 들었

4　이들 언어는 중앙 네팔에서 북동부 인디아, 윈난, 중국의 쓰촨 지방까지 퍼져 있다. 이들 언어는 어떻게 분류하든 서로 밀접한 발생학적 관계를 보이지 않는다. 이 5개 언어 외에 절 명사화를 활용하는, 예컨대 갈로어(Galo) 같은 다른 히말라야 언어에서는 행위명사류도 보인다(Genetti et al. 2008: 104).

다. 또한 주절과의 외적인 통사 관계는 명사구가 담당하는 것과 동일하지만, 절 내부의 통사 구조는 독립된 문장(혹은 모문)과 같은 점도 특징이라고 하였다.[5] 그러나 절 명사화의 핵이 명사가 아닌지는 비판적으로 살펴볼 여지가 있다.

먼저, 핵이 명사가 아니라는 특징은, 어휘적 파생명사, 그중에서도 참여자 명사화와의 차이를 고려한 기술일 가능성이 매우 높다. 일례로 Genetti et al.(2008)에서는 히말라야 지역의 5개 언어의 절 명사화를 기술하면서, 파생 명사화로 볼 수 있는 예들과는 다름을 강조한다. 이때 파생 명사화로 볼 수 있다고 한 예들의 속성을 추려 보면 명사류에만 결합되는 접사가 출현하거나, 관사와 나타나거나 합성어의 핵으로 기능한다는 점 등이다. 아래에서 관련 진술을 확인할 수 있다.

몽센 아오어는 파생 명사화가 절 명사화와는 구별된다는 증거가 있다. 먼저 추상 명사를 만드는 소수의 동사에서 명사화 접두사가 발견된다. 동사 어간 앞에 명사화 접두사가 붙는 절 명사화의 유일한 유형은 목적절이다. 그렇지 않으면 접두사가 붙는 것은 모두 어휘적 파생이다. (p. 108)

몽센어는 참여자 명사화의 네 가지 유형이 있다. (중략) 이들 파생이 명사구의 핵으로 기능할 수 있다는 사실은 관사를 취하고 합성어의 핵으로 기능하는 등의 양상에서 포착할 수 있다. (p. 109)

5 독립절과의 차이는, 내포절인 절 명사화는 시제, 인칭, 수 등이 일부만 나타나거나 아예 다른 표지가 나타나는 등, 정형성 표시가 줄어드는 정도이다.

동왕 티베트어는 명사화소 8개 중에서 7개가 파생명사를 만드는 데 쓰인다. 이 중 5개는 생산성이 낮아 어휘 파생 외에는 쓰이지 않는다. (중략) 이들이 절 명사화가 아니라 파생적이라는 것은 이들이 명사구 요소들과 공기한다는 사실에서 확인 가능하다. 게다가 이들 어휘소는 핵 명사와는 공기하지 않는다. (pp. 109~110)

주오케지어는 명사화소가 3개인데, 파생명사는 대개 해당 타동사의 다른 논항을 지시하는 명시적인 명사와 함께 나타난다. (중략) 명사화된 요소가 파생명사라는 분명한 증거는 접두사의 출현에 있다. 이 접두사는 명사류에서 공통적으로 발견된다. (중략) 그러나 이 구성은 동사의 논항도 포함함에 따라 파생 명사화와 절 명사화 사이의 중간적인 양상도 보인다. 그러나 의미적으로 분명히 참여자 명사화이다. (pp. 112~113)

참여자 명사화처럼 파생명사임이 분명한 예들과 비교하면 절 명사화의 동사성이 두드러지게 보일 수밖에 없다. 문제는 행위명사류와 비교해도 이처럼 분명하게 구별될까 하는 것이다.

『WALS』에서 Koptevskaja-Tamm(2005)은 행위명사구성은 명사가 핵이며 따라서 어휘적 명사화의 한 종류를 표상한다고 하였다. 반면에 절 명사화는 명사적인 자질을 획득하는 것은 정형절 전체이며 따라서 그 핵은 명사로 간주될 수 없다고 하였다. Comrie & Thompson(1985: 392)의 기술을 그대로 수용한 것이다.

또한 명사절의 동사는 인칭에 굴절하는 등 동사적 특징을 유지하며, 명사 파생접사와는 함께 나타나지 않는다고 하였다. 명사화소와 같은 형식이 없더라도 (20)처럼 대격 표지가 붙거나 관사가 붙는 등의 방식으로 명사화되었음을 드러낼 수 있다는 것이다. 그렇지만 마지막에는, 행위명사구성과 절 명사화를 구분하기 어려운 몇 예가 있다고 덧붙이고도 있다.

(20) 임바부라 케추아어(Imbabura Quecha) (Cole 1982: 43)

Pedro	ya-n	[ñuka	Agatu-pi	kawsa-ni]-ta.
Pedro	think-3	I	Agato-in	live-1-ACC

'Pedro thinks that I live in Agato.'

그러나 이는 절이 명사화되었음을 표시하는 전용 형식이 없는 언어들을 대상으로 한 결과이다. 한국어처럼 명사형 전용어미가 존재하는 경우, 명사절의 핵이 여전히 동사이기만 한 것인지는 논의의 여지가 있다. 명사절 내부의 통사론은 어기의 원래 품사인 동사에 따르지만, 명사절 외부의 통사론 즉 주절에서의 기능은 바뀐 품사인 명사에 따르기 때문이다.

게다가 행위명사구성은 아주 명사구 같은 것에서부터 아주 문장 같은 것에 이르기까지 명사성/동사성 정도가 매우 다양하다. 이에 Comrie(1976)에서도 행위명사류의 핵이 명사인지 동사인지는 개별 언어의 사정에 따라 논란의 여지가 있다고 하고, 다만 경험으로 어림잡아 보면 명사화는 절보다는 행위명사류에 가까워 보인다고 하였다. 전치사나 후치사를 취할 수 있고 격이나 수에 굴절을 한다는 점 때문이다.

이 외에 Koptevskaja-Tamm(1995)에서도 절 같은 행위명사류와 명사절은 주의해서 구분해야 한다고 하였다. 경계가 분명하지 않은 경우도 있고, 언어에 따라 둘 다 가지거나, 하나만 가지거나, 둘이 구분이 되지 않을 때가 있다는 것이다.

6.2. 명사화의 명사성/동사성 척도와 정도성

6.2.1. 명사성과 동사성 척도의 종류

명사화의 명사성/동사성 정도는 언어에 따라, 심지어 한 언어 안에서도 구성에 따라 다양할 수 있다. Comrie & Thompson(2007: 381)에서는 행위명사류가 명사구의 문법과 문장의 문법 중 무엇에 가까운지와 관련되는 변수로 다음 세 종류를 제시하였다. 이 책에서는 이를 중심으로 명사화의 명사성과 동사성 척도를 살펴보되, 다른 논의에서 언급된 변수 및 절 명사화의 동사성 척도와 관련된 변수를 추가하여 논의한다.

(A) 행위명사류의 핵어명사에 표현되는 동사범주 대 명사범주의 수
(B) 대당 문장에서 주어와 목적어로 기능하는 명사가, 행위명사류에서 속격이나 사격으로 표시되는가(명사적), 혹은 완전한 문장에서의 격 형식을 유지하는가(동사적).
(C) 대당 문장의 부사가 행위명사류에서도 부사로 나타나는가(동사적), 형용사로 바뀌어 나타나는가(명사적)

지표 1: 핵어명사에 표시되는 동사범주는 무엇이고 명사범주는 무엇인가.

파생된 명사에 표시되는 동사범주와 명사범주의 종류와 수를 대조

함으로써, 명사성과 동사성 정도를 가늠할 수 있다. 예컨대 어떤 언어에 행위명사 A가 있다고 하자. 이 A에는 격조사가 붙을 수 있다. 그리고 복수 표시도 할 수 있다. 그리고 '이, 그, 저'와 같은 한정사도 붙을 수 있다. 그러나 이 A에는 시제도 상도 표시될 수 없다.

다른 언어에 행위명사 B가 있다고 하자. 이 B에는 격조사가 붙을 수 있지만 복수는 표시될 수 없고 한정사도 붙지 못한다. 그러나 시제와 상이 표시될 수 있다. 이런 경우 A는 B보다 명사성이 강하고 B는 A보다 동사성이 강하다고 할 수 있다.

동사범주 관련

행위명사류에는, 완전한 문장이라면 동사에 표시될 만한 범주가 아예 생략되거나 조금 다르게 표현되는 일이 흔하다. Comrie & Thompson(2007: 345~353)에서는 범언어적으로 대조할 만한 동사범주로 서법(mood), 시제, 상, 태, 타동성, 부정을 들었다. 그리고 많은 언어를 살펴본 결과, 자신들이 아는 한 서법이 표시되는 언어는 없으며, 시제는 보통 생략되고, 상은 시제보다는 덜 생략된다고 하였다. 그리고 수동은 형태적으로는 잘 표현되지 않으며, 부정은 표현될 수는 있다고 하였다. 서법, 시제, 상, 타동성은 2장의 정형성 논의에 언급한 방식대로 적용하면 되므로, 여기서는 태와 부정의 논의만 살펴보자.

많은 언어가 명사형에 능동과 수동을 형태적으로 반영하지는 않는다. 아래 예에서 보듯이 능동이든 수동이든 명사형은 'destruction'이다.

(21) 가. The enemy destroyed the city.

　　　 → the enemy's destruction of the city.

나. The city was destroyed by the enemy.

→ the city's destruction by the enemy.

그러나 통사적인 차원, 즉 동사의 결합가의 차원에서 보면 차이가 아주 없는 것은 아니다. 능동인 (22나)에는 능동의 행위주인 'enemy'가 없지만 수동인 (라)에는 수동 행위주가 있다. 이런 경우 통사적으로는 능동과 수동의 구별이 유지된다고 할 수도 있다(Comrie & Thompson 2007: 349).

(22) 가. Vrag *rasrušil* gorod.

'The emeny destroyed the city'

나. *rasrušenie* goroda.

'the destruction of the city'

다. Gorod byl *rasrušen* vragom

'The city was destroyed by the enemy'

라. *rasrušenie* goroda vragom.

'the destruction of the city by the enemy'

다음은 부정이다. 부정이 표시되는 방식은 세 가지가 가능하다. 문장과 동일한 방식, 명사와 동일한 방식, 명사나 동사와는 다른 제3의 방식이 그것이다. 영어의 경우 문장 부정에는 'not', 명사 부정에는 'non'이 쓰이는데, 행위명사류에서는 명사 부정의 형식만 쓰인다.

(23) 가. Harry is not my brother. (문장 부정)

나. This is a non-party. (명사 부정)

다. Gloria's {non-participation/*not participation} in the meeting surprised me. (행위명사)

그런데 동명사는 두 종류의 부정소가 가능하다. (24가)에서의 'running'은 문장 부정과 명사 부정이 모두 가능하다. 단, (나)처럼 행위 명사류에 부속어가 추가될 때는 'non'이 잘 안 쓰인다. 이런 현상은 행위명사류보다 동명사가 더 문장의 문법에 가까움을 보여 준다(Comrie & Thompson 2007: 352).

(24) 가. Gloria's not running ; Gloria's non-running

나. *Gloria's non-running in the marathon.

지금까지 살펴본 동사범주는 대개 정형성 범주이다. 잘 알려져 있다시피 정형성과 명사화는 상호 관련된다. 고도로 명사화된 절일수록 동사범주가 표시되는 정도, 즉 정형성 정도는 낮아진다. 따라서 명사화는 내포의 전형적인 패턴이고, 명사화의 비정형성은 절이 명사구로 강등되었음을 표시한다(Chamoreau, Claudine & Zarina Estarda-Fernández eds. 2016).

명사범주 관련

Comrie & Thompson(2007: 353~354)에서는 핵어명사에 표시되는 범주로 격, 수, 지시적 한정성(definiteness)을 든다. 만약 어떤 언어에서 보통의 명사구에 이들 범주가 표시된다면, 행위명사류에도 이들이 표현될 수 있다.

지시적 한정성을 보자면, 영어의 경우 정관사는 속격의 소유주와 상보적 분포를 보인다. (25)에서 보듯이 'the'가 오는 자리와 소유주인 'John's'가 오는 자리가 같다. 이 둘은 위치는 같지만 함께 쓰이지는 않는다.

(25) 가. the bread ; the arrival

　　나. John's bread ; John's arrival.

'수'는 한정성보다는 복잡하다. 수가 표현되지 못하는 명사 부류가 있기 때문이다. 추상명사가 대표적인 예이다. 행위명사류도 수는 잘 표현되지 않는 편이다. 영어의 경우, 행위명사류의 수 표현은 '발생의 횟수'를 뜻할 때만 드러난다. 예를 들어, 'protestations'는 저항하는 행위의 개별적인 발생을 가리킨다.

격 표현의 허용 범위도 언어에 따라 편차가 크다. 제한된 수의 격만 허용하는 언어도 있고, 대부분의 격을 허용하는 언어도 있다. 일례로, 터키어는 'mak'으로 표현된 동사성 명사는 속격을 제외한 모든 격을 표시한다. 아주 명사적이다.

Gerner(2012)는 책『Nominalization in Asian Languages』[6]에 대한 리뷰 논문에서 명사화 출력물에 붙는 종류를, '격 표지 ; 소유 형태소 ; 분류사 ; 복수 표지 ; 한정사(determiners)'라 하고, 명사화 표현에 표시되는 이런 수식어의 수가 명사성의 척도라고 하였다.

먼저, 수 분류사는 타이-카다이어족(Tai-Kadai)과 먀오-야오어족

6　이 책은 아시아의 60개 언어의 명사화를 살펴본 것으로, 총 26장으로 구성되어 있다. Gerner는 이 책의 도입 부분에서 장들의 내용을 요약하고는 있으나 자료를 체계적으로 통합한 기술은 없다고 하고, 이 리뷰 논문은 연구된 자료를 체계적으로 통합하기 위한 것이라고 하였다.

(Miao-Yao) 언어에서 명사화에 폭넓게 사용하는데, 이 책의 샘플에는 이 두 어족에 속한 언어가 없고, 중국의 차오저우어(Chaozhou)에서, 타이-카다이어족 언어들을 연상시키는, 명사화소로서 파생의 기능을 가지는 분류사가 보인다.

(26) 차오저우어 (Sinitic: China) (Xu & Matthews 2011: 113~115)

가. sā^{33}　　　kai$^{55-11}$　　　　　p'eŋ$^{55-11}$kue^{53}

　　NUM.3　CL　　　　apple

　　'three apples'

나. tsi$^{53-35}$　　　　　no$^{31-21}$　　　kai$^{55-11}$　　naŋ^{55}

　　DEM.PROX　　　　NUM.2　　CL　　　　person

　　'these two persons'

다. ua^{53}　　　kai$^{55-11}$　　　hiā^{33}ti^{35}

　　1SG　　　POSS　　　　brothers

　　'my brothers'

라. ua^{53}　　　tsau^{33}zek^5　　boi^{53}　　kai$^{55-11}$　　tiaŋ$^{35-21}$si^{35}

　　1SG　　　yesterday　　buy　　NMLZ　　television

　　'The television which I brought yesterday'

또한 몇몇 언어들은 소유주를 소유물에 연결하는 데 기본 기능이 있는 형태가 명사화에 쓰이기도 한다. 일례로 광둥어의 'ge'와 만다린어의 'de'는 명사화소로 사용되는 소유 연결자이다.

(27) 광둥어 (Sinitic: China) (Sio 2011: 129)

가. ngo5 **ge3** ce1

　　1SG POSS car

　　'my car'

나. fei4 **ge3** neoi5jan2

　　fat NMLZ woman

　　'fat woman/women'

다. ngo5 maai5 **ge3** ce1

　　1SG buy NMLZ car

　　'cars that I bought' (relative clause)

라. keoi5 zi6-sat3 **ge3** siu1sik1

　　3SG self-kill NMLZ news

　　'news that he killed himself' (noun complement)

**지표 2: 대응 문장의 논항의 표현이 명사구의 표시 방식을 따르는
가, 문장의 표시 방식을 따르는가.**

　행위명사류의 구조는 완전한 문장과의 대응 관계를 바탕으로 파악
될 수 있다. 예컨대 (28가)는, 대응 문장인 (나)의 주어와 목적어가 모
두 속격으로 표현되고 있다. 따라서 이 행위명사류는 영어의 일반적
인 명사구의 구조를 따른다고 할 수 있다. 그러나 동명사로 불리는
(다)를 보면 주어는 속격으로 표현될 수 있으나 목적어는 여전히 대

격으로 표현된다. 즉 (가)보다는 문장의 구조를 일부 유지하고 있는 것이다. 영어 행위명사류의 종류 사이에서 발견되는 이런 차이가 언어들 간에도 존재한다.

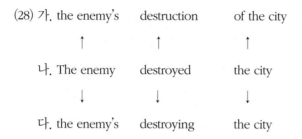

(28) 가. the enemy's   destruction   of the city

　　나. The enemy   destroyed   the city

　　다. the enemy's   destroying   the city

Comrie(1976)는 슬라브어(러시아어, 체코어, 불가리아어, 마케도니아어), 터키어(터키어, 우즈베크어), 고전 아랍어를 대상으로 하여 동사의 논항이 행위명사류에서 어떻게 표현되는지를 살펴보았다. 그리고 결론적으로 언어들의 유형이 다음과 같이 나뉜다고 하였다. 명사구 같은 것과 문장 같은 것으로 이분되지 않고, 정도의 차이가 있는 연속체와 같다는 것이다.

(A) 주어와 목적어가 그대로 주격과 대격으로 표현되는 가장 문장 같은 행위명사류를 가지는 언어
(B) 부분적으로만 원래의 격이 그대로 실현되는, 문장과 명사구의 중간적인 양상을 보이는 언어
(C) 둘 다 속격의 수식어로 표현되는 가장 명사 같은 양상을 보이는 언어

이에 이어 Comrie & Thompson(2007)에서는 행위명사류의 혼성적인 성격을 보여 주는 가장 흥미로운 증거는 주어와 직접목적어의 표

현에 있다고 하고, 주어와 목적어가 문장의 통사론을 유지하는 언어, 주어와 목적어가 명사구 통사론에 동화되는 언어, 주어와 목적어가 부분적으로만 명사구 통사론에 동화되는 언어로 분류하였다.

먼저, 주어와 목적어가 문장의 것이 그대로 유지되는 언어는 타밀어이다. 타밀어의 문장은 주어는 굴절이 없고, 직접목적어는 굴절이 없거나 (29가)에서 보듯이 접미사 'ai'(한정적 그리고/혹은 유정적일 때)를 취한다. 그리고 속격은 어미가 없거나 'in, utaiya' 중 하나가 붙는다. 그런데 행위명사 구성인 (나)를 보면 속격은 없고 문장에서의 주어와 목적어 표현이 그대로 유지된다(Comrie & Thompson 2007: 362).

(29) 가. Nīṅinkaḷ   it-ai   cey-t-īrkaḷ
        you   this-ACC   do-PST-2PL
     'you did this.'
     나. Nīṅinkaḷ   it-ai   cey-tal   tarmam.
        you   this-ACC   do-VN   right.conduct
     'your doing this is right'

행위명사류의 주어와 목적어가 모두 명사구와 동일하게 표현되는 언어에는 영어, 러시아어, 체코어 등이 있다. 영어는 앞에서 살펴본 'the enemy's destruction of the city'에서 보았듯이 's속격과 of속격 두 개가 가능하다. 이런 두 개의 속격의 사용은 세계 언어에서는 상대적으로 드문 편이다. 게르만어에서는 아주 제한적으로 존재하고, 문법적으로 가능하다고 하더라도 실제로는 명사 앞에 오는 속격이나 명사 뒤에 오는 속격 하나만 쓰는 일이 흔하고 둘 다 쓰이는 경우는 드물다(Comrie & Thompson 2007: 356~357).

반면에 러시아어는 비-파생 명사구의 경우 수식어가 뒤에 오고, 하나의 속격어만 가능하다. 행위명사류도 하나의 속격어만 가능하므로 이 자리는 (30다)처럼 주어적 속격이나 (라)처럼 목적어적 속격 중 하나로 채워진다. 주어와 목적어가 동시에 속격으로 나타나는 일은 가능하지 않다[7](Comrie 1976, Comrie & Thompson 2007).

(30) 가. Soldaty priexali

'The soldiers arrived.'

나. Razrušili gorod

'They (unsepecified) destroyed the city'

다. priezd soldatov

'the arrival of the soldiers'

라. razrušenie gogoda

'the destruction of the city'

그런데 대응 논항의 표현은 명사구의 통사론을 따르지만, 드러나지 않게 문장의 통사론이 반영되는 경우도 있다. 체코어는 러시아어처럼 후행하는 하나의 속격어만 가능하다. 그러나 소유형용사가 올 수 있는 환경에서는, 속격어가 후행하는 (31가) 대신에 소유형용사가 선행되는 구성인 (나)가 선호된다. 이는 행위명사류에도 해당된다. 체코어에서 형용사는 명사에 선행하므로 이들은 모두 명사구의 통사론이다(Comrie 1976).

---

7 유사한 구성이 있기는 하지만 이는 피동 행위명사로, 행위주가 도구격으로 실현된 예이다. 러시아어에서는 수동 구성의 행위주에 도구격이 온다(Comrie 1976: 182).

(31) 가. ?kniha   vědec

　　　　 book   scientist.GEN

　　나. vědcova   kniha

　　　　 the scientit's book

　　다. ?příchod   vědce

　　　　 arrival   scientist.GEN

　　라. vědcův   příchod

　　　　 'the scientist's arrival'

　　그렇다면 체코어에서는 소유형용사와 속격어의 위치가 구분되므로, 두 개가 동시에 오는 일도 가능해진다. 그리고 이런 경우 소유형용사는 주어에, 속격어는 목적어에 대응된다. 따라서 영어와 마찬가지로 아래 예에서 (32가)의 소유형용사 구문은 '어머니의 상실'과 같이 주어로 해석되고, (나)의 속격 구문은 '어머니를 상실'과 같이 목적어로 해석된다.

(32) 가. matčina ztráta

　　　　 'mother's loss (of something)'

　　나. ztráta matky

　　　　 '(someone's) loss of (his) mother'

　　(32나)에서 소유형용사 구문이 아니라 후치의 속격이 선호되는 것은, 체코어의 행위명사류와 비-파생 명사구 간의 차이를 표상한다. 만약 '엄마의 칼'처럼 일반 명사구라면 소유형용사가 더 선호되었을 것이다. 요컨대 체코어에서 행위명사류의 통사론은 비-파생의 명사

구와 전반적으로는 같지만, 중요한 예외가 소유형용사/후치 속격의 구분을 주어와 목적어에 대응하도록 사용한다는 데 있다. 이는 행위 명사류의 구조가 문장의 통사적 구조에 조금 더 가까워지도록 비-파생 명사구와는 차별점을 둔 것이다(Comrie 1976).

이 외에 부분적으로 명사구의 통사론에 동화된 양상을 보이는 언어들이 있다. 터키어는 주어는 속격으로 나타나지만 목적어는 속격으로 나타나지 않고 대격으로 나타난다. 즉 주어는 명사구의 구조로 바뀐 것이고 목적어는 문장의 구조를 유지하고 있다. Noonan(1985: 60)에서는 개념적 주어와 목적어가 모두 속격으로 표현되는 경우보다 더 흔한 상황은, (33나)처럼 주어만이 속격 관계로 표시되고 목적어는 문장에서의 표지를 유지하는 경우라고도 하였다.

(33) 가. Hasan   mektub-u   yaz-dı
        Hasan   letter-ACC   write-PST.3SG
      'Hasan wrote the letter.'
   나. Hasan-ın   mektu-u   yaz-ma-sı
        Hasan-GEN   letter-ACC   write-VN-his
      'Hasan's writing of the letter'

이를 보면 중세국어에서 빈번했던 주어적 속격이나 주어적 속격과 대격의 목적어가 함께 나타나는 일이, 언어유형적으로 전혀 특이한 경우가 아님을 알 수 있다. 더한 예로 Mithun(2016: 311)에서는 소유격이 성문폐쇄음으로 실현되는 언어에서, 접두사를 가진 명사화 어간 앞에서도 성문폐쇄음이 나타나는 경우가 있음을 소개하고 있다. 이만큼 명사절의 논항에 소유격을 사용하는 것은 드문 일이 아니다.

이 외에도 명사구와 문장의 속성을 반반 가지는 양상은 상당히 다양하다. 일례로 행위명사류를 가진 언어에서 주어는 표현되지 않을 수 있는데, 이때의 명사류는 행위나 상태의 추상적인 유형을 나타낸다. 일례로 "Criticism is hard to take(비판은 받아들이기 어렵다)"가 그런 경우이다. 또한, 일부 언어에서는 주어가 표현될 때와 표현되지 않을 때 그 형태가 달라지기도 한다. 그리고 주어가 표현되더라도 아주 다른 형식으로 표현되는 언어도 있고, 행위명사류의 내부 구조가 문장과도 명사구와도 다른, 아주 예외적인 경우도 있다.

『WALS』의 행위명사류 기술과 한국어 분류

『WALS』(ch.62)에서는 영어의 'John's running'과 'the enemy's destruction of the city'에 대응하는 행위명사구성의 언어적 분포를 제시힌다. 이들 구성이 언어에 존재하는지, 만약 있다면 S논항(John), A논항(the enemy), P논항(the city) 등이 어떻게 대응되는지에 따라 그 유형을 나누고 분류하였다. S논항은 자동사의 주어, A논항은 타동사의 주어, P논항은 타동사의 목적어에 해당한다.

행위명사류에 관한 한, 보편성은 "행위명사구성을 가지는 모든 언어에서 이들은 정형절이나 소유의 명사구에도 사용되는 표시를 사용한다는 것"이다. 따라서 범언어적으로 행위명사구성은, 명사구의 '핵-의존어' 관계와 같은 방식으로 표시되느냐, '동사-논항' 관계와 같은 방식으로 표시되느냐의 정도에 따라, 문장 같은 것 그리고/혹은 명사구 같은 것으로 분류된다고 하였다.

① 문장 형태의 것: 정형절의 의존어-표시가 S, A, P에 유지   25

② 소유격-대격: S/A는 소유주, P는 대격으로 표현   29

③ 능격-소유격: S/P는 소유주로, A는 다르게 표현   21

④ 이중 소유격: 모든 주요 논항이 소유주로 표현   7

⑤ 기타: 소수 패턴   6

⑥ 혼합: 한 언어에서 여러 패턴이 나타남   14

⑦ A와 P가 동일 구성에 동시에 나타나지 않음   24

⑧ 행위명사 없음   42

합   168

『WALS』의 지도는 'arrival'과 같은 파생명사와 'thinking'과 같은 굴절 명사형을 나누지 않았고, 절 명사화는 아예 고려하지 않은 결과이다. 정형절 전체가 명사되는 절 명사화는 핵이 여전히 동사이며 인칭 표현 등 동사적 특성을 유지한다는 점에서 행위명사류와는 다르다고 보았기 때문이다.[8]

이 지도에서 한국어는 첫 번째 유형으로 분류되었다. 결과적으로 틀린 분류는 아니지만, 아주 정확한 것도 아니다. 자료 출처는 Sohn(1994: 243)으로 되어 있고, 예로 든 것은 (34)의 두 문장이다.

(34) 가. [내가 바보이기] 때문에 모두 싫어한다.

나. 나는 [그가 청을 거절함]에 놀랐다.

그런데 이 예들은 이 언어지도에서 배제한 절 명사화의 예이다.

---

8 『WALS』에 나타난 행위명사의 지리적 분포를 보면, 오스트리아 언어들은 동사에서 파생된 다른 명사류는 있는데 행위명사류는 없는 것처럼 보인다. 북부 아메리카도 행위명사가 드물다. 유럽과 아프리카는 비교적 흔하다. 그러나 아프리카 언어들에서는 A와 P가 동시에 나타날 수 없다.

Sohn(1994)에서도 비정형적인 구성으로 기술하고 있고 시제어미가 결합된 형태도 아니기에, 절 명사화가 아닌 행위명사 구성으로 간주한 것 같다. 이 사례만 보아도 행위명사류의 경계를 짓는 일이 얼마나 어려운지를 짐작할 수 있다.

지표 3: 부사의 수식을 받는가, 형용사의 수식을 받는가.

수식어의 종류도 행위명사류의 동사성/명사성을 판단하는 데 쓰일 수 있다. 일례로, 많은 언어에서 방식 부사의 경우, 행위명사구성에서는 부사가 아니라 형용사를 요구한다. 문장인 (35가)에서 부사 'rapidly'가 쓰이던 것이, 행위명사구성인 (나)에서는 형용사 'rapid'로 나타난다(Comrie & Thompson 2007).

(35) 가. The enemy rapidly destroyed the city.

　　　나. the enemy's rapid destruction of the city

그러나 일부 언어에서는 부사와 형용사를 모두 허용하기도 한다. 이는 행위명사류의 동사와 명사 사이의 혼종적인 성격 때문이다. 다음은 이집트 구어체 아랍어의 예이다. (36가)에는 부사가, (나)에는 형용사가 쓰였다(Wise 1975: 79~80, Comrie & Thompson 2007: 374에서 재인용).

(36) 가. mašy-ak　　　　　bisurʿa
　　　　　 walking-your　　　 quickly
　　　나. mašy-ak　　　　　is-sariiʿ

walking-your   the-rapid

'your walking   quickly'

  구어에서 예외적으로 부사를 허용하는 경우도 있다. 폴란드어에서
는 행위명사가 기본적으로 형용사를 취하지만, 모어 화자들은 부사
도 가능하다고 말한다. 그리고 비문 논쟁이 있는 예이긴 하지만, 일
상 대화에서 속격 대신에 대격이 쓰이는 일도 있다. 속격 대신에 대
격, 형용사 대신에 부사를 허용하는 것은 이들 행위명사류가 더 동
사성에 가까움을 보여 주는 것이다. 영어에서도 많은 모어 화자들이
"?the enemy's destruction of the city rapidly"와 같은 표현이 아주
불가능하지는 않다고 한다(Comrie 1976: 189~191).

  부사와 형용사 사이의 형태적인 관계가 일관되지 않는 종류의 경
우에는, 부사가 행위명사류를 수식할 가능성이 조금 더 있다고 보기
도 한다. (37)에서 'tomorrow'는 형용사에 'ly'가 붙어 부사가 되는
종류가 아니기에, 'departure'를 수식하는 데 쓰일 수 있다고 보는 것
이다(Comrie & Thompson 2007: 375).

  (37) 가. his departure tomorrow

      나. ego ot"ezd zavtra(러시아어)

  행위명사류의 의미에 따라 부사의 허용 가능성이 달라지기도 한
다. 의미적으로 행위나 사실을 나타낼 때가 부사의 허용 가능성이 가
장 높고, 구체적인 의미를 가질 때 훨씬 낮다. (38가)와 (다)의 '비판'
은 비판하는 행위, 비판의 내용으로 해석되지만 (나)와 (라)는 비판의
글 정도로 해석된다. 전자일 때 부사의 수식이 상대적으로 자연스럽

다(Comrie & Thompson 2007: 375~376).

(38) 가. John's criticism of Bill, sarcastically, surprised all those present.

나. ?*John's criticism of Bill, sarcastically, appears on page 26.

다. John's criticism of the book before he had even read it was unfair.

라. ?*John's criticism of the book before he had even read it appears on page 26.

지표 4: 명사화의 표시 방식

명사화의 명사성/동사성을 판단하는 데는 명사화의 표시 방식, 혹은 명사화소의 종류도 고려될 만하다. 명사화 전담 형식의 유무나 종류에 따라 명사성과 동사성이 다를 수 있기 때문이다. 명사화 전담 형식이 없는 언어는 특별히 명사적이라고 볼 변화가 없을 가능성이 있고, 반대로 명사화 전담 형식이 있는 언어는 최소한의 명사성이 확보되는 변화가 뒤따를 수 있다.

대표적으로 절 명사화가 내핵관계절과 명사절, 일부 독립절에 두루 쓰이는 티베트-버만어족의 일부 언어의 경우, 후행 술어에 따라 해석이 결정되므로 절 자체의 동사성/명사성 변화는 없다. 반면에 명사화 전담 요소인, 영어 동명사의 'ing'나 한국어의 '음', '기'는, 절의 단독 술어로서는 쓰이지 못한다는 점에서 동사성은 다소 약화되고, 의미상의 주어가 속격으로 나타나거나 전체 구성에 격조사가 붙는 등 명사성은 추가되는 변화가 따른다. 이런 점에서 명사화 전담 형식

이 동원되는 명사화가, 상대적으로 절의 원천 구조를 유지할 가능성
이 낮다고 할 수 있다.

Gerner(2012: 806~808)는 『Nominalization in Asian Languages』에
대한 리뷰 논문에서, 동사에 명사화가 표시되는 방식을 다음과 같이
정리하였다.[9]

(A) 영 명사화: 형식적 표지 없이 명사화가 표시되는 경우. (예, 중국
어)

(B) 자립 형태소에 의해: 중국어의 所, 일본어의 tokoro처럼 자립 형태
소인 경우. 어간과 분리되면 형태적으로 자립적인 것으로 본다.

(C) 접사에 의해: 접사는 동사에 붙는데, 접두, 접요, 접미 과정이 모
두 발견된다.

(D) 중첩에 의해: 부분적인 어두음 중첩에 의해(예, 타갈로그어) 명사
화 자체를 표시하지 않고 표현적 의미를 추가하기 위해 중첩이 사
용되는 언어들이 있다.

명사화가 접사에 의해 표시되는 언어의 경우, 접두사로 표시하는
언어가 24% 정도인 데 반해, 접미사로 표시하는 언어는 이의 세 배인
64% 정도를 차지한다.[10] 이때 접사(affix)란 의존적인 문법 형태를 아

---

9 명사화의 형태론을, '동사 입력(verbal input)'을 표시하는 방식과 '명사 출력(nominal
   output)'을 표시하는 방식으로 나눈 것이다. 동사 입력의 종류에는 위에 제시된 것 외
   에 보충법도 포함되어 있다. 예로는 현실성 위상인 'realis/irrealis'에 따라 명사화소가
   바뀌는 사례가 제시되어 있는데, 이는 접사에 의한 표시 방식이라고 판단되기에 제외
   하였다.
10 Bybee et al.(1994)에서는 접미사가 접두사의 세 배 정도 많이 나타나며, 특히 동사-
    말 언어인 경우 다섯 배라고 하고 있다.

우르는 개념이다. 즉 국내 논의에서 '지우개'의 '개'와 같이 파생어 형성의 의존형식을 가리키는 협의의 것이 아니다. 한국어는 접미사에 의해 명사화되는 언어로 분류된다. 그 예로는 명사형어미 '기'가 제시되어 있다.

사실, 접사는 위치보다 기능이 더 중요한 듯하다. 개별 언어에 명사화 전용 형식이 있는지, 다른 형식이 동원될 경우 어떤 기능을 겸하는지 등이 그것이다. 예컨대 앞에서 명사화에 분류사나 소유형태소가 쓰이는 언어가 있다고 하였고, 명사화소가 관계화소나 수식어 표지와 동일한 언어가 있다고 하였다. 이런 언어에서의 명사화의 비중이나 기능 부담량은 한국어처럼 명사화 전용 형식이 있는 언어에서의 사정과 다를 수 있다. 명사화에 동원되는 문법 형식의 기능 차이가, 언어 간 명사화의 위상 차이와 어떻게 관련되는지는 향후 더 연구해 볼 문제이다.

6.2.2. 명사화의 정도성과 척도 간의 관계

지금까지 살펴본 명사화의 명사성/동사성 지표 중에서, 더 영향력 있는 지표가 있을까. 대체로 지표들의 영향력이 동일하지는 않은 듯하다. 일례로 동사성의 상실은 '서법 〉 시제 〉 상'의 순으로 영향력이 있다. 동사와 명사화구성의 일차적인 차이는 서법의 유무에 있다. 명사화는 성분으로 내포되기에 대개 서법이 표시되지 못한다. 또한 상보다는 시제를 표현할 수 없을 때 더 동사성을 잃은 것으로 취급된다. 반면에 동사성 유지에는 인칭 표지가 무엇보다 중요하게 인정된다.

이 같은 지표 간 영향력이나 상호 상관성은 유의미한 연구 질문이다. 그리고 이와 관련해서는 여러 언급이 있어 왔다.

- 논항의 소유격 표시: 주어 〉 목적어
- 명사화에도 유지되는 동사범주의 빈도: 상 〉 시제 〉 서법 (Comrie 1976)
- 비-직설법 보어절의 탈종속화 척도
  주어 일치와 서법 〉 시제 〉 상 〉 태, 결합가, 목적어 일치 (Noonan 1985)

Comrie(1976)에서는 명사화구성에서 목적어보다 주어가 소유격으로 표시되는 일이 흔하고, 표현 가능한 동사범주도 상이 가장 빈번하고 서법이 가장 드물다고 하였다. Noonan(1985)에서는 [I know that 주어+동사]에서의 that 보어절을 제외한, 비-직설법의 보어절에서는 주어 일치와 서법이 안 나타나는 일이 가장 흔하고, 능동/수동이나 목적어와의 일치 표시 등이 사라지는 일이 가장 드물다고 하였다.

이와 비슷하게 Malchukov(2006: 981)에서도 명사화 과정은 두 가지 방면으로 정형성에 영향을 미칠 수 있다고 하였다. 동사적 속성의 상실과 명사적 속성의 획득이 그것인데, 전자에는 발화수반력 표지, 일치, 서법, 시제, 상, 결합가 변화 등이 관련되고, 후자에는 격 표시, 한정사, 논항의 소유격 표시, 수 표시, 명사 부류 표시 등이 관련된다. 그러고는 명사화에서의 동사범주의 상실은 Bybee(1985)의 동사범주 위계에 따라 발화수반력과 같이 가장 바깥에 놓이는 범주에서부터 일어난다고 가정하고, 이를 여러 언어를 통해 검토하였다.

다음은 Lehmann(1988)에서, 종속절이 어떻게 문장과 달라지는지, 즉 탈문장화 정도를 도식화한 것이다. 문장성과 명사성을 양쪽 끝에 두고, 가장 문장다운 절에서부터 절의 속성을 완전히 잃은 동명사에 이르기까지 각각 어떤 요소들이 사라지고 바뀌는지를 시각화하였다.

이에 따르면 절에서 발화수반력만 제거된 것이 가장 절에 가깝고, 그 다음 발화수반 요소에 대한 제약, 서법에 대한 제약이나 상실, 시제 와 상에 대한 제약이나 상실 순으로 점점 절의 속성에서 멀어져 간 다. 반대로, 주어가 사격으로 표현되거나, 주어가 없어도 되거나, 보 어에 대한 제약이 있는 순으로 명사에 아주 가까워진다.

Desententialization

sententiality ◀──────────────────────────▶ nominality

clause   nonfinite construction   verbal noun

no illocutionary force

constraints on illocutionary elements

    constraints on/loss of modal elements and mood

       constraints on/loss of tense and aspect

         dispensability of complements

           loss of personal conjugation

              conversation of subject into oblique slot

                no polarity

                    conversion of verbal into

                      nominal government

                        dispensability of

                          subject

                            constraints on

                            complements

combinable with adposition/agglutinative case affix/flexive case affix

한국어는 지표의 영향력이 일률적이지는 않은 듯하다. 구문에 따라 명사성/동사성 정도가 달라지는 경우가 많기 때문이다. 기존 논의에서 '음'이 더 동사적이고 '기'가 더 명사적이라고 본 일도 있으나, 이는 검토의 대상으로 삼은 구문에 한한 것이다. 그렇지만 동사성에는 비교적 시제어미가 영향력이 있고 명사성에는 일명 주어적 속격 즉 '의' 성분의 영향력이 있는 것 같기는 하다. 이는 7.2.2.에서 다룬다.

지금까지 살펴본 것을 바탕으로, 개별 언어에서 행위명사류의 동사성/명사성을 탐구할 때 던질 만한 질문을 정리하면 다음과 같다.

(A) 핵어명사에 표시되는 범주

범주의 종류: 명사화된 핵어명사에 표시되는 범주와 전혀 표시되지 않는 범주는 어떤 것들인가.

시제와 상: ① 시제와 상은 온전한 문장의 동사에 표시되는 것과 같은 수인가, 다른 수인가.

② 표현 방식은 같은가 다른가. (예, 우언적 구성, 문법형식, 동사형의 차이 등)

③ 만약 그 수가 다르다면 어떻게 의미를 나누어 맡는가.

타동성: 자동사/타동사 구분이 있는가.

능동/수동: ① 수동이 형태적으로 표현되고 능동과 구분되는가.

② 수동이 통사적으로 표현되는가.

부정: 명사 부정의 방식, 동사 부정의 방식, 아니면 제3의 방식인가.

격: ① 격이 표시되는가.

② 격의 일부만 표시되는가, 명사구라면 가능한 종류가 모두 표시되는가.

지시적 한정성: ① 정관사나 지시사 등이 표현되는가.

② 이들과 속격의 위치는 서로 어떠한가.

수: ① 수 표현이 허용된다면 어떤 경우인가.

(B) 논항의 표현 방식

주어와 직접목적어의 표현이 문장과 모두 동일한가.

주어는 속격, 목적어는 대격 양상인가.

주어도 속격, 목적어도 속격 양상인가.

어순이 명사구와 문장 중 무엇과 유사한가.

(C) 수식어의 종류

형용사의 수식만 허용하나

부사의 수식이 허용되는 경우, 부사의 의미나 행위명사류의 의미에 특이점이 있는가.

형용사와 부사가 모두 상당한 수준으로 가능한가.

6.2.3. 단어부류의 변화를 동반하는 굴절

명사화의 종류에 따른 명사성/동사성의 정도 차이는, 어휘적 파생과 굴절로 간주되어 온 명사화 사이의 전통적인 구분에도 문제를 제기한다. 명사성과 동사성을 함께 가진다는 것은, 파생의 결과인 명사적 속성과 굴절의 속성인 원래의 동사성이 공존한다는 의미이다. 따라서 이런 전통에 따라 이분하려면 난처해질 수밖에 없다. 굴절/파생의 속성 중 어느 하나를 무시해야 하는데, 명사성/동사성도 정도 차이가 있어 구분의 선을 어디에서 그을지 결정하기 어렵기 때문이다.

실제로 『WALS』의 행위명사구성 지도는 파생명사와 명사형을 구분하지 않고 작성되었다. 이들이 구분되지 않는 언어가 많고 전통적인 굴절/파생의 기준을 행위명사구성에 적용하더라도 산뜻하게 구분되지 않는다는 사정에서이다. 한국어의 명사화 논의에서도 계량적 연구는 파생명사와 명사형을 구분하지 않고 이루어진다. 단어형으로는 일괄적인 구분이 불가능하기 때문이다. 이런 사정은 파생과 굴절이 과연 양분될 만한 현상인지를 되묻는다.

문제 제기

형태적 관계에서 굴절은 하나의 어휘소가 보이는 단어형 사이의 관계이고, 파생은 단어족의 어휘소들 사이의 관계이다. 예컨대 '먹다 ; 먹이'의 관계는 파생이고 '먹다 ; 먹는 ; 먹을'의 관계는 굴절이다.

'먹이'는 [먹다]와 아주 다른 어휘소이지만, '먹는'은 [먹다]의 다른 형식이다. 그래서 '먹이'는 사전에 표제어로 등재되지만 단어형인 '먹는'은 따로 표제어 대접을 받지 못한다. 사전에서 어휘소와 단어형이 달리 취급되는 이유는, 어휘소는 새로운 개념을 지시하기 위해 존재하지만, 단어형은 통사적 문맥이 요구하는 형식을 충족하기 위해 존재한다고 보기 때문이다(Haspelmath & Sims 2010: 17~18).

그런데 기대만큼 굴절과 파생이 늘 산뜻하게 구별되는 것은 아니다. 일례로, 부사 'quickly'는 형용사 어휘소 [quick]의 단어형인가, 별도의 어휘소인가? '쉬이', '쉽게'는 모두 [쉽다]의 단어형인가, 독립적인 어휘소인가, 아니면 '쉬이'는 어휘소이고 '쉽게'는 단어형인가? 만약 '쉬이'만 어휘소라면 '쉬이'는 새 개념을 지시하고 '쉽게'는 그렇지 못한가?

이런 질문들은, 굴절과 파생의 운용방식이 근본적으로 다르지 않고, 동일한 형태가 굴절과 파생 모두에 쓰일 수 있는 데서 기인한다. 이런 사정들은 아래에서 보듯이 여러 논저에서 기술된 바 있다. 한국어의 '음', '기'도 마찬가지이다.

- 파생과 굴절은 형태적 과정의 기능적인 구분이며 이들 기능에 대한 형식적 수단은 같을 수도 있다. (Booij 2006: 654)
- 굴절의 형식적인 운용방식은 새로운 단어가 만들어지는 운용방식과 구별되지 않는다. 같은 표지가 어떤 문맥에서는 굴절 표현으로, 다른 문맥에서는 파생 표지로 기능할 수 있다. 일례로 'I am reading'에서의 현재분사 'reading'은 READ의 굴절형이지만 'assigned readings'에서의 'reading'은 명사로서 READ의 파생이다. (Stump 2005: 60)
- 굴절과 단어 형성의 기제에는 모두 접사화, 분절음 수정, 초분절음 수정, 영파생, 보충법, 우언적 구성이 포함되며, 굴절형이 핵에 굴절 표시가 붙는 것처럼, 파생형도 그 핵에 파생 표시를 한다. (Stump 2005: 61)

굴절과 파생의 차이와 한계

어떤 형태는 굴절로 보게 하고 어떤 형태는 파생으로 보게 하는 속성은 무엇일까. 다음은 굴절과 파생의 차이로 제시되어 온 것들이다.

(A) 의무성

굴절은 의무적으로 일어나지만 파생은 그렇지 않다.

(B) 적용의 완전성 혹은 생산성

굴절은 대개 예외 없이 적용되지만 파생은 그렇지 못하다. 굴절 과정은 완전히 생산적이지만 파생 과정은 다른 정도의 생산성을 보여 준다.[11]

(C) 통사적 관련성

굴절은 통사적으로 결정되지만 파생은 그렇지 않다.[12]

(D) 통사범주의 변화

파생은 입력원의 통사범주를 바꿀 수 있으나 굴절은 그렇지 못하다.

(E) 의미적 차이

굴절범주의 의미는 시제·상·양태·인칭·수·정형성·격·결합가 등 그 종류가 제한되어 있지만, 파생은 의미범주가 이보다 훨씬 넓고 다양하다. 이런 점에서 파생은 굴절보다 의미의 어휘적 표현에 더 가깝다.

(F) 의미의 정규성 대 특수성

굴절형은 특별한 의미를 추가함이 없이 의미가 정규적이지만, 파생어는 상대적으로 그 의미가 특수하다.

(G) 연산 대 저장

규칙적인 굴절형은 통째로 저장되기보다 실시간으로 결합되어 사용된다. 파생어는 심리어휘부에 저장되어 있고 사용될 때 인출된다.

굴절과 파생이 대략 이런 차이를 보이기는 하지만, 어떤 속성도 구

---

11 굴절 과정은 완전히 생산적이지만 파생 과정은 다른 정도의 생산성을 보여 준다고 이야기되어 왔다. 그렇지만 늘 이것이 적용되지는 않는다. 예컨대 'ride/rode'처럼 모음 변화로 표시되는 영어의 과거형은 덜 생산적이다. 즉 굴절 규칙도 덜 생산적일 수 있다(Booij 2006: 658).

12 굴절은 통사론과 관련된 형태의 부분으로 정의되어 왔다(Anderson 1992). 특정 단어형은 통사적 문맥에 의해 요구될 수 있다. 그러나 굴절 중에도 통사론과 무관한 것이 있다. 예컨대 라틴어에서 Rome의 대격 Romam은 '로마로'의 의미일 때도 쓰인다. "John read these books"에서의 복수형도 통사론이 요구한 것이 아니다. 또한 파생도 부분적으로는 통사론의 지배를 받는다. 파생은 통사 범주의 변화를 가리키기 때문에 이 사실 자체만으로 이미 통사론에 관여적이다. 사동사처럼, 동사 파생의 경우 파생된 동사는 특정 통사적 결합가를 가질 수 있다(Booij 2006: 655~656).

분의 기준으로 삼기에 문제가 없지는 않다(Stump 2005, Booij 2006). 예외적인 경우가 있기 때문이다. 이 중에서 파생명사와 명사형의 구분과 관련되는 속성만 살펴보자.

먼저, 적용의 완전성 기준이다. 대체로 굴절은 통사적인 조건만 충족되면 예외 없이 적용된다. 예컨대 3인칭 주어를 가진 동사에 's'가 붙는 것은, 'can, may, will' 등의 양태 조동사를 제외한 모든 동사에 해당된다. 반면에 형용사에 'en'을 붙여 동사가 되는 파생은 일부에 국한된다. 일례로 'stark, late' 등의 형용사에는 불가능하다.

(39) 가. blacken, sadden, sharpen

　　나. *laten, *starken

그런데 어휘소가 완전하지 않은 패러다임을 가지기도 한다. 일례로 'used to'는, 'use to'와 같은 대당 현재형이 없다(Stump 2005).

다음은 통사범주의 변화 여부이다. 단어부류를 바꾸는 기능은 파생의 독점적 속성으로 여겨져 왔다. 그러나 품사가 바뀌지 않는 단어형성이 있다.

(40) 가. London(N)+er = Londoner(N)

　　나. tavolo(N, table) − tavolino(N, small table) ; giallo(A, yellow) − giallino(A, yellowish) (Scalise 1986)

(40가)는 명사가 명사로 파생된 영어의 예이다. (나)는 형용사에 지소접미사가 붙어 형용사로 파생된 이탈리아어의 예이다. 모두 새로운 단어이지만, 입력원의 단어부류가 바뀌지는 않았다.

의미의 정규성과 특수성 차이도 완전하지는 않다. 굴절형은 어휘소를 넘나들며 동일한 의미적 효과를 가진다. 예컨대 'sang'의 과거형의 의미는 'broke'와 동일하다. 반면에 파생은 적어도 부분적으로 예측할 수 없는 의미를 가진다. 일례로 신조어인 'barnumize(과장을 이용하여 홍보하다), dollarize(미국 달러를 쓰기 시작하다), posterize(경쟁자를 창피하게 만들다)'의 경우, 'barnum, dollar, poster'의 의미를 알고 있고 'ize'를 붙여 동사화하는 규칙을 안다 하더라도, 이들 동사의 의미를 예측하는 데는 충분하지 않다(Stump 2005).

반면에 굴절형이 의미적 특수성을 가지는 경우도 드물지만 있다. 'brother'의 복수형 'brethren'이 그런 예이다(Booij 2006: 658). 'brothers'는 오빠나 남동생의 복수형이지만, 'brethren'은 신도들이나 교우들을 가리킨다. 반대로, 단어 형성이 고도의 의미 규준성을 보이는 경우도 있다. 일례로 'ly'가 붙어 형용사에서 도출된 'X-ly' 부사는 보통 'X 방식으로'라는 의미를 가진다. 그래서 'ly'에 대해서는 굴절로 보자는 주장도 있다.

지금까지 살펴본 굴절/파생의 속성에 예외적인 경우는, 어떤 면으로는 어휘의 개별적인 사정이기에 다소 사소해 보인다. 그러나 부류 전체가 굴절과 파생의 속성을 반씩 가지는, 아주 문제적인 종류가 있다. 앞에서 살펴본 명사화, 즉 동사가 명사처럼 쓰이는 동명사, 분사 및 영어의 부사화 접사 'ly' 등이 그러하다.

우선, 이들을 굴절로 보면, 굴절은 통사범주의 변화와 무관하다는 속성에 대한 반례가 된다. 실제로, Booij(2006: 656)에서는 통사범주의 변화 여부로 굴절/파생을 구분할 때, 굴절이 범주의 변화와 아주 무관하지 않은 경우가 있는데, 영어의 동명사, 분사 등이 그 예라고 하였다. 이들은 원래 부류인 동사적 속성과 바뀐 부류인 명사적 속성을 모두 보인다는 것이다.

반대로, 이들을 파생으로 인정하면 적용의 완전성 속성에 반례가 된다. 실제로 Stump(2005: 54~55)에서는 파생이 굴절만큼 완전한 경우가 있다고 하고, 그 예로 영어에서 동사가 'ing' 형식의 명사류를 가질 수 있음을 들었다. 또한 이들은 특수한 효과를 추가함이 없이 동일한 의미적 효과를 가지므로, 의미의 특수성 차원에서도 반례가 된다. 앞서 언급한 영어 형용사에 붙어 부사를 파생하는 'ly'도 마찬가지이다.

요컨대, 앞에서 명사성/동사성을 모두 가지는 형태들, 구체적으로 동명사, 분사, 'masdar' 등은 파생/굴절의 속성을 조금씩 다 보인다고 할 수 있다. 그렇다면 이 둘 중 어느 하나를 무시하고 하나를 택해야 할까, 둘 다를 인정해야 할까.

단어부류의 변화를 동반하는 굴절

Haspelmath(1996)는 파생만이 단어부류를 바꾼다는 믿음은 일종의 '신화'라고 하였다. 굴절이지만 단어부류를 바꾸는 예들이, 많은 언어에서 다양한 형태로 발견되기 때문이다.

Haspelmath는 단어부류를 바꾸는 접사가 항상 파생적 지위를 가진다는 신화에 대한 첫 번째 반례로 아래 예를 든다. (41가)의 독일어 분사 예는 비교적 잘 알려져 있는 것이고, 그 이하는 상대적으로 유럽어에는 잘 알려지지 않은 것들이다. (나)는 레즈기아어(Lezgian)의 동명사의 예들로 'masdar'라고도 불려 온 것이다. '[네가 일찍 일어난 것은] 우리를 놀라게 했다' 정도로 해석되는 문장으로, 주어 자리에 'masdar' 형태가 온 예이다.

(41) 가. V → Adj (participle)

German

*der im Wald laut sing*_V*-ende*_{Adj} *Wanderer*

the in:the forest loud sing–PTCP hiker

'the hiker (who is) singing loud in the forest'

나. V → N (masdar)

Lezgian (Nakh–Daghestanian; Haspelmath 1993: 153)

wun fad q̃arağ_V-un_N-i čun tažub iji–zwa

[you:ABS early get.up–MASD–ERG] we:ABS surprise do–IMPF

'That you are getting up early surprises us.'

다음 (42가)는 부사에 접사가 붙어 형용사로 쓰인 예이고, (나)는 명사에 서술어를 만들어 주는 형식이 붙어 술어가 된 예이다. 이들은 파생접사가 아니라 굴절형식으로 보이는데도 모두 어기의 원래 품사대로 쓰이지는 않고 있다. 동사가 형용사나 명사처럼, 부사가 형용사처럼, 명사가 동사처럼 쓰이고 있는 것이다.[13]

(42) 가. Adv → Adj (attributivizer)

Turkish

*şimdi*_{Adv}*-ki*_{Adj} *kriz*

now–ATTR crisis

---

[13] 언어학자들은 일찍부터 이런 예들을 알고 있었던 듯하지만 부류 전환 형식은 파생이라는 신화는 계속 이어졌다고 하였다.

'The present crisis'

d. N → V (predicativizer)

Blackfoot (Algonquian; Frantz 1991: 23)

nít-aakii$_N$-yi$_V$-hpinnaan

1-woman-PRED-PL.EXCL

'We (excl.) are women.' (aakíí 'woman')

이런 예들에 대해, Haspelmath는 파생만이 단어부류를 바꾼다는 믿음을 유지하려면, 두 가지 방법이 있다고 하였다. 이들의 형태적 과정이 굴절이 아니라 파생임을 밝히거나, 이들이 단어부류가 바뀐 것은 아님을 보이는 것이다. 그런데 둘 다 좌절된다.

이들이 굴절과 파생의 속성을 어떻게 겸하는지 살펴보자. 먼저, 굴절과 파생은 다음과 같이 정의할 수 있다.

• 굴절과 파생의 정의 (Haspelmath 1996: 49)

형성 과정이 정규적이고 일반적이며 생산적이면, 그 형성은 굴절적이다.

형성 과정이 비정규적이고, 비어 있는 곳이 있으며, 비생산적이면, 파생적이다.

위의 정의에 쓰인 '정규적, 일반적, 생산적'이라는 속성은 다음을 의미한다.

단어가 어떤 개체특이적인 추가 속성을 가지지 않으면 → 정규적

규칙이 적용될 수 있는 모든 어기에 이런 형태적 과정이 허용되면

→ 일반적

새 단어가 규칙에 의해 형성되면 → 생산적

이 정의에 따르면, 독일어의 분사, 레즈기아어의 'masdar', 터키어의 부사, 블랙풋어(Blackfoot)의 동사는 모두 굴절의 양상을 보인다. 이들은 각각 동사, 형용사, 명사에 두루 결합된다. 즉 일반적이다. 또한, 해당 어기를 형용사화하거나, 명사화하거나, 동사화한다는 의미 외에 특수한 의미를 추가하지 않는다. 즉 정규적이다.

그렇다면 단어부류를 바꾸지 않는다는 쪽은 어떠한가. 이들은 바뀐 명사나 형용사나 동사가 아니라 여전히 원래 어기의 품사를 유지하고 있는 것은 아닌가. 이렇게 보기는 어렵다. 이들의 실제 문장에서의 쓰임은 바뀐 단어부류에 완벽히 부합하기 때문이다. 독일어의 분사는 다른 형용사들과 동일한 굴절 패러다임을 보인다. 레즈기아어의 'mardar'도 이 언어의 다른 명사들처럼 16개 격을 취한다. 만약 이들의 부류가 바뀌었다고 하지 않으면 이런 현상은 설명할 길이 없다. 통사적으로도 마찬가지이다. 독일어의 분사는 다른 형용사와 마찬가지로 수식어 앞에 위치한다. 그리고 레즈기아어의 'mardar'는 다른 명사들이 그런 것처럼 모든 논항 자리에 나타날 수 있다.

이상의 근거들로 Haspelmath는 이들은 굴절적이면서 단어부류를 바꾸는 형식임을 인정해야 한다고 주장한다. 아울러 이와 비슷한, 그러나 아주 새로운 예들도 이어 제시한다. (43가)는 영어에서 형용사에 'ly'가 붙어 부사로 쓰이는 예이고, (나)는 레즈기아어에서 형용사에 접사가 붙어 명사로 쓰이는 예이다.

(43) 가. Adj → Adv (adjectival adverb)

English

*She sings beautiful*Adj*-ly*Adv

나. Adj → N (substantivized adjective)

Lezgian (cf. Haspelmath 1993: 110~112)

Za-z   č'exiAdj-diN   k'an-zawa.

I-DAT big-SUBST:ABS want-IMPF

'I want a big one.'

(44가)는 칸나다어(Kannada)에서 동사에 접사가 붙어 부동사로 쓰이는 예이다. (나)는 상부 소르비아어(Upper Sorbian)에서 명사에 접사가 붙어 소유형용사처럼 쓰이는 예이다.

(44) 가. V → Adv (부동사, cf. Haspelmath and König (eds.) 1995)

Kannada (Dravidian; Sridhar 1990: 73)

*Yaar-ig-uu   heel*V*-ade*Adv*   eke   bande?*

who-DAT-INDEF   say-NEG.CONV why   come:PRET:2SG

'Why did you come without telling anyone?'

나. N → Adj (소유 형용사)

Upper Sorbian (Corbett 1987: 301)

*wučerj*N*-owe*Adj*   blido*

teacher-POSSADJ:N.SG.NOM   table[N](NOM)

'the teacher's table'

이들은 모두 생산적이며 큰 예외 없이 규칙적으로 만들어진다. 이처럼 굴절적이면서 단어부류의 변화를 동반하는 형태들은 여러 언어에서 다양하게 발견된다.

그럼 이제, 파생만이 단어부류를 바꾼다는 신화는 깨져야 하고, 단어부류가 바뀌는 형태법에 굴절에 의한 것이 추가되어야 한다. 이에 Haspelmath(1996)는 단어부류를 바꾸는 데는 굴절적인 것과 파생적인 것이 있다고 정리한다. 그리고 이들은 어기의 내부 통사론이 유지되느냐 바뀌느냐에 따른 경향 차이가 있다고 하였다.

• 단어부류를 바꾸는 형태법의 두 종류
(A) 굴절적인 단어부류-변화 형태법에 의해 도출된 단어에서, 어기의 내부 통사론은 유지되는 경향이 있다.
(B) 파생적인 단어부류-변화 형태법에 의해 도출된 단어에서, 어기의 내부 통사론은, 파생된 단어부류의 원래 구성원의 내부 통사론에 동화되거나 바뀌는 경향이 있다.

일례로 영어에서 목적어를 대격으로도 취하는 'ing' 명사형은 어기의 통사론이 일부 유지된다. (45나)에서 'destroy'의 목적어 'the city'가 그대로 유지되는 것이 그러하다. 따라서 굴절적인 단어부류 변화 형태법이다.

(45) 가. The enemy   destroyed   the city
     나. the enemy('s)   destroying   the city
     다. the enemy's   destruction   of the city.

반면에 논항을 모두 속격으로 취하는 파생명사는 어기 동사의 통사적 속성이 전혀 유지되지 않는다. (45다)에서 주어는 속격, 목적어는 'of 전치사구'로 바뀌는 것이 그러하다. 따라서 파생적인 단어부류 형태법이다.

위의 예에서 보듯이 굴절과 파생은 절대적으로 이분되는 것이 아니라 정도성과 흐릿한 경계를 가진다. (45)의 표현들은 굴절의 정도는 가 〉 나 〉 다 순이고 파생의 정도는 다 〉 나 〉 가 순이다. 즉 굴절/파생은 이전에 Stephany(1982), Bybee(1985), Corbett(1987), 특히 Plank(1994)가 주장한 것처럼, 분명한 굴절에서부터 분명한 파생까지, 중간지점을 가진 연속체로 다루어져야 한다(Haspelmath 1996: 47).

지금까지 살펴본 단어부류의 변화를 동반하는 굴절도, 언어에 따라 굴절 정도가 다르다. 일례로 동사에서 도출되는 분사의 쓰임을 언어별로 대조하면, '이탈리아어 → 독일어 → 레즈기아어' 순으로 더 굴절적이다. 이탈리아어에서 형용사처럼 쓰이는 분사는 생산적이지 않으며 개체특이적인 의미를 가진다. 반면에, 독일어나 다른 유럽어는 이보다는 생산적이며 특이한 의미가 추가되지 않는 편이다. 즉 더 굴절적이다. 그렇다고 원형적인 굴절은 아니다. 일례로 'Indonesia's annexing East Timor'에서 보듯이, 주어가 주격이 아니라 속격으로 표현되는 점이 그러하다. 이들과는 달리 레즈기아어에서는 원래 어기의 통사가 거의 그대로 유지된다. 전형적인 굴절형에 가까운 것이다(Haspelmath 1996: 50~62).[14]

---

[14] 굴절형의 중요 속성은 담화에서 보다 빈번히 사용된다는 데 있다. 단어 형성 과정이 더 빈번할수록, 그 통사적 구조가 정상에서 벗어나지 않으면, 즉 어기의 통사론과 동일하면 더 경제적이기 때문이다. 일례로 레즈기아어 분사는 인도유럽어의 분사보다 훨씬 많이 사용된다.

한국어에도 단어부류의 변화를 동반하는 굴절이 존재한다. 관형사형어미, 명사형어미, 부사형어미가 이런 종류이다. 그리고 한국어 문법은 전통적으로 이들을 전성어미로 불러 왔다. 단어부류가 바뀌면서 원래 어기의 속성도 간직한다는 본질에 가장 부합하는 명명이다. 그런데 이와는 별도로 파생접사도 인정되어 왔다. '웃음, 달리기'와 같은 예에서의 '음'과 '기'가 그런 경우이다. 과연 이들은 별도로 존재하는 것일까.

한국어의 명사 파생접사와 명사형어미

파생접사 '음'과 명사형어미 '음'을 각각 별개로 보아야 하는가는 오랜 논의의 역사가 있다. 그리고 전통적으로는 구별되는 것으로 간주해 왔다. 굴절/파생 즉 단어형의 변화와 단어 형성은 본질적으로 다른 기제라는 생각이 전통적으로 이어져 왔고, 여기에 더해 몇 가지 차이도 관찰되었기 때문이다.

먼저, 중세국어에서 명사형은 선어말어미 '오/우'가 '음/음' 앞에 붙어야 했지만 파생명사는 이를 개재하지 않았다. 물론 '오/우'가 사라지면서 이런 차이가 현대국어에서는 남아 있지 않다.

(46) 가. 파생명사: 얼-+음 → 어름(氷),   열-+음 → 여름(果)
     나. 명사형: 얼-+오/우+음 → 어룸, 열-+오/우+음 → 여룸

또한, 파생명사는 어간 말음 'ㄹ' 다음에 '으'가 탈락하지 않는데, 명사형에서는 그런 탈락이 수의적으로 일어난다(김완진 1972: 127).

(47) 가. 파생명사: 얼-+음 → 얼음(*얾), 울-+음 → 울음(*욺)

나. 명사형: 얼-+음 → 얼음~얾, 울-+음 → 울음~욻

그러나 'ㄹ' 다음의 '으' 탈락은 '삶, 앎'처럼 근대국어 이후의 파생
어에서도 발견된다. 이에 김성규(1987)에서는 현대국어에서는 명사형
어미 '음'만 존재한다고 하였다. 송철의(1998: 731)에서도 김성규(1987)
의 주장을 인정하면 '울음, 얼음' 등은 어휘화한 것이며 현대국어에서
새롭게 등장하는 '음' 명사들은 명사형이 굳어져서 명사가 된 것으로
보게 된다고 하였다. 결국, 현대국어에서는 파생접사와 명사형어미
가 별도로 존재한다고 보기는 어려워진 셈이다. 사실, 중세국어의 차
이도 접사와 어미의 차이인지는 분명하지 않다.

접사/어미의 문제 외에, 파생명사와 명사형의 문법으로 그 차이를
부각하기도 한다. 수식어의 종류와 격의 차이가 그것이다. (48가)는
'걸음'이 관형어 '빠른'의 수식을 받고 있고, (나)는 부사 '빨리'의 수식
을 받고 있다. (다)는 관형어 '큰'이, (라)는 부사 '크게'가 각각 '웃음'
을 수식하고 있다. 이런 문법적 차이를 수용하면, (가)의 '걸음'과 (다)
의 '웃음'은 파생명사, (나)의 '걸음'과 (라)의 '웃음'은 명사형이 된다.

(48) 가. 과거는 [빠른 걸음]으로 오지 않았다.
　　 나. 평소보다 [빨리 걸음]으로써 시간을 좀 단축해 보려 했다.
　　 다. 그녀가 [큰 웃음]으로 화답했다.
　　 라. 그녀가 [크게 웃음]으로써 화답했다.

그러나 이런 차이가 파생접사와 명사형어미가 별개로 존재한다는
것을 보증하지는 않는다. 앞에서 살펴본 행위명사류의 명사성/동사
성 차이로 볼 여지가 있기 때문이다. 확실한 것은, 동일 형태의 '음'이

붙었는데 하나는 더 명사적이고 하나는 더 동사적이라는 사실뿐이다. 이 책에서는 한국어의 명사형어미 '음', '기'는 단어부류의 변화를 동반하는 어미이고, 한국어는 전성어미의 기능 부담량이 크다는 점이 주요 특징이라고 생각하고 있다. 이에 대해서는 8.1.에서 자세히 논의한다.

6.3. 명사화와 명사절의 기능

6.3.1. 보어절 유형으로서의 명사화

명사화 구성의 분포

명사화 구성은 명사구가 요구되는 자리에 쓰인다. Comrie & Thompson(2007: 377)에서는 명사화가 문장의 주어나 목적어, 전치사의 목적어에 나타나는 것이 가장 자연스럽다고 하였다. 다음은 각각 주어 자리, 목적어 자리, 전치사 'about'의 목적어 자리에 쓰인 명사화, 더 정확히는 행위명사구성의 예이다.

(49) 가. His drinking too much worried us.

나. We didn't like his drinking too much.

다. We were sorry about his drinking too much.

그런데 언어에 따라, 명사화의 종류에 따라 분포 제약이 있다. 일례로 영어에서 'ing' 명사화는 의문문의 주어 위치에도 올 수 있지만, 문장 같은 that절은 평서문 주어에만 올 수 있고 의문문에는 쓰이지 못한다(Noonan 1985: 84).

명사화는 논항 위치 외에, 종속적인 연결소와 함께 부사처럼도 쓰인다. 일례로 우토−아즈텍어족(Uto−Aztecan)의 하나인 루이세뇨어(Luiseño)는 조건문을 이렇게 표현한다. 아래 예에서 'qala'가 일반적인 종속 형태소이다(Comrie & Thompson 2007: 378).

(50) ʔári−up   póy   ʔoy   pu−ʔari−qala
     kick−IMP   he.ACC   you.ACC 3.GEN−kick−SUBORD
     'Kick him if he kicks you'

명사화가 부사절에 사용되는 일이 드문 유럽어와는 달리, 한국어는 '음으로', '기에' 등 명사형어미에 조사가 붙어 종속적 연결어미로 발달하거나, 연결어미 상당 구성으로 쓰이는 일이 꽤 있다(8장 참조).

보어절과 명사화

명사화가 주어나 목적어 자리에 쓰인다는 것은, 명사화가 보어절 유형의 하나임을 의미한다. 동사에 따라 논항으로 [철수가 책을 많이 읽다]와 같은 명제를 요구할 때가 있다. 보어절이란 이같이 논항 자리를 채우는 절을 말한다. 다음은 Dixon(2010)의 보어절의 정의이다.

- 절의 내적 구조를 가진다.
- 다른 절의 핵심 논항 구실을 한다.
- 명제, 즉 사실, 행위, 상태 등을 기술한다.

명제 논항, 즉 보어절을 요구하는 동사 부류가 있다. 'know, believe,

like, see' 등이 그러하다. (51가)의 that절, (나)의 to 부정사, (다)의 if 절이 모두 보어절이다.

(51) 가. I know [that she is a teacher].

나. I want [to eat a hot curry].

다. I wonder [if she would leave next week].

언어에 따라 여러 형식의 보어절을 가지기도 한다. 일례로 영어도 (51)에서 보듯이 that 보어절, to 부정사 보어절, if 보어절이 있다.[15] 또한, 하나의 동사가 둘 이상의 보어절 유형을 취하는 일도 있다.

보어절 유형을 형태적으로 분류하면 '문장형 보어절 ; (문장형 보어절의) 직설법, 접속법 표현 ; 나열과 동사 연쇄 ; 부정사 ; 명사화 ; 분사'가 있다(Noonan 1985). 여기서 명사화가, 앞에서 살펴본 행위명사류 구성이다. 이는 Noonan(1985: 60~61)에서 명사화된 보어의 특징으로 기술한 다음을 보면 확인된다. 모두 행위명사류의 명사성/동사성 척도에서 언급한 것들이다.

- 이는 술어가 명사화되어 명사구의 핵 역할을 넘겨받는 것이다.
- 명사화된 술어는 관사, 격 표지, 부치사를 수반할 수 있고 때로는 복수화도 가능하다.
- 주요 특징은 명사화된 술어와 그 논항과의 관계이다. 일부는 의미 상의 주어나 목적어가 술어와 속격의 관계로 표현된다. 그러나 더

---

15 보어절 유형은 대개 그것이 보어절임을 확인하게 해 주는 단어, 첨사, 접어, 접사 등 과 연결되는데, 이를 보절자라 한다. 영어에서는 보절자의 이름을 따서 that-보어절, if-보어절 등으로 부른다(Dixon 2010: 45).

흔한 상황은 주어만이 속격 관계로 표시하고 목적어는 원래의 표지를 간직하는 경우이다.

명사화는 명사구 자리에 쓰이기 위해 겪는 과정이고 보어절은 논항으로 기능하는 절이라고 하면, 명사화된 절이 보어절로 쓰이는 것은 아주 자연스러운 일이다. 다만 명사화의 종류에서도 그렇듯이, 보어절 유형으로서의 '절 명사화', 즉 명사절은 별로 주목받지는 못해왔다. 이는 명사절이 보어절로 쓸 수 없다고 여겨져서가 아니라, 유럽어에는 형태적으로 명사절이라고 부를 만한 절이 별도로 존재하지 않았기 때문이다.

6.3.2. 명사화와 관계화의 융합

일부 언어에서는 명사절이 관계절로도 쓰인다. 특히 티베트-버만어족의 많은 언어들이 그러한데, 이들 언어에서 명사화는 외핵관계절 외에도, (소수이지만) 내핵관계절, 동사보어절, 명사보어절, 독립된 문장 등으로 아주 폭넓게 사용된다. 이런 사정은 아래 두 기술에서 엿볼 수 있다.

- 네와르어[16] 명사화 절의 세 가지 기능 (Genetti 2010)
  ① 명사구 안에서, 관계절이나 명사보어절로서, 명사를 수식한다.

---

16 네와르어는 네팔 왕국에서 쓰는 80만 화자를 가진 티베트-버만 언어이다. 네와르 인구의 대부분은 카트만두 협곡에서 발견된다. 네팔에는 많은 수의 네와르 마을이 있는데 이들은 뚜렷한 언어 변이가 있다. 돌카(Dolkha)도 하나의 마을로, 카트만두 북동쪽 140킬로미터 떨어진 곳에 있는데, 이 지역어는 별도의 언어로 간주되며, 약 5000명의 화자가 있다. 상당수는 그 지역을 떠나 카트만두의 다른 지역에서 거주하며 아이들은 이 언어를 배우지 않는다.

② 주어나 목적어 역할의 명사구로 기능한다.

③ 비-내포된 주절로 기능한다.

• 찬트얄어(Chantyal)의 명사화 기능(Noonan 1997)

① 명사화는 형태소 'wa'에 의해 형성된다.

② 이 'wa'를 가진 단어들은 다음 기능에 두루 사용된다.: 명사화, 동
  사보어절, 명사보어절, 목적절, 관계절, 비-관계적 수식어, 행위
  주와 피동주 명사류, 수식적 명사, 우언적 동사 구성에서의 의미적
  술어 표현, 주동사

Noonan(1997)에서 보인 찬트얄어의 명사화 기능 일부를 살펴보자.
첫째 예는 명사화소 'wa'가 붙은 구성이 주어와 보어 자리에 쓰인 것
이다.

(52) pəri-wa   gãra-wa   mu
      study-NOM   good-NOM   be+NPST
      'Studying is good' (Noonan 1997: 375의 예)

다음은 'wa'가 붙은 구성이 동사보어와 명사보어로 쓰인 예이
다. (53가)는 'be able to'에 상당하는 동사의 보어로 쓰였고, (나)는
'knowledge'에 상당하는 명사의 보어로 쓰인 것이다.

(53) 가. nhi-sə   reysi   thũ-wa   a-kham   mu
      we-ERG   raksi   drink-NOM   NEG-be+able be+NPST
      'We aren't able to drink raksi' (Noonan 1997: 375의 예)

나. na-sə   reysi   thũ-wa   thaa   yã-i

I-ERG   raksi   drink-NOM   knowledge   find-PERF

'I recall drinking raksi' [*lit* I found knowledge that I drank raksi]

(Noonan 1997: 376의 예)

(54)는 'wa'가 결합한 구성이 명사를 수식하는 관계절로 쓰인 것이다. 구조를 한국어로 풀어 보자면 '[소의 고기 먹음] 사람' 정도에 해당한다.

(54) gay-ye   sya   ca-wa   mənchi

cow-GEN   meat   eat-NOM   person

'the person who is eating beef'

이 언어에서 'wa'는 파생명사를 만드는 데도 쓰인다. (55)는 '먹기' 혹은 '먹는 사람'을 나타내는 명사의 예이다.

(55) ca-wa

eat-NOM

'eating' or 'eater' (Noonan 1997: 379의 예)

이 중에서 오랜 관심을 받아 온 것은, 명사화된 절이 관계절에도 쓰이는 현상이다. DeLancey는 이를 '명사화-관계화 융합(syncretism)'이라 하였다. 그렇다면 명사화와 관계화 중 먼저 시작된 용법은 무엇일까. 언어에 따라 관계절이 명사절로도 쓰이게 되었다는 논의도 있었지만, 일부 언어에서는 명사절에서 관계절로 발달했음을 보여 주는 증거가 있다.

명사를 수식할 때는 명사화소 뒤에 속격 표지를 두는 언어가 있다. 관계절로 사용될 때 명사화에 속격 표지가 출현하는 현상은 티베트 방언에 잘 알려진 것이다(Genetti 2010: 129). 한국어에 빗대어 표현한다면 [빨감 꽃]이라고 해서는 '빨감'과 '꽃' 중 무엇이 수식어인지 드러나지 않는데, 여기에 속격 표지를 더해 [빨감+ㅅ 꽃]이 된다면 앞의 '빨감'은 수식어임이 표현되는 것과 같다.

절 명사화를 폭넓게 활용하는 언어 중 하나인 동왕어는, (56)에서 보듯이 관계절이 핵어명사 앞에 올 때는 속격 표지가 수의적으로 붙기도 한다. (가)는 속격 표지가 붙은 예이고 (나)는 속격 표지가 없는 예이다.

(56) 가. 동왕어 '-sɑ' 명사화소를 가진 관계절

[[shi^{35}hui^{55} sɑ^{53}-sɑ]$_{REL}$ =ji   **dong^{13}**]$_{NP}$

limestone   burn-NOM   =GEN   hole

'The hole where limeston is burned'

나. 동왕어의 핵어가 앞에 온 관계절 (Bartee 2007: 247)

[[pə^{11}sə^{55} tʂʰi^{53}-n]$_{REL}$ **ɲə^{14}**]$_{NP}$

spouse lead-NOM   man

'The man (my parents) brought to be a husband'

위의 두 예는 Genetti et al.(2008: 130)에서 가져온 것이다. Genetti et al.(2008)은, 예문 (나)를 가져온 Bartee에 따르면, 속격 표지가 수의적이다 보니 표지의 출현에 따른 수용성 판단은 화자마다 다르고,

일부 화자들은 어떤 문맥에서는 없는 편을 분명하게 선호한다고 하였다. 또한 화자들은 표지가 있든 없든 의미 차이가 없다고 하였다고 도 밝혔다.

Noonan(1997)에서는 이런 현상에 대해, 속격이 명사화와 핵어명사 사이를 연결한다고 하였다. 그리고 이는 DeLancey가 주장한 것처럼, 명사화가 관계절에 우선한다는 증거를 제공한다고 하였다.

그렇다면 관계절로 해석되는 구성에서도 속격을 안 쓰는 언어들은 어떻게 보아야 하는가. 이에 대해서는 속격을 생략하는 데로 개신되었다고 보기도 한다. 보디시어족의 티베트-카나우리어(Tibeto-Kananuri)로부터의 자료를 검토하면, 이와 유사한 상황에 대한 증거를 더 얻을 수 있다. 일례로 앞에서 살펴본 찬트얄어는 명사화소 'wa'가 명사절과 관계절에 별도 표지 없이 두루 사용될 수 있었는데, 타망어 그룹이 다른 언어들에서는 이 'wa'에 대당되는 기능이, 같은 어원의 다른 형식에 의해 표현된다.

예컨대 (57)의 'ba'가 이런 경우이다. 명사화가 수식의 용법일 때는 속격 표지가 붙지만 비-수식어 용법일 때는 속격 표지가 붙지 않는다. 이로써 찬트얄어는 원래는 속격 표지가 붙었던 것인데 안 붙는 것으로 바뀌었다고 추정한다.

(57) cá   pxra–bá–e   mxi   jaga

　　　that   walk–NOM–GEN   person   PL

　　　'those walking people' (=sentries)

　　　(Noonan 1997: 383의 예)

실제로 명사화소와 속격 표지가 동일한 경우도 꽤 있다. 라후어

(Lahu)에서는 명사화소 자체가 속격 형태소로 기능하며(Genetti et al. 2008: 101), 많은 시노-티베트어에서 관계절과 수식어/속격의 표지가 명사화 장치와 동일하다(Bickel 1999: 271). 기능적으로도 명사화가 관계절로 기능할 수 있는 동인은 쉽게 상상할 수 있다. 명사화와 나란히 쓰인 명사는 두 개의 병치된 명사 요소로 생각될 수 있는데, 이러면 'tree house'처럼 앞의 명사가 뒤의 명사를 수식하는 관계로 추론될 수 있다(Comrie & Thompson 2007).

한국어의 관형사형어미 '은/을'도 원래는 명사형어미였을 것으로 본다. 알타이 제어의 문장이 기원적으로 명사문이었을 것으로 추정되기 때문이다. 이를 인정하면 한국어도 명사화소에서 관계화소가 발달한 언어가 된다. 그래서 "먹은 뒤, 가는 중, 먹은 다음, 가는 대신"과 같이, 관계절도 보어절도 아닌 관형사절이 의존명사 앞에 쓰이는 현상에 대해 역사적인 해석을 취하는 연구자들은, 이들이 동명사 뒤에 '뒤, 중' 등이 온 것일 수 있고 결국 선행 명사구가 후행의 '뒤, 중' 등을 수식하는 관계일 수 있다고 분석하기도 한다(이홍식 1999).[17]

---

17 이런 연구로는 임홍빈(1982), 홍종선(1983), 이홍식(1990)이 있다.

7장
한국어 명사절의 종류와 위상

한국어의 명사절은 '음'절과 '기'절이 대표해 왔다. 그런데 현대국어에서 '음' 명사절은 구어에서는 거의 안 쓰이고, '기' 명사절은 일부 환경에 국한하여 쓰인다. 그러면 구어에서는 명사절이 나타나야 하는 많은 자리가 비게 되는데, 이런 자리를 채운 것이 '은/을 것' 절이다 (이하 '것'절이라 함). 이 장에서는 '음', '기', '것' 명사절의 분포 양상과 '것' 명사절이 인정되어야 하는 근거, 한국어는 보어절 방책으로 명사절을 중히 활용하는 언어라는 사실을 다룬다.

7.1. 명사절의 분포

'음'과 '기'는 모문 술어가 다르다. 일례로 "그것이 사실임이 판명되었다"처럼 '판명되다'는 '음'을 취하고, "행복하기를 바란다"처럼 '바라다'는 '기'를 취한다. 이런 모문 동사와의 선택제약은 어미 '음', '기'의 의미 대립과 관련되어 있다.[1] 관형사형어미 '은/을'의 대립처럼, '음'과 '기'의 대립은 서실법과 서상법의 것이다(8.2.에서 상술).

말뭉치에서의 사용빈도는 '기'가 '음'보다 월등히 높다.[2] '기 때문, 기 위해'와 같은 일부 구성이 압도적으로 자주 사용되기 때문이다. 이런 구성을 빼면, '기'의 출현은 적은 수의 용언과 구성에 편중되어 있다. 반면에 '음'은 많은 용언에 두루 결합되며 특정한 용언에서 많이 쓰이는 현상은 별로 관찰되지 않는다.

이 절에서는 '기'절, '음'절의 분포를 살펴보고 이들 자리에 '것'절도 쓰이는지를 대조함으로써, 한국어에서의 명사절의 쓰임을 확인한다. 검토 방식은 다음과 같은 순서로 이루어진다.

- 형태소가 분석된 말뭉치에서 '기', '음'의 후행 요소를 검색하여, 조사 결합 목록을 확보한다.
- 각각의 조사 결합형, 예컨대 '기가, 기를' 등의 후행 구성과 용언을 검색하여 목록을 만든다.
- 각 명사절의 분포에서, 용언의 논항(부사어 성분 포함)으로 쓰인 분포를 찾아, 여기에 '것'절도 가능한지를 대표적인 용언을 중심으로 탐색한다. 단, 경향성을 확인하는 것이 목적이므로, 전수조사는 하지 않는다.

1　'음'의 의미 특성으로는 '완료성의 기정상 ; 대상화 ; 실체성·완료성·결정성 ; 순간성·현장성·과거성 ; 결정된 상태의 지속 ; 동작의 결과나 완료 상태'가, '기'의 의미 특성으로는 '미래 미완료성의 미완상 ; 비대상화 ; 비실체성·미완료성·비결정성 ; 일반화된 개념·미래성 ; 결정된 상태 비지속, 예정·가능 ; 동작의 과정이나 방법'이 언급되어 왔다.
2　세종 말뭉치에서도 '기'는 '음'에 비해 열세배나 높은 빈도로 검색된다. '음'이 5678회 검색되는 데 반해 '기'는 75,383회나 검색된다.

• '음', '기'절과 '것'절 사이에 의미 차이가 있을 수 있지만, 의미나 기능이 거의 유사한 예가 하나라도 발견되면 '것'절이 대신 쓰일 수 있는 것으로 인정한다.

'음', '기', '것'절의 분포는 경향을 따질 수 있을 뿐, 일관된 분포를 단언할 수는 없다. '기'절이 주로 오는 환경이지만 '음'절이 오기도 하는 등, 경향을 벗어나는 예가 늘 있기 때문이다. 예컨대 '이르다'는 '기에 이르다'가 절대적으로 다수이지만, (1나)와 같이 '음'이 쓰인 예도 발견된다.

(1) 가. 갈등이 점차 심화되더니 급기야 모임을 <u>취소하기에 이르렀다</u>.
　　나. 국민적 관심사에도 불구하고, 일언반구 없이 <u>외면함에 이르러</u>, 우리는.

특히, '음'절은 문어에서 주로 쓰이다 보니, 직관에 따른 비문 판정이 어렵다. 위의 "외면함에 이르러"도 문어라고 보면 용인되는 표현이다. 이 때문에 이 절에서 기술하는 명사절의 분포는 다른 명사절이 올 수 없음을 함의하지 않는다.

7.1.1. '기'절과 '것'절

다음 (2)는 관용적으로 굳어진 '기' 구문이다. 이들은 술어의 논항 자리에 '기'절이 쓰인 것과는 양상이 조금 다르다. 따라서 이 책의 관찰에서는 제외한다.

(2) 가. 기 때문, 위해서/위한, 전/이전/직전

나. 기(가) 이를 데 없다, 짝이 없다, 그지없다, 기밖에 더하겠냐

다. 기 마련이다, 망정이다, 일쑤이다, 십상이다.

'기가'와 '는/을 것이'

주어 자리에 '기'절을 취하는 용언을 확인해 보자. '기가' 형태 뒤의 후행 요소는 다음과 같은 것들이다. (3가)의 '기가 바쁘게'는 "말이 끝나기가 무섭게 아이들이 나갔다."와 같이 '자마자'와 유사한 의미를 나타낸다. '기가 쉽다'는 '할 가능성이 많다' 정도로 해석되는 구성으로 '는 것이 쉽다'와는 다르다.[3]

(3) 가. 기가 바쁘게, 기(가) 쉽다,

　　나. 어렵다, 힘들다, 편하다, 불편하다, 수월하다, 용이하다, 위험하다, 까다롭다, 힘겹다

　　다. 무섭다, 싫다, 좋다, 겁나다, 두렵다, 거북하다, 아깝다, 부끄럽다, 역겹다, 조심스럽다, 쑥스럽다, 미안하다, 나쁘다, 벅차다, 어색하다, 지겹다, 괴롭다, 민망하다, 곤란하다, 재미있다, 귀찮다

　　라. 시작되다, 끝나다, 한창이다

그러면 (3나)~(라)가 '기가'절을 논항으로 취하는 용언들이다. (나)와 (다) 중 상당수의 형용사들은 '기가' 자리에 '기에'가 쓰이기도 한다. (라)는 사태의 시작, 끝, 중간 등, 국면(phase)을 가리키는 용언

3　일례로 "유리그릇은 깨지기가 쉽다."는 [깨질 가능성이 많다]로 해석되지만, "유리그릇은 깨지는 것이 쉽다."는 [쉽게 깨진다]로 해석된다. 따라서 이들은 굳어진 표현으로 보고 제외한다.

중 자동사들이다.

  이들 중 대부분의 '기가' 자리에는 '것'절이 쓰일 수 있다. 다음이 그 예이다. 다만, 늘 대체가 가능한 것은 아니고, 문례에 따라 불가능할 수도 있다. 지금은 대체 가능한 경우가 있는가를 확인하는 것이 목적이므로, 어떤 경우에 어떤 이유로 불허되는가는 논의하지 않는다.

(4) 가. 혼자 {생각해 내기가, 생각해 내는 게} {어렵다면, 힘들다면, 위험하다면, 힘겹다면} 둘이 모여도 좋다.

  나. 이 신발은 {신고 벗기가, 신고 벗는 게} {편해서, 불편해서, 수월해서} 좋아.

  다. 요즘은 외진 길을 혼자 {걷기가, 걷는 게} {무서워, 겁나, 두려워, 거북해, 괴로워…}

  라. 식당에서 혼자 고기를 {구워 먹기가, 구워 먹는 게} {아깝다, 부끄럽다, 조심스럽다, 미안하다, 어색하다, 지겹다, 민망하다, 곤란하다}

  마. {소재 찾기가, 소재 찾는 게} {끝나면, 시작되면, 한창이면}, 우리는 나가자.

'기를'과 '는/을 것을'

  다음은 목적어 자리에 '기'절을 가지는 용언들이다. 대체로 의미가 유사한 것끼리 모았지만 (5나)에는 다소 이질적인 것들이 섞여 있다. (마)는 앞의 '기가'를 다룰 때 언급했던, 사태의 국면을 나타내는 동사 중 타동사들이다. 이때의 '기를' 자리에는 '는 것을' 절이 오는 일이 가능하다. 예컨대 "새벽마다 마을 {뒷산 가기를, 뒷산 가는 걸} 계속했다"처럼 둘 다 쓰인다.

(5) 가. 바라다, 원하다, 기대하다, 희망하다, 기원하다, 갈망하다, 열
　　　망하다, 소망하다, 고대하다, 기도하다, 소원하다

　　나. 기다리다, 싫어하다, 좋아하다, 꺼리다, 즐기다, 잊다, 게을리
　　　하다, 시도하다, 두려워하다, 꿈꾸다, 고집하다, 배우다, 가르
　　　치다

　　다. 피하다, 기피하다, 사양하다, 주저하다, 거부하다, 포기하다,
　　　단념하다, 거절하다

　　라. 요구하다, 촉구하다, 강요하다, 청하다, 당부하다, 권하다, 권
　　　유하다, 부탁하다, 주장하다, 재촉하다, 권고하다, 요청하다

　　마. 시작하다, 끝내다, 마치다, 멈추다, 중단하다, 반복하다, 그치
　　　다, 계속하다, 그만두다

위의 용언들의 '기를' 자리에는 대개 '것'절을 쓸 수 있다. 그러나
용언에 따라 대체로 '는 것을'을 취하는지, '을 것을'을 취하는지, 둘
다를 허용하는지가 갈린다. (5가)에 열거된 용언 중에서, '원하다'는
(6가)에서 보듯이, '는 것'만 검색된다. 반면에 '희망하다, 고대하다'는
'을 것'만 검색된다.

(6) 가. 학습자의 학습을 위하여 어떤 사람들과 {접촉하기를, 접촉하는
　　　걸} {원하는가, 바라는가}

　　나. 다시 한번 중국을 {방문해 주기를, 방문해 줄 것을} {희망하고
　　　있다, 고대하고 있다}

(5나)에 제시된 용언 중에서 '시도하다'는 (7가)에서 보듯이 '을 것을'을 취한다. '기다리다'는 '는/을 것'이 모두 가능한데, '기를' 쓸 때와는 약간 의미 차이가 있다.

(7) 가. 신문 편집 기법의 여러 양상을 {구명해 보기를, 구명해 볼 것을} 시도하고 있다.

　　나. 휴양원에서 나를 {마중 나오기를, 마중 나올 걸, 마중 나오는 걸} 기다리면서.

(5다)에 열거된 용언 중, '주저하다'는 '는 것을'의 예만 검색된다. (5라)에 있는 동사들은 모두 '을 것을'이 주로 쓰인다.

(8) 가. 경영자는 위험이 수반되는 대사업에 {투자하기를, 투자하는 걸} 주저하게 된다.

　　나. 윗선으로부터의 압력을 {철회하기를, 철회할 것을} {요구한다, 촉구한다, 강요한다. 청한다, 당부한다…}

'을 것'만을 취한다는 용언 중에는 '다는 것'의 형태는 허용하는 경우가 있다. '주장하다'도 그 한 예이다. "무기물도 생명 운동이 있다는 것을 주장하고 있는데"와 같은 경우이다.

'기로'와 '는/은 것을', '는/은 것으로'

'기로'의 후행 요소를 검색하면, '기로 하다'가 압도적으로 많다. 이는 결정, 결심, 약속, 예정 등을 나타내는 구성으로서, 술어의 논항 자리에 명사절이 온 구성은 아니다. 그 외에 '기로 되어 있'이 있다. '기로 되-'로 검색하면 문례가 총 90개가 나오는데, 6개만이 '기로 된'이고 그 외는 '기로 되어 있-'으로 표현된 예이다. 그래서 '기로 되어 있-'을 제시한다. 이 외에 (9나)의 구성도 명사절 논의에서 제외한다.

(9) 가. 기로 하다(3548), 기로 되어 있다
　　나. 기로 대들다, 기로 맞서다, 기로 들(자)면

논항 자리에 '기로'가 오는 용언의 목록은 다음과 같다. 이런 '기로'의 자리에는, '것을'이 주로 오는 부류와 '는 것으로'가 오는 부류가 갈리는 듯하다.

(10) 가. 결심하다, 약속하다, 결의하다, 다짐하다, 계획하다, 약조하다
　　 나. 결정하다, 합의하다, 작정하다, 마음먹다, 계약하다, 작심하
　　　　 다, 확정하다, 결론 나다(내다), 동의하다, 맘먹다, 정하다,
　　　　 방침을 정하다, 원칙을 정하다, 선택하다(되다)
　　 다. 기로 유명하다, 이름이 나다

(10가)는 '기로'의 자리에 '을 것을'이 주로 오는 동사들이다. (나)는 비슷한 의미의 동사들을 모은 것인데, 이 중에서 '결정하다'는 '는/을 것을'이 모두 검색된다. 그러나 다른 동사들은 '는/을 것을'의 예가 검색되지 않는다. 불가능하다기보다 그다지 자주 쓰이는 표현이 아닌 듯하다. 대신에 '는 것으로'는 꽤 나타난다.

(11) 가. 공정하게 {보도하기로, 보도할 것을} {다짐한다, 약속한다, 결

의한다…}

나. 도내 방송을 {종료하기를, 종료할 것을, 종료하는 걸} 결정
했다.

'기로 유명하다'의 '기로' 자리에는 '는/은 것으로'가 올 수 있다. '것'
절이 쓰이는 경우에는 (12다)처럼 과거 사태도 표현할 수 있다.

(12) 가. 그곳은 구부러진 코스로 백미터 달리기를 연습할 정도로 {좁
기로, 좁은 것으로} 유명하다.

나. 그들은 시간을 너무나 {안 지키기로, 지키는 것으로} 유명하다.

다. 지난해 선보인 샤이닝의 TV 버전은 스티븐의 반감이 노골적
으로 {드러난 것으로} 유명하다.

'기에'

'기에'의 후행 요소에는 다음과 같은 것들이 있다. (13가)는 굳어진
구성이다. (나)~(마)가 용언의 논항 자리에 '기에'가 오는 경우이다.

(13) 가. 기에 앞서, 기에 따라

나. 충분하다, 알맞다, 편리하다, 편하다, 불편하다, 적당하다,
적절하다, 부족하다, 적합하다, 족하다, 거북하다, 안성맞춤
이다, 무리이다, 넉넉하다

다. 급급하다, 여념이 없다, 분주하다, 바쁘다

라. 이르다, 나서다, 앞장서다, 주저하다, 힘쓰다, 인색하다, 몰
두하다, 골몰하다, 노력하다

마. 민망하다, 지치다, 어렵다, 힘들다, 부끄럽다

그런데 이들 '기에' 자리에는, 아래에서 보듯이 '것'절이 허용되지 않거나 허용되더라도 상당히 어색하다. 대신에 오히려 '는 데' 구성이 자연스럽다. 다만, (14사)에서 보듯이 '주저하다'의 '기에' 자리에는 '는 것을'이 쓰이기도 한다.

(14) 가. 그들도 어느새 그녀를 {이해하기에, *이해하는 것에, 이해하는 데} 이르렀다.

　　나. 그 사실은 청년의 감성을 {자극하기에, *자극하는 것에, 자극하는 데} 충분했다.

　　다. 지금은 당을 {추스르기에, *추스르는 것에, 추스르는 데} 급급한 단계이다.

　　라. 끊임없이 고함을 지르고 고기를 퍼 {나르기에, ?나르는 것에, 나르는 데} 지쳐 나중에는 목이 퍽퍽하고 팔다리가 뻣뻣해졌다.

　　마. 가을을 계절 속에 {끼워 주기에, *끼워 주는 것에, 끼워 주는 데} 인색했다.

　　바. 더위도 잊은 채 판소리 {배우기에, ?배우는 것에, 배우는 데} 몰두하고 있었다.

　　사. 살고 싶은 도시로 뮌헨을 {꼽기에, 꼽는 걸, 꼽는 데} 주저하지 않았다.

7.1.2. '음'절과 '것'절

'음'절의 분포를 보자. '음' 뒤에 직접 후행하는 조사는 다음과 같다. 이들이 결합된 형태 뒤의 후행 요소들을 검색하고, 이 자리에 '것'절이 대체될 수 있는지를 살펴보겠다.

• '음' 뒤의 후행 조사

을(2780), 에(672), 은(473), 이(431), 으로써(261), 이다(124), 도(92), 으로(81), 의(61), 과(46), 과(30), 에서(23), 이란(11)

'음이'와 '는/을 것이'

먼저, '음이'에 후행하는 요소들이다. (15가)는 관용 구성으로 제외한다. (나)는 일례로 '변함이 없다'는 '변하지 않는다' 혹은 '늘 그대로이다' 정도의 의미이고, '흔들림이 없다'는 '흔들리지 않는다' 정도의 의미이다. (바)는 원칙적으로 주어 자리에 '음'절이 쓰인 것이 아니나, 편의상 함께 다룬다.

(15) 가. V-고도 남음이 있다

　　　나. 음이 없다 ; 변함/막힘/틀림/모자람/지나침/흔들림이 없다…

　　　다. 마땅하다, 옳다, 아쉽다

　　　라. 분명하다, 명백하다, 확실하다

　　　마. 드러나다, 필요하다, 돋보이다, 사라지다, 보이다, 지나치다, 부족하다, 떠오르다, 들려오다, 엿보이다, 특징(적)이다

　　　마. (피동사) 밝혀지다, 느껴지다, 입증되다, 증명되다, 발견되다, 지적되다, 확인되다, 판명되다

　　　바. 음이 아니다, 음이다

(15다)의 용언은 '음이' 자리에 '는 것이'만 주로 쓰일 수 있다. 반면에 (라)의 용언들은 '는 것이'와 '을 것이'가 모두 가능하다.

예문 (16나)는 '음이'가 '는 것이'로 바뀔 수 있는 경우이다. (다)는 원래 '을 것이'가 쓰인 자리인데, 이를 '음이'로 바꾸면 조금 어색해진다.

(16) 가. 통일된 시간으로 {나아감이, 나아가는 게} {마땅하다, 옳다}

　　나. 안으로 끌고 들어갈 작정을 {하고 있음이, 하고 있는 게} {분명했다, 확실했다}

　　다. 다음번 노벨 평화상을 {받을 게, [?]받음이} {분명하다, 명백하다 확실하다}

　　라. 역사를 돌아볼 때, 이는 아전인수도 우연지사도 {아님이, 아닌 게} 드러난다.

(17)은 '음이' 자리에 '는/은 것이'가 쓰일 수 있는 예이다. 위의 상당수의 용언들은 '는/은 것' 자리에 '다는 것'이 쓰이기도 한다. 또한 '음' 앞에 '었'이 결합될 수 있는 문례에서는 '었던 것, 었다는 것'도 가능하다. (17나)와 (다)가 그런 경우이다.

(17) 가. 도내의 대부분이 화강암류 지대에 {속함이, 속하는 게} 특징이다.

　　나. 투표함을 열어 본 결과 이 조사가 여지없이 {빗나갔음이, 빗나갔다는 게} 드러났다.

　　다. 태아 성 감별이 버젓이 {자행되어 왔음이, 자행되어 왔다는 게, 자행되어 왔던 게} 드러났다.

'음이다'는 아주 문어적이면서 다소 의고적인 표현이지만, 687개나 검색된다. 이들 '음' 자리에 '는 것'이 쓰이는 일도 가능하다. '음이 아니다'[4]의 '음' 자리에도 (18라)와 (마)에서 보듯이 '는 것' 절이 쓰일 수

---

4 '음이 아니-'를 검색하면 '다름이 아니라'가 고빈도로 포함되는데, 이는 제외하였다.

있다.

(18) 가. 서로들 사력을 다하고 {있음이었다, 있는 것이었다}

나. 그들은 동료들 보기가 {민망했음인지, 민망했던 것인지} 무안
한 표정으로 방으로 향했다.

다. 아우를 {아낌이, 아끼는 게} 아니라 {욕함이, 욕하는 게} 크
외다.

라. 영혼의 내용이라 말해지는 것도 이 직접성을 {가리킴이, 가리
키는 게} 아니겠는가.

마. 물을 것도 없이 어떤 결론을 {찾고자 함이, 찾고자 한 게} 아
니었다.

'음을'과 '는/을 것을'

다음은, '음을'의 형태에 후행하는 요소들이다. (19가)는 "차체 조
립의 정교함을 위해"나 "책 읽기의 행복함을 통해"처럼 명사형으로
쓰이는 구문이다. '음' 명사절을 목적어로 취하는 용언은 (나)에서 보
듯이 다양하다.

(19) 가. 음을 통해(서), 통한, 위해(서), 위한

나. 알다, 느끼다, 말하다, 보다, 보이다(사동), 깨닫다, 확인하다,
강조하다, 밝히다, 지적하다, 발견하다, 시사하다, 당하다, 의
미하다, 인정하다, 보여 주다, 분명히 하다, 주장하다, 뜻하다,
알리다, 인식하다, 입증하다, 잊다, 명심하다, 감안하다, 증명
하다, 나타내다, 부인하다, 실감하다, 전제하다, 생각하다, 짐
작하다, 모르다, 암시하다, 알아차리다, 선언하다, 드러내다,

자처하다, 간과하다, 믿다, 상기하다, 듣다, 이해하다, 내세우
다, 내비치다, 과시하다, 일깨우다, 천명하다, 자부하다, 확신
하다, 감지하다, 가리다, 가리키다, 면하다, 자랑하다, 예고하
다, 경고하다, 설명하다, 자각하다, 부정하다, 기억하다, 알아
보다, 피하다, 반영하다 등

위의 용언들은 대개 '는/은 것'으로도 쓰이며, 의미가 허용하면 '을
것'도 취한다. 물론 '었던 것, 었다는 것'과 같이 과거형도 올 수 있다.
대표로 '알다'만 제시하면, (20가)는 '음을', (나)는 '는 것을', (다)는
'을 것을', (라)는 '다는 것을'의 예이다.

(20) 가. 멀리서 B씨를 바라보다가 점원은 물건을 꾸리는 행동이 수상
　　　　함을 알았다.

　　나. 말해 봐야 의사소통이 되지 않는 것을 알고 심한 갈증을 느
　　　　꼈다.

　　다. 대답이 없을 것을 알고 짐짓 해 본 질문이다.

　　라. 기록사진만 보아도 엄청난 인파였다는 것을 알 수 있다.

'음에'와 '는/을 것에'

다음은 '음에'에 후행하는 요소들이다. '음에도'는 『표준국어대사전』
에 연결어미로 등재되어 있으므로 제외한다.

(21) 가. 음에 따르면, 따라서, 대하여, 의하여, 반하여, 비추어, 비하
　　　　여/면, 관하여, 앞서

　　나. 틀림없다, 불과하다, 지나지 않다

다. 주목하다, 주의하다, 유의하다, 유념하다, 사로잡히다, 익숙하다, 지치다, 넘어가다, 기인하다, 접근하다, 분명하다, 항의하다, 대응하다, 의존하다, 취하다, 싫증 나다(내다) 동의하다, 말려들다, 의심하다

라. 놀라다, 당혹감(놀라움, 불만 등)을 느끼다, 흡족하다, 만족하다, 감탄하다, 분노하다, 감동하다, 감격하다, 어처구니없다, 당황하다, 서글프다, 억울하다

위의 용언들은 대개 '음에'의 자리에 '는/은 것' 절이 쓰일 수 있다. 그런데 (22나)의 '임에 틀림없다'는 '것에' 형태로는 쓰이지 못하고 '것이' 절이 쓰인다. 다른 용언들에는 '것에' 절이 쓰인다.

(22) 가. 한국 측의 부담 가능성을 살펴보기 위해 여기 온 것이 틀림없다.

나. 역시 쌀 문제는 {언급되었을 것이, *언급되었을 것에} 틀림없다.

다. 그것이 인간들 자신의 고통과 슬픔을 {표출함에, 표출한 것에} 지나지 않음을 알면서도

라. 군의 선두는 위도상 훨씬 북쪽까지 진출했었지만 아직 그 산골마을에는 들어오지 {않았을 것임에, 않았음에} 분명하다.

마. 미의 관점이 지역에 따라 다르게 {나타나는 것에, 나타남에} 주목하였다.

바. 네덜란드는 영국을 {침략한 것에, 침략함에} 만족하지 않고

그 외 조사 결합형

'음은, 음으로, 음으로써, 음의, 음과, 음에서' 등의 후행 요소는 아래와 같다.

(23) 가. 음으로 인해, 말미암아, 해서

　　나. 음으로써

　　다. 음은 물론, 물론이다, 두말할 필요(가) 없다

　　라. 음의 N

　　마. 음과 동시에, 음과 아울러/함께/더불어, 음과 마찬가지, 음과
　　　　관련된다

이들 중에서 (23가)와 (나)는 '음'절 자리에 '것'절을 넣어 보면 상대적으로 어색해지거나 의미가 달라지는 것 같다.

(24) 가. 전갈은 두려움을 갖고 {있음으로, ?있는 것으로} 인해 신의 위
　　　　치에까지 올라앉게 되고

　　나. 이 같은 잘못된 메시지의 전달은 정부의 책임이다. 더구나 합
　　　　당 정치권이 출발부터 개혁의 후퇴와 성장 만능의 정책 선회
　　　　를 {공언함으로써, *공언하는 것으로써} 이 같은 의심과 불신
　　　　은 더 넓은 파장을 일으켰다.

이 밖의 (23다)~(마)의 구성에는 '음' 자리에 '은/는 것'이 부분적으로 올 수 있는 듯하다. 다음이 그 예이다.

(25) 가. 이 경우 민이 사적인 토지 {소유자였음은, 소유자였던 것은}

{물론이다, 두말할 필요 없다}

나. 어리석음의 극치, {기다림의, 기다리는 것의} 연속 ; 무르익
음의 계기란 ; {홀로 있음의, 홀로 있다는 것의} 의미는 ; {살
아 있음의, 살아 있다는 것의} 대가는

다. 공무원은 재산을 {등록함과, 등록하는 것과} 동시에 언론에
공포한다.

라. 영국이 자동차 종주국임을 통보해 {오지 않음과, 오지 않는
것과} 마찬가지이며

마. 할인어음 한도 거래를 {약정함과, 약정하는 것과} 관련해 보
증 한도를

지금까지 살펴본 사실을 통해 알 수 있는, 명사절 분포의 특징은
다음과 같다.

- 논항 자리에 '음'과 '기'를 취하는 용언은 대체로 서로 다르다.
- '음'과 '기'의 분포가 다르기는 하지만, 예외적으로 서로의 환경에 바
꾸어 쓰이는 경우도 있다.
- '기'절이 오는 상당수의 환경에서 '것'절이 쓰이기도 한다.
- '기'절을 '것'절로 대체할 수 없는 환경도 일부 존재한다.
- '기'절을 대체하는 '것'절은 '을 것'만 나타나는 환경도 있고, '는 것'
만 나타나는 환경도 있으며, 둘 다 가능한 환경도 있다.
- '음'절은 '기'절보다 '것'절로의 대체가 더욱 폭넓다. 대부분의 환경에
서 대체가 가능하다.

'음', '기'절이 올 만한 자리에 '것'절이 쓰임을 부분적으로 확인하였

으므로, 이제 '것' 명사절을 인정할 것인가를 본격적으로 논의할 이유가 생겼다.

7.2. '것' 명사절의 성립[5]

'음', '기' 명사절이 올 만한 자리를 포함하여, 문장의 명제 논항 자리에 '은/을 것' 절이 쓰이는 경우가 많다. 이들은 기원적으로 의존명사 '것'이 관형사절을 취한 구성으로 분석되지만, 현대국어에서는 '것' 절 전체가 '음'절과 '기'절에 상당하는 명사절의 기능을 한다. 이 절에서는 '은/을 것'(이하 '것' 명사절이라 함)을 명사화소로 보아야 하는 근거를 살펴본다.

7.2.1. '것'절에 대한 두 가지 분석

'것'절이 '음, 기'로 대표되는 명사절 자리에 사용된 것은 오래되었지만, 아직 명사화소로 온전히 인정받지는 못하고 있다. 국어사전에서도 '것'의 명사화소 기능은 표제항이 되지 못하고 있으며, 의존명사 '것'의 하위 용법에서도 거의 기술되고 있지 않다.[6] '것' 명사절에 대한 이런 의도치 않은 홀대는, 관형사형어미 '은/을' 및 의존명사 '것'

---

5   이 절은 대체로 문숙영(2017: 36~57)에서 가져왔다.
6   고려대 한국어사전에서는 '것'의 첫 번째 용법에 "관형사형어미 '은', '는', '을' 뒤에 쓰여, 일정한 일이나 사건, 사실을 나타내는 말."이라 하고 "나는 그녀가 그와 포옹하는 것을 보고 깜짝 놀랐다.", "노동자들은 집회를 통해 근로 조건을 개선해 줄 것을 촉구했다." 등을 들고 있다. 문법 기술 자체만으로는 명사절을 의도한 것인지, 명사보어절을 의도한 것인지 분명하지 않다. 필자가 보기에는 앞의 예는 명사보어절이고, 뒤의 예는 인용절의 기능을 하므로 명사절에 가까운 듯하다.

과의 구분 문제,[7] 명사절로도 명사보어절로도 분석할 수 있는 문례들의 존재 등이 부담으로 작용하기 때문이다. 그러나 '것' 명사절은, 이런 어려움이 있다는 이유로 문법 기술을 미루어 둘 수 있는, 그런 비중의 절이 결코 아니다.

'은/을 것' 절을 의존명사 '것'이 보어절을 취한, 명사보어절 구성으로 보는 입장은 2000년 이전의 논의들에서 주로 발견된다.[8] 이런 분석의 근거가 되어 온 것을 보이면 다음과 같다.

① '것'절의 '것'과 의존명사 '것'은 다르지 않다. : 일부 연구에서 명사화소로 분류되기도 한 '것'도, 사(事)와 물(物)을 지시하는 '것'과 다르지 않은 명사 그 자체이다.
② '것'절의 명사적 기능은 의존명사 '것'의 당연한 기능이다. : 관형절은 '것'을 수식하는 기능만 할 뿐 상위문과의 관계는 오로지 '것'이 담당한다.
③ '음', '기'와 동렬에 있는 것, 즉 어미로 이해되는 것은 '은/을'이다.
④ '것'절과 '음', '기'절의 의미가 완전히 같지도 않고 언제나 교체 가능한 것도 아니다.

이와는 달리, '은/을 것' 전체나 '것'을 하나의 기능단위로 본 논의

---

7 '것' 보어절이, '것'이 결합된 절 전체뿐만 아니라 '것' 앞의 관형사절만을 지시하는 술어로도 쓰여 온 것도 '것'의 지위에 대한 인식의 차이가 그대로 반영된 것이다. 후자는 의존명사가 관형사절을 보어로 취하는 구조로 보는 것이다.
8 명사보어절로 분석하는 견해는 대개 2000년 이전의 논의들에서 발견된다. 박병수(1974), 임홍빈(1974), 이익섭·임홍빈(1983), 배희임(1981), 남기심(1991), 이홍식(1999) 등이 그러하다. 배희임(1981: 266), 이홍식(1999: 368)에서는 '것'을 보절자가 아니라 보어절 명사로 보는 것이 요즘의 일반적 견해라고도 하였다.

들⁹은 무엇보다 '것'절이 '음', '기'절의 자리에 쓰인다는 점을 중히 여긴다. 다음은 이들 주장의 주요 근거이다.

① '음, 기' 명사화와 '것' 명사화는 동의적 분포를 보이는데 '음'은 약세로 점점 '것' 명사화가 대체한다. '것' 명사화는 반드시 '은/을' 관형화소가 이끄는 동격관형절을 요구하며 그 결과 '은 것, 을 것' 전체가 명사화소처럼 기능한다. (민현식·왕문용 1993: 216~217)

② '것'절의 구조 자체는 명사보어절이지만, 이때 '것'의 의미는 잉여적이다. '음' 대신 '것'만 되는 경우도 있는데 이는 '것' 구조가 기존 명사화 체계의 보충형으로 자리 잡고 있음을 보여 준다. (김흥수 1993: 93~95)¹⁰

③ 형식명사인 '것'을 꾸미는 명사보어절의 형식이지만, 명사절과 이들 구문은 모두 상위동사의 명제 논항을 범주화한 구조이다. 따라서 통사적 기저 구조가 다르다는 데 주목하기보다는 이들 구조가 동일한 기능을 수행하는 데 관심을 가지고 보어절로 다룰 것이다. (정주리 1994/2004: 53~54)

④ '것'이 어떤 사물도 지시하지 않고, '사실' 등의 실질적인 의미를 나

---

9 Lee Maeng-Sung(1968), Lee Hong-Bae(1970), Yang In-Seok(1972), Kim Nam-Kil(1979), 민현식·왕문용(1993), 정주리(1994/2004), 남기심(2001) 등이 이에 해당한다. 이 외에 '것'의 지위에 대한 별도의 논의 없이 '것'절을 명사절의 하나로 포함한, 호정은(1999), 김기혁(2005), 안예리(2008)가 있다. 김종복·강우순·안지영(2008), 김종복·김태호(2009)에서는 의존명사 '것'이 형성하는 구문의 종류를 다루면서 명사절 형성의 기능을 포함하였다.

10 '것'만 가능한 예로는 "나는 순이가 책을 {?읽음, *읽기, 읽는 것}을 본다."가 있다. 이들은 보어절 구조로 환언된다고 한 예이다. 그러나 환언이 불가능한 경우도 있는데 '-것으로 알고 있다, 오지 말 것을, 그래서 온 것이다, 기로 하다, 기에 쉽다, 기도 하다' 등이 이에 해당된다고 하였다.

타내지 않을 때가 있다. 이때의 '것'은 문장을 명사화하는 문법적인 기능을 하는 것으로 볼 수밖에 없다. 이는 이들을 '음'으로 바꾸어 쓸 수 있는 것을 보아서도 그러하다. (남기심 2001)[11]

이들의 입장 차이는, 근거 자체가 상충된다기보다 동일한 현상을 달리 해석한 결과이다. 일례로 '것'을 '음'으로 바꿔 쓸 수 있다는 이유로 명사화소로 보는가 하면, 바꿔 쓸 수 없는 경우를 들어 명사절로 볼 수 없다고 하였다. 또한 '것'절만 가능하다는 이유로 '것' 명사절의 존재를 인정하는가 하면, '것'절만 가능하기 때문에 '음'과 같은 명사절로는 볼 수 없다고도 하였다. 아울러 '것'절의 '것'이 '사실' 등의 실질적인 의미를 나타내지 않으므로 의존명사 '것'과는 다르다고 보는가 하면, 이런 특징도 원래 의존명사 '것'의 속성이라는 견해도 있었다.

이상의 사실에서 우리는 더 이상 '것'절과 '음', '기'절 간의 대체 양상이나 의미 차이 자체가 쟁점이 아님을 알 수 있다. 이제 물어야 할 것은 다음과 같은 것들이다.

- '것' 명사절의 '것'과 의존명사 '것'은 얼마큼 같고 얼마큼 다른가. '것'절의 '것'의 추상성도 의존명사 '것'의 본래 특성 중 하나인가.
- '것'절과 '음', '기' 명사절 사이에 환언이 불가능한 경우가 있으면, 이는 같은 명사절일 수 없다는 증거인가.
- '것' 명사절과 '음', '기' 명사절의 의미가 서로 다른 경우가 있다면, 이는 범주가 다르다는 증거인가.

---

11 '것'의 명사화 기능의 예는 "이 주임이 승진한 것이 확실하냐?"와 같은 것으로 이 문장은 "이 주임이 승진했음이 확실하냐?"로 바꿔 쓸 수 있는 것으로 보아 명사화가 확실하다고 하였다(남기심 2001: 223).

• '은 것'과 '을 것'이 '음'과 '기'에 준하는 어미로 발달한다는 가정은, '음'과 '기'와 동렬에 있는 어미는 '은'과 '을'만이라는 점이 부담이 되는가.

7.2.2. '것'의 명사성 정도

'것'의 명사성 정도를 대조함으로써 '것' 보어절의 '것'이 여전히 의존명사인지를 가늠할 수 있다. 의존명사인 '것'과 명사성 정도에서 차이가 난다면, 이는 이들을 구별할 근거가 된다. 명사에 표시되는 범주로는 수, 격, 소유주, 지시사, 관사 등이 있다. 여기서는 지시사와 복수화 여부로 검토한다. 결과부터 말하자면 관계절의 수식을 받는 의존명사 '것'에 비해 '것'절의 '것'은 지시사의 수식이나 복수화가 어색하다.

먼저 지시사가 쓰일 수 있는지를 보자. (26가)의 '것'은 관계절 [시대를 넘어 작품에 관통하는]의 주어 성분으로 쓰인, 전형적인 의존명사의 '것'이다.[12] 이런 '것'은 (나)처럼 지시사를 넣을 수 있다.

(26) 가. 시대를 넘어 이들 작품에 관통하는 {것}이 대체 무엇이냐?

　　　나. 시대를 넘어 이들 작품에 관통하는 [그] {것, 정신}이 대체 무엇이냐?

한편, (27가)의 '것'은 '일'이나 '상황'과 같은 명사를 대신해서 쓰인

12　일부러 구체명사가 아닌 '정신'과 같은 추상명사로 해석될 만한 예를 가져왔다. 핵어 명사가 구체명사인 경우는 복수화나 지시어의 삽입이 더욱 자연스럽다. ① 오늘 배달 온 {우유, 것} 어디 있어? ② 오늘 배달 온 [그]것 가져다줘. ③ [그] 오늘 배달 온 것 가져다줘라. 오늘 배달 온 것[들] 가져다줘.

것으로 볼 수도 있고, '은 것' 전체가 '음'에 상당하는 것으로도 볼 수 있다. 즉 명사보어절일 수도 있고 명사절일 수도 있다. 무엇으로 해석하든 지시사의 수식을 받는 것이 상대적으로 어색하다. 그러나 '것' 대신에 '일'이나 '상황'과 같은 명사를 쓰면 (다)처럼 지시사의 수식이 가능해진다.

(27) 가. 성진은 간밤에 박창길이 악을 써 대던 {것}을 생각했다.

나. 성진은 간밤에 박창길이 악을 써 대던 [그]{?것}을 생각했다.

다. 성진은 간밤에 박창길이 악을 써 대던 [그] {일, 상황}을 생각했다.

그런데 보어절의 '것' 앞에 늘 지시사가 불허되는 것은 아니다. 여기에도 정도 차이가 있다. 대체로 보어절 명사를 떠올릴 수 있는 환경에서는 상대적으로 자연스럽고, 마땅한 명사가 떠오르지 않는 경우는 어색하다. 아래 예의 '기억에 남다', '아니다', '사실이다'는 '것' 자리에 명사와 명제가 모두 가능하다. 그런데 (28가)의 '것'은 '장면, 상황, 모습' 등을 떠올릴 수 있지만 (나)와 (다)는 마땅한 보어절 명사를 찾아 쓰기 어렵다. 이런 (나)와 (다)에는 지시사를 끼워 넣기가 어색하다.[13]

(28) 가. 다만 어머니 손에 매달려 동네 모서리를 돌아서던 {것만은,

---

[13] 과거형의 관형사절 다음에 오는 '것'이 문제가 아닌지 물을 수도 있다. 관계절의 경우 "그가 확고히 믿었던 {것은, 그것은} 무엇이었던가.", "몇 해 전 수영이와의 만남과 결별에서 느꼈던 {것과는, 그것과는} 엄연한 차이가 존재한다."에서 보듯이 '그'의 추가는 가능하다.

그것만은, 장면만은) 기억에 남아 있다.

　나. 사실 운동에 관심이 없는 {건, *그건} 아니야.

　다. 법조계에서 여성은 이질적인 존재로 비추어지는 {게, *그게}
　　사실이다.

　이상의 양상들은, 보어절 뒤의 '것'이 관계절의 핵어명사로 쓰인
'것'과도 다르며, 보어절 명사와도 같지 않음을 보여 준다. 지시사의
수식 가능성을 명사성 정도와 연결한다면, 대체로 일반명사 〉 보어절
명사 〉 관계절 뒤의 '것' 〉 보어절 뒤의 '것' 〉 이 장의 '것' 순으로 명
사성이 낮을 것이다.

　다음은 복수화 여부이다. (29가)처럼 관계절의 핵어명사로 쓰인 '것'
에는 '들'을 붙일 수 있다. 보어절은 일반명사일 때와 '것'일 때가 갈
린다.¹⁴ (나)는 원래 쓰인 '일'에 '들'을 붙여 본 것이다. '일들'은 자연
스러우나 상대적으로 '것들'은 약간 어색하다. '것들'이 어색하지 않은
경우는 '일들'을 대신해 쓰인 것처럼 국장과의 여러 일화로 해석될 때
이다.

　(29) 가. 나도 네가 밝혀낸 {사실들을, 것들을} 알아.

　　　나. 국장이 자기만 따로 불러 가지고 특별히 주의를 주던 {일이/
　　　　일들이, 것이/²것들이} 생각났다.

　다음은 원래 명사 '사실들'이 쓰인 문장이다. 이를 '것들'로 바꾸

14　물론 여기에는 문맥상 복수화가 불가능한 경우는 제외한 것이다. 예컨대 "제가 옛날
　　부터 사상에는 관심이 없던 {것을, *것들을} 형님도 잘 아시지 않습니까?"와 같은 예
　　이다.

면 (29나)보다 더 어색해진다. 대신에 이 자리를 '남긴 것'이나 '남겼음을'로 채우면 아주 자연스럽다. (30나)는 원래 '것'이 쓰인 문장에 '들'을 붙여 본 것이다. '것들'은 어색한 반면에 '작업들'은 아주 자연스럽다.

(30) 가. 특정 종교 방송을 10년 넘게 묵인해 줌으로써 다른 쪽의 비난을 사는 등 방송의 공공성에도 큰 흠집을 {남긴 사실들을, 남긴 것을/*남긴 것들을, 남겼음을} 되새길 필요가 있다.
　　나. 우리는 아이들을 위해 벽화를 {그리는 것을/*그리는 것들을, 그리는 작업들을} 좋아했다.

이상 살펴본 것처럼, 관계절의 핵어명사로 쓰인 '것'이나 '일, 사실'과 같은 보어절 명사는 '들'의 결합이 가능하지만, '것' 보어절에는 '들'의 결합이 제한적으로 허용되거나 대체로 어색하다. 이는 지시사의 경우와 마찬가지로 보어절 뒤의 '것'이 명사성이 낮다는 증거이다. 현재로서는 (29나)처럼 '것들'이 가능한 경우를 구별해 내기 어렵다는 한계가 있지만,[15] 명제 논항으로 해석하고자 할 때 '것들'과 같은 복수화가 어려운 것은 분명하다.

꼭 '것'절이 아니더라도, 명제 논항의 복수 표현은 어렵거나 불가능하다. '일들, 사건들'처럼 보어절 명사의 복수형에 기대는 것 말고는 사태를 복수로 표현할 방법이 별로 없다. 이를 확인하기 위해 명사형

---

[15] 대용적으로 쓰일 때는 복수화나 지시사의 수식이 다 가능하다. 예컨대 "(보고들 중에는) 사람의 폐에 구멍이 났다는 충격적인 것들이 있었다."와 같은 경우가 그러하다. 이때 '것'은 '보고'를 대신한 것인데, 이런 경우 '보고'가 꼭 쓰이지 않더라도 문맥에 상정할 수 있기만 하면 된다.

어미 다음에 '들'이 결합된 예들을 찾아보았다.[16] 총 19건 중에서 명사절에 '들'이 붙은 예는 (31가)가 유일하다. 그리고 이 예는 지시하는 사태가 복수라기보다 사태 참여자가 복수임을 표시함으로써 부수적으로 사태의 복수성도 함의하는 경우이다. 나머지는 (나)~(라)의 예들인데, 이들은 구조상 명사절보다는 어휘적 명사화에 가깝다.

    (31) 가. 자전차를 타고 돌기들도 한다.

          나. 안내 방송이 주던 정겨움들

          다. 불편함과 낯설음과 어색함들을

          라. 실망의 투덜거림들이 들려왔다.

지금까지 보어절 뒤의 '것' 혹은 명제 논항에 쓰인 '것'이, 의존명사 '것'에 비해 지시사의 수식이나 복수 표현이 어색하거나 불가능함을 살펴보았다. 이런 낮은 명사성은 이때의 '것'이 '음, 기'에 준하는 문법적 요소로 기능하고 있을 가능성을 높인다.

7.2.3. 보어절 명사와 '것'

'것'절을 '는 사실' 등의 명사보어절과 구별하려는 이유로 다음을 들 수 있다.

첫째, '것'절과 명사보어절의 분포가 분명하게 구별되는 경우가 있다. 둘 다 가능한 환경이 있는가 하면, 둘 중 하나만 가능한 환경이 있다. 이는 보어절 명사를 '것'으로 대체해 보면 분명해진다. (32)처럼

---

16 이 장의 예문과 빈도는 '21세기 세종계획' 세종 코퍼스 중에서 2003년 전반부에 완성된 810만 어절의 형태 분석 말뭉치에 기반한 것이다.

'사실'을 '것'으로 바꿀 수 없는 경우가 있다.

(32) 가. 난 결백하다고 외치고 다녔던 {사실, *것}이 있다. 난 뇌물을
　　　받은 {사실이, ?것이} 없다.
　　나. 그것은 조국을 생각하며 꼬불쳐 두고 먹었을 고추장을 우리
　　　를 위해 아낌없이 풀었던 {사건이다, *것이다}

　(32가)의 '있다'와 '없다'는 명제 논항을 자유롭게 취하는 용언은 아
니다. 세종 코퍼스에서는 '없다'와 '있다' 앞에 명사형이 오는 예가 고
빈도로 검색되는데, '있다'는 '~하고도 남음이 있다'나 '~함에 있어'
와 같은 예들이 대부분이고, '없다'도 '~기 없기다'나 '얻음이 없다'처
럼 굳어진 구성들이다. 그리고 상당수는 문어에 국한되는 표현이다.
이런 '있다'의 경우 (가)의 '사실'을 '것'으로 바꾸면 어색해진다. 그리
고 '없다' 앞의 '사실'을 '것'으로 바꾸면 '뇌물'을 가리키는 (일명) 내핵
관계절로 해석된다. (나)는 서술어 자리에 쓰인 '사건'을 '것'으로 바꿔
본 것인데, 역시 어색하다.
　반면에 (33)처럼 '것'으로 바꾸어도 전혀 문제가 없는 경우가 있다.
이런 예들은 주로 명제 논항일 때이다. (33)은 원래 '사실'과 '사건'이
쓰인 문장을 '것' 보어절과 명사절로 바꿔 본 것인데, 자연스럽다. 동
사 '시인하다'와 '기억하다'가 모두 명제 논항도 취할 수 있는 동사이
기 때문이다.

(33) 가. 뇌물을 {받은 사실을, 받은 것을, 받았음을} 순순히 시인하지
　　　않았다.
　　나. 통역 하나 구하지 못해 애를 {먹었던 사건은, 먹었던 것은, 먹

었음을) 모두 기억할 것이다.

그런데 '것'이 늘 보어절 명사를 대신할 수 있는 것은 아니다. 일례로, 아래에서 보듯이 '것'이 '사실'을 대체할 수는 있어도 '이유'나 '원칙'을 대체하기는 어렵다. 이는 '것'절과 명사보어절 사이에 의미화용적인 차이가 있기 때문이다. 이것이 '것'절을 구별해야 하는 두 번째 이유이다.

(34) 가. 뇌물을 (받은 사실을, 받은 것을, 받았음을) 순순히 시인하지
　　　　않았다.
　　 나. 뇌물을 (받은 이유를, *받은 것을, *받았음을) 순순히 시인하
　　　　지 않았다.

'것'과는 달리 보어절 명사는 문장의 명제적, 개념적 성분이며, 따라서 문장의 진리조건에 크게 영향을 미친다. 위의 예에서 '뇌물을 받은 것을 시인하지 않았다'와 '뇌물을 받은 이유를 시인하지 않았다'는, 전제와 진리조건이 모두 다르다. 전자는 뇌물을 받았음을 전제하지도 않고 진리조건도 뇌물을 받지 않았다고만 하면 참이 된다. 그러나 '뇌물을 받은 이유를 시인하지 않았다'는 뇌물을 받았음을 전제할 뿐 아니라 진리조건도 뇌물 수수 사실은 인정하되 뇌물을 받은 이유를 인정하지 않아야 참이 된다.
아래 (35가)의 '원칙'과 (나)의 '것'의 차이도 무시할 만한 수준은 아니다.

(35) 가. 노동부도 위험 시 대피는 보장된 근로자의 권리로서, 노동조

합에 작업 중지권을 부여할 수 없다는 원칙을 확인하고 있다.

나. 노동부도 위험 시 대피는 보장된 근로자의 권리로서, 노동조
합에 작업 중지권을 부여할 수 없다는 것을 확인하고 있다.

(35가)에서 '원칙'은 노동부의 기본 입장 혹은 태도일 수 있다. 따
라서 실제로는 원칙과는 무관하게 일이 이루어질 여지가 있다. 그러
나 (나)는 노동조합에 작업 중지권을 부여할 수 없다는 현실 혹은 규
정을 확인한 것으로, '원칙'이라는 표현에서 파생하는 집행의 융통성
은 의미의 한 부분이 아니다. 요컨대 (가)는 '원칙'이라는 명사가 지시
하고 내포하는 의미를 온전히 가지는 반면에, (나)는 명제 내용만을
부각하는 차이가 있다고 할 수 있다.

위와 같은 예에서 '것'으로 대체해도 의미 차이가 크지 않은 것은,
'사실'을 '것'으로 바꿀 때 정도이다. '사실'은 '사건, 일, 행위(행동)' 등
과 더불어 명제의 의미를 범주화하는 대표적인 술어이다. 따라서 명
제 뒤에 이들 명사가 이어질 경우에는 문장의 의미에 기여하는 바가
별로 없는, 잉여적인 것이 될 가능성이 높다. 대표적으로 '알다, 기억
하다, 확인하다' 앞의 '사실'이나 '후회하다' 앞의 '일' 등이 그러하다.

그래서 후행 명사의 의미가 잉여적일 때 한해 '것'으로의 대체가 가
능한지 확인하기 위해, '기억하다', '확인하다', '후회하다'의 목적어
형태를 검색해 보았다. 다음은 우리의 논의와 관련 있을 부류만 추린
것이다.

'기억하다, 확인하다, 후회하다'의 목적어 형태

-을 기억하다		-을 확인하다		-을 후회하다	
26	사실	116	음/ㅁ	17	것

24	것	83	것	4	행동, 일
10	들	75	사실	1	결정, 판단, 선택
9	음	37	여부		
7	이름	17	내용		
7	얼굴	12	는가		
6	그, 나, 점, 과거	4	입장, 원칙, 의지		
5	일				
3	말, 소리, 이야기				

'기억하다'는 '사실, 것, 음' 순으로 나타난다. 보어절 명사로 쓰일 만한 것으로는 '사실, 일, 말, 소리, 이야기' 정도이다. 그런데 이 중에서 '것'으로 바꿀 수 있는 것은 보어절 뒤의 '사실'과 '일' 정도이다. (36가)와 (나)의 '일'은 '것'으로 바꾸어도 크게 의미 차이가 없으나 (다)의 '소리'는 '것'으로 바꾸면 의미가 달라진다.

(36) 가. 오나라의 70만 대군을 격파한 {일을→ 것을} 기억하느냐.

　　나. 태환은 그제야 쌍순이 그의 방에 들어와 신학문 적힌 책을 찾아 가던 {일을→ 것을} 기억해 낸다.

　　다. 토하기 전, 허공을 들이마시던 {소리를↛ 것을} 기억하고 있었다.

동사 '확인하다'의 경우도 목적어 자리에 '음, 것, 사실'이 높은 빈도로 나타난다. 보어절 명사로 쓰일 수 있는 것으로는 '사실, 여부, 내용, 입장, 원칙' 등이 있다. 그러나 아래에서 보듯이 '원칙'과 '입장'만 보아도 '것'으로의 교체가 아주 자유롭지는 못하다.

(37) 가. 모두 순수 등급제가 정착되어야 한다는 {원칙을 ↛ 것을} 확인
　　　했다.

　　나. 노동부도 노동조합에 작업 중지권을 부여할 수 없다는 {원칙
　　　을 → [?]것을} 확인하고 있다.

　　다. 이란 대통령은 이라크의 쿠웨이트 침공을 규탄한다는 {입장
　　　을 ↛ 것을} 확인했다고 밝혔다.

　동사 '후회하다'의 목적어도 '것' 형태가 아주 높은 빈도로 쓰이고
보어절 명사로 쓰일 수 있는 명사로는 '행동, 일, 결정, 판단, 선택'
등이 검색된다. 그러나 실제 보어절 명사로 쓰인 경우는 '일'이 쓰인
한 예밖에 없다.[17]

　지금까지 살펴본 것처럼 '것'절의 분포와 쓰임이 명사보어절과는
꽤 다르다. 무엇보다 '것'절을 명사보어절과 같은 종류로 보기에는,
'것'이 대신할 수 있는 환경이 극히 제약된다. 명제 논항이 올 수 있는
자리이면서 동시에 보어절 명사가 문장 의미에 별로 기여하지 않아
야 한다는 조건이 충족되어야 하기 때문이다. 이는 개별 문장마다 따
져야 하는 번거로움이 있고 일반화하기도 어렵다.

　혹시 '것'절이 '어떤 사실을 확인하다'류의 환경, 즉 명사가 명제의
의미를 범주화함으로써 그 의미가 잉여적일 때만 나타나는 것은 아
닌가. 즉 명사보어절처럼 큰 구성과 유사한 것이 아니라, 훨씬 좁은
'보어절+사실'류만 대신하는 구성은 아닌지를 묻는 것이다. 이런 처
리도 두 가지 이유에서 받아들이기 어렵다.

17　'일' 외의 다른 명사들은 대개 관계절에 쓰인 것들이다. 예컨대 "자신의 행동을", "자
　　신이 저지른 행동을"과 같은 표현들이 이에 해당한다.

첫째, '것'을 쓸 때와 '사실'을 쓸 때, 진리 조건적 의미는 차이가 없다 하더라도, 화용적인 차이는 존재한다. 화용적인 차이가 있다면 '것'절을 굳이 '사실' 자리에 썼다고 볼 이유가 없다. 이는 특정 문맥에서는 '사실'이 선호되는 현상에서 확인할 수 있다.

법 관련 문맥에서는 (38가)에서 보듯이 '것'이 아니라 대개는 '사실'이 쓰인다. 이는 명사 '사실'이 가지는 의미가 효력을 발휘해야 하기 때문이다. 반면에 (나)는 명제 내용을 굳이 범주화할 필요가 없어서 '것'이 선택된 경우이다. 모인 교사의 수가 얼마 되지 않는다는 것만 확인하면 되는 상황이다.

(38) 가. 매매대금을 허위로 낮추어 신고한 사실을 확인하고 추가로 세금을 물리었다고 밝혔다.

　　 나. 밖에서 서성이다가, 모인 교사의 수가 얼마 되지 않은 것을 확인하고는 느닷없이 들이닥쳤다.

둘째, '사실' 자리에 '것'도 쓰이는 동일한 환경이지만 '것'을 대신할 보어절 명사가 마땅히 찾아지지 않는 경우가 많다. 예컨대 '어떤 사실을 확인하다'에서 '사실'이 잉여적이어서 '것'으로 대체될 수 있다면, 그 반대 방향도 어느 정도는 가능해야 한다. 그런데 '는 것을 확인하다'에서 '것'을 다른 보어절 명사로 대체하기 어려운 경우가 대부분이다.

(39가)는 원래 '사실'이 쓰인 문장을 '것'으로 바꿔 본 것이다. (나)는 원래 '것'이었던 문장을 가능한 명사로 대체해 본 것이다. 둘 다 어색하다. 동사 '후회하다'의 후회 대상에는 과거의 사건이나 행동이 올 만하기에 (다)~(마)는 원래 '것'이 쓰인 문장을 '행동'이나 '일'로 바꿔

본 것이다. (다)만 자연스럽고, (라)와 (마)는 어색하다.

> (39) 가. 그레샴의 법칙이 시장 논리를 존중하는 다수에 적용된다는
> {사실이, 것이} 분명해졌다.
> 나. 아버지가 보고 싶을 때마다 늘 여기를 찾았던 {것, *사건, ?사
> 실}이 분명하다.
> 다. 현우는 입을 다물면서 나오는 대로 지껄여 버린 {것을, 행동
> 을, 일을} 후회했다.
> 라. 자네는 경찰에 들어온 {것을, *행동을, *일을} 후회하지 않
> 나?
> 마. 그는 일찍부터 음악의 길에 들어서지 않은 {것을, *일을, *행
> 동을} 후회했다.

이상의 사실들은 이들의 대체가, 우연한 결과일 수 있음을 시사한
다. 몇 개의 명사 외에 대부분의 보어절 명사는 '것'으로의 대체가 불
가능하고, 대체가 가능한 환경이라 하더라도 (39가)와 (다)처럼 의미
차이 없이 상호 간의 대체가 가능한 경우와 (나), (라), (마)처럼 불가
능한 경우가 모두 있다는 점이 그러하다.

따라서 이런 '것'절은 명제 논항 자리에 나타나는 형식으로 봄이,
이런 분포를 설명하기에 가장 무난하다. 명제 논항은 명제 내용만 표
상하면 될 뿐, 그 명제가 행위인지, 사건인지, 사실인지 등을 표상할
필요가 없기 때문이다. 게다가 명제 내용은 상당히 다양해서 '사실,
사건, 행동' 정도로 범주화되지도 않는다. 위에서 마땅한 보어절 명
사를 찾지 못한 예들은 모두 이런 사정의 것들이다.

'것' 보어절이 명사보어절과 구별됨은 통사적인 차원에서도 확인

된다. 앞에서 '것'의 명사성을 검토할 때 언급했던 지시사의 삽입이나 복수화 외에, 또 다른 관형어의 추가 가능성을 살펴보면 두 절의 문법성이 갈린다.

(40) 가. 현우는, [자기가 저지른], 나오는 대로 지껄여 버린 {*것을, 행동을} 후회했다.

나. [모두들 의심했던], 매매대금을 허위로 신고한 {사실을, *것을} 확인하고 추가로 세금을 물리었다고 밝혔다.

다. [그때 우리가 너무나 자랑스러워했던], 오천 명의 군사로 70만 대군을 격파한 {일을, *것을} 기억하느냐?

라. [모두에게 감동을 주었던], 네가 밝혀낸 그 {사실, 것}은 거짓으로 판명되었다.

(40가)~(다)는 화용적인 차이가 있기는 하지만, '것'과 보어절 명사가 의미 차이 없이 대체될 수 있는 예로 다루었던 것들이다. 그런데 여기에 (대괄호로 표시된) 관형어를 추가하는 일은, 보어절 명사는 가능하지만 '것'은 불가능하다. 이는 '것'과 보어절 명사 간의 의미 차이가 없다고 본 예들이 우연한 일이었을 가능성을 지지한다. 반면에 (라)는 관계절의 수식을 받는 '것'으로, 관형어의 추가가 가능하다. 이런 일련의 현상은 '것'절의 문법화가, 명사보어절의 구조에서 명사의 의미 부담량이 줄어들고 선행 관형사절의 사태가 전경화되면서 비롯되었을 가능성을 보인다.

지금까지 '것'의 문법적 기능을 확인하기 위해 보어절 명사와의 대체 가능성을 살펴보았다. 사실, 이런 접근은 다소 억지스러운 면이 있다. 선행 연구에서도 여타의 보어절 명사와 같은 종류의 것이라고 했을 뿐, 그 보어절 명사들을 대신해서 '것'이 쓰였다고는 하지 않았기 때문이다. 그럼에도 이런 검토를 고집한 것은, 명사 '것'이 보어절을 취한 예들이라고 보기에는 문법적으로도 의미화용적으로도 '사실' 등의 보어절 명사와는 확연히 다른 점이 있음을 확인하기 위해서이다.

이 글은 명사화소로서의 '것'의 존재를 주장하지만, 보어절 명사로서의 '것'을 부정하지는 않는다. 명사화소가 아닌, 보어절 명사로 쓰인 '것'이 분명히 존재한다. 다음이 그 예들이다.

(41) 가. [TV를 통해 세상 돌아가는 것]을 안다고 대답하는 사람들이 더 많다.

나. [처음에는 점심시간이 12시이던 것]이 조금씩 앞당겨서 요사이는 11시로 되어 버렸다.

(41가)의 '것'은 [세상 돌아가는]을 보어절로 취한 예로도 볼 수 있고, '것'절 전체를 명사절로도 볼 수 있다. 그런데 무엇으로 보느냐에 따라 의미가 달라진다. 전자는 세상 돌아가는 사정을 안다는 의미이고 후자의 경우는 세상이 돌아감을 안다는 의미이다. 전자는 보어절 명사 '것'의 존재를 보여 준다. (나)의 '것'은 [점심시간이 12시이다]를 보어절로 취한 예이다. 명제 논항이 올 만한 자리가 아니므로 명사절로는 해석이 되지 않는다.

(42가)의 '[동쪽 하늘이 붉은] 것'이나 (나)의 '[내가 잠잔] 것'도 모두 명제 논항의 자리가 아니다.

(42) 가. [동쪽 하늘이 붉은 것이] 또 산불 났나 봐.

나. [내가 잠잔 게] 한 열 시간밖에 안 됐어.

이들은 문맥에 따라 지시사의 수식이나 복수화가 가능하다는 점에서도 명사절의 '것'과 다소 다르다. 예컨대 '세상 돌아가는 것들을, 점심시간이 12시이던 것들이, 동쪽 하늘이 붉은 것들이'가 어느 정도는 가능하다. 이 책에서는 이런 '것'절의 존재가 '것' 명사화소의 발달에 다리 역할을 했다고 본다(8.2.1.참조).

7.3. '것' 명사절의 활약

7.3.1. '음'절과 '기'절의 축소 및 '것'절의 확대

'것' 명사절은 사유동사나 발화동사의 보어절의 자리나, '음', '기'절이 논항으로 나타나던 자리에서 두루 발견된다. 이 때문에 '음', '기' 명사절을 '은 것'과 '을 것'이 대체했다고 이야기되어 왔다. 이들 명사절의 상호관계를 대조해 봄으로써 '것' 명사절을 인정해야 하는 이유를 살펴보자.

'것' 명사절을 인정해야 하는 첫 번째 이유는, 구어에서는 특히 '음' 명사절이 안 쓰이는데 구어에서도 명사절은 필요하다는 사실에 있다. '음' 명사절은 대개 문어에서만 쓰인다. 구어에서는 '음'절은 거의 안 쓰이고 대개 '것'절이 쓰인다. 구어에서는 '음으로써, 음에 따라'와 같은 명사형어미가 포함된 연결어미 및 연결어미 상당 구성도 피하는 경향이 있다.

(43) 가. 그가 범인이었음이 세상에 알려졌어. → 그가 범인인 게 세상

에 알려졌어.

나. 판결을 완전히 뒤집음으로써 기세가 꺾였다. → 판결을 완전
히 뒤집어서 기세가 꺾였다.

다. 나이를 먹어 감에 따라 지혜가 는다. → 나이를 먹어 가면서
지혜가 는다.

'기' 명사절은 나타나는 자리가 이미 정해져 있다. '바라다, 요구하
다' 등 비사실성 동사(혹은 미래성 동사)나 '좋아하다, 즐기다'나 '부끄
럽다, 어렵다' 등의 일부 제한된 용언 앞에서만 가능하다. 즉 이미 정
해진 자리 외에, 분포를 확장하고 있는 그런 어미가 아니다.

그리고 이런 '기' 명사절도 구어에서는 꼭 써야 하는 형식이 아니
다. '기' 대신에 '을 것'이 많이 나타날 뿐 아니라, 아예 표현 자체를
바꿔 버리는 경우도 가능하다. 예를 들어, '아이는 유학 가기를 원해',
'아이는 유학 가고 싶어 해', '아이는 유학을 원해'가 가능한데, 구어에
서는 뒤의 두 표현이 더 선호되는 듯하다.

'음', '기'절의 분포가 이렇게 제약된다는 것은, 이 자리를 대신할
다른 무언가가 있음을 방증한다. 명사절이 마냥 비워 둘 수 없는, 혹
은 아예 사라져도 좋은, 그런 절의 종류가 아니기 때문이다.

명제 논항을 취하는 동사 부류가 있다. Noonan(1985: 110~133)에
서는 보어절을 취하는 동사 부류는 범언어적으로 상당히 공통된다고
하고, 다음을 제시한다.

• 보어절을 취하는 동사 부류
발화 술어
명제 태도 술어: believe, think, suppose, assume 등

가장 술어: imagine, fool(into thinking), trick(into thinking) 등

주석적 술어

    평가: regret, be sorry, be sad 등

    판단: be odd, be significant, be important 등

지식 획득 술어: see, know, discover, realize, find out, forget 등

두려움 술어: afraid, fear, worry, be anxious 등

소망 술어: want, wish, desire, hope 등

작동 술어: cause, make, persuade 등

양태 술어: can, be able, ought, should, may, be obliged 등

성취 술어: manage, chance, dare, remember, happen to 등

Dixon(2010: 371)에서도 'see, hear, know, believe, like'처럼 원형적으로 보어절을 잘 취하는 동사들이 있다고 하고, 그 종류를 분류한 바 있다. 한국어에도 이런 종류의 보어절 용언들이 있다. 그런데 '음'은 구어에서 거의 안 쓰이고, '기'는 이미 정해진 용언 앞 외에는 쓰이지 못한다. 따라서 그 많던 명제 논항이 파격적으로 줄어들지 않는 이상, 다른 무언가가 '음, 기'를 대신해야 한다. 이때 가능한 후보로는 '은/을 것' 절이 거의 유일하다.[18]

    '음, 기' 절의 축소와 '것'절의 확대 양상은, 동일한 용언이 '음, 기'보다는 '것'절을 더 자주 취하는 경우가 있다는 사실에서도 확인된다. 일례로, '기' 명사절이 오는 용언은 극히 제한되어 있는데 이런 용언 중에는 '기' 명사절보다 '것' 명사절을 더 높은 빈도로 취하는 경우가

---

18 이 자리를 명사절이 아니라 '것' 명사보어절이 대신한다고 해서 얻는 소득은 별로 없다. 명사보어절이 쓰인다고 하더라도 '것'의 의미가 비어 있음을 전제해야 하기 때문이다.

많다. 대표적으로 동사 '요구하다, 요청하다, 촉구하다, 당부하다, 호소하다, 제안하다' 등을 들 수 있다.

- 동사별 '기', '을 것' 출현의 빈도
  '기': 요구하다(20), 요청하다(3), 촉구하다(18), 당부하다(13), 호소
    하다(2), 제안하다(2)
  '을 것': 요구하다(98), 요청하다(68), 촉구하다(39), 당부하다(26),
    호소하다(10), 제안하다(8)

'것' 명사절을 인정해야 하는 두 번째 이유는, '음, 기' 명사절이 확립된 후에 '것' 명사절이 출현해 이를 대체한 것이 아니라, 세 명사절이 서로 각축을 벌였던 것이라는 데 있다. 이는 '것' 명사절의 연원이 꽤 깊으며, 적어도 당시에 '음, 기'와 어깨를 나란히 할 만한 기능이 있었음을 방증한다. 아래는 동일 동사 앞에서 '음, 기, 것'이 어떤 빈도로 나타났는지를 기술한 것으로, 이들이 분포 경쟁을 한 형식들임을 엿볼 수 있다.

- 같은 동사 앞에서의 '음', '기', '것' 출현 양상 (채완 1979: 101~102)
  '알다'와 '보다'는, 18세기에는 '기'를 취했지만 현대국어에서는 '음'
  명사절로 돌아간 예이다.
  '기다리다, 바라다'는 18세기에는 '음, 기' 혼란을 보이다가 현대국어
  에서 '기'만 취하게 된 예이다.
  '잇다(有)'는 18세기에 '음, 기' 모두 취하다가 오늘날은 오히려 '음'만
  취하는 예이다.
  '쉽다, 어렵다'는 18세기에 '음, 기' 모두 취하다가 오늘날은 '기'만

취하는 예이다.

- 1907년부터 1910년까지의 자료를 살펴본 결과 (안예리 2008: 272~273)

  '알다' 앞에 '것'은 9회, '음'은 10회

  동사 '보다'는 '음'이 3회, '것'은 24회이다.

  '기다리다'는 '음'이 2회, '기'가 10회

  '바라다'는 '음, 기'가 각각 반이다.

  '원하다, 희망하다'도 '기, 음'이 각각 반이다.

위의 사실은 '음'과 '기'도 일찍부터 분포가 결정되었던 것이 아니며 여기에 '것'이 가세하면서 그 분포 다툼이 더 복잡해졌음을 시사한다. 채완(1979: 99, 106)에서는 '기'가 '것'과 비슷한 시기에 세력을 확대해 왔고, 18세기 무렵에는 현대보다 훨씬 더 넓은 범위에서 쓰이다가 현대로 오면서 정비된 것으로 추측하였다.[19]

이런 경쟁은 일부 용언에서는 여전히 세 종류의 명사형을 모두 허용하는 데로 이어지기도 한다. 일례로 형용사 '부끄럽다'는 중세국어 시기 '음' 명사절을 취했는데, 18세기에는 '기'도 나타나더니 19세기에는 '것'도 나타나, 현대국어에서는 이 세 어미가 모두 가능하다.

---

19 호정은(1999: 87)에서도 『석보상절』, 《독립신문》, 현대국어의 명사화소 사용 빈도를 보면, 『석보상절』의 "음 〉 기 〉 은 것" 빈도가 《독립신문》에서부터 완전히 뒤바뀐다고 하였다. '기'와 '은 것'이 압도적으로 많아졌다는 것이다. 그런데 빈도순은 이렇지만 『석보상절』의 '것'은 불완전명사로의 쓰임이 많고 명사화소의 기능을 가진 것은 드물며, '기'의 빈도는 '기 때문' 등 일부 관용어구에 한해 급증한 것이라 '음'을 대체했다고 보기는 어렵다고 하였다.

(44) 가. 귀환하는 선생들의 유해 앞에 분단 상태인 조국의 모습을 드러냄이 부끄럽기 그지없다.

　　　나. 내 입으로 말하기가 부끄럽지만 말하겠다.

　　　다. 이런 시국에서는 살아남은 것이 부끄럽다.

　여러 명사형의 공존은 텍스트에 따른 분화 양상에서도 확인된다. 안예리(2008: 258~261)는 역사 전기소설에는 '음' 명사절이 많이 사용되고, 신소설에서는 '것' 명사절을 취한 예가 많다고 하면서, 이를 문어체와 구어체의 차이로 보았다. 또한 혼용소설과 혼용논설에서는 '음' 명사절에 편중되어 있고, 순 한글 소설에서는 '음'이 가장 비중이 낮고 '기, 것'에 분포가 집중되어 있다고 하였다.[20]

　텍스트의 성격에 따라 '음' 명사절과 '것' 명사절의 빈도가 갈리는 것도, 당시 이 둘이 같은 기능이었음을 방증한다. 용언에 따른 명사화소의 선택은 20세기 초까지 경쟁을 벌이다가 20세기 초중반을 지나면서 안정세를 보인 것 같다. 그리고 이런 분포의 다툼과 변화의 한 축에 '것'절이 있었음은 부인할 수 없는 사실이다.

　한 용언 앞에서 '음, 기, 것'이 각각 쓰인 예가 있으므로, '음' 자리에 '은 것'이 대체된다든가 '기' 자리에 '을 것'이 대체된다든가 하는 표현도 정확한 것이 아니다. 이는 현대국어의 관점에서 '음'도 올 만한 자리에 '은 것'이 오고 '기'도 올 만한 자리에 '을 것'이 오면서 나온, 결과적인 기술일 뿐이다.

20　'음' 명사절이 주어로 쓰인 경우, 술어가 可ㅎ다, 有ㅎ다, 無ㅎ다, 多ㅎ다 등 서술어가 1음절 한자어+ㅎ다에 결합한 용언들이다. 이들은 순 한글 소설에는 잘 쓰이지 않는다 (p. 269). 목적어의 경우에도, '見ㅎ다, 知ㅎ다, 慎ㅎ다, 求ㅎ다, 聞ㅎ다, 請ㅎ다, 被ㅎ다, 得ㅎ다' 등 1음절 한자어이다. 순 한글 소설에는 이들 용언이 거의 쓰이지 않는다.

단적인 증거로, 목적어에 '기'절이 올 수 있는 동사 중에서 '좋아하다, 꺼리다, 포기하다, 싫어하다, 즐기다' 등은 '을 것'이 아니라 대개 '는 것'을 취한다. '기'절이 주어로 쓰일 수 있는 '부끄럽다, 어렵다, 두렵다' 등의 형용사도 '을 것'이 아니라 '은 것'이 선택된다. 이는 '을 것'이 쓰인 예를 '기'로 바꿀 수는 없는 데서도 확인된다.

(45) 가. 나는 군것질{하기를, 하는 것을} 좋아한다.

　　나. 그 사람은 남의 일에 {참견하기를, 참견하는 것을} 싫어한다.

　　다. 내 입으로 {말하기가, 말하는 것이} 부끄럽지만 말한다.

　　라. 짜릿한 전율이 {재현될 것이, *재현되기가} 두렵다.

7.3.2. 명제 논항을 취하는 용언의 증가

'것' 명사절을 인정해야 하는 앞의 두 가지 이유에 이어 세 번째 이유는, '것' 명사절이 '음, 기'와는 무관하게 독자적으로 분포를 넓혀 왔다는 데 있다. 새로운 명제 논항 자리가 생기는 경우 여기에 쓰일 만한 후보로는 '것' 명사절이 거의 유일하다. '음'은 문어에 국한되어 사용되는 경향이 있고, '기'는 원래 특정 용언 앞으로 분포가 제한되어 있기 때문이다. 게다가 '것' 명사절은 원래 '음, 기' 절이 오던 자리 이상에 나타남으로써, 이미 왕성한 확장력을 보여 준 바 있다. '것'절이 분포를 확대하는 방향은 다음 세 가지이다.

하나, '음'이나 '기' 중 어느 하나를 주로 취하던 용언이 '은 것', '을 것'
　　　을 두루 취하게 되는 일

둘, 명제 논항을 취하지 않던 동사가 명제 논항을 취하게 되는 일

셋, 원래 다른 형식의 보어절이 오던 자리에 '것'절이 오게 되는 일

'음, 기'를 취하는 상위서술어의 종류와 특성, '은 것, 을 것'과의 교체 양상 가능성은 8.2.에서 논의하고, 여기서는 뒤의 두 문제만 언급한다.

원래 '음, 기' 명사절이 자주 쓰이지 않던 동사들이지만, '것'절은 나타나는 동사들이 있다. 대표적으로 '지시하다, 제의하다, 준비하다, 검토하다' 등이 그러하다. 현대국어에서 이들 동사에 '기'나 '음'이 쓰인 예는 거의 검색되지 않는다. 다음은 '지시하다'와 '제의하다'의 고빈도 선행 요소 목록이다. 빈도 옆에 열거된 단어는 이들이 같은 빈도로 검색되었음을 의미한다.

'지시하다, 제의하다'의 선행 요소 빈도

을/를 지시하다		을/를 제의하다	
19	을 것	21	을 것
3	제정, 매입	4	협상
2	강화, 그것, 조사, 일	2	접촉, 교류, 회의 등
2	과정, 관계, 수사	1	취하, 조사, 휴전

위의 목록 어디에도 '음, 기'는 없다. '준비하다, 검토하다'는 위의 두 동사와는 달리 '방안, 협상' 등과 같은 명사가 상위빈도의 대부분을 차지하나, '을 것'이 쓰인 예도 있다. 물론 '음, 기'가 쓰인 예는 검색되지 않았다.

(46) 가. 노련이 통신 협상 규탄 궐기 대회를 열 것을 준비하고 있다는 소식이 전해졌다.

　　　나. 협상 자체를 포기할 것을 준비하고 있다고

　　　다. 전 학년 모두 별반으로 할 것을 검토하고 있다.

라. 공천 후보로 그를 내세울 것을 검토하기로 하였다.

마. 양도 소득세 과세를 다시 연기하는 것을 검토하기로 했다.

'을 것' 절이 고빈도로 나타나는 용언 중에도 '음'을 대체했거나 아예 '음'절이 결합한 예가 검색되지 않는 경우도 있다. 아래 목록은 '을 것'을 취하는 고빈도 용언이다.

- 없다,[21] 아니다, 있다, 분명하다, 뻔하다, 틀림없다, 확실하다, 예상하다, 두렵다, 틀리다

이 중에서 '분명하다'는 '음'절 못지않게 '것'절도 고빈도로 쓰인다. 선행 요소가 '것'인 용례가 382회이지만 이 중에서 '을 것'의 용례는 112개이다. 즉 '음'을 취했었다면 '은 것'으로의 대체가 기대되는데 '을 것'도 예상외로 많다.

'분명하다, 뻔하다, 틀림없다'의 선행 요소 빈도

이/가 분명하다		이/가 뻔하다		이/가 틀림없다	
382	것	97	것	271	ㅁ/음
263	ㅁ/음	3	내용	140	것
50	만/JX	2	그/NP, 들/XSN	3	말
14	점	2	속셈	2	목소리, 사실, 사람
…		1	대답, 정도, 심산		
8	사실, 이유				

---

21 '없다'는 '갈 거 없어'에서처럼 '을 것(이) 없다'의 예가 대폭 포함된 것이다. 따라서 진정한 의미의 주어의 '것'절이라 하기 어렵다.

(47가), (나)가 '을 것이 분명하다'의 예이다. '뻔하다'는 아예 '음', '기'절은 한 예도 발견되지 않고 대부분 '것'절이 쓰인다. '틀림없다'는 여전히 '음'절이 우세하나, '것'절도 상당수이고 이 중에서 '을 것'은 42회로 집계된다.

(47) 가. 그룹 내에서 비중이 커질 것이 분명하다.
　　　 나. 모든 비리를 들춰낼 경우 조직 자체가 흔들릴 것이 너무나 분명하고
　　　 다. 고치지 않으면 언젠가는 지붕이 무너져 내릴 것이 틀림없다.
　　　 라. 외계인들이 우주선을 타고 올 것이 틀림없다.

원래 명사절을 취하지 않던 용언에서 '것'절의 사용이 늘고, '음'을 취하던 동사 앞에서 '을 것'도 쓰이는 현상 등은, '것'절이 독자적으로 분포를 넓혀 왔음을 보여 주는 증거이다.

보어절 용언의 목록은 계속 확장될 가능성이 높다. 용언이 구체적인 의미에서 추상적인 의미로 확대되는 것은 자연스러운 변화이다. 그리고 이 과정에서 명제 논항을 취하는 용언으로 논항 구조가 바뀔 가능성도 아주 높다. 실제로도 이런 예는 얼마든지 찾을 수 있다.[22]

일례로, '답답하다'는 중세국어에서는 '음' 명사절을 취한 문례를 찾기 어렵다. 예컨대 '마음이 답답하다'나 '가슴이 답답하다'나 '~하니, 답답하다'에 해당하는 예가 있었을 뿐이다. 그러다가 19세기에 '기'가 결합된 예가 추가되면서 현대국어에까지 이어진다. 이런 관찰을 수

---

22 물론 명제 논항을 취할 수 없었던 동사라고 단정하기는 어렵다. 역사적인 연구인 경우, 무엇이 있었다고 말할 수는 있지만 무엇이 없었다고 말할 수는 없는 사정이 있다.

용하면 '답답하다'는 '가슴, 속'과 같은 명사를 취하여 물리적인 갑갑함을 표현하는 데서 "집 안에 들어앉았기가 답답해서", "차를 기다리기가 답답해서" 등에서처럼 '애가 타다' 의미의 심리적인 갑갑함을 표현하는 데로 의미가 확장되었다고 할 수 있다. 그러면 의미의 확장에 따라 명제 논항을 취할 수 있게 되는 것이다.

이런 과정은 보편적인 의미 변화의 과정이다. 따라서 보어절을 취하는 용언의 종류는 꾸준히 증가해 왔고 앞으로도 늘어날 가능성이 있다고 보아야 한다. 그렇다면 이런 자리를 채워 온, 그리고 앞으로 채워 줄 형식이 필요하다. 이것이 우리가 '것' 명사절을 문법에서 포기할 수 없는 이유 중의 하나이다.

동사의 의미 변화와 이에 따른 명제 논항의 추가는 사유동사나 평가동사의 '것으로' 절의 출현에서도 확인된다. 다음은 '것으로' 보어절이 50회 이상 나타난 용언의 목록이다.

• '것으로' 보어절을 취하는 동사 목록과 빈도
보이다(1115), 알려지다(1040), 보다(698), 나타나다(655), 예상되다(하다)(338), 생각되다(하다)(313), 밝히다(255), 전망되다(하다)(223), 알다(221), 전하다(165), 드러나다(156), 추정되다(하다)(153), 기대되다(하다)(139), 분석되다(하다)(128), 되다(125), 여기다(114), 지적되다(하다)(105), 조사되다(하다)(103), 평가되다(하다)(95), 믿다(81), 판단되다(하다)(78), 집계되다(하다)(76)

이들의 상당수는 '다고'류의 보절자를 취하는 동사들이다. '것으로' 보어절은 능동형보다는 피동형 동사와 자주 공기하여 나타난다. 이 중에서 '보이다'는 '음' 명사절도 잘 취하지 않던 동사인데, '것으로'

절을 취할 때는 '눈에 무엇이 보이다'의 의미가 아니라, '생각되다, 판단되다'의 의미를 나타낸다. 즉 동사의 의미가 추상화되면서 '것으로' 명제 논항을 취하게 된 전형적인 예인 것이다.

19세기 말에서 20세기에 걸쳐 '것' 명사절은 폭증하는 것으로 보인다. 이 시기에 '것' 보어절이 쓰인 용언의 종류는 아주 다양하다. 다음이 자료에서 관찰된 종류들이다.

- '것'절을 취하는 용언

  심리형용사: 기쁘다, 괴롭다, 부끄럽다, 황송하다, 괘씸하다, 슬프다 등

  평가형용사: 두렵다, 싫다, 좋다, 가하다, 불가하다, 당연하다, 마땅하다, 온당하다, 무방하다, 낫다, 분명하다, 적당하다, 불편하다, 유익하다, 고약하다 등

  심리동사: 부끄러워하다, 슬퍼하다, 한탄하다, 근심하다, 탄식하다 등

  평가동사: 잘하다, 못하다, 보다 등

  발화 및 (내적) 사유 동사: 작정하다, 짐작하다, 의논하다, 말하다, 예언하다, 염려하다, 표하다 등

  지각동사: 듣다, 보다 등

모두 '것'절을 취한 문례가 발견된 용언들이다. 이 외에 '드러나다, 합의하다, 견디다, 면하다, 허락하다, 깨닫다, 살피다, 가르치다' 등도 있다.

'것으로' 절도 19세기 말 20세기 초 자료에서 집중적으로 발견된다.

(48) 가. 강혼 나라히 약혼 나라를 침탈이나 혹 병탄혼 거스로 보ᄂ니
　　　　《대한매일신보》1910년 3월 10일)

　　나. 수모를 밧으되 분혼 줄은 모로고 당연히 밧을 거스로 알고 지
　　　　닉니 (《매일신문》1898년 4월 22일)

　　다. 싱각건딕 차라히이 사롬들은 몰나 그러혼 것으로 짐작들 ᄒ
　　　　기를 브ᄋ노라 (《독립신문》1896년 12월 13일)

이처럼 원래 명사절이 쓰이지 않던 환경에서 '것'절이 출현하는 예
가 많다는 것은, '것' 명사절의 존재 의의를 단적으로 드러낸다.

7.4. 보어절 방책과 명사절[23]

보어절이란 동사구나 절의 논항 자리를 채우는 절이다. 아래 예에
서 대괄호 부분은 모두 보어절이다. (49가)의 동사 '말하다'는 '누가
(누구에게) 뭐라고 말하다'나 '누가 무엇을 말하다'와 같은 논항 구조를
가진다. 따라서 대괄호 부분이 목적어인지 보어인지는 논란이 있다
하더라도, '말하다'의 주요 성분인 것은 분명하다.

(49) 가. 아이는 [자기는 벌써 할아버지를 만났다고] 말했다.

　　나. 그 사람은 [내가 언제 갈 것인지]를 물어 왔다.

　　다. 결국 [그 일은 김 부장이 한 일이었음]이 밝혀졌다.

　　라. 나는 [내가 사고 현지에 파견되기]를 희망했으나 좌절됐다.

23　이 절의 내용은 문숙영(2019: 59~63)을 바탕으로 수정, 추가하였다.

다른 대괄호 부분도 (49나)는 '묻다'의 목적어 자리에, (다)는 '밝혀지다'의 주어 자리에, (라)는 '희망하다'의 목적어 자리에 쓰인 것들이다. 즉 모두 핵심 논항에 쓰이고 있다. 또한 이들은 문장성분이 주절과 같은 방식으로 표현되어 있다. 그리고 모두 행위나 사실을 기술한다. 요컨대 이들은 모두 보어절의 정의적 조건을 완벽히 충족한다.

이를 인정하면, 한국어의 보어절에는 '다고'절, '은지'절, '음'절, '기'절 등이 있다고 할 수 있다. 전통적으로 '다고' 등이 이끄는 간접인용절이나 '은지'가 이끄는 내포의문절은 동사보어절로 인정되어 왔다. 그러나 명사절은 보어절로 인정하지 않는 경우가 있어 왔다.

엄정호(1999: 402, 422~423)는 여러 논의에서 보충어의 성격을 띠는 명사절은 동사구 보어절에서 제외해 왔다고 하면서, 그 이유를 다음과 같이 추정하였다.

- 주어나 수의적 부사어 자리에도 출현할 수 있어 다른 동사구 보문 형식과 분포적 동질성을 보이지 않는다.
- '음, 기'의 범주가 불투명하다. 명사 범주라면 선어말어미에 직접 통합한다는 것이 부담이 되고 보문자 등의 다른 범주라면 명사구를 형성한다는 것이 문제가 된다.
- 이 밖에 명사형어미가 보어절 전용 요소가 아니라는 점이 이유로 언급되어 왔다.

명사절을 보어절에서 제외하는 이유는 간단하다. 동사구 보어절은 자신만의 독점적 분포와 전용 표지를 가져야 하는데, 명사절은 그렇지 못하다는 것이다. '통사적 핵의 필수적인 보어'의 자리에만 쓰이는 것도 아니고, '음', '기'가 보어절에 특화된 표지도 아니기 때문이다.

먼저, 주어가 제외되도록 '술어의 필수적인 보어에 쓰이는 내포절'로 보어절의 정의를 좁히는 것은, 본질적으로 선택과 약정의 문제이다. 언어유형론에서의 정의인 '동사 혹은 또 다른 절의 논항 자리에 쓰인 절'을 선택한다면, 주어로 쓰인 절을 배제할 이유는 사라진다.[24] 무엇보다 보어 자리에 명사절이 쓰이는 일이 분명히 존재하므로, 아무리 협의의 정의를 택한다 하더라도 명사절은 포함될 수밖에 없다.

'다고 말하다'나 '는지 묻다'처럼, 특정 술어 앞에서의 '다고'나 '는지' 절만을 보어절로 인정하는 태도는, 분명한 순환론이다. 이들이 보어절로 분석되는 근거는 특화된 표지를 가지고 있다는 데 있고, 비슷한 기능의 자리에 쓰인 명사절을 보어절로 보지 않는 근거는, 그런 특화된 표지가 없다는 데 있기 때문이다. 즉 보어절의 기능을 확인하는 수단을 전적으로 특정 보절자의 유무에 기대고 있는데, 이는 납득하기 어려운 전제이다. 보절자가 있는 것만이 보어절이라는 분석은 증명의 대상이지 전제할 수 있는 것이 아니다.

특화된 보절자가 보어절 성립의 필요조건도 아니다. 보어절은 절의 형태에 붙여진 이름이 아니라 절의 통사적 기능에 붙여진 이름이기 때문이다. 보어절을 표현하는 방식은 언어마다 아주 다양하다. 먼저, 보절자 없는 보어절이 존재한다. 일례로 영어의 부정사나 분사 구문은 전통적으로 보어절의 한 종류로 취급되어 왔는데

---

24 엄정호(2005: 214)에서도 보어절을 핵의 보충어로 등장하는 문장 형식이라고 정의하면 명사화문도 동사구 보문으로 보는 것이 옳을 것이라고 한 바 있다. 또한 보문자를 (절을 포함한) 문장의 유형과 경계를 드러내는 것이라고 정의하면 명사형어미도 보절자로 보는 데 별문제가 없다고 하였다. 이런 정의에서는 모든 어말어미가 보어절자가 된다.

이들은 보절자가 없다.

한 언어에 여러 유형의 보어절이 존재하거나, 하나의 동사가 여러 유형의 보어절을 취하는 경우도 흔하다. 일례로 영어는 네 개의 유형이 있으며(Noonan 1985: 43), 동사 'hear'는 that 유형과 ing 유형이 가능하다.

(50) 가. *That Cartier defeated Dugué* would be significant. (that–절)

　　나. *For Cartier to defeat Dugué* would be significant. (부정사절)

　　다. *Cartier's defeating Dugué* is significant. (동명사절)

　　라. Nelson saw *Cartier defeating Dugué*. (분사절)

또한 보어절에 쓰인 표지가 다른 기능을 겸하는 경우도 많다. 영어의 that이나 'ing'형도 보어절에만 쓰이는 것은 아니다. that은 관계절에도 쓰이고 'ing'는 부사절에도 쓰인다. 한국어에서도 보어절에만 쓰이는 보절자는 없다. 인용절의 '다고, 냐고, 자고'나 내포의문절의 '은지, 을지'도, 연결어미와 종결어미의 용법이 따로 있다.[25]

따라서 명사형어미가 보절자 전용이 아니고 여러 종류에 두루 쓰인다는 이유로, 명사절을 보어절에서 제외할 수는 없다. 오히려 한국어의 특징에 명사절을 보어절 방책으로 중히 활용하는 언어, 혹은 보어절의 대부분이 명사절로 채워지는 언어라는 점이 강조되어야 한다. 논항은 원래 명사구에 의해 채워지고, 명사절은 명사구로 기능하

---

25 엄정호(1999: 403, 2005: 209)에서도 '려고 하', '어야 하', '고자 하' 등에서의 '려고, 어야, 고자' 절도 동사구 보어절이며, 동사구 보어절은 형식적 균일성이 없는 구문이라고 하였다. 또한 이런 보절자들은 보어절만을 이끄는 것이 아닌 경우가 많다고도 하였다.

는 절이므로, 명사절이 논항에 쓰이는 것은 아주 자연스럽다.

그렇다면 범언어적으로도 명사절이 보어절의 일종으로 대우되어 왔을까. 전통적으로는 '명사절'보다 명사화 보어(nominalized complements)가 꾸준히 언급되어 왔다. 6.1.에서 행위명사류로 불린 것이 이에 해당한다. 이는 술어가 명사화되어 명사구의 핵 역할을 넘겨받는 것인데, 명사화된 술어는 다른 명사가 그런 것처럼 관사, 격 표지, 부치사를 수반한다. 그리고 원래의 주어나 목적어는 속격으로 표현되거나, 더 흔하게는 주어만이 속격 관계를 표시하고 목적어는 원래의 목적어 표지를 간직한다(Noonan 1985: 60~61). 중세국어에서 관형절이나 명사절에 나타났던 주어적 속격 구문이나 주어적 속격 구문에서 목적어가 대격으로 나타나는 사례는 언어유형적으로 전혀 특이한 경우가 아니다.

다음 (51가)는 'understand'의 목적어 성분이 전치사구로 표현된 명사구이다. 반면에 (나)는 주어는 속격으로, 목적어는 대격으로 실현되어 있다. Dixon(2010: 375)에서는 (나)를 보어절로 보았다. 전치사 없이 목적어가 동사에 직접 후행하는 것이 주절과 유사하다는 점에서, 절의 내적 구조를 가지고 있다고 본 것이다.

(51) 가. John's understanding of the rule impressed Mary.

　　나. John's understanding the news impressed Mary.

명사절이 아니라 명사화나 행위명사류가 보어절로 언급되어 온 것은, 유럽어에 명사절로 볼 만한 형식이 없기 때문이다. 대신에 보어절의 술어와 논항 간의 관계가 주절에서와 동일하게 표시되는, 문장 같은 보어절은 인정되어 왔다. 문장 같다고 해서 주절의 통사와 완전히 같아야 하는 것은 아니고, 독일어처럼 어순이 구별되거나, 와포어처럼 일부 논항에 특정 표시가 추가되는 경우도 있다(Noonan 1985: 59).

그런데 최근에 Genetti(2006, 2010)에서는 티베트-버만어족의 언어들이 절 명사화를 다양한 기능에 쓰고 있음을 보고하였다. 그리고 이들 절 명사화에 대해, 명사를 만드는 파생과정을 보통 함의하지 않으며, 절 전체를 작용역으로 취하는 과정이라고 하였다. 일례로 돌카네와르어에서, 이 명사절은 명사를 수식하는 관계절이나 명사보어절로도 쓰이고, 주어나 목적어 자리에 쓰이기도 한다. 한국어의 명사절은 이런 절 명사화에 가깝다.

한국어에서 명사절이 보어절에 쓰이는 일은, 개념적으로도 언어유형적으로도 특이한 일이 아니다. 정작 문제는 보어절에 명사절이 쓰일 수 있는가가 아니라, 해당 명사형 구문이 과연 '절'인가 하는 데 있다. 보어절은 말 그대로 절이고 따라서 절의 내적 구조를 가져야 하는데, 한국어는 명사형과 명사절의 동사 형태가 동일해서 이를 가려내는 일이 쉽지 않기 때문이다.

아래 예들은 모두 상위문 술어가 '에 지나지 않다'인 것이다. 대괄호 부분은 내포된 명사형 혹은 명사절이다. (52가)는 명사절이 내포된 것이 분명하다. 논항의 표시가 주절과 동일하게 주격과 목적격으로 실현되고 있기 때문이다. (나)도 주격이 표현되어 있기에 절이라 할 수 있다.

(52) 가. 실은 [그것이 인간들 자신의 고통과 슬픔을 표출함]에 지나지
　　　 않음을 알면서도
　　 나. 인기가 있다는 뜻도 아니며 [그의 작품이 특이함]을 가리킴에

지나지 않았다.

다. 그것은 다만 [불만을 가진 자들의 웅성거림]에 지나지 않으리라.

반면에 (52다)는 주격이 아닌 속격으로 실현되고 있기에 절이라고 하기 어려운 면이 있다. 그런데 해석상 (다)는 (나)와 문장에서의 기능이 크게 다르다고 보기 어렵다. 이런 경우 (다)는 보어절인가, 아니면 보어로 쓰인 명사구인가.

아래 예는 더욱 판단이 어렵다. (53가)는 '돕다'의 '을' 성분이 실현되고 있으므로 절의 구조를 가지고 있다. (나)는 조사가 없어, 절과 명사구의 가능성이 반반이다. (다)는 '돕다'의 의미상 주어가 속격으로 실현되고 있어 (가)보다는 절의 구조로서는 약하다.

(53) 가. 친구는 [아버지의 사업을 돕기] 시작했다.

나. 친구는 [아버지 사업 돕기]를 시작했다.

다. [친구의, 아버지 사업 돕기]가 시작됐다.

그러나 (53가)~(다)는 모두 '시작하다'의 논항 자리에 오며, 행위를 지시한다는 점에서, 의미적인 기여로는 크게 차이 나지 않는다. 이처럼, 명사절을 보어절로 끌어들이면 종국에는 어디까지를 '절'이라고 할 것인가 하는 문제와 맞닥뜨리게 된다. 이는 8.1.에서 다시 다룬다.

8장
한국어의 명사화와 명사화소에 관한 몇 문제

8.1. '음', '기'의 범주와 명사화 정도

8.1.1. 굴절과 파생을 겸하는, 명사형 전성어미

'울음, 죽음, 삶', '달리기, 읽기'처럼 사전에 등재되어 있는 명사의 '음'은 명사파생 접미사이고, '안타까움, 꿰뚫음', '도망치기, 숙제하기'처럼 명사로 인정되지 않은 명사형에 쓰인 '음'은 명사형어미인가. 이 문제를 살펴보자.

Haspelmath(1996)는 세계 언어에 단어부류를 바꾸는 굴절이 존재한다고 본다. 독일어의 분사, 영어의 'ing'형, 레즈기아어의 masdar 등이 이런 종류이다. 이들은 동사에 두루 결합되고 생산적이며, 형용사화나 명사화처럼 단어부류를 바꾸는 것 외에 특수한 의미를 추가하지 않는다. 이런 속성은 굴절의 것이다.

굴절적인데도 단어부류를 바꾸는 형태적 과정으로 인정하는 이유는, 문장 안에서 바뀐 단어부류로 기능하기 때문이다. 즉 이들은 명사화하면 명사가 하는 기능을, 형용사화하면 형용사가 하는 기능을 담당한다. 이는, 이들이 보이는 형태변화나 일치와 같은 문법적 양상이 해당 언어의 형용사나 명사의 것과 얼마나 같고 다른지를 통해 확인된다(6.2.3. 참조).

한국어 문법에서 '음'과 '기'는 명사형 전성어미로 불려 왔다. 명사처럼 쓰일 수 있게 모양을 바꾸어 준 어미라는 의미이다. 따라서 Haspelmath(1996)에서의 단어부류를 바꾸는 굴절의 본질에 가장 맞는 명명이다. 문제는 파생명사에 포함된 '음'과 '기'이다. 이들을 접사로 따로 분리해 내야 하는가, 전성어미가 결합한 형태로 볼 것인가. 국어사전에는 명사의 구실을 하게 하는 어미인 '음', '기'와 명사로 바꾸는 접미사인 '음', '기'가 별도 표제어로 제시되어 있다.

굴절/파생을 판단하려면, 6.2.3.에서 언급한 대로 어기의 제약이 어느 정도로 존재하는지, 특수 의미가 추가되는지, 비생산적인지를 따져 보아야 한다(11.2. 참조). 먼저, 어기의 제한이다. 송철의(1990: 144~149)에서는 '음' 명사 파생의 어기 제약은 아직 완전히 밝혀진 바 없지만, 몇 가지는 관찰된다고 하였다.

먼저, (1가), (나)처럼 '하'에 의해 형성되는 동사와 형용사에는 '음' 파생명사가 없다. (다)와 같이 접사 '맞, 다랗, 굿, 쩍, 지' 등에 의해 파생된 형용사에도 '음' 파생명사가 만들어지지 않는다. 또한 (라)처럼 공간형용사들로부터도 '음' 파생이 이루어지지 않는다. (마)에 제시된, 색채, 미각, 후각, 청각 형용사에도 '음' 파생명사가 없다. 다만 촉각 형용사는 '미끄럼, 간지럼, 아픔'처럼 일부 가능하다.

(1) 가. 구하다, 피하다, 꾸물꾸물하다 ; 기뻐하다, 즐거워하다, 좋아
　　　하다 등

나. 깨끗하다, 조용하다, 서늘하다 등

다. 능글맞다, 높다랗다, 얄궂다, 멋쩍다, 건방지다

라. 깊다, 넓다, 두껍다, 높다, 멀다 등

마. 붉다, 푸르다, 노랗다 등 ; 달다, 쓰다, 떫다 등 ; 비리다 등 ;
   시끄럽다

송철의(1990: 156~157)에 따르면, '기'는 동사 어간에 붙어 행위명사
나 사건명사가 되고, 형용사에 붙어 척도명사가 된다. '널뛰기, 술래잡
기'처럼 어간이 [명사+동사]이거나 '가로쓰기, 높이뛰기, 돌려짓기'처
럼 어간이 [부사어+동사]로 이루어진 동사로부터도 많이 만들어진다.
그러나 어떤 동사부류에 결합할 수 없는지는 따로 언급하지 않았다.

흥미로운 것은 '이, 음, 기'에 의한 명사가 상호배타적으로 나타난
다는 점이다. 송철의(1990: 157~159)에서는 이 같은 사실을 다음의 예
를 통해 밝히면서, 이런 분포가 접사들의 의미특성에 의해 배타적으
로 선택된 것인지, 이미 존재하는 명사가 있어 새로운 어휘의 형성이
저지된 결과인지는 판단되지 않는다고 하였다.

• 동사 어기로부터의 명사 파생

(동사)	이	음	기
걷다	*	걸음	*
믿다	*	믿음	*
싸우다	*	싸움	*
웃다	*	웃음	*
굽다	구이	*	*
떨다	떨이	*	*

먹다	먹이	*	*
벌다	벌이	*	*
달리다	*	*	달리기
던지다	*	*	던지기
더하다	*	*	더하기
읽다	*	*	읽기

• 형용사 어기로부터의 명사 파생

(형용사)	이	음	기
게으르다	*	게으름	*
기쁘다	*	기쁨	*
슬프다	*	슬픔	*
높다	높이	*	*
길다	길이	*	*
깊다	깊이	*	*
크다	*	*	크기
밝다	*	*	밝기
세다	*	*	세기

지금까지 언급한 어기 제약은 명사형을 만들 때는 존재하지 않는 것들이다. 즉 '음' 파생명사가 없는 '하'가 포함된 동사나 형용사에서도 명사형 '피함, 기뻐함, 깨끗함, 조용함' 등이 얼마든지 가능하며, 그 외 '능글맞음, 멋쩍음, 깊음, 두꺼움, 붉음, 떫음' 등이 모두 가능하다. 또한 '이'가 붙어 명사가 파생되는 '굽다, 먹다'에서도 '구움, 먹음'이 가능하며, '기'가 붙어 명사가 파생된 '크다, 세다'에서도 '큼, 셈'

이 가능하다. 이런 사실로 보면, 명사로 등재된 '음'과 '기'는 굴절보다는 파생에 의해 형성된 것 같기도 하다.

게다가, 파생명사들은 '~하는 행위나 사건' 외에 '~하는 물건, 도구'와 같은 특수한 의미가 추가되는 것처럼 보이기도 한다. '구이, 조림'과 같은 음식명, '달리기, 던지기'와 같은 운동명, '빼기, 더하기, 나누기' 등의 연산명으로 쓰이는 명사들도 그러하고, '크기, 밝기, 굳기'나 '높이, 길이, 넓이'와 같은 척도명사도 그러하다.

그렇지만 이런 점들이 있다고 해서 '음', '기' 명사가 파생에 의한 것이라고 확언할 수는 없다. 전형적인 굴절에 비해서는 어기 제약이나 의미의 특수성이 있는 편이지만, 또 전형적인 파생에 비해서는 없는 편이기 때문이다. 먼저 어기 제약의 경우 6.1.2.에서 언급한 '개'가 결합하는 어기의 종류를 가늠해 보면 '음', '기'의 어기 제약은 아주 느슨하다. 제약되는 용언 부류도 몇 종류가 안 되고, 무엇보다 의미적인 제약이라기보다, 특정 접미사가 포함되는 어기에 한해 이루어지는 제약이라는 점도 그렇다.

또한, '음', '기' 파생명사 전부가 특수한 의미가 추가되는 것도 아니다. 인상적인 관찰이기는 하지만, 오히려 어기의 의미와 차이가 별로 없는 경우가 더 흔한 것 같기도 하다. 대표적으로, 형용사에서 파생된 (2가) 등도 의미 차이가 대개는 없다.

(2) 가. 게으름, 기쁨, 슬픔, 반가움, 서글픔 등
　　나. 걸음, 웃음, 싸움 ; 달리기, 던지기 등

(2나)처럼 동사에서 파생된 '음' 명사도 어기에서 의미가 아주 멀어지는 것은 아니다. '달리기, 던지기, 더하기, 나누기' 등은 운동명과

연산명이라는 특수성이 있지만, 어휘적 의미의 핵심은 동사 어기와 크게 다르지 않다. 행위나 사건을 기본적으로 나타내기 때문이다. 이 같은 속성은 어떤 면으로 파생보다는 굴절에 가까워 보인다.

한국어의 명사형 전성어미는 Haspelmath(1996)에서 이야기한, 단어부류의 변화를 동반하는 굴절의 하나이다. 따라서 '음', '기'의 명사 파생에도 이 전성어미가 동원될 수 있다고 보는 것이 합리적이다. 이는 '울음'이 사전에 등재된 명사라고 해서, '음'이 파생접사일 가능성이 먼저 탐색되거나 '음'이 어미일 가능성이 우선 배제되는 것은 아님을 의미한다.

한국어는 어미와 조사로 문법적 의미와 관계가 표시되는 언어이다. 게다가 동사성 형용사를 가지므로, 단어부류의 전환에 어미의 기여가 불가피한 면이 있다. 영어의 형용사처럼 명사를 수식하기 위해서는 형용사 어간에 '은/을'이 붙어야 한다. 또한 영어의 부사처럼 동사를 수식하기 위해서는 형용사 어간에 '이'나 '게'가 붙어야 한다. 이런 점에서 '음', '기' 명사도 명사형어미가 붙어 만들어졌을 가능성이 높다. 그리고 여러 정황이 이런 가능성을 뒷받침한다.

첫째, 한국어는 보어절 방책으로 명사절을 활용하는 언어이다. 즉 명사형어미의 기능 부담량이 매우 크다. 따라서 명사를 만든다면 동원되기 쉬운 제일 후보는 명사형어미이기가 쉽다. 무엇보다 용언을 명사로 만들 때 동원되는 대표적인 형식이 당대의 명사형어미와 형태가 동일한 점은, 우연한 것이기 어렵다. 15세기 명사파생접미사도 아주 다양하지만,[1] 용언을 명사로 표현할 때 주로 나타나는 것은 '음/

---

1 명사파생접미사를 일부만 제시하면 다음과 같다. 가(哥), 간(間), 개/게, 겅, 곳, 그리, 기₁(부사→명사), 기₂(동사→명사), 낯, 내, 니, 님, (중략) 이/의₁(명사→명사), 이/의₂(형용사→명사), 아지, 어리₁(명사→명사), 어리₂(동사→명사), 이₁(명사→명사),

음'과 '기'이다.[2] 이는 영어의 경우 다양한 접미사가 쓰이는 것과 아주 다르다.

(3) believe-belief(믿다 – 믿음), think-thought(생각하다 – 생각), feel-feeling(느끼다 – 느낌), move-movement(움직이다 – 움직임), laugh-laughter(웃다 – 웃음), walk-walking(걷다 – 걷기)

또한, 명사형이라는 문법적 기능 외에 추가하는 의미가 별로 없다는 점도, 전형적인 파생접사와는 다른 점이다. 대개의 파생접사들은 별도의 의미를 추가한다. 예를 들어 '복스럽다'의 '스럽다'는 형용사를 만드는 접미사이지만 그런 성질이 있음의 뜻을 더한다. 또한 '방실대다'의 '대다'는 동사를 만드는 접미사이지만 '그런 상태가 잇따라 계속됨'의 뜻을 더한다.

둘째, 대부분의 '음', '기' 형은 개체와 사건/행위, 어떤 경우는 명제까지 모두 지시할 수 있다. 일례로 '물음, 비웃음, 울음, 달리기'만 보아도, 국어사전의 의미기술은 어기가 지시하는 행위와 그 행위와 관련된 개체가 모두 제시된다. 다음이 그 예이다.

(4) 가. 물음: 묻는 일. 또는 묻는 말.
    나. 비웃음: 흉을 보듯이 빈정거리거나 업신여기는 일. 또는 그렇게 웃는 웃음.
    다. 울음: 우는 일. 또는 그런 소리

이₂(부사 → 명사), 억, 엄 등(구본관 1996: 52).

2 이 외에 '이, 이/의'가 있는데, '이/의'는 '길이, 높이' 등 형용사에서 척도명사를 만들어 내는 데 쓰인다.

라. 달리기: 달음질하는 일. 또는 달리기 시합.

따라서 이들이 쓰인 문례에서는 사건/행위와 개체 해석 간에 모호성을 띠는 일이 많다. (5가)의 '울음'은 우는 행위로도 해석되고 우는 소리로도 해석된다. (나)의 '비웃음'도 남으로부터 업신여김을 받은 사건일 수도 있고, 그런 말과 웃음일 수도 있다.

(5) 가. 슬프지만 울음을 참아 보련다.
　　나. 두 번 다시 비웃음을 살 행동을 해서는 안 된다.

이 외에, 명사가 지시하는 바가 사건/행위와 명제 사이에서 모호성을 띠는 경우도 많다. (6가)의 '당당함'은 당당한 행위와 태도일 수도, '당당하다는 것'이라는 명제일 수도 있다. (나)의 '부적절함'은 '부적절성'과 같은 성질일 수도 있고 '주장이 부적절하다는 것'이라는 명제일 수도 있다.

(6) 가. 횡포는 남에게 상처를 입혀야 직성이 풀리는 폭력하고 통하지만, 당당함이란 귀한 것, 아름다운 것, 힘이 약한 것을 보호하려는 용기와 통한다.
　　나. 서로를 배제할 근거가 없으므로, 그 주장의 부적절함은 증명될 수 없다.

위의 (5)는 사전에 등재된 파생명사이지만 (6)은 등재되어 있지 않은 명사형이다. 그런데도 이들 사이에 차이는 별로 없어 보인다. 따라서 이들에 쓰인 '음'이 각각 다르다면, 이런 중의성과 모호성은 설명하기 어렵다. 무엇보다, 국어사전의 도움을 받지 않는 한, 이런 '음'을 파생명사와 명사형으로 구분해 낼 방도도 없다.

이 책은 파생접사로서의 '음', '기'가 아예 존재하지 않음을 주장하는 것이 아니다. 사실 이는 증명할 수 있는 사안이 아니다. 단어 형성 당시 이들이 접사의 자격으로 동원된 것인지 어미의 자격으로 동원된 것인지는 알기 어렵기 때문이다. 무엇보다 예컨대 '달리기'와 같은 형태에 유추되어 '던지기'와 같은 단어가 나왔을지도 모르고 그렇다면 파생접사로 동원되었다고 할 수 있으므로, 더욱 속단할 수 없다. 이 책의 주장은 사전에 등재된 파생명사라고 해서 파생접사일 가능성이 우선 탐색되어야 하는 것은 아니며, 어미의 자격으로도 단어 형성에 동원될 수 있음을 인정하자는 것일 뿐이다.

그렇다면, 일부 용언만이 대당 파생명사를 가진다는 것이 부담이 되지 않는가. 모든 용언이 대당 명사를 가진다고 가정해야 할 이유는 없다. 앞에서 '음' 파생명사가 없는 용언으로 제시된 부류들은 다른 형태의 명사도 가지고 있지 않는 것들이다. 즉 파생의 어기제약 이전에, 대당 명사가 개념적으로 별로 필요하지 않아서 비어 있을 수도 있다. 아마도 모든 동사에 대당 명사를 가지는 언어는 세상에 없을 것이다.

8.1.2. 명사화의 명사성과 동사성

'음'과 '기'가 단어부류의 변화를 동반하는 전성어미이고, 따라서 이 어미가 단어 형성에도 쓰일 수 있다고 보려는 데는, 형태만으로는 명사절과 명사구를 구분할 수 없다는 사실도 있다. 명사구를 구분해 내지 못한다는 것은, 결국 파생명사와 명사형을 구분해 내지 못한다는 말이기도 하다. 그리고 이런 어려움은 명사성/동사성 정도가 다 제각각인 데서 비롯한다.

아래의 '음' 명사형은 사전의 표제어가 아닌 것들이다. (7가)의 '꿰뚫음'은 지시관형사인 '그'의 수식을 받고 있다. (나)의 '붙잡음'은 '어느 누구의'라는 '의' 성분의 수식을 받는다. 이는 '어느 누구'가 '붙잡-'의 주어로 해석되는 예이다. (다)는 '살아 있음'이 '자신이'라는 주어를 취하고 있으며, (라)는 '알아들음'이 '말을'이라는 목적어를 취하고 있다.

(7) 가. 그 공간을 꿰뚫는 잡음은 바로 [그 꿰뚫음] 속에 체계에 대한 전복력을 가진다.

나. 전 재산을 투자하기로 결심한 것이다. [어느 누구의 붙잡음]도 뿌리치리라.

다. 진우는 새삼 [자신이 살아 있음]을 느꼈다.

라. 그가 이탈리아말로 내 질문에 계속 답하는 것으로 보아, [내 말을 알아들음]은 분명했다.

위의 명사형들 중에서 (7가), (나)는 (다), (라)보다 명사적이다. 관형어의 수식을 받고 있기 때문이다. 반대로 논항이 주격과 목적격으로 표현되고 있는 (다), (라)는 (가), (나)보다 동사적이다. 그런데 (가)와 (나)를 비교하면, (가)가 더 명사적이다. 주어로 해석되는 관형어의 수식을 받는 것보다 지시관형사의 수식을 받는 것이 더 명사적이다. 반면에 (나)는, 주격을 그대로 취한 (다)에 비하면 더 명사적이면서 덜 동사적이다.

이처럼 '음' 명사형들 사이에서도 명사성과 동사성에 정도 차이가 있다. 그리고 이런 정도성은 특정 형식에 따라, 조건에 따라 일괄적으로 결정되지 않는다. 이 절에서는 한국어 명사형의 명사성/동사성 판단에 동원되는 현상들을 중심으로, 명사형이 보이는 정도의 다양성을 보일 것이다.

조사와 복수 표지의 결합

먼저, 명사성 지표에는 격조사의 결합이 있다.[3] 이들 명사형에는 대개 격조사가 결합할 수 있다. 특히 '음' 뒤에서는 격조사가 잘 생략되지도 않는다.[4]

(8) 가. 그가 한 말이 사실임이 밝혀졌다.

나. 그가 한 말이 *사실임 밝혀졌다.

반면에 '기'는 (9나)에서 보듯이 조사가 없어도 자연스럽다. 격조사의 결합이 명사적 속성인 것과는 달리, 격조사의 생략 가능성이 명사성과 어떻게 관련이 있는지는 아직 알 수 없다.[5]

(9) 가. 나는 운동하기가 정말 싫다.

나. 학교 가기 {바란다, 원한다, 힘들다, 어렵다, 쉽다, 싫다, 좋다,

---

3 조사가 붙는다고 해서 전적으로 명사라고 할 수는 없다. "죽느냐 사느냐가 문제이다." 와 같은 예에서 '죽느냐 사느냐'를 명사라고 하기는 어렵다. 이는 일종의 인용구로 쓰임으로써 명사 상당의 자격을 가지고 있는 것이 된다.

4 '음' 뒤에 바로 용언이 이어지는 예를 검색하면, '음 좋겠다'나 '음 어쩌나'처럼 '으면'이 줄어든 형태인 '음'만이 검색된다.

5 격조사의 생략이 '기'에서 주로 일어나는 데 대해, 홍종선(1983: 262)에서는 '음'형이 '기'형보다 통사적인 면이 강한 반면에, '기'형은 어휘적 요소가 많다는 설명이 가능할 것이라고 한 바 있다. 이는 '음'은 보다 동사적이고 '기'는 명사적이라는 말로도 이해된다.

바쁘다, 멋쩍다, 편하다}

명사성 지표에는 복수 표지가 있다. 따라서 '들'이 붙을 수 있으면, 명사적이라고 할 수 있다. 그런데 한국어는 '들'이 명사 이외에도 붙는 문제가 있다. (10)은 '들'이 부사어인 '도서관으로'와 서술어인 '갔어요' 뒤에 붙은 예이다. 그런데 '들'이 어디에 붙었든 해석은 같다. 행위 주체가 복수임을 나타내는 것이다.

(10) 가. (아이들이) 도서관으로들 갔어요.
　　　가'. (아이들이) 도서관으로 갔어요들.

흔하지는 않지만 '음' 명사형에 복수표지 '들'이 붙기도 한다. (11가)와 (다)가 그런 예인데, 이들은 각각 다른 성분에 '들'이 붙은 예와 해석이 약간 다를 수 있다. (가)는 투덜거림이 복수로 해석되지만 (나)는 [투덜거림이 들려오는 사건]이 복수로 해석된다. (다)도 어처구니없음이 복수이지만 (라)는 [어처구니없음을 대변하는 사건]이 복수이다.

(11) 가. 실망의 <u>투덜거림들</u>이 들려왔다.
　　　나. 실망의 투덜거림이 들려들 왔다.
　　　다. 핵발전소 문제는 그 모든 <u>어처구니없음들</u>을 대변하고 있었다.
　　　라. 핵발전소 문제는 그 모든 어처구니없음을 대변하고들 있었다.

'음' 뒤에 '들'이 오는 경우는, '들'이 없거나 '들'을 결합할 수 없는 문례보다는 조금 더 명사적이다. 이는 (12다)처럼 명사절로 바꾸면

'들'이 결합할 수 없는 데서 알 수 있다.

(12) 가. 고민은 그런 불분명함들에서 오는 것이었다.

　　나. 이런 일상화된 진부함들이 탈역사의 전략 및 효과의 전부인가.

　　다. 그의 일상이 매우 {진부함이, *진부함들이, *진부했음들이} 밝혀졌다.

(12나)의 '진부함'은 관형어의 수식을 받아 명사성을 보인다. 그러나 (다)의 '진부함'은 부사 '매우'의 수식을 받아 동사성을 보인다. 따라서 (다)가 (나)에 비해 더 동사적인데, 이런 환경에서는 '들'이 나타날 수 없다. 즉 자신의 논항이 주어나 목적어로 실현되지 않는, 동사성이 드러나지 않은 일부 명사형에 한해 '들'의 결합이 가능하다. 그런데 '들'이 붙는 이들은 모두, 사전에 등재된 파생명사가 아니다.

'기'에 '들'이 붙는 문례는, '음'에 비해 거의 없다. 세종 코퍼스에서는 다음 두 문례가 검색된다. 물론, 실제로 불가능한 것 같지는 않다.

(13) 가. 그런 점에서는 다른 바가 없이 모두 [도토리 키 재기들]을 하고 있다.

　　나. 운동장에는 학생들이 발리볼을 던지기도 하고 [자전차를 타고 돌기들]도 한다.

그런데 (13가)는 "도토리 키 재기를 하고들 있다"처럼 '들'의 위치가 바뀌어도 의미가 같다. (나)도 "자전차 타고 돈다들"과 의미가 거의 같다. '기도 하다'는 서술어가 '기'에 의해 분리된 구문으로, 보조사가 '기' 뒤에 붙더라도 그 의미는 서술어 전체에 미친다. 예컨대 "놀기

도 하고 공부하기도 한다"에서 '도'는 [놀다]와 [공부하다]에 작용하는
것과 같다.

배주채(1997)는 서술어가 이처럼 분리하는 것은 보조사를 붙이기
위해서라고 한 바 있다. 서술어를 분리해 명사형을 만들어야 보조사
가 결합할 수 있는 환경이 마련된다는 것이다.[6] 위의 예에서의 '들'은
그 의미는 서술어 전체에 해당하나 결합만 명사형 뒤에 한 것으로 보
인다. 따라서 '들'이 전혀 붙지 못하는 서술형에 비해서는 명사성이
있는 것이지만, 위에서 '음'에 '들'이 붙어 선행명사를 복수화하는 경
우보다는 덜 명사적이다.

논항의 표시 방식

다음은 논항의 표시 방식이다. 논항의 표시가 주절에서 표시되는
방식과 동일할수록 동사적이다. 먼저, 주어가 주격으로 표현되면 동
사적이다. 중세국어, 특히 15세기 국어에서는 서술어가 동사의 관형
사형이거나 동명사일 때, 그 서술어의 의미상 주어가 속격조사와 결
합하는 일이 많았는데, 이런 기능의 속격조사를 주어적 속격이라고
한다.

다음은 안병희·이광호(1990: 175)에서 주어적 속격의 예로 든 것들
이다.

(14) 가. 믈읫 衆生이 種種 분벼리 보채요미 드외야 (『석보상절』9: 29)

　　　나. 그 아비 아드리 다 ᄒ마 조ᄒᆞᆫ 들 듣고 (『법화경언해』5: 158)

6　배주채(1997)에서는 완도-고흥 방언의 "벨라 아프기는 안 해"와 같은 부정문에서 '기'
　　뒤에는 반드시 보조사가 쓰여야 한다고 하고, 이처럼 서술어가 분열하는 이유는 보조
　　사를 붙이기 위해서라고 하였다.

다. 이 東山은 須達이 산 거시오 (『석보상절』 6: 39~40)

(14가)는 '보채욤'의 의미상 주어로 '분별+의'가, (나)는 '羨흔 돌'의 의미상 주어로 '아들+이'가 (다)는 '산'의 의미상 주어로 '須達+이'가 쓰였다. (가)처럼 명사형의 의미상의 주어가 속격으로 나타나는 것은, 명사가 관형어의 수식을 받기 위한, 자연스러운 변화이다. 그리고 이런 현상은 아주 여러 언어에서 발견된다(6.2.1. 참조).

주어적 속격은 중세국어 이후 많이 사라져서 현대국어에서는 '음' 앞에서만 제한적으로 나타난다고 기술되어 왔다. 예컨대 (15가)와 (나)의 '그의'를, 명사형 [강직함]과 [겉늙음]의 주어적 속격으로 보는 것이다.

(15) 가. 그의 [강직함]을 말해 주는 일화는 숱하다.

나. 나이는 그의 [겉늙음]을 고려한다 해도 삼십 대 중반은 훨씬 넘음 직했다. (김일환 2011: 115)

그러나 현대국어에서 이런 예들을 굳이 주어적 속격으로 부를 필요는 없다. 이는 (16)의 '마주앉음'과 '끊음'이 각각 관형어인 '단 한 번의'와 '진정한 의미에서의' 수식을 받는 것과 다를 바 없다. 즉 명사가 관형어를 취한 예일 뿐이다.

(16) 가. 단 한 번의 [마주앉음]으로도 마음을 열 수가 있다.

나. 이른바 악을 끊으면서도 끊은 것이 없고 선을 닦으면서도 닦은 것이 없어야 진정한 의미에서의 [끊음]과 [닦음]이 될 수 있다.

그런데 이들 중 일부는 관형어 성분을 주격이나 부사격으로 바꾸는 것도 가능하다. (17가)는 (15가)의 '그의'를 주격 '그가'로 바꾼 것이고, (17나)는 (16가)의 '단 한 번의'를 부사어 '단 한 번'으로 바꾼 것이다. 그러면 명사구였던 것이 명사절이 된다. 이 또한 명사형의 명사성/동사성은 정도의 문제이고, 파생명사와 명사형은 구분하기 어려움을 보여 준다.

(17) 가. 그가 [강직함]을 말해 주는 일화는 숱하다.
　　 나. 단 한 번 [마주앉음]으로도 마음을 열 수가 있다.

주어적 속격은 '기'보다는 주로 '음'에서 빈번하다고 알려져 있다. 다음 예에서 보듯이 '기'는 '음'에 비해 '의' 성분을 취하지 않는다는 것이다.[7]

(18) 가. {네가, *너의} 성공하기를 바란다.
　　 나. {너의, 네가} 어리숙함이 온 천하에 알려졌다.

그러나 이는 '음'과 '기'의 전반적인 차이라기보다, 특정 구문에서의 차이이다. 대체로 '기 바라다, 원하다, 희망하다, 힘들다' 등의 구문에서는 관형어 성분이 허용되지 않는다. 이들은 명제 논항을 취하는 전형적인 부류이기 때문이다. 그러나 (19가)와 같은 환경에서는 '그의 마음먹기'가 얼마든지 가능하며, (나), (다)에서 보듯이 '기' 앞에 관형

7　역사적으로 의미상 주어는 속격이면서 목적어는 대격으로 나타난 구문이 '음'절에서 주로 발견되고, '기'절에서는 별로 발견되지 않은 사실도 있다.

어가 오는 것도 자연스럽다.

(19) 가. 그의 군 입대는 전적으로 {그의, 그가} 마음먹기에 달려 있다.

　　나. 연출 미학이란 <u>무대에서의 드러내기</u>와 이면에서의 감추기의
　　적절한 배합을 이르는 말이다.

　　다. <u>일련의 살찌우기와 살 빼기</u>가 힘들었지만, 연기를 위해 언제
　　든지 도전할 각오가 돼 있다고

한편, '음' 명사형도 (20가)에서 보듯이 '의' 성분이 불가능하거나
(나)처럼 주어가 어색한 경우도 있다.

(20) 가. {*그의, 그가} 범인임이 온 천하에 알려졌다.

　　나. 평화의 집을 찾아온 날은 {더위의, ?더위가} 수그러짐을 예고
　　하는 말복이었다.

이런 예들은 '음', '기'의 명사성/동사성 정도가 문맥에 따라 다양하
며, 따라서 '음'과 '기' 중 무엇이 더 동사적이며 더 명사적인지를 일반
화할 수 없을 뿐 아니라, 나아가 파생명사, 명사형, 명사절은 형태적
으로는 결코 구분될 수 없음을 분명히 보여 준다.

동일한 '기'절에서도 명사성/동사성 정도가 엇갈린다. 주격만 허용
하는 (21가)는 동사적이다. (나)는 속격과 주격이 모두 가능하니 명사
성도 가지고 동사성도 가진다.

(21) 가. {네가, *너의} 성공하기를 바란다.

　　나. 그의 군 입대는 전적으로 {그의, 그가} 마음먹기에 달려 있다.

다음 (22가)의 '친구의'와 (다)의 '엄마의'는 각각 '아버지 사업 돕기'와 '아이 기 살리기' 행위의 주체, 즉 의미상 주어로 해석되는 관형어이다. 따라서 명사적이다.

(22) 가. 친구의, 아버지 사업 돕기는 실패로 끝이 났다.

　　　나. 친구의, 아버지 사업을 돕기는 실패로 끝이 났다.

　　　다. 엄마의, 아이 기 살리기는 오늘도 이어졌다.

　　　라. 엄마의, 아이 기를 살리기는 오늘도 이어졌다.

그런데 의미상 목적어는 (가)와 (다)처럼 조사 없이 나타나는 것이 가장 자연스럽지만, (나)와 (라)처럼 조사가 있어도 비문이 되지는 않는다. 이상의 예들은 어디까지가 명사절이고 어디까지가 명사형이며 어디까지가 파생명사인지를 묻는다.

명사형에 딸린 성분이 속격일 때 더 명사적인 것은 분명하다. 이는 속격이 나타나는 경우 공기하는 명사형에는 시제어미가 결합할 수 없는 데서도 확인할 수 있다. '강직했음'은 (23가)의 '그의'와는 어울리지 못하며 (나)의 '그가'와는 가능하다. 동일하게 (다)처럼 '너의'에는 '어리숙했음'이 공기할 수 없지만 '네가'일 때는 가능하다.

(23) 가. 그의 {강직함, *강직했음}을 말해 주는 일화는 숱하다.

　　　나. 그가 {강직함, 강직했음}을 말해 주는 일화는 숱하다.

　　　다. 너의 {어리숙함, *어리숙했음}이 온 천하에 알려졌다.

　　　라. 네가 {어리숙함, 어리숙했음}이 온 천하에 알려졌다.

말뭉치에서 '음' 앞에 '었'이 결합된 예를 찾아도, 의미상 주어가 속격으로 나타난 예는 찾아지지 않는다. 다음 예에서 보듯이 모두 주격 조사를 취하고 있다.

(24) 가. 당시 민이 토지 소유의 주체였음을 알려주는 자료가 있다.

　　나. 백색이 서인의 색이었음을 알 수 있다.

　　다. 피고인이 폭력조직의 일원이었음이 이미 밝혀진 이상

　　김일환·박종원(2003: 166)에서도 '음' 앞에 주어적 속격이 오는 경우 시제어미는 결합할 수 없다고 하였다. 또한 김일환(2011: 119)에서는 개화기 자료에서도 주어적 속격 구문에서 시제어미가 결합한 예가 없다고 하였다. 속격은 명사성의 대표적인 지표이고 시제는 동사성의 대표적인 지표이므로 이런 결과는 당연하다.

　　주어적 속격을 취하는 것이 명사적 속성이듯이, 관형어의 수식은 명사적인 것, 부사어의 수식은 동사적인 것이다. 그런데 '음', '기' 모두 명사성과 동사성을 조금씩 가지므로, 구문에 따라 허용되는 수식어의 종류가 갈린다. 아래의 예는 홍종선(1983: 264~265)에서 관형어의 수식은 '음'이 부담이 적고, 부사어의 수식은 '기'가 더 자연스러운 예로 제시된 것이다.

(25) 가. 친절한 {가르침을/*가르치기를} 원하셔요?

　　나. 강력히 {막음이/막기가} 한 달을 갔다.

　　'기'가 (26가)처럼 관형어의 수식을 받고, '음'이 (나)처럼 부사의 수식을 받는 것이 자연스러운 경우도 있다. 혹은 (다), (라)처럼 관형어와 부사어가 모두 가능한 경우도 있다.

(26) 가. [무대에서의 드러내기], [이면에서의 감추기]의 적절한 배합
　　　을 말한다.

　　나. 서울이란 이름이 붙어지기 전까지 그 이름이 [한없이 많음]을
　　　알게 되었다 .

　　다. {빨리, 빠른} 알림이 급선무이다.

　　라. {빨리, 빠른} 알리기가 최선이야.

이런 양상은 '음', '기'의 명사성 정도가 구문이나 출현 환경에 따라
달라짐을 나타낸다. 다만, 척도 간 상호관계는 있다. 주격의 주어가
나타날 때 동사적이고 시제어미가 결합할 수 있었던 것처럼, 주격이
나타날 때는 부사어의 수식을 받고 관형어의 수식은 받지 못한다.

문법범주의 표현

이 외에 동사성 지표로, 시제, 상, 양태 등의 문법범주의 표시를 살
펴볼 수 있다. '음'은 주어적 속격과 같이 관형어를 취하는 경우만 아
니라면 '었', '었었'이 결합할 수 있다. 반면에 '겠'과 '더'는 불가능하
다. '시'는 주어적 속격을 취하는 '음' 앞에도 결합할 수 있다. '음'에
비해 '기'는 시제의 결합이 제약되는 편이다.[8] '었'이 결합할 수 있는
구문은 아래와 같다. '시'는 대체로 결합할 수 있다.

• 시제어미 결합이 가능한 '기' 구성 (문숙영 2005/2009)

　가. 기 때문

8　호정은(1999)에 따르면 『독립신문』에서도 '음', '기' 앞에는 시제어미가 결합되지 않으며
　'기에, 기로' 앞에서만 '엇', '겟'이 나타난다고 하였다. 그리고 용례는 적지만 존칭이나
　겸양이 온 예는 있다고도 하였다.

나. 기도 하다, 기는 하다, 기야 하다 ('기만 하다'는 불가)

다. '기(를) 바라다'류

라. 기 망정이다

마. 기 십상이다, 기 쉽다

바. '기에, 기로' 등의 연결어미 앞

• 시제어미 결합이 불가능한 '기' 구성

가. 기 어렵다/힘들다/겁나다/싫다 등 주어 성분

나. 기 시작하다/기다리다/바라다/좋아하다/꺼리다 등 목적어 성분

다. 기(가) 이를 데 없다, 기(가) 짝이 없다, 기 그지없다, 기밖에 더
    하겠냐 등 관용 표현

라. 기만 하다, 기까지 하다, 기보다 등 보조사 결합 구성

마. 기 전/직전/이전/이후, 기 위해 등 기타 구성

바. 기로 대들다(맞서다), 기로 들다, 기로 마음먹다, 기로 하다 등

　　이상의 현상들을 보면 명사형 혹은 명사절의 명사성 정도는, 개별 구문에 따라 그리고 지표 간의 상관관계 중심으로 파악되어야 함을 알 수 있다. 예컨대 시제어미가 결합될 수 있다고 해서 '음'이 더 동사적이라고 할 수 없다. '기'는 시제어미는 잘 결합하지 않지만, 수식어로는 관형어보다 부사를 더 자연스럽게 취하기도 하기 때문이다. 또한 이런 현상들은 명사형어미의 명사성 정도가 고정된 것이 결코 아니라는 것도 보여 준다. 예컨대 '그녀의 보살핌 〉 그녀의 보살피심 〉 그녀가 보살핌 〉 그녀가 보살폈음' 순으로 명사성은 낮아지고 동사성은 높아진다고 할 수 있다. 이를 두고 처음의 '음'과 마지막의 '음'이 다른 것이라고 할 수는 없다.

우리의 문법은 파생명사와 명사형을 구분할 것을 요구한다. 그러나 이는 국어사전의 도움 없이는 가능한 일이 아니다. 그래서 명사형어미를 계량적으로 다룬 연구에서는 파생명사와의 구별은 하지 않는다고 전제하고 시작한다. 호정은(1999),[9] 김일환·박종원(2003), 안예리(2008)가 다 그러하다. 언어유형적으로도 동일한 명사화소가 절 명사화(명사형)와 어휘적 명사화(파생명사)에 함께 쓰이는 현상은 드문 일이 아니다(Yap & Grunow-Hårsta 2010: 1156).[10] 한국어의 관형사형어미, 부사형어미와 더불어, 명사형어미도 그러하다.

8.2. 명사형어미의 의미

8.2.1. 서실법의 '음', 서상법의 '기'

명사형어미 '음'과 '기'의 의미 차이에 대해서는 오랫동안 시제, 상, 양태에 걸쳐 여러 의미가 제안되어 왔다. 그러나 최근에는 관형사형어미 '은/을'의 의미 대립과 마찬가지로 서실법/서상법이 힘을 얻는 듯하다.

임동훈(2009: 75~76)에서는 관형사형어미와 더불어 '음', '기'도 서실

---

9   호정은(1999)은 1870년대~1910년대 자료를 중심으로 명사화소 '음, 기, 은/는/을 것'을 다룬 것이다. '붓그러움, 싸홈' 등 파생형과 명사형을 구별하기 어려운 것들이 있지만, 논항을 찾을 수 없는 경우는 파생형으로 보고 논의에서 제외한다고 밝히고 있다.

10 Yap & Grunow-Hårsta(2010: 1156)에 따르면 라사어(Lhasa)의 명사화소 'mkhan'과 한국어의 '기'도 그런 예이다. 또한 티베트 버만어족의 타망어 계열의 하나인 찬트얄어에서도 명사화소 'wa'가 어휘적 명사화에서 절 명사화에 이르기까지 쓰인다(Noonan 1997). 반면에 이 둘이 구분되는 경우도 있다. Genetti et. al.(2008: 140)은 돌카 네와르어에서 명사화는 명사구의 핵이 될 만한 파생명사를 만드는 과정을 보통은 함의하지 않으며 대신 절 명사화를 가진다고 하였다.

법과 서상법의 표지로 묶을 만하다고 하면서, 다음의 근거를 들었다.

- '알다, 잊다'와 같은 사실성 동사가 '음' 보문을 취하고, 서상법 척도 에서 아래에 있는 '바라다, 두렵다' 등이 '기' 보문을 취한다.
- '죽기를 각오하다'와 '죽을 각오를 하다'에서 보듯이 '을'과 '기'의 의 미가 상통한다.
- '을'과 '기'가 모두 미래 상황에 쓰일 수 있다.

'음'과 '기'의 서실법과 서상법 상당의 의미 차이는 쉽게 확인된다. 예컨대 집 식탁에 다음과 같은 쪽지가 붙어 있다고 하자.

(27) 가. 밥 먹음
    나. 밥 먹기

한국어 화자라면 누구나 (27가)는 식구 중 누군가 밥을 먹은 후에 남긴 것이고, (나)는 누군가에게 밥 먹으라고 남기고 간 쪽지라고 생 각한다. 즉 배경 정보나 문맥이 없더라도 '밥 먹음'은 이미 일어난 일 로, '밥 먹기'는 앞으로 일어날 일로 해석한다.

다음은 7.1.에서 논항에 '기'절을 취하는 용언으로 제시한 목록 중 에서, 서상법의 의미가 드러나는 용언들을 모은 것이다. 이들은 대 개 비사실성 동사(혹은 미래성 동사)이다. 영어에서도 'want, wish, hope(for), intend, plan' 등은 행위 유형이나 사실 유형이 아닌, 전형 적으로 가능 보어절을 취하는 동사이다.

(28) '기를'을 취하는 용언

    가. 바라다, 원하다, 기대하다, 꺼리다, 희망하다, 기원하다, 갈
         망하다, 열망하다, 소망하다, 고대하다, 기도하다, 소원하다

    나. 요구하다, 촉구하다, 강요하다, 청하다, 당부하다, 권하다, 권
         유하다, 부탁하다, 주장하다, 재촉하다, 권고하다, 요청하다

(29) '기로'를 취하는 용언

    가. 기로 하다(3548), 기로 되어 있다

    나. 결심하다, 약속하다, 결의하다, 다짐하다, 계획하다, 약조하다

    다. 결정하다, 합의하다, 작정하다, 마음먹다, 계약하다, 작심하
         다, 확정하다, 결론 나다(내다), 동의하다, 맘먹다, 정하다,
         방침을 정하다, 원칙을 정하다, 선택하다(되다)

다음은 7.1.에서 '음'절을 취하는 용언으로 제시한 목록의 일부이
다. '기'를 취했던 '바라다, 희망하다, 요청하다' 등이 비사실성 용언
이었던 반면에, '음'은 '확인하다, 알다, 기억하다' 등의 사실성 동사
앞에 주로 쓰임을 확인할 수 있다.

(30) '음이'

    분명하다, 명백하다, 확실하다, 드러나다, 돋보이다, 사라지다,
    보이다, 지나치다, 부족하다, 밝혀지다, 입증되다, 증명되다, 발
    견되다, 지적되다, 확인되다, 판명되다 등

(31) '음을'

    알다, 느끼다, 말하다, 보다, 보이다(사동), 깨닫다, 확인하다, 밝

히다, 지적하다, 발견하다, 시사하다, 당하다, 분명히 하다, 주장하다, 뜻하다, 알리다, 인식하다, 잊다, 명심하다, 나타내다, 부인하다, 실감하다, 생각하다, 모르다, 알아차리다, 자처하다, 믿다, 상기하다, 듣다, 이해하다, 천명하다, 자부하다, 확신하다, 예고하다, 경고하다, 설명하다, 자각하다, 부정하다, 기억하다, 알아보다 등

(32) '음에'

가. 틀림없다, 불과하다, 지나지 않다

나. 주목하다, 주의하다, 유의하다, 익숙하다, 지치다, 기인하다, 접근하다, 의존하다, 취하다, 의심하다

다. 놀라다, 당혹감(놀라움, 불만 등)을 느끼다, 흡족하다, 만족하다, 감탄하다, 분노하다, 감동하다, 감격하다, 어처구니없다, 당황하다, 서글프다, 억울하다

한국어 외에도, 명사화소가 현실성 위상을 표시하는 언어들이 있다. Gerner(2012: 809)에 따르면, 갈로어에는 사실법과 서상법을 표시하는 사건 명사화소 두 개가 있다. 또한 롤로-버마어(Lolo-Burmese)에는 문말 첨사에 서실법 'te'와 서상법 'me'가 있다. 또한 절 명사화소로도 서실법 'ta'와 서상법 'hma'가 있다. 명사화소가 서실법과 서상법 구분을 부호화하는 일은 티베트-버만어에서는 드물지 않다 (DeLancey 2011, Noonan 2008).

명사화소가 여러 개가 있어, 일부는 시제나 상과, 다른 일부는 서상법과 연합되는 언어도 있다. 일례로 티베트어에는 명사화소가 다섯 개가 있는데,[11] 이 중 'pa'는 완결상과 연합되고, 'gi/kyi'는 비완결

현대 티베트어 정형 동사 구성의 구조 예

	STEM	NOM	COPULA	
nga	zas	–pa	yin	'I ate'
nga	za	–gi	yod	'I am eating'
nga	za	–gi	yin	'I will eat'
nga	za	–rgyu	yin	'I still have to eat'
nga	za	–mkhan	yin	'I am going to/intend to eat'

상과 연합하며, 나머지 하나인 'rgyu'는 서상법의 사건 술어에 쓰인다 (DeLancey 2011: 2).

또한 Genetti(2006: 140)에서는 돌카 네와르어의 명사화소에는 세 개의 접사가 있는데, 한 개의 접사가 서상법의 의미를 가진다고 하였다.

그런데 한국어의 '기'와 '음'은 그 의미 차이가 모든 분포에서 발휘되는 것은 아니다. 즉 의미에 의해서가 아니라 우연히 '음'이나 '기'가 선택된 것으로 보이는 경우도 있다. 관형사형어미도 의미 차이가 중화되거나 하나의 어미만 선택됨으로써 서실법이나 서상법의 의미가 두드러지지 않는 경우가 있는데, 명사형어미는 관형사형어미보다 이런 경우가 더 많다. 이는 이어서 살펴본다.

8.2.2. '은 것', '을 것'의 대체 양상

'음'과 '기'가 서실법/서상법의 의미 차이가 있고, 이들 명사절 자리를 '은/을 것'이 대신하고 있다면, '음'의 자리는 주로 '은 것'이, '기'의

---

11 현대 티베트어 방언에서 대부분의 동사 형식은 분명히 명사형에 계사가 결합한 구성에서 유래한 것이다. 한정 동사 구성의 일반적 구조는 동사의 어간에 명사화소가 붙고 이어서 계사가 붙는다.

자리는 '을 것'이 이어받을 것으로 기대된다. 그리고 실제로도 이런 식의 기술이 있어 왔다. 그러나 기대와는 달리 '음', '기'절의 '것'절로의 대체 양상은 그리 일률적이지 않다. 일례로 '기'가 오지만 '은 것'으로 주로 대체되거나, 아예 '것'이 오지 못하는 경우도 있다. '음'과 '기'가 모든 환경에서 서실법과 서상법의 의미 차이를 가지는 것은 아니기 때문이다. 이 절에서는 이를 살펴본다.

판정 방법

명사절로 쓰인 '것'절과 명사보어절로 쓰인 '것'절은 일괄적으로 구분할 수가 없다. 그래서 명사절의 대체 여부와 분화 양상은, 양적 연구가 불가능하다. 가능한 방법은, '기'나 '음'을 취하는 용언 앞에, '것'절도 쓰인 예가 있는지를 확인하는 정도가 있을 수 있는데, 이것도 전적으로 신뢰하기는 어렵다. 이들이 동일한 의미로 쓰인 것이 아닐 가능성도 있기 때문이다.

일례로 '기(가) 민망하다'와 '기 무섭다'를 보자. (33가)는 '민망하다' 앞에 '것'절이 온 예로 검색된 것이다. 그렇지만 '기' 자리에 '것'절이 쓰인 것이라고 하기는 어렵다. '기 민망하다' 구문에서 '기'절의 주어는 '민망하다'의 주어와 같은데, (가)절은 다르다. 따라서 이 '것'절을 '기'절로 바꾸면 어색해진다. (나)도 마찬가지이다. 따라서 '음', '기' 자리의 대체 여부를 따질 때는, 이런 종류의 예는 포함되지 않도록 문례를 하나하나 살펴야 한다.

(33) 가. 아버지가 비굴한 {저자세인 게, *저자세이기가} 민망한 나머지
　　　나. 영구는 할머니가 {찾는 것이, *찾기가} 무서워 얼른 골목 밖
　　　　　으로 뛰어나왔다.

그러면 가능한 방법은 우선, '음, 기가 쓰인 환경에 '것'절이 쓰이되 의미 차이가 없는 예를 찾는 것이다. 그리고 이런 예가 마땅히 찾아지지 않을 때는 다음으로, '것'절이 쓰인 자리에 '기'절을 넣어 보거나 '기'절이 쓰인 자리에 '것'절을 넣어 보는 것이다. (34가)가 원래 '기'가 쓰인 문례에 '것'절을 대체해 본 것이고, (나)가 원래 '것'절이 쓰인 문례에 '기'를 대체해 본 것이다.

(34) 가. 당장 끼니도 어려운 상황에서 {자식들 보기가, 자식들 보는 게} 민망해서인지.
　　나. 현우는 정거장에서 혼자 {자는 게, 자기가} 무서웠다.

'것'절이 명사절을 대체하는 종류에는 다음이 있을 수 있다. (A)는 '기'가 '을 것'으로만 대체되는 종류로 서상법의 의미가 유지되는 종류이다. (B)는 '기'가 '을 것' 외에 '은 것'도 가능한 종류이다. (C)는 기대와는 달리 '기'가 '은 것'으로만 대체되는 종류로, 이는 '기'가 서상법의 의미가 발휘되지 않는 환경일 수 있다. (D)는 '기' 자리에 아예 '것'절이 쓰일 수 없는 경우이다. (E)는 서실법의 '음'이 '은 것'으로만 대체되는 종류이고, (F)는 '음'이 '을 것'도 취하는 종류이다.

(A) '기'절 → '을 것' 절

(B) '기'절 → '은/을 것' 절

(C) '기'절 → '은 것' 절

(D) '기'절 ↛ '것'절

(E) '음'절 → '은 것' 절

(F) '음'절 → '은/을 것' 절

위의 화살표는 대체로 가능하거나 대체로 불가능하다는 의미이지, 절대적으로 불가능하다거나 늘 가능하다는 의미는 아니다. 여러 번 언급했듯이 예외적인 문례는 언제나 있다.

(A) '기'절 → '을 것' 절

'기'절에 '을 것' 절이 주로 오는 용언들로는 다음이 있다. 앞에서 비사실성의 용언들이라고 했던 종류들이다.

(35) 가. (기를) 요구하다, 촉구하다, 강요하다, 청하다, 당부하다, 권하다, 권유하다, 부탁하다, 주장하다, 재촉하다, 권고하다, 요청하다

　　나. (기로) 결심하다, 약속하다, 결의하다, 다짐하다, 계획하다, 약조하다

(35가)의 용언들의 '을 것' 절과 '기'절의 빈도를 대조하면 다음과 같다. 대부분은 '을 것' 절이 나타나는 빈도가 높다. 이들 빈도를 보면 '강요하다' 정도를 빼고는 대부분 '을 것' 형태가 훨씬 더 선호되고 있다고 할 수 있다.

(36)	요구	촉구	요청	주장	당부	강요	권고	부탁
을 것	181	81	78	58	31	20	14	11
기	20	18	3	3	13	16	4	5

예문은 다음과 같다. 이들 구문에서는 '을 것'과 '기' 사이에 의미 차이도 거의 없어 보인다.

(37) 가. 비용 상승분을 회비 인상에 반영해 줄 것을 요구하고 있다. ; 우리의 희망을 현실로 만드는 데 기여하기를 요구한다.

나. 임기제를 조속히 철폐할 것을 촉구한다. ; 다시 한번 진지하게 마주 앉기를 촉구한다.

다. 노동 관련법을 전면 개정해 줄 것을 요청했다. ; 국가적 지원은 재고해 주기를 요청한다.

라. 문호를 개방할 것을 주장한다. ; 휴일에도 문 열기를 주장했다.

마. 열심히 살 것을 당부했다. ; 정부 관리들이 앞장서기를 당부한다.

바. 사건 진상에 대해 자백할 것을 강요했다. ; 책상에 앉아서 읽기를 강요한다면

사. 재고해 줄 것을 부탁해 봐. ; 변호사를 만나 다시 추진해 주기를 부탁했다.

'을 것'보다 '기'절이 더 많이 쓰이거나 서로 비슷한 수치를 보이는 용언은 다음 세 가지이다.

(38)

	청하다	권하다	재촉하다
을 것	4	31	0
기	14	28	4

(39) 가. 하루 저녁 묵을 것을 청했다. ; 공손하게 배우기를 청하면

나. 신선한 자극을 받아들일 것을 권한다. ; 협궤 열차를 한번 타 보기를 권했다.

다. 아내도 어서 택시 타기를 재촉했다.

위의 목록 (35나)의 용언들도 모두 '은 것'을 취한 예는 별로 발견되지 않고, '을 것'이 쓰인 예만 주로 검색된다.

(40)	다짐	약속	결의	결심	계획	약조
을 것	33	17	13	10	4	1
기	6	76	55	101	5	4

그런데 '것'절보다는 '기'절이 훨씬 고빈도로 쓰이는 용언들도 있었는데, '약속하다, 결의하다, 결심하다'가 그러하다. 이들 용언 앞에서는 '을 것' 절보다 '기로' 형태가 훨씬 많이 검색되었다.

(41) 가. 순창 지구를 물려줄 것을 약속한다. ; 개성에서 만나기로 약속했다.

나. 공립대 입시일을 추첨을 통해 분산시킬 것을 결의했다. ; 금연 교육 참여를 실천하기로 결의했다.

다. 한계를 절감, 스스로 물러날 것을 결심했다. ; 전 재산을 교육사업에 투자하기로 결심했다.

'다짐하다'는 '을 것'이 아주 고빈도로 선택되고, '계획하다, 약조하다'는 둘 다 많이 쓰이지는 않는다.

(42) 가. 최선의 노력을 기울일 것을 다짐했다. ; 공명선거에 앞장서기로 다짐했다.

나. 일제에 항전할 것을 계획하고 ; 집회 직후에 시위를 벌이기로 계획하고

다. 미력이나마 힘이 <u>되어 줄 것을</u> 약조는 하겠네. ; 벼 오백 섬을 <u>건네기</u>로 약조하고

(B) '기'절 → '은/을 것' 절

'은 것'과 '을 것'이 모두 가능한 용언으로는 '기다리다'와 '결정하다'가 있다. 그런데 '기다리다'는 '기'절이 압도적으로 높은 빈도로 쓰인다. '기'절이 나타난 문례가 276개 검색되는 데 반해, '은 것'과 '을 것'은 각각 10회 내외이다. '기다리다' 외에, '기'절을 취하는 고빈도 용언 중에서 '은 것'과 '을 것'을 비슷하게 취하는 용언은 발견하지 못하였다.

(43) 가. 멋진 도약을 <u>연출해 줄 것을</u> 기다리고 있었다.

　　나. 방으로 <u>들어가는 것을</u> 기다려 물었다.

　　다. 판매원이 <u>나를 쳐다봐 주기를</u> 기다렸다.

　　라. 도내 방송을 {종료하기를, 종료할 것을, 종료하는 걸} 결정했다.

(C) '기'절 → '은 것' 절

'기'절이 '은 것' 절로만 대체되는 경우도 있다. 특별히 비사실적 용언이라고 하기는 어려운 것들 앞에서 대부분 그러하다.

(44) '기(가)'를 취하는 용언 중에서

　　가. 싫다, 미안하다, 귀찮다, 아깝다, 어색하다, 무섭다, 부끄럽다, 민망하다

　　나. 어렵다, 수월하다, 조심스럽다, 힘겹다, 까다롭다 등

(45) 가. 문 열어 {달래기, 달래는 게} 미안해서? 엄마 {보기, 보는 게}

　　　미안하지도 않니?

　　나. 자신들만 {듣는 게, 듣기가} 아까워 이웃을 부른다.

　　다. {들고 가기가, 들고 가는 게} 귀찮다는 듯이

　　라. 사건을 {떠올리는 게 , 떠올리기가} 괴로워서 법정에 나가질

　　　않았다.

　　마. 혜린과 따로 자리를 {마련하기가, 마련하는 게} 어색했다.

　물론 모든 문례에서 '기'절을 '것'절로, '것'절을 '기'절로 바꿀 수 있는 것은 아니다. 바꿔 쓰기가 곤란한 경우의 이유는 차후 연구해 볼 과제이다. 여기서는 적어도 서로 넘나들어 쓰일 수 있는 경우가 있다는 사실만 확인한다.

　(44가)의 용언에서는 '을 것'은 잘 쓰이지 않는다. 즉 '기'가 서상법의 의미를 별로 드러내지 않는 환경에서는 '을 것'으로의 교체가 어색한 경향이 있다고 할 수 있다.

　위의 용언 목록에서 (44나)에 제시된 용언도 '기' 자리에 웬만하면 '것'절이 쓰일 수 있다. 그런데 '수월하다'와 '조심스럽다'는 '기'절이 대부분이고 '것'절이 실제로 쓰인 예는 별로 없었다.

(46) 가. 그래도 젊어서 {다니기가, 다니는 게} 수월하다.

　　나. 손님으로 온 것처럼 {밥 먹기가, 밥 먹는 게} 조심스러웠습

　　　니다.

　반면에 '위험하다'는 '기'절이 별로 안 쓰이고 '것'절이 쓰인 것이 소수 발견된다.

(47) 가. 날씨가 찬데 산길 타기 위험하지 않을지?

　　나. 밤길을 걷는 게 위험하다고들 하지만

'까다롭다'는 '것'절은 별로 검색이 되지 않고 대부분은 '기'절로 나타난다. 반면에 '힘겹다'와 '어렵다'는 둘 다 자주 쓰인다.

(48) 가. 곡조도 어렵고 율동 꾸미기도 까다롭다. ; 이 연보다 방패연이 만들기가 까다롭고

　　나. 첫날은 마음의 중심을 가누기가 힘겨웠다. ; 너도나도 밥 먹고 살기가 힘겨웠던 시절

　　다. 엄청난 레슨비를 감당하기가 어렵다.

　　라. 이것을 타 산업과 비교하는 것은 어렵다.

'기를'을 취하는 용언 중에도 주로 '는 것' 절만 허용되는 용언들이 있다. 다음은 7.1.에서 제시한 용언 중에서 '는 것'을 취하는 경향이 보이는 용언들을 추린 것이다.

(49) '기를'을 취하는 용언 중에서

　　가. 원하다

　　나. 싫어하다, 좋아하다, 즐기다, 게을리하다, 두려워하다 등

　　다. 피하다, 기피하다, 주저하다, 거부하다, 포기하다

'바라다, 희망하다, 기대하다' 등은 주로 '을 것'을 취하는데, 유사한 의미를 가지는 '원하다'는 '는 것'을 취한 예만 검색된다.

(50) 가. 난처한 입장에 처하게 되는 것을 원하지 않았다.

　　나. 그렇게 가혹하게 심판받는 걸 원하지 않았을 거예요.

다음은 (49나)에 열거한 용언들의 예이다. 앞은 '기'절의 예, 뒤는 '것'절의 예이다.

(51) 가. 작가가 못 되니까 책방에 드나들기를 싫어한다. ; 돌아다니지
　　　 도 않고 말하는 것도 싫어했다.

　　나. 내리는 비 맞기를 좋아한다. ; 노래 부르는 걸 좋아해.

　　다. 아이가 혼자 있기를 즐긴다. ; 본래 먹는 걸 즐긴다.

　　라. 삼년상 동안 상식 올리는 것을 게을리하지 않았다. ; 아내는
　　　 편지 보내기를 게을리하지 않았다.

다음은 (49다)에 열거한 용언들의 예이다. 마찬가지로, 앞에는 '기'
절의 예, 뒤에는 '것'절의 예이다.

(52) 가. 식사만 챙겨 드리고 곁에 있기를 피해도 ; 기업을 위해 부풀
　　　 리는 것은 피해야 한다.

　　나. 열악한 환경 탓에 시설에서 생활하기를 기피한다. ; 땀을 흘
　　　 리는 걸 기피하는 경향이 있다.

　　다. 의사도 사실대로 말하기를 주저한다. ; 경영자는 위험이 수반
　　　 되는 대사업에 투자하는 것을 주저하게 된다.

　　라. 조서에 지장 찍기를 거부했다. ; 당시의 상황을 설명하는 걸
　　　 거부하고는.[12]

　　마. 이미 그의 고민을 함께 나누기를 포기하고 ; 블록버스터와 대

적하는 걸 포기하는 대신

그런데 '주저하다, 거부하다'와 유사한 의미장에 있을 듯한 '거절하
다'는 '는 것'과 '을 것'을 다 자유롭게 취한다. 이를 보면 '음, 기'의 선
택뿐 아니라 '은 것'과 '을 것'의 선택도 의미에 크게 상관없이 이루어
지는 일이 종종 있다고 할 수 있다.

(53) 가. 논임자들이 도장 찍기를 거절하였다.

　　　나. 마을에 물을 운반할 것을 거절한 젊은이

　　　다. 지상에 올라가 왕후가 되는 것을 거절하고

(D) '기'절 ↮ '것'절

'기'절 자리에 '것'절이 잘 쓰이지 않는 경우가 있다. '기 때문, 기 망
정이다' 등 관용적으로 굳어진 구성을 제외하고 모으면 대략 다음과
같다.

(54) 가. 기가 바쁘게, 기 쉽다₁, 기(가, 에) 좋다, 기(가, 에) 편하다

　　　나. 충분하다, 알맞다, 편리하다, 편하다, 불편하다, 적당하다,
　　　　　적절하다, 부족하다, 적합하다, 족하다, 거북하다, 안성맞춤
　　　　　이다, 무리이다, 넉넉하다

　　　다. 급급하다, 여념이 없다, 분주하다, 바쁘다

　　　라. 이르다, 나서다, 앞장서다, 주저하다, 힘쓰다, 인색하다, 몰

12　'거부하다'는 '을 것을'이 쓰인 예가 하나 검색된다. "최종 회담에 참석할 것을 거부했
　　다."가 그것이다.

두하다, 골몰하다, 노력하다

마. 민망하다, 지치다, 어렵다, 힘들다, 부끄럽다

바. 시작하다, 끝내다, 마치다, 멈추다 등

이들은 모두 '기'절을 취하지만, 비교적 서상법의 의미가 읽히지 않는 용언들이다. 물론 이런 인상은 결과에 입각한 해석일 수도 있다. (54가)는 일종의 양태 구성처럼 쓰이는 것들이고, (나)~(마)는 '기에' 형태를 취하는 것들이다. 7.1.에서 '는 데'가 더 자연스럽다고 언급한 바 있다. 이 중에서 (마)는 '기에'가 아닌 '기가' 형태일 때는 '것'절을 취한다. (바)는 사태의 시작, 중간, 끝 등 사태의 국면을 가리키는 데 쓰일 때는 주로 '기'절을 취한다. "질문하기를 멈추고"와 같은 예가 이에 해당된다. '것'절은 가능한 것 같지만, 실제 쓰인 예는 그다지 검색되지 않는다.

이 중에서 (54가)의 구성만 일부 살펴보자. 먼저, '기 쉽다₁'은 '가능성이 많다'는 의미의 굳어진 구성으로, 아래 (55가)에서 보듯이 '것'절은 나타나지 못한다. 이는 '쉽다'가 본래의 의미인 '힘들지 않다'로 쓰일 때의 '기 쉽다'와는 아주 다른 점이다. (55나)에서 보듯이 이런 의미일 때는 '기'와 '것'이 대체로 가능하다.

(55) 가. 해결의 의지가 없는 것으로 {오해받기, *오해받는 게} 쉽다. ;

역효과를 {내기, *내는 게} 쉽다.

나. 고급문화는 대중적인 인기를 {얻기가, 얻는 게} 쉽지 않다.

다. 무더위로 인해 피부가 더 거칠어졌기 쉽다.

이 두 구성의 차이는 시제어미 결합에서도 확인된다. (55다)에서 보듯이, 가능성의 의미일 때는 '기' 앞에 '었'이 결합할 수 있다.

어떤 일을 하기 쉽거나 편하다는 의미의 '기 좋다'도 '것'절은 잘 쓰이지 못한다. 간혹 '것'절이 가능한 것처럼 보이는 경우도 있지만 (56나)처럼 의미가 약간 달라진다. '기 편하다'도 마찬가지이다. 이들 구성은 대개 (라)처럼 많이 쓰인다.¹³ 이들은 '기, 기에, 기가'로 모두 쓰이고 의미가 차이가 없다.

(56) 가. 땅이 기름지고 {물 대기가, *물 대는 것이} 좋다.

나. 그늘이 짙어서 그 밑에서 {놀기가, ?노는 게} 좋았다.

다. 정거장이 열 개 있었기에 손가락으로 {꼽기에, ?꼽는 게} 편했다.

라. 보기 좋고, 살기 좋고, 애 키우기 좋고, 장 보기 편하고 살기 편하고

(E) '음'절 → '은 것' 절

'음'절이 쓰이는 고빈도 용언 중에, '은 것'만 주로 가능한 용언은 다음과 같은 것들이다.

(57) 가. (음이) 마땅하다, 옳다, 아쉽다, 필요하다

나. (음에) 틀림없다, 불과하다, 지나지 않다

다. (음이) 드러나다, 밝혀지다, 입증되다, 증명되다. 발견되다,

---

13 "아는 체하지 않으면 같이 {일하기가, 일하는 게, 일하는 데} 편하고"처럼 '-기 편하다'가 때로는 '는 것'이 가능한 것처럼도 보인다. 그런데 이는 상당히 우연한 것이고, 그 의미가 완전히 같은 것 같지가 않다. 오히려 '일하는 데 편하고'가 '일하기가 편하고'의 의미와 같은 듯하다.

지적되다, 확인되다, 판명되다.

(57가)의 용언 앞에는 '을 것'은 쓰이지 못하고, 대개 '은 것'이 쓰인다.

(58) 가. 다른 모습을 보이지 못하는 것이 아쉽지만
    나. 깃발은 노란색으로 표현되는 것이 옳다.
    다. 하우스 개설은 불허되는 것이 마땅하다.
    라. 언론의 특성을 살펴보는 것이 필요하다.

(57다)의 용언들도 모두 '을 것'은 취하지 않는다. 그리고 '은 것'도 주로 '다는 것'의 형태로 나타난다. 아래는 '은 것'이 붙은 예들인데, 이들은 대체로 '다는 것'으로 바꿀 수 있다.

(59) 가. 처리가 잘못된 것이 밝혀졌다.
    나. 거짓말로 국민을 우롱한 것이 입증되기도
    다. 항체가 형성되어 약효가 효과적으로 발휘되고 있는 것이 확인되었다.
    라. 이 발표로 빛은 파동성과 입자의 두 측면을 모두 가지고 있는 것이 판명되었다.
    마. 허위로 진술한 것이 드러나면서 ; 공문까지 위조되었다는 것이 드러났다.

이 외에도 '은 것'만 주로 허용되는 용언들로는 다음이 있다.

(60) 가. (음을) 느끼다, 말하다, 보다, 깨닫다('다는 것' 압도적 고빈
　　　도), 확인하다, 밝히다(다는 많음), 지적하다(다는), 발견하다,
　　　시사하다, 의미하다(다는), 인식하다(다는), 간과하다(다는),
　　　일깨우다(다는), 기억하다, 반영하다. 피하다, 알아보다 등

　　나. (음에) 주목하다, 주의하다, 유의하다, 사로잡히다, 익숙하
　　　다, 지치다, 넘어가다, 기인하다, 항의하다, 대응하다, 싫증
　　　나다(내다), 동의하다, 말려들다, 의심하다

　　다. 놀라다, 당혹감(놀라움, 불만 등)을 느끼다, 흡족하다, 만족하
　　　다, 감탄하다, 분노하다, 감동하다, 감격하다, 어처구니없다,
　　　당황하다, 서글프다, 억울하다

　이들은 '을 것'이 거의 쓰이지 않으며 '은 것'도 '다는 것' 형태의 절
이 압도적으로 고빈도로 쓰인다. 게다가 (60나)와 (다)의 상당수의 용
언들은 '것'절의 출현 빈도 자체가 아주 낮다.

(F) '음'절 → '은/을 것' 절

　'을 것'도 가능한 용언으로는 '강조하다, 주장하다, 알리다, 암시하
다, 감안하다, 선언하다, 예고하다, 경고하다' 등이 검색된다. '음'절
을 취하는 고빈도 용언들 전체 비중에서는, 상당히 적은 편이다.

(61) 가. 인식과 발상을 바꿀 것을 강조했다.
　　나. 아름다움을 담을 것을 주장했다.
　　다. 인간 중심으로 전환할 것을 알리는
　　라. 꾸중을 듣더라도 심하지 않을 것을 감안하여.

이상 살펴본 바에 따르면, '음'과 '기' 사이, '은 것'과 '을 것' 사이에는 서실법과 서상법의 차이가 있지만, '기'의 서상법이 '을 것'의 서상법으로 이어진 것은 아니라고 할 수 있다. 이는 서상법의 의미가 읽히는 환경의 '기'절도 오로지 '을 것'과만 넘나들어 쓰이지는 않는 데서 확인된다.

한국어의 대표적인 서상법 표지는 관형사형어미 '을'이다. 그런데 명사화소 '을 것'은 '을'만큼 의미 범위가 넓지는 않다. 단적인 증거로 '을' 앞에서는 '었'이 결합하는데, '을 것' 앞에는 '었'의 결합이 크게 제약된다. 이는 명사형어미 '기' 앞에 '었'이 잘 결합할 수 없었던 것과 상통하는 현상이다. '기' 앞에 '었'이 결합할 수 있는 구문은, '기 때문', '기 망정/십상이다', '기 쉽다', '기도/기는/기만 하다', '기 바라다' 정도에 불과하다.[14] 이 중에서 서상법의 '기'라고 할 만한 것은 '기 쉽다'와 '기 바라다' 정도이다. 아래 예는 과거 상황에 대한 추측의 의미를 전달한다.

(62) 가. 그 사람이 차라리 내가 싫어서 떠났기를 바란다.

　　　나. 이놈이 이젠 신문사에 들어갔기 쉬운데.

'을 것' 앞에 '었'이 결합되는 경우는 다음과 같은 구성들에서이다.

(63) '었을 것이다'류(1201), '었을 것으로 V(보이다, 생각되다)'류(83), '었을 것 같다'(24), '었을 것이 분명하다(틀림없다, 눈에 보이다)'류(21), '었을 것'(16), '었을 것을 생각하다(미루어 알다)'류(15)

14　명사절 '기'의 시제 결합 양상은 문숙영(2005: 248~258) 참조.

'었을 것이다'는 서술어에 쓰인 '을 것이다'이고 '었을 것'은 '이다'가 생략된 구문이므로, 일단 이 장의 대상이 아니다. 그러면 가장 고빈도의 것은 "진실이 밝혀졌을 것으로 보인다"처럼 '것으로' 절을 취하는 구문들이다. 후행 동사들도 '보이다, 여기다, 생각되다, 보다, 추측되다, 추정되다, 짐작되다, 여기다, 믿다' 등이 검색된다. 그리고 이때의 '었'은 '기' 앞의 '었'이 그런 것처럼 과거의 사태임을 가리킨다. '었기'나 '었을 것' 중에서 반사실로 해석되는 경우는 별로 없다.

'기'와 '을 것'이 서상법의 범주에 든다고 해서 그 의미가 완전히 같지는 않다. 서상법의 '기'를 모두 '을 것'으로 바꿔 표현할 수도 없고, '었기'가 가능하다고 해서 '었을 것'이 가능하다고 보기도 어렵다. 일례로 '었기를 바라다'가 있지만, '희망하다, 원하다, 기대하다' 앞에 '었을 것'이 쓰인 예는 검색되지 않았다.

요컨대 한국어의 서상법 표지들은 조금씩 사용 범위가 다르다. 한 언어 안에서도 서상법이 사용되는 범위가 다르고 현실성 대립은 꽉 짜인 체계를 형성하지 않는 경우가 많기 때문에, 이런 식의 의미 차이는 얼마든지 가능하다. 따라서 '음, 기, 것'이 같은 동사 앞에서 서로 약간씩의 의미 차이가 나는 것도 이상한 일이 아니다. 언어유형적으로 명사화소가 서법이나 시제, 상을 부차적 의미로 가지는 일이 종종 있기 때문에, 한 언어 안에서도 명사화소의 의미가 발휘되는 정도는 분포에 따라 조금씩 다를 수 있다.

8.3. '음', '기'와 '은/을 것'이 포함된
어미와 어미 상당 구성

이 절에서는 명사형어미 '음'과 '기'가 포함된 어미와, 의존명사 '것'이 포함된 어미 상당 혹은 조동사 상당 구성을 간단히 소개한다. 전자는 명사형어미가 포함된 문법형식의 발달은 언어유형론에서도 관심을 가지는 주제이기에 포함하였고, 후자는 '은/을 것'이 문법적 구성의 발달에 상당히 폭넓게 관련되어 있음을 보이기 위해 포함하였다.

단, '은/을 것'이 포함된 구성은, 앞에서 명사화소로 주장했던 형식에서 발달한 것은 아님을 밝혀 둔다. '것'의 발달에 관한 한, 아직 그 발달 경로는 알기 어렵다.

8.3.1. 명사형어미 '음', '기'가 포함된 어미

명사형어미 '음', '기'가 포함되어 발달한 어미로는 '으므로, 기에, 기로, 기로서니'가 있다. '으므로'와 '기에'는 원인과 이유의 연결어미이다.

(64) 가. 대리 투표는 금지되어 <u>있으므로</u> 무효표로 처리할 예정이다.
   나. 얼굴빛이 <u>심각했기에</u> 당황할 수밖에 없었다.

명사형어미에서 발달한 연결어미가 공교롭게 원인과 이유로 공통되는 것이 흥미롭다. 명사화된 절 뒤에 접사가 붙은 형식으로 원인절이 표현되는 일은 다른 언어에서도 발견된다. Dixon(2009: 21)은 트리오어(Trio)(Carib family, Carlin 2004: 211~212, 2006: 11)에서는 명사화된 절 뒤에 명사 과거시제 접사와 도구격 접사를 결합하여 원인절을 나타내고, 캄어(Kham)는 명사화된 동사에 능격/도구격 접사나 탈격 접사를 결합하여 원인절을 나타낸다고 하였다.

원인절에 도구격이나 탈격 접사가 붙는 것은 충분히 이해할 만하다. 영어의 'with'처럼 도구와 원인이 한 표지로 표현되는 언어가 많은 만큼 원인과 도구는 개념적으로 가깝고, 원인은 행위의 출발점이라는 점에서 탈격과 유사한 면이 있다. 한국어의 원인의 어미 '으므로'와 '기에'도, 명사형어미 뒤에 '으로'와 '에'가 붙었으므로 비슷한 경우이다.

'기에'와 유사한 어미로 '길래'도 있다. 아주 오랫동안 '길래'는 '기에'의 잘못된 어형으로 취급되어 왔으나 최근에는 구어에서의 쓰임이 인정되어 표준어로 추가되었다. '길래'는 '기에'와 마찬가지로 원인과 이유의 절에 쓰이지만, '기에'와 아주 동일하지는 않다.

일례로, '길래'는 주절의 주어가 1인칭일 때 비교적 자연스러운데, '기에'에는 이런 제약이 없다. (65가)는 주절의 주어가 3인칭인 경우로 부자연스럽고 (나)는 1인칭 주어로 자연스럽다.

(65) 가. [?]네가 엄마 집에서 잘 먹길래, 엄마가 가져다주셨어.

　　 나. 엄마 집에서 잘 먹길래, 내가 엄마 집에서 얻어 왔어.

'기로'는 까닭이나 조건을 나타내거나, '아무리 그렇다 하더라도'의 의미를 나타낸다. (66가)가 전자의 의미로 쓰인 예이고, (나)가 후자의 의미로 쓰인 예이다.

(66) 가. 행동이 타의 모범이 되기로 이에 표창장을 수여한다.

나. 아무리 그가 좋기로 그렇게까지 할 필요가 있니?

그런데 '기로'의 강조형으로 '기로서니'도 있다. 이 '기로서니'는 '기로'의 두 번째 의미인 '아무리 그렇다 하더라도'의 의미로 주로 쓰인다.

(67) 가. 아무리 바쁘기로서니 전화 한 통 못 하랴.

　　　나. 한 번 약속을 어겼기로서니 절연까지 할 것은 뭐 있나?

이 외에 어미로 굳어졌다고 할 수는 없지만, 앞으로 탐구할 만한 구성들이 있다. 아래의 '기에'는 준연결어미처럼 사용된다.

(68) 가. 필자가 보기에, 철학함이 결국 삶과 세계에 대한 통찰을 뜻한 다면…

　　　나. 학생들이 보기에, 나는 영락없는 한량이다.

　　　다. 김 교수가 보기에, 이 통사들은 나름의 한계와 보완점을 갖고 있다.

이런 용법의 '기에' 대신에 '기로는'이 쓰이기도 한다. '기로는'의 경우 '는'이 생략되면 어색해지는 예도 많다. 이것이 가장 두드러지는 예는 (69다)이다. 이 예에서 '는'을 빼면 어색하다. 물론 '기에'에 '는'이 붙은 경우에도 '는'이 생략되면 어색해지는 예는 있다. (라)가 그런 예이다.

(69) 가. 사람들이 말하기로는, 중달이 아저씨네는 모두가 바보라는

것입니다.

나. 현재 우리가 알기로는, 이 자연계에는 4개의 힘이 존재한다.

다. 내가 짐작하기로는, 그것은 조금씩 허물어져 가는 자신을 붙
잡으려는 의도 같았다.

라. 그러나 그렇게만 생각하기에는, 우리 금융인들이 한국 근세
사에서 쌓아 올린 그동안의 역할이 과소평가되는 기분이어서
씁쓸하다.

그런데 위의 용법과는 다르면서 '는'이 생략되면 어색해지는 '기에'
형도 있다.

(70) 가. 유월의 초여름 밤을 우리들의 이야기로 가득 {채우기에는, *
채우기에} 아직도 밤기운이 차가웠다.

나. 독립적인 자기만의 공간을 {누리기에는, ?누리기에} 아직 뭔
가 미숙함이 있는지도 모른다.

다. 이번 사건이 단독 {범행이기에는, *범행이기에} 모순점이 너
무 많다.

라. 이익의 극대화를 추구하는 재벌들에게 {떠맡기기에는, *떠맡
기기에} 마음이 놓이지 않는다.

이 맥락에서 '는'이 기여하는 의미 때문에 어색해지는 것인지, 아니
면 이미 '기에는'으로 굳어졌기에 어색해진 것인지는 알기 어렵다. 적
어도 명사형어미 '기'와 부사격조사 '에'의 합으로만 설명할 수 있는
예가 아닌 것은 분명하다. 여기서는 현상만 지적하고 향후 과제로 남
겨 둔다.

'음에도'도 최근 연결어미로 발달해 가는 과정 중에 있는 형태이다. 원래 '음에도 불구하고'로 쓰이던 것이 언제부터인가 '불구하고' 없이 단독으로 쓰이는 일이 많아졌다.

(71) 가. 어머니가 만류했음에도 뿌리치고 나갔다.

　　　나. 위험한 낭떠러지가 많음에도 경고판 등 안전장치가 전무했다.

8.3.2. '은/을 것'이 포함된 어미 상당 구성

'은/을 것'이 포함된 어미나 어미 상당 구성이 있다. 그런데 이들 구성은 기원적으로 관형사형어미와 의존명사 '것'에서 발달했다는 사실만이 확실할 뿐, '것'의 지위나 위상에 대해서는 분명하게 말할 수 있는 것이 별로 없다.

의존명사가 포함된 구성의 발달이 그러하듯이, 이들 구성도 관형사형어미 중 어느 하나만을 취하여 구성이나 어미로 굳어진다. 여기에는 대개 관형사형어미의 의미, 즉 서실법과 서상법이 관련되어 있다.

'을 것이다'

미래, 의지, 추측 등의 의미로 쓰이는 '을 것이다'가 있다. (72가)는 추측의 의미로, (나)는 의지의 의미로, (다)는 예정, 미래의 의미로 해석된다. 선어말어미 '겠'이 담당하는 의미와 많이 가깝다. 그래서 현대국어 문법에서는 미래시제나 양태 형식으로 다루어진다.

(72) 가. 새벽에 출발하자고 하는 데는 마땅한 이유가 있을 것이다.

　　　나. 내일은 절대 늦지 않을 거야.

　　　다. A: 수업 끝나고 뭐 할 거야?

B: 친구랑 영화관 갈 거야.

'을 것이다'의 이런 발달은 방언에서도 발견된다. 제주 방언에는 중앙어의 '겠'이 올 만한 자리에 '으크'가 쓰이는데, 이는 기원적으로 '을 것이-'에서 발달한 것이다.

(73) 가. 난 지비 가크여. (나는 집에 가겠어.)

　　　나. 내일은 비 오크여. (내일은 비가 오겠다.)

제주 방언에서는 파열음이 관형사형어미 '을' 다음에 올 때 거센소리로 바뀌는 현상이 있다. 예컨대 '땔감'의 의미인 '지들켜'가 그런 예이다. 이는 동사의 관형사형 '지들'에 '것'이 결합한 것이다. 동일하게 '으크'도 앞의 '을' 때문에 뒤의 '거'가 거센소리가 된 사례이다. 그런데 제주 방언에서의 '으크'는 추측과 의지를 표현하는 데 주로 쓰이고, 미래시제의 의미일 때는 '을 것이다'가 선호된다.

(74) 가. 난 내일 서울 갈 꺼여. (나는 내일 살 거야.)

　　　나. 난 내일 서울 가켜. (나는 내일 가겠어, ?갈 거야)

'을 것을', '을걸'

연결어미처럼 쓰이는 '을 것을'이 있다. 대개 일어나지 않은 사태, 혹은 반사실적 사태에 결합하여 쓰인다. 이 형식은 아직 연결어미 상당 구성으로도 인정받지 못한 것인데, 이런 쓰임은 아주 오래전부터 있어 왔던 것이다.

(75) 가. 옆에서 포카를 치던 친구는 가만히 앉아 있었더라면 좋을 것을, 그는 피식피식 웃기 시작했고 급기야는 같이 지껄이기 시작했다.

　　나. 그녀에 대한 의식만 없었다면 그대로 파묻혀도 원 없을 것을, 바로 그녀에 대한 의식 때문에 필시 이대로 어둠의 입자로 증발해 버리…

　　다. 본견이었으면 좋았을 것을, 치마 저고릿감이 화학섬유인지 자꾸만 다리에 휘감겨 새댁은 몇 발자국 가다 말았다.

　　라. 하늘 광명의 빛을 아니 주시었던들, 저는 좀 더 보기 좋게 살아왔을 것을, 저는 이것을 불러 이성이라고 하면서 어떤 짐승보다도 더 짐승처럼 삽니다.

이현희(2012: 88~89)에서는 (76가)의 '다만 이삼일만 견듸면 될 거슬'과 (나)의 '사룸이 겨유 안져셔 더워 오는 거슬'은 이 문장 내에서 목적어의 기능을 하지 않고 오히려 그 뒷부분 '엇지 굿트여 우민ᄒ리오' 및 '네가 믄득 와셔 요란을 ᄭᅵᄂᆞᆫ도다'와 문장이 연결되는 양상을 보인다고 하였다. '다만 이삼일만 견듸면 될 터[인듸, 이로듸]'나 '사룸이 겨유 안져셔 더워 오는 것[인듸, 이로듸]' 정도로 달리 표현될 수도 있을 것이라는 것이다.

(76) 가. [다만 이삼일만 견듸면 될 거슬] 엇지 굿트여 우민ᄒ리오 (『홍루몽』4: 30)

　　나. [사룸이 겨유 안져셔 더워 오는 거슬] 네가 믄득 와셔 요란을 ᄭᅵᄂᆞᆫ도다 (『홍루몽』51: 37)

아울러 이런 식의 문장은 이전 시기에도 나타났던 것이지만 우리 학계에서 아직 언급된 바 없는 듯하여 함께 언급해 둔다고 하고 있다. 다음이 제시된 예의 일부이다.

(77) 가. 긔사 말랴 뵈 뿔 것도 보내던들 아ᄆ려나 뿌일 거슬 다ᄆᆫ 더 듸여만뎡 요ᄒ란 그리호마 (『순천김씨언간』 147)

나. 우리ᄂᆫ 계요 디내거니와 심식야 됴흔 ᄢᅢ 이시랴 볼셔 답장이 나 홀 거슬 왕ᄂᆡ 업서 이제야 뎌그며 병환이나 쉬 쾌차ᄒᆷ 바라노라 (『나주임씨언간』 3, 비오개집)

다. 발셔 ᄂᆞ아와 문병홀 거슬 쳔흔 몸의 미양이 잇고 병셰 이ᄃᆡ 도록 ᄒᆞ믈 몰나 흔 번 고문ᄒᆞ미 업더니 (『화씨충효록』 2: 62)

연결어미처럼 쓰이는 '을 것을'은 구어에서는 '을걸'로 주로 나타난다. 그리고 여기서 발달한 것으로 추정되는 종결어미의 '을걸'이 있다.

(78) 가. 이럴 줄 알았으면 전화라도 해 보고 {올걸, 올 것을}

나. 이미 결과는 나와 {있을걸, *있을 것을}

(78가)의 '을걸'은 후회의 의미로 쓰인 것이고 (나)의 '을걸'은 추측의 의미로 쓰인 것이다. 후회의 의미로 쓰일 때만 '을 것을'로의 환원이 가능하다. 그리고 이 의미는 위에서 살펴본 연결어미 상당의 '을 것을'의 용법과 아주 비슷하다.

이민(2012: 27~28)은 후회의 '을걸'은 '을 것을'에 뒤따르는 부분이 절단되어 문장의 끝에 위치하게 된 형식이라고 하였다. 근대한국어 자료를 보면 이 용법이 '이럴 줄 아던들', '평안흔 일을 알앗더면' 등의 표현과 함께 나타나고 있어 '을 것을' 구문 중에서도 반사실적 가정 구문에서 형성되었을 가능성이 있다고 보았다.

'을 것 없다'

이 외에 '을 것 없다' 구성도 생각해 볼 수 있다. 이 구성의 '것'은 명사를 대신 지시하는 의존명사로 쓰였다고 보기 어렵고, 전체가 조동사나 어미 상당 구성으로 굳어진 듯하다.

우선, 다음 예에서의 '것'은 의존명사 '것'의 용법과 크게 다르지 않은 것들이다. (79가)의 '것'은 명사를 대신해 쓰였다. (나)와 (다)의 '것'은 (가)의 '것'보다는 지시성이 좀 덜한 듯하지만, '없다'의 성분으로 볼 수 있다. '것' 뒤에 격조사 '이'도 결합할 수 있고, 의미적으로 허용된다면 '것' 대신에 '일' 등의 다른 의존명사를 상정해 볼 수도 있다.

(79) 가. 소문난 잔치 먹을 것 없더라고.

　　나. 그게 결코 유행가 가사보다 나을 게 없다.

　　다. 그런 거 건드려서 좋을 것 없으니까 관두자.

그러나 다음 예에서는 '을 거'가 '없다'의 성분으로 해석될 수는 없고, '을 것 없다' 전체가 [할 필요 없다]나 [하지 않아도 된다] 정도의 의미로 해석된다. (80가)는 '풀 죽을 일이 아니다, 풀 죽을 필요 없다'의 의미로 해석된다. (나)는 [겁먹지 마라, 겁먹을 일이 아니다]의 의미이고 (다)는 [갈 필요 없다, 가지 마, 가지 않아도 돼] 정도로 해석된다.

(80) 가. 손톱만치도 풀 죽을 거 없어라우.

　　나. 겁먹을 것 없어. 아무 일도 아니야.

　　다. A: 제가 먼저 찾아가 뵐까요?

　　　　B: 갈 거 없어, 뭐 하러.

이들 예에서는 '것' 다음에 조사 '이'가 결합하면 어색하다. 예컨대 '갈 게 없어'나 '죽을 게 없어' 등은 어색하다. 따라서 이런 경우의 '을 것 없다'는 '을 수 있다'처럼 굳어진 구성으로 볼 만하다.

'은 것이다'

'은 것'이 포함된 구성으로는 서술어 자리에 쓰이는 '은 것이다'를 들 수 있다. 이 구성은 문어 텍스트에 쓰일 때와 구어에서 쓰일 때를 분리하여 보는 것이 유용하다. '은 것이다'의 의미 기술은 결코 쉽지 않다.

먼저, 문어에서 쓰이는 '은 것이다'의 예이다. ③은 바로 앞의 문장인 ② 혹은 ②의 밑줄 친 부분에 대한 이유/원인을 제공하고 있다. 즉 '몸짓이 자유롭지 못한 것'의 원인이 ③에 표현된 '그동안 옷을 너무 많이 껴입음'에 있음을 나타낸다. 즉 ③은 의미적으로 ②와 관련되어 있다.

(81) ①보수주의에 먹히지는 말자고 비굴한 웃음을 지으며 오랜 세월 살아왔다. ②이제 표면적으로 보수주의가 물러갔기에 나도 이제 그동안 갈무리해 놓았던 본모습을 드러내보자고 꿈틀거리는데 어째 몸짓이 자유롭지 않았다. ③그동안 너무 많은 옷을 껴입은 것이다.

다음 예에서도 이런 양상을 발견할 수 있다. 아래에서 문장 ⑥은 선행 문장인 ⑤가 의미하는 바를 자세히 풀어쓴 것이다. 즉 '정통성을 둘러싼 해묵은 시비를 씻어 내었다'는 의미가, 곧 '참다운 통치 시대를 열 기초는 닦아 놓았음'을 의미하는 것으로 해석된다. 혹은 ⑥은 ⑤의 '해묵은 시비를 말끔히 씻은' 데 따른 실질적인 결과로 해석될 수도 있다. 무엇으로 해석하든 ⑥은 ⑤에 묶여 처리된다.

(82) ①이 문제를 슬기롭게 극복해 내지 않으면 안 된다. ②지도자의 높은 윤리의식과 능력이 요청되고 있다. ③국민들의 의식과 발상의 전환도 요청되고 있다. ④지도자와 국민이 한마음 한뜻이 되어야 한다. ⑤다행히 지난번 선거를 통해 정통성을 둘러싼 해묵은 시비를 말끔히 씻어 내었다. ⑥참다운 문민 통치 시대를 열 수 있는 기초는 닦아 놓은 것이다. ⑦우선 줄서기부터 확실히 해 보는 것이 어떨지.

이 두 예의 공통점은 '은 것이다' 문장이 의미적으로 선행 담화에 의존한다는 것이다. 즉 담화를 내용상 구획 짓는다면 '은 것이다'는 선행 담화에 주로 묶이지, 선후행 담화에 모두 독립적이거나 후행 담화와 묶이지는 않는다. '은 것이다'는 선행 담화에 대한 부연, 해설, 평가 등을 제공하면서 이런 의미적인 의존성을 효과적으로 표시하는 장치이다.

지금까지 살펴본 것과는 달리, '은 것이다'가 이미 알고 있는 사실과 관련되는 경우도 있다. 다음 (83나)는 영희가 화가 난 사실을 화자가 이미 알고 있을 때 쓸 수 있다. 그리고 동생이 영희 옷을 입고 나간 것이 영희가 화가 난 원인임을 단언할 때 쓰인다.[15] 반면에 (가)에는 화자가 무언가를 알고 있어야 한다는 조건이 없다.

(83) 가. 영희는 동생이 말도 없이 자기 옷을 입고 가 버려서 화가 났다.

나. 영희는 동생이 말도 없이 자기 옷을 입고 가 버려서 화가 난 것이다.

구어에서의 '은 것이다'도 문어 텍스트에서처럼, 선행 발화에 대한 원인/이유, 상세화 등을 추가적으로 제공하는 데 쓰인다. (84가)의 '은 거야' 발화는 선행 발화의 원인/이유를 제공한다. (나)의 '은 거지' 발화는 선행 발화에서 표현하고 싶었던 것을 다시 풀어 말한 것이다. 즉 모두 의미적으로 선행 담화에 의존적이다.

(84) 가. 가서 보니 사장이 소리를 고래고래 지르더라고. 직원이 다 챙기고 떠난 걸 안 거야.

나. '임대 중'이라고 붙여 놓은 상가들이 많더라고. 많이들 폐업한 거지.

그런데 문어에서와 달리, 구어에서는 후행 발화를 끌어들이기 위해 '은 거야'를 도입 발화로 쓰기도 한다. 아래 (85가)와 (나)의 '은 거야'는 후행 발화를 끌어들이기 위한 배경과 맥락을 제공한다.

(85) 가. 고양이가 너무 키우고 싶은 거야. 그래서 가게에 가 봤어.

나. 버스가 딱 왔는데, 버스 안에 사람이 엄청 많은 거야. 요즘 정

15 이런 분석이 Kuroda(1979)에서 일본어의 'noda'를 대상으로 이루어진 바 있다.

말 경제 사정이 안 좋구나 했지.

(85가)에서 '고양이를 키우고 싶은 거야' 발화는 '가게에 가 본' 동기 혹은 이유이며, (나)에서 '버스 안에 사람이 엄청 많은 거야'는 경제 사정이 안 좋아서 대중교통 이용객이 늘었구나 하는 판단의 배경 혹은 근거이다. 즉 선행 담화에 의존적이지 않고 일종의 도입 발화로 쓰인 '은 거야'는, 이 발화를 시작으로 이것과 관련되어 있는 후속 발화가 이어질 것이라는 표시의 일종이다.

'은 거야'의 도입 발화로서의 기능은, 선행 담화 없는 '은 거야' 발화를 상상해 보면 된다. 예컨대 "내가 어제 새벽에 들어간 거야."라는 발화를 들었다고 해 보자. 그럼 청자는 이어서 무슨 일이 있었고, 이에 대한 발화가 이어지리라고 기대하게 된다. 그리고 만약 후속 발화가 이어지지 않는다면, "그래서?"와 같이 후속 발화를 재촉하는 반응을 보일 수 있다.

선행 담화에 의존적인 추가 정보를 제공하거나, 후속 발화를 끌어들이기 위한 도입 발화로서의 용법 외에, 선후행 담화와 무관하게 쓰이는 '은 거야'도 있다. 이때의 '은 거야'는 종결어미로 표현된 것과 별로 달라 보이지 않는다.

(86) 가. 행복이란 이름은 왜 {지은 거야?, 지었어?}

　　　나. 주문한 게 언젠데 왜 이렇게 {늦는 거야?, 늦어?}

위의 '지은 거야?'와 '지었어?' 사이, '늦는 거야?'와 '늦어?' 사이에 큰 차이는 없어 보인다. 즉 '은 거야'만의 의미적 효과가 무엇인지 지목하기 어렵다. 이는 구어에서의 '은 거야'가 종결어미에 한층 가까워지고 있음을 시사한다.

문어에서 '은 것이다'가 화자의 전제와 관련되는 경우가 있었던 것처럼, 구어에서도 유사한 효과가 발휘되기도 한다. "부산 간 거야?"는 청자가 부산에 갈 것이라는 사실을 화자가 알고 있었거나 적어도 짐작하거나 예상했다는 느낌을 준다. 반면에 "부산 갔어?"에는 이런 추가적인 뉘앙스가 없다.

(87) 가. 부산 간 거야?

나. 부산 갔어?

'은 거야' 발화에 화자가 모종의 전제를 가지고 있음은 다양한 상황에서 발견된다. (88가)의 "다 먹은 거야?"는 식탁이나 접시 등을 보고, 청자의 식사 종료에 대한 어떤 판단이 있을 때 쓸 만하다. 이때 전제 혹은 판단이란 겨우 그것 먹었는데 설마 다 먹은 것일까, 혹은 숟가락을 내려놓은 걸 보니 다 먹은 것 같다 등 다양할 수 있다.

(88) 가. 다 먹은 거야?

나. 다 먹었어?

다. A: 커피 좀 줘.

B: 밥은 {먹은 거야?, 먹었어?}

반면에 (88나)의 "다 먹었어?"는 이런 판단의 유무에 대해서는 전혀 말해 주는 바가 없다. (다)의 "밥은 먹은 거야?"도 커피 달라는 요청에 밥은 먹었다고 예상하거나, 혹은 밥 안 먹고 커피를 마시면 별로 좋지 않다는 등의 어떤 전제를 가질 때 쓸 만하다.

'은 것이다'에 화자의 판단, 전제가 동반되리라는 점은, 다음과 같은 예에서도 확인된다. 한국어의 심리형용사나 감각형용사는 원칙적으로 1인칭 주어와만 쓰이고, 3인칭 주어일 때는 '어하다'로 바뀐다. 그런데 '은 것이다' 구문에서는 이런 주어 제약이 없어진다.

(89) 가. [?]김 교장은 이 상황이 참 슬프다.

나. 김 교장은 이 상황을 참 슬퍼한다.

다. 김 교장은 이 상황이 참 슬픈 것이다.

위의 (89다)에서 화자는 김 교장이 슬프다는 것을 단언한다. 즉 김 교장은 슬픈 게 틀림없다고 선언하는 듯한 느낌을 준다. 이때 화자의 판단이 김 교장을 직접 보아서인지 혹은 들어서인지 혹은 상황을 보고 지레짐작한 것인지는 알 수 없다.

4부

한국어의
부사절과
접속절

9장
부사절에 관한 언어유형적 접근

9.1. 절 연결의 유형론

9.1.1. 절 연결의 종류: 병렬, 종속, 의존병렬

절 연결의 종류는 전통적으로 병렬과 내포(=종속)로 이분되어 왔다. 그러다가 파푸아뉴기니어를 중심으로 이들과는 다른 절-연쇄가 발견되면서 절-연결의 분류는 새로운 국면에 접어들게 된다. 이 종류는 연쇄의 마지막 동사만이, 시제와 서법에 굴절하고 주어를 가리키는 접사를 가짐으로써 완전히 정형적이다. 그리고 이 외의 다른 동사들은 조금씩 비정형적이다. 이를테면 서법은 표시되지 않고, 시제는 표현된다면 절대시제보다는 상대시제가, 인칭은 해당 절의 주어가 이후의 절에도 이어지는지 새 주어가 도입되는지가 표시되는 방식이다.

이런 절-연쇄는 병렬과 달리, 마지막 절 외의 절은 문장을 구성하지 못한다. 일례로 van Valin(1984: 543)에 인용된 다음 추아베어

(Chuave)의 예에서 동사형 'i-re'와 'si-re' 각각은 홀로 문장을 이룰 수 없다. 마지막 동사인 'fu-m-e'만 이것이 가능하다. 문법범주의 의존성도 확인되는데, 맨 마지막 동사에만 서법이 표시되고 그 앞의 동사에는 서법 표지가 없다. 아래의 'INDIC' 표시가 그것이다.

(1) 추아베어 (Trans-New Guinea language, Thurman 1975)

가. Yai   kuba i-re   kei   si-re   fu-m-e. (Chuave)

man stick get-SEQ.SS dog   hit-SEQ.SS   go-3sg-INDIC

'The man got a stick, hit the dog, and went away.'

나. Yai   kuba i-re   kei   su-n-goro   fu-m-e.

man stick get-SEQ.SS dog   hit-3sg-SEQ.DS   go-3sg-INDIC

'The man got a stick, hit the dog, and it went away.'

이들 절-연쇄는 종속과도 다르다. 비-문말 절이 문말 절에 내포되었다고 주장할 만한 근거가 없기 때문이다. 이들은 논항도 아니고 부사절도 아니다. 위의 추아베어의 예에서 [막대기를 잡-]과 [개를 때리-] 절은 맨 마지막 동사 [도망가-]의 논항이 아니며 부사절도 아니다. 오히려 이들 절 사이의 관계는 영어 번역처럼 '전체가 연쇄로 더해진' 것처럼 보인다. 즉 종속절과 달리 [-내포]의 속성을 가지는 것이다. 이런 [+의존, -내포] 속성의 절-연쇄는 파푸아 언어에 국한되지 않고 스와힐리어와 하칼텍어(Jacaltec)에서도 발견된다. 이들 언어에서 병렬은 병치(juxtaposed), 즉 나란히 놓인다(van Valin 1984: 543~545).

[+의존, -내포]의 조합은 원래 파푸아어의 하나인 바라이어(Barai) 분석을 기반으로 Olson(1981)에서 의존병렬(cosubordination)이라는

이름 아래 제안되었던 것이다(van Valin 1984: 546). [±의존]과 [±내
포]의 조합으로 절을 분류하면 아래와 같이 네 유형으로 나뉜다.

　　　　[−의존, −내포]　　병렬(coordination)
　　　　[+의존, +내포]　　종속(subordination)
　　　　[+의존, −내포]　　의존병렬(cosubordination)
　　　　[−의존, +내포]　　삽입어구, 직접인용 보어

　van Valin(1984: 554~555)은 병렬, 종속, 의존병렬 사이의 통사적
연결의 강도는, 병렬이 가장 헐겁고 의존병렬이 가장 단단하며, 종속
이 그 중간에 있다고 하였다. 종속은 문법범주의 의존성이 아니라 분
포적 의존성만 있다고 보았기 때문이다.
　분포적 의존성이란 단독으로 문장을 이룰 수 없는 속성이다. 유럽
어의 경우 종속절인 보어절과 부사절이 정형 동사로 표현되는 일이
많다. 그래서 문법범주가 주절에 의존하는 일이 상대적으로 적다. 반
면에 파푸아 언어에서의 의존병렬은 분포적 의존성에 더해 문법범주
의 의존성까지 있다. 따라서 전체적으로 주절 의존성이 더 높다고 판
단한 것이다.

　• van Valin(1984)

Coordination	Subordination	Cosubordination
No	Distributional	Grammatical Category
Dependence	Dependence	Dependence

←——————————————————————————————→

Weakest　　　SYNTACTIC LINKAGE　　　Strongest

그러나 의존병렬에 대한 이런 분석은, 영어의 병렬과 종속을 파푸아 언어의 의존병렬과 비교했을 때 주로 유효한 듯하다. 한국어와 같은 부동사 언어를 끌어들이면 일이 그리 단순하지 않다. 일단, 한국어의 부사절은 문법범주의 의존성이 아주 큰 것부터 비교적 주절에 독립적인 것까지 정형성 양상이 아주 다양하기 때문에, 이같이 단순하게 분류될 수 없다.

의존병렬과 종속절, 동사 연쇄를 구분하는 과제가 던져지기는 했지만, 일단 의존병렬이란 새 유형의 발견과 절 유형론에의 도입은 의의가 크다. 절 연결이 병렬과 종속으로 양분되지 않고 수많은 중간적 존재가 있음을 주목하게 한 면이 있기 때문이다.

9.1.2. 접속사형 언어와 부동사형 언어

부사적인 종속접속을 표현하는 유형은 크게 세 가지로 나뉜다.

- Nedjalkov(1998: 423)

  (A) 부사적 종속접속사를 포함하는 정형적 동사 형식

  (B) 부동사

  (C) 형식적·의미적으로 자율적인 부치사가 뒤따르는 비정형적인 비부동사(nonconverbal) 형식

이와 유사하게 Bisang(2001: 1407)에서는 부사적 종속접속사를 사용하는 유럽형, 부동사를 사용하는 유라시아형, 동사 연쇄를 사용하는 극동형으로 나눈다. 극동형은 동사에 표시해야 하는 의무적인 문법범주가 없고 따라서 정형/비정형 구분도 없다. 이들 유형에서 동사 연쇄는 복수의 동사나 동사구가 아무 표지 없이 연결된다. 즉, 단순

한 병치이고 각각은 독립된 문장을 이룰 수 있다.

(A) 유형을 접속사형 언어라고도 한다. 접속사형 언어는 동렬구조 (co-ranking) 유형이라고도 하는데, 자립적인 두 절이 접속사에 의해 연결되고 절들 간의 위계가 비교적 동등한 유형이다. 반면에 (B) 유형인 부동사형 언어는 연쇄구조(chaining-structure)라고도 하는데, 선행절의 동사에는 시제, 상, 서법 등의 표시가 제약되고 이에 대한 정보는 후행절의 동사를 통해 얻어지는 유형이다. 한국어는 부동사형 언어이다.

Haspelmath(1995: 3~8)에 따르면 부동사란 부사적 종속을 표시하는 데 주 기능이 있는 비정형적인 동사 형식이다. 이 정의에서 의도하는 의미는 다음과 같다.

- 부사적(adverbial): 동명사에 상당하는 'masdar'와 '분사(participle)'를 배제하기 위한 것이다. 논항이 아니라 수식어이며, 동사, 절, 또는 문장을 수식하지만 명사나 명사구를 수식하지는 않음을 의미한다.
- 종속(subordination): '내포된' 혹은 '상위절에 포함된'의 의미이며, 병렬절과 대조된다.
- 비정형적(non-finite): 종속접속의 비정형적 형식만이 '부사적 동사'라고 말할 수 있기 때문에 정형적 형태는 제외하는 좁은 정의를 선택한다.
- 동사 형식(verb form): 동사의 굴절 패러다임에 속하는 동사형의 하나이지, '동사+보문자' 혹은 종속접속사처럼 자율성을 가지는 어휘소가 아니라는 의미이다.

부동사와 유사한 것으로 문중동사(medial verbs)가 있다. 문중동사는 독립된 문장으로는 쓰이지 않고 다른 지배동사와 함께 나타나는 동사이다. 이 문중동사의 개념은 파푸아어에서 사용되었는데, 이 언어는 동사-말이 기본 어순이다. 그래서 지배동사는 마지막 동사가 되고 문중동사는 자신의 논항들과 지배 동사 사이에 온다. 문중동사는 마지막 동사보다 덜 정형적이다. 지배동사에 나타나는 서법이 표시되지 않는 것이다(Haspelmath 1995: 20~21). (2)에서 직설법 표시('INDIC')는 마지막 동사에만 있다.

(2) 타우야어(Tauya) (Trans-New-Guinea; MacDonald 1990: 219)

Peima   fitau-fe-e-te   wate   tepau-a-ʔa.
carefully throw-PFV-1/2GS-MED.DS NEG   break-3SG-INDIC
'I threw it carefully and it didn't break.'

문중동사가 여러 개 연결되어 순차적인 사건을 나타낼 수도 있다. 이것이 9.1.1.에서 말한 절-연쇄(clause-chaining)이다. 절-연쇄의 유형에는 마지막 절만 독립된 동사형을 가지고 모든 선행 동사들은 문중동사인 유형과, 처음 절만 독립된 동사형이고 모든 후행 동사들은 문중동사인 유형이 있다.[1]

Haspelmath(1995)는 부동사와 문중동사의 가장 큰 차이가, 부동사는 내포의 차원에서 종속적인 반면에 문중동사는 의존병렬인 점에 있다고 하였다. 문중동사는 시제와 서법이 표시되지 않고 인칭과 수굴절도 종종 표현되지 않는다는 점에서 의존적이지만 내포적이지는

---

1 선행 절 연쇄는 유형론적으로 OV 기본 어순과 관련되고, 후행 절 연쇄는 VO 어순과 관련된다.

않기 때문이다(Haiman 1980, 1985, Reesink 1983, Roberts 1988). 게다가 문중동사는 부동사가 보이는 종속적 지위 기준에 하나도 부합하지 않는다고 하였다.

문중동사는 유럽어의 기준에서 보면 병렬절도 아니다. 유럽어에서 병렬절은 단독으로 독립 문장을 이룰 수 있는 것들이다. 따라서 문중동사절은 병렬과 종속접속의 중간쯤에 오는 것으로 보이며 Foley & van Valin(1984)에 따라 이 유형을 의존병렬²이라 부를 수 있다고 하였다. 즉 의존병렬을 논항도 아니며 명사를 수식하는 것도 아니고, 부사적이지도 않은 종속절 유형으로 파악한 것이다.³

그러나 한국어가 부동사형 언어로 분류된다면, 부동사와 문중동사가 과연 분명히 구별될 만한 것인지는 재고할 여지가 있다. 특히 부동사를 '내포적'이라고 보았기에 더욱 그러하다.⁴ 9.3.에서 살펴볼 것이지만 영어의 부사절 중에도 내포적이라 할 수 없는 것들이 존재한다. 근문 변형이 적용되고 독자적인 발화수반력도 가지는 등의 주절 현상도 보이는 것들이다. 10장에서 살펴볼 것이지만 한국어의 종속접속절은 이보다 더 독립적일 때가 많다.

이런 점에서 절−연결의 유형은 정형성의 기준에서는 수많은 중간

2　'의존병렬'이라는 번역어는 이익섭(2003)에서 제안한 것으로, 이익섭(2003: 152~163)은 의존병렬이라는 범주가 제안된 배경을 살펴보고 한국어에 적용하기에는 좀 회의적이라는 입장을 밝힌 바 있다.

3　의존병렬은 실제로 부사적이지 않기 때문에 부동사의 중심적이고 전형적인 사용이 아니다. 그럼에도 'After they took out the bottles, putting them in a row, they filled them with water'와 같이 부사적 종속과 절−연쇄 사이의 명확한 구분은 어렵다(Haspelmath 1995: 8).

4　Haspelmath(1995)에서도 부동사와 문중동사가 완전히 겹치지 않는 것은 아니라고 하고, 일본어 'te'의 예를 인용한다. 주어가 같을 때는 종속적이지만 주어가 서로 다를 때는 의존병렬이라는 것이다.

지점이 있는 연속체로 보아야 하고, 따라서 어떤 분류든 한계를 가질 수밖에 없음을 인정해야 할 듯하다. 일례로 유럽형도 접속사형 언어이면서 독립절과 의존절 사이에 형태적 비대칭성을 보여 준다. 다만 유럽형은 형태적 비대칭성에 대해 일관성이 없는 편이고 유라시아형은 비교적 일관성이 있다는 차이가 있을 뿐이다(Bisang 2001: 1408).

9.1.3. 등위형 언어와 강등형 언어

나란히 발생한 복수의 사건이 정형성 차원에서 어떻게 표현되느냐에 따라 등위형(balancing) 언어와 강등형(deranking) 언어로 나뉜다. Stassen(1985: 76~78)에서는 술어 하나는 정형적이지만 다른 하나는 문법범주가 제약되는 비정형의 형식으로 실현되는 언어를 강등형 언어라고 하고, 두 술어가 모두 정형적으로 실현되는 등위형 언어와 구분하였다.

강등형 언어에서 어느 술어가 비정형적으로 표시되는지는 언어마다 다르다. SOV 언어는 일관되게 선행하는 술어가 강등형이 된다. Stassen(1985: 125~126)은 강등형 언어 중에는 동사 어간에 종속화 접사를 붙임으로써 강등되었음을 구현하는 언어들이 있는데, 한국어도 그런 언어라고 하였다.

등위형/강등형 구분을 가져오되 그 의미를 약간 수정하여 적용한 논의도 있다. Cristofaro(2005)는 『WALS』에서 독립적인 평서문에 나타날 수 있는 형태를 등위형으로, 그렇지 못한 형태를 강등형으로 정의한다. 강등된 동사형은 해당 언어에서의 동사범주가 일부 제한되거나 아예 표현되지 않으며 때로는 종속절만의 표지가 추가된다. 독립적인 절로 쓰이느냐 여부를 전면에 내세운 것은, 언어에 따라 비정형적인 형식이 독립절로 쓰이기도 하기 때문이다. 어떤 언어에서 비정형 형식이 독립절에도 쓰이면서 종속절에도 쓰인다면, 이 언어는 등위형 언어로 분류된다.

등위형/강등형에 따른 유형 분류는 부사절의 종류에 따라 이루어지는 것이 보통이다. 의미 유형에 따라 더 독립적인 것과 더 의존적인 것이 있기 때문이다. 다음은 『WALS』의 이유절의 유형론에서 등위형 언어와 강등형 언어의 예로 제시한 것이다. (3가)와는 달리, (나)는 동사가 접사가 붙은 명사 형태이며, 인칭은 표시되지 않고, 대신에 경유격접사인 'gen'이 붙는다.[5]

(3) 가. Panjabi (Indo-European; India and Pakistan, Bhatia 1993: 75)

[cüüki	ó	bamaar	ai],	ó	nääi	aa	sake-gaa
because	he	sick	is	he	NEG	come	able-FUT.3m

'Because he is sick, he won't be able to come.'

나. Kolyma Yukaghir (eastern Siberia, Maslova 2003: 432)

[taŋ	marqil'	eris'	ann'-o:l-de-gen]		tabud-ek	lem-mele
that	girl	badly	speak-RNR-POSS-PROL		that-PRED	eat-3sg

'Because that girl had spoken wrongly, he ate her.'

『WALS』에서는 목적절, when절, 이유절, 'say, tell'과 같은 발화동사의 보어절의 동사형을 살펴보았는데, 그 결과만 모아 제시하면 아래와 같다.

---

5 경유격은 'prolative case'에 해당하는 것으로, '을 경유하여(by way of), 을 거쳐'를 기본 의미로 가지는 명사나 대명사의 문법격을 말한다고 한다.

	목적절	when절	이유절	발화동사의 보어절
등위형	38	84	90	114
등위형/강등형	30	39	37	18
강등형	102	51	42	11

이를 통해 대체적인 경향은 짐작된다. 목적절은 강등절로 나타나는 일이 절대적으로 우세하며, when절은 강등형과 등위형이 비슷한 수준이고, 이유절은 등위형이 훨씬 우세하다. Cristofaro(2003)에서도 이유절은 다른 유형의 부사절보다 강등된 종속절로 표현되는 일이 훨씬 드물다고 하였다.

원인절에 대한 최초의 언어유형적 연구인 Diessel et al.(2011: 4)에서도 샘플 언어[6]의 56.7%, 즉 반수 이상에서 원인절이 등위형 구성으로 표현된다고 하였다. 강등형은 31.7%인데 이런 언어는 시간 그리고/혹은 조건절도 강등형인 언어들로서, 원인절만 강등형인 언어는 하나도 없다고 하였다. 의미관계에 따른 이런 선호는 이들 절의 기능과도 상관이 있다.

한국어는 이들 네 개의 절이 모두 등위형으로 표시되어 있다. 그러나 무슨 근거에서 나온 결과인지는 밝혀져 있지 않다. 각 장마다 제시된 참고문헌으로 추정을 해 보면, 목적절은 Chang(1996: 164~165)의 '(으)러, 려고, 고자', '기 위해, (으)ㄹ 목적으로' 등에 관한 기술을 참조한 것으로 보이는데,[7] 이들 어미는 시제어미를 결합하지 않는 대

---

6 60개의 다른 그룹에서 60개의 언어를 선별했다고 밝히고 있다.

7 Schmidtke-Bode(2009)는 목적절은 미래성이 있어서 비완결상이나 비과거 시제 등과 연합하기 쉽다고 하면서 전망상을 강조하는 한국어의 다음 목적절의 예도 비슷하다고

표적인 것들이다.

when절은 Chang(1996: 152~154)의 '고, 고 나서, 자, 으면서', '(으)ㄹ 때, (으)ㄹ 적, (으)ㄹ 무렵, (으)ㄹ 때까지, (으)ㄴ 후에' 등을 참조한 듯한데, 전자의 연결어미 역시 시제가 결합되지 않는 환경이다. 이유절은 Chang(1996: 155~157)의 '어(서), 니(까), (으)므로', '(으)ㄴ 까닭에, (으)ㄴ 고로' 등에 대한 기술을 참고한 것으로 보이지만 이들 역시 등위형과 강등형에서는 갈리는 것들이다. 무엇보다 이들은 전부 단독으로는 주절의 기능을 하지 않기 때문에 등위형 언어의 기준에도 부합하지 않는다.[8]

9.2. 범언어적 범주로서의 부동사와 한국어

9.2.1. 부동사의 형태통사적 속성

Haspelmath(1995)는 '부동사의 범언어적인 연구를 위하여'라는 제목의 서두에서, 다음과 같이 쓴다.

부동사가 개별 언어에서는 광범위하게 연구된 데 반해, 유형론적이고 범언어적인 연구는 극히 적다. 이는 라틴어나 고대 그리스어에 부동사가 없기에, 서구의 전통문법은 이 개념에 대한 술어를 제공하지 않은 것과 관련이 있다. 유럽어에서 부동사는 'gerund, participle' 등의 다른 이름으로 알려져 있기도 하다.

하였다. (예) 나는 [돈을 벌 목적으로] 공부해요(Sohn 1994: 73).
8 이 부분은 문숙영(2016)에서 언급한 바 있다.

부동사의 범위는 너무 넓고 부동사형 언어로 불리는 언어 간의 차이도 크다. 언어유형적인 연구의 역사가 짧기도 하고, 서로 다른 이름으로 불려 온 역사도 있기에 더욱 그러하다. 여기에 더해, 연속동사처럼 부동사와 비슷해 보이는 구성이 부동사로 분류되는 일도 있어 왔다(Tikkanen 2001: 1116).

한국어는 부동사형 언어로 분류된다. 그러나 다른 부동사 언어와는 상당히 다르다는 점도 꾸준히 지적되어 왔다. 이 장은, 그간 보고된 부동사의 정의와 형태통사적 속성을 제시함으로써 한국어의 종속접속절과 부사절이 다른 언어의 부동사들과 얼마큼 같고 다른지를 가늠해 보는 보는 데 목적이 있다.

먼저 부동사의 정의를 살펴보자.

- 부사적 종속절을 표시하는 데 주 기능이 있는, 비정형의 동사 형식. (Haspelmath 1995: 3)
- 다른 동사 형식에 통사적으로 의존하지만 그것(의존하는 동사의)의 통사적 참여자는 아닌 동사 형식. (Nedjalkov 1995)
- [+의존적, −논항적, −명사 수식적, −정형적]인 동사 형식. (van der Auwera 1998: 281)

그간의 정의를 보면, 부동사가 논항이나 명사 수식어가 아니라는 점, 그 형식이 패러다임에 의한 동사의 굴절형이라는 점에는 대체로 의견이 모아지는 듯하다. 주된 차이는 Haspelmath(1995)처럼 비정형의 형식으로 제한하느냐, 아니면 Nedjalkov(1995)처럼 정형성 여부에 특별한 제한을 두지 않느냐에 있다.

그런데 이는 정형성의 정의와 그 경계에 달린 문제이다. Haspelmath

(1995: 5~7)에서도 라틴어나 고대 그리스어에서는 모든 동사가 정형적 자질이 명세되거나 혹은 어떤 자질도 명세되지 않는 두 부류로 나뉘는데, 이는 결코 언어 보편적인 경우가 아니라고 하였다. 오히려 정형성 척도는 다양한 중간 지점을 가진다는 것이다. 그럼에도 불구하고 비정형성을 기준으로 수용한 것은 이것이 전통적인 부동사의 개념에 부합하기 때문이라고 하였다.

부동사에 표현되는 문법범주의 종류와 범위는 언어에 따라 다양하다. 부동사에 주어의 인칭이 표시되는 언어도 있고, 절대시제가 표현되는 언어도 있다. 따라서 비정형성을 '단독으로는 문장의 술어가 될 수 없는 형식' 정도로 수용하는 태도가 Nedjalkov(1998: 421), Tikkanen(2001: 1113) 등에서 발견되고,[9] 현재까지는 이것이 가장 무난한 듯하다.

부동사의 접사는 대개 접미사이다. 특히 부동사는 다른 언어들보다 접미사에 대한 선호도가 훨씬 강한 동사-말 언어에서 공통적으로 나타난다(Haspelmath 1995: 9). 지리적 분포로는 유라시아 전역과 북동부 아프리카, 다소 드물지만 아메리카 등에서도 발견된다(Tikkanen 2001: 1120~1121).

부동사가 문법화에 참여하는 일도 있다. 특히 상이나 시제를 표현하는 우언적 구성에서 의미적 주동사로 기능하는 일이 꽤 흔하다(Tikkanen 2001: 1120). 주로 진행상과 결과상/완료상과 관련된 구성에서 발견되고 이때 조동사는 처소나 존재의 계사인 경우가 많다.

한국어의 진행상 '고 있다'와 '어 있다'도 의미적 주동사는 '고'와

---

9 Nedjalkov(1998: 421)에서는 부동사의 정의는 비정형과 부사성, 두 자질을 포함하는데, 비정형성은 단순문에서의 유일한 동사 형식으로 사용될 수 없는 것을 의미한다고 하였다.

'어'가 붙는 부동사형이고, 처소와 존재의 술어인 '있다'가 조동사이다. 동시성의 부동사가 진행상 구성으로 발달하고, '완료(anterior)'나 완결상(perfective)의 부동사가 결과상 구성으로 발달하는 경향도 있는데(Haspelmath 1995: 43), 중세국어의 '어 있다'의 의미 일부가 '고 있다'로 교체된 것도 이런 경향과 관련이 있어 보인다.

부동사의 형태통사적 속성

부동사의 형태통사적 특징으로 볼 만한 것들을 하나씩 살펴보자. 첫째, 주어의 표현이다.

- 부동사의 주어는 상위절의 주어와 흔히 공지시되기에, 생략될 수 있거나 표현되지 않을 수 있다. (Haspelmath 1995: 9)
- 부동사는 주어 표지 그리고/혹은 명시적인 주어를 가지기도 하고 안 가지기도 하며, 개념적 주어가 사격 형식으로 나타나기도 한다. 만약 주어가 표현되지 않을 경우 그것은 주어나 혹은 지배절의 다른 의미적/화용적 돌출 참여자와 공지시되는 경향이 있다. (Tikkanen 2001: 1117)

부동사 주어와 상위동사의 주어는 흔히 같으므로, 부동사에는 잘 표현되지 않고 상위동사에 표현된다. 일례로 현대 러시아어에서는 부동사에 주어를 위한 자리가 없다. 그러나 주어가 달라야 하는 경우도 있기 때문에 유형으로는, 동일-주어 구성과 주어가 달라야 하는 비동일-주어 구성이 있다. 여기에 둘 다 나타나는 유형도 추가된다.

아래 바시키르어(Bashkir)의 첫 번째 예는 동일-주어 구성이고, 두 번째 예는 다른-주어 구성이다(Nedjalkov 1995: 110~111). 동사들 사

이에 주어가 동일한 경우는 주어가 다른 경우보다 사건들이 더 높은
정도로 상호 관련되어 있음을 함축한다.

(4) 가. Bashkir (Juldašev 1977: 53)

Ap-ak　　*zur*　*paroxod*　*sajkal-yp*　　*jöz-op*　　　*bar-a*.
very–white　big　steamer　rock–CONV　float–CONV　go–PRES
'The big white steamer floats, rocking to and fro.'

나. Bashkir (Juldašev 1977: 80)

Ul　*qapqany*　*šyggyrðatyn*　*as-yp*　　　*in-gänse*,　　*Salix*
he　gate–ACC　creak–CONV　open–CONV　go.in–CONV　Salix

　duðǧal-maj　　*baθ–yp*　　　　　*tor-zo*.
　move–CONV　　press–CONV　　　　stand–PAST

'Until he went inside, opening the gate with a creak, Salix stood motionless.'

둘째, 부동사는 구보다는 절을 이룬다고 간주된다. 이때 절의 정의
는 술어를 포함해야 한다는 최소한의 것이다. 전통적으로 절의 지위
는 정형적인 동사형이 전제되어 왔기에 부동사는 비정형적이라는 점
에서, 절이 아니라 부동사 구성이나 부동사구로 불리어 오기도 했다
(Haspelmath 1995: 12).

셋째, 부동사는 병렬절이 아니라 종속절이며 따라서 종속절과 다
양한 통사적 현상을 공유한다. Haspelmath(1995: 12~16)는 다음을
종속성 판단의 충분조건으로 제시하고 부동사가 이를 충족한다고 하
였다.

(A) 절-내부의 어순

(B) 가변적 위치

(C) 역행 조응과 통제 가능성

(D) 의미적 제한과 초점화 가능성

(E) 추출의 가능성

(A) 병렬절의 두 절 각각은 연속적인 데 반해, 종속절은 상위절 안으로 들어갈 수 있어 비연속적일 수 있다.

(B) 종속절만이 상위동사 앞이나 뒤에 올 수 있다. 아래 예에서 부동사절은 (가)는 주절 앞에, (나)는 주절 뒤에 위치해 있다.

(5) 러시아어

가. *Vernuvšis'*   *domoj,*   *Xèvgun*   *načal*   *novuju*   *žizn'.*

   return:PFV.CONV   home   Khevgun   began   new   life

   'Having returned home, Khevgun began a new life.'

나. *Xèvgun*   *načal*   *novuju*   *žizn',*   *vernuvšis'*   *domoj.*

   Khevgun   began   new   life   return:PFV.CONV   home

   'Khevgun began a new life (after) returning home.'

물론 병렬절도 순서가 바뀔 수 있지만 이때는 의미가 극적으로 바뀔 수 있다. 예컨대 '준호가 들어오고 나갔다'의 의미는 '준호가 나가고 들어왔다'와 다르다. 병렬절은 시간 도상성을 드러내기 때문이다. 먼저 제시된 병렬접속절은 먼저 발생한 것으로 해석된다(Haiman 1985: 216).

(C) 역행 조응은 종속절에서만 가능하다. 종속절이 주절보다 앞에 오는 경우, 종속절에 대명사가 쓰이면, 주절에 있는 선행사를 앞서게 된다. (6가)와 (다)에서 보듯이 종속절과 부동사는 모두 역행 조응이 가능하나 (나)와 (라)에서 보듯이 병렬절은 불가하다.

(6) 가. *After she$_i$ came home, Zamira$_i$ solved the problems.*

　나. **She$_i$ came home and Zamira$_i$ solved all the problems.*

　다. *Talking to him$_i$, she solved all of Pedro's$_i$ problems.*

　라. **She talked to him$_i$ and she solved all of Pedro's$_i$ problems.*

(D) 종속절만이 제한적인 것으로 해석된다. 즉 지시가 좁아지는 방식으로 주절을 수식한다. 그리고 제한성은 초점화의 선결조건이기 때문에 종속절만이 초점을 받을 수 있다. 부동사는 초점 첨사 'only', 'also'에 의해 초점화할 수 있고, 판정의문의 초점이 될 수 있다.

(7) 가. 쿠미크어 (Kumyk) (Džanmavov 1967: 43)

Hatta	*čyq-ğanly*	*da*	*gör-me- en-men.*
even	go.out−CONV	also	see−NEG−PAST−1SG

'I didn't even see after he went out.'

나. 쿠미크어 (Džanmavov 1967: 42)

O-nu	*gör-üp-mü,*	*sen*	*beri*	*bağ-yp*	*gel-ege-ning?*
he−ACC	see−CONV−Q	you	there	look−CONV	go−FUT−2SG

'Are you going in that direction after seeing him?'

(i.e., 'Is it after seeing him that you are going in that direction?')

또한 부동사는 분열문의 초점이 될 수도 있다. 아래 예에서 *C'est en forgeant qu'* 사이에 '*en forgeant*'이 온 것이 그 예이다.

(8) 프랑스어 (Halmøy 1982: 152)

C'est	en	forgeant	qu'	on	devient	forgeron.
it is	CONV	forge:CONV	that	one	becomes	smith

'It is by forging that one becomes a smith.'

(E) Ross(1967)의 지적대로 병렬절에서는 병렬항 일부를 절 밖으로 이동할 수 없다. 예컨대 "Alexis sold his car and bought a bicycle." 로부터 "*what did Alexis sell his car and buy?"가 허용되지 않는다. 일명 등위구조 제약이다. 그러나 종속절은 이것이 가능하다. 부동사도 이 점에서 종속절과 같다.

(9) 가. After he sold his car, Alexis bought a bicycle.
    나. What did Alexis buy after he sold his car?

(10) 가. What did Alexis buy, having sold his car?
    나. What, having sold his car, did Alexis buy?

부동사의 종속절 속성에 이어 네 번째 부동사의 형태통사적 속성은, 부동사절은 정형절과 병렬접속될 수 없다는 점이다. 이런 부동사와는 달리, 유사한 의미 기능을 가지는 부치사구나 부사구와는 병렬접속된다(Tikkanen 2001: 1119).

다섯째, 대부분의 부동사는 동시성, 선시성 등의 상대시간적 의미만을 가진다. 즉 부동사의 시간 해석은 상위의 정형 동사의 절대시간을 기준으로 이루어진다. 그렇지만 간혹 부동사가 상위동사의 특정 시제형에 한해서만 연결되는 경우도 있다. 이를테면 에스키모어에는 현재시제 상위동사와만 어울리는 부동사가 있다.

지금까지 살펴본 부동사의 속성들은 경향성으로 이해되어야 한다. 즉 부동사 식별의 필요조건이나 충분조건이 아니다. 여기서 벗어나는 다양한 부동사들이 존재하기 때문이다. 먼저 위의 종속접속적인 양상을 보이지 않는 많은 부동사들이 있다. 일례로 Tikkanen(2001: 1113)은 많은 아시아 언어의 부동사들은 비-부사적 의미도 가질 때가 있는데 부사적 의미를 가질 때만 초점화가 가능하다고 하였다.

무엇보다 부동사가 부사적이지 않은 경우도 있다. Nedjalkov(1995: 97)에서는 부동사의 통사적 기능을, 단문에서의 부사의 역할, '병렬적 부동사'라 불리는 부차적 술어의 역할, 종속절의 술어로서의 역할, 이렇게 세 유형으로 나누기도 하였다. Genetti et al.(2008: 122)에서도 어떤 언어의 부동사절에 대해 기술하면서 의미적으로 특정한 접사를 가진 절은 부사절이라 부르고, 의미적으로 모호한 접사를 가진 절은 '중간(medial), 분사(participial), 비-문말(non-final)' 절이라 부르는 전통이 있다고 하면서, 대부분은 둘 다 부동사로 특징짓는 데 동의하는 편이라고 하였다. 이를 보면 부동사를 부사절과 구별하기도 하고 혹은 반대로 이를 모두 아우르기도 한 적이 있음을 알 수 있다.

부동사의 정의, 속성, 범위 등 모든 것이 분명하지 않은 상태이지만, 부동사에 대한 언어유형적 연구는 의의가 있다. 언어 대조의 변수로 삼을 수 있기 때문이다. 개별 언어의 어떤 동사형이 부동사인지 아닌지는 사실 그리 중요한 문제가 아니다. 정작 언어 연구자들이 알아내고 싶은 것은, 해당 형식들이 다른 언어의 부동사들과 어떤 점이 같고 다른지, 혹은 의존병렬 등과는 어떤 점이 같고 다른지 등의 문법 현실일 것이다.

9.2.2. 부동사의 의미 유형

부동사의 의미 유형은, 시간성 지시 여부와 탈문맥의 특화된 의미/문맥 의존적 의미 여부에 의해 분류되어 왔다. Nedjalkov(1995, 1998)가 대표적이다.

- 의미적 기준에 의한 유형 분류 Nedjalkov(1995: 106~110).
  (A) 특화형 부동사: 문맥과 상관없이 일관되게 하나 혹은 두 개의 부사적 의미를 가지는 것
  (B) 문맥형 부동사: 선시성, 동시성, 후시성, 원인, 조건, 양보 등 문맥에 따라 다양한 해석을 가지는 것
  (C) 병렬형 부동사: 의미적 의존 관계가 수반되지 않는, 복수의 사건을 그저 병렬적으로 연결하는 것

특화형 부동사는 첨가, 전환, 연쇄, 시간, 방법, 원인, 이유, 목적, 결과, 조건, 양보 등 서로 다른 의미적 관계로 구별된다. 주로 부동사에 상당히 의존하는 언어, 이를테면 한국어 등에서 발견된다. 특화형 부동사들은 다시 시간적 부동사와 비시간적 부동사로 나누기도 하는데, 니브흐어(Nivkh)처럼 시간적 부동사가 양적으로 우세한 언어가 있는가 하면 한국어처럼 비시간적 부동사가 우세한 언어가 있다.

문맥형 부동사는 의미 값이 모호한 것으로, 해석은 시제나 상, 서법, 어순, 양화사, 초점 요소, 세상 지식 등 문맥적 요인에 의지한다. 병렬적 부동사는 비부사적 기능이나 접속 기능의 것으로, 우랄알타이

연구자들에게는 연계 부동사(copulative converb)로 불리는 것이다.[10]

Nedjalkov(1998)에서는 이들을 더 세분한다. 부동사 형식은 오로지 (1)상대 시간적 관계, (2)비시간적 관계, (3)시간적/비시간적 의미들 중 어느 하나를 표현한다고 하고, 이를 각각 taxis 부동사, non-taxis 부동사, 혼합 부동사라고 하였다. 그리고 문맥 부동사와 특화된 부동사의 하위분류를 다음과 같이 하였다.

- 문맥적 혼합 부동사
  - 동시성 부동사: 동시성, 수반되는 환경, 인접 선시성, 방법, 도구/수단, 조건 그리고/혹은 원인
  - 선시성 부동사: 조건, 원인 등
  - 후시성 부동사: 결과, 정도(degree) 등
- 특화된 부동사
  - 특화된 시간적 부동사[11]
    ① 정확한 동시성
    ② 인접한 선시성
    ③ 인접한 후시성
    ④ since-Anteriority
    ⑤ contingency(whenever)

---

10 예로 일본어의 'tara'를 들고 있다. 비과거 시제 동사와 함께 조건의 의미를 나타내거나, 과거 시제 동사와 함께 시간적 의미를 나타낸다.

11 '정확한 동시성'은 부동사와 주동사의 행위가 완전히 일치함을 말한다. (예) 우리가 들어갔을 때 자고 있었다. 인접 선시성은 부동사가 주행위 바로 직전에 일어났음을 전제한다. 인접 후시성은 주동사 상황 직후에 발생한 상황을 표현한다. 'since'-선시성은 어떤 상황의 발생 이후 일련의 시간이 경과했음을 나타낸다. 'contingency'는 '-할 때마다 -하다'류를 의미한다(pp. 440~441).

- 특화된 비시간적 부동사
- 비혼합 문맥적 부동사
  - 비시간적 문맥적 부동사: 적어도 원인/일치, 목적/방법 중 한 하위유형을 포함
  - 시간적 문맥적 부동사

시간적 부동사의 특징도 지역에 따라 다른 양상을 나타내는데, 서양 언어에서는 선후관계보다는 동시성을 나타내는 부동사가 더 많이 발견된다. 동양어의 부동사들은 주로 서술적 부동사로서 이미 그 안에 선행성을 포함하는 경우가 많은 반면에, 서양 언어의 부동사들은 문맥적 부동사이기 때문에 이런 차이가 생긴다.

9.2.3. 부동사형 언어로서의 한국어의 특수성

언어유형적으로 한국어의 종속접속절은 부동사로 기술되는 일이 많다. 그리고 특징으로는 부동사 표지의 종류가 많다는 점과, 다른 언어들과 달리 시제어미가 결합한다는 점이 주로 언급된다.

Nedjalkov(1995: 100)는 접속사를 광범위하게 이용하는 언어에서 부동사는 역할이 미미하거나 아예 없는 반면에, 부동사를 폭넓게 사용하는 언어에서는 접속사의 역할이 덜 중요하다고 하였다. 그러면서 일례로 한국어에는 접속사가 없고, 대신에 거의 60여 개에 육박하는 부동사를 가지고 있다(Račkov 1958: 40~41)고 하였다.[12]

같은 책에서 König(1995: 58)는 Nedjalkov(1995)가 말하는, 고정 의

---

12 한국어 관련 기술은 Račkov(1958)를 인용한 것으로 되어 있으나, 이 논문을 입수하지 못해 실제 인용 부분이 어디에서부터 어디까지인지는 확인하지 못하였다.

미를 가지는 특화형 부동사는 한국어, 일본어, 어윙키어 등에서 발견된다고 하면서, 이런 언어들은 여러 개의 부동사 표지를 가지는데 그 중 한국어는 50여 개가 넘는 것으로 분석된다고 하였다.

유럽어에 비해 한국어의 접속사(혹은 접속부사)의 수는 적다. 현대 국어의 '그래서, 그러나, 그렇지만, 그런데' 등도 '그러하다'와 같은 지시용언의 활용형이 후대에 굳어진 것들이다. 반면에 한국어의 연결어미는 『표준국어대사전』에 229개, 『우리말샘』에는 무려 338개가 수록되어 있다. 수적인 차이만 보더라도 연결어미의 발달과 접속사의 협소함은 상관이 있어 보인다.

한국어 부동사의 또 다른 특징은 시제 결합이 가능하다는 점이다. 이는 비정형의 동사형식이라는 부동사의 정의와 두드러지게 다른 부분이다. Nedjalkov(1995: 126)는 대부분의 부동사는 동시성, 선시성과 같은 상대적인 시간 지시를 가지지만, 부동사가 특정 시제의 정형 동사와 연결되어 절대시제를 표현하는 경우도 있다고 하면서, 아래 한국어의 예를 든다.[13] 그러면서 대부분의 한국어 부동사는 시제를 결합할 수 있어 특히 흥미롭다고 하였다(Račkov 1958: 44).

(11) 중국-의 탑을 모방하-었-으면서 벽돌 대신 돌을 사용했기 때문에⋯

Copying (lit."They copied and⋯") the Chinese pagodas, they used stone instead of brick, therefore⋯

---

[13] 이 부분의 설명은 그리 정확하지는 않다. '면서'는 동시성을 나타내거나 시간적으로 중립적인데(Račkov 1958: 84~86), 과거시제를 가진 '었으면서'는 과거시제의 동사와만 쓰여 절대시제 과거를 지시하는 예로(Račkov 1958: 89) 들었기 때문이다. 한국어의 시제 결합 양상을 중히 보았다는 점을 보이고자 인용한다.

Tikkanen(2001: 1113)도 부동사를 가지는 언어들 중에서 특이하게 상대시제뿐 아니라 절대시제를 표현하는 언어로 한국어와 몇몇 파푸 아어가 있다고 하였다. 그런데 이들 논의에서의 절대시제란 발화시 를 기준으로 시간 지시가 해석된다는 뜻이 아니라, 단순히 '었'과 같 은 시제어미가 결합할 수 있다는 의미이다.

부동사의 의미유형에서 한국어가 언급되는 일도 있다. 앞에서 살 펴본 Nedjalkov(1995: 131)는 부동사의 의미유형 사이의 관계를 다루 면서, (A) 병렬형 부동사의 존재와 (B) 특화형 부동사의 생산성은 독 립 변수라고 하고, 이들 조합에 의해 언어를 네 유형으로 나눌 수 있 다고 하였다.

- 두 종류를 모두 가진 유형: 한국어와 니브흐어
- A만 있는 유형: 타밀어, 힌디어
- B만 있는 유형: 추크치어
- 둘 다 없는 유형: 러시아어, 에스토니아어

한국어에 병렬형 부동사가 있다고 본 것은, Xolodovič(1954: 148~ 149)에서 병렬형 부동사를 설명하고 이와 유사한 유형이 한국어에도 있다고 한 기술을 따른 것이다. 확인되지는 않지만 병렬접속절을 겨 냥한 것일 수도 있고, 병렬과 종속의 용법을 모두 가지는 연결어미 '고'를 의도한 것일 수도 있다. Haspelmath(2007: 20, 47)에서도 한국 어의 '고'에 대해 유사-병렬 표지라고 하고, '고' 부동사의 독립성/의 존성 여부는 간단히 결정되지 않는다고 한 바 있다.

9.3. 독립적인 부사절과 내포적인 부사절

내포와 종속을 동일한 술어로 써 온 전통 아래에서, 부사절은 관계절, 보어절과 함께 내포절의 하나이다. 그러나 관계절이 명사구에 내포되고 보어절이 동사구에 내포되는 것과, 부사절이 주절에 의존하는 현상은 상당히 다르다. 절-연결의 유형론에서 보면 더욱 그러하다.

이 절에서는 부사절의 범주적 위상이 오로지 내포절이지만은 않음을 보이기 위해 영어의 부사절에도 주절 같은 독립적인 부류와 성분절 같은 내포적인 부류가 있음을 살펴볼 것이다. 궁극적으로 절-연결의 종류에, 내포절과는 분리되는 종속접속절이 따로 인정되어야 함을 주장하기 위해서이다. 특히 한국어의 종속접속절은 부사절로 아우를 수 없다.

9.3.1. 근문 변형과 주절 현상

내포절에는 잘 적용되지 않고 대개 주절에만 적용되는 통사적 현상들이 있다. 정규 어순이라고는 여겨지지 않는, 동사구/분사/보어절 등의 문두 이동이나 부사 전위와 화제화, 부가의문문의 형성 등이 그러하다. 이런 일련의 현상들은 Emonds(1969)에서 근문 변형(root transformations)으로 불렀던 것이기도 하다. Emonds는 변형의 부류를, 구구조규칙에 의해 생성되는 위치로 이동하는 구조-유지 변형과 비-구구조 위치로 이동하는 근문 변형으로 구별하였는데, 근문 변형은 내포절에는 적용되지 않을 수 있다고 하였다.

이에 Hooper & Thompson(1973)은 근문 변형을 내포절의 여러 종류에 적용해 보고 내포절 중에서도 그 적용 가능성이 갈림을 밝혀낸다. 보어절, 관계절, 부사절 각각에는 이런 변형이 가능한 종류와 불가능한 종류가 있다는 것이다. 내포절에는 적용되지 않으리라 기대되는 현상이 적용된다면, 이는 적어도 그 절이 다른 내포절과는 다른 점이 있다는 의미이다. 따라서 이를 내포절의 독립성 정도를 진단하는 데 활용할 수 있게 한다. 앞에서 종속성을 확인하는 장치가 있었다면, 여기서는 독립성 즉 주절과 같은 위상임을 확인하는 장치가 있는 셈이다.

- Hooper & Thompson(1973)

  논의 대상이 되는 이동 변형 각각은, 문법에 의해 생성되는 어순으로는 여겨지지 않는 어순을 만든다.

  검토된 이동 변형의 종류: VP 전치, 부정 성분 전치, 방향 부사 전치, be 주변의 전치, 분사 전치, 전치사구 대체(전치사구가 문두인 것, 문말인 것), 주어 대체(subject replacement, 가주어 등), 직접인용 전치, 보어(보어절) 전치, 부사 전위, 화제화, 좌측 전위, 우측 전위, 부가의문 형성, 주어 조동사 도치

동사보어절과 관계절의 경우

먼저, 동사보어절이 경우에 따라 근문 변형을 허용하는 경우이다. (12가)의 동사 'guess'는 절을 보어로 취하는 동사이다. 이 보어절은 (나)처럼 앞으로 이동할 수 있다. 그러나 동일하게 절을 보어로 취하는 동사 'claim'은 보어절 전부를 앞으로 이동하는 것이 어색하다.

(12) 가. I guess [to read so many comic books is a waste of time].

　　 나. [To read so many comic books is a waste of time], I guess.

　　 다. I claim [that deep structures are green].

라. *[That deep structures are green], I claim.

부가의문문에서도 이들 간의 차이가 드러난다. 대개 부가의문문은 주절에 일치해서 만들어지는데, 위의 (12가)는 'I guess'가 아니라 내포절에 일치한 부가의문문이 가능하다.[14] 그러나 (다)는 내포절에 맞춘 부가의문문은 어색하다.

(13) 가. I guess [it's a waste of time to read so many comic books], isn't it?

나. I claim that deep structures are green, {*aren't they/don't I}?

이에 대해 Hooper & Thompson(1973: 477~478)은 근문 변형은 오로지 단언에만 적용되기 때문이라고 하였다. (12가)는 [I guess]와 [To read so many comic books is a waste of time]가 각각 단언인 반면에, (다)의 보어절은 단언이 아니라는 것이다.

비슷한 분석이 Comrie(2008: 7~8)에서도 발견된다. (14가)의 발화는 존이 내일 떠날 것인지에 관한 것으로, 의미적으로 'I think'가 삽입어구처럼 쓰인 (나)에 가깝다. 이런 의미인 경우에는 that절에 일치한 부가의문문이 완벽히 자연스럽다.

(14) 가. I think (that) John's leaving tomorrow, isn't he?/don't I?

나. John, I think, is leaving tomorrow, isn't he?

---

14 이런 종류의 구문의 경우 주어가 1인칭이고 동사가 현재시제일 때 주로 허용된다. ①I suppose acupuncture really works, doesn't it? ②*Gloria supposes acupuncture really works, doesn't it.

단언에 따라 수용성이 달라지는 현상은 발화동사 구문에서도 찾을 수 있다. 'say, report, exclaim, assert'와 같은 발화 동사의 보어 명제는 전제된 것이 아니라 인용되거나 보고된 단언이다. 즉 (15가)는 [he said]와 [it's just started to rain] 두 개의 단언이 있는 셈이고, 따라서 (나)와 같은 순서도 가능하다. 그러나 보절자 that이 출현함으로써 내포절임이 문법적으로 명시화되면 이동도, 보어절에 따른 부가의문문도 불허된다(Hoopper & Thompson 1973: 477~478).

(15) 가. he said it's just started to rain.

나. it's just started to rain, he said.

다. he said that it's just started to rain.

라. he said that it's just started to rain, {didn't he? /*hasn't it?}.

관계절에서도 근문 변형의 가능성이 갈린다. 제한적 관계절은 근문 변형이 적용되지 않지만 비제한적 관계절은 가능하다. (16가)는 비제한적 관계절의 예이고 (나)는 제한적 관계절의 예인데, (가)만 관계절에 적용되는 부가의문문이 가능하다.

(16) 가. I just ran into Susan, who was your roommate as Radcliffe, wasn't she?

나. *I just ran into Susan who was your roommate as Radcliffe, wasn't she? (Hoopper & Thompson 1973: 490 예)

제한적 관계절은 선행사인 '수전'을 수식함으로써 '수전'을 식별하는 데 관여하는 정보라면, 비제한적 관계절은 '수전'의 식별에는 영향을 끼치지 않고 '수전'에 대한 새 정보를 덧붙이는 기능을 하기 때문이다(Hoopper & Thompson 1973: 488~490, Comrie 2008: 7~8). 이는 비제한적 관계절이 단언일 가능성을 보여 준다.

비제한적 관계절은 주절과 자리를 바꾸어도 의미가 비슷한 경우가 있다. 아래 두 문장이 그러하다(Hoopper & Thompson 1973: 490). 비제한적인 관계절이 내포문보다 주절에 가까움을 보여 주는 현상으로 이해된다.

(17) 가. The TV, which has been misbehaving for weeks, finally gave out.

나. The TV, which finally gave out, had been misbehaving for weeks.

비제한적 관계절이 상대적으로 독립성을 가진다는 사실은 Lehmann (1988: 194)에서도 지적된 바 있다. 종속절은 대개 독자적인 발화수반력을 가지지 않고 주절에 의존하는데, 예외적으로 자신만의 발화수반력을 가지는 일부 종속절이 있고, 비제한적 관계절이 이 중 하나라고 하였다. 그리고 이런 비제한적 관계절은 거의 삽입어구에 가깝기에, 주절과 의존 관계에 있다기보다 나란히 모여 있는 관계(sociation)라고[15] 하였다.

---

15 통사적 연속체 중에서 비-의존 관계를 가리킨다. 여기에는 '병렬, 동격' 등이 포함된다.

부사절의 경우

부사절 중에도 근문 변형을 허용하는 부류가 있다. 독립적인 용법을 가진 것으로 가장 잘 알려져 있는 because절을 중심으로 살펴보자.[16] because절의 상대적인 독립성은 오래전부터 지적되어 왔다. 용법 중에 병렬적이라고 볼 만한 것이 있기 때문이다.

논의의 편의를 위해 먼저 because의 용법의 종류부터 확인하자. 술어의 차이가 있기는 하지만, 최근에는 이것이 아래와 같이 세 층위에서 작동한다는 사실이 널리 받아들여지고 있다. 다음은 Schffrin(1987)의 예로, Fasold(1992: 170)에서 인용한 것이다.

(18) 가. John is home because he is sick.

　　나. John is home because the lights are burning.

　　다. Is John home? Because the lights are burning.

(18가)는 [존이 아픈 것]이 존이 집에 있는 이유가 됨을 표현한다. 사실-기반 혹은 내용층위 인과관계이다. (나)는 [불이 켜져 있음]이 존이 집에 있다고 판단하는 이유임을 표현한다. 지식-기반 혹은 인식층위의 인과관계이다. (다)는 [불이 켜져 있음]은 존이 집에 있냐고 묻는 행위의 이유가 됨을 표현한다. 행위-기반 혹은 화행층위의 인과관계이다(Schiffrin 1987, Sweetser 1990). (나)와 (다)는 (가)와 독립성/종속성 정도가 다르다.

Hooper & Thompson(1973: 492~494)은, Rutherford(1970)에서 부

---

16 이 부분부터 9.3.2.까지는 문숙영(2019ㄴ: 493~498)에서 대부분 가져왔으며, 기술의 순서를 일부 바꾸고 추가 설명과 예를 덧붙였다. 9.4.는 문숙영(2019ㄴ: 490~492)에서 대부분 가져왔다.

사종속절을 제한적인 절과 비제한적인 절로 나눈 것을 인용하고, 이두 부류가 문법적 양상에서 상당히 다르다고 하였다. 먼저, 비제한적인 절에서는 주절과 부사절이 모두 단언된다고 하고, 이는 질문의 효력 범위로 확인된다. 다음이 그 예들의 일부로, (19나)와 (라)는 각각 (가)와 (다)의 첫째 절을 의문문으로 만든 것이다.

(19) 가. Sam is going out for dinner because his wife is cooking
Japanese food. (제한적)

나. Is Sam going out for dinner because his wife is cooking
Japanese food?

다. Sam is going out for dinner, because I just talked to his
wife. (비제한적)

라. Is Sam going out for dinner(?),[17] because I just talked to
his wife.

(19나)는 두 절 사이의 인과관계나 because절에 대한 질문으로 해석된다. 이는 예컨대 "부인이 일본 요리를 만들어서 샘이 외식하러 나갔어?"의 경우, 외식하러 나간 이유가 부인이 일본 요리를 해서인지를 묻는 것과 같다. 즉 질문의 효력이 because절에 미친다.

반면에 (라)는 because절에는 질문의 효력이 미치지 않고 질문하는 이유를 제공하는 것으로 해석된다. (라)의 because절이 선행절의 화행과는 분리되어 있기 때문이다. 한국어에서라면 "샘이 외식하러

---

17 물음표를 괄호 안에 둔 것은 원문에 따른 것이다. 선행절에만 의문의 억양이 걸림을 반영한 듯하다.

나갈까? 내가 부인에게 얘기했거든." 정도에 해당될 만한 예이다.[18]

이런 독립 화행 외에도, 비제한적 용법의 경우 Emonds(1969)에서 내포절에는 적용되지 않는다고 하였던, 동사구 전치나 부정 성분 전치, 화제화, 좌측 전위 등의 근문 변형이, 부사절과 주절 각각에 허용된다(Hooper & Thompson 1973: 492~494).

일례로, (20가)는 첫째 절에서 'under no circumstances'가 문두로 오면서 도치가 허용된 예이다. (나)는 둘째 절에서 'his mother'가 문두로 이동하여 화제화된 예이다. 반면에 (다)는 제한적 용법의 경우 주절의 도치가 허용되지 않음을 보여 준다. 여기서의 비제한적 용법이란 최근의 인식층위나 화행층위에 해당되는 것이다. 이로써 because절의 용법에 따른 독립성의 차이는 일찍부터 포착되었음을 알 수 있다.

(20) 가. Under no circumstances will Herbert be at this party, because I talked to his mother this morning.

　　나. Herbert will certainly be at this party, because his mother, I talked to her this morning.

　　다. *Sitting in the corner was Tom because he'd hidden grandma's teeth.

because절이 용법에 따라 구조적인 구별이 있음은 Fasold(1992)에서도 다루어졌다. Fasold(1992: 169~172)는 Schffrin(1987)의 사실-기

---

18 인과의 연결어미를 이용해서 해당 원문에 정확히 들어맞는 한국어 표현을 만들기 어려워서 유사 표현으로 대신한다.

반 용법은 동사구의 성분이지만, 지식-기반 용법은 IP의 성분이며, 행위-기반 용법은 나열(paratactic)에 가깝다고 하였다.

행위-기반(화행층위)의 용법이 독자적인 화행을 가질 수 있음은 아래의 예에서도 확인된다. 선행절들은 모두 의문문이지만 because절은 의문이 아니라 단언이다. 이에 대한 한국어의 번역인 "우리 두 사람하고라도 일을 하시겠어요?, 아니면 이레네를 기다려야 해요? 이레네가 언제 올지 몰라서(요)."에서도 맨 끝의 원인절은 의문 화행이 아니다.

(21) Can you work any of this with just the two of us, or y'have t' wait for Irene. Cause I don't know how long she'll be. (Fasold 1992: 170의 예)

내포절은 독립적인 발화수반력을 가지지 못하고 상위절 발화수반력의 영향을 받는다고 알려져 있다(Declerck & Reed 2001: 131). 따라서 일부 because절이 근문 변형을 허용할 뿐 아니라 이처럼 독립 화행을 가질 수 있다는 사실은, 이 절이 내포절보다는 독립절에 가까움을 보여 준다.[19]

일부 용법의 because절이 독립절처럼 행동하는 양상은, 부가의문문 현상에서도 발견된다. 영어에서 부가의문문은 일반적으로 주절에 맞추어 형성된다. 예컨대 "He thought that the Earth was round"의 경우 부가의문문은 주절에 따라 "didn't he"여야지 that절에 따라

---

[19] Lehmann(1988: 193)에서도 Foley and van Valin(1984: 239)에서의 "발화수반력은 가장 바깥쪽의 운용소이다."라는 기술을 인용하며, 이는 하나의 문장은 아무리 복합적이라 하더라도, 오로지 하나의 발화수반력만 가짐을 의미한다고 하였다.

"*wasn't it?"이 될 수는 없다. 그런데 부가의문문이 because절에 연결되는 경우가 있다. 다음 (22가)의 경우가 그러하다.

(22) 가. I guess we should call off the picnic, because it's raining, isn't it?
　　나. *I guess we should call off the picnic if it's raining, isn't it?
　　다. *Because it's raining, isn't it, I guess we should call off the picnic.

(22가)의 because절은 인식-층위나 화행-층위의 것으로, 선행절과 억양이 분리되어 있다. 이런 경우 because절의 주어와 동사에 맞춘 부가의문문이 가능하다. 반면에 (나)와 같은 if절에서는 이런 부가의문문이 허용되지 않는다. 또한 (다)에서 보듯이 선행절과 분리되지 않는 경우, 즉 because절이 문두에 오는 경우는 이런 주절 현상이 허용되지 않는다(Diessel & Hetterle 2011 : 7~10).
because절이 이런 주절 같은 용법을 가진다는 사실은, 다른 부사절도 이런 용법을 가지지 않는지 묻게 한다. 이는 다음 절에서 살펴본다.

9.3.2. 두 부류의 부사절: 영어의 사례

because절이 그런 것처럼, 영어 부사절에는 내포절에는 허용되지 않는 통사적 현상을 허락하는 부류가 있다. 특히 다의적인 접속사가 의미에 따라 이런 통사적 현상을 허용하기도 하고 허용하지 않기도 한다. 이런 차이를 바탕으로 부사절에는 두 유형이 있다는 주장이 Haegeman(1985), Haegeman(2012)에서 있었다. 이를 Haegeman

(1985)은 통사적 층위에서는 '내부(internal) 대 외부(external)'로, 담화 층위에서는 '내용(content) 대 인식(epistemic)'의 차이라고 하였다.[20] 이것이 Haegeman(2012)에서는 술어가 바뀌어 핵심(central) 부사절과 주변(peripheral) 부사절로 구분되었다.[21] 이는 두 유형이 통사적 통합 정도가 다름을 드러낸 술어이다.

먼저, 논항 전치 현상을 보자. 영어의 부사절은 대체로 부사절 안의 논항을 절의 맨 앞으로 이동시키지 못한다. (23가)의 while절에서 목적어 'this paper'를 절 앞으로 이동한 (나)는 비문이다. 이때의 while절은 시간절을 이끈다.

(23) 가. While I was revising this paper last week, I thought of another analysis.

　　나. *While this paper I was revising last week, I thought of another analysis.

　　다. His face not many admired, while his character still fewer felt they could praise. (Quirk et al. 1985: 1378)

그런데 while절에서의 논항 이동이 허용되는 경우가 있다. (다)가 그런 예인데, 이때 while절은 양보의 의미로 사용된 것이다. 즉 while이 시간의 의미일 때는 논항 전치가 불허되지만 양보(혹은 대조)

20　이런 사정은 Kortmann(1997)에 언급되어 있다. Haegeman(1985)는 구하지 못해 직접 읽지는 못하였다.

21　주절 현상의 목록에는 동사 도치 없이 주어 앞 위치로의 이동인 '화제화, VP 전치, 감탄문에서의 Wh-전치', 정형 동사 도치, 부정소 전치에 의한 도치, 쉼표 가진 좌측 전위 구, 쉼표 억양 가진 마지막 위치의 구, 삽입 전치사구, 부가의문문 등이 포함된다 (Haegeman 2012: 150).

의 의미일 때는 가능하다(Haegeman 2012: 160). 따라서 시간 의미의 while절은 핵심 부사절이고 양보/대조 의미의 while절은 주변 부사절이다.

다음은 주절 운용소의 작용역의 차이이다. 핵심 부사절만이 주절 운용소의 작용역 안에 있고 주변 부사절은 이 작용역 밖에 있다. 먼저 의문의 작용역이다. (24가)는 시간의 while인데 질문의 대상에 포함된다. 그런데 대조의 while은 질문의 대상이 되지 않는다.

(24) 가. Did you get to know Mary while you were in Canada? (Or did you meet her later?)

　　나. While Bush is clearly delighted to have Blair as an extra ambassador for his policies at the moment, what kind of influence do we really imagine Blair has on Bush's foreign policy?

부정의 작용역의 차이도 이와 동일하다. (25가)는 '더 오래 살고 싶어서 뛰는 것이 아니다'로 이유절이 'not'의 범위 안에 든다. 그러나 (나)는 '이것은 아이들에게 책을 읽어 주던 사람들이 만든 리스트가 아니야, 그러면 'Boing' 같은 책도 포함되어야 하니까' 정도로 주절의 'not'은 이유절에 영향을 미치지 않는다.

(25) 가. Personally, I don't run because I want to live longer, I run because I want to live better.

　　나. This is not a list drawn up by people sitting night after night reading to babies and toddlers, because then it would include books such as Boing! by Sean Taylor(Walker Books) which expand the child's experience along with his or her joy of reading.

초점화 운용소의 작용역도 차이가 난다. 핵심 부사절은 초점화 운용소의 작용역 안에 있기에 분열화가 가능하다. 그러나 주변 부사절은 불가능하다. (26가)는 시간의 while이 분열문으로 표현된 예이다. 양보의 while은 (나)에서 보듯이 분열문으로 나타나기 어렵다 (Haegeman 2012: 168).

(26) 가. It's only while you're alive that human selfishness, or whatever, is held against you.

　　나. *It is while my mother is a doctor that my father used to work in a brickyard.

주변 부사절은 주절 같은 속성을 보이기도 한다. 내포된 절이 아니기 때문이다. 대표적으로 주절에 독립적인 별도의 발화수반력을 가질 수 있다. 핵심 부사절은 주절 화행의 작용역에 있기에 이것이 불가능하지만, 주변 부사절은 가능하다(Declerck & Reed 2001: 131).

(27가)의 since는 이유의 의미로서, 앞의 주절은 진술인 반면에 이 원인절은 수사의문문이다. (나)의 because절은 선행 주절이 평서문인 것과는 달리 단독으로 명령문이다.

(27) 가. These assumptions can be irritating, since who is this naive, unquestioning, plural intelligence identified as "we"?

나. There's no way me and my mates can afford to drive, because look at fuel.

주절 같은 현상은 부가의문문의 사용에서도 확인된다. 앞에서 살펴본 것처럼 because절이 (28나)처럼 인식층위에서 쓰일 때는 부가의문문을 이 원인절에 따라 만들 수 있다. 그러나 (가)처럼 내용층위일 때는 because절에 따를 수 없다. 내용층위의 원인절은 핵심 부사절이고 인식층위의 원인절은 주변 부사절이다.

(28) 가. They called off the picnic because it was raining, {didn't they?/ *wasn't it?}

나. I guess we should call off the picnic, because it's raining, isn't it?

다. What are you doing tonight, because there's a good movie on. (오늘 뭐 해? 오늘 밤 좋은 영화 해서/하길래).

이 외에 주변 부사절만이 운율적으로 구분되는 쉼표 억양을 허용한다. 즉 주변 부사절은 주절에 선행하든 후행하든 주절과 쉼표로 분리될 수 있으나, 핵심 부사절은 쉼표를 잘 쓰지 않는다(Haegeman 2012: 168). 위의 (28가)는 원인절이 쉼표로 분리되지 않고 있으나 (나)와 (다)는 쉼표로 분리되어 있다.

이상과 같은 두 부류의 부사절은 다의성을 가진 종속접속소에서 두루 발견된다. since절과 as절의 경우 시간의 의미는 핵심적, 이유의 의미는 주변적인 양상을 보이며, if절의 경우 because절과 유사하게 내용 조건일 때는 핵심 부사절의 양상을, 화행 조건일 때는 주변적인 양상을 보인다. 다음 (29가)가 내용조건이고 (나)가 질문의 동기를 표현하는 화행조건이다.

(29) 가. You'll get there if you leave now

나. If you saw him yesterday, why are you phoning now?

그러나 핵심 부사절로만 쓰이는 종류도 존재한다. Hooper & Thompson(1973: 494~495)은 'when, before, after'로 시작하는 부사 종속절은 비제한적으로 쓰이지 않는다고 하였고, Haegeman(2012: 160)도 'before, after, until'은 시간 기능만 가진다고 하였다.

이런 일련의 현상에 대해[22] Kortmann(1997: 29)은 이로써 핵심 부사절이 주변 부사절보다 더 깊게 내포되어 있다는 일반화가 가능하다고 하였다. Haegeman(1985)에서도 이미 핵심 부사절만이 문장(S')에 내포되고, 주변 부사절은 문장과 담화 사이의 연결을 수립하는, 더 높은 지점에 연결된다고 하였다. Comrie(2008)는 이를 종속성 정도의 차이로 기술하였다.

Kortmann(1997: 30~32)은 Haegeman의 구별이 여러 면에서 시사점이 있다고 평가한다. 첫째, 다의적인 부사종속소의 의미 차이가 곧 해당 절의 통사론에 중대한 영향을 미친다는 점이다. 둘째, 주변 부사절과 핵심 부사절의 담화적 차이를 내용(contents) 대 인식(epistemic)으로 대조했는데, 이는 절 관계가 이 두 부문 모두에 사용

---

[22] 지금까지 기술한 주절 현상은 정형절에만 적용되는 것으로, 내포절 중에서도 부정사, 분사, 접속법 등과 같이 주절에 표현됨 직한 형식들이 대거 축소되는 비-정형절에는 적용되지 않는다(Hoopper & Thompson 1973: 484~485, Haegeman 2012: 154~ 155).

되는 것과 이 중 하나에만 사용되는 것 사이의 차이가 있음을 시사한
다고 하였다. 예컨대 장소·방식·시간은 내용관계의 후보가 될 것이
고, 원인/이유·조건·양보·대조는 인식관계의 후보가 될 것이다.[23]
셋째, Haegeman의 구분이 이후의 화용적 하위 구분으로 이어졌다는
점이다. 다만 이후는 Haegeman의 인식 층위를 두 개로 나누어, 총
세 개로 구분하게 되었다. 다음은 Kortmann(1997)에서 정리한 대조
표이다.

Haegeman (1985)	Schiffrin (1987)	Sweetser (1990)	Hengeveld (1993, Lyons 1977)
content	fact–based	content	2nd order adverbials (state of affairs)
	knowledge–based	epistemic	3rd order adverbials (proposit. content)
epistemic	action–based	speech–act	4th order adverbials (speech–act)

지금까지 영어 부사절에 두 부류가 있음을 이토록 길게 설명한 것
은, 궁극적으로 한국어의 특수성을 보다 더 부각하기 위해서이다. 한
국어보다 종속접속절의 종류가 극히 적고 그 다의적인 분화도 그리
다양하지 않은 영어에서조차도 부사절이 주절 같은 양상을 보이는

---

23 그리고는 공시적으로든 통시적으로든 이에 대한 범언어적 증거가 있다고 하였다. 이
증거는 자신들의 프로젝트 데이터에서 나왔는데, 메타언어적 용법으로 쓰일 수 있다
고 제보자가 확신한 470개 부사 종속소 중에서, 거의 60%가 원인, 조건, 양보와 관련
된 절 관계를 표시하였다. 대조적으로 관련 종속소 중 18%만이 시간관계 표지로 쓰인
다. 역사적 증거로는 양태 동사나 부사 연결사의 의미적 변화가 '화자-의미' 혹은 주
관화가 증가하는 방향으로 나타남을 들 수 있다(pp. 30~31).

종류가 있다는 것은, 절 연결의 유형을 병렬과 종속으로만 나누어서는 안 됨을 보여 준다. 또한 부사절을 관계절이나 보어절과 같은 내포절의 일종으로 다룰 수는 더욱 없다는 것도 시사한다.

9.4. 부사절의 정의적 속성

부사절의 정의에 대한 기술은 관계절이나 보어절에 비해 쉽게 찾기 힘들다. 어휘범주인 부사만 하더라도 부류마다 특성들이 제각각인 면이 있고 그 경계도 애매하다. 그리고 무엇이 원형적 성원인지도 채택한 기준에 따라 달라진다. 예컨대 영어의 경우 'inside'를 부사의 전형적인 대표라고 할 수는 없을 것이다(Ramat & Ricca 1998: 189). 부사절은 부사보다 이런 범주적 경계의 흐릿함이 더욱 크다. 앞에서 살펴본 의존병렬이나 한국어의 종속접속절까지 부사절로 포함할 경우 그 범위와 종류가 다양해져서 이들을 아우르는 정의를 수립하기는 더욱 어렵다.

이런 사정 때문인지 그간의 부사절은 부사에 준해서 정의되거나 아예 부사절의 기능으로 정의를 대신하기도 해 왔다. 다음은 이런 사정을 엿볼 수 있는 기술들이다.

• 부사에 대한 기술
- 부사는 형태적으로 불변화어이고, 통사적으로 없어도 되는 어휘소이다. 기능적으로 서술어나 다른 수식어 혹은 더 큰 통사 단위를 꾸미는 수식어이고, 정보를 더해 주는 역할을 한다. (Ramat & Ricca 1998: 188)

- 전통문법에서 부사는 명사, 동사, 형용사, 전치사, 접속사의 특정 기준을 충족시키지 못할 때 할당되는, 나머지 범주였다. (Huddleston & Pullum 2002: 563)

• 부사절에 대한 기술
- 부사가 명제를 수식하는 것과 유사한 방식으로, 하나의 절이 다른 하나를 꾸미는 기제를 가지는데 이것이 부사절이다. (Thompson et al. 2007: 237)
- 부사절은 주절 사태에 대한 상황적 문맥을 제공하는 데 쓰인다. 부사절은 전달하는 의미의 유형이나 부가어라는 점에서 부사와 많이 닮아 있다. (Whaley 1997: 247~248) 논항의 역할을 하기보다 주로 주절에 포함된 정보들을 보충해 주기 때문에 부가어로 간주된다. 많은 언어들이 부사절을 아예 사용하지 않거나 드물게 사용한다. (Whaley 1997: 250~251)
- 부사절은 (ㄱ) 부가어적 기능을 가지거나 문장을 수식하는 역할을 하므로 필수적이 아니며 부사절은 항상 생략될 수 있다. (ㄴ) 보절자가 중요하다. (Diessel 2001)

위의 기술에서 공통적으로 추출해 낼 수 있는, 부사절의 통사적·의미화용적 속성은 다음 세 가지이다. 첫째, 부사절은 다른 무언가 (대개 주절)를 수식한다. 둘째, 부사절은 필수적이지는 않은, 부가어로 간주된다. 셋째, 부사절은 배경 정보를 전달한다. 이런 정의적 속성이 한국어의 종속접속절에 부합하는지는 10장에서 자세히 다룬다.

10장
의존적이지만 내포는 아닌, 한국어의 종속접속절

    종속접속절의 발달은 한국어 문법의 아주 주요한 특징으로, 언어 유형론의 차원에서도 주목할 만한 가치가 크다. 유럽어 기반의 문법에서 절은 병렬절과 내포절로 양분되어 왔다. 그러나 한국어의 종속접속절은 이 중 어디에도 부합하지 않는다. 홀로 문장을 이루지 못한다는 점에서 주절에 의존적이지만, 부사어와 같은 문장성분의 자격으로 주절에 내포되지는 않기 때문이다.

    게다가 종속접속절에 쓰이는 연결어미의 수와 의미의 종류는, 부동사형 언어 중에서도 유례없이 많고 다양하다. 국외에서는 한국어의 부동사 표지(즉 연결어미)가 50여 개에 이를 정도로 많다고 소개된 적도 있지만(König 1995: 58) 이보다 훨씬 많다. 『표준국어대사전』에 표제항으로 수록된 것이 219개이고, 이 중에서 이형태를 제외하면 약 110여 개 정도가 된다.[1] 여기에 의항(sense)에 따라 문법이 달라지는

---

1 『표준국어대사전』에 등재된 219개의 연결어미 중에는 '다느니, 라느니, 는다느니'나

경우까지 고려하면 그 수는 더없이 늘어날 것이다.

전통적인 절의 분류에서 한국어의 종속절에 할당할 만한 절로는 부사절이 유일하다. 그러나 종속접속절은 부사절이 보이는 여러 속성과도 다른 점이 많다. 일례로 부사절은 주로 배경 정보를 나타낸다고 기술되어 왔으나, 한국어의 종속접속절은 단언이나 전경 정보로 쓰일 때가 많다. 또한 주절 화행에 의존하지 않고 주절에 독립적인 발화수반력을 가지는 경우도 있다. 그리고 무엇보다 종속접속절은 주절을 수식한다고 보기도 어렵다. 실제로 종속절이 여러 개인 문례에서는 종속접속절이 과연 주절과 연결되는지조차 분명하지 않을 때가 허다하다.

이런 점에서 한국어의 종속접속절은 부가어나 수식어와 같은 성분 차원의 문장 문법보다는, 문장의 연결처럼 담화의 수사적 구조와 관련된 담화의 문법으로 접근하는 것이 합당하다고 생각된다. 이 장에서는 이런 내용들을 다룬다.[2]

10.1. 종속접속절의 비-내포적 속성

부사가 동사를 수식하는 것처럼, 부사절은 주절을 수식하는 것으로 간주해 왔다. 종속접속절(이하 줄여서 '종속절'이라 함)을 부사절로 보려는 논의들도 종속절이 주절을 수식한다고 전제한다. 그러나 부사의 수식과는 달리, 종속절의 주절 수식은 직관적으로 선뜻 수긍이

'ㄹ진대, 을진대'처럼 이형태로 볼 만한 것들이 별도로 포함되어 있다. 이들을 대충 제외하면 110~120여 개가 된다. 물론 이 수치는 추정치이지 엄밀히 계산한 결과는 아니다.
2 이 장은 문숙영(2019ㄴ: 510~527)을 대부분 가져왔고, 여기에 예와 근거를 보강하였다.

되지 않는다. 특히 종속절이 여러 개 이어져 의미적으로 주절과는 직접 연결되기 어려운 경우 더욱 그러하다. 이들의 양상은 수식-피수식의 관계보다는, 일부 문법요소를 주절과 공유하는, 절들이 의존적으로 접속된 구성에 가까워 보인다.

이 절에서는 종속절을 부사절로 간주할 수 없는 이유 중의 하나로, 종속절이 과연 주절을 수식하는지를 비판적으로 검토한다. 이를 위해 살펴볼 직·간접적 근거는 네 가지이다.

첫째, 부사와 부사절의 의미 유형이 상당히 다르다. 의미 유형의 차이는 부사절이 부사와는 다른 면이 있음을 시사하는 단초일 수 있다. 둘째, 절이 여러 개 연결된 문장에서 종속절은 의미적으로 주절과 직접 연결되지 않으며 이에 주절을 수식한다고 보기도 어렵다. 셋째, 연결된 절들 간의 의미관계는 담화에서 문장들 사이에서 추론되는 관계적 명제와 유사한 면이 많다. 즉 절-접속의 의미론은 술어와 문장성분 간의 관계라기보다 담화 내 문장과 문장 간의 관계에 훨씬 가깝다. 넷째, 주절에 대한 제약은 종속절의 연결어미가 주로 부여하며, 주절이 종속절을 요구하는 일은 별로 없다. 또한 종속절과 주절 중 담화에서 주로 생략이 가능한 것은 주절이다. 수식어와 피수식어의 관계에서는 수식어가 문법의 전권을 가지는 일이 흔치 않다.

10.1.1. 부사와 부사절의 의미유형의 차이

부사절은 부사에 준해 정의되어 왔지만, 부사와 부사절의 의미 유형은 상당히 다르다. 엄밀히 말하면 부사의 어휘 의미와 부사절을 이끄는 종속접속사의 의미의 차이이다. 의미 유형의 차이는, 이들의 기능을 일괄적으로 '수식'으로 묶을 수 있는지를 묻는다.

부사의 의미 유형

부사의 의미 분류는 논의마다 다르다. 그러나 비교적 공통되는 종류가 있는데, '방법, 수단/도구, 정도, 시간, 빈도, 양태, 평가' 등이 그것이다.

다음은 Huddleston & Pullum(2002: 574~580)에서 부사의 의미유형과 이들이 쓰임 직한 위치를 나타낸 것이다. 해당 부사가 자연스럽게 올 수 있는 위치이면 '√', 선호되지는 않지만 쓰일 수는 있는 위치이면 '?', 비문법적이라고 볼 만한 위치는 '*'로 표시하였다.

(A) 동사구 부가어

방법: frankly　　　　　　　　* Chris * won't √ talk √ about it √.

수단, 도구: arithmetically

행위-관련: deliberately　　　? They ? were √ delaying √,

정도: thoroughly　　　　　　* I √ agree *with you √.

시간적 위치: earlier　　　　　√ She ? had √ left ? for Chicago √.

지속(duration): temporarily　? We ? are √ staying √ with mother √.

상: already　　　　　　　　? Our guests ? are √ here √.

빈도: often　　　　　　　　? He ? would √ visit here √.

순서: last　　　　　　　　　* I ? had √ eaten √ the previous day *.

(B) 절 부가어

영역(domain): politically　　√ This ? will ? become ? very unpleasant √.

양태: probably　　　　　　　√ She √ will √ go with them √.

평가: unfortunately　　　　　√ They ? had ? set out ? too late ?.

화행-관련: frankly　　　　　√ This ? is ? becoming ? a joke ?.

접속(connective): moreover, however

부사의 위치는 문맥, 문체, 운율 등에 따라 무척 다양할 수 있지만, 대체로 두 유형에 따른 일반화가 가능하다. (A) 유형의 부사는 동사구 구성요소와 밀접하게 연합하고, 동사구 내부나 동사구에 바로 인접하여 위치하는 경향이 있다. 반면에 (B) 유형의 부사는 동사구와 덜 밀접하고, 동사구 내부나 동사구에 바로 인접하여 위치하는 일이 별로 없다. 위의 예문에서의 위치에 따른 수용 가능성에도 이런 경향이 대체로 반영되어 있다. 문두가 자연스러운 것은 대개 (B)의 부류, 즉 절에 연결되는 부사들이다.

(A) 유형과 (B) 유형은 대개 성분부사와 문장부사로 구분되어 불린다. "빨리 먹어라."와 같은 예에서 '빨리'는 동사 '먹어라'를 수식하지만, "과연 그의 말은 사실일까."와 같은 예에서의 '과연'은 이후의 문장 전체를 수식한다고 해서 붙여진 이름이다.

부사의 의미 유형만 놓고 보면 한국어도 영어와 크게 다르지는 않다. 다음은 손남익(2016)의 분류이다. 'technically(기술적으로)'와 같은 영역 부사가 없고, 부정 부사와 상징 부사가 추가된다는 차이 정도가 관찰된다.

시간: 방금, 벌써, 아까, 요즘, 이따, 갑자기, 내내, 당분간 등
장소: 구석구석, 여기, 저기, 이리, 그리, 저리로 등
양태(manner, 빈도부사 포함): 빨리, 가까이, 멀리, 사랑스레, 가끔, 수시로, 자주, 종종 등
정도: 가장, 너무, 꽤, 몹시, 무척, 훨씬, 겨우, 불과 등
상징: 껑충껑충, 반짝, 번쩍, 달가닥달가닥 등

부정: 안, 못

서법(mood): 가령, 만약, 설마, 고로, 하기는, 어쩌면, 혹시, 분명, 결코, 전혀 등

접속: 그리고, 및, 그러나, 그래서, 따라서, 또는, 한편, 혹은 등

그런데 이들 부사 중에도 수식 기능을 의심받는 부류가 있다. 한국어의 접속부사가 그러하다. 접속부사는 서술어와 별로 관련을 맺지 않으며, 뒤의 문장을 수식한다기보다 앞뒤 문장을 이어 준다. 이런 점에서 이희자(1995: 228)에서는 접속부사가 문장성분도, 문장 층위의 요소도 아니라고 하였다. 아마도 접속부사의 의미적 영향력이 후행 문장뿐만 아니라 선행 문장, 때로는 더 큰 단위인 선후행의 담화와 맥락에 걸쳐지기 때문에 더욱 그럴 것이다(문숙영 2018 참조). 그러나 접속부사 때문에 부사의 원형적 기능이 수식에 있다는 사실이 흔들리는 것은 아니다. '그러나'류를 접속부사로 둔 것은, 한국어 문법에서의 분류상의 약정일 뿐이다.

부사절의 의미 유형

부사절의 의미 유형은 부사들과는 상당히 다르다. 다음은 접속사나 부사절 종속소에 따라 부사절의 의미 유형을 제시한 몇 논의의 예이다.[3] 의미 유형의 종류와 수가 조금씩 다르기는 하지만 부사에는 없었던 의미 유형이 대부분이다. 부사에도 있었던 종류는 '시간, 처소, 방법' 정도에 불과하다.

---

3 가리키는 바가 선뜻 떠올려지지 않는 경우에 한해, 실제 항목을 괄호 안에 제시하며, 적절한 번역어가 찾아지지 않는 경우 원어를 그대로 노출한다.

- 시간, 장소, 방법, 목적, 양보, 이유, 조건, 대체(ex. rather than, instead of), 배경, 첨가, 동시, absolutive[4] (Thompson & Longacre 1985: 199~200)

- 동시 중첩(ex. when), 동시 지속(ex. while), 동시 Co-Extensiveness (ex. as long as), 전시, 직접 전시, 후시, 시간, 출발점(ex. since), 도달점(ex. until), Contingency(ex. whenever)

- 원인/이유, 조건, 부정 조건, 양보 조건, 양보, 대조, 결과, 목적, 부정 목적, 정도, 예외

- 방법, 유사, 책임(ex. as), 비교(ex. as if), 도구, 비율 ; 장소, 대체, 선호, 수반, 부정 수반, 첨가 (Kortmann 1997: 80~81)

- 시간(시간 연쇄 ; 상대 시간 ; 조건), 결과(원인, 결과, 목적), 가능 결과(ex. in case, lest), 추가(순서 없는 추가, 동일-사건 추가, 부연, 대조), 선택(이접), 거부(ex. instead of), 제안(ex. rather than), 방법(실제, 가정)[5] (Dixon 2009)

- 상황, 지각상황설정, 상황 도입, 계기 한정, 까닭, 조건, 시간, 양보, 의도/목적, 결과, 전환, 첨가, 점증, 비교, 반복 (서정수 1995)

'시간, 처소, 방법'이 '양보, 목적' 등의 다른 부사절과 다소 다르다는 점은, 여러 면에서 관찰된다. 먼저, Thompson et al.(2007: 243~244)에서는 세계 언어에 보고된 부사절은, 한 단어의 부사로 대

---

4 다음 조건의 종속절을 아우르는 술어이다. ①종속적임이 드러나는 방식으로 표시되고 ②주절과 종속절 사이의 관계를 명시적으로 표지하지 않으며 ③이 관계의 해석은 화용적 언어적 문맥으로부터 추론된다.

5 '실제(Real)'의 예로는 'like, in the way that'이, '가정(Hypothetical)'의 예는 'as if'가 제시되었다.

체할 수 있는 절과 그것이 불가능한 절, 두 유형으로 나눌 수 있는데, '시간, 장소, 방법'이 전자에 해당된다고 하였다.

일례로 이스머스(Isthmus) 사포텍어(Zapotec)[6]의 아래 예에서 (1가) 의 부사 '빨리'와 동사구 사이의 의미적 관계가, (나)의 부사절 as if절 과 주절 사이의 관계와 동일하게, '방법'이다. 이런 식으로 시간이나 처소 부사절도 한 단어로 시간과 처소의 의미를 나타낼 수 있다. 반 면에 그 외의 '목적, 양보, 이유, 배경, 추가, 동시, 조건' 절은 결코 하나의 단어로 대체될 수 없다.

(1) 방법

　　가. *Nageenda*　　　biluže-be

　　　　quickly　　　　finished-he

　　　　'He finished quickly'

　　나. Gu'nu　　　*sika*　*ma*　　guti-lu'

　　　　(POT)do.you　like　already　(COMPL)die-you

　　　　'Act as if you're dead'

한 단어의 부사와 의미적으로 등가라는 사실 외에, '시간, 처소, 방 법'이 가지는 또 다른 언어유형적 사실은, 이들은 관계절의 형식을 띠 거나 관계절의 속성을 공유하는 경우가 많다는 점이다. 이들 부사절 은 각각 총칭적이거나 의미적으로 비어 있는 '시간'과 '곳'이라는 명사 를 가진 관계절로 바꿔 쓸 수 있다. '시간, 처소'의 부사절은 주절에

6　사포텍: 멕시코 오악사카(Oaxaca)주에 사는 아메리칸 인디언.

표현된 사건의 시간 및 처소와, 관계절에 기술된 사건의 시간 및 처소가 같음을 진술한다.

아래의 예에서, '톰이 여기에 도착'한 시간과 '우리가 갈' 시간은 같다. 또한 '동상이 있었던' 곳과 '내가 너를 만날' 곳이 같다(Thompson et al. 2007: 244~245). Diessel(2001)에서도 관계절이 시간, 처소, 방법 부사절의 역사적인 기원이 되는 경우가 있다고 하였다.

(2) 가. *Time*

We'll go *when Tom gets here*

가′. *Time*

We'll go at **the time** *at which Tom gets here*

나. *Locative*

I'll meet you *where the statue used to be*

나′. *Locative*

I'll meet you at **the place** *at which the statue used to be*

시간절은 9.3에서 살펴본 것처럼 독립절 같은 양상도 보이지 않는다. 일례로 while절은 [대조]의 의미일 때와는 달리, [시간]의 의미일 때는 주절 현상이 허용되지 않는다. 이 외에 오로지 시간절로만 쓰이는 'when, before, after'절도 근문 변형이 적용되지 않는다(Hoopper & Thompson 1973: 494~495). 이는, 주절 현상을 허용하는 부사절들은 내포절이 아니라 절-연결로 볼 가능성이 있는데, 시간절은 오히려 내포절에 가깝고 시간부사어가 그렇듯이 문장의 성분으로 쓰임을 시사한다.

부사절을 내포절의 한 종류로 간주하는 논의에서도, 공교롭게 제시된 예가 시간과 처소의 부사절인 경우가 꽤 있다. 일례로 van Valin(1984: 542~543)은 부사절은 논항으로도 쓰인다고 하고 (3가)의 where절은 'put'의 처소 논항이고 (3나)의 after절은 시간 논항이라고 하였다.

(3) 가. Max put the book where no one would find it.

나. Larry talked to Sue after they left the office.

부사와 부사절의 의미 유형의 차이가, 부사절의 내포절로서의 자격을 거부할 만한 근거가 되지는 않는다. 그러나 적어도 부사절의 기능을 '수식'으로 아우를 수 있는지는 의심하게 한다. 이들 부사절의 의미 유형은 부사와 동사구 사이의 것보다 담화에서의 문장과 문장 사이의 연결과 더 닮아 있는 듯하다.

10.1.2. 종속절이 수식하는 절, 종속절을 내포하는 절

종속절이 내포절의 일종인 부사절이라면, 무엇을 수식하고 무엇에 내포되는지를 따져 보아야 한다. 지금까지는 이에 대한 본격적인 언급이 없었다. 으레 주절을 수식하고 주절에 내포된 것으로 당연시해 왔기 때문이다. 그러나 실제 문례를 보면 종속절의 수식 여부는 물론 종속절을 내포한 절이 무엇인지도 지목하기 어려운 경우가 많다.

동일한 문제의식이 영어 부사절과 관련하여 일찍부터 있어 왔다. Longacre(1970), Foley & van Valin(1984), Halliday(1985a, b), Matthiessen & Thompson(1988) 등에서는 부사절을 부사류나 부가어의 자격으로 다른 절에 내포된 것이 아니라, 절 조합(clause combination)

으로 보았다.[7] 그리고 내포절로 보기 어려운 이유로, 부사절을 내포했다고 볼 만한 단일한 절이 없을 때가 많음을 들었다. 하나의 절이 하나의 절과 조합할 때는 부사류처럼 보이기도 하지만, 하나의 절이 절-조합과 연결될 경우는 이 절을 내포한 성분이라고 할 만한 하나의 주절을 지목하기 어려울 때가 많다는 것이다.

다루어진 예를 살펴보자. 아래에서 이탤릭체로 표시한 부분은 ①과 ②로 크게 나뉜다. ①은 조건절이 [*you're in a car*]와 [*you're in an observation coach*]로 이접 연결되어 있고, ②는 귀결절이 [*you look back*]와 [*you see what happened before*]로 병렬 연결되어 있다. 즉 이 예에서 조건절은 하나의 절이 아니라 절-조합인데, 이 조건의 절-조합을 내포한 것으로 분석되는 하나의 절은 없다.

(4) Well, ①*if you're in a car or you're in an observation coach*, ②*you look back and then you see what happened before* but ③you need a microscope to see what happened long ago ④because it's very far away. (Halliday 1985b: 270의 예, Matthiessen & Thompson 1988: 281에서 가져옴)

또한 ④의 because절을 내포한다고 분석될 만한 절도, 주절 [you need a microscope]만이 아니다. 뒤의 종속절까지 포함한 ③ 전체여야 한다. 즉 because절이 '주절+종속절'로 이루어진 절-조합에 연결되고 있는 것이다.

---

7 'when, while(시간) ; if, unless, as long as(조건) ; because, since(이유) ; although, even though(양보) ; in order to, so that(목적) ; as if(방법)' 등이 이끄는 절들은, 부사류나(adverbial) 부가어(adjuncts)로서 다른 절 안에 내포된 절로 다루어져 왔다.

한국어도 사정은 마찬가지이다. 종속절이 하나의 주절에 연결되는 것만큼이나 절 조합에 연결되는 경우가 흔하다. 그리고 이런 경우 종속절은 의미적으로도 주절과 직접 연결되지 않는 일이 많다. 다음의 예를 분석해 보자.

(5) ①내일 와도 된다고 했더니 ②비록 늦었지만 ③오늘 약속은 오늘 지켜야 한다면서 ④밤 9시경에 찾아왔다.

①은 주절인 ④와 의미적으로 연결되기 어렵다. 근거는 첫째, "?내일 와도 된다고 했더니 밤 9시경에 찾아왔다."가 어색하다. 만약 ①과 ④가 의미적으로 연결되기를 의도했다면 '는데'를 써서 "내일 와도 된다고 했는데 밤 9시경에 왔다."라고 했을 것이다. 둘째, 설령 "내일 와도 된다고 했더니 밤 9시경에 찾아왔다."가 수용가능한 문장이라 하더라도, 이 문장의 의미는 위의 발화에서 의도된 의미가 아니다. 밤 9시경에 찾아온 것은, 내일 와도 된다고 해서가 아니라 오늘 약속을 지켜야 한다는 이유 때문이다.

따라서 위의 예는 (6가)처럼 ①~③ 전체가 ④와 연결되거나 (나)처럼 ①과 ②~④ 전체가 연결된다고 보는 것이 합당하다. 또한 내적으로는 ①이 ②~③과 연결되거나, ②~③이 ④와 연결되는 구조도 존재한다. 중요한 것은 ①은 이 발화의 주절인 ④와 직접 관련될 수는 없다는 것이다.

(6) 가. [①내일 와도 된다고 했더니 ②비록 늦었지만 ③오늘 약속은 오늘 지켜야 한다면서]
    [④밤 9시경에 찾아왔다.]

나. [①내일 와도 된다고 했더니]

　　[②비록 늦었지만 ③오늘 약속은 오늘 지켜야 한다면서 ④밤
　　9시경에 찾아왔다.]

　종속절이 주절에 직접 연결되지 않는 것은, ②~④에서도 찾을 수
있다. ② 역시, 주절인 ④와는 어떤 관계도 맺고 있지 않다. "비록 늦
었지만 밤 9시경에 찾아왔다."를 의도한 것이 아니기 때문이다. 즉
②는 ③과 연결된 후, ②~③ 전체가 ④와 연결되는 구조이다. 이런
구조에서 ②가 ④의 성분이라거나 ④를 수식한다고 해야 할 이유는
없다.

　(7) [②비록 늦었지만 ③오늘 약속은 오늘 지켜야 한다면서]
　　　[④밤 9시경에 기어이 찾아왔다.]

　절들이 의미적으로 연결되지 않는 문제는, 이처럼 종속절이 무엇
을 수식하는지도 무엇에 내포되는지도 불분명해지는 문제와 직결된
다. 부사류는 동사구를 수식하는데, 그렇다면 위의 예에서, 종속절
①"내일 와도 된다고 했더니"가 수식한다는 주절은 어느 것인가? ②
~③은 전통적인 관점에서 주절이 아니며, ④는 살펴보았듯이 ①과
의미적으로 직접 연결되는 절이 아니다.
　혹시 연결어미절이 다른 연결어미절을 수식한다고 볼 수는 없을
까? "①내일 와도 된다고 했더니 ③오늘 약속은 오늘 지켜야 한다면
서"와 같이 ①이 의미적으로 ③과 연결되므로, ①이 ③을 수식한다고
할지도 모르겠다. 그러나 이렇게 보더라도 ③이 어떤 자격으로 수식
을 받는가는 여전히 해결되지 않는다. 만약 ③을 ①의 주절로 처리하

면, 정형 동사를 가진 절이 주절이며 복문에서 주절은 하나라는 암묵적인 원칙에 위배되기 때문이다. 부사절을 부사와 같은 문장의 한 성분으로 보는 전통적인 문법에서는, 연결어미로 연결된 종속절은 주절로 인정되지 못한다.

만약 부사가 부사를 수식하듯이 ③을 종속절의 자격으로 종속절의 수식을 받는 것으로 보면 어떠한가. 이 또한 해결책은 못 된다. ①을 내포하는 절의 문제가 그대로 남기 때문이다. ③이 ①을 내포한 것으로 보면, 종속절이 종속절을 성분으로 내포한다고 해야 하는 것이다.

요컨대 ①이 무엇을 수식하고 무엇의 성분인지는 지목하기 어렵다. 말할 수 있는 것은 ①은 ②, ③과 연결된다는 것뿐이다. 이런 점에서, 종속절은 주절을 수식하지도 않고 주절의 성분도 아니다. 종속절은 어떤 순서를 가지고 계층적으로 연결되고 다만 문장의 종결이나 문장 유형 등 일부 정보를 맨 뒤의 정형 동사 '찾아왔다'에 의존할 뿐이다.

예를 하나 더 살펴보자. 아래 예에서 주절은 ⑤가 될 것이다. 그런데 ⑤와 직접 연결되는 종속절은 ④ 하나이다. 일례로 종속절 ①의 경우, ⑤에 직접 연결되거나 ⑤를 수식한다고 할 수 없다. (8가)의 도식이 이를 표시한 것이다.

(8) 가. ①같이 영화를 보다가 ②뭐 궁금해서 ③물어보면 ④영화 봐야 하니까 ⑤좀 조용히 하라고 하더라고

나. ┌①같이 영화를 보다가 ②뭐 궁금해서 ③물어보면┐┌④영화 봐야 하니까 ⑤좀 조용히 하라고 하더라

다음은 ①~③의 관계이다. ①은 (9가)의 도식처럼 '시간'의 관계로

②와 연결될 수 있다. 아니면 (나)의 도식처럼 ②와 ③이 '인과'로 연결되고 이 ②~③ 전체와 ①이 연결될 수도 있다. 그리고 ①~③ 전체는 ④~⑤ 전체와 연결된다. 요컨대 이 예에서 주절은 ⑤만이 아니라 ④~⑤ 조합일 수도 있고, ①에서 ③까지의 부사절 각각은, ④에도, ⑤에도, ④~⑤ 전체에도 내포되어 있지 않다.

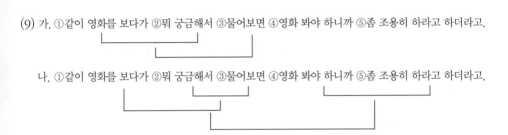

(9) 가. ①같이 영화를 보다가 ②뭐 궁금해서 ③물어보면 ④영화 봐야 하니까 ⑤좀 조용히 하라고 하더라고.

    나. ①같이 영화를 보다가 ②뭐 궁금해서 ③물어보면 ④영화 봐야 하니까 ⑤좀 조용히 하라고 하더라고.

주절 ⑤는 종속절 ④와 연결될 뿐, ①, ②, ③과는 의미적으로 직접 연결되지는 않는다는 사실은, 종속절을 주절 수식의 내포절로 볼 정당성을 약화시킨다. 주절이 선행의 여러 종속절을 요구한다고 볼 만한 어떤 단서도 없기 때문이다. 이런 양상은 동사가 논항과 의미역에 대한 정보를 가지고 문면에 이를 요구하는 현상과는 아주 다른 것이다. 주절은 종속절에 대한 어떤 요구도 가지지 않는다.

'수식'을 아주 느슨하게 이해하더라도 종속절의 수식 기능이 좀처럼 느껴지지 않는 예는 얼마든지 찾을 수 있다. 다음도 그러하다. ①인 '느라고'절은 (10나)의 도식처럼 후행절 ②와 연결된다. (다)에서 보듯이 주절인 ③과 연결되면 '느라고'절이 주절 동사의 명령형과는 공기할 수 없다는 원칙을 위배한다.

(10) 가. ①공부하느라고 ②밥도 못 먹은 것 같으니 ③어서 가라.

나. [①공부하느라고 ②밥도 못 먹은 것 같으니] ③어서 가라.

다. *①공부하느라고 ③어서 가라

이상의 연결 구조에서, 특별히 수식어와 피수식어 관계는 읽히지 않는다. 즉 절 ①이 절 ②를 수식하는 것 같지도 않고 무엇보다 ①~② 전체가 절 ③을 수식한다고 하기도 어렵다. 종속절의 이런 점은, 부사가 부사를 수식할 수 있는 것과는 다른 점이다.**8**

아래 예도 비슷하다. ① '바빠서'절은 ② '깜박 잊었는데' 절과 연결된다. (11다)처럼 주절과 연결된다면 비문이 된다. '어서'절은 화행의 인과관계에는 쓰이지 않기 때문이다. 따라서 이들 예에서 주절 ③과 연결되는 종속절은, ①~② 전체거나, ②이다.

(11) 가. ①바빠서 ②깜박 잊었는데 ③취직시험 결과 나왔어?

나. [①바빠서 ②깜박 잊었는데] ③취직시험 결과 나왔어?

다. *①바빠서, ③취직시험 결과 나왔어?

이런 일련의 현상들은 한국어의 종속절접속이 주절을 수식하는 성분일 수 없음을 드러낸다.

혹자는 '과연, 솔직히' 등과 같은 문장부사도 있으므로, 종속절이 주절을 수식하는 것처럼 느껴지지 않는 것이 문제가 되느냐고 할 수도 있다. "과연 몇 사람이나 이 주장에 동의할까."에서 '과연'이 후행 문장 전체를 꾸민다고 보는 것은, "빨리 달렸다"에서 '빨리'가 '달렸

---

8 '가장 많이, 아주 빨리, 과연 얼마나, 지금 당장, 더 오래' 등 부사는 부사를 수식할 수 있다. 그러나 모든 부사와 부사의 수식이 가능한 것은 아니다.

다'를 꾸민다고 보는 것과 직관적으로 좀 다르다. 후자는 모국어 화자라면 누구나 수식어−피수식어 관계라고 파악할 만하다. 그러나 전자는 이런 직관에 의지해서라기보다는 '과연'은 부사이므로 무언가를 수식해야 하는데 의미적으로 절 전체와 연결되기에 후행절을 수식한다고 처리된다. 이런 점에서 종속절도 의존성 차원에서 뒤의 절을 수식한다고 보면 되지 않느냐 하는 것이다.

일단, 이렇게 보아도 종속절이 주절을 수식한다는 기술은 유지되지 못한다. 앞에서 보았듯이 종속절은 다른 종속절과 직접 연결되는 일이 많기 때문이다. 그런데 종속절이 주절과 직접 연결되는 경우라 하더라도, 문장부사와 동일한 기능으로 간주하는 것은 이점이 별로 없다. 문장부사와 종속절이 자신의 범주 안에서 가지는 위상이 너무 다르기 때문이다.

전체 부사에 비해 문장부사는 그 수가 적다. 그래서 상대적으로 꽤 특이한 부류에 속한다. 반대로 종속절은 대부분의 절과 연결된다. 즉 절을 수식하는 문장부사는 부사의 전형이나 대표형이 아니지만, 종속절은 절과 연결되는 것이 본령이다. 따라서 종속절의 절 연결 기능은 무엇보다 가장 기본적으로 해명되어야 하는 사안으로, 문장부사의 처리 문제와는 사정이 다르다.

종속절이 주절과 의미적으로 연결되지 않는 것 외에, 종속절과 주절이 통사적인 수식 관계는 아님을 방증하는 증거가 또 있다. 구어에서 종속절이 주절 없이 쓰이는 일이 많다는 점이다.

(12) 가. ①선생님께 부탁드리고 싶은 말씀은요, 혹시 박 씨의 소식을 들으면 저에게 은밀히 알려 주십사 하는 것이에요. ②제가 박 씨와 따로 만나고 싶어서요.

나. *제가 박 씨와 따로 만나서 싶어서, [박 씨의 소식을 들으면 저
   에게 은밀히 알려 주십사 하는 것이에요, 저에게 알려 주세요]

다. 제가 박 씨와 따로 만나고 싶으니까, 박 씨의 소식을 들으면
   저에게 알려 주세요.

(12가)에서 ②의 '어서'절은 주절 없이 쓰였다. 이는 도치된 것도
아니다. 즉, 앞에 놓인 절 ①은 주절도 아니다. 이는 (나)처럼 선후행
절의 위치를 바꾸면 비문이 되는 것으로 확인된다. (다)의 '니까' 절과
는 달리, 원인/이유의 '어서'절은 주절의 동사가 명령이나 청유형일
때는 쓰이지 못한다.

그런데 '어서' 앞의 절인 ①은 통사적인 주절은 아니지만, 의미적으
로는 주절에 상당하는 역할을 한다. 박 씨의 소식을 들으면 알려 달
라는 요청을 하고 있고, 이런 요청의 이유를 '어서'절이 제공하고 있
는 것이다. 요컨대 주절 없이 종속절로 끝나는, 위의 '어서'절과 같은
쓰임은, 의미상의 주절이라고 할 만한 것이 선행 문맥에 주어질 때일
수 있다. 그리고 이는 그만큼 종속절과 주절 간의 통사적 관계가 느
슨하다는 것을 방증한다. 수식과 피수식이라는 통사적 관계가 아니
라 일련의 의미에 의해 연결된 관계이기에 이런 느슨함이 허용될 수
있는 것이다.

다음의 예들도 유사한 경우이다. (13가)의 연결어미 '려고'는 동일
주어 제약이 있다. 따라서 주어가 '동생'인 ①은 주어가 '나'인 ②의 통
사상의 주절일 수 없다. 그러나 ②의 목적을 이루기 위해 ①의 사태
가 일어난 것으로 해석되므로, 의미상 주절일 수는 있다. (나)의 ④도
내용상 ①~③ 전체와 연결되는데, ①~③ 전체가 통사상의 주절은
아니다. 이 또한 의미상 주절로 해석될 만한 절이 선행하면서, 종속

절이 후행하는 경우이다.

(13) 가. ①동생이 여행 상품 알아보고 있어. ②나 좀 쉬다 오려고.

　　 나. [①그때 너무 화가 나서 여기저기 항의했어요. ②본사에도 알
렸고요. ③그러니까 결국 환불해 주더라고요.] ④지금은 경솔
했다는 생각이 들지만요.

통사적인 주절이 아니더라도 의미적으로 주절로 해석될 만한 절이
앞서고 이에 의존할 만한 종속절이 후행하는 이런 양상은, 부사와 동
사, 관형어와 명사와 같은, 다른 수식—피수식 관계에서는 보기 쉽지
않은 것들이다.

10.1.3. 담화의 관계적 구조와 절 접속[9]

종속절이 주절 수식의 내포절이 아니라면, 무엇일까? 영어 부사
절에 대해 절—조합이라는 술어를 썼던 여러 논의들과 더불어, 이 장
에서도 종속절의 수식 기능을 의심하면서 절—접속, 절—연결이라는
표현을 써 왔다. 이는 절의 접속이 수식어나 내포와 같은 문장 차원
이 아니라, 문장들의 연결처럼 담화 차원의 것임을 염두에 둔 기술이
었다.

부사절을 절—조합으로 다루는 일련의 논의에서는, 절—조합이 담
화가 조직되는 관계와 유사하다는 점에 주목한다. 쉽게 말해, 담화는
행위—이유, 배경—사건 등 일련의 관계로 조직되는데, 절—조합도 이
런 식으로 맺어지되 다만, 문법적으로 표현되는 차이가 있다고 보는

9　이 절은 문숙영(2019ㄴ: 514~516)의 주요 내용을 기반으로 하였다.

것이다. 어떤 면이 그러한지 Matthiessen & Thompson(1988)의 주요 내용을 살펴보자.

담화(텍스트) 조직과 절 조합의 유사성

병렬과 내포로 대별되는 전통적인 절 체계에서는, 영어의 부사절이 내포에 포함될 수밖에 없다. 따라서 부사절을 내포절로 인정하지 않는 입장에서는 다른 유형의 절을 세워야 하는데, 대표적인 것이 종렬(縱列, hypotaxis)의 추가이다. Halliday는 내포절에서 부사절을 분리하여 절 조합에 두고, 절 조합은 상호의존성 정도에 따라 병렬(parataxis)과, 종렬 두 부류로 나눈다. 내포·병렬의 이분 체계 대신에, 내포·병렬·종렬의 삼분 체계를 세우는 것이다.

병렬(parataxis): 등위접속(coordination), 동격, 인용을 포함
종렬(hypotaxis): 비-제한적 관계절, 보고화법의 절, 부사절
내포절: 제한적 관계절, 주어나 목적어 자리에 오는 절(보어절)

먼저, 담화의 관계 구조를 보자. 텍스트는 작은 부문들로 쪼개진다. Matthiessen & Thompson(1988)에서는 일단 이들을 (수사적) 단위라 부르고, 이들 간의 관계를 다음과 같이 분석한다.

(14) (언어과학, 4월, 1969)

[1] 스웨덴 ○○에서, 9월 1일부터 4일까지 1969 전산언어학의 학술회의가 열릴 것이다.

[2] 약 250여 명의 언어학자가 아시아, 유럽 등에서 올 것으로 기대된다.

[3] 이 회의는 수학과 컴퓨터 기술의 자연 언어 연구에의 적용, 언어

연구의 도구로서의 컴퓨터 프로그램의 발전 등을 다룰 것이다.

이 텍스트는 일반 주장인 [1]과 두 개의 뒷받침 문장 [2]와 [3]으로 구성되어 있다. 따라서 [1]이 가장 중요한 부분이다. [1] 없이, [2]와 [3]은 의미가 없다. 반면에 [1]은 [2]와 [3]이 없어도 여전히 메시지를 전달한다. 이에 [1]과 [2~3] 사이에는 상술(elaboration) 관계가 성립한다. 따라서 이 경우 단위 [1]은 핵심(nucleus)이고 나머지 [2~3]은 위성(satellite)이다. 그리고 [2]와 [3] 각각은 어느 하나가 더 중요한 관계가 아닌, 열거 관계(list)이다. 아래가 이 관계를 도식화한 것이다.

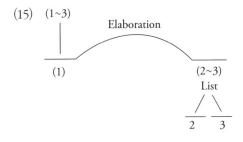

텍스트의 작은 부문을 이루는 이와 같은 관계의 종류에는, 상술 외에도 동기, 배경, 원인, 목적, 증거 등 많은 종류가 있다.

그런데 이런 단위는 위의 예에서처럼 독립된 문장만이 구성할 수 있는 것은 아니다. 절 조합의 경우 각각의 절이 단위를 구성하기도 한다. 일례로, (16)에서 [1]은 독립적인 문장이지만, [3]은 [2]에 의존한 절이다. 즉 [1], [2], [3] 각각은 그 통사적 지위와 상관없이, 텍스트의 한 부문을 구성하는 데 각자 독자적으로 기여하고 있다.

(16) (ISI 연구자로부터, 계사판의 메시지)

[1] Someone left a coffee cup in my office over the weekend.

[2] Would the owner please come and get it

[3] as I think things are starting to grow?

연구실의 주인은 연구실에 커피 컵이 놓여 있는 것이 싫다. 곰팡이가 필까 염려되기 때문이다. 여기서 단위 [1]은, [2]의 요구에 대한 배경 정보(Background)를 제공한다. 그리고 [3]은 커피 컵을 치워 달라고 독자에게 요구하게 된 동기(Motovation)를 제공한다. 이들 관계를 도식화하면 아래와 같다.

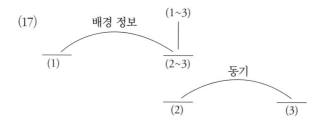

(17)

Matthiessen & Thompson(1988)에서는 이런 분석을 통해, 담화의 수사적(관계적) 구조와 절－조합 사이에는 상당한 유사점이 있다고 주장한다. 첫째, 절－조합에서 절이 부호화하는 단위들 사이의 관계는 이보다 높은 층위의 담화 부문들 사이의 관계와 동일한 유형이다. 이는 절이 조합되는 원리가 일반적으로 텍스트가 조직되는 방식을 지배하는 원리와 다르지 않음을 시사한다. 둘째, 담화나 절 조합이 모두, 동일한 두 가지 방식으로 조직된다. 담화의 '핵심－위성'과 '열거' 관계 사이의 구별은, 절－조합의 종렬과 병렬 사이의 구별과 정확히 평행하다. 이런 점에서 절 조합은 담화 구조의 문법적 반영이라고 할 만하다.

절 조합에서 의미관계는, 영어에서는 접속사나 종속소가, 한국어에서는 연결어미가 표현한다. 그러나 담화 조직에서는 이런 명시적인 장치가 없어도, 의도된 관계적 의미가 읽힌다.[10] 위의 첫 예도 접속사 없이 문장들이 나열된 것이었다. 독자들은 담화나 텍스트가 응집적일 것이라고 가정하기 때문에 많은 수의 추론을 감행한다. 예컨대 어떤 문장이 선행 문장이나 담화에 배경으로 쓰인 것인지, 이유로 쓰인 것인지, 아니면 아주 새로운 화제를 도입하기 위해 쓰인 것인지 등, 주변 문맥과의 관련성을 추론한다. 이 과정에서 절들 사이, 문장들 사이, 담화의 작은 부문들의 관계에서 얻어지는 의미관계가 곧 관계적 명제이다. 앞에서 언급한 '동기'나 '배경'도 모두 일종의 관계적 의미, 관계적 명제이다.

다음은 Mann & Thompson(1986)에서 관계적 명제로 제시된 것들 중 일부이다. (18가)는 '해법(solutionhood)'이다. ①이 제기하는 '배고프다'는 문제에, ②가 해결을 제공하고 있다. (나)는 '증거'이다. ②의 '주차할 곳을 못 찾겠어'는 ①의 '옆집에서 파티 중이야'라는 주장의 근거를 제공한다. (다)는 '화행'이다. ②에 표현된 '새 배터리를 사는 것'이 ①에 표현된 차의 시동 거는 문제를 해결할 방안이 되는지를 묻는 것이다.

(18) 가. ①I'm hungry. ②Let's go to the Fuji Gardens.

나. ①they're having a party again next door. ②I couldn't find

---

10 Mann & Thompson(1986: 70~71)은 관계적 명제가 전달하는 의미가 접속사나 종속소 등에 의해 명시적으로 표시될 수도 있고 아주 많은 언어에서 이런 언어형식들을 발달시키기도 하지만, 이들 관계는 이런 명시적인 재료와는 무관하게 전달될 수 있는 것이 핵심이라고 하였다.

a parking space.

다. ①I've been having trouble starting my car. ②Should I buy a new battery?

한국어 절 접속의 의미관계와 관계적 명제

한국어의 절-접속도 담화의 관계적 구조의 속성과 아주 닮아 있다. 특히 종속절의 의미관계는 담화에서 발견되는 관계적 명제와 상당히 유사하다.

앞에서 살펴보았던 예를 다시 보자. (19가)는 우선 (나), (다)처럼 분석된다. (나)와 (다) 사이는 병렬이다. 이는 "쇼핑하다가 말을 걸면 쇼핑에 집중해야 한다고 하였다. 같이 영화를 보다가 뭐 궁금해서 물어보면 영화 봐야 하니까 좀 조용히 하라고 하였다."처럼, 두 문장으로 구성된 경우와 같다.

(19) 가. 쇼핑하다가 말을 걸면 쇼핑에 집중해야 한다고 하고, 같이 영화를 보다가 뭐 궁금해서 물어보면 영화 봐야 하니까 좀 조용히 하라고 하고

나. 쇼핑하다가 말을 걸면 쇼핑에 집중해야 한다고 하고

다. 같이 영화를 보다가 뭐 궁금해서 물어보면 영화 봐야 하니까 좀 조용히 하라고 하고

위의 예에서 (19다)만 다시 분석해 보자. (다)의 절들 간의 관계는 종렬이다. 그리고 그 연결 관계는, 시간 관계로 ①과 ②가 연결되고, 이 전체가 다시 ③과 인과관계로 연결된다. 그리고 이와 별도로 ④와 ⑤가 인과관계로 연결되고, 다시 ①~③ 전체가 ④~⑤ 전체와 조건

관계로 연결된다.

(20) ①같이 영화를 보다가 ②궁금해서 ③ 뭐 물어보면
④영화 못 보니까 ⑤좀 조용히 하라고 하고

(①~③)　　　　　　　── [조건] ──　　(④~⑤)
　[인과]
(①~②)　──　③물어보면)
　　　　　　　　　　[시간]　　　　　　　　　　　　[인과]
①영화를 보다가 ── ②뭐 궁금해서　④영화 못 보니까 ── ⑤조용히 하라

　다음은 이를 비슷한 의미의 단순문 연쇄로 바꿔 보았다. 그런데 여
기에서도 거의 같은 의미관계들이 해석 과정에서 추론된다. 여기에
는 이런 관계를 표시해 주는 어떤 형식도 없지만, 청자들의 처리 과
정에서는 텍스트는 응집성을 가진다는 가정에 의해 문장들이 묶이고
이 사이에서 관계가 추론되는 것이다.

(21) 가. ①같이 영화를 보는 중이었다. ②무언가 궁금했다. ③물어보
았다. ④좀 조용히 하라고 했다. ⑤뉴스를 못 본다고 했다.
나. ①같이 영화를 보는 중이었다. ②무언가 궁금했다. [①은 ②
의 배경(Background)]
다. ②무언가 궁금했다. ③물어보았다. [이유(Reason)/연쇄
(Sequence)]
라. ③물어보았다. ④좀 조용히 하라고 했다. [연쇄(Sequence)/
조건(Condition)]

마. ④좀 조용히 하라고 했다. ⑤영화를 못 본다고 했다. [이유
(Reason)]

먼저 ①은 ②의 배경 정보로 추론된다. 뭔가에 대해 궁금해지는 사
건이 뉴스를 보는 상황에서 일어났다고 해석되는 것이다. 그리고 ②
는(혹은 ①~② 전체가) ③의 이유가 되거나, ③은 ②에 뒤이어 일어난
사건으로 추론된다. ④는 ③에 바로 뒤이어 일어난 사건이거나 ③은
④의 조건으로 추론된다. 그리고 ⑤는 ④에 대한 이유로 추론된다.[11]

위에서 추출해 낸 '배경, 이유, 조건' 등의 의미들은 모두 관계적 명
제(relational proposition)이다. 한 문장(혹은 하나의 담화 단위)에서 단독
으로 도출될 수는 없고 다른 문장(다른 담화 단위)까지 관련지어 그 사
이에서 얻어지는 의미이기 때문이다. 이런 의미는 특정 표지가 있느
냐 여부와는 무관하게 추론된다. 일례로 (21다)에서 앞의 문장이 뒤
의 문장의 이유라는 표시는 어디에도 없다.

그렇다면 한국어의 종속절은 이런 관계적 의미가 보다 명시적으
로 표시되는 경우가 될 것이다. 단순문의 나열에서는 추론의 범위가
열려 있는 데 반해, 연결어미 구문에서는 어미의 의미에 의해 추론이
제한된다. 사실, Mann & Thompson(1986: 71)에서도 밝히고 있듯이
접속사도 관계적 명제를 직접적으로 '나타내는 것'은 아니고, 관계적
명제의 범위를 제한하는 역할을 한다. 접속사는 추론의 유형을 안내
하는 역할 정도만 하기 때문이다.[12] 그런데 한국어의 연결어미는 그
수도 110여 개나 되고 접속사보다는 아주 구체적인 의미를 가지며 주

---

11 물론 이런 추론은 선후행 두 문장만이 아니라 관련 문맥 전체를 고려한 후에 얻어지기
도 한다.
12 접속부사의 절차적 의미에 대해서는 문숙영(2018) 참조.

절에 통사적·의미적 제약도 부과한다. 즉 접속사보다 훨씬 더 적극적인 기능을 할 가능성이 높다.

절 접속도 담화 조직과 동일하게, 계층적으로 묶인다. 앞에서 살펴본 단순문의 연쇄도, 어떻게 묶으라는 어떤 표지도 없지만, 의미적으로 먼저 연결되는 것과 나중에 연결되는 것이 존재하고 이런 관계가 추론된다. 절 접속도 마찬가지이다. 종속절이 여러 개 연이어 있더라도 어떤 쌍이 먼저 묶이고 어떤 절이 나중에 합류되는지 그 계층적 차이가 존재한다. 차이가 있다면 단순문의 연쇄에서는 여러 번의 시행착오를 거쳐 묶임 관계가 추론되지만 절-조합은 연결어미가 단서를 상당히 제공한다는 점 정도이다.

흔하지는 않지만, 연결어미 중에는 어미의 순서에 제약이 있는 경우가 있다. 목정수·유현조(2007)에 따르면 일례로 '어서'와 '니까'가 함께 올 경우 '어서 〉 니까' 순서로 나타난다. 또한 '으면 〉 으니까'도 그러하다.[13]

(22) 가. [[내가 궁금해서] 물어본 거니까] 잘 대답해 줘.

　　　나. [[너 없어지면] 단골들도 끊어지니까] 하는 소리야.

Mann & Thompson(1986)은 관계적 명제의 종류로 'Solutionhood, Motivation, Reason, Sequence, Enablement, Elaboration, Restatement, Condition, Circumstance, Cause, Concession, Background, Thesis-Antithesis'를 들었다. 그리고 다시 Matthiessen & Thompson(1988)은

13　이런 순서는 함께 묶이는 절 조합 안에서의 순서이다. 예컨대 "[밥을 다 먹었으니까 잠을 잤고] [잠이 푹 들어서 소리를 못 들었지.]"처럼 서로 다른 절 조합일 때의 순서는 무관하다.

이들을 바탕으로 텍스트 관계의 종류에는 20여 개가 있다고 하였다.

그런데 이들은 앞에서 언급한 바 있는 부사절의 의미 유형과 완전히 같지는 않다. 아마도, 부연 설명(Elaboration) 안에 '집합-성원, 일반화-사례, 전체-부분, 과정-단계, 대상-속성' 등의 의미관계가 있는 것처럼, 하나의 관계적 명제 안에 부사절의 여러 의미 유형이 포함될 수 있기 때문인 듯하다. 따라서 둘 사이에 공통되는 관계는 무엇이고 어느 하나에만 해당되는 관계는 무엇인지는 앞으로 더 연구해야 할 과제이다. 지금은 절 연결의 의미관계가 담화의 수사적 단위 간에 발견되는 의미관계와 상당히 유사하며, 따라서 종속절은 성분이나 수식과 같은 문장 내부의 문법보다는 담화 차원에서 접근하는 것이 유용함을 확인하는 데서 만족하기로 한다.

10.2. 종속접속절의 의존성과 독립성

종속절은 주절 의존적이다. 종속절에는 으레 논항이나 시제 등의 정보가 생략되거나 정보의 종류가 제한되고, 이렇게 비어 있는 정보는 해석 시 주절을 통해 채워진다. 종속절의 이런 양상은, 그간 내포의 속성으로 취급되어 왔다. 그러나 표현되지 않은 정보를 복원하는 데 다른 절의 도움을 받아야 한다는 것은, 의존성을 보여 주는 것일 뿐 내포성의 증거가 아니다. '의존'과 '내포'는 다르다. 10.1.에서 살펴본 것처럼, 담화 조직도 '핵심-위성'과 같은 의존 관계를 가진다. 이는 무엇이 무엇에 의존적이라고 해서, 그 무엇이 다른 무엇의 부분이거나 성분인 것은 아님을 단적으로 보여 준다.

그런데 한국어의 종속절은 주절에의 의존 정도도 낮은 편이다. 즉 상대적으로 독립적이다. 일례로, 절의 의존성 여부를 판단하는 데 대표적으로 동원되는 시제의 경우, 연결어미 앞에 절대시제가 나타나는 등 주절에 전적으로 의지하지는 않는다. 또한, 종속절에서 누락된 정보가 주절이 아닌 다른 종속절에서 얻어지거나, 오히려 주절에서 정보가 누락되고 종속절에 의지하는 일도 있다. 게다가 종속절이 주절 화행의 영향을 안 받는 경우도 있다. 무엇보다 종속절과 주절 중 상대에 대한 문법적 제약을 가하는 장본인은 종속절일 때가 대부분이다.

이 절에서는 한국어 종속절이 보이는 이런 종류의 의존성과 독립성을 살펴본다. 종속절이 내포절인 부사절이 아니라, 의존적이지만 내포는 아닌 절-접속의 한 유형, 즉 종속적으로 이어진 절로 보는 것이 한국어 현실에 부합함을 보이기 위한 것이다.

10.2.1. 문장성분의 생략

절 접속에서는 성분 생략이 빈번히 일어난다. 그러나 이런 성분의 생략이, 내포의 증거는 아니다. 한국어에서 종속절의 성분 생략은 통사적으로 강제된다기보다, 표현의 경제성을 노린 담화화용적인 차원에서 이루어지는 경우가 많다.

대개 절의 의미 통합 정도가 높을수록 통사적 의존도는 높아진다. 예를 들어, 아래 사동 구문을 보자.

(23) He made her get angry.

사동 구문은 두 개의 미시 상황으로 구성된 복합 사건을 나타낸다. 원인이 되는 사건과 이로 인해 나온 결과 사건이 그것이다. 그리고 두 사건은 의미적으로 아주 긴밀하다. 위의 예에서는 이것이, 즉 원인 제공자인 '그'가 원인이 되는 무언가를 그녀에게 했고, 그 결과 그녀가 화가 났음이, '사동사(원인)+목적어(대상)+목적보어(결과)'라는 하나의 구문으로 표현되어 있다. 원인 사건의 대상이면서 결과 사건의 의미상의 주어는 'her'로 공통된다. 그리고 결과를 표현하는 동사 'get'은 완전히 비정형적이다. 원인 상황과 결과 상황이 하나의 구문에 표현되는 사동 구문은, 의미 통합 정도가 크기에 이처럼 통사적 의존도도 아주 높다.

그런데 절 접속 과정에서 일어나는 성분 생략은, 대개 이런 정도의 통사적 의존 현상은 아니다. 첫째, 절이 이어질 때 보이는 성분의 생략은, 문장의 연쇄에서도 흔히 일어나는 일이다. 즉 종속절만의 문제가 아니다.

절 접속에서 대개 동일 주어는 생략된다. 그래서 (24가)의 '영수가'는 첫 절에만 표현되어 있다. 그런데 이는, 단순문의 연쇄인 (나)에서도 일어나는 일이다. 절 접속에서는 주어 생략이 거의 의무적이고 문장의 연쇄에서는 수의적이라고 생각하기 쉽지만, 위 예에서는 둘 다 '영수가'를 매번 넣는 것이 썩 자연스럽지 않다.

(24) 가. 영수가 억지로 일어나서 (   ) 죽 먹고 학교를 가더니 결국
(   ) 조퇴하고 왔어.

나. 영수가 억지로 일어나더라. (   ) 죽 먹고 학교를 가더라고. 결국 (   ) 조퇴하고 왔지.

마지막 절에서 '학교를'이 생략된 것도, (24가)뿐만 아니라 (나)에서도 아주 자연스럽다. 물론, 여기서 자연스럽거나 부자연스럽다는

평가는 문법적인 차원이 아니다. 비문이지만 자주 쓰일 수 있고, 정문이지만 잘 안 쓰일 수 있다는 정도의 의미이다.

둘째, 생략되는 것이 동일한 문장성분에 국한되지 않는 경우도 많다. 즉 성분이 다르더라도 담화에서 활성화된 개체이기만 하면 종종 생략된다. 한국어 글쓰기 교재에서는 성분까지 동일한 경우에만 생략할 수 있다고 안내한다. 그래서 다음 (25)의 문장은 비문법적인 문장으로 분류된다. 괄호에는 선행절에 쓰인 '자연을'이 아니라, 부사어 '자연에서'가 필요한데 생략되었기 때문이다.

(25) 사람은 자연을 과학의 대상으로 보기도 하고, ( ) 도덕적인 교훈을 찾으려 하기도 하고 심미적인 감상을 즐기려 하기도 한다.

그러나 이런 종류의 생략은 실제로 너무나 자연스럽게 흔히 일어난다. 만약 이런 생략이 비문법적인 것이라면 (26)에서 '반발하다'의 대상인 '에' 성분이 빠진 것도 문제가 되어야 한다. 그런데 (26)은 [우리의 자부심을 건드렸을 때]만으로도 무엇에 반발했는지가 충분히 해석된다. 오히려 이를 밝히고 채워 넣으면 더 어색해질 수 있다.

(26) 김치에 대해서는 모두가 자랑스럽게 여긴다. 다른 나라에서 자신들의 상표로 수출해 우리의 자부심을 건드렸을 때 우리가 얼마나 ( ) 심하게 반발했는지를 되새겨 봐도 알 수 있다.

이처럼 성분이 다른데도 생략되는 현상은, 절 접속만이 아니라 문장 사이에서도 흔하게 일어난다. 아래 예에서 ③에는 주어가 표현되어 있지 않다. 그리고 여기에 올 만한 것은 ①에 언급된 '장애인'인데,

①의 '에게' 성분과는 달리, 주어 성분이어야 한다. 이런 생략은, 무엇이 어떤 자격으로 생략되었는지를 담화를 통해 충분히 알 수 있기에 가능하다.

> (27) ①얼마 전 <u>장애인에게</u> 지하철 무료승차를 정부에서 복지사업으로 자랑인지 홍보인지 하던데 난 신문을 던져 버렸다. ②그래 이런 엉터리 공무원이 있는가? ③(　) 휠체어를 타고 지하철을 타러 내려갈 수 있는가.

오히려 성분의 생략 없이 다 채워져 있는 문장들의 연쇄가 더 어색하거나 글맛이 사라지는 사례도 많다. 다음 (28가)를 읽어 보자. 여기에는 곳곳에 소위 필수성분이 생략되어 있지만, 오히려 생략되어 자연스럽다. (나)의 밑줄 부분은 생략된 성분을 넣어 본 것인데, '떡은, 떡을, 떡의' 등 그 성분도 다양할 뿐 아니라 글의 여운이 (가)보다 결코 좋지 않다.

> (28) 가. 손님에게 먹을 것을 대접하는 것은 동서양이 다르지 않은 법. 밥을 먹고 와서 사양하는 이기지에게 주인은 서양 떡을 내온다. 직사각형으로 큼직하게 썬 떡은 입에 들어가자마자 사르르 녹는다. 차와 함께 먹으면 소화도 잘되고 배 속이 편안하다. 배는 부르지 않지만 시장기는 잊힌다. 참으로 기이한 맛에 놀란 이기지가 만드는 방법을 묻는다. 밀가루에 사탕과 계란을 넣어 반죽한 그것, 후에 다시 만들어 보고자 했으나 똑같은 맛이 나지 않는다. (한성우 2016, 『우리 음식의 언어』)
> 나. 손님에게 먹을 것을 대접하는 것은 동서양이 다르지 않은 법.

밥을 먹고 와서 밥을 사양하는 이기지에게 주인은 서양 떡을 내온다. 직사각형으로 큼직하게 썬 떡은 입에 들어가자마자 사르르 녹는다. 떡은 차와 함께 먹으면 소화도 잘되고 배 속이 편안하다. 배는 부르지 않지만 시장기는 잊힌다. 참으로 떡의 기이한 맛에 놀란 이기지가 떡을 만드는 방법을 묻는다. 밀가루에 사탕과 계란을 넣어 반죽한 그것, 후에 다시 떡을 만들어 보고자 했으나 내가 만든 떡은 똑같은 맛이 나지 않는다.

이런 현상들은 한국어는 담화와 복문에서의 적절한 생략이 아주 중요한 언어임을 방증한다. 즉 생략은 담화화용적 현상이기는 하지만, 상당히 강제되거나 장려되는 면이 있다.

셋째, 문장성분이 나타나 있지 않지만, 정확히 무엇을 상정해야 하는지 지목하기 어려운 경우도 있다. 아래에서 ②~④까지의 '( )' 표시는 주어가 나타나지 않은 자리이다. 그런데 이 자리에 넣을 주어가 마땅히 찾아지지는 않는다. 청자를 가리키는 '당신/너'나, '사람들'과 같은 일반 주어가 가능할 듯하나, 이를 모두 넣는 것보다 지금처럼 생략되어 있는 편이 더 자연스럽다.

(29) ①물론 LA에서는 차가 큰 역할을 합니다. ②( ) 대로를 따라 걸으면 거리가 다소 비어 있는 듯 보이지만 ( ) 운전을 해 보면 많은 건물과 표지판들이 시속 48.3km에서도 볼 수 있도록 만들어졌다는 사실을 ( ) 발견하게 됩니다. ③( ) LA에서 상점을 찾는다면 작은 건물 위에 큰 간판이 달려 있어 속도를 내야 ( ) 알아볼 수 있습니다.

이런 생략이나 비실현은 통사적으로 강제된 것은 아니다. 이 담화가 아니라면 주어가 나타나는 것이 전혀 문제되지 않기 때문이다. 따라서 이런 종류의 성분 생략이나 비실현은, 특정 종류의 담화에서 관습적으로 일어나는 것일 가능성이 있다. 즉 상당히 담화-의존적인 현상이다.

넷째, 성분의 생략도 종속절보다 주절에서 일어나는 경우가 비일비재하다. 즉 해석 시 종속절만이 주절에 의존하는 것이 아니라, 주절이 종속절에 의존하는 경우도 많다. 이런 점에서 절 접속에서의 성분 생략은 상호의존적인 속성을 보인다고도 할 수 있다.

(30) 가. 장독에서 상에 올릴 새 김치를 꺼내 오면 내가 잘라서 올릴게.
　　 나. 장독에서 상에 올릴 새 김치를 꺼내 오면 내가 (　　) 잘라서
　　　　 (　　) (　　) 올릴게.

이런 일련의 양상은 절 접속의 성분 생략이, 절 접속의 문법에 의해서 발생하는 것만은 아님을 보여 준다. 문장들 사이에서 공통되는 정보가 생략되는 것과 마찬가지로, 복문의 성분 생략도 경제성 차원에서 이루어질 수 있다.

10.2.2. 시제

대개 주절의 동사 형태와 종속절의 동사 형태는 다르다. 예컨대 주절 동사는 시제, 일치, 서법을 다 표시한다면, 종속절의 동사는 이들 중 일부만 표현하거나 하위 종류의 수를 줄여 표현한다. 이로써 독립적인 절의 동사 형태와 의존적인 절의 동사 형태가 구분되는 것이다. 따라서 절의 의존성 정도는 주절에서는 표현되던 문법범주들이 종속

절에서는 얼마큼 제약되는지를 통해 판단된다. 이때 동원되는 문법 범주를 정형성 범주라고 한다(2.2.참조).

대표적인 정형성 범주로는 '시제, 일치, 격'이 언급된다. 한국어는, 영어에서 3인칭 주어를 가진 동사에 's'를 붙이는 것과 같은 문법적 일치도 없고, 격의 표시도 주절과 차이가 없다. 따라서 시제만이 남는데, 이것도 그리 강력하지는 않다.

많은 언어에서 종속절에는 시제가 표시되지 않거나 시제의 종류가 줄어든다. 일례로 영어의 경우 주절 동사에는 과거, 현재, 미래가 모두 표시되지만 분사구문에서는 주절의 사건시 기준의 선시성과 동시성만 표시된다. 그러나 한국어는 이처럼 극적인 차이가 있지는 않다. 즉 다른 언어들에 비해 상대적으로 의존성은 낮고 독립성은 높은 편이다. 이제 그 사정을 하나씩 살펴보자.

첫째, 상당수의 연결어미 앞에서 시제어미가 결합된다. 2.3.에서 제시했듯이, 시제어미가 결합될 수 없는 연결어미의 수가 더 적다. 게다가 시제어미가 결합될 수 없는 연결어미들의 상당수는, 자체적으로 선후행절 간의 시간적 관계를 표현하거나, 논리적으로 사태의 선후관계가 고정되어 있는 것들이다.

- 시제어미가 결합될 수 없는 연결어미 중에서 (문숙영 2009: 258)
    가. 시간 의미
       [선행] 어서, 고, 고서, 고서야, 고서는, 고는
       [동시] 자, 자마자, (으)며, (으)면서
       [중단] 다가 등
    나. 논리적 관계
       [선행] 어다가, 어서, 고는(조건)

[동시] 느라고, (으)ㄹ수록, (으)랴

[후행] 고자, 게, 도록, (으)러, (으)려고 등

의향에 따라 시제어미의 결합 가능성이 달라지는 다의적인 연결어미에서도, 시간적인 의미일 때 시제가 결합되지 않는 경향이 있다. (31가)처럼 '면서'가 두 사태가 동시에 겸하여 있음을 의미할 때는 '었'이 붙을 수 없다. 그러나 (나)처럼 두 사태가 서로 맞서는 관계에 있음을 나타낼 때는 '었'의 결합이 가능하다. '고'도 (다)처럼 계기적인 의미일 때는 '었'이 못 붙는다. 그러나 (라)처럼 두 개의 사건을 별개로 나열할 때는 가능하다.

(31) 가. TV를 {보면서, *보았으면서} 공부하는 게 좋았다.

　　나. 자기는 {놀면서, 놀았으면서} 나보고는 공부하라고 했다.

　　다. 할머니께서는 상한 음식을 {드시고, *드셨고} 탈이 나셨다.

　　라. 할머니께서는 음식을 {드셨고, *드시고} 탈이 나셨다.

위에서 논리적 관계로 묶은, 사태의 선후관계가 고정되어 있는 연결어미도 시제가 잉여적일 수 있다. 일례로 '러'절의 경우 이동의 목적은 이동 사건보다 늘 후행하기 때문에 시제가 표시되지 않는데, 이는 상당히 범언어적인 현상이다(Cristofaro 2007).

(32) 해외 연수 신청서를 내러 학교에 갔어. : 학교 가다 〉 신청서 내러

이런 종류들은 의미적으로 시제 표시가 필요하지 않은 어미들로서, 주절 의존성을 표시하기 위해 시제 결합이 제약되는 경우는 아니

다. 따라서 이런 종류를 제외하면, 실제로 시제가 표현될 수 없는 연결어미의 수는 더 적어진다. 즉 한국어 종속절은 주절에 시제를 의존하는 종류가 극히 적다.

둘째, 종속절 단독으로 절대시제를 표현하는 일이 가능하다. 이때의 절대시제란 주절 사건시 기준이 아닌, 발화시 기준의 시제를 말한다. 다음 (33가)에서 '먹다가'는 주절의 '걱정 들었다'의 시점과 동시인 사태를 나타낸다. 그리고 (나)의 '먹었다가'는 주절의 '원망을 들었다'의 시점보다 선시적인 사태를 나타낸다. 즉 이들은 모두 주절 사건시를 기준으로 한, 상대시제이다. 의존적인 절의 동사 형태인 비정형 동사는 대개 이런 식으로 상대시제를 나타낸다.

(33) 가. 그렇게 찔끔찔끔 먹다가 한걱정 들었다.
    나. 맛있다고 다 먹었다가 엄청나게 원망을 들었어.

그러나 한국어의 종속절은 독자적으로 절대시제를 표시할 수 있다. 아래의 예도 그런 경우이다. (34)에서 주절 ②는 과거의 사태인데 반해, ①은 발화시 기준의 현재 사태이다. 만약 상대시제로 쓰인 것이라면 주절 사건시 기준의 현재를 표시한 것이 되고, 따라서 발화시 기준으로 환산하면 과거로 해석되어야 한다. 그러나 ①의 '지금'이 나타내듯이 결코 과거 사태는 아니다.

(34) ①네가 지금 엄마께 하듯이 ②나도 옛날에는 아버지께 그렇게 신경질을 냈다.

다음 (35)의 ①도 절대시제 현재로 쓰였다. 의도된 의미는, 팔백 원짜리의 물건이 과거부터 쭉 있어 왔고 앞으로도 있을 것이라는, 일종의 보편적 사실을 겨냥한 듯하다. 따라서 이를 ②의 주절 사건시 기준의 상대적인 현재로 보기는 어렵다. '원래는 팔백 원짜리가 있었는데'로 바꾸면 이런 보편적 사실이라는 의미가 사라지기 때문이다. 이처럼 주절 과거와는 무관하게 종속절이 단독으로 절대시제 현재를 표현할 수 있다는 것은, 종속절의 시제가 늘 주절에 의존하지는 않음을 보여 주는 단적인 증거이다.

(35) ①원래는 팔백 원짜리가 있는데 ②조금 전에 다 팔렸어요. (문숙영 2011: 159의 예)

종속절이 절대시제를 표시하는 것은, '었'이 결합된 예에서도 충분히 확인된다. (36가)의 '연출했고'는 주절 기준의 선시적 상황이기에 '었'을 쓴 것이 아니다. 연출한 상황이 발화시 기준의 과거이기에 '었'이 쓰인 것이다.

(36) 가. 그래서 천천히 집에서부터 출발하는 드라이브 여정을 {연출했고, ?연출하고}, 두 가지를 완성했습니다. 하나는 약 35분, 다른 하나는 1시간 30분짜리였습니다.
나. 나는 어떤 속도로 가야 하는지, 언제 버튼을 눌러 음악을 바꿔야 하는지를 알았습니다. 다소 시간이 걸리기는 {했지만, *하지만}, 내가 잘해 내기만 하면 그 모든 것이 조화를 이루었습니다.

(36나)의 '시간이 걸리기는 했지만'도 발화시 기준의 과거 사태를

표현한다. 그리고 이 경우 상대적 현재인 '하지만' 형태는 쓰이기 어렵거나, 쓰인다고 인정되더라도 그 의미가 다르다.

셋째, 주절에 의존하는 구조적인 문제 때문이 아니라, 의미적 필요에서 상대적 현재시제가 쓰이는 경우도 있다. 분명한 과거 상황인데도, 습관적이고 반복적인 상황이기에 '었'을 쓸 수 없는 경우가 그러하다. 다음 (37가)는 과거의 습관적이고 반복적인 상황을 나타내고 (나)는 일회적인 상황을 나타낸다.

(37) 가. 주말에는 기차 여행을 가거나 밤낚시를 하러 갔어.
　　　나. 주말에 기차 여행을 갔거나 밤낚시를 하러 갔어.

(37가)로도 일회적 상황으로의 해석이 가능하기는 하지만, 후행절과 동시간대에 이루어지는 반복적인 상황임을 표현하고자 한다면 (가)를 써야 한다. 따라서 이런 경우의 (가)는 통사적으로 주절에의 의존성을 드러내기 위한 생략이라기보다, 별도의 의미를 노려 '었'이 배제된 상황이라고 할 수 있다.[14]

마지막으로, 종속절이 현재시제로 표현된 예들 중에는, 역사적 현재로 쓰인 것들도 있다. 역사적 현재란 과거 사태를 현재형으로 표현하는 용법이다. 다음 (38)에서 ①과 ③이 이에 해당된다. 이런 역사적 현재 용법은, 화자가 위치한 곳이 현재 발화 상황에서 과거 상황이 벌어진 시점으로 이동하면서 발휘된다.

---

14 이런 예는 아예 '었'의 결합이 불가능한 경우와 다소 다르다. '밥 먹고 가라'와 같이 '고'가 '계기'의 의미일 때는 아예 '었'이 결합할 수 없다. 그러나 위의 (가)는 '었'의 결합은 원칙적으로 가능하나, 여기서는 의미적 필요 때문에 결합해서는 안 되는 경우이다. 물론 두 경우 모두 시제 생략을 논할 수 없는 환경이다.

(38) 거실에서 이상한 소리가 들렸어요. 처음엔 잘못 들었나 싶었지만 그래도 계속 소리가 났어요. 그래서 나갔지. 그런데, ①소파 뒤에 뭔가 거무스름한 게 있어 보여. ②그래서 발꿈치를 들고 걸었어요. 무섭더라. 나에게 공격을 해 오면 어쩌지.

말하는 중간에 화시의 중심을 넘나드는 일은 아주 흔하다. 이는 우리가 과거의 일을 묘사할 때 얼마나 자주 현재형을 섞어 쓰는지를 조금만 상상해 보면 분명해진다. 그런데 이런 화시적 중심의 이동은 문장 이상의 단위에서만이 아니라 문장 내부에서도 일어난다.[15]

복문의 절 접속에서도 이런 넘나듦은 가능하다. 복문의 상대적 현재를 화시적 중심의 이동으로 설명하는 방법이란 예컨대 다음과 같이 이해하는 방식이다.

(39) 가. 그는 잠자코 듣기만 하다가 내 방으로 들어오는데 참, 평소하고 달라 보였지요.
    나. 상류와 하류를 오르내리며 찾지만 헛된 일이었다.
    다. 우연히 귀에 들려오니까 들었을 뿐이다.

위의 예는 후행절은 과거이지만 선행절은 모두 현재로 표시된 것들이다. 만약 이들이 '었'이 아닌 현재형을 써야 하는 의미적인 이유가 없다면,[16] 선행절의 현재시제는 화시적 중심이 사건이 발생한 상황에 있을 때의 것이고 후행절의 과거시제는 화자가 발화 상황에 있

---

15 이런 현상에 대해서는 문숙영(2011)에서 다룬 바 있다.
16 이런 단서를 두는 것은 '현재형'이 늘 중의성을 가질 수 있기 때문이다.

을 때의 것으로 볼 가능성이 있다. 이는 (39가)에서 선행절은 '그가 내 방으로 들어오는 것을 목격한 시점'에 화자가 위치해 있을 때의 문장으로, 후행절은 화자가 발화 순간에 위치에 있을 때의 문장으로 분석하는 방법이다. (나)와 (다)도 이와 유사한 해석이 가능하다(문숙영 2012: 165~166).

종속절의 역사적 현재 쓰임을 인정하면, 종속절의 주절 의존성은 그만큼 약해진다. 종속절이 현재시제로 표현되었다고 해서, 주절 사건시 기준의 상대적 현재를 겨냥한 선택임을 확신할 수 없기 때문이다. 또한 종속절만의 화시적 중심이 가능하다는 점은, 주절에의 의존도가 그만큼 낮다는 증거가 될 수 있다.

지금까지 종속절의 주절 시제에의 의존도가 그리 크지 않으며 상당히 독립적임을 살펴보았다. 한국어 종속절의 정형성은 매우 높고 주절에의 의존성은 매우 낮은 편이다.

10.2.3. 발화수반력

종속절은 독자적인 화행을 표현하지 못하고 주절에 의존해 해석되는 것으로 알려져 있다. 아래에 쓰인 연결어미들은 시제어미가 결합할 수 없는 것들인데, 아래 예들은 모두 주절의 발화수반력의 영향력 안에 있다. 이는 질문의 효과로 확인된다.

(40) 가. 밥은 먹고 다니니?
　　　　 - 아니, 오늘은 못 먹었어.
　　　　 - 응. 잘 먹고 다녀.
　　나. 결과를 확인하고서야 떠난 거지?
　　　　 - 아니, 확인하기 전에 갔어.

- 응. 결과 봤어.

다. 공부하러 도서관 갔어? 설마?

　－ 아니, 친구 만나러.

　－ 응. 시험이래.

라. 밥 먹다가 나갔어?

　－ 아니, 밥 아예 안 먹었어.

　－ 응. 급한 일이라던데.

위의 예에서 각각 질문의 대상은 (가)는 [밥은 먹고]이거나, '고'로 연결되는 의미관계, 즉 밥은 먹고는 다니냐는 것이다. (나)의 질문의 대상은 [결과를 확인하고서]나 '결과 확인'과 '떠나다' 사이의 선후관계 혹은 조건관계이다. 마찬가지로 (다)는 [공부하러]거나, 선후절 간의 목적 관계이다. (라)는 [밥 먹다가]이거나 선후행절 사태 간의 중단 관계이다.

그런데 영어의 because절에서 보았던 것처럼(9.3.참조), 한국어도 종속접속절이 주절 화행의 영향력 안에 들지 않는 경우가 꽤 있다. (41가), (나)는 because절의 예를 다시 가져온 것이다. (가)는 의문의 효력이 문장 전체에 걸쳐지나 (나)는 선행절에만 영향을 미친다. 우리말로 "샘이 저녁 먹으러 갈까? 내가 와이프에게 말했거든." 정도로 해석된다고 했던 예이다.

(41) 가. Is Sam going out for dinner because his wife is cooking Japanese food?

나. Is Sam going out for dinner(?), because I just talked to his wife.

한국어도 비슷하다. (42가)는 김건희(2012: 297~298)에서 부사절과 종속접속절은 구별되어야 한다면서, 종속접속절의 '게'가 주절 서법에 독립적일 수 있다며 든 예이다. 만약 선행절이 주절의 명령의 작용역 안에 있다면 (나)의 '오지 말게'가 가능해야 한다.

(42) 가. 그 사람이 오게 다른 사람에게 연락해라.

　　 나. 그 사람이 {*오지 말게/오지 않게} 다른 사람에게 연락해라.

위의 '게' 외에도 주절 화행에 독립적인 종속절은 꽤 찾을 수 있다. 아래 예들은 모두 선행절이 주절의 의문과 명령의 효력 범위 안에 없어도 된다. (43가)에서 A의 발화에 대한 대응은 B의 대답처럼 명령의 효력이 [외출해도]에는 미치지 않는 것이 자연스럽다. (나)도 질문의 효력이 선행절에는 미치지 않는 응답이 가장 자연스럽다. (다)와 (라)도 마찬가지이다.

(43) 가. A: 외출해도, 불은 끄지 마.

　　　 B: 응, 알았어. 안 끌게.

　　 나. A: 외출해도, 불 끄지 말까?

　　　 B: 아니, 꺼도 돼.

　　 다. 은우가 한다니까, 넌 하지 마라.

　　 라. 네가 간다니까, 엄마는 뭐라 하셔?

이런 예는 얼마든지 찾을 수 있다. 아래 발화에 대한 상대방의 가장 자연스러운 반응은 주절과 관련된다. (44가)에서 일 줄이라는 말에 줄이겠다는 응답이나 (나)의 또 일하러 가냐는 말에 어제 못 끝낸 일이 있어 나간다는 응답은 다 주절을 질문의 대상으로 할 때의 답들이다. 이들은 앞에서 주절의 발화수반력 작용역 안에 있었던 예들이 대개 질문의 대상이 선행절이었던 것과 대조된다. 물론 두 절 간의 의미관계에 대한 답변은 이런 경우에도 가능하다. 각 발화의 두 번째 답변이 다 이런 종류의 것이다.

(44) 가. 성과급도 받았으면서, 일 좀 줄여라.

　　　가'. 응, 차차 줄일 거야.

　　　가". 그렇다고 어떻게 일을 줄여.

　　나. 성과급도 받았으면서, 또 일하러 가는 거야?

　　　나'. 응, 어제 못한 일이 있어.

　　　나". 성과급이랑 일하러 가는 거랑 무슨 상관이야.

　　다. 장학금도 받았으면서, 아르바이트 왜 해?

　　　다'. 누구 선물 사야 해서.

　　　다". 장학금 받았다고 용돈 안 벌어?

　　라. 그렇게 공부해도 장학금을 못 받는다니, 이제 공부하지 마라.

　　　라'. 응. 그러려고.

　　　라". 장학금 받으려고 공부하나?

　　혹자는 선행절을 질문의 대상으로 할 수 있지 않느냐고 물을 수도 있다. 예컨대 (44다)와 같은 발화에 "나 장학금 못 받았어."라고 응답하는 경우이다. 이것은 묻는 이가 잘못 알고 있는 정보에 대한 정정이지, 원래 '장학금도 받았다면서'라는 절이 주절 의문의 작용역에 든데 대한 답변이 아니다.

　　주절 화행에 독립적일 수 있느냐 여부가 병렬접속절과 종속접속절

을 구별하는 기준이 된 적도 있다. 일례로 임동훈(2009: 118~119)에서
는, 대표적인 병렬 어미인 '고'나 '지만'이 종속절로도 쓰이지만, 선후
행절의 시제가 독립적이거나 선후행절의 발화수반력이 상이한 문장
이 존재하므로, 병렬문의 존재를 인정하는 것이 좋겠다고 하였다.

그런데 앞에서 발화수반력에 독립적인 것으로 살펴본 예들은 '목
적, 양보, 이유' 등의, 종속접속절임이 분명한 것들이다. 따라서 독립
된 발화수반력은 병렬절만의 속성이 아니다. 필자는 사실 아래 예들
도 병렬접속절로 따로 분리하기보다 한국어 절-연결의 연속체 안에
서 파악해야 한다고 보고 있다.

(45) 가. 여기야 늘 춥지만, 거기는 어떠니? (임동훈 2009의 예)

나. 나름대로 여러 이유가 있겠지만, 왜 굳이 그 학교를 택했을까?

다. 꽃 피는 봄이 왔는데, 내 맘은 왜 아직 겨울일까?

종속절이 주절 발화수반력의 영향권 안에 들지 않을 수 있다는 것
은, 종속절이 그만큼 독립적일 수 있음을 보여 준다.

10.2.4. 문법적 제약

절 접속 시, 동일 주어여야 한다거나 주절에 명령형은 안 된다든가
하는 등의 제약이 있을 때가 있다. 이런 경우 이들 제약을 가하는 장
본인은 연결어미이다. 반대로 주절이 종속절에 가하는 문법적 제약
은 별로 없다. 이 또한 종속절을 주절의 부가어 성분으로 보기 어렵
게 하는 속성이다. 내포된 부가어가 이런 전적인 권한을 가지는 것이
흔한 일은 아니다. '비록/설령 ~더라도'나 '만약 ~라면'처럼 부사가
특정 어미와만 호응하는 경우가 있지만, 이는 의미에 기인한 것이다.

연결어미가 보이는 제약은 의미로만은 설명이 안 된다.

다음 (46가)의 '려고'는 목적의 연결어미로 주절과 주어가 같아야 한다. 반면에 (나)의 '도록'은 '려고'와 비슷하게 목적의 의미를 나타내지만, 오히려 종속절과 주절의 주어가 달라야 한다. 동일 주어 제약을 가지는 연결어미로는 이 외에, '고자', '러', 동시 의미의 '면서', 시간 및 방법/수단 의미의 '고' 등이 있다.

(46) 가. *내가 여름휴가를 가려고 동생이 비행기 표를 알아보고 있다.
　　가'. 동생이 여름휴가를 가려고 (동생이) 비행기 표를 알아보고 있다.
　　나. 내가 잘 빠져나가도록 사람들이 길을 터 주었다.
　　나'. *내가 잘 빠져나가도록 내가 길을 터 주었다.

한편 '려고'는 주절 동사가 명령형과 청유형이어서는 안 된다는 제약도 있다. 그러나 '도록'은 이런 제약이 없다.

(47) 가. *여행 가려고 표를 먼저 {사라, 사자}
　　나. 여행 갈 수 있도록 표를 먼저 {사라, 사자}

원인/이유의 연결어미들 사이에서도 제약의 차이가 있다. (48가)의 '느라고'는 후행절의 결과 사태와 동시간대에 이루어지는 원인 사태를 표현한다. 그래서인지 (가)에서 보듯이 주절과 주어가 같아야 한다. 그런데 '느라고'와 비슷하게 원인/이유를 나타내는 '어서'와 '니까'는 이런 제약이 없다.

(48) 가. *내가 영화 보느라고 너는 문 여는 소리를 못 들었어.

가′. 나는 영화 보느라고 (나는) 문 여는 소리를 못 들었어.

나. 아이가 {우니까/울어서} 엄마는 얼른 과자를 집어 주었다.

주절 서법 제약과 관련해서는 '느라고', '어서', '니까'가 또 다르다. '어서'와 '느라고'는 '니까'와는 달리, 명령형과 청유형의 주절 동사와는 쓰이지 못한다.

(49) 가. {추우니까/*추워서} 에어컨 {끄자, 꺼라}

나. *영화 보느라고 일찍 {자자, 자거라}

유의적인 어미들 사이의 이런 문법적 양상의 차이는, 문법적 제약의 열쇠는 연결어미가 쥐고 있음을 보여 준다. 그리고 연결어미의 이런 활약은 주절이 종속접속절을 자신의 성분으로 좌지우지할 처지에 있지 않다는 것도 시사한다.

10.3. 종속접속절의 정보적 지위와 담화 기능

부사절은 주절에 보충 정보를 제공하는 부가어적 요소이며, 따라서 단언이 아닌 전제나 배경 정보를 나타낸다고 기술되어 왔다. 그러나 한국어의 종속절은 단언의 일부일 때도 있고, 단언은 아니지만 전제도 아닌 경우가 있으며, 무엇보다 전경 정보일 때도 있다. 이 장에서는 종속절이 다양한 방식으로 상당한 의미적 기여를 할 뿐만 아니라, 통보 의미의 핵심을 주절보다 종속절이 가지는 경우도 많음을 살펴볼 것이다.

10.3.1. 단언, 비-단언, 전제[17]

유럽어 중심의 문법 기술에서 내포절/종속절은 전제된 정보 혹은 배경 정보를 표상하고, 단언되지 않는다고 여겨져 왔다. 내포절의 정보적 지위에 대한 이 같은 태도는 여러 기술들에서 확인할 수 있다.

- 근문 변형은 단언되는 절에 한해 적용되는데, 내포절은 전제되는 것이기 때문에 근문 변형이 적용되지 않는 것이 당연하다. (Hoopper & Thompson 1973)
- 잘 알려진 것처럼 종속절은 주절과 분리된 서법(발화수반력)을 가지는 것으로 해석될 수 없다. 종속절은 전제된 정보 혹은 배경 정보를 표상하기 때문에 이들의 내용은 단언되거나 질문될 수 없다. (van Valin 1984)
- 종속절은 구정보, 배경 정보이고 병렬절을 포함한 독립절은 전경화된 정보를 제공하는 강한 경향성이 있다. (Diessel 2001)

의미론적 전제와 화용론적 전제

단언과 전제가 무엇인지를 살펴보자. 전제는 의미론적 전제와 화용론적 전제가 다르다. 이 절에서 관심을 가지는 것은 화용론적 전제이다. 의미론적 전제란, 문장에서 단언된 부분이 참이거나 거짓이기 위해서는, 참이어야 하는 문장의 부분을 말한다. 예를 들어 "아이는 경기를 중간에 포기한 것을 후회했다."와 같은 문장에서 아이가 후회했든 안 했든, 변하지 않는 사실은 [아이가 경기를 중간에 포기했다]

---

17 10.3.1.에는 문숙영(2019ㄴ)에서 다룬 내용이 일부 들어가 있다. 10.3.2.와 10.3.3.은 문숙영(2019ㄴ: 520~523)에서 대부분 변형 없이 가져왔고, '복문에서의 절의 정보적 위상으로서의 전경과 배경' 부분은 새로 추가하였다.

는 것이다. 이런 의미론적 전제는 문장이 부정문으로 바뀌어도 변하지 않는다. 즉 "아이가 경기를 중간에 포기한 것을 후회하지 않았다."에서도 [아이가 경기를 중간에 포기했다]는 여전히 참이다.

반면에 화용론적 전제는, 정보의 위상에 대한 화자의 가정과 관련된다. 발화에는, 이 발화를 통해 청자가 알게 되기를 기대하는 정보가 있고, 청자가 이미 알고 있거나 당연하게 받아들일 것이라고 가정하는 정보도 있다. 전자가 단언이고, 후자가 화용론적 전제이다. 아래 발화를 보자.

(50) I finally met the woman who moved in downstairs.

이 예에서 화자는 누군가 시내로 이사했다는 사실은 청자가 알고 있다고 가정한다. 그리고 자신이 마침내 그 여자를 만났음을 청자에게 알리고 싶어 한다. 따라서 화자가 그 여인을 만났다는 것이 단언이고, 시내로 이사한 여자가 있다는 것은 전제이다. 이런 정의와 설명은 Lambrecht(1994: 51~65)의 것이다.

비-단언과 전제

Cristofaro(2003)는 위에서 언급한 Lambrecht(1994)에서 문장의 정보를 단언과 전제로 구분한 데 대해, 이렇게 둘만 있는 것은 아니라고 하였다. 단언되지는 않았지만 전제되지도 않은 정보가 있다는 것이다.

단언되지 않은 정보와 단언된 정보를 구분하는 데 활용되는 단언성 테스트가 있다. Cristofaro(2003)는 쓸 만한 단언성 테스트로 두 유형을 꼽는다. 첫째는, 명시적인 부인에 의해 도전받을 여지가 있는 정보를 확인하는 것이다. 문장 부정이 이에 활용된다. 아래 문장에서 부인되는 것은 절도범이 도망쳤다는 것이지, 경보 장치가 울렸다는 것이 아니다. 즉 주절이 부인되지 종속절이 부인되지는 않는다.

(51) 가. Alarms ringing, the burglar fled.

　　나. It is not the case that, alarms ringing, the burglar fled.

둘째는, 문장의 발화수반력을 바꿔 보는 방법이다. 문장 의문문과 부가의문문을 활용할 수 있다. 아래에서 질문되는 것은, 경보 장치의 울림이 아니라 절도범이 도망쳤다는 사실이라고 한다. 이는 앞에서 부정에 의해 부인되는 것으로 확인된 정보와 동일하다. 단언은 이렇게 확인된다.

(52) 가. It is the case that, alarms ringing, the burglar fled?

　　나. Alarms ringing, the burglar fled, didn't he?

이처럼 부정이나 질문으로 단언 부분을 확인해 온 전통은 Hooper & Thompson(1973: 473)을 비롯하여, 오래된 것이다.

남은 것은 'alarms ringing'의 정보적 지위이다. 단언/전제 양분 체계에서라면 이는 단언이 아니므로 전제가 될 것이다. 그러나 화자가, 이 정보를 청자가 알고 있는 것으로 가정하고 있는지는 분명하지 않다. 즉 단언도 아니면서 전제도 아닐 수 있다. 그래서 Cristofaro(2003)는 단언과 전제 외에 비-단언을 추가하고, 여러 종속절이 이런 정보를 나타낸다고 하였다.

단언성의 결여는 종속절의 주요 속성으로 여겨져 왔다. 그러나 종속절이 단언되는 일도 분명히 있다. 영어의 경우 9.3.1.에서 살펴본 주절 현상을 허용하는 종속절이 대표적이다. 예를 들어, 아래에서 부가의문문이 because절에 일치하여 만들어지는 경우가 그러하다.

(53) 가. I decided to buy it, because it has such a big memory.
    (Chafe 1984 : 439)

  나. I decided to buy it, because it has such a big memory. hasn't it?

Cristofaro(2003)에서도 종속절이 이처럼 단언되는 경우가 있음을 인정한다. 그러나 이런 단언 가능성 때문에 이런 예들을 논의 대상인 종속절에서 제외한다. 이들을 종속절은 단언되지 않는다는 믿음에 대한 반례로 보기보다, 이들을 제외함으로써 그 믿음을 고수하는 방법을 택한 것이다. 썩 좋은 선택은 아니다.

한국어 종속접속절의 단언성

한국어 종속절의 의미화용적 기능은 결코 전제나 배경에 국한되지 않는다. Cristofaro(2003)에서는 주절 현상을 허용하는 영어 종속절을 아예 종속절로 인정하지 않음으로써, 종속절은 단언되지 않는다는 속성을 포기하지 않을 수 있었다. 그러나 한국어는 사정이 다르다. 종속절이 단언에 포함되거나 주절보다 새롭고 중요한 정보인 경우가 아주 흔하다. 게다가 이런 현상이 영어에서 주절 현상을 허용했던 부류 정도에만 국한되는 것도 아니다.

본격적인 논의에 앞서, 단언성 테스트를 한국어에 적용할 때의 어려움을 미리 말해 두어야 할 것 같다. 우선, 영어의 단언성 테스트에 쓰인 구문에 대응할 한국어 구문이 마땅치 않을 수 있다. 일례로 영어에서 활용된 'it is not the case that'만 하더라도 일관되게 한국어로 번역하기가 쉽지 않다. 그리고 '은/는', '이/가' 등의 조사에 따라 의미가 달라지기도 한다.

또한, 종속절이 여러 개 이어진 절 접속을 대상으로 단언성 테스트를 한 사례가 없어, 적용 범위를 확장하기가 쉽지 않다. 지금까지 이런 종류의 테스트에 사용된 문장들은 지나치게 간결한 것이었다. 그러나 실제 쓰이는 문장들은 10.1.2.에서 살펴본 것처럼, 종속절이 여러 개 이어지는 것들이 상당수이다. 이런 구문에서는 단언성 테스트가 어떻게 이루어지며 무엇을 충족하면 단언이라고 할 수 있는지가 논의된 역사가 없다. 이 테스트가 극히 제한적으로만 이루어져 왔던 것이다. 따라서 여기서는 단언성 테스트에 전적으로 의지하기보다, 종속절의 정보가 전제나 배경이 아님을 보여 주는 정황 등을 동원하여, 종속절의 단언성을 보이고자 한다.

먼저, 단언성 테스트를 활용해 확인해 보자. (54나)는 'it is not the case that'을 염두에 둔 부정이고, (다)는 '지 않다'를 활용한 부정이다. 한국어 부정문은 문맥에 따라 여러 해석이 가능하다.[18] (나)와 (다)도 마찬가지이다. 그러나 여기에서는 해석의 다양성은 문제가 되지 않는다. 종속절이 단언이 되는 경우만 확인되면 되기 때문이다.

(54) 가. 새로운 데 가니까 신이 났다.

　　　나. 새로운 데 가니까 신이 났다 그런 게 아니다.

18　한국어 부정문은 문맥에 따라 여러 해석이 가능하다. 예컨대 "철수가 학교에 가지 않았다."와 같은 예에서 부정되는 것은, 적절한 문맥만 주어진다면 '철수, 학교, 가다' 모두가 가능하다.

다. 새로운 데 가니까 신이 나지 않았다.

(54나)는 일단 [새로운 데 가서가 아니라 다른 이유로 신이 났다] 정도의 의미가 읽힌다. 즉 부인되는 것은 종속절이다. 이런 해석에서는 종속절이 단언이 된다. 반면에 (다)는 [새로운 데 가니까 짜증이 났다]와 같이, 주절이 부인된다. 즉 무엇을 단언성 테스트 구문으로 인정하느냐에 따라 종속절이 단언이 될 수도, 안 될 수도 있다.

의문문을 적용해 보자. (55가)와 (나) 모두, 의문의 대상이 종속절일 수도 있고, 주절일 수도 있다. 즉 신이 난 다른 이유가 있는지를 묻는 해석도 가능하고, 신이 났는지를 묻는 해석도 가능하다.

(55) 가. 새로운 데 가니까 신이 난 거, 그런 거야?

나. 새로운 데 가니까 신이 났어?

다음은 종속절이 두 개 이어진 예이다. 마찬가지로 종속절이 부인되거나 질문될 수 있다.

(56) 가. [밥 먹다가] [전화받고] 나갔어.

나. 밥 먹다가 전화받고 나간 거, 그런 게 아니야.

(56나)의 해석은, 종속절 전체가 부정되는 '[밥 먹다가 전화받고]가 아니라 [잠자다가 친구가 찾아와서] 나갔다'일 수 있다. 아니면, 첫 번째 종속절만 부정되는, '[밥 먹다가]가 아니라 [자다가] 전화받고'이거나, 두 번째 종속절만 부정되는 "밥 먹다가 [전화받고]가 아니라 [친구가 와서]'일 수 있다. 가장 부자연스러운 해석은 주절만 부정

되는 것이다. '밥 먹다가 전화받고 [나간 게] 아니라, [그냥 집에 있었어]'의 해석은 아주 억지스럽다.

(57)과 같은 부정문도 비슷하다. '[밥 먹다가 전화받고]가 아니라 [자다가] 나갔다'처럼 종속절 전체가 부정되는 해석이 가장 자연스럽고, 그다음이 종속절 하나씩 부정되는 해석이다. 이 역시 주절인 [나가다]만 부정되는 해석은 아주 어색하다.

(57) 밥 먹다가 전화받고 나가지 않았어.

의문문으로 바꾸어도 종속절이 단언에서 늘 제외되는 것은 아니다. (58가)는 종속절과 주절 전체가 질문되는 해석이 가장 자연스럽다. (나)는 [전화받고 나갔어]가 질문의 대상이 되는 해석이 가장 자연스럽다. 둘 다 주절인 [나갔어]만 질문의 대상이 되는 해석은 아주 어색하다.

(58) 가. 밥 먹다가 전화받고 나간 거, 그런 거야?
    나. 밥 먹다가 전화받고 나갔어?

이상의 예들은 종속절도 얼마든지 단언될 수 있음을 보여 준다. 또한 그간의 통념과는 달리 주절만이 단언되는 일이 오히려 흔치 않아 보이기도 한다. 이런 점에서 단언성의 결여는 종속절의 정의적 속성일 수 없다.

단언성 테스트와는 무관하게, 단언/전제의 정의에 기대면, 많은 종속절들이 새 정보이거나 단언일 때가 있으며, 적어도 전제는 아닌 경우가 많다. 즉 해당 발화를 통해, 화자가 청자에게 알리고 싶어 하는 정보, 혹은 청자로부터 얻어 내고 싶어 하는 정보가, 주절보다 종속절에 있는 경우는 얼마든지 찾아낼 수 있다. 10.2.3.에서 살펴본 바 있는, 종속절이 주절의 화행의 영향력 안에 있는 예로 다루어졌던 발화들도 이에 해당한다.

다음 (59가)는 문맥을 따로 고려하지 않는다면, 화자가 청자에게 알리고 싶어 하는 정보에 '결과를 확인하고서'가 빠지지 않을 듯하다. 즉 특별히 전제된 정보라고 볼 이유가 없다. 의문문인 (나)의 경우 '고서'절은 주절 의문의 작용역 안에 포함된다. 여기서 화자가 청자에게서 얻고 싶은 정보는 떠나기 전에 결과를 확인했느냐는 것이다. 따라서 질문의 대상은 '고서'절이 되고, 이에 대한 답도 이에 상당하는 것이 된다. 이런 경우라면 '고서'절은 단언일 수는 있어도, 전제이기는 어렵다.

(59) 가. 아이는 결과를 확인하고서 떠났다.

　　　나. 아이는 결과를 확인하고서 떠났어?

　　　　　– 아니, 확인하기 전에 떠났어.

　　　　　– 응. 결과 봤어.

　　　다. 아이는 결과를 확인하고서, 떠났어?

　　　　　– 아니, 아직 안 갔어.

만약에 (59나)의 '고서'절이 (다)처럼 독립적인 발화수반력을 가지는 경우도 가능한데, 이런 경우의 질문의 대상은 주절일 수 있다. 이 경우 '고서'절을 단언된 것으로 보기는 어렵지만 전제인지도 분명하지는 않다.

종속절이 독립된 화행을 가지지 않는 경우, 종속절이 단언되거나 단언에 포함되는 경우가 꽤 많다. (60)의 A의 발화에서 '새 옷 입고'는 주절 의문 화행의 영향권 안에 있다. 따라서 도치할 경우 "출근했어? 새 옷 입고?"처럼, 선행절이 주절과 동일한 억양으로 실현될 것이다. 그런데 여기서 화자가 확인하고 싶은 것은 언니가 출근할 때 새 옷을 입었는지 여부이다. 따라서 B와 같은 답이 자연스럽다. B'과 같은 답도 가능한데, 이 경우도 '새 옷 입고'까지 부정되는 경우이다. 즉 어떻게 보든 '고' 종속절이 단언에 포함되는 것이 자연스럽다.

(60) A: 언니 오늘 새 옷 입고 출근했어?
　　 B: 아니 매일 입는 옷 입었던데.
　　 B': 아니, 오늘 출근 안 했어.

다음 예도 마찬가지로 종속절이 단언에 포함된다. '농구하다가'는 독자적인 화행을 가지지 못하고 주절의 것을 이어 받는다. 이 역시 도치하면 "다쳤어? 농구하다가?"가 될 것이다.

(61) A: 농구하다가 다쳤어?
　　 B: 아니, 축구하다가.
　　 B': 아니, 안 다쳤어. 그냥 넘어진 것뿐이야.

이 질문에서 화자가 확인하고 싶은 것은 부상이 농구하다가 벌어진 일인지 여부이다. 따라서 B와 같은 대답이 가장 일상적이다. 물론, 부상 여부를 묻는 데 대한 답인 B'도 가능하기는 하다. 그러나 B보다는 쉽게 나올 만한 대답이 아니다. B'은 질문이 종속절 없이 "다쳤어?"일 때 가장 자연스럽다.

주절이 단언되는 예에서는, 종속절과 주절 간의 의미관계가 함께 단언에 포함되기도 한다. 아래 B의 대답은 주절 '갈 수 있다'를 부정한 것처럼 보이지만 [엄마의 허락]과 [갈 수 있음] 사이의 조건 관계를 부정한 것이기도 하다. 즉 A가 질문하는 내용에는 외출할 수 있는 조건이 무엇인지도 포함된다.

(62) A: 엄마가 허락해야 넌 갈 수 있는 거야?

　　B: 아니, 뭘 해도 어쨌든 난 갈 수 없어.

마찬가지로 (63)의 B의 대답도 [낙제하지 않음]을 표현한 것이면서 동시에, [노는 것]과 [낙제]는 상관관계가 없음을 표현한 것이기도 하다.

(63) A: 너 그렇게 놀다가는 이번 학기 낙제한다.

　　B: 이렇게 놀아도 낙제 같은 건 안 해.

연결어미가 나타내는 의미관계가 단언에 포함된다는 것은, 종속절을 기계적으로 전제로 분류할 수 없음을 의미한다. 연결어미의 의미는 종속절이 표현하는 의미의 일부분이기 때문이다. 그동안은 연결어미의 의미적 기여는 간과하고 종속절이 표상하는 사태만을 대상으로 전제니 배경이니 했던 듯하다. 그러나 종속절의 정보의 위상을 따질 때, 후행절에 대한 의미관계를 빼놓을 수는 없다.

한국어 종속절의, 전제되지 않은 비-단언

주절에 발화수반력을 의존하는 종속절과는 달리, 독립적인 발화수반력을 가지는 종속절은 단언에 포함되지 않는 경향이 있다. (64)의 예들은 모두 주절 의문 화행의 영역 안에 있지 않다. 따라서 발화수반력을 의존하던 종속절과는 달리, 도치할 경우 주절과 종속절의 억양이 달라질 수 있다. 이를테면 (가)는 각각 의문과 명령 화행이 아니라, "또 일하러 갔어?, 걔는 성과급도 받았다던데"처럼 주절은 의문 억양, 종속절은 진술 억양으로 실현될 수 있다.

(64) 가. 시장 가는데, 떡볶이 사 올까?

나. 걔는 성과급도 받았다던데, 또 일하러 갔어?

다. 장학금도 놓쳤다니, 이제 힘들게 공부하지 마라.

위의 예에서 화자가 청자에게 확인하고 싶거나 말하고 싶은 내용은 모두 주절이다. (가)는 떡볶이 사오기를 원하는지 알고 싶어 하고 (나)는 또 일하러 갔는지를 확인하고자 한다. (다)는 앞으로 힘들게 공부하지 말 것을 권한다. 즉 종속절은 단언에 포함되지 않는다.

그렇다고 이들을 전제로 단정할 수도 없다. 화자가, 청자가 알고 있는 것으로 가정하는지 여부는 알 수가 없기 때문이다. 오히려 이들 종속절의 정보는 청자도 모르는, 혹은 화청자 사이에 처음 언급되는 새로운 사실일 가능성도 무척 높다. 그렇다면 이는 단언도 아니지만 전제도 아닌 정보가 된다.

종속절은 전제, 주절은 단언을 나타낸다고 간주해 온 전통은, 절 접속의 의미 기능을 지나치게 단순화한 것이다. 10.1.3.에서 절 접속은 문장 차원의 문법이 아니라, 담화의 관계적 구조가 문법적으로 표현된 것이라고 하였다. 이를 인정하면, 절의 담화적 기능은 그 절이 놓인 담화 속에서 결정되는 것이지, 결코 종속절과 주절이라는 문법적 위상에 의해 일률적으로 정해지는 것이 될 수 없다. 무엇보다 종속절에 새 정보를 담을 수 없다면, 그리 수많은 종속절이 쓰일 리도 없다.

절이 여러 개 이어진 아래 문장은 이를 단적으로 보여 준다. 아래의 절들만 보아서는 무엇이 알려진 것이고 무엇이 새로 언급된 것인지 알기 어렵다. 요컨대 종속절이 전제된다고 말할 수 있는 경우는, 주로 문맥이 주어져서 앞뒤 어딘가에 관련 정보가 언급되었음이 확인될 때 한한다.

(65) 당신이 말할 준비를 마쳤다고 상대가 들을 준비가 된 것이라고 생각하지 말 것이며, 당신이 들을 준비를 마쳤다고 상대가 말할 준비를 끝냈다고 생각하지 마라.

종속절이 주절보다 의미적으로 더 중요한 정보일 때가 있다는 사실은, 일상 담화에서 주로 생략되는 것은 주절이며, 주절이 무엇인지 분명하지 않은 상황에서도 종속절만 쓰이는 일이 많다는 데서도 뒷받침된다.

다음은 주절 없이 연결어미절만 쓰인 경우인데, 이런 예에서 주절을 표현하거나 복원하는 것은 상당히 어렵거나 어색하다. 종속절이 전제나 배경 정보에 불과하다면, 이런 현상은 일어나기 힘들다.

(66) 가. A: (B가 주섬주섬 옷을 챙기는 것을 보고) 왜?
　　　 B: 가려고.
　　 나. (빈둥대는 아이를 보고) 이제라도 공부 좀 하면 좋으련마는.

'거든, 지, 어'처럼 연결어미에서 발달한 종결어미들이 있다. 이 또한 연결어미가 주절 없이 단독으로 쓰일 수 있기에 가능한 발달이다. 그리고 연결어미절만 쓰이는 일이 많다는 것은, 그만큼 연결어미절이 새 정보가 되는 일이 많음을 의미한다.

지금까지 종속절이 주절보다 단언의 대상이 되는 일이 많으며, 따라서 전제된 부가적 정보로만 볼 수는 없음을 살펴보았다. 종속접속절의 의미화용적 기능이 그간 제기된 부사절의 기능과는 사뭇 다름을 확인한 것이다.

이와는 조금 다른 접근이기는 하지만, Dixon(2009)도 절-연결 의미의 유형론을, 초점절과 보조절(supporting clause)로 나누어 탐색하면서, 통사적 층위의 주절/비-주절과의 관계에 대해서도 언급한 바 있다. 그는 이 글에서 초점절이란 두 절에서 핵심 행위나 상태를 지시하는 절이고, 보조절이란 초점절의 조건이나 전제, 예비 진술들을 명세하는 절인데, 보통은 주절이 초점절이 되지만, 일부는 비-주절이 초점절이 될 때가 있다고 하였다.

일례로 원인은 because절이 배경절이고, therefore절이 초점절이다. 결과는 so절이 초점절이고, 목적은 in order that절이 초점절이다. 이런 분류의 기준과 결과를 여기서 자세히 논할 수는 없지만, 부사절이 언제나 보조 정보를 전달한다고 보고 있지 않음은 분명하다.[19]

19 한국어의 연결어미도 이런 접근이 가능한데, 일례로 '느니'나 '다가는'은 적어도 주절이 핵심 정보를 나타낸다고 하기는 쉽지 않은 듯하다. "그 일을 하느니 차라리 회사를 그만두겠어."는 '그 일을 하지 않겠다'는 말이고, "그렇게 먹다가는 배탈 난다."는 결국 '그만 먹으라'는 말이므로, 종속절의 의미 부담이 보조적 수준이라고 하기는 어렵다.

10.3.2. 전경과 배경

'배경'은 종속절의 대표적인 의미화용적 기능으로 언급되어 왔다. Diessel(2001)처럼 주절과 종속절의 의미화용적 판별 기준으로 전경/배경을 드는 일도 있어 왔고, Mithun(2008)처럼 소수 언어의 어떤 절이 부사절임을 판정할 때 배경 정보를 표상한다는 사실을 근거로 동원하는 일도 있었다.[20]

그런데 정확히 어떤 속성이 배경으로 간주될 만한지는 분명하지 않다. 일례로, 전경/배경이 서사담화에서는 시간 순서 기준으로 구별되기도 하고, 중요 사건 기준으로 구별되기도 한다. 절의 정보적 위상에서는 전경은 문면에 부각되는 의사소통의 핵심 정보이고, 배경은 이보다는 덜 중요한 부차적인 정보로 구분된다. 그런데 어떤 의미로 쓰이든, 한국어 종속절의 정의적인 속성으로 대우하기는 어렵다. 한국어 종속절은 담화에서의 의미 역할이 이보다는 훨씬 강력하다.

서사 담화에서의 전경과 배경

Thompson(1987)에 따르면, 전경/배경 구분은 내러티브 담화에서 기능이 다른 두 종류의 절을 구분하면서 비롯되었다. 시간적으로 순서 지어진 사건을 보고하는 데 일차적인 기능이 있는 절과, 이것이 아닌 다른 데 기능이 있는 절이 그것이다. 이를 Labov(1972: 360)에서는 내러티브절과 비-내러티브절이라 하였다.

---

20 일례로 Mithun(2008)은 미국 남서부 애서배스카 언어인 나바호어에서 부사절 표지였던 것이(=go) 담화를 작용역으로 하는 독립절로 발달하는 양상을 소개한 바 있다. 그리고 이 형식의 기능은 이야기 줄거리를 진행하는 데는 쓰이지 않고 배경, 설명, 평가를 표현한다고 하였다(11.4.2. 참조).

내러티브절이란 시간적으로 순서 지어진 두 절의 연쇄로서, 이 순서를 바꾸면 원래의 의미도 바뀌는 그런 절이다. 종속절은 내러티브절의 기능을 하지 않는다(Labov 1972: 362). 대부분의 종속절은 시간 순서에 대한 훼손 없이 절의 앞뒤 순서를 바꿀 수 있기 때문이다. 따라서 내러티브절로 기능할 수 있는 것은 독립적인 절뿐이다.

한국어로 예를 들자면, 독립절의 연쇄는 제시된 순서대로 사건이 발생하는 것으로 해석된다. 따라서 (67가)의 순서를 (나)처럼 바꾸면 사건의 순서도 바뀐다. 반면에 종속절은 그 위치를 (다)에서 (라)처럼 바꾸어도 사건의 발생순서가 달라지지는 않는다.

(67) 가. 세수를 했다. 밥을 먹었다. 학교에 갔다.
     (세수함 〉밥 먹음 〉학교 감)
  나. 밥을 먹었다. 세수를 했다. 학교에 갔다.
     (밥 먹음 〉세수함 〉학교 감)
  다. 세수를 하고, 밥을 먹었다.(세수함 〉밥 먹음)
  라. 밥을 먹었다, 세수를 하고.(세수함 〉밥 먹음)

Hooper & Thompson(1980)은 이를 전경과 배경으로 도입한다. 이 술어는 Labov의 시간 순서 기준을 반영하되, 담화의 전경 부분은 이야기의 **뼈대**를 구성하는 중요 사건이라는 의미도 추가한 것이다.

이후, 시간 순서 기준과 중요 사건 기준은 구별될 필요가 생겼다. 시간에 따라 진전이 있는 사건이, 늘 중요한 사건은 아니기 때문이다. 실제로, 상 표지는 사건이 시간적으로 연속됨을 표현하는 데는 중요하지만, 이런 상 표지가 결합된 사건이 이야기의 **뼈대**와는 관련이 없는 경우가, 적어도 두 논의, Kalmar(1982)와 McCleary(1982)에서 지적된 바도 있다(Thompson 1987: 435~436, Givón 1987: 175~176).

종속절은 Labov(1972)에서 내러티브절이 될 수 없다고 하였는데, Reinhart(to appear)[21]에서는 이를 더욱 적극적으로 수용하였다. Labov 를 따라 전경을 내러티브절의 연쇄로 정의하고, 배경을 만드는 강력한 수단은 통사적 내포에 있다고 한 것이다(Thompson 1987). 또한 종속절에 제시된 재료들은 전경화할 수 없다고도 하였다.

그런데 시간 순서 기준에만 기대어도, 서사담화에서 전경과 배경을 구분하는 작업은 결코 쉽지 않다. 부사절이 포함된 복문은 고사하고, 단순문을 대상으로 해도 금방 난관에 부딪친다. 먼저 시간 순서 기준에서, 시간상 진전이 있는 정보만을 전경 정보로 추출하기로 해도(실제 이것이 전경을 이루는지는 논외로 두고), 쉽지 않다. 예를 살펴보자.

대체로 과거시제와 완결상은 전경 정보에, 비과거시제와 비완결상은 배경 정보에 쓰이는 것으로 알려져 있다. 이에 따르면 (68)에서 ①은 모두 과거시제로 쓰였고 시간의 진전이 있었다고 해석된다. 반면에 ②는 '고 있'이 쓰여 시간은 멈추게 되고 따라서 배경 정보로 분류된다.

(68) ①문 여는 소리가 들렸다. 아이가 들어왔다. ②나는 라디오를 듣고 있었다. ③이때 아이가 나를 보며 웃었다. ④아이가 내 옆에 와서 내 머리를 만지기 시작한다. ⑤간지러웠다.

그런데 ③은 과거시제가 쓰였지만 시간의 진전이 있었다고 확신할 수 없다. ②와 같은 순간에 벌어진 일일 수 있기 때문이다. ④는 갑자

---

21 'to appear'라고만 되어 있고 참고논저 목록에도 빠져 있다.

기 현재시제로 바뀐다. 일명 역사적 현재 기법이다. 세상 지식으로는
③의 사태 이후에 벌어진 사건으로 해석되지만 글에는 이런 사실이
표현되지 않고 있다. ⑤는 다시 과거시제로 표현되었지만 시간이 흐
른 뒤의 사건이라고 확신할 수는 없다. 상태동사에 '었'이 결합된 예
이기 때문이다.

여기에 이야기의 뼈대가 되는 중요 사건이라는 기준을 가져오면
전경/배경 구분은 더 어려워진다. '라디오를 듣고 있었다'와 같은 정
황적 상황이 중요 사건이 되지 말라는 법이 없기도 하고, '었'으로 표
현된 사태가 모두 중요 사건이라고 하기도 어렵기 때문이다.[22] 이런
예는 전경/배경 구분이 생각보다 그리 쉽지도, 유용하지도 않음을 보
여 준다.

Givón(1987)은 실제 담화에서 무엇이 전경이고 배경인가를 결정하
는 것은, 담화의 특정 시점이나 특정 프레임에 상대적인 것이어야 한
다고 하였다. 텍스트의 생산은 역동적인 과정으로, 어떤 시점(n시점)
에서 단언된 명제(전경화된)는 바로 다음 시점(n+1시점)에서 공유된
전제가 된다는 것이다. 이런 속성을 염두에 두면 내러티브에서 전경
과 배경을 산뜻하게 구분하기 어려운 것이 너무나 당연하다.

최근에는 종속절과 배경 사이에 상관관계가 있다는 가정에 의문을

---

22 이에 최근에는 어떤 형태나 형식 중심으로 '전경성'을 판단하기보다 '전경'의 자질 목
록을 만들어 이를 얼마나 충족하느냐는 방식으로 연구가 이루어지기도 한다. 일례로
Myhill & Hibiya(1988)는 전경이나 배경을 전담하는 개별 언어형식이 있다고 보지 않
고, 여러 자질들이 합세하여 그런 효과를 발휘하는 것으로 본다. 따라서 분석 대상인
절과 그 앞뒤 절을 포함하여, 동일 주어가 계속되는지 바뀌는지, 인간 주어인지, 비-
인간 주어인지, 완결상인지 비완결상인지, 동작동사인지 상태동사인지 등을 분석하고
어떤 자질이 출현하고 어떤 자질이 없을 때 전경으로 해석되는지 등을 살펴본다. 예
를 들어 문제의 절 앞뒤가 모두 동일 주어이며 모두 완결상이라면 '전경', 비인간-주
어이면서 주어가 바뀌고 비완결상이면 '배경'으로 판정하는 것과 같은 방식이다.

제기하는 일이 늘고 있다. Givón(1985: 12)은 종속절의 비정형 형식이 전경에 쓰이는 경우를 제시한 바 있고, Thompson(1987: 445~446)에서도 부사절의 사건이 시간적으로 연쇄된 것으로 해석되는 일이 있음을 밝힌 바 있다. 한국어의 종속절은 더욱 시간 순서 기준을 적용하는 것이 별 의미가 없다. 연결어미의 수가 110여 개에 달한다는 사실만 떠올려도 이는 쉽게 짐작된다.

복문에서의 절의 정보적 위상으로서의 전경과 배경

Cristofaro(2003)는 (보어절, 관계절 포함한 의미의) 종속절과 주절 간의 비대칭성과 배경/전경 구분은 다르다고 본다. 단언되지 않은 종속절이 반드시 배경 정보를 표상하지는 않는다는 것이다. 일례로, (69) 보어절은 전경도 배경도 아니라고 하였다. 그러면서 이는 절-연쇄(clause-chainging)의 비문말의 종속절들이 그런 것과 아주 유사하다고 하였다. 주요 내용을 따라가 보자.

보어절 관계에서 중요한 정보를 표상하는 것은 주절이 아니라 의존적인 종속절들일 때가 많다. 아래 발화는 보통, 누군가 무엇을 말했다는 사실보다, 날씨가 어떠한지에 대한 정보를 제공하는 데 쓰인다.

(69) He said it's raining.

이는 Erteshik-Shir & Lappin(1979, 1983)의 거짓말 테스트를 적용함으로써 증명된다. 이 테스트는, 문장의 어느 부분이 우세하고 후속 대화에서 단언될 수 있는지를 테스트하는 장치이다.

그 방법은 해당 문장을 담화 문맥에 넣고, '…is not true…', '…is probable…', '…is amusing' 등의 표현을 통해 그 문장의 개연성이나 진리치를, 부인하거나 할당하는 방식으로 이루어진다. 이 테스트를 (69)의 보어절 구문에 적용하면, (70)처럼 [그가 그렇게 말했다는 것은 사실이 아니다] 혹은 [비가 오고 있는 것은 사실이 아니다]의 의미로 해석된다.

(70) That's not true.
　　　=[it's not true that he said that.]
　　　=[it's not true that it's raining]

거짓말 테스트는, 이 발화의 진실성이 그가 말했는가 여부가 아니라 비가 오고 있는지 여부에 달려 있음을 보여 준다. 그리고 이로써 위의 발화는 누군가 뭐라고 말했다는 사실보다, 청자가 날씨에 관심 있다고 화자가 생각할 때 쓰일 수 있음이 확인된다.

그렇다고 비가 온다는 사실이 단언되는 것은 아니다. 단언성 테스트를 해 보면,[23] (71가)처럼 문장을 부인할 경우 [그가 말하지 않았다]가 부인되지, [비가 오고 있지 않다]가 부인되지 않는다. 또한 (나)에서 보듯이 부가의문문이 보어절인 [비가 오다]에 일치할 수 없다.

(71) 가. It's not the case that he said it's raining.
　　　[=He didn't say it's raining/It's not raining]
　　나. *He said it's raining, isn't it?

---

[23] Lambrecht(1994: 52)는 거짓말 테스트를 화용적 단언을 화용적 전제와 구별하는 중요한 테스트로 이용했지만, Erteshik-Shir and Lappin은 이 테스트는 단언성을 위한 것이 아니라고 보았기 때문에, 다른 단언성 테스트가 이 책에서는 사용되었다고 Cristofaro(2003)는 밝힌다.

Cristofaro(2003)는 거짓말 테스트와 단언성 테스트의 이러한 결과 차이는, 종속절이 단언되지 않지만 중요한 정보일 수 있음을 보여 준다고 하였다.

단언도 아니고 전제도 아닌 중요한 정보가 문장 내에 있을 수 있다는 생각은 그럴듯하다. 그러나 Cristofaro(2003)의 주장대로 관계절, 보어절, 부사절을 포함한 종속절 전반이 이런 성격의 정보를 표현한다는 데는 동의하기 어렵다. 오히려 논항에 쓰인 보어절은 단언에 포함되는 경우가 많지 않은가 한다.

Cristofaro(2003)에서는 (72)의 보어절인 that절도 단언되지 않으면서 중요한 정보라고 본다. (72)는 상황이 달라졌음을 알리고 싶을 때가 아니라, 상황이 달라졌다고 누군가 생각했음을 알리고 싶을 때 발화되므로, 이 발화에서 'the situation was different'는 단언이 아니라는 것이다. 그렇다고 화자가 'the situation was different'를 청자가 알고 있는 것으로 가정한다고 볼 수도 없다. 이런 점에서 비-단언된 부분이지만 전제도 아니라고 하였다.

(72) She thought the situation was different

그런데 that절은 동사 'think'의 논항이고, 따라서 이 구문에서 목적어 논항을 빼고 주어와 동사만으로 단언을 구성한다는 것이 무엇인지 선뜻 납득되지 않는다. 이는 앞에서 살펴본 "Alarms ringing, the burglar fled."에서 수의적 성분인 'alarms ringing'이 단언되지 않는다고 했던 것과는 차원이 다른 것이다.

일단 영어는 차치하고, 한국어만 보면 보어절은 단언될 수 있다. 앞의 영어의 예를 한국어로 바꾸어 보았다. (73가)를 부정문으로 만든 (나), (다) 모두 '밖에 비 온다고'가 부정의 대상이 된다. 반면에 '엄마가 말했다'가 부정되는 해석은 아주 어렵다. (라)처럼 의문문을 만들어도 질문의 대상은 말한 내용이 된다. 이런 양상을 보면 Cristofaro처럼 이들이 단언은 아니지만 중요 정보라고 말하는 것의 의의를 알기 어렵다.

(73) 가. 엄마가 밖에 비 온다고 말했다.
　　　나. 엄마가 밖에 비 온다고 말하지 않았다.
　　　다. 엄마가 밖에 비 온다고 말한 게 아니다.
　　　라. 엄마가 밖에 비 온다고 말했어?

　다음 구문도 마찬가지이다. (74나), (다)의 자연스러운 해석은 '이제 상황이 달라졌다'가 부정될 때의 것이다. 또한 (라)에서 질문의 대상은 생각의 내용이다. 부정문이든 의문문이든 '아저씨가 생각했다'가 부각되는 해석은 좀처럼 나오지 않는다.

(74) 가. 아저씨는 이제 상황이 달라졌다고 생각했다.
　　　나. 아저씨는 이제 상황이 달라졌다고 생각하지 않았다.
　　　다. 아저씨는 이제 상황이 달라졌다고 생각한 게 아니다.
　　　라. 아저씨는 이제 상황이 달라졌다고 생각했어?

　우리는 앞에서 주절의 발화수반력의 영향력에 있는 종속절은 단언될 수 있음을 확인한 바 있다. 현재의 관찰 수준으로는 일반화하는 데 한계가 있지만, 적어도 주절에 덜 독립적인 종속절은 단언에 포함될 수 있으며, 위의 예처럼 동사의 목적어 논항이 되는 절도 단언에 포함될 수 있음은 분명하다. 즉 이런 종류의 종속절을 일단 단언에서 제외하는 분석은 옳지 않다.

오히려 Cristofaro식의 단언되지 않으면서 전제되지도 않는 정보는, 한국어의 경우 주절의 발화수반력 영향력 안에 있지 않은, 즉 비교적 독립적인 종속절에 더 해당되는 듯하다. (75가)의 '다면서'절은 주절 질문 화행의 작용역 안에 있지 않다. 그래서 도치하면 "또 일하러 갔나 보네↗, 성과급도 받았다면서↘"와 같이 억양이 달리 실현될 가능성이 높다.

(75) 가. 은수는 성과급도 받았다면서, 또 일하러 갔나 보네?

　　　나. 지금 시장 가는데, 떡볶이 사 올까?

(75가)와 (나)에서 화자가 가장 알고 싶은 정보는 주절이다. 그렇다고 '다면서'절이나 '는데'절을 청자가 알고 있는 것으로 가정하고 있는 것 같지도 않다.

사실, 정보의 중요도는 단언과 전제의 여부만큼이나 판정하기가 어렵다는 문제도 있다. 정보의 중요도는 문맥의 영향이 결정적이기 때문이다. 게다가 평서문이 아닌 의문문이나 명령문에서는 단언성 테스트나 거짓말 테스트 다 적용하기 어렵다는 문제도 있다. 그렇지만, 테스트가 정확하지 않더라도, 한국어의 종속절은 단언일 수도, 중요한 정보일 수도, 때로는 전제일 수도 있음은 분명하다. 앞에서 언급한 직관적인 해석이 모두 이를 말해 준다.

절-접속에서 어떤 절을 '배경'으로 보는 것은, 정보의 중요도보다는 직접 연결되는 다른 종속절이나 주절에 대한 의미 기여 방식의 하나가 아닌가 한다. 이를테면 주절을 발화하거나 인식하게 된 정황이

되는 동기, 조건, 이유 등을 나타낸다는 점에서 '배경'으로 간주될 만하다고 보는 것이다. 일례로 (75가)의 '성과급도 받았다던데'는 또 일하러 간 것을 놀라워하거나 질책하게 된 이유가 된다. 비슷하게 (나)의 '지금 시장 가는데'도 떡볶이 사 올까라고 묻게 된 동기이다.

이런 방식으로 종속절은 후행절 사태를 인식하거나 발화하게 된 배경을 제공할 수 있다. 앞에서 인과관계에는 내용층위 외에, 인식층위와 화행층위와 있다고 하였는데, 인과관계에 국한하지 않더라도 선행의 종속절이 후행절의 인식층위와 화행층위와 연결될 때는 특히 이런 정황 정보를 표현하는 듯하다. 그런데 이런 예들은 대개 주절의 발화수반력 안에 포함되지 않고 따라서 비교적 독립적이라는 것이 아이러니하다. 종속절의 주요 담화 기능으로 인정되어 온 '배경'이, 비교적 독립적인, 즉 별로 종속절 같지 않은 절들에서 일차적으로 발견된다는 점이 그러하다.

10.3.3. 담화 연결 기능: 꼬리-머리와 요약-머리

부사적 종속절의 담화 기능으로는 전경/배경 중 배경, 단언/전제 중 전제를 나타낸다는 것이 주로 언급되어 왔다. 이 외에 담화의 연결 차원에서 그 기능을 주목한 논의도 있다.

Thompson et al.(2007: 273~274)에 따르면, 부사절은 담화를 연결하는 기능을 하는데, 이때 가장 빈번히 사용되는 장치는 '꼬리-머리' 연결과 '요약-머리' 연결이다. 꼬리-머리 연결은 (76가)처럼 선행 담화의 마지막 문장에 언급된 것을 다음 담화의 첫머리에서 부사절로 다시 언급하는 것을 말한다. 요약-머리 연결은 (나)처럼 선행 단락의 요약이 다음 단락의 첫머리에 오는 것이다.

(76) 가. 아버지는 투쟁을 포기하고 집으로 돌아왔다. 그가 현관문에
　　　도착해서 문을 열자…

　　　나. 아버지는 식탁 주변을 정리하고 식탁도 닦았다. 또 …도 하고
　　　…도 했다. 이 일을 마치고…

　선행 담화를 환기하면서 후행 주절에 대한 정황도 제공하는 이런
기능은, 부사절이 늘 후행 주절과만 관계되는 것은 아님을 보여 준
다. 이런 점에서 문장 맨 앞에 놓이는 부사절(이후 '전치 부사절'이라 칭
함)은, 양방향적이다.

　전치 부사절은 주절을 포함하여 그 이후의 복수의 문장과 연결되
기도 한다. 아래 (77)에서도 밑줄 친 부분은 선행 단락의 요약이면서
후행 절들의 정황적 원인을 표현한다. 통사적으로는 주절 ①과만 연
결되어 있으나 의미적으로는 그 뒤의 문장인 ②와도 연결된다. 역시
부사절이 주절과만 관련되지는 않음을 보여 주는 예이다.

(77) 많은 사람들이 우리의 일에 관심을 보였다. 블로그를 통해 소개
　　　가 되기도 했고, 메일로 우리의 일에 대해 물어 오는 사람도 생겨
　　　났다. 매일 받는 전화도 늘어났고 인터뷰를 하는 일도 생겼다.
　　　미디어 접촉과 인지도가 커지면서 ①내 눈앞에 또 다른 문제가
　　　생겼다. ②그리고 원치 않는 일에 시간을 써야 하는 상황도 발생
　　　했다.

　위에서 밑줄 친 부분이 생략되면 단락 간 응집성은 크게 떨어진다.
그리고 '또 다른 문제가 생기고 원치 않는 일에 시간을 써야 하는 상
황에 직면한' 배경이 '미디어의 접촉과 인지도의 상승에 기인한 것'이

며, '이후 생긴 문제'도 이런 배경과 관련된 종류의 것이라는 정보는 아예 사라져 버린다. 이는, 문맥에서 관련 단서가 추가되지 않는 한, 청자의 추론에 의해 채워 넣을 수 있는 내용이 아니다. 종속절을 주절의 보충 정보를 제공하는 부가어적 요소로 간주해서는 이런 큰 기능 부담량을 설명하기가 쉽지 않다.

전치 부사절과는 달리, 주절(혹은 주절 상당의 절) 뒤에 놓이는 부사절(이후 '후치 부사절'이라 칭함)은 일방향적이다. 주로 선행 담화와만 연결되기 때문이다. 따라서 전치 부사절은 담화 단위의 시작 부분에 나타날 수 있지만 후치 부사절은 담화 중간이나 끝에 오는 경향이 있다(Thompson 1987: 447~448, Givón 1987: 181~182, Thompson et al. 2007: 295~296).

모든 언어는 기본 어순과는 무관하게 전치 부사절을 가진다. 그러나 후치 부사절은 언어마다 사정이 다른데, 한국어와 일본은 대화 자료 외에서는 후치 부사절이 거의 쓰이지 않는다(Thompson et al. 2007: 295). 한국어에서 부사절을 주절 뒤에 두는 경우는 도치 등의 특수한 효과를 노린 예외적인 경우이다. 이는 SOV 어순이 기본이지만, 구어에서는 주어가 동사 뒤에 오기도 하는 등 어순이 자유로운 것과 유사한 현상이다.

그런데 이렇게 구어에서 쓰인 후치 부사절이라 하더라도, 다른 언어에서와 마찬가지로 선행 담화와만 관련될 뿐 후행 담화와 관련되지는 않는다.

(78) 가. 친구에게 결과를 물어보았다. 걱정이 되어서였다.

　　　나. 친구한테 결과 나왔냐고 물어봤어, 같은 학교 언니에게도 물어봤고. 너무 걱정이 돼서.

Thompson et al.(2007: 295~298)은 부사절의 위치에 따른 기능 차이가 있다고 하였다. 전치 부사절의 의미 정보는 덜 중요한 경향이 있으며, 후치 부사절의 정보는 주절보다 더 중요할 수도 있다는 것이다. 전치 부사절은 이미 진술된 것을 반복하거나 예측 가능한 정보를 주지만, 후치 부사절은 주절에 통합될 만한 정보를 분리해서 병렬절처럼 평행하게 제시한다는 점 때문이다.

만약 같은 문장을 두고 부사절을 주절 앞에 둘 때와 뒤에 둘 때를 비교한다면, 뒤에 놓일 때가 상대적으로 의미가 더 부각될 가능성은 높다. 예컨대 "맘이 식어서 헤어졌어."와 "헤어졌어. 맘이 식어서."를 보면 전자는 '헤어졌어'에 의미 중심이 놓인다면 후자는 '맘이 식어서'도 못지않게 중요하다는 인상을 준다.

그러나, 전치 부사절이 늘 선행 담화와 관련되는 것은 아니며 따라서 늘 덜 중요한 정보를 전달하는 것도 아니다. 아래의 예는 전치 부사절이지만 후행 담화와만 연결되는 예이다.

(79) 면접을 생각하니 초조했다. 대답하고 싶지 않은 질문들이 나올 수 있다. 나는 배우는 속도가 느린 사람이다. 시간이 주어지면 보통은 답을 알아내지만 당장은 불가능할 수 있다. 나는 무슨 말을 해야 할지 몰라서, 틀리고 싶지 않아서 입이 다물어진다. 잠시 후에는 상황이 어느 정도 파악되어 괜찮아진다. 하지만 면접에서 가장 중요한 첫 10초를 무사히 넘길 자신이 없다. 층계참 건너편의 문이 열리더니 나이 지긋한 학자처럼 보이는 신사가 자신의 사무실로 오라고 손짓하면서 초조한 기다림이 끝났다. 그가 바로 옥스퍼드 영어 사전 편집장 로버트 버치필드였다.

여기서 밑줄 친 부분은, 선행 담화에서의 진술을 환기하지도 않고 따라서 청자가 이미 알고 있는 정보도 아니다. 그리고 이 부분은 결국 '편집장이 불러서 기다림의 끝이 났다.'는 이야기이므로, 종속접속절의 정보인 기다림이 끝난 계기는 상당히 중요한 정보이다.

이 외에도 전치 부사절이 의미상 필요한 예는 얼마든지 찾을 수 있다. 다음 예에서도 밑줄 친 부분이 없으면 의미 성립이 불완전해진다. 이 문장은 두 사태 간의 비례적인 상관관계에 대해 말하고 있기 때문이다. 이런 예들을 보면, 부사가 수의적 성분인 것과는 달리, 종속접속절은 담화 전개상 수의적인 요소라고만 하기는 어렵다.

(80) 언어 집단들이 오래 접속할수록 그래서 이중 언어 화자의 수가 많아지고 영향력이 커질수록, 소리나 문법범주에서 일어나는 수렴의 정도가 더 커지는 편이다.

11장
부사절과 접속절의 분류 및 특징에 관한 몇 문제

11.1. 병렬접속절과 종속접속절의 구분

절 연구에서 부사적 종속절과 병렬절의 구분은 오래된 주제이다. 그러나 최근에는 이들도 정도성을 보이는 것으로 인식하는 듯하다. 아주 의존적인 부사절에서부터 꽤 독립적인 접속절에 이르기까지 의존성/독립성 정도가 단일하지 않기 때문이다.[1]

병렬절과 종속절의 구분은 의미적인 것이라기보다 통사적인 것이다. 그래서 같은 의미를 나타내더라도 어떤 절은 병렬적이고 어떤 절은 종속적이다. 일례로 독일어의 경우 weil(because)절은 종속절, denn(for)절은 병렬절이다. 영어에서도 because절은 종속절, for절은 병렬절로 분류된다.

---

[1] 국외 논의에서 종속절과 병렬절의 대조에는 종종 관계절과 보어절까지 포함하여 논의되는 경우가 있다. 그리고 관계절과 보어절 중에도 상대적으로 주절에 독립적인 예들이 존재한다. 이 장에서는 종속절 중에 부사절에 해당하는 절만을 다룬다.

11.1.1. 판별 기제

병렬절과 부사적 종속절(이하 '부사절'이라 함)의 판별에는 통사적, 형태통사적, 의미화용적 기준들이 이용된다.

- 통사적 검증 도구: 역행 대용, 등위구조 제약, 절의 위치와 이동, 생략, 초점화 등
- 형태통사적 속성: 강등 현상, 시제, 상, 양태 등의 형태적 표지의 축소 및 부재
- 의미화용적 특징: 전경 정보와 배경 정보, 단언과 전제, 발화수반력의 유무

먼저, 통사적 검증 방법부터 살펴보자.[2] 첫째, 부사절에서는 역행 대용이 허용되지만, 병렬절에서는 불가능하다. 역행 대용은 대명사나 재귀사 같은 대용사가 먼저 나오고 이 대용사가 가리키는 대상이 나중에 오는 관계를 말한다. (1가)에서 보듯이 when 부사절에 'he'가 먼저 오고 'he'가 가리키는 'Tom'이 뒤의 주절에 올 수 있다. 그러나 병렬절에서는 (나)처럼 대명사가 선행하는 일이 불가능하다.

(1) 가. When he$_i$ came to Jejudo, Tom$_i$ met Michael. (종속)

　　 나. *He$_i$ came to Jejudo, and Tom$_i$ met Michael. (병렬)

대용사가 적절히 해석되려면 그것이 가리키는 대상(일명 선행사)은

2　언급된 통사적 기제는 Diessel(2001), Haspelmath(1996), Comrie(2008)에서 사용된 것을 주로 취하였다. 상당 부분은 Haspelmath(1995)에서 부동사와 종속절의 유사성을 보이는 기제로 언급했던 것들이고, 이는 9.1.에서 소개한 바 있다.

구조적으로 더 높은 위치에 있어야 한다. 따라서 대용사가 있는 절과 선행사가 있는 절이 대등한 관계에 있으면 이 원칙을 어기는 것이 되므로 해석이 이루어지지 않는다(임동훈 2009ㄴ: 96). 영어에서도 종속절에서만 역행 대용이 가능하다. 따라서 병렬절과 종속절을 구분하는 기준이 된다. 이는 한국어에서도 기준으로 활용해 왔다.

둘째, 부사절과 주절의 결합에서는 주절의 한 성분을 꺼내어 의문문을 만들 수 있다. 그러나 병렬절에서는 병렬항의 일부를 절 밖으로 옮길 수 없다. 부사절인 when절이 있는 (2가)에서는 주절의 목적어를 문두로 이동해 의문문을 만들 수 있다. 그러나 병렬절인 (나)에서는 어떤 성분도 홀로 이동할 수 없다. 이를 등위구조 제약이라고도 한다.

(2) 가. What did you tell her ___ [when you left?] (종속)

　　나. *What did you tell her ___ [and you left?] (병렬)

셋째, 부사절은 주절 앞이나 뒤에 위치하거나, 주절 안에 놓일 수도 있다. 그러나 병렬절은 주절 안으로 이동하지 못하며, 문두로 이동하지도 못한다. (3가), (나)는 부사절이 주절 뒤와 앞에 온 예이고 (다)는 주절 가운데 온 예이다. 반면에 병렬절은 (마)처럼 문두에 올 수도 없고, (바)처럼 주절 안에 올 수도 없다.

(3) 가. Peter admitted that Mary was right [before he left]. (종속)

　　나. [Before he left] Peter admitted that Mary was right. (종속)

　　다. Peter admitted, [before he left], that Mary was right. (종속)

　　라. Peter admitted that Mary was right [and (he) he left]. (병렬)

마. *[And (he) he left] Peter admitted that Mary was right. (병렬)

바. *Peter admitted, [and (he) he left], that Mary was right. (병렬)

그런데 이 이동 검증과 관련해서는 주의해야 하는 것이 있다. 이동 검증은 접속사나 종속소를 안은 채 이루어진다는 것이다. 이는 한국어를 다루면서 다시 언급한다.

넷째, 병렬문에서는 동사가 동일한 경우 생략할 수 있으나 부사절에서는 불가능하다.

(4) 가. *Bill played the guitar when John _____ the Piano. (종속)

나. Bill played the guitar and John _____ the Piano. (병렬)

다섯째, 부사절만이 제한적으로 해석된다. 즉 주절의 지시체가 좁아지도록 주절을 수식한다. 이런 제한성은 초점에 대한 전제 조건이다. 따라서 부사절만이 초점화가 가능하다. 예컨대 초점 첨사 'only, also'에 의해 초점화할 수 있고, 판정 의문과 분열문의 초점이 될 수 있다.

여섯째, 부사절은 부가의문문을 덧붙일 수 없고, 병렬절은 가능하다. 부가의문문은 주절, 혹은 독립절에 주로 일치한다.

(5) 가. *She will assist you if she is there, isn't she? (종속)

나. She will assist you, but she isn't there, is she? (병렬)

이 외에, 형태통사적인 방법으로는 정형성 범주의 강등 현상을 확인하는 방법이 있다. 시제, 상, 양태 등의 동사 관련 형태적 표지가 축소되거나 나타나지 않는 강등 현상은, 종속절에 주로 나타난다. 병렬절은 주절 동사에 표시되는 문법범주가 대개 다 표현된다.

이 외에, 의미화용적인 속성이 판별 기준으로 되어 오기도 하였다. 먼저, 종속절은 구정보나 배경 정보를 나타내고, 병렬절과 독립절은 새 정보나 전경화된 정보를 제공한다고 간주되어 왔다. 또한 병렬절은 병렬항 각각이 단언될 수 있지만 종속절은 대개 단언되지 않으며, 병렬절은 발화수반력을 가지지만 부사절은 독자적인 발화수반력을 갖지 못한다(Diessel 2001).

Langacker(1991: 436)는 종속절의 사건 윤곽은 주절의 사건 윤곽에 의해 무시되는 것으로 기술한다. 반면에 병렬문은 어느 하나가 다른 하나의 윤곽을 무시하지 않는다. 예를 들어 아래 (6가)는 [Cubs가 승리함]과 [Padres가 패함]이라는 두 개의 윤곽이 있다. 그러나 (나)는 [경보 장치의 울림]이 아니라 [강도가 도망감]을 지시한다. 즉 전자의 사건 윤곽은 후자의 사건에 묻힌다(Cristofaro 2003).

(6) 가. The Cubs won and the Padres lost.

　　나. Alarms ringing, the burglar fled.

11.1.2. 적용과 한계

앞에서 언급한 기제들이 한국어에 어느 정도 적용될 만한지 살펴보자.

첫째, 역행 대용의 허용 여부이다.[3] 역행 대용은 연결된 절들의

3　김광희(2011)에서는 대용은 언어형식의 반복을 피하기 위해 다른 언어 표현을 쓰는 관계로, 조응은 대용의 한 형식으로, 대용사와 선행사 간의 동일 지시성(co-reference)을 필수조건으로 하는 관계로 기술한다. 이 장에서는 예컨대 어휘와 어휘의 표현 대체를

통사적 위계가 동등한지 여부를 살펴보는 데 유용한 것으로 알려져 있다. 이에 한국어 논의에서도 유현경(1986), 이은경(2000), 임동훈(2009) 등에서 꾸준히 적용되어 왔다.

아래 (7가)의 '고'절은 후행절과 [계기] 관계로 연결된 종속절로, '철수'를 가리키는 '자기'가 허용된다. 반면에 (나)의 '고'는 병렬절로, '고'절에 '박 작가'를 가리키는 '자기'가 오면 상당히 어색해진다. 대용사가 있는 절과 선행사가 있는 절이 대등한 관계에 있다면 대용사의 해석이 이루어지지 않는다(임동훈 2009ㄴ: 96).

(7) 가. [자기ᵢ가 일은 저질러 놓고] 철수ᵢ는 자꾸 내 탓을 한다. (종속)
　　나. *[자기ᵢ 책이 베스트셀러가 되었고] 박 작가ᵢ는 독자들이 뽑은 올해의 작가가 되었다. (병렬)

반면에 종속절인 '니까'와 '자마자'절에서는 역행 대용이 가능하다. 이들을 보면 병렬절보다는 종속절에서 역행 대용의 허용치가 높은 것은 분명하다.

(8) 가. [자기ᵢ가 추천했으니까] 박 작가ᵢ는 그 친구 수상에 만족하겠지.
　　나. [자기ᵢ 책이 베스트셀러가 되자마자] 박 작가ᵢ는 칩거 생활을 청산했다.

문제는, 한국어의 병렬절의 종류가 극히 적은 만큼, 이를 검증도구

제외한, 지시동사나 대명사 등 대용사로 볼 만한 형식이 앞에 오고 이들 대용사가 가리키는 바가 뒤에 오는 현상을 아울러 후행 대용이라 하겠다.

로 쓰기 어려운 경우가 있다는 데 있다. 병렬은 두 언어적 단위가 결합하되 이들 사이에 문법적 의존성이 없을 때를 가리킨다. 그리고 이런 독립성은 구조적인 것이지 의미적일 필요는 없다. ·

한국어의 대표적인 병렬 연결어미는 [나열] 의미의 '고'이다. [계기] 의미의 '고'는 종속적 연결어미이다. 그런데 이런 구분은 유럽어의 전통과는 달리, 의미적인 것이다. 혹자는 [나열]일 때만 '었'이 결합할 수 있으므로 순전히 의미적인 것은 아니라고 할 수도 있다. 예컨대 (9가)는 [나열, 계기] 두 해석이 모두 가능하지만, 적어도 [계기]일 때는 '었'이 결합될 수 없으므로 이 둘은 다르다는 것이다.

(9) 가. 내가 졸업하고 동생이 졸업했어. [나열, 계기]

　　나. 내가 졸업했고, 동생이 졸업했어. [나열]

　　다. 내가 졸업하고, 동생이 졸업해. [나열, 계기]

그러나 이는 사태가 전부 과거일 때의 이야기이다. (9다)처럼 현재나 미래 상황일 때는 '었'을 결합해 볼 수 없으므로 문맥에서 어떤 의미로 쓰였는지 추적해 보아야 한다. 즉 의미가 결정적이다.

이런 문제는 한국어의 병렬절 판단에 의미를 무시할 수 없음을 의미한다. 아래 (10)은 역행 대용이 허용되는 것으로 보면 종속절이다. 그러나 '는데'와 '지만'을 [대조]의 의미로 보면 병렬절이다. 즉 이 예는 종속절이어서 역행 대용이 허용되는 예일 수도 있고, 병렬절인데도 역행 대용이 허용되는 예외적인 예일 수도 있다.

(10) 가. 자기ᵢ 동생은 떠났지만 철수ᵢ는 남았다.

　　나. 자기ᵢ 동생은 이미 제출했는데 철수ᵢ는 아직 다 못했다.

대용은 지시체와 대용어 순으로 제시되는 것이 일반적이다. 예를 들어 "나는 책을 샀고 그것을 친구에게 선물했다"에서처럼 앞에 나온 '책'을 뒤에서는 '그것'으로 대신하는 것이다. 사람들은 제시된 순서대로 읽거나 듣고 이해하기 때문에, 구체적인 대상이 먼저 나와야 뒤의 대용사가 지시하는 것이 무엇인지를 수월하게 해석한다. 이런 점에서 대용사가 선행하는 역행 대용은, 순서가 역전된 것이기에 평범하지는 않다. 따라서 대체로 제한적으로 쓰인다.

일례로 지시용언의 예이기는 하지만, '그러하다'만 하더라도 고재필(2015)에 따르면 역행 대용으로 쓰인 예는 전체 출현의 3% 정도에 불과하다. 그리고 3%에 불과한 예들도 극도의 어미 편향성을 보인다. '은지', '듯이', '지마는', '고' 네 개의 어미가 전체 출현의 93%를 차지한다. 이는 종속절이라고 해서 모두 역행 대용이 자유롭게 쓰이지는 않음을 시사한다. 게다가 (라)는 병렬절로 간주되는 '고'의 예이다.

(11) 가. 가해자가 하도 무례해서 그랬는지, 순경이 사고와는 아무 상관 없는 내용을 묻더군요.
　　　나. 평생 그랬듯 남은 생도 어린이들을 위해 살고 싶습니다.
　　　다. 모든 관계가 그렇지만 인간관계 역시 공짜는 있을 수 없고.
　　　라. 아버지와의 사이도 그렇고 형제간의 우애도 예전 같지 않다.

둘째, 선후행절의 자리 바꿈 가능성이다. 병렬절은 선·후행절의 자리를 바꾸어도 의미 차이 없이 문장이 성립되는 경우가 많으나, 종속절은 의미 변화가 일어나거나 유의미한 문장으로 성립될 수 없다고 기술되어 왔다(김영희 1988). 그러나 한국어에서는 이런 검증이 별로 유의미하지 않다.

(12) 가. 철이가 책을 읽고 명이가 음악을 듣는다. (김영희 1988: 96의 예)

가′. 명이가 음악을 듣고 철이가 책을 읽는다.

나. 봄이 오니까 꽃이 핀다. (김영희 1988: 95의 예)

나′. ?꽃이 피니까 봄이 온다.

앞에서 언급한 것처럼, 유럽어의 선후행절 자리 바꾸기는 접속사와 종속소를 동반한 것이었다. 한국어의 경우처럼 연결어미는 그대로 두고 선후행절의 명제를 바꾸는 방식이 아니다. 한국어 연결어미는 고유의 의미를 가지고 있다. 따라서 선후행절의 자리바꿈은 의미 관계의 변화를 동반한다. 위에서 (12나)는 원인이 [봄이 오다]이고 결과가 [꽃이 피다]이지만 (나′)은 원인과 결과가 이와 반대이다. 따라서 이런 식의 자리바꿈은 단순 열거의 의미인 '고'를 제외하고는 원칙적으로 불가능하다고 보아야 한다.

그런데 [나열]의 '고'인들 가능하다고 할 수 있을까. 유럽어에서는 병렬절은 오히려 자리바꿈이 안 되는 것으로 여겨져 왔다. 순서를 바꿀 경우 의미가 극적으로 변할 때가 있기 때문이다. 예컨대 '동생이 만들고 먹었다'는 '동생이 먹고 만들었다'와 다르다. 이들은 계층적으로 동등한 것이기 때문에 병렬절은 시제 도상성을 드러낸다. 즉 먼저 제시된 병렬절은 먼저 발생한 것으로 해석된다(Haiman 1985:216).

셋째, 접속절의 주절 내부로의 이동 가능성을 보자. 병렬절은 불가능한 경우가 많지만 부사절은 가능한 경우가 많다. 병렬절은 독립절에 가까워서 후행절의 성분으로 자리 옮김이 어렵지만, 부사절은 주절을 수식한다고 여겨져 왔으므로, 성분으로서 이동이 가능하다고 보아 온 것이다.

(13) 가. [날이 풀리니까] 인파가 거리에 붐빈다. (김영희 1988: 97의 예)

　　　가'. 인파가 [날이 풀리니까] 거리에 붐빈다.

　　　나. [가을비가 내리고] 낙엽이 떨어진다.

　　　나'. ?낙엽이, [가을비가 내리고] 떨어진다.

　그런데 이 검증 기제도 불완전하다. 앞에서 역행 대용이 병렬절이어서 불가능했던 예와 가능했던 예를 가져와 이를 적용해 보자. (14가)는 병렬문이었지만 가운데로의 이동이 가능하다. (나)는 종속절이므로 당연히 가능한데, 문제는 (다)처럼 주어의 조사를 '가'로 바꾸면 바로 어색해진다. 따라서 이런 이동 가능성은 '은/는' 주제어가 문두에 오는 현상과 상당히 관련이 있어 보인다. 이는 이 장의 관심사가 아니므로 더 상론은 하지 않는다.

(14) 가. 박 작가ᵢ는 [자기ᵢ 책이 베스트셀러가 되었고] 독자들이 뽑은 올해의 작가가 되었다. (병렬)

　　　나. 박 작가ᵢ는 [자기ᵢ가 추천했으니까] 그 친구 수상에 만족하겠지. (종속)

　　　다. ?박 작가ᵢ가 [자기ᵢ가 추천했으니까] 그 친구 수상에 만족하겠지. (종속)

　넷째, 초점화 가능 여부이다. 종속절은 초점화의 대상이 될 수 있으나 병렬절은 불가능하다. 다음은 모두 종속절로 대괄호 부분은 초점이 된다(임동훈 2009: 95). (15다)는 '상한 음식을 먹고'가 부정의 대상이 된다.

(15) 가. 철수는 상한 음식을 먹고 배탈이 났다.

　　 나. 철수가 배탈이 난 것은 [상한 음식을 먹고]였다.

　　 다. 철수는 [상한 음식을 먹고] 배탈이 나지 않았다.

그런데 모든 종속절이 초점화가 가능한 것이 아니다. '는데, 도록'처럼 아예 이런 구문에 쓰일 수 없는 경우도 있고, [계기]의 '고'라 하더라도 안 되는 경우가 꽤 있다.

(16) 가. 엄마가 [나를 보지도 않고] 큰 소리로 부른다.

　　 가′. ?엄마가 큰 소리로 부른 것은 [나를 보지도 않고]이다.

　　 나. 아이는 [나를 보고] 모른 척을 했다.

　　 나′. ?아이가 모른 척을 한 건 [나를 보고]였다.

이 외에 형태통사적 검증 도구인, 시제 허용 여부와 독립적인 시제 해석 가능성 역시 한계를 가진다. 10.2.에서 살펴본 것처럼 한국어의 연결어미 대부분은 시제어미의 결합이 가능하고, 절대시제도 얼마든지 가능하다. 또한 같은 절에서 살펴본 것처럼 발화수반력도 주절에 독립적인 경우가 많다.

결론적으로, 병렬절과 종속절의 구분 기제는 아주 불완전하다. 그리고 한국어는 영어보다도 병렬절의 위상과 독립성이 미약하다. '고, 는데, 지만'의 병렬적 용법을 인정한다 하더라도, 이들은 여러 의항을 가지기에 의항마다 병렬성과 종속성 정도가 다를 뿐 아니라, 가장 결정적으로 발화수반력과 문장 유형, 청자 대우를 주절의 종결어미에 의존해야 하기 때문에, 이미 완전히 독립적이지는 않다. 요컨대 한국어의 병렬절은 유럽어의 병렬절에 비해서는 의존적이고, 한국어의 종속절은 유럽어의 부사절에 비해 독립적이다.

11.2. 파생부사와 부사형 구분의 어려움: '이/히, 게'를 중심으로[4]

한국어 문법 기술에서 '빨리'는 부사이고 '빠르게'는 부사절이다. '빨리'는 부사파생접미사 '이'가 붙은 것이고, '빠르게'는 부사형어미 '게'가 붙은 것이기 때문이다. 그래서 "시간이 빨리 간다."는 단문으로, "시간이 빠르게 간다."는 복문으로 분류된다. 그런데 과연 이들이 이렇게까지 달리 구분될 만한가. 한국어는 이들의 구분이 어려울 수밖에 없는 특수성이 있다. 이 절에서는 이런 내용을 다룬다.

11.2.1. 접사설과 어미설의 쟁점

한국어 사전에서 '이'는 접사이고, '게'는 연결어미이다. 어미로서의 '이'나 접사로서의 '게'는 없다. 사전의 풀이를 보면 '이'는 형용사 어간이나 어근 등에 붙어 부사를 만드는 접미사이다. '게'는 앞의 내용이 뒤에서 가리키는 사태의 목적이나 결과, 방식, 정도 따위가 됨을 나타내는 연결어미이다. 그런데 '이'는 늘 새로운 부사를 만들고 '게'는 늘 서술성을 유지한 채 모양만 부사형으로 바꾸는 것일까.

그간 '게'에 대해서는 꾸준히 어미로만 기술되어 왔고 접사설이 제기된 적이 없다. 즉 새로운 어휘소를 만드는 능력은 인정된 적이 없

---

4 이 절은 문숙영(2022), 「파생도 겸하는 굴절, 한국어의 전성어미」(《언어》 47-4)의 내용을 대부분 재수록하였고, 일부만 수정, 추가하였다.

다. 반면에 '이'에 대해서는 파생접사로 보는 견해와 어미로 보는 견해가 갈려 왔다. 다음은 '이'를 파생접사로 본 황화상(2006), 황화상(2013), 김일환(2007), 김종록(1989) 등에서 주요 근거로 삼은 것들이다.

- '이'를 파생접사로 볼 만한 근거
① 형용사에 한해 주로 붙는다.
　게다가 모든 형용사에 붙는 것도 아니다.
② '이' 부사의 의미가 어기에서 멀어진 경우가 상당하다.
③ '이' 부사는 서술성이 별로 없다.
　'이'형이 논항을 취하는 예는 그 수도 극히 적을 뿐 아니라, '-와 함께'처럼 부사가 논항을 취하는 경우와 동일하게 볼 수도 있다.
④ '이'형과 '게'형 사이에 분포의 차이나 의미의 차이가 있을 수 있다.[5]

반대로 '이'를 어미로 보는 우순조(2001), 최웅환(2003)에서는 다음을 그 근거로 든다.

5　'이 외에, '깨끗-이'나 '깊숙-이'처럼 어근에 결합하는 '이'를 근거로 드는 일도 있다. 이런 어기 뒤에는 어미가 직접 결합할 수 없기 때문이다. 이에 대해서는 기원적으로 '깊숙하-'에 '이'가 결합했다고 보는 견해도 있다. 구본관(2004)에서는 중세국어를 보면 'ㄱ득히/ㄱ드기, 번득히/번드기 ; 므던히/므더니, 졈졈히/졈졈이 ; 맛당히/맛당이'와 같이 동일한 어기가 '이'와 '히'를 모두 가지는 예가 많으므로, 이들도 'Xㅎ-'를 어기로 가지고 있었다고 보는 것이 설명하기 쉬우며, '히'인가 '이'인가 하는 문제는 'ㅎ'의 탈락과 관련된다고 보았다. 그리고 'Xㅎ+이'의 결합에서 X의 끝소리가 'ㄱ, ㄷ, ㅂ, ㅅ'과 같은 무성음일 때는 부사의 끝소리가 '이'인 경우가 우세하다고 하였다.

- '이'를 어미로 볼 만한 근거

① 형용사에서 '이' 부사가 도출되는 비율은 매우 높다.

② '이' 파생부사의 사전의 뜻풀이는 대개 대응 형용사의 의미에 의존한다.

③ '이' 부사가 형용사 어기의 내부 논항을 취하는 일이 많다. 또한 '철저히 하다, 소홀히 하다, 분명히 하다'처럼 '이' 부사가 필수성분인 경우가 있다.

④ 많은 경우 '이'형과 '게'형이 수의적으로 교체될 수 있다.

그간의 견해 차이는 근거로 삼은 현상 자체가 다르다기보다, 동일한 현상을 어떻게 해석하느냐에 따라 갈린 것이다. 일례로, 모든 형용사에서 '이' 부사가 만들어지지 않는다는 점이 파생접사로 볼 만한 근거가 되었다면, 반대로 꽤 많은 형용사에서 '이' 부사가 만들어진다는 점이 어미로 보게 하는 근거가 되었다. 또한 형용사 어기의 의미와 멀어진 '이' 부사가 있다는 점을 중히 여기면 접사로 분석되었고, 형용사 어기와 의미가 유사한 '이' 부사가 많음을 중히 여기면 어미로 분석되었다.

'이'와는 달리 줄곧 어미로만 불려온 '게'는, '이'를 접사로 보아 온 근거와 정확히 반대의 양상을 보인다.

- '게'가 어미인 근거

① 형용사뿐만 아니라 대부분의 동사에도 '게'가 결합될 수 있다. 즉 결합제약이 없다.

② '게' 결합형은 어기의 의미에서 별로 달라지지 않는다.

③ '게' 결합형은 주어를 상정할 수 있는 등, 서술성을 가진다.

그런데 '게'의 이런 양상과 관련해서도, '이'와 '게'의 다른 점은 접사의 증거로, 비슷한 점은 어미의 증거로 활용되어 왔다. 이를테면 '이'형과 '게'형 사이에 의미 차이가 있는 경우를 중히 여겨 '이'를 접사로 판단하는 근거로 삼는가 하면, '이'형의 상당수가 '게'형과 수의적으로 교체 가능하다는 점을 중히 여겨 '이'를 어미로 판단하는 근거로 삼아 왔다.

따라서 쟁점은 현상 자체에 있기보다, 해당 현상을 접사/어미 판단의 근거로 삼는 이유나 타당성에 놓일 것이다. 그리고 이는 다음과 같이 정리된다.

• 접사/어미 판단의 쟁점들
① '이'형의 어기 제약은 어느 정도인가. 이런 정도의 제약은 파생으로 볼 만한 것인가, 굴절로 볼 만한 것인가.
② 형용사 어기와 그 의미가 많이 달라진 '이'형은 어느 정도 있는가. 이런 의미의 변화가 과연 파생의 근거가 될 만한가.
③ '이'형과 '게'형의 교체 가능성은 어느 정도인가. 교체가 가능하지 않은 경우가 있다는 것이, 하나는 접사이고 다른 하나는 어미로 볼 근거가 되는가.
④ '이'형은 대개 논항을 취할 수 없고, '게'형은 늘 논항을 취할 수 있는가. 논항을 취할 수 없으면 파생부사, 즉 접사가 결합된 것으로 보아야 하는가. 무엇보다, 서술성이 파생부사와 부사형을 가리는 결정적인 기준이 되는가, 이는 타당한가.

결국 접사인가 어미인가 하는 판단은, 굴절과 파생의 구분 선을 어디에 두는가에 달려 있다고 할 수 있다. 원형적인 굴절 이외의 것은 모두 파생으로 볼 것인가, 아니면 정도성을 인정해서 서로의 속성을 겸하는 부류가 있음을 인정할 것인가의 문제인 것이다.

필자는 '이'를 어미로 본 우순조(2001)의 주장과 근거를 지지하며, 여기서 더 나아가 한국어의 '이, 게, 음, 기' 등은 파생과 굴절의 속성을 모두 보이는, 단어부류의 변화를 동반하는 굴절로 이해되어야 한다고 생각하고 있다. 이와 비슷한 입장으로는 최웅환(2003), 김민국(2008)이 있다. 위의 쟁점 중에서 ①과 ②는 11.2.2.에서 다루고, ③과 ④는 11.2.3.에서 다룬다.

11.2.2. '이', '게'의 파생적 성격과 굴절적 성격

적용의 완전성 정도

어기의 결합제약 여부를 살펴보자. 몇몇 논의에서는 '이'가 형용사에 주로 결합되는 점을 파생의 근거로 삼아 왔다. 그러나 부사가 주로 형용사에서 도출되는 일은 언어 보편적인 현상이다. 일례로, 영어에서 'ly'도 주로 형용사에 결합한다. 따라서 부사화 형식이 형용사에 주로 결합되는 점은, 결합 어기의 제약 즉 파생의 빈칸을 보여 주는 현상이 아닐 수 있다. 다양한 언어에서 보이는 형용사로부터의 부사 도출을 일괄 파생으로 분류하지 않는 한, 한국어에만 국한된 제약이 아니기 때문이다.

그런데 형용사이지만 '이'가 결합될 수 없는 부류가 있다. '이'의 결합제약은 송철의(1990: 240~251)에서 자세히 다루었고, 다음이 그 대강이다.[6]

---

6 '이' 파생부사 중에서, 반복복합어(명사반복어)에 붙는 경우 '집집이, 낱낱이 ; 다달이,

기원적으로 접미사 '압/업'이나 '브'가 붙어 형성된 형용사는 '이' 부사 파생이 많이 이루어진 편이다. 그러나 안 되는 경우도 있다. (17가)는 '압/업'이 있는 형용사 중에서, (나)는 '브'가 있는 형용사 중에서 '이' 부사가 불가능한 단어들이다. 어기가 복합형용사인 경우에도 '이' 파생이 많이 이루어지지만 (다)처럼 허용되지 않는 경우도 있다.

(17) 가. 간지럽다 – *간지러이, 시끄럽다 – *시끄러이

　　　cf. 어지럽다 – 어지러이, 부드럽다 – 부드러이

　　나. 아프다 – *아피, 고프다 – *고피

　　　cf. 어엿브다 – 어엿비, 구슬프다 – 구슬피

　　다. 손쉽다 – *손쉬이, 약삭빠르다 – *약삭빨리

　　　cf. 재빠르다 – 재빨리, 수많다 – 수많이

반면에 (18가)에서 보듯이 빛형용사, 미각형용사, 후각형용사에는 '이' 파생이 불가하다. 또한 접미사 '다랗, 맞, 궂, 쩍, 지'에서 형성된 형용사에서는 '이' 부사가 파생되지 않는다. 이는 접사 '롭, 스럽'이 결합한 형용사에서는 예외 없이 '이' 부사 파생이 가능한 것과 대조된다. '거리'가 결합되는 동작성 어근들에서는 '이' 파생이 안 되지만, 상태성 어근일 때는 오히려 '거리' 결합이 불가능하고 '이' 부사 파생은 가능하다(*는 대당 형태가 없음을 의미함).

(18) 가. 밝다–*, 어둡다–* ; 달다–*, 떫다–*, 맵다–* ; 비리다–*

간간이 ; 걸음걸음이'와 부사로부터 부사 파생된 경우 '일찍이, 더욱이, 히죽이' 등은 제외하였다.

나. 굵다랗다-*, 좁다랗다-* ; 능글맞다-* 청승맞다-* ; 얄궂
다-*(cf.짓궂다-짓궂이) ; 객쩍다-*, 겸연쩍다-*, 건방지
다-*, 야무지다-*

다. 머뭇거리다-*머뭇이, 반짜거리다-*반짝이,
쑥덕거리다-*쑥덕이 ; *오똑거리다-오똑이,
*깜찍거리다-깜찍이, *수북거리다-수북이

그런데 '게'는 사정이 조금 다르다. 위에서 '이' 부사 파생이 안 되
는 형용사에 '게'를 결합해 보면 위의 (18다)의 어휘만 제외하고는 대
부분 가능하다.

(19) 가. 간지럽게, 시끄럽게, 어지럽게, 부드럽게
나. 아프게, 고프게, 구슬프게
다. 손쉽게, 약삭빠르게, 재빠르게 (cf. *수많게)
라. 밝게, 어둡게, 달게, 떫게, 맵게, 비리게
마. 굵다랗게, 좁다랗게, 능글맞게, 청승맞게, 얄궂게, 짓궂게,
겸연쩍게, 건방지게, 야무지게

굴절과 파생의 차이에는 적용의 완전성 여부, 즉 그것이 두루 적
용되느냐 일부에 국한되느냐 하는 점이 있다. 굴절은 대개 예외 없이
적용됨으로써 아주 생산적이지만, 파생은 그렇지 못하다. 이런 일반
론에 기대면, 결합제약이 있는 '이'는 파생접사, 결합제약이 별로 없
는 '게'는 어미에 가까워 보인다.

그런데 '이'의 분포나 결합제약은 다른 파생접사들과 경향이 꽤 다
르다. 우선 명사 파생접사인 '개', '질', '장이'나 동사 파생접사인 '거

리', '대', 형용사를 파생하는 접사인 '압/업', '브' 등이 결합된 어휘의 규모는, 몇 개의 단어만 떠올려도 '이'와는 비교할 수 없을 정도로 그 수가 적음이 짐작된다.

게다가 보통의 파생접사들은 결합제약의 조건을 명세하는 것도, 결합 가능한 어기의 범위를 예측하는 것도 쉽지 않다. 일례로 '개'는 '지우개'처럼 도구명사가 가능할 만한 동사에 붙을 것 같지만, '(방을) 치우다'에 붙은 '*치우개' 등이 가능한 것도 아니다. 중세국어에서의 '암/엄'도 '주검, 마감, 무덤' 등 극히 일부의 어기에만 붙었다.

또한 비교적 생산성이 높은 피동접사만 하더라도 '이, 히, 리, 기'가 결합한 피동사의 수는 전체 동사에 비해 극히 적으며, 현대국어의 관점에서는 접사의 선택 조건도 기술하기 어렵다. 이에 반해 '이'는 (접사성이 별로 의심되지 않는) 전형적인 파생접사에 비해서는 결합제약이 덜하고 어기 범위에 대한 짐작도 상대적으로 가능하다.

많은 언어에서 부사는 형용사에서 파생된다. 이는, 부사를 만드는 형식은 적용의 완전성 차원에서 다른 접사들과는 근본적으로 다를 수밖에 없음을 시사한다. 대표적인 예가 영어의 'ly'이다. Haspelmath(1996)는 'ly'를 단어부류를 바꾸는 굴절이라 하면서, 'ly'가 때때로 파생접사로 분류되었으나 이의 타당성이 증명된 적은 거의 없다고 하였다. 또한 이보다 앞서 Quirk et al.(1985)에서도 'ly'의 결합은 거의 굴절적인 것으로 간주될 만하다고 하였다.

Haspelmath(1996)는 굴절/파생 구분의 기저에는 굴절형은 오로지 문법 패러다임에 의해 기술되고, 파생형은 일일이 사전에 열거된다는 직관이 깔려 있다고 하였다. 그러면서 왜 언어학자들이 어떤 형태적 과정은 패러다임에 의해 기술하고 어떤 것은 사전에 열거하는 방식으로 기술하는가를 생각해 보면 이들이 전혀 다른 속성을 가지기 때문이라고 하였다. 그리고 이에 따라 굴절과 파생을 다음과 같이 정의한다.

- 굴절과 파생의 정의 (Haspelmath 1996: 49)
  형성 과정이 정규적(regular)이고 일반적이며 생산적이면
  ⇒ 그 형성은 굴절적이다.
  형성 과정이 비정규적이고, 비어 있는 곳이 있으며, 비생산적이면
  ⇒ 그 형성은 파생적이다.

영어의 'ly'는 형용사에 꽤 규칙적으로 결합한다는 점에서 생산적이고 일반적이며, 부사로 단어부류를 바꾸는 것 외에 개체특이적인 의미가 크게 추가되지 않는 편이므로 정규적이다. 즉 형성의 속성이 파생보다는 굴절에 훨씬 가깝다.

Haspelmath(1996)는 'ly' 외에도 단어부류를 바꾸는 다양한 굴절을 소개하며, 파생만이 단어부류를 바꾼다거나, 굴절은 단어부류를 바꾸지 못한다는 신화는 사라져야 한다고 하였다. 그러면서 이런 신화가 이토록 오래 이어진 것은 19세기나 20세기 초에 관련 예를 발견하지 못했고, 이 때문에 다양성에 대한 충분한 고려 없이 문법 이론이 도입된 탓이라고 하였다.

영어는 명사성 형용사를 가진 언어이지만 한국어는 동사성 형용사를 가진 언어이다. 따라서 범언어적으로 발견되는 '형용사로부터의 부사 도출' 관계에서, 한국어의 부사는 필연적으로 어미가 결합한 굴절형으로 표현될 가능성이 영어에 비해 월등히 높다. 명사화도 마찬가지이고 관형사화도 마찬가지이다.

그런데, 거의 굴절적인 형식으로 여겨지는 'ly'도, 결합하지 않는

형용사가 있다. 즉 어기의 결합제약이 있다. 다음은 Huddleston & Pullum(2002: 566)에서 제시한 예와 설명이다.

(20) 가. afraid, alive, asleep ; inferior, junior, minor ; friendly, lonely, silly, ugly etc.

　　나. American, British, European ; blue, brown, orange, purple etc.

　　다. big, content, drunk, foreign, good, key, male, modern etc.

(20가)는 형태적인 제약이다. 'ly'는 'a'로 시작하는 형용사, 라틴어의 비교급 접사 'or'로 끝나는 형용사, 'ly'로 끝나는 형용사에는 붙지 않는다. (나)는 의미적 제약이다. 'ly'는 장소명이나 색채어에서 파생된 형용사에는 결합하지 않는다. 물론 'whitely, greenly, redly'처럼 색채어지만 가능한 경우도 일부 있다. (다)는 그 외 'ly'가 붙지 않는 단어들을 모은 것이다. 크기와 나이를 가리키는 짧은 형용사에는 'ly'가 결합하지 않고, 'good'의 대당 부사 'well'처럼 아예 다른 형태의 부사를 취하는 것들도 있다. 영어의 이런 양상을 보면, '이'가 일부 형용사에 결합되지 않는다는 사실은 그리 특별할 것이 없다.

사실, 파생/굴절 구분의 여러 기준이 대개 그러하지만, 적용의 완전성 기준도 한계가 있음이 여러 차례 지적되어 왔다. 어휘소들이 때때로 비어 있는 패러다임을 가지는 일이 있기 때문이다. 일례로, 영어의 'used to'는 대당 현재형이 없다. 한국어의 명령과 청유의 어미도 동사에 결합되는 것으로 기술되지만, '알다(*알아라)', '애타다(*애타라)', '졸리다(*졸려라)', '신바람 나다(*신바람 나라)' 등 결합할 수 없는 동사가 꽤 있다.[7] 줄곧 어미로 불려 온 '게'도, '머뭇거리다' 등의 일부 형용사에는 결합되지 않음을 앞에서 확인한 바 있다.

반대로, 단어 형성이 굴절만큼 완전한 경우가 있는 것도 완전성 기준에 반하는 사례이다. Stump(2005: 54~55)에서는 Haspelmath(1996)의 논의를 받아들여 영어의 비양태 동사가 'ing'의 동명사류를 가지는 것을 비교적 큰 예외 없이 적용되는 경우로 보았다. 즉 동사에서 명사로 단어부류를 바꾸지만 그 적용은 거의 완전하기에, 단어부류를 바꾸는 굴절로 본 것이다. 영어의 'ly'나 한국어의 '이'도 이런 예에 해당한다.

의미의 정규성 대 특수성

어기와의 의미 차이를 보자. '이' 파생부사 중에는 분명 어기의 의미와 아주 멀어진 것들이 있다. 다음은 송철의(1990: 255~257)에서 의미적으로 어휘화된 부사로 제시한 예로, 이런 '이' 부사는 '게'형으로의 교체가 어렵다. 의미 차이 때문이다.

(21) 가. 말없이 {고이, *곱게} 보내 드리오리다.
　　 나. 그의 이름은 {길이, *길게} 빛날 것이다.
　　 다. 머리를 {*고이, 곱게} 땋아 내렸다.
　　 라. 그림자가 {*길이, 길게} 드리워졌다.

다음도 비슷한 예이다. '곧이'는 '바로 그대로', '굳이'는 '고집을 부

---

7 최웅환(2003: 376)에서는 국어의 격표지, 선어말어미, 어말어미 등도 경우에 따라 그 실현이 제약될 수 있으므로, 결합제약이 있다고 해서 곧 파생접사로 규정되는 것은 아니라고 한 바 있다.

려 구태여'의 의미로 어기와 상당히 다르지만, '곧게'는 '삐뚤어지지 않고 똑바르게', '굳게'는 '무르지 않고 단단하게'의 의미로 각각 '곧다', '굳다'와 크게 다르지 않다.

(22) 가. 철수는 영이의 말을 {곧이, *곧게} 들었다.

　　　나. 선을 {*곧이, 곧게} 그어라.

　　　다. {굳이, *굳게} 가겠다면 보내 주마.

　　　라. 오늘의 맹서를 저버리지 않기로 {*굳이, 굳게} 다짐하였다.

　영어에서도 비슷한 양상이 있다. '형용사+ly' 형식은, 대체로 "형용사와 같은 방식으로"(e.g. careful-ly, hasti-ly etc.)나 "형용사와 같은 정도로"(extremely, surprisingly etc.)로 환언되지만, 많은 'ly' 부사들이 이런 종류의 의미를 가지지 않는다. 즉 다른 의미로 쓰이는 것들도 많다. 이에 형용사와 부사 사이에 간단하면서 규칙적인 의미관계는 없다고 Huddleston & Pullum(2002: 565)은 기술한다.

(23) 가. a. their final performance

　　　　　b. They finally left.

　　　나. a. the individual members

　　　　　b. We must examine them individually.

　그런데 한국어의 '이' 부사는 어기의 의미에서 그다지 멀어지지 않은 경우가 절대적으로 다수이다. 다음은 '이'가 결합하는 조건별로 나열한 것이다.

(24) 가. 각별히, 다분히, 다행히, 당연히, 불행히, 자세히, 조용히, 지극히 등

　　나. 난데없이, 느닷없이, 소용없이, 손색없이, 쓸데없이, 쓸모없이, 아랑곳없이, 어이없이, 염치없이, 틀림없이, 한량없이, 한없이, 형편없이, 빈틈없이, 빠짐없이, 두서없이, 가뭇없이, 거침없이, 꾸밈없이, 정처없이 등

　　다. 표독스레, 가증스레, 미련스레, 영악스레, 변덕스레, 소란스레 등

　　라. 가까이, 가벼이, 까다로이, 날카로이, 남부끄러이, 너그러이, 외로이, 평화로이 등

　　마. 악착같이, 하나같이, 한결같이

　(24가)는 'X하다', (나)는 'X없다', (다)는 'X스럽다', (라)는 접사 '압/업'이 붙어 형성된 형용사, (마)는 'X같다'에서 온 부사들 중 일부를 보인 것이다. 이들 중에 '다행히'처럼 화행부사의 용법이 발달한 것이 있을 수는 있으나, 의미는 어기에서 크게 달라지지 않았다. 즉 대부분이 '형용사와 같은 방식이나 정도로'의 의미를 가진다.

　'게'형은 어기에서 의미가 멀어진 것이 거의 없다. 『표준국어대사전』에 등재되어 있는 '게'로 끝나는 부사도, 의태어를 제외하고는[8] '아주 몹시'의 의미로 쓰이는 '되게'가 유일하다. 이 외에 구어에서 '아주'의 의미로 쓰이는 '겁나게', '자주'의 의미로 쓰이는 '뻔질나게' 등이 있지만, 이런 종류를 끌어모은다 하더라도, '이'나 '게'의 의미적 기여

---

[8] 의태부사로는 '물이-못나게: 부득부득 조르는 모양 ; 불풍-나게: 매우 잦고도 바쁘게 드나드는 모양 ; 생게-망게: 하는 행동이나 말이 갑작스럽고 터무니없는 모양 ; 웅게-웅게: 조금 큰 것들이 무질서하게 많이 모여 있는 모양' 등이 있다.

를 비정규적이라고 할 만큼은 되지 못한다. 즉 '이'나 '게'는 부사화라는 파생의 기능을 가지면서, 굴절의 특징인 의미 정규성을 보이는 어미인 것이다.

한국어의 '이'나 '게'의 의미 정규성은, 다른 파생접사와 비교하면 잘 드러난다. 한 예로, 동사에서 명사를 파생시키는 접사 '이'만 하더라도, 아래에서 보듯이 '사건 ; 도구 ; 사람' 등 추가하는 의미가 단일하지 않다. 즉 예측하기 어려운 의미 부분이 있다.

(25) '이' 파생 명사

　① 봄맞이, 털갈이: -하는 행위 또는 사건

　② 재떨이, 목걸이, 옷걸이: -하는 물건, 도구

　③ 구두닦이: 구두 닦는 일을 전문적으로 하는 사람,

　　총잡이: 총을 잘 쏘는 사람 (이상, 송철의 1990: 129~130)

그렇다면, 형용사 어기의 의미와 달라졌거나, '게'형과는 의미 차이가 있는 '이'형은 어떻게 보아야 할까. 어미가 아닌 접사가 붙은 것일까. 독자적인 의미는 어휘화의 증거일 수는 있지만, 파생의 결과라거나 굴절형은 아니라는 주장의 근거는 아니다. 어기와의 의미 차이는 공시적으로 '굳-, 길-'에 '이'를 결합하는 방식으로 쓰이기보다 통째로 저장되어 있을 가능성을 시사할 뿐, '이'의 자격에 대해서는 알려주는 바가 없다.

가능한 가정으로는 먼저, 역사성의 차이를 생각할 수 있다. '이'형이 고형이므로 의미 변화를 겪을 기회가 상대적으로 많았으리라고 보는 것이다. 15세기 이후 '이'형은 점차 그 쓰임이 줄고 '게'형이 분포를 넓혀 갔다는 사실은 잘 알려져 있다.[9] 따라서 '게'형이 '이'형을 대체하면서 '이'형은 특수한 의미로 좁혀지거나, 혹은 '게'형이 '이'형이 가지지 않는 의미를 담당하는 방향으로 쓰이기 시작했을 가능성이 있다.[10] 유사한 기능에 복수의 언어형식이 존재하는 경우, 이런 식의 변화와 공존은 흔한 일이다.

어기와 다른 의미가 발달하는 것 자체를 자연스러운 일로 볼 여지도 있다. '이'는 형용사를 부사로 쓰이게 하는 장치이다. 따라서 어떤 면으로는 '이'형이 파생어의 속성을 보이는 것이 당연하다. 부사라는 범주의 의미 기능에 부합하도록 형용사의 의미와 부분적으로 달라지는 일은 충분히 가능한 가정이다. 형용사와 부사의 기능 차이에서 비롯한 의미 차이가 있을 수 있기 때문이다. 많은 언어에서 형용사와 부사 간의 상관관계가 포착되지만, 실제로 형용사로서 많이 쓰이는 의미의 종류와 부사로서 많이 쓰이는 의미의 종류가 다르다.

부사의 의미적 기여와 형용사의 의미적 기여가 꽤 다름은, 고빈도의 부사와 형용사를 대조하면 드러난다. 영어의 예이기는 하지만, Payne et al.(2010: 66~72)은 텍스트에서 가장 고빈도로 나타나는 부사와 형용사의 의미유형을 제시한 바 있다. 다음은 고빈도 목록 중 일부로, 괄호 안은 빈도 순위를 나타낸다.

9 구본관(1996: 211~214)은 15세기 '이'는 대부분의 형용사에 결합할 수 있었고 생산성이 높았지만, 이런 높은 생산성은 15세기 이후부터는 차츰 낮아진다고 하였다. '이'는 일반적인 파생규칙이 가지는 여러 제약에서 자유로웠다고 할 수 있고, 이는 '이'가 15세기에 굴절어미로서 존재하고, 파생접미사로서의 '이'가 15세기에서 가까운 시기에 굴절어미에서 분리되어 왔다는 사실에 기인한다고 하였다. 그 전에 김종록(1989)에서도 15세기에 '게'형은 장형사동, 피동구문, 부정구문에 주로 사용되던 것이, 점차 부사형어미 '이'의 자리를 대신하게 되고 임진왜란을 전후한 시기에 이런 교체가 가속화되었다고 보았다.

10 분포를 나눠 맡는 경우로, '분명히 하다, 확실히 하다'와 같은 구성에서의 '이'형을 들 수 있다. 이 환경에서는 '게'형이 잘 못 쓰인다.

(26) 영어에서 핵심 부사의 의미유형

  초점: also(1), just(2), only(3), even(6)…

  정도: very(4), well(5), how(7), too(9)…

  상: still(8), yet(19), already(21)

  연쇄 순서: again(9)

  연결사: however(11), therefore(28)…

  빈도: never(12), always(14), often(17)

  (이하 생략)

(27) 영어에서 핵심 형용사의 의미유형

  가치: good(1), nice(8), great(15), alright(16), bad(20)

  유사성: other(2), different(12)

  순서: first(3), last(5), next(9)…

  차원: little(6), big(10), long(18)…

  나이: new(7), old(11), young(34)

  인간적 성향: sure(13), sorry(14), able(18), happy(35)

  (이하 생략)

부사는 '초점, 정도, 상' 등이 고빈도로 쓰인다면, 형용사는 '가치, 유사성, 차원, 나이' 등으로 종류가 아주 다르다. 이는 부사를 통해 표현하는 의미의 종류와 형용사를 통해 표현하는 의미의 종류가 아주 같지는 않음을 시사한다. 게다가 가장 높은 빈도의 부사들은 'ly'가 붙어 형성된 것들이 아니다.

이런 상황을 고려하면, 형용사 중에서도 '이' 결합형이 안 만들어지는 경우나 '이' 결합형 중 일부가 독자적인 의미를 가지도록 발전하는 일은, 부사라는 단어부류의 기능과 소임에 따른 자연스러운 결과로 볼 여지가 생긴다. 상당수의 부사가 형용사에서 만들어지고 그렇게 만들어진 부사가 모두 형용사로 쓰일 때의 의미와 크게 다르지 않다면, 부사라는 품사가 따로 존재해야 할 이유가 없을 것이다.

11.2.3. 단어부류의 변화를 동반하는, 부사형 전성어미

'이'형을 대체하는 '게'형

현대국어에서 '이'는 새로이 부사를 파생하는 힘이 거의 없다. '이' 부사의 생산성은 중세국어 이후 점차 약화된 것으로 추정된다. 일례로 단일형태소 어간의 형용사에서 파생된 중세국어의 '이' 부사 중에는 현대국어에서 쓰이지 않는 것들이 많으며, 중세국어 이후에 새로 추가된 '이' 부사가 많지도 않다(송철의 1990: 240~241).

(28) 현대국어에서 쓰이지 않는 중세국어의 부사 일부 (송철의 1990: 241)

믄기, 불기, 느지, 구지, 고비, 조비, ᄀᆞ느리, 거츠리, 드므리, 어디리, 모디리, 뎔이(短), 키, 어두이

그렇다면 다른 무언가가 '이'의 기능을 떠안았을 것으로 추정할 수 있다. 이것이 바로 '게'이다. '게'는 대부분의 형용사에 결합한다. '이' 부사를 가지지 않은 형용사에도 결합할 뿐 아니라, '이' 부사가 존재하는 형용사에도 결합한다. 그리고 '이' 부사와 '게'형이 공존하는 경우, 대체로 '게'형의 출현 빈도가 훨씬 높다. '이' 부사가 '게'형보다 고빈도로 쓰이는 단어는 극히 일부에 불과하다.

다음은 '모두의 말뭉치' 중 일상 대화 말뭉치에서 '이' 부사와 '게' 부사형의 빈도를 검색한 결과이다. 세종 형태분석 말뭉치에서 '게' 부사형을 검색하고 50회 이상 출현하는 것만을 추린 후, 이를 다시 모두의 말뭉치에서 검색하였다. 괄호 안의 앞의 수치가 '이'형이고, 뒤의 수치가 '게'형이다.

먼저, '이' 부사가 『표준국어대사전』에 등재되어 있는데도 실제 쓰인 예가 하나도 검색되지 않고, '게'형만 검색되는 단어들이다.

(29) '게'형만 검색되는 예

이상하게(0/383), 비슷하게(0/274),[11] 시원하게(0/132), 따뜻하게(0/122), 심각하게(0/80), 화려하게(0/26), 단호하게(0/25), 강력하게(0/22), 밀접하게(0/22), 풍부하게(0/16), 냉정하게(0/10), 느긋하게(0/10), 침착하게(0/10), 극명하게(0/8), 어색하게(0/8), 치밀하게(0/8), 민감하게(0/6), 성급하게(0/6), 불안하게(0/6), 신속하게(0/4), 집요하게(0/4), 공정하게(0/4), 다급하게(0/2), 요란하게(0/2), 명료하게(0/2)

물론, '게'형이 모두 '이'형으로 대체되지는 않는다. '게' 부사형의 의미나 기능 범위가 훨씬 넓기 때문이다. 검색된 문례를 전수 조사하지는 않았으므로, 이를테면 '게 되다, 게 만들다, 게 생기다' 등이 빈도수에 포함되었을 수 있다.[12] 게다가 '이' 부사는 어휘화되어 어기와

---

11 『표준국어대사전』에서 '비슷이'는 "비교가 되는 대상과 어느 정도 일치되지만 다소 미흡한 면이 있게."로 풀이된다. "자포자기가 된 꼴로 하소연 비슷이 넋두리를 하곤 했다."와 같은 예에서 쓰이는데, 일상 대화에서는 "자랑 비슷하게", "허풍 비슷하게" 등으로 더 쓰인다.

의 의미에서 멀어진 예도 '게'형보다 많다. 요컨대 '게'형의 압도적인 고빈도는, 이런 여러 요인이 반영된 결과일 수 있다.

그러나 '이' 부사를 쓸 만한 자리에 '게'형을 선호하는 경향도 분명히 관찰된다. 아래는 '이' 부사가 있음에도 '게'형이 압도적으로 선호되는 단어가 쓰인 예이다. 이들은 '이' 부사로 바꾸어도 크게 의미 차이가 나지는 않는다.

(30) 가. 왜 잘 못 먹는지 되게 <u>이상하게</u> 생각하더라고요.
　　 나. 속을 <u>따뜻하게</u> 풀어 줄 수 있는 오뎅이 정말 인기야.
　　 다. 한 손님이 굉장히 <u>심각하게</u> 걸어오십니다.
　　 라. 들어 볼 생각 없다고 아무리 <u>단호하게</u> 말해도 소용없었다.

그렇다면 혹시 '이' 부사와 함께 쓰일 수 있는 후행 술어가 제한적이어서 '게'형이 선호된 것은 아닌가. '이' 부사 중에는 공기하는 술어가 극히 제한되는 것들이 있다. 일례로 '슬피'는 세종 코퍼스에서 27회 검색되는데, '울다' 앞이 26회, '울부짖다' 앞이 1회이다. 따라서 '울다' 이외의 술어 앞에서는 '슬프게'가 쓰일 것이다. 이처럼 후행 술어가 극히 제한되는 '이' 부사가 있다. 그러나 위의 (30)의 '게' 부사 자리에 올 만한 '이' 부사들은 이만큼 제약적이지는 않다.

아래는 세종 코퍼스에서 '이' 부사가 쓰인 예를 가져온 것인데, 위의 (30)과 최대한 비슷한 술어가 후행하는 것들이다. 이런 예들을 보면, '게'형이 '이' 부사의 자리로까지 확장된 것은 분명하다.

12　세종 코퍼스에서 상위 빈도의 '게'형을 추출할 때는, 이런 구성의 '게'는 제외하였다.

(31) 가. 처음에는 온 식구가 <u>이상히</u> 생각하다가 나중에는 걱정하기
    시작했다.

나. 네 가슴 <u>따뜻이</u> 데우던 온기 역시 사라졌다.

다. 북한의 핵 문제를 <u>심각히</u> 인식하고 있다.

라. 웃기만 하고 말을 <u>시원히</u> 안 하던 것을 생각하면

마. 의탁할 수 없다면 <u>단호히</u> 거절했다.

다음은, '이' 부사에 비해 '게'형이 (32)는 압도적으로 고빈도로 쓰이는 단어들이고, (33)은 이보다는 빈도 차이가 적지만 상대적으로 높은 빈도로 쓰이는 단어들이다.

(32) '게'형이 압도적으로 고빈도로 쓰이는 예

친절하게(2/118), 간단하게(28/354), 편안하게(8/190), 차분하게
(6/42), 급격하게(6/48), 성실하게(8/46), 완벽하게(8/72), 활발
하게(14/72), 당당하게(6/64), 생생하게(6/30), 엄격하게(2/26),
선명하게(2/26), 소중하게(12/68), 막연하게(46/168), 뚜렷하게
(9/42), 간략하게(2/18), 훌륭하게(2/10), 튼튼하게(2/8), 교묘하
게(2/8), 단순하게(88/250)

(33) '게'형이 상대적인 고빈도로 쓰이는 예

정확하게(242/347), 철저하게(30/82), 명확하게(12/40), 적절하
게(10/24), 과감하게(14/31), 절실하게(16/24), 철저하게(30/82)

이 중에서 빈도 차이가 10배 이상 나는 '친절하게, 간단하게, 편안
하게'의 예를 보이면 다음과 같다. 이들은 모두 '친절히, 간단히, 편안

히'로 바꾸어도 의미 차이가 나지 않는다.

(34) 가. 굉장히 친절하게 설명을 잘해 주셨습니다.

나. 간단하게 마실 수 있는 음료를 주문하고

다. 노후를 편안하게 살 수 있는 그런 직업을 원하셔 가지고

'게'형은 '이' 부사가 없는 형용사에도 결합한다. 다음이 그런 단어들이다. 어떤 이유로 '이' 파생부사가 안 만들어졌는지, 혹은 만들어졌지만 잘 안 쓰였는지는 알 수 없다.

(35) '이'형 없는 '게'형

진지하게(0/84), 다양하게(0/328), 복잡하게(0/12), 유일하게(0/112), 불가피하게(0/10), 광범위하게(0/8), 적나라하게(0/8), 순수하게(0/38), 평등하게(0/10), 정직하게(0/18), 행복하게(0/236)

'게'형이 고빈도로 쓰인 단어들과는 달리, '이' 부사가 고빈도인 단어들도 있다. 다음이 그런 단어이다.

(36) '이'형이 고빈도인 예

솔직히(3908/123), 당연히(1166/35), 확실히(1134/156), 분명히(579/26), 완전히(587/14), 자세히(208/86), 충실히(26/6)

이 중에서 압도적으로 고빈도인 '솔직히, 당연히, 확실히, 분명히'는 '게'형과는 구별되는 용법이 있는 것들이다. '솔직히'는 '솔직히 말해'처럼 화행의 문장부사로 많이 쓰인다. (37가)가 그런 예인데, 이런

용법에서는 '게'형이 거의 쓰이지 않는다. 반면에 (나)의 '솔직하게' 자리에는 '솔직히'도 가능하다.

(37) 가. <u>솔직히</u> 돈은 중요하지 않아요, 저한테는.
　　　나. 각자 원하는 바를 <u>솔직하게</u> 말하면 더 좋을 것 같아.

'당연히, 확실히, 분명히'는, 영어의 'certainly, evidently, definitely'가 그런 것처럼, 양태의 문장부사이다. 문장부사는 후속 명제가 부정문으로 바뀌어도 그 작용역에 들지 않는 특징을 공유한다. 일례로 (38가)를 "당연히 닮고 싶은 사람은 아빠가 아니겠지"로 바꾸어도 '당연히'는 부정되지 않는다.

(38) 가. 당연히 [닮고 싶은 사람은 아빠겠지].
　　　나. 당연히 [닮고 싶은 사람은 아빠가 아니겠지].

'확실히'나 '분명히'도 마찬가지이다. (39가)를 (나)처럼 부정문으로 바꾸어도 '확실히'는 부정되지 않는다. 이런 양태부사는 주로 성분부사로 쓰이는 '게'형으로 대체되기 어렵고, 따라서 '게'와는 구별되어 쓰일 수밖에 없다.

(39) 가. 확실히 [보는 맛은 있겠다].
　　　나. 확실히 [보는 맛은 없겠다].
　　　다. 분명히 [고가 제품이면 만족을 하실 것이다].
　　　라. 분명히 [고가 제품이면 만족하지 않으실 것이다].

반면에, '당연하게, 확실하게, 분명하게'는 뒤의 명제 전체가 아니라 후행하는 동사구만을 수식한다. 따라서 "당연하게 생각하지 않았다.", "확실하게 짜지 않았다.", "분명하게 표명을 하지 않았다."에서 '게'형은 부정의 작용역에 드는 해석이 가능하다. 즉 '당연시하지 않았다, 불확실하게 짰다, 불분명하게 표명했다'로 해석될 수 있다.

(40) 가. 도움받는 것 너무 [당연하게 생각하지 않고]

　　나. 계획을 [확실하게 짜지 않고] 가 보고 싶긴 해

　　다. 입장을 [분명하게 표명하지 않았는데도] 왜

'완전히'의 압도적인 고빈도도 '완전하게'와의 의미 차이에서 비롯된 것으로 보인다. '완전히'는 영어의 'completely'처럼 뒤의 말을 강조함으로써 정도를 드러낸다. 그래서 '완전히 예쁘다, 완전히 다르다'처럼 쓰이고 이런 환경에서 '*완전하게 예쁘다, *완전하게 다르다'로는 쓰이지 않는다. 마찬가지로 (41가)의 '완전히'와 (나)의 '완전하게' 모두, 서로 대체하면 어색해진다.

(41) 가. 호출을 하셨는데 저희가 {완전히, *완전하게} 무시했죠.

　　나. 이래 부족한 사람도 사랑은 {완전하게, *완전히} 할 수 있다.

이 외에, '자세히, 충실히'도 '게'형보다 빈도가 높은데, 의미 차이는 크지 않은 듯하다. (42가)와 (나) 사이, (다)와 (라) 사이는 대체해도 큰 차이가 없어 보인다.

(42) 가. 그래서 탈퇴를 원하는데 어떻게 될지는 저도 자세히는 모르

겠어요.

나. 꿈이 어떤 건지는 <u>자세하게</u> 말하지는 않은 것 같아.

다. 하루하루를 조금 더 <u>충실히</u> 살아가고 싶어서.

라. 재미있고 조금 <u>충실하게</u> 보내려고 노력하는 편입니다.

지금까지 살펴본 것만 보아도 '게'형이 '이' 부사의 영역으로까지 얼마나 확장했는지를 짐작할 수 있다. 양태부사나 화행부사처럼 특유의 용법을 가지는 경우를 제외하고는, 전반적으로 '게' 부사형으로의 대체가 가능하고, 실제로 일상 대화에서는 '게'형이 훨씬 높은 빈도로 사용되고 있음이 확인되는 것이다. '게'형이 부사처럼 쓰이는 일이 많다는 사실은, 뒤에 '도'가 붙어 문장부사로 쓰이는 데서도 확인된다. 이는 이어서 살펴본다.

문장부사로서의 '게도'형[13]

앞에서 '당연히, 확실히, 분명히' 등 양태의 문장부사를 언급하면서 '게'형은 이들과는 달리 명제 전체가 아니라 후행 동사구를 수식한다고 하였다. 그런데 이런 '게'형에 보조사 '도'가 붙으면 문장부사처럼 쓰인다.

'게도'가 문장부사로 온전히 인정된 적은 없지만, '게'에 '도'를 결합하면 문장부사처럼 행동한다는 지적은 간헐적으로 있어 왔다. 먼저, 심재기(1982: 429)에서 '게'형에 '도'가 결합되면 '이' 파생부사와 비슷하게 기능을 한다고 하였다. 이를 송철의(1990: 262~263)에서도 수용하여, '이' 부사와는 달리 '게'형은 서술성이 있기에 문장부사로 잘 쓰

---

13 이 부분은 문숙영(2019ㄱ: 21~26)의 내용으로, 일부 순서와 표현만 바꾸었다.

이지 못하는데, 여기에 '도'가 붙으면 어느 정도 문장부사로서 기능할 수 있다고 하였다.

이렇듯 일찍부터 '게도'형의 문장부사의 가능성은 포착되었지만 본격적인 논의로 이어지지는 않았다. 이후의 언급도 각주에서 짧게 이루어지고, 부사 대신에 부사어로 명명되기도 하였다. 김종명·박만규(2001: 57)는 각주에서 '게(도)'형에 붙는 '도'는 수의적 요소이지만 '도'가 붙으면 문장부사어로의 기능이 한층 더 자연스러워진다고 하였다. 신서인(2014: 113)도 각주를 통해, 영어의 'cleverly, wisely, kindly'에 해당하는, 한국어의 참여자 중심의 평가부사는, '친절하게도, 운 좋게도'처럼 주로 '게도' 형태의 부사어로 실현된다고 하였다.

먼저, '게도'형이 복문을 구성하는지, 아니면 부사로 볼 수 있는지를 살펴보자. 김종명·박만규(2001: 60~68)에서는 이를 문장부사가 아닌 복문 구성으로 본다. '게도'에 결합된 형용사가, 주어를 제외하고는 자신의 본래 격틀을 대개 유지할 수 있다는 이유에서이다. 일례로 "(나에게는 아주) 다행스럽게도, 철수가 오지 않았다."의 경우 '다행스럽게' 앞에는 'N-에게'가 올 수 있다는 것이다. 그런데 코퍼스에서 '게도'형을 검색하면 논항 없이 쓰인 예들이 대부분이다.

일례로 '놀랍게도'를 검색해 보았다. 검색된 96개의 문례 중에서, 절 첫머리에 위치하는 것은 69개가 발견된다. 모두 접속사, 연결어미 및 연결어미 상당 구성 다음에 '놀랍게도'가 오는 경우이다. (43가)는 접속사 다음에 쓰인 예이고 (나)는 연결어미 다음에 쓰인 예이다. 이처럼 절 초두에 쓰인 예가 다수라는 것은 '놀랍게도'의 논항이 선행하는 예가 별로 없음을 보여 준다.

(43) 가. 이름을 지었을 뿐이다. 그런데 놀랍게도 검은색의 백조가 오

스트레일리아에서 발견되었던 것이다.

　나. 추리소설이나 읽을까 하고 두리번거리고 있는데, <u>놀랍게도</u>
　　한 달 전에 낸 내 책이 거기에 진열되어 있지 않은가.

　절 초두 외에, '놀랍게도' 앞에 '은/는' 성분이 오는 예가 20회 검색
된다. 그런데 이때 '은/는'은 (44가)에서 보듯이 '놀랍게'의 논항이 아
니라, 후행 주절의 논항이다. '놀랍게도' 앞에 (나)처럼 '이/가'나 (다)
처럼 '에/에서' 성분이 오는 경우도 마찬가지이다. 모두 '놀랍게도'가
아닌, 주절의 논항이다.

(44) 가. 멍청한 <u>주술은</u> 놀랍게도 늘 효험이 있지 않은가.
　　나. 흥미있는 것은 서로 다른 생물 속에 들어 있는 이들 원소의
　　　<u>상대적인 비율이</u> 놀랍게도 일정하다는 것이다.
　　다. 그런데 그 <u>시궁창 속에</u> 놀랍게도 나비 한 마리가 빠져 있는
　　　것이었다.

　이런 예들을 보면 '게도'형이 실제로 격틀을 유지하거나 드러내는
형식으로는 잘 쓰이지 않음을 알 수 있다. 게다가 "나에게는 다행스
럽게도"처럼 '에게' 논항이 온다고 해서 부사로서의 가능성이 아주 사
라지는 것도 아니다. 영어의 'fortunately for him', 'luckily for her'나
한국어의 '와 같이', '와 달리'처럼 부사가 논항을 취하는 일이 있기 때
문이다.
　다음은, '게도'를 문장부사로 보아야 하는 근거를 살펴보자. 첫째,
'게'형과 '게도'형이 성분부사와 문장부사로 비교적 분명하게 구별되
는 경우가 있다. 아래 (45가)의 '우연하게'는 성분부사로서, 동일한 의

미로는 '우연하게도'가 쓰일 수 없다.**14** 반면에 (나)의 '우연하게도'는 문장부사로서 이 자리에 '우연하게'가 오면 다소 어색해진다.

(45) 가. 이 사진은 {우연하게/'우연하게도} 찍은 것이다.

　　 나. {우연하게도/'우연하게} 토요일에도 그 선배가 지나갔다.

이런 사실은 부정문을 만들어 보면 분명해진다. (46가)는 '우연하게'가 부정의 작용역에 포함된다. 그러나 (나)는 '우연하게도'가 부정의 작용역 안에 들지 않는다. 토요일에도 그 선배가 지나가지 않은 것이 우연한 일로 해석되는 것이다.

(46) 가. 이 사진은 우연하게 찍은 것이 아니다.

　　 나. 우연하게도 토요일에도 그 선배가 지나가지 않았다.

물론 상당수의 경우 '도' 없는 '게'형만으로도 문장부사의 해석이 가능하다. (47가)에서 '아쉽게' 다음에 휴지를 좀 두면 문장부사로 해석될 수 있다. 이는 부정문으로 바꾸어도 '아쉽게'가 작용역으로 들어가지 않는 데서 확인된다. '슬프게, 야속하게, 희한하게, 새삼스럽게, 공교롭게, 신통하게' 등도 다 그러하다. 따라서 문장부사로 쓰이는 데 '도'가 필요한 경우도 있지만, 필요 없는 경우도 꽤 있는 셈이다.

(47) 가. {아쉽게도/아쉽게} 회화 작품은 남아 있는 것이 거의 없었다.

---

14 물론 '는'과도 교체되는 '도'가 아닌 경우에 한한다. 이하의 논의에서 이런 '도'의 가능성은 모두 배제한다.

나. 그리고 둘이는 {아쉽게/아쉽게도} 헤어졌습니다.

　그러나 성분부사로 쓰인 '게'형을 '게도'로 바꾸면, 휴지와 같은 다른 장치의 도움 없이도 문장부사로 해석된다. '게'형의 잠재적인 중의성을 '게도'형이 해소해 주는 것이다. 이것이 '게도'를 문장부사로 인정하는 두 번째 근거이다.

　위의 (47나)에서 성분부사로 쓰인 '아쉽게'를 '아쉽게도'로 바꾸면 그 해석이 달라진다. 즉 헤어짐의 방법에서 헤어짐에 대한 화자의 평가로 바로 바뀌어 해석된다. '둘이는 아쉽게 헤어지지 않았습니다.'는 아쉽게 헤어진 것이 아니라 편하게 미련 없이 헤어졌다는 의미로의 해석이 가능하다. 그러나 '둘이는 아쉽게도 헤어지지 않았습니다.'는 화자는 둘의 헤어짐을 바라고 있는데 불만족스럽게도 이런 일은 벌어지지 않았다는 의미로 해석된다. 즉 '아쉽게도'가 부정의 작용역에 들지 않는다. '게도'형은 대체로 성분부사로 쓰이지는 않는다.

　경험적으로 문장부사를 의도할 때는 '게도'형을 쓴다는 것도, 근거가 된다. 이는, 예컨대 아래 A의 물음에 B가 어떻게 답할지를 생각해 보면 분명해진다. 이런 상황에서 '슬프게도, 아쉽게도'가 아닌, '슬프게, 아쉽게'를 쓰는 일은 거의 없을 것이다.

(48) A: 시험 결과 나왔어? 어떻게 됐어?
　　B: {슬프게도/*슬프게, 아쉽게도/*아쉽게} 떨어졌어.

(49) A: 결과 봤어? 왜? 떨어졌어?
　　B: 응. {슬프게도/*슬프게, 아쉽게도/*아쉽게}.

이상의 사실들은 '게도'가 문장부사로 쓰임을 충분히 뒷받침한다. '도' 없이 문장부사로 해석되는 경우가 있기는 하지만, 문장부사를 의도할 때는 대체로 '게도'형이 쓰이고, 무엇보다 '게도'형이 쓰이면 문장부사로의 해석이 우선한다는 점이 그러하다.

문장부사 파생에 특화된 형태소의 존재는 한국어에서만 발견되는 것은 아니다. '게'에 붙는 '도'처럼, 성분부사에 붙어 문장부사로 만들어 주는 형태소는 일본어에서도 발견된다. 아래의 'mo'가 그 예이다. (50가)의 'shinsetsu-ni'는 성분부사로서 (나)에서 보듯이 문두로 이동하면 좀 어색해진다. 그러나 (다)처럼 이 성분부사에 'mo'가 붙어 있으면 문두 위치가 자연스러워진다(Bisang 1998: 689~690).

(50) 가. Kare wa watashi no tegami ni shinsetsu-ni kotaete kureta.

　　　　　he TOP　　　　I POSS letter LOC kind-ADV answered

　　　　　'He answered my letter kindly.'

　　나. ?Shinsestsu-ni, kare wa watashi no tegami ni kotaete kureta.

　　　　　'He answered my letter kindly.'

　　다. Shinsetsu-ni mo kare wa watashi no tegami ni kotaete kureta.

　　　　　'Kindly, he answered my letter.'

문장부사의 파생에 쓰이는 접사는, 네덜란드어, 독일어, 스위스 독일어, 덴마크어, 스웨덴어에도 있다. 다만 이들 접미사인, 독일어 'erweise', 네덜란드어 'erwijs', 스웨덴어 'erwiis', 덴마크어/스웨덴어 'vis'는 어원이 동일하기에 통계적인 의의는 약하다.

이 외에 성분부사에 특별한 수식어를 덧붙임으로써 문장부사로 기능하게 하는 경우도 있다. 대표적으로 덴마크어에 'nok(enough에 해당)'을 덧붙이는 예가 이에 해당된다. 예컨대 성분부사 'venligt(friendly)' 뒤에 'nok'을 더하면 문장부사로 해석된다. 이런 데 활용되는 수식어는 '충분히(enough)'에 해당하는 단어가 주로 쓰인다(Bisang 1998).[15]

'게도'형이 문장부사로 쓰일 수 있다는 것은, '게'형이 '이'형에 비해 잘 쓰이지 못했던 문장부사 영역까지 '게'형이 장악하고 있음을 보이기에 충분하다. 이제, 남은 질문은 두 가지이다.

첫째, 이들이 수의적으로 교체되고 일상 대화에서는 주로 '게'형이 쓰인다는 사실은 무엇을 의미하는가. 이는 '이'형과 '게'형이 어떤 환경에서는 완전히 기능이 같으며, 따라서 이런 경우의 '게'형에 대해서도 '이'형과는 달리 서술성을 가진다고 전제할 이유가 없음을 시사한다. 적어도 서술성 여부가 둘 다 중요하지 않거나 둘 다 중요하다고 해야, 이런 넘나듦이 설명된다.

둘째, 상호 교체가 가능하지 않은 경우가 있다는 것 즉, '이'형과 '게'형 간의 의미 차이가 있다는 것이, 하나는 접사이고 다른 하나는 어미로 보아야 할 근거가 되는가. 그렇지 않다. 한국어의 어미는 동일 범주에 두 개 이상의 성원을 가지는 일이 흔하다. 명사형어미도 '음'과 '기'가 있으며, 관형사형어미도 '은'과 '을'이 있다. 이들은 서실법과 서상법의 차이로, 의미에 따라 복수 성원을 가지는 경우이다.

이와는 달리 역사적 변화에 의해 복수 성원이 구성되기도 하는데, '이'와 '게'가 그런 경우이다. 예전에 생산성을 가졌으나 이후 쇠퇴 일

---

15 다른 예로 영어의 'Oddly enough, John has already left.'도 들고 있다. 이 경우 'enough' 없이 부사만 쓰이면 부자연스럽게 들리기는 하지만, 보통 완전히 비문이라고 판단하지는 않는다. 이런 구성에서 'enough'의 의미는 완전히 사라진 것으로 본다.

로를 겪은 어미와, 이 과정에서 새로이 분포를 넓혀간 어미 사이의 공존인 것이다. 명사형어미 '음, 기'가 현대국어 특히 구어에서는 '은 것, 을 것'으로 대체되어 쓰이는 것도 비슷한 현상이다. 후대의 어미가 새롭게 분포를 확장하면서, 그 전대에 쓰이던 어미의 분포가 줄거나 서로 분포가 겹치는 일은, 즉 어미 간 세대교체나 공존은 한국어 문법에서는 낯선 일이 아니다.

서술성 여부

'이' 파생부사는 주어를 상정하기 어렵지만, '게' 부사형은 주어가 상정되는 것으로 기술되어 왔다. '이' 부사는 어휘화되었기 때문에 서술성이 유지되지 않고, '게' 부사형은 용언의 모양 바꿈에 불과하기 때문에 서술성이 유지된다고 보는 것이다.

대표적으로, 송철의(1990: 261~262)에서는 '게' 부사형이 허용되지 않는 경우는, 주어를 상정할 수 없을 없을 때라고 하였다. (51가)는 '영이'나 '잘못'이 '마음속 깊게'의 주어로 상정될 수 없고, (나)는 '비행기'가 '하늘 높게'의 주어로 상정될 수 없다는 것이다.

(51) 가. 영이가 자기의 잘못을 {마음속 깊이, *마음속 깊게} 뉘우쳤다.
　　 나. 비행기가 {하늘 높이, *하늘 높게} 떠 있다.

그런데 '게' 부사형이라고 해서 주어 상정이 늘 가능한 것이 아니다. 다음의 예는 주어의 상정이 꽤 까다롭다.

(52) 가. 석훈은 진우의 어깨를 가볍게 톡 건드렸다.
　　 나. 공포로 수혜의 가슴은 세차게 방망이질 치기 시작했다.

다. "순두부요." 수혜는 메뉴판을 한번 쳐다보는 척하며 <u>짧게</u> 말했다.

(52가)의 '가볍게'의 주어는 '석훈'도 '진우의 어깨'도 아니다. 굳이 찾자면 '석훈의 건드림의 강도' 정도가 될 것이다. (나)의 '세차게'의 주어는 '수혜의 가슴'이기 어렵고, '가슴이 뛰는 강도' 정도가 될 것이다. (다)의 '짧게'의 주어도 '수혜'가 아니며, '수혜의 주문, 주문하는 말' 정도가 될 것이다.

그럼 찾아낸 주어들을 '게'형 앞에 드러내 보자. 아마도 주어 상정 가능성이란 이런 방식의 주어 실현을 '이'형은 불허하지만, '게'형은 허용한다는 의미일 것이다.[16] (53가), (나)는 흔히 쓰이지는 않지만 허용할 정도는 되고 (다)는 꽤 어색하다.

(53) 가. 석훈은 진우의 어깨를 [강도가 <u>가볍게</u>] 톡 건드렸다.

나. 두려움과 공포로 수혜의 가슴은 [뛰는 정도가 <u>세차게</u>] 방망이질 치기 시작했다.

다. "순두부요." 수혜는 메뉴판을 쳐다보는 척하며 [[?]주문/말이 <u>짧게</u>] 말했다.

반면에 '이'형은 (54)에서 보듯이 주어가 드러나면 매우 어색해진다.

---

16 구문에 주어가 실현될 수 있느냐 여부가 아니라, 기저에 상정할 수 있는가 여부가 아닌가를 물을 수 있다. 만약 후자라면 [마음속 깊다]나 [하늘 높다]는 표면의 어미의 종류와는 무관하게 기저에는 주어를 상정할 수 있어야 하고, 그러면 서술성의 검증 도구가 될 수 없다. 사실 서술성 검증의 문제는 논의마다 그 방식이 조금씩 다른 것이 문제이기도 하다. 이에 대해서는 후고를 기약한다.

(54) 가. 석훈은 진우의 어깨를 {강도가 가볍게, *강도가 가벼이} 툭
　　　건드렸다.

　　나. 할머니는 늘 {먹을 것이 충분하게, *먹을 것이 충분히} 준비
　　　해 주셨어.

　그런데 '게'형 앞에서도 이런 식의 주어 표현이 어려울 때가 많다.
아래 (55가), (나)는 무엇이 가능한 주어인지부터 분명하지 않은데,
일단 가능한 대로 넣어 보면 어색해진다. 반면에 (다)는 '이'형 앞인데
도 주어의 상정이 가능하다. 서술성 여부는 이처럼 '이'냐 '게'냐의 문
제로 갈리지 않는다.

(55) 가. 간단하게 마실 수 있는 음료를 주문하고
　　　→ {?먹는 방식이 간단하게} 마실 수 있는
　　나. 왜 잘 못 먹는지 이상하게 생각하더라고요.
　　　→ {*못 먹는 것이, *그 사람이 이상하게} 생각하더라고요.
　　다. 시간을 편안하게, 편안히 쓸 수 있는 직업을 원합니다.
　　　→ 시간을 {내가 편안하게, 내가 편안히} 쓸 수 있는 직업을
　　　원합니다.

　이상의 양상들은 근본적으로 왜 주어의 가능성이나 서술성 여부가
'이'형과 '게'형의 차이에 이토록 중요하게 다루어지는가를 묻게 한다.
주어의 상정 가능성과 무관하게, 문장에서의 기능이나 의미적 기여
는 결코 달라 보이지 않기 때문이다.
　늘 서술성이 전제되어 온 '게'형과는 달리, '이'형은 서술성을 가질
수 있는가 자체가 쟁점이 되어 왔다. 논항을 취하는 '달리, 없이' 등

이 그 대상인데, 어미로 보는 입장에서는 형용사 어기가 논항을 취하는 것으로, 파생접사로 보는 입장에서는 '와 함께'처럼 부사가 논항을 취한 것으로 보는 등 입장이 갈려 왔다. 그러나 어느 쪽으로 보든, 접사/어미 판정에의 직접적인 증거는 못 된다. '달리'가 부사라고 해서 여기에 결합한 '이'가 접사라는 보장은 없기 때문이다.

그런데 이런 굳어진 어형 외에도, 형용사 어기가 논항을 가지는 것으로 보이는 예들이 있다. 우순조(2001: 142~144)는 '이'를 어미로 볼 수 있는 근거로, 내부 논항을 취하는 다음과 같은 예를 든다.

(56) 가. 일꾼들은 [식욕도 왕성히] 음식들을 몽땅 먹어 치웠다.

　　나. 선수들은 [사기도 드높이] 교가를 부르며 트랙을 돌았다.

(56가)의 '식욕'이나 (나)의 '사기'가 후행 형용사의 내부 논항이라는 점은, 이들이 이동 시 분리되지 못하고 함께 움직여야 하는 데서도 알 수 있다. "*[식욕도] 일꾼들은 [왕성히] 음식들을"처럼은 쓰일 수 없고 "[식욕도 왕성히] 일꾼들은 음식들을"처럼 쓰이는 것이다. 이런 구성으로 쓰일 수 있는 'X-이'가 제한된 것도 아니므로, 이들은 '이'형이 서술성을 보이는 예라 할 만하다.

이 밖에 '이'를 어미로 볼 만한 근거로, 우순조(2001: 148~149)에서는 '이' 부사가 필수성분으로 쓰이는 예를 들면서, 이런 양상은 장형 사동인 '게 하다' 구성에 비견될 만하고, 이는 '이'와 '게'의 등가성을 보여 주는 한 측면이라고 하였다. 아래가 그중 일부인데, 이들 예에서 '이' 부사는 생략하면 문장이 성립하지 않는다.[17]

---

17 김건희(2006: 323)에서는 "피해자는 (표정도) 차분히 당시의 상황을 설명하였다."나

(57) 가. 찬성인지 반대인지 태도를 분명히 해라.

　　나. 모범이 될 만한 사람을 가까이해야 한다.

　　다. 경계를 철저히 하라.

'이'형이 '하다' 앞에서 필수적인 경우는 꽤 있다. 이 중 일부를, '이'형이 필요한 구문임이 드러나도록 목적어를 동반하여 제시한다.

(58) (사람을) 소중히 하다, (서비스를) 소홀히 하다, (관계를) 돈독히 하다, 기반을 공고히 하다, (마음을) 고요히 하다, (지적 재산을) 풍부히 하다, (속을) 튼튼히 하다, (나눔을) 똑같이 하다, (섬김을) 극진히 하다, (경비를) 굳건히 하다, (얼굴을) 단정히 하다, (이론을) 정교히 하다, (박스에 뚜껑을) 단단히 하다, (사실을) 명백히 하다, (눈동자를) 똑바로 하다, (자세를) 새로이 하다, (토지를) 균등히 하다, (국방을) 튼튼히 하다, (구실을) 톡톡히 하다, (형식은) 간단히 하다, (입안을) 청결히 하다, (머리를) 가지런히 하다, (지우기를) 철저히 하다, (모든 이론을) 가지런히 하다, (신뢰를) 두터이 하다 등

　　이들 구성에서 '이'형은 술어의 어휘 의미의 핵심을 담당한다. 예를 들어 "서비스를 소홀히 했다"와 같은 예에서, 술어는 '소홀히 하다'이

"신입사원은 보고를 마치고 (마음도) 홀가분히 회의실을 나왔다."와 같은 예에서, '이' 부사 앞의 내부 논항은 수의적인 성격을 보이므로, 이런 성격의 내부 논항을 취한다고 해서 어미와 동등한 지위를 가진다고는 할 수 없을 것이라고 하였다. 그러나 수의적 성분이라고 해서 '이'형의 성분이 아닌 것도 아니며, 무엇보다 성분의 수의성이 '이'의 어미적 지위와 무슨 상관이 있는지 알기 어렵다.

며 핵심적 의미는 '소홀히'에 있다. 합성동사가 아닌지를 물을 수 있고, 실제로 '가까이하다, 게을리하다'처럼 사전에 등재된 단어도 일부 있으나, 이 같은 구성을 전부 합성동사로 처리하기는 어렵다. '이'형 자리에 올 수 있는 어휘가 꽤 열려 있기 때문이다. 이런 구성의 존재는 '이'형이 서술성을 어느 정도는 간직할 수 있음을 보여 준다.

지금까지 '게'형이라고 해서 서술성이 보장되지 않으며, '이'형이라고 해서 서술성이 아주 배제되는 것은 아님을 살펴보았다. 그간 '게'형은 서술성이 있고 '이'형은 없음을 강조해 온 데는, 서술성이 있으면 용언에 어미가 결합한 형태이고, 서술성이 없으면 파생부사로 볼 수 있다는 전제가 작용해 왔다. 그러나 서술성이 없다고 해서 결합된 형식이 접사임을 보증하지 않는다. 어미가 결합한 형태가 부사로 굳어졌을 수도 있기 때문이다. 서술성을 확인하는 수단인 주어 상정 가능성은, '게'가 공시적으로 왕성한 결합력을 보이느냐 여부와 관련되는 것일 뿐, 어미/접사의 구분의 기제가 아니다.

'이'형을 대신하는 '게'형은 '이'형이 하던 것처럼 부사의 기능을 위해 쓰인 것이다. 단어부류의 변화는 일차적으로 어기의 원래 기능과는 상관없이 바뀐 단어부류로 기능하기 위해 이루어진다. 쉽게 말해, 영어에서 'ly' 부사가 어기인 형용사의 기능과 무관한 것처럼, 한국어의 '이'형이나 '게'형 부사도 어기인 동사성 형용사의 기능과는 무관하다.

그동안은 통사적 환경에 맞는 문법기능을 수행하기 위해 필수적으로 일어나는 형태 변화라는 사실보다, 결합 어기가 서술성을 가질 수 있는 부류라는 사실이 필요 이상으로 중시되어 온 듯하다. 동사성 형용사는 단독으로 술어 기능을 할 수 있음을 의미하는 것으로, 이런 형용사가 명사 수식어나 동사 수식어로 쓰일 때도 그 술어성이 반드시 유지되어야 함을 전제하는 것은 아니다.

파생도 겸하는 굴절, 부사형 전성어미

지금까지 '게'형과 '게도'형이 부사처럼 쓰이는 양상을 살펴보았다. 이들은 파생적 속성과 굴절적 속성을 모두 보이는 것이 특징인데, 이는 다음과 같이 정리된다.

- 굴절적 속성
- 어기의 제약이 없이 비교적 두루 결합한다.
- 어기의 의미가 대체로 유지된다.
- 부사화 기능 외에, 개체특이적인 의미가 대개 추가되지 않는다.

- 파생적 속성
- 문장에서 부사로 기능한다. 즉 원래 어기인 형용사로 쓰이는 것이 아니다.
- 주어를 상정하기 어려운 경우가 많다.
- '형용사 어간+게+도' 형은 문장부사로 쓰인다.
- '게도'형에서 어기의 논항이 실현되는 예는 별로 없다.
- '확실히, 솔직히' 등 특수 용법을 가지는 일부 '이' 부사를 제외하고는, '게'형의 사용이 선호되며, '이'형 부사가 비어 있는 자리는 대개 '게'형이 채운다.

'게'는 명사형어미 '음, 기'처럼 단어부류의 변화를 동반하는 어미로 기술되어야 한다. 이런 점에서 전통적인 전성어미라는 명명이 가장 적합하다.

아주 일찍부터 한국어 문법은 전성어미의 존재를 인정해 왔다. 그러나 전성어미의 역할에 대해서는 해당 문례에 한해 일시적으로 다른 단어부류로 기능하게 해 주는 장치일 뿐, 품사의 변화와는 본질적으로 다른 형태적 과정으로 간주해 왔다. 그래서 '이, 게, 음, 기'와 같은 전성어미와, 형태가 동일한 파생접사를 구분하는 데 많은 노력을 기울여 온 것이다. 그러나 이들을 다른 형태적 과정으로 보아야 할 이유는 없다.

한국어는 전성어미의 활약이 두드러질 수밖에 없는 언어이다. 한국어는 교착어이면서 동사성 형용사를 가졌다. 따라서 동사를 수식하는 부사로 쓰이려면 부사형어미가 결합하고, 영어의 형용사처럼 명사를 수식하는 관형어로 쓰이려면 관형사형어미가 결합하는 것이 가장 손쉽다. 그리고 이들은 어휘부에 저장된 형태로서가 아니라 공시적으로 어미 결합에 의해 만들어지고 쓰인 후에는 잊히는 방식으로 운용된다.

부사파생접사 '이', 명사파생접사 '음, 기'가 각각 당대의 부사형어미 및 명사형어미와 형태가 같다는 점은 우연한 것이기 어렵다. 15세기 부사파생접미사는 꽤 다양한데,[18] 이 중에서 형용사에 붙어 부사를 만들어 주는 것은 '이'가 거의 유일한 편이다.[19] 또한 명사파생접미사도 아주 다양하지만, 용언을 명사로 만드는 데 주로 쓰이는 것은

---

18 부사파생접사의 일부를 제시하면 다음과 같다. '곰, 내, 뎌, 라, 로, 록, 리, 마, 막, 사리, 소/소, ᄋ/오, 아/어, 아스로, 애₁, 애₂, 오/우(호/후), 오마, 욱, 으라, 이(첩어성 상징어 → 부사), 이₂(형용사 → 부사), 히, 혀'(구본관 1996: 191).

19 '자주(잦+우), 너무(넘+우), 도로(돌+오)' 등에 쓰이는 '오/우'가 있다. 이 '오/우'가 결합한 부사는 수가 많지 않은데, 결합어기에 대해서는 주로 동사에 결합한다는 견해와, 동사의 결합이 수적으로 형용사보다 약간 우세하다는 견해가 있다. 후자로는 이동석(2015: 130~131)이 있고, 아울러 선어말어미 '오' 역시 '이'와 마찬가지로 어미처럼 기능하는 경우가 있다고 하였다.

'음'과 '기'이다(8.1.1.참조).

어미/접사의 구분에 대한 지금까지의 논란은, 파생을 겸하는 굴절을 인정하면 상당 부분은 해소되는 것들이다. 그리고 단어부류의 변화를 동반하는 굴절은 세계 여러 언어에서 발견된다. '게'형은 그저 부사의 자격으로 쓰인 것부터 주어를 취하는 절의 자격으로 쓰인 것까지 다양할 수 있다고 보는 편이 합리적이고, 실제 양상도 그러하다.

부사냐 부사형이냐, 명사냐 명사형이냐 하는 구분은, 어휘화된 것을 골라내는 작업 외에는 크게 실리가 있어 보이지 않으며 현실적으로 가능하지도 않다. 오랫동안 쓰여 와서 부사나 명사로 굳어진 어휘들을 제외하면, 어휘화와 절 사이에 정도 차이를 보이는 다양한 양상이 존재하기 때문이다.[20] 계량적 연구가, 명사와 명사형, 부사와 부사형을 구분하지 않고 이루어지는 것은 모두 이런 현실을 보여 준다.

지금까지 부사와 부사형의 구분에 그토록 집중해 온 데는, 조사나 어미는 접사 즉 단어 형성의 일원으로 끌어들이기 어려웠던 사정도 있다. 대표적으로 '진실로'의 '로'는 조사임이 분명하고[21] 여러 논의에서 통사적 구성의 단어화로 기술한 바 있는데도, 학교문법에서는 여전히 접사로 분석되고 있다. 단어의 직접구성요소 중에서 의존적인 요소에 붙일 수 있는 이름은 '접사'밖에 없기 때문이다.

이런 상황은 굴절어인 유럽어 중심으로 문법 기술이 이루어져 온

---

20 그래서 중세국어의 '이'가 접사인지 어미인지 혹은 두 종류가 다 있는지, 마찬가지로 '음'과 '기'가 접사와 어미가 별도로 존재하는지 같은 것인지 등과 관련해서는 논쟁이 있지만 정확히는 알기 어렵다는 기술도 있어 왔다.

21 부사 중에서 명사에 조사가 결합해서 만들어진 상당수는, 부사격조사를 취한 형태들인데, 이는 우연한 일로만 보기 어렵다. 다른 의미를 추가하지 않고 부사로 기능하게 해 주는 형식으로는, 부사격조사가 최적의 수단이다. 이에 해당되는 예로는 '기왕에, 한숨에, 단번에, 단김에, 대번에, 뜻밖에, 한숨에, 대대로, 단번에, 대체로, 의외로, 진짜로, 참말로, 진실로, 때때로, 억지로, 통으로, 홑으로' 등이 있다.

데서 비롯된다. 유럽어의 전통에서는 의존적인 형식에 붙일 이름이 접사(suffix, afiix)나 첨사(particle) 외에는 없다. 이에 한국어의 조사나 어미도 모두 영어로는 첨사나 접사로 불려 왔다. 앞으로는 파생을 겸하는 전성어미가 있고 조사나 어미가 단어 형성에 참여할 수 있음이 적극적으로 인정됨으로써, 의존적 요소에 자동적으로 '접사'라는 이름을 주어 온 전통도 바뀔 필요가 있다.

11.3. 필수적 부사절[22]

부사절의 형태를 띤 절이 필수성분으로 쓰이는 경우가 있다. 일명 필수적 부사절이다. 필수적 부사절과 관련해서는, 수의적 성분인 부사류가 필수적일 수 있는지가 부담이 되어 왔다. 그러나 한국어 문법의 내적 질서로든, 한국어 밖 다른 언어의 사정을 고려하든, 이는 결코 문제가 되지 않는다.

먼저, 영어의 부사도 늘 수의적인 것은 아니다. 필수성분으로 쓰이는 일이 있다. Huddleston & Pullum(2002: 574)에서는 부사구가 대개 부가어로 기능하기는 하지만, 일부 동사와 전치사에는 보어로 기능한다고 하였다. 다음이 그 예이다.

(59) 가. you'll have [to word your reply very carefully.]

나. I didn't hear about it until recently

다. There's no way they can treat us except leniently.

---

22 이 부분은 문숙영(2019ㄱ: 43~46)에 바탕을 두고, 일부 추가하고 수정하였다.

'word, phrase, treat, behave' 등의 일부 동사는, 방식을 나타내는 구를 필요로 한다. 따라서 그 의무성으로 인해 보어로 볼 만하다. 이런 예들을 보면 부사류가 필수적인 성분으로 쓰이는 것은 크게 특이한 일이 아니다.

한국어에서의 필수적 부사어도 별로 특별할 것 없는 존재이다. 논항 중 하나가 부사어로 표현되는 동사는 아주 많기 때문이다. 일례로, 조사 '에'가 결합한 부사어만 하더라도 필수성분인 예는 얼마든지 찾을 수 있다. (60)의 '무대에, 기부 운동에, 수조 탱크에'는 각각 '올라오다, 참여하다, 차다'의 논항이다. 이들 '에' 성분이 빠지면 문장의 의미가 불완전해진다.

(60) 가. 출연 배우들이 <u>무대에</u> 올라와 인사를 한다.
　　　나. 내 친구들은 모두 <u>수입의 1% 기부 운동에</u> 참여하고 있다.
　　　다. <u>수조 탱크에</u> 물이 가득 찼다.

아래의 문장에서도 '에' 성분은 필수적이다. (61)의 '맥주에, 시대에, 하락기에, 수리에'는 각각 동사 '타다, 뒤떨어지다, 접어들다, 들어가다'의 논항이다.

(61) 가. 좀 덜 마셔 보려고 <u>맥주에</u> 탄산수를 탔다.
　　　나. <u>시대에</u> 뒤떨어질까 걱정이 많이 된다.
　　　다. 요즘 주가가 <u>하락기에</u> 접어들었다.
　　　라. 집이 낡아서 <u>수리에</u> 들어갔어요.

필수적 부사어가 있다면 당연히 필수적 부사절도 있으리라고 기대할 수 있다. 1.3.2.에서 기술한 것처럼, 문법부류와 문법기능을 분리하면 부사절이 논항 자리에 쓰이는 것이 전혀 문제가 되지 않는다. 한국어는 어미에 의해 문법부류가 결정되므로 연결어미가 결합한 절은 부사절(혹은 종속접속절)이 되는데, 이것이 문장 안에서 논항 자리에 쓰일 수도 있다고 보면 되기 때문이다.

10장에서 한국어의 종속접속절은 내포절로 보기는 어려우며, 따라서 성분절인 부사절과는 구별될 필요가 있다고 하였다. 그렇다면 필수적 부사절을 이끄는 어미는 따로 분리해 낼 수 있는가. 부사절만을 전담하는 어미는 없는 듯하다. 학교문법에서는 주로 '아, 게, 지, 고'를 부사형어미로 기술해 왔지만, 이들은 특정 환경에 쓰인 '아, 게, 지, 고'이지, 모든 '아, 게, 지, 고'를 염두에 둔 것이 아니다. 예를 들어 "바람이 들어오게 했다."에서의 '게'절은 부사절일 수 있어도 "바람이 들어오게 문 좀 열어 두어라."와 같은 예에서의 '게'절은 부사절보다는 종속접속절에 가깝다.

그러나 다른 연결어미에 비해 필수적 부사절에 자주 쓰이는 연결어미가 있는 것 같기는 하다. 유현경(2005)에서는 필수적인 부사절을 이끄는 부사형어미의 종류는 많지 않다고 하고, '게, 도록, 려고'외[23] "소일하며 지낸다"에서의 '며'나 "그러면 쓰나"에서의 '면', '관계없다, 무방하다' 앞에 오는 '어도', '옳다, 마땅하다' 앞에 오는 '어야', '괜찮다' 앞에 오는 '든지' 등을 든 바 있다. 이 중에서 '게, 도록, 려고'절을 취하는 예를 일부 보이면 다음과 같다.

---

[23] 이 외에 '다고, 자고, 라고, 냐고'도 부사형어미로 포함하고 있다. 이 책에서는 이들은 간접인용절의 어미이고, 이 간접인용절이 동사의 논항 자리에 쓰인 것으로 보기 때문에, 따로 언급하지 않는다.

- '게' 부사절: 비겁하게 여기다, 한글을 언문이라고 해서 낮게 쳤다, 체면을 중요하게 생각하다, 검게 변하다, 예쁘게 생기다, 인색하게 굴다 등
- '도록' 부사절: 수업을 듣도록 {강요당하다, 권고하다, 명령하다} 등, 물을 {가져오도록/가져오게} {시키다, 허용하다, 부추기다} 등
- '려고' 부사절: 결심하다, 궁리하다, 벼르다 등

이 중에서 '도록'절을 취하는 예들을 보자. 아래 예에서 '도록'절을 빼면 문장이 불완전해진다. 즉 '도록'절은 동사 '부추기다, 권하다'의 논항이다.

(62) 가. 그 사람에게 <u>다른 당에 입당하도록</u> 부추겼다.

　　나. 마을 사람들이 그에게 <u>며칠 마을에서 쉬어 가도록</u> 권했다.

그런데 이 '도록'절이 쓰인 자리에는, 다른 절도 쓰일 수 있다. (63)에서 보듯이 같은 자리에 명사절인 '기'절과 '을 것' 절이 올 수 있고, 간접인용절인 '라고'절도 올 수 있다. 이를 보면 '도록'절이 논항임이 더욱 확인되고, 명사절, 간접인용절, 부사절 모두 원칙적으로는 논항에 쓰일 수 있음을 방증한다.

(63) 가. 다른 당에 <u>입당하기를</u> 부추겼다.

　　나. 다른 당에 <u>입당할 것을</u> 부추겼다.

　　다. 다른 당에 <u>입당하라고</u> 부추겼다.

'려고'절도 비슷하다. (64)의 예에서 '려고'절을 삭제하면 문장이 불

완전해진다. 즉 동사 '몸부림치다'와 '애쓰다'의 논항이다.

> (64) 가. 그들은 세상을 미워하지 않으려고 몸부림쳤지만, 모든 게 쉽
> 지 않았다.
> 나. 조상들은 우리의 말과 글을 지키려고 애써 왔다.

그런데 필수적인 '려고'절이 쓰인 자리에는 동사에 따라 다른 어미가 쓰인 절이 오기도 한다. 다음은 '려고'절을 취하는 '애쓰다' 앞에 '도록'절과 '고자'절도 쓰일 수 있음을 보여 준다.

> (65) 가. 많은 사람에게 고루 혜택이 돌아가도록 애쓰고 있다.
> 나. 사회 전체를 바르게 파악하고자 애쓰고 있다.

유현경(2005)의 기술대로 '게, 도록, 려고'는 필수적인 부사절을 이끄는 대표적인 어미인 듯하다. 흥미롭게도 그간 [목적]과 [결과]의 어미로 불려 왔던 것들이다. 여기에 이동동사 앞에 붙는 '러'와, '려고, 도록' 자리에 간혹 허용되는 '고자'를 추가할 수 있다.

이들 절을 필수적으로 취하는 동사는 대체로 다음과 같다. 이들 중에서 특히 '고자' 뒤에는 '하다'가 절대 다수이지만(총 2240 중 1852), 아주 소수로 '노력하다' 등이 검색된다. '고자'가 문어체에서만 쓰이는 어미이기 때문이다.

> (66) 가. '러': '가다'와 '오다' 등의 이동동사
> 나. '려고': 노력하다, 애쓰다, 시도하다, 생각하다, 작정하다, 발
> 버둥 치다, 안간힘 쓰다, 작정하다, 준비하다' 등

다. '고자': 하다, 노력하다, 애쓰다, 힘쓰다

이들과는 달리 '도록'을 취하는 동사는 다양하다. 다만, 이들 모든 문례에서 '도록'이 필수성분의 역할을 하는 것도 아니고, '죽도록 힘쓰다'나 '손이 발이 되도록 빌다'처럼 [정도] 의미의 '도록'도 있다. 그렇지만 '결과'의 '도록'이 필수성분으로 기능하는 환경이 있는 것은 분명하다.

(67) 규정하다, 만들다, 노력하다, 유도하다, 만들다, 지시하다, 돕다, 요구하다, 주의하다, 강요하다, 촉구하다, 내버리다, 지도하다, 배려하다, 이끌다, 가르치다, 요청하다, 교육하다, 권하다, 준비하다, 조치하다, 힘쓰다, 명령하다, 설계하다, 계획하다, 설득하다, 꾸미다, 권고하다, 조처하다, 허락하다, 당부하다, 규제하다, 피하다, 빌다, 종용하다, 부추기다(빈도순)

석주연(2006)에 따르면 중세국어부터 현재까지 이어지는 '도록'의 의미는 [도급]이다. '세 시가 되도록 연락이 안 되고'와 같은 예에서의 '도록'이 그러하다. 이것이 근대국어를 거치면서 이 [도급]에서 문맥 조건에 의해 파생된 [정도]와 [결과]의 의미를 새로이 가지게 되었다고 한다. 이를 수용하면 현대국어 [결과]의 '도록'의 기원은 [도급]의 의미이다.

그런데 Schmidtke-Bode(2009: 191)에서는 목적이 'until'에 대당되는 시간 접속어에서 기원하는 언어로 코이라 치니어(Koyra Chiini)의 'hal'이 있다고 한 바 있다. 의미적으로 우리의 [도급]과 아주 유사하다. 이 글에서는 시간 접속어가 'so that'에 상당하는 의미로 확장할 때 '미래성'이 연결고리가 된 것 같다고 했지만, 우리의 '도록'의 사례를 보면 시간의 끝점에서 목적이나 결과로 은유적 확장이 일어난 것이 아닌가 한다.

언어유형적으로 목적절과 보어절(즉 논항 자리에 오는 절)의 밀접한 관계에 대한 증거는 풍부하다. Schmidtke-Bode(2009: 157~161)에 따르면, 아주 많은 언어에서, 목적절과 보어절이 부분적으로 겹친다. 보통, 목적 표지가 일부 보어절 유형에 쓰인다. 일례로 추투힐어(Tzutujil) 전치사 'ch(i)'('at, to, in order to')는 목적절을 이끄는데, 이것이 또한 보절자로 쓰이기도 한다.

(68) Tzutujil (Mayan: Guatemala; Dayley 1985: 383, 392)

가. *Xe7el*　　　[*chi*　　*quach'ejyiik*].
　　B3:PL.arrived **PURP**　our.being.hit
　　'They arrived to hit us.'

나. *Xinb'ij*　　　*chaawe* [*chi*　　*nqaajo7*　　　*serwéesa*].
　　B3.A1.told　　to.you　**COMP**　B3.A1.PL-want　beer
　　'I told you that we want beer.'

영어에서 'to'가 'I did it [to be a teacher]'처럼 목적에도 쓰이고 'I want [to be a good person]'처럼 'want'의 보어 자리에도 쓰이는 것과 동일한 현상이다. 적어도 하나의 목적 구성과 적어도 보어절의 한 유형이 완전히 일치하는 언어도 47개에 이른다. 반면에 62개 언어 중에서 두 구성이 완전히 구별되는 언어는 18개에 불과하다.

Dixon(2010b: 410)에서도 논항 자리에 오는 절(즉 보어절)이 없는 언어가 있는데 이때 활용되는 여러 방책 중에 '목적 연결'이 있다고 하였다. 영어의 'he went to swim'과 'he wants to swim'은 다른 구조인데, 일례로 뒤르발어에서는 이 둘이 모두 기저 동일 구조를 가진다는 것이다.

목적절이 보어절로 쓰인다는 것은 목적절이 논항의 지위를 갖는 것처럼 보인다는 의미이다. van Valin and LaPolla(1997: 125)에서도 영어의 'use'에 대해 목적절이 없으면 불완전해 보인다고 한 바 있다. 이를 소개하면서 Schmidtke-Bode(2009: 174~176)는 목적절 없는 (69나)는 목적 상황이 선행 담화에서 언급되었을 때만 적격한 것이 되므로, 목적절은 의무적이며 이는 논항의 전형적인 양상이라고 하였다. 그리고 이와 유사한 예가 (다)에 보인 동사 'be'의 목적 용법이라고 하였다. "아버지를 만나러 갔었습니까?"에서 '아버지를 만나러'가 빠지면 문장이 성립하지 않는다.

(69) 가. I used a knife to cut the bread.

　　 나. I used a knife.

　　 다. Have you been [to see your father?]

Schmidtke-Bode(2009: 151~154)에 따르면, 목적절은 여타의 부사절에 비해 크게 두 가지 점이 주목된다. 하나는 다른 부사절의 기능, 특히 이유·원인·결과를 겸하는 경우가 아주 많다는 것이며, 다른 하나는 여타의 부사절과 아주 다른 양상들을 보인다는 것이다. 이때 다른 양상이란 다음과 같은 것이다.

① 목적절만 비정형적 부사절인 언어가 16개이고

② 부정사가 압도적으로 통합된 구성으로 나타나는 언어가 12개이며

③ 주어 논항은 대개 표현이 되지 않고

④ 주절에 일관되게 후행하는, 유일한 부사절인 언어도 9개나 된다.

여러 언어에서 목적절과 이유절에 동일 형태법을 사용한다는 것은 일찍부터 지적되어 왔다. 이는 [목적]은 어떤 결과를 의도하는 것인데, 이 의도된 결과의 측면에서 '목적'은 곧 행위의 '이유'가 되기 때문이다. 일례로 왜 왔냐는 물음에 "밥 먹으러."처럼 목적으로 대답하는 것은 목적과 이유의 밀접함을 여실히 보여 준다. 한국어는 어미 '다고'가 이유와 목적에 두루 쓰이기도 한다. 예를 들어 "돈이 많다고 행복한가?"는 이유로 쓰인 것이고, "일을 찾겠다고 떠났다."는 목적으로 쓰인 것이다.

[결과]와 [목적]도 종속절 상황의 실현이 함의되느냐, 함축되느냐의 차이에 있으므로 매우 가깝다. 한국어 '도록'이나 '려고'가 [목적]인지 [결과]인지 오랜 논란이 있었음은 이런 사정을 반영한다. [목적]이 논항인 보어로도 쓰이고, 목적에 쓰이는 형태가 원인절과 결과절에도 쓰이는 일이 많다는 사실은, 같은 어미를 취한 부사절이 출현 환경에 따라 그저 부사절(혹은 종속접속절)로 쓰이기도 하고 필수성분인 보어절로 쓰이기도 하는 현실이 별로 이상할 게 없음을 시사한다.

11.4. 단독으로 쓰이는 종속접속절

11.4.1. 종속접속절과 주절의 순서

언어유형적으로 부사절과 주절의 순서는 두 가지 패턴이 있다. 부

사절이 주절 앞과 뒤에 모두 올 수 있는 경우와, 주절 앞에만 주로 오는 경우가 그것이다. 부사절이 주절 뒤의 위치만 고수하는 언어는 없다. 부사절의 위치는 종속화소가 나타나는 자리와도 관련이 있다. 한국어처럼 부사절의 끝에 종속화소를 가지는 언어는 부사절이 주절 앞에 오는 경향이 강하다. 반면에 영어처럼 종속화소를 부사절 앞에 가지는 언어는 주절 앞과 뒤가 비교적 다 가능하다(Diessel 2001).

(70) 가. When I came into the house, everybody was ready to hit the road.

나. Everybody was ready to hit the road when I arrived my home.

다. 모두들 준비되면, 나 불러.

주절의 선후 위치가 모두 가능한 경우, 부사절의 의미와 기능에 따라 위치가 갈리기도 한다. Diessel(2001)은 40여 개의 언어를 대상으로 하여, 조건절, 시간절, 원인절, 결과/목적절의 위치를 조사하여 다음과 같이 위계화한 바 있다.

conditional[조건]   temporal[시간]   causal[원인]   result/purpose[결과/목적]

←——→

preposed(전치)   postposed(후치)

이에 따르면, 조건절은 대개 선행하고, 시간절은 주절 앞과 뒤의 위치가 섞여 있다. 반면에 원인절과 결과/목적절은 대개 주절 뒤에 나타난다. 그리고 선후 위치가 가능한 언어에서는 원인절이 선행하면 시간절과 조건절은 당연히 선행할 수 있다. 이 절에서는 주절 앞에 오는 대표적인 절인 조건절과, 주절 뒤에 오는 대표적인 절인 원인절을 살펴보겠다.

조건절

Greenberg(1963: 84~85)의 보편 어순 14는, "모든 언어에서 조건 진술에서의 조건절은 귀결절에 앞선다."고 하였다. 실제로 주절의 앞뒤 위치를 모두 허용하는 언어들도 조건절은 선행하는 것이 정상적인 순서라고 명시하는 일이 많다. 또한, 어순이 엄격하지 않은 언어에서도 조건절-귀결절 어순을 선호한다.

이런 조건절의 어순 편향성에 대해 Comrie(1986: 84)는 여러 가능성을 제시하였다. 먼저, 조건절을 앞에 두는 것이 귀결절을 사실적 진술로 해석할 가능성을 줄인다. 비사실성 표지는 대개 가정절에 붙는다. 만약에 "100달러 줄게, 이거 번역해 주면."이라고 하면 귀결절을 독립적으로 해석할 위험이 있을 수 있다.

다음은, 두 절의 시간 순서가 반영되었을 가능성이다. 조건절은 귀결절 전의 것이며 적어도 그 이후는 아니다. 아니면 이 순서는 두 절 사이의 원인과 결과 관계를 반영하는 것일 수도 있다. 자연언어에서 조건절과 귀결절 사이의 연결은 대개 인과적이다. 즉 조건절의 내용이 귀결절 내용의 원인으로 해석될 수 있어야 한다. "이거 번역해 주면 100달러 줄게."에서 [이거 번역해 주다]는 [100달러 주다]의 이유이다. 물론 순서가 인과관계의 반영일 가능성은 실제로 원인절은 주절 뒤에 오는 일이 더 흔하다는 점이 약점이 되기는 한다. 그러나 이유가 무엇이든, 조건절이 선행하는 것이 대체적인 경향임은 분명하다(Comrie 1986: 83, Diessel & Hetterle 2011: 6).

조건절 표지는 조건절에 붙는 것이 범언어적인 경향이며(Dixon 2009: 14), 귀결절에만 조건문 형식이 표시되는 언어는 아직 발견되지 않았다(Comrie 1986: 87~88). 한국어의 조건절도 '면'과 같은 연결어미를 결합하고, 귀결절 앞에 온다.

한편, 조건/시간은 밀접한 관계가 있기에 이들에 동일한 표지를 쓰는 언어도 많다. 영어의 경우 'if'와 'when'은, 두 절 간의 시간적 관계만 있다면 상호 교체가 가능하다. 한국어의 '면'도 조건과 시간 해석이 모두 가능할 때가 많다. (71나)의 '봄이 오면'은 놀러 갈 조건으로도, 아니면 시간으로도 해석된다.

(71) 가. {If, When} you see him, give him this note.

　　　나. 봄이 오면 놀러 가자.

원인절

Diessel & Hetterle(2011)는 60개 언어를 대상으로 하여 원인절의 위치를 살펴보았다. 이에 따르면 원인절은 대개 주절 뒤에 온다. 문두에 오는 원인절은 특정 언어유형으로 제한되는데, 대부분이 부사절이 주절에 선행하는 OV 언어들이다. VO 언어들에서 부사절은 문두와 문말에 위치하는 것이 모두 가능한데, 이런 언어들에서도 원인절은 대부분 주절 뒤에 온다.

게다가 원인절은 조건절이나 시간절에 비해 주절에 독립적이다. Diessel & Hetterle(2011: 9~11)에 따르면 영어에서 가장 빈번히 쓰이는 because절의 경우, 구어 담화에서 항상 뒤에 위치하며, 주절에 표시되는 문법범주가 그대로 표현되는 등위형으로 나타난다. 또한 이들은 선행하는 주절과 억양도 분리되어 있다.

끝에 쓰인 원인절의 독립성은 여러 통사적 현상으로 확인할 수 있다. 먼저, 부가의문문은 보통 주절 주어와 동사에 일치하는데, 이들 예에서는 원인절에 일치할 수 있다. (72가)에서 'isn't it'은 because절의 주어와 동사에 일치시킨 것이다. 만약 because절이 아니라 (나)처럼 if절이라면 이는 불가능하다.

(72) 가. I guess we should call off the picnic because it's raining, isn't it?

나. *I guess we should call off the picnic if it's raining, isn't it?

또한 부사가 절 앞에 오면 동사와 주어가 도치되는데, 이 또한 because절에서는 가능하고 if절에서는 불가능하다.

(73) 가. I'm leaving because here comes my bus.

나. *I'm leaving if here comes my bus.

이런 양상은 because절이 주절 앞에 올 때는 모두 가능하지 않다. 요컨대 주절 앞에 올 때와는 달리, 주절 뒤에 쓰일 때는 상당히 독립절과 같은 양상을 보인다.

(74) 가. Because it's raining, isn't it, I guess we should call off the picnic?

나. *Because here comes my bus, I'm leaving.

한국어는 어떠한가. Diessel & Hetterle(2011: 24, 부록)에서 한국어

의 원인절은, 주절 앞에 위치하며 강등되는 형식으로 실현된다고 표시되어 있다. 그러나 Diessel & Hetterle(2011: 15~16)에서 일본어를 언급하면서는 부사절이 대개 주절 앞에 오지만, Ford & Mori(1994)에 따르면, 일본 대화에서 조건/시간 절은 91%가 주절에 선행하지만 원인절은 53% 대 47%로 위치가 갈린다고 소개하고 있다. 이를 보면, 한국어도 일본어처럼 구어까지 고려할 경우 결과가 조금 달라질 수 있을 것이다. Thompson et al.(2007: 295)에서도 한국어와 일본어처럼 강한 동사—말 언어는 일상 대화 외에는 주절 뒤에 오는 부사절을 거의 사용하지 않는다고 하였다.

한국어도 아주 격식체의 문어 텍스트를 제외한, 일상 대화, 소설, 회고록, 강의록 등에서는 종속접속절이 주절 뒤에 오거나 혹은 주절 없이 단독으로 문장을 끝맺는 일이 종종 있다. 그리고 주로 선호되는 종류를 보면, 조건절보다는 원인절이 주절 뒤에 오는 빈도가 높다.

어미의 다의성을 고려하지 않은 채 세종 말뭉치를 살펴보면, 연결어미로 분석된 '(으)면'은 총 43,649회, '(으)면'으로 문장이 끝난 예는 총 92회로 나타난다. 반면에 연결어미로 분석된 '(으)니까'는 총 3870회, '(으)니까'로 문장이 끝난 예는 총 1003회로 집계된다. 비율로 따지면 '니까'로 문장이 끝난 경우가 현저히 높다고 할 수 있다. 의미의 차이를 반영하지 못한 결과이기는 하지만, 조건절보다는 원인절이 후행하는 경우가 많다는 사실 정도는 확인한 셈이다.

전치 부사절과 후치 부사절

조건절이나 원인절처럼 위치가 비교적 고정적인 종류와는 달리, 주절 앞뒤가 모두 가능한 경우에는 위치에 따른 기능 차이가 있기도 하다. Thompson et al.(2007)에 따르면 부사절은 담화를 연결하는 기능을 하는데, 주절 앞에 오는 전치 부사절은 양방향적이고, 주절 뒤에 오는 후치 부사절은 일방향적이다.

전치 부사절은 아래의 예처럼, 선행 담화의 마지막 문장이나 선행 담화의 요약이 다음 문장의 첫머리에 언급되는 데 주로 쓰인다. 이를 Thompson et al.(2007)에서는 '꼬리-머리' 연결과 '요약-머리' 연결이라고 하였다. 이들은 선행 담화를 재차 환기하면서 후행 주절에 대한 정황도 제공한다. 이런 점에서 양방향적이다. 물론 10.3.4.에서 살펴본 것처럼 후행절과만 관련을 맺을 수도 있다.

(75) 가. 아버지는 투쟁을 포기하고 집으로 돌아왔다. 그가 현관문에
　　　 도착해서 문을 열자…
　　 나. 아버지는 식탁 주변을 정리하고 식탁도 닦았다. 또 …도 하고
　　　 …도 했다. 이 일을 모두 마치고…

반면에 후치 부사절은 대개 선행 담화와 연결된다. 아래 예의 ④ 절은 선행 담화 전체에 추가된 부연이다. 뒤에 이어지는 문장 ⑤와는 별로 관련되지 않고 있다. 이런 이유로 전치 부사절은 담화 단위의 시작 부분에 나타날 수 있지만, 후치 부사절은 담화 중간이나 끝에 오는 경향이 있다(Thompson 1987: 448~447, Givón 1987: 181~182, Thompson et al. 2007: 295~296).

(76) ①그는 길거리 라이터 수리공들이 몰래 들고 다니던 잭나이프를
　　　 하나 구해서 책가방에 넣어 가지고 다니기도 했다. ②당시 깡패
　　　 들의 필수품 같았던 잭나이프를 왜 그가 비싼 돈을 들여 사 가지
　　　 고 다녔는지를 우리들 7인은 아무도 이해할 수가 없었고, 우리들

이 그 이유를 물어도 그는 시원스러운 대답을 절대로 해 주지 않았다. ③그에게 어째서 잭나이프가 필요했는지를. ④하기야 그 이외에도 학생 시절에 병석이가 보여 준 여러 가지 특이한 행동들 가운데 많은 부분을 나로서는 지금까지도 제대로 이해를 못 하고 있다는 것이 사실이기는 하지만. ⑤잭나이프는 나하고 같은 또래의 세대를 상징하는 한 가지 소도구였다.

그런데 한국어의 경우, 단순 후치 부사절이 아니라, 의미적으로 주절에 상당할 만한 문장 혹은 문장들 뒤에 종속접속절이 이어지거나 주절 없이 연결어미절이 단독으로 문장을 끝맺는 예들이 상당수이다. 바로 위 (76)에서도 ④의 절과 묶일 만한 통사적인 주절은 찾아지지 않는다. 그리고 ④의 '사실이기는 하지만'은 '사실이기는 하다'라고 해도 의미상 큰 차이가 나지는 않는다. 이는 한국어의 연결어미절이 유럽어의 부사절보다 훨씬 더 주절 독립적이며, 종결어미화나 탈종속화 등과 같은 발달을 겪기 쉬움을 방증한다.

Thompson et al.(2007: 295~298)은 전치 부사절의 의미 정보는 덜 중요한 경향이 있으며, 후치 부사절의 정보는 주절보다 더 중요할 수도 있다고 하였다. 전치 부사절은 이미 진술된 것을 반복하거나 예측 가능한 정보를 주지만, 후치 부사절은 주절에 통합될 만한 정보를 분리해서 병렬절처럼 평행하게 제시한다는 점 때문이다. 그러나 전치 부사절의 의미 정보가 아주 중요할 때도 있음은, 10.3.에서 언급한 바 있다.

11.4.2. 탈종속화의 기제: 생략, 절 이탈, 확장
연결어미의 종결어미로의 발달은 주로 '주절 생략'에 의해 이루어진다고 간주해 왔다. 2장에서 살펴본 탈종속화의 기제로도 Evans (2007)는 '주절의 관습적 생략'을 들었다. 그러나 의존적인 절이 독립적인 절로 발달하는 데는 생략 외에 주절과의 연결고리가 해제되는 '절 이탈'이나 종속절의 연결 범위가 절을 넘어서는 '확장'도 있다. 그런데 이런 기제들은 복합적으로 작용하기도 해서, 많은 경우에 이들 기제 중 무엇이 특정 유형의 탈종속화에 책임이 있는지를 지목하기는 어렵다(Cristofaro 2016: 407). 이 절에서는 탈종속화 기제의 종류와 작용 방식을 탐색해 보겠다.

[1] 생략

탈종속화의 대표 기제는 생략이다. Evans(2007)는 탈종속화가 아래와 같은 과정을 거쳐 일어난다고 본다. 한국어에서 연결어미가 종결어미로 발달하는 과정도 이와 유사하게 가정되어 왔다.

- 종속 구성 → 생략(주절의 생략) → 관습화된 생략 → 주절 구조로의 재분석 (Evans 2007)
- 문장 구조의 축소 → 문법기능의 이전 → 끊어짐 수행−억양 얹힘 → 문장 종결 기능 획득 (김태엽 1998)

그런데 우리가 2장에서 살펴본 탈종속화의 예들은, 생략된 요소가 그저 주절이 아니라, 특정 구문이나 어휘를 가진 상당히 제한적인 것들이었다. (77가)의 '-기는₁'은 'V-기는 [뭐가/뭘/어딜 V-]'에서 수사의문문 부분이 생략된 것이다. (나)와 (다)는 명령의 발화수반력을 가지는 '하다'의 동사형이 생략된 것으로 추정된다.[24]

(77) 가. 학교 가긴. 아직도 꿈나라야.

　　나. 밥해 두었으니 먹고 싶으면 먹든가. {*해(평서), 해(명령), 해
　　　라, *했어.}

　　다. 앞으로 지각은 하지 말도록 {*한다(평서), 해(명령)}

특정 어휘가 생략되는 예들도 있었다. 『표준국어대사전』에 종결어
미로 등재되어 있는 '을밖에'는 복원할 만한 후행 요소로 '없다' 정도
만 가능하다. (78나)는 '좋겠다' 정도가 가능하고, (다)는 '빌다, 원하
다, 소망하다'류의 동사가 예상된다. 이들 예에서 후행 술어는 추가
되든 생략되든 의미의 변화가 없고, 이들 탈종속화 구성을 해석하기
위해 별도의 문맥이 필요하지도 않다.

(78) 가. 주인이 내놓으라면 내놓을밖에.

　　나. 이번엔 정말 우승했으면.

　　다. 예쁘게 만들어 준 집문당 가족에게 큰절을 한다. 우리 조국에
　　　영광이 있기를!

이상의 탈종속화 예들은 형성 기제를 '주절의 생략'이라고 하기에
는, 복원 가능한 후보가 심하게 제한된다. Evans(2007)에서는 탈종속
화 구성에서 복원 가능한 주절의 범위는 긍정문이면 될 정도로 비교
적 폭넓을 수도 있다고 하였다. 일례로 (79가)의 영어의 if절로 요구
를 나타내는 구문은 주절이 긍정문이면 된다는 것이다. 그러나 실제

---

24 특히 (77다)는 석주연(2013: 16)에서 현대국어 명령의 '-도록'의 기원으로, '-도록 ᄒ
　ᅳ-'의 명령문일 것이라고 추정한 바 있다.

로 복원의 후보로는 [I'd be most grateful]이나 [I wonder]가 제시되고 있다. 즉 긍정문이면 무엇이든 되는 상황은 아닌 것이다.

(79) 가. If you could give me a couple of 39c stamps please, (I'd be most grateful)

나. [I'm amazed and shocked] That he should have left without asking me!

'[I'm amazed] That I should live to see such ingratitude!'

(Quirk et al. 1985)

생략 기제는 이처럼 특정 구문이나 어휘가 복원되는 탈종속화에 보다 부합한다. 그간 주절의 생략으로 뭉뚱그려 온 것은, 있었던 것이 사라진다는 의미의 '생략'보다 애초부터 주절 없이 쓰인, 혹은 주절과의 연결고리가 해제됨을 의미하는 '절 이탈'일 가능성이 있다.

생략에 의해 발달한 탈종속화 구성들은 본래 가졌던 의미와 꽤 다른 의미를 가진다. 보통, 의미의 변화는 구체적이고 특정한 의미에서 추상적이고 일반적인 의미로 확대된다. 즉 의미의 세부 조건이 사라지는 의미탈색이 이루어지는 것이다. 그러나 이들 탈종속화는 반대로 의미가 더 특정적인 것이 된다.

2.4.와 2.5.에서 살펴본 것처럼, 일례로 연결어미 '든가'는 나열된 것 중 어느 것이든 선택될 수 있음을 나타내지만 탈종속화된 '든가'는 온화한 명령, 선택 가능한 지시 등을 표현한다. 연결어미 '도록'은 목적, 결과, 방식을 나타내지만, 탈종속화된 '도록'은 명령의 어미이다. 연결어미 '으면'은 가정이나 조건을 나타내지만 탈종속화된 '었으면'은 앞으로의 사태에 대한 소망과 바람을 표현한다.

(80) 가. 배고프니 떡을 먹든가 빵을 먹든가 해라. (선택)

　　나. 손님이 편히 <u>주무시도록</u> 조용히 해. (목적 혹은 결과)

　　다. 네가 <u>우승하면</u> 엄마가 좋아하실 거야. (가정, 조건)

이들 탈종속화된 어미의 복잡한 의미는 한국어 어미가 흔히 가지
는 종류가 아니다. 그리고 이는 탈종속화 구성이 생략된 구문의 의미
까지 모두 떠안으면서 벌어진 결과이다. 그저 주절이 생략되면서 형
성된 것이라면, 발화수반력까지 인수한 독자적인 의미의 발달을 설
명하기가 쉽지 않다. 이는 연결어미에서 반말체 어미로 발달한 '고'나
'어'가, 여전히 무표적인 의미를 나타내는 것과 대조된다.

[2] 절 이탈(clausal disengagement)

탈종속화의 다른 기제로는 '절 이탈'이 있다. 이는 종속절이, 주절
과 연결됨이 없이 완전히 자립 단위로 쓰이는 예들에 대한 기제로
Cristofaro(2016)에서 사용한 술어이다.

Cristofaro(2016: 6~9)의 논의를 따라가면 이렇다. 종속절과 구조적
으로 유사한 절이, 새로운 담화 화제를 도입하거나 이전에 도입된 화
제를 상술하는 데 사용되는 경우가 있다. (81가)의 이탈리아어의 예
도 그런 경우이다. 인과의 접속사 'perché'가 단독으로 쓰였다. (문자
그대로 옮기면 "안 돼, 그럼 워크숍이 재밌어 보이니까."가 된다.) 그리고
이는 (나)의 영어의 because절의 쓰임과 유사하다.

(81) 가. *No,* ***perché*** *poi　　quesⁿto　　workshop　　sembra　　interessante.*
　　　　 no　 because　　 then this　workshop　　looks　　 interesting

'Besides, this workshop looks interesting.' [Lit. 'No, because then this workshop looks interesting', uttered out of the blue in reference to a conversation held the night before about a workshop the speaker has decided to attend despite initial doubts]

나. A: Viv gave me fourteen hundred dollars … and I went to the bank…and…the dollar was…it was worth sixty-nine pence. B: **cos** we didn't need to change the money. [A is telling his guests about going to the bank to change money that he got from a friend while on trip to Australia; his wife, B, uses the 'because' clause to add that she and her husband didn't need to change their own money during the trip(because they got enough at the beginning of the trip, as she explains later).] (Couper-Kuhlen 1996: 422)

이미 몇몇 연구에서 관찰한 것처럼, 이런 절들은 자율 억양을 가진 분리된 단언을 표상한다는 점에서, 통사적으로뿐만 아니라 의미적·화용적·운율적으로 완전한 자립 단위이다. 그리고 이들은 어떤 특정의 공기하는 절에 대해서가 아니라 담화의 전체적인 흐름(혹은 일반적인 담화 화제)에 대해 상술한다. 그렇지만 이들은 사라진 주절이 기술할 만한 사태를 지시하지 않으며, 구조적으로 유사한 종속절과 직접적인 의미관계도 가지지 않으므로, 생략으로는 쉽게 설명되지 않는다.

Cristofaro(2016)는 이런 패턴의 기원에 대한 가능한 단서는, 종속절처럼 보이는 절이, 어떤 절과 공기하며 연결되어 있으면서도 상당한 독립성을 보이는 여러 사례에서 찾을 수 있다고 하였다. 이들은 분리된 억양을 가지고 어구의 삽입이나 휴지 후에 발화되며, 심지어 동일 화자가 아닌 경우도 있다는 점에서, 연결된 절에 독립적이라는 것이다.

그리고 이들 중에는 공기하는 절이 아니라 문맥이 환기하는 일반 화제에 대해 상술을 제공하는 경우가 있다고 한다. 예를 들어 아래의 'perché(because)'는 주절이 기술하는 식료품 배달을 예약하는 행위의 동기뿐 아니라, 배달을 예약할 시간이라는, 즉 문맥에서 환기하는 일반적 상황에 대한 동기도 제공한다.

(82) A: odrino una spesa.

I.book   a   grocery.delivery. 'I am going to book a grocery delivery.'

B: OK.

A: perché   abbiamo proprio finito   la   pasta.

because we.have   really   run.out   the   pasta

'Because we have really run out of pasta.'

아래 일본어의 예도 그런 경우이다. 종속절의 형식인 'kara(니까)'절은 선행절에 이어져 있기는 하되, 중간에 휴지가 있다. 이 '니까'절은, 선행 절의 사태에 대한 동기를 강조하기 위해 쓰였다.

(83) 일본어

stiibu   toka   kurisu   toka   wa   urusay   kamoshirenai   angai   (-)

Steve   or   Chris   or   TOP noisy   maybe   unexpectedly

mado-giwa   *da*   ***kara***

window-side   COP   because

'For Steve or Chris it may be more noisy (-) Because they are
on the window side.' (Mori 1999: 39)

"스티브에게나 크리스에게는 더 시끄러웠을 거야. 이들이 창가
쪽에 앉았으니까."

이런 절의 사용 동인은 여러 가지이다. 전에 완성된 대화의 순서를
재개시키기 위해 ; 혹은 이전 발화에 더한 설명을 제공하기 위해 ;
혹은 이전 화자에 대한 동의나 협업을 표현하기 위해서이다. 그리고
이런 과정은 절 이탈의 하나로 볼 수 있다(Cristofaro 2016: 402).

한국어의 연결어미절은 탈종속화된 것이 아닐지라도, 영어의
because절, 이탈리아어의 perché절 등보다, 훨씬 더 주절 독립적이
다. 첫째, 상당수의 연결어미절이 구어에서는 주절 없이도 쓰일 수
있다. (84가)의 B의 응답은 옷을 입는 이유이다. 주절은 어디에도 표
현되어 있지 않다. (나)의 '더니만'은 연결어미 '더니'에 보조사 '마는'
이 붙은 것인데, 주절을 지목하기 어렵다. (다)의 '지만'절도 마찬가지
이다. 그러면서 이들 절은 선행 담화 전체와 의미적으로 연결되고 있
다. 즉 의미적인 기여가 전체 담화 안의 문장 하나의 자격과 같다.

(84) 가. A: (옷을 주섬주섬 입는 친구를 보고) 뭐 해?

　　　　B: 마실 것 좀 사 오려고.

　　나. "거봐라. 내 이럴 줄 알았다. 하란 공부는 안 하고 네가 누구
　　　　꽁무니만 따라다닐 때니? 정신 못 차리고 세월아 네월아 하

면서 재수를 하더니만." "언니."

다. 학교에 다니는 애들이 자그마치 넷이야. 술을 먹으면서도 고
발 건에 대해서는 일절 얘기가 없었어. 노모나 가족들 때문이
기도 했지만.

둘째, 대부분의 연결어미절 앞에 휴지뿐 아니라 다른 발화가 끼어
들 수 있으며, 아예 다른 화자에 의해 발화되는 일도 흔하다. (85가)
의 주절과 '느라고' 절 사이에는 B의 발화가 끼어 있다. (나)의 '느라
고'절, (다)의 '으면서'절은 모두 선행절과 화자가 다르다. 또한 주절
이 표현되어 있지도 않다. 선행절이 주절이 아니냐고 할지 모르지만,
일례로 (나)의 선행절 '왜 이렇게 늦었어?'는 의문문이므로 엄격히 말
해 주절일 수 없다.

(85) 가. A: "수고하셨습니다."

　　　B: "무슨 수고?"

　　　A: "앞뒤 말 뒤집느라고."

　　나. "왜 이렇게 늦었어?" 돈을 나누어 주던 사람이 기지개를 켰다.

　　　"정리 좀 하고 오느라고. 여기서 바로 퇴근할 거야."

　　다. A: "왜? 뭐 잃어버리고 왔냐?"

　　　B: "응."

　　　A: "뭘?"

　　　B: "모자."

　　　A: "모자는 썼으면서?"

　　　B: "새 모자. 할아버지가 사 주셨어."

한국어의 연결어미절이 이처럼 주절 없이 단독으로 쓰이는 일이
많은 것은, 10장에서 살펴본 것처럼 연결어미절이 배경이나 전제가
아닌 단언을 나타내는 일이 많은 것과도 관련된다. 문맥상 주절이 오
히려 전제된 정보이고 연결어미절이 신정보이기에 주절 없이 단독으
로 쓰일 수 있는 것이다. 일부 연결어미의 탈종속화는 이와 같이, 그
저 주절과의 연결고리를 해제하면서 얻어진, 즉 절 이탈의 결과일 가
능성이 있다.

연결어미에서 반말체 어미로 발달한 어미 중에는 연결어미일 때와
그 의미가 크게 다르지 않은 것들이 있다. '어'나 '은데'가 대표적이다.
'어'는 연결어미로 쓰일 때와 반말체 어미로 쓰일 때 의미 차이가 별
로 없다. 연결어미의 '어'는 시간상 선후 관계나 방법, 이유나 근거를
나타낸다고 기술된다. 그런데 이는 도상성이 의미 해석에 그대로 반
영된 것일 뿐이다. 문장은 제시되는 순서에 따라 발생한 것으로 해석
된다. 그리고 먼저 일어난 사건은 나중 사건의 원인이나 방법으로 해
석되기 쉽다. 즉 '어' 자체의 의미가 너무나 무표적이기 때문에 이런
도상적 해석이 온전히 '어'의 해석이 되는 것이다.

그런데 반말체 어미의 '어'도 종결어미라는 점 외에 따로 추가되는
의미는 없다. 『표준국어대사전』에서도 "해할 자리에 쓰여, 어떤 사실
을 서술하거나 물음·명령·청유를 나타내는 종결어미."로만 기술되
어 있다.

(86) 가. 그는 목소리를 높여 마지막으로 인사를 전했다.

나. 소리가 나는지 한번 던져 보았다.

다. 뭐가 그리 재미있어?

'은데'에 대해서도 박재연(1998: 59~60)은 연결어미로 쓰인 것인지 종결어미로 쓰인 것인지조차 판단하기 어렵다고 한 바 있다. 어떤 경우에도 주절을 상정하는 것이 불가능하지 않기 때문이다. (87나)의 B 발화에도 '무슨 일이세요?' 정도를 상정할 수 있다.

(87) 가. 어제 영희를 만났는데, 남자 친구랑 영화를 보더라.
　　나. A: 영희는 오늘 학교 안 왔어요?
　　　　B: 지금 잠깐 도서관 갔는데.

'은데'는 실제 문례를 보면 더욱 어떤 자격으로 쓰였는지가 분간되지 않는다. 아래 (88가)는 비교적 종결어미처럼 느껴지지만, (나)는 훨씬 애매하다. 무엇보다, 어느 하나가 아니라고 할 근거가 없다.

(88) 가. "왜 그러는데?" 필례가 의아한 눈길을 보냈다.
　　나. "눈이 예쁘다. 맑아. 눈썹도 잘생겼고. 처음엔 매섭게 느껴졌
　　　　는데." "옆에서 보니까 좋다."

이런 종류의 어미로는 '고'도 있다. (88나)의 '잘생겼고'도 어떤 자격으로 쓰였는지를 증명하기 어렵다. '은데'나 '고'의 이런 특징은 이들의 종결어미화가 주절 없이, 즉 주절과 함께 써야 한다는 의식 없이 홀로 쓰이면서 이루어졌을 가능성을 보여 준다.

연결어미일 때와 크게 의미가 다르지 않은 종결어미, 혹은 탈종속화 구성은 절 이탈에 의해 발달했을 가능성이 농후하다. 이들은 생략에 의해 탈종속화된 '기는₁, 기는₂, 든가, 수밖에, 었으면, 기를'의 의미 양상과는 크게 다르다. 이것이, '주절 생략'으로 아우르지 않고, 특

정 후행 요소가 생략되는 기제와 주절과의 연결고리를 아예 해제하는 기제를 구분하는 이유이다.

[3] 확장

'확장'이란 Mithun(2008)에서 종속절과 구조적으로 유사한 절이 독립절로 쓰이되, 주절이 아니라 선행 담화에 연결되는 패턴을 설명하기 위해 도입한 기제이다. 원래 종속절은 주절에 의존적인데, 독립적으로 쓰인 이들 절은 담화에 의존적이라는 점에서 그 작용역이 확장되었다고 본 것이다. 그리고 이들은 생략으로는 쉽게 설명되지 않는데 그 이유는 첫째, Evans(2007)에서 논의된 것들과 달리 보어절이 아니라 부사적 구성에서 기원한 것들이 대부분이며, 둘째, 유표적인 문장과 사라진 모문에 국한된 Evans(2007)의 탈종속화 구성과는 달리, 이들 절은 인접한 담화에 의존적이지만 보어절처럼 종속적이지는 않기 때문이라고 하였다.

Mithun(2008)에서 살펴본 언어 중 하나인 나바호어와 관련하여 관찰된 내용을 정리하면 이렇다.

- 나바호어에서 '=go' 표지는 부사절과 보어절에 붙는다.
- 그런데 즉흥 발화에서 단독의 =go절은 놀랍도록 고빈도로 쓰인다. 샘플에서 절의 37.8%가 이 절일 정도이다. 이는 화자의 엉성한 수행이나 빈약한 계획 탓이 아니다. 이후 전사와 번역의 협동 작업에서 완벽히 수용 가능한 것임을 확인하였다.
- =go의 사용은 아주 체계적이다. 보통의 무표적인 문장이 이야기를 진전한다면, 단독으로 쓰인 =go절은 줄거리에 대한 배경

적 논평, 무대세팅 등의 정보를 제공한다. 예컨대 "어느 날 한 남자가 우리를 방문했다. 그는 아마도 어떤 방식으로 우리와 관련이 있었다."와 같은 문장에서 후자 정도에 해당된다.

- =go절의 분리성은, 운율 즉 하강 어조와 후속 문장의 pitch reset ; 대당 영어 번역 ; 주변에 이 절이 종속될 만한 주절이 없다는 사실에서 확인된다.
- 1929년 Edward Sapir가 구축한 나바호어 텍스트에서 =go가 어휘적 부사나 종속절에 쓰인 예는 광범위하게 발견되나 담화 목적에 쓰인 예는 극히 적다(867문장으로 이루어진 텍스트에서 네 개에 국한할 정도). 그러나 1940년대와 50년대 구축된 자료에는 독립적으로 쓰인 =go절이 보다 많이 포함되어 있다. =go의 이런 담화적 사용은 애서바스칸 언어의 본래적 용법이 아니며 아파치어(Apachean)에서만 최근에 발달한 것인 듯하다.

이에 Mithun(2008)은 나바호어의 =go는 통사적 의존성을 표시하는 표지가 더 큰 담화에서의 의존성을 표시하는 데로 확장되었음을 보여 준다고 하였다. 그리고 이들 담화적 용법의 문맥과 종속절이 원래 쓰이던 문맥 사이의 유사성이 이런 확장의 동인이라고 하였다. 부사절이 배경 정보를 나타내는 것처럼, 이들 담화적 용법의 절도 단언되기보다 배경이나 논평 등의 부수적인 정보를 제공한다는 것이다. 또한 문장을 넘어서는 이런 확장은 범언어적으로 흔하다고도 하였다.

그런데 확장은 앞에서 살펴본 절 이탈의 결과이기도 하다. 주절 없이 단독으로 담화에 연결되었다는 것 자체가 곧 주절과의 연결고리를 해제한 것이기 때문이다. 또한 확장의 동인이, 이런 담화적 용법과 종속절의 기능 간의 유사성에서 비롯된 것만도 아니다. 독립적으로 쓰이는 종속절이 모두 배경 정보를 나타내는 것이 아니라 단언에 쓰이기도 한다.

한국어의 연결어미절이 주절 없이 단독으로 잘 쓰임은 앞서 '절 이 탈'에서 보인 바 있다. 여기서는 절 이탈과 확장의 가능성을 모두 보 여 주는 대표적인 어미로, '어서'를 살펴보고자 한다.[25] 아래는 '어서' 절이 독립절로 쓰인 예들이다. 이들 '어서'절은 선행절과 도치된 것이 아니다. 이는 (89가'), (나')이 비문인 데서 확인된다.

(89) 가. 철수 들어왔어? 방에 불이 켜져 있는 것 같아서.

　　가'. *방에 불이 켜져 있는 것 같아서 철수 들어왔어?

　　나. 오늘 뭐 할 거야? 뮤지컬 표가 두 장 있어서.

　　나'. *뮤지컬 표가 두 장 있어서 오늘 뭐 할 거야?

　　다. {추우니까/*추워서} 에어컨 끄자/꺼라.

위의 '어서'절은 모두 화행층위의 인과관계를 나타낸다. (89가) 의 '불이 켜져 있어서'는 철수가 들어왔는지를 묻는 행위의 이유이고 (나)의 '뮤지컬 표가 있어서'는 스케줄을 묻는 행위의 이유이다. 그런 데 '어서'절은 주절 앞에 올 때는 화행의 인과관계를 나타내지 못한 다. 이는 (다)에서 확인된다. 에어컨을 끄자고 청하거나 명령하는 행 위의 이유로는 '니까'는 가능하지만 '어서'는 불가능하다. 따라서 (가) 와 (나)는 도치된 것일 수 없다.

요약하면 '어서'절이 독립절로 쓰일 때는, 연결어미로 쓰일 때는 나 타내지 못했던 화행의 인과관계를 나타낼 수 있다. 이는 이 기능의

25　이 부분은 문숙영(2019ㄱ: 41~42)의 내용을 바탕으로 재구성하였다.

'어서'가 탈종속화된 것이되, 특정 구문이나 주절이 생략되면서 발달한 것은 아님을 시사한다. 화행의 인과관계는 본래 주절을 취할 수 없는 용법이기 때문이다. 게다가 이들 문맥에는 '어서'와 연결될 만한 마땅한 주절도 없다. 따라서 가장 가능한 기제는 절 이탈이다.

이런 '어서'는 선행 담화 전체에 연결되는 '확장'의 양상도 보인다.

(90) 가. ①선생님께 부탁드리고 싶은 말씀은요, ②혹시 박 씨의 소식을 들으면 저에게 은밀히 알려 주십사 하는 것이에요. ③제가 박 씨와 따로 만나고 싶어서요.

　　가′. ?①선생님께 부탁드리고 싶은 말씀은요, ③제가 박 씨와 따로 만나고 싶어서요. ②혹시 박 씨의 소식을 들으면 저에게 은밀히 알려 주십사 하는 것이에요.

　　가″. ③제가 박 씨와 따로 만나고 싶어서요 ①선생님께 부탁드리고 싶은 말씀은요, ②혹시 박 씨의 소식을 들으면 저에게 은밀히 알려 주십사 하는 것이에요.

　　나. [오늘 뭐 할까? 밥 먹으러 나갈까? 아님 그냥 집에서 TV 볼래? 아니면 엄마한테 갈까?] 아무 말을 안 해서.

(90가)의 '어서'절의 의미적 작용역은 선행절 전체이다. 이는 '어서'절을 이동해 보면 분명해진다. (가′)은 조금 어색하며, 수용된다 하더라도 ③의 '어서'절과 ②의 절이 종속절과 주절로 연결된 것이라기보다 각자 독립적으로 해석되는 느낌이 강하다. '어서'절을 맨 앞으로 옮긴 (가″)은 자연스럽지만 이 또한 ③의 '어서'절은 뒤에 있는 ①과만 의미적으로 연결되어 있는 듯하다. 한편, (나)의 '어서'절은 복수의 선행 문장 전체에 연결된 것이 비교적 분명하다.

11.4.3. 주절-독립적이면서 담화-의존적인 절

연결어미절은 탈종속화가 완성된 것이 아니더라도, 주절 없이 나타나는 일이 많다. 앞에서 살펴본, 1) 앞선 화자의 물음에 연결어미절로만 답하는 경우, 2) 연결어미절이 휴지나 다른 발화에 의해 분리되는 경우, 3) 주절과 연결어미절이 각각 다른 화자에 의해 발화되는 경우 등이 모두 그런 예들이었다. 이런 예들은 대개 주절로 표현될 만한 사태가 문맥에 주어지고 연결어미절이 신정보가 되는 경우였다.

이들 외에도 연결어미절로 문장이 끝나는 일은 빈번하다. 말뭉치에서 연결어미 이후에 문종결의 문장부호가 이어지는 예들을 검색해 보면, 다음과 같은 연결어미들이 검색된다. 실제로는 더욱 다양한 연결어미가 이런 방식으로 쓰일 것이다.

(91) 거나, 게, 고, 고서, 기에, 는데, 니까, 다니, 다면/라면, 다느니, 더니만, 던데, 던지, 도록, 듯이, 려면, 려고, 러, 며, 면서, 면, 므로, 어, 어도, 어서, 을지, 을까, 을는지, 지, 지만.

그런데 이런 예들이 모두 주절이 선행하는, 일명 도치된 구문인 것만은 아니다. 아래 (92가)의 '이 시대의 벽을 깨러'는 바로 앞의 절인 '아마 앞장을 서겠지'에 연결된다고 볼 수도 있지만, 더 앞의 절인 '우리와 같은 길을 가게 될 것이다'와도 의미적으로 연결될 수 있다.

(92) 가. 지금은 교장을 생각해 주겠지만 곧 그는 알게 되겠지. 교사들이 철저히 이용당하고 소모당하는 것을. 그리고 누가 벽인가를 알고 우리와 같은 길을 가게 될 것이다. 아마 앞장을 서겠지, 이 시대의 벽을 깨러.

나. 나도 빨리 삶의 태도를 바꾸어야겠다. 내 돈을 살려 삶을 재미있게 가꾸어야겠다. M씨처럼 아내에게 빚 독촉받으며 살지 않으려면.

(92나)의 '살지 않으려면'도 마찬가지로 선행의 두 문장 모두에 연결될 수 있다. 적어도 첫 문장인 '나도~바꾸어야겠다'와는 연결되지 않는다고 볼 근거가 있지 않다. 이런 양상은, 연결어미절과 주절 간의 통사적인 의존성이 그만큼 느슨함을 보여 준다.

연결어미 단독으로 문장을 끝맺는 예들의 상당수는, 원래 있던 자리에서 순서를 뒤바꾼 도치보다는 뒤늦게 정보를 추가하는 후보충 (afterthought)으로 볼 만하다. 이는 선행절이 주절처럼 해석되지만 막상 뒤의 연결어미절을 앞으로 이동하면 어색해지는 여러 예에서 확인된다.

(93)의 '고 말았으니까'는 (가')처럼 선행절로 옮기면 어색해진다. (나) '니까'절의 '그들'은 선행절의 '개들'을 지시한다. 대용 표현은 대개 후행절에 나오는 것이 일반적이다. 따라서 (나')에서 도치된 것은 아니다. (다)의 '거나'절 앞에는 '아니면'이 있는데, 이는 선택의 '거나, 든지'와 같은 구문에서 후행절에 붙는 형식이다. 따라서 선행절이 단순 이동한 결과는 아니다. 따라서 이들은 주절과는 독립적으로 쓰인 것이다.

(93) 가. 이제 더 이상 기다릴 수가 없어. 백형한텐 나도 그만 지치고 말았으니까.

가'. [?]백형한텐 나도 그만 지치고 말았으니까 이제 더 이상 기다릴 수가 없어.

나. 개들은 집 문간에 앉아서 밤이면 밤잠, 낮이면 낮잠을 잔다. 왜? 그들은 수위할 아무 대상도 없으니까.

나′. [?]그(=개)들은 수위할 아무 대상도 없으니까, 개들은 집 문간에 앉아서 밤이면 밤잠, 낮이면 낮잠을 잔다.

다. 이런 점에서 페미니스트 영화 이론가들의 비판의 초점은 영화 그 자체라기보다는 현실에 있는 것 같다. 아니면 여성 억압적인 현실을 비판 없이 그대로 재생산하는 영화에 있거나.

사실, 이처럼 선후행절의 순서를 바꿀 때 어색해지는 예들만이 후보충에 해당되는 것은 아니다. 도치된 것이 아님을 증명해 보이기 위해 이런 예를 골랐을 뿐, 순서를 바꾸어도 여전히 자연스러운 예들도 후보충일 수 있고, 그럴 가능성이 매우 높다.

(94가)의 선행절의 '이렇게'는 '면서'절을 염두에 두고 사용된 것일 수 있다. (나)의 '려고'절은 '시간은 ~하는가 보다'의 목적인데, '가장 가벼운 몸짓으로 날아들 수 있도록 우리를 텅 비우게 하려고'에서 절 하나가 이동했다기보다, 결과인 '도록'절이 표현되었기에 목적을 뒤늦게 추가한 것일 수 있다.

(94) 가. 저는 이렇게 살아요. 저녁엔 바둑을 두면서. 방학 때는 붓글씨를 배우면서.

나. 유한한 목숨들이 영원의 문으로 들어설 때, 가장 가벼운 몸짓으로 날아들 수 있도록 시간은 친절하게도 카운트다운을 하는가 보다. 우리를 텅 비우게 하려고.

아래 예에서 ④의 문장, 특히 '그러나'는 바로 앞인 ③의 연결어미절에 이은 것이다. 내용상 ③의 의미상의 주절이라고 할 만한, ②절에 이어지는 것이 아니다. 이런 양상 또한 ③과 같은 연결어미절이 독립절의 위상으로 쓰이고 있음을 보여 주는 예이다.

(95) ①숱한 별을 바라보며 이 며칠 동안을 곰곰 되새겨 보고 있었다. ②불과 사흘밖에 되지 않았지만, 그동안 나는 참 많은 것을 배우고 깨달은 것이었다. ③비록 처음 포항을 떠날 때와는 달리 주림과 피로에 지쳐 돌아오게 되었다고 해도. ④그러나 얼마나 많은 값진 교훈을 체험하게 되었는가. ⑤드디어 열차는 정착역 구내로 들어서고 있었다.

지금까지 살펴본, 단독으로 쓰인 연결어미절은 주절-독립적이다. 1) 아예 주절로 지목할 만한 것이 없거나, 2) 선행하는 복수의 문장이 모두 의미적인 주절로 해석되거나, 3) 도치된 것으로 보기 어려운 대용 표현의 사용과 같은 양상들이, 문법적인 주절은 없음을 보여 준다. 대신에 이들은 선행 담화에는 의존적이다. 즉 선행 담화에 표현된 사태들의 '목적'이나 '이유'를 추가 제공함으로써, 선행 담화에 의존해 의미 해석이 이루어지게 한다.

담화는 앞에서 수차례 언급한 것처럼 계층적이다. 즉 담화를 구성하거나 해석할 때 모두, 문장 간 연결이나 단락 간 연결에는 의미상 먼저 묶이는 것과 나중에 묶이는 것이 존재한다. 또한 핵심적인 문장이 있는가 하면 이를 부연 설명하는 문장도 있다. 이런 경우 이들은 함께 의미 해석 단위를 이루며, 다른 의미 해석 단위와 구별된다. 따라서 담화에는 앞뒤 문장이나 담화에 기대어 해석되어야 하는 문장들이 필연적으로 존재한다. 한국어의 연결어미절은 이런 담화 의존성을 드러내는 데 꽤 유용한 도구이다.

다음 (96)에서 ③은 앞의 ①, ②에 대한 당위성을 부연한다. 이 '니까'절은 선행 문장 혹은 선행 담화 전체에 이어지지, 결코 뒤의 문장인 ④에 연결되지 않는다.

(96) ①영화 속에서 여성의 이미지 재현은 영화를 만드는 남자들, 즉 감독, 카메라맨, 제작자 등의 시각에 의해 조작되어 남성 관객과 남성화된 시각을 위해 영상화되었을 뿐이다. ②소설과 마찬가지로 영상 속의 인물들도 현실을 재현하기 마련이다. ③모든 것이 현실에 기반하기 마련이니까. ④이런 점에서 페미니스트 영화 이론가들의 비판의 초점은 영화 그 자체라기보다는 현실에 있는 것 같다.

아래 예는 ⑥, ⑦이 '면서'절로 끝나 있다. 이들은 내용상 ④, ⑤의 시간적 배경일 수도 있고, ①~⑤ 전체에 걸친 것일 수도 있다. 그러나 후행 절인 ⑨에 의미상 의존해 있지는 않다.

(97) ①생각 많이 했어요. 아이들과 당신에게 돌아가는 일에 대해. ②모든 걸 다 돌려놓고 싶었지요. ③복귀하는 것 말이에요. ④노력도 했지요. ⑤문득문득 가족이라는 구조로부터 아득히 멀어져 있다는 것을 느끼면서도 의식적으로 노력했어요. ⑥당신을 간호하면서. ⑦아이들의 옷을 빨고 밥을 해 먹이면서. ⑧수없이. ⑨하지만 어찌해야 할지 아직 모르겠어요.

이처럼 담화에서 단독으로 문장을 끝맺는 연결어미절은, 해석상의 담화 의존성, 특히 선행하는 절 하나가 아닌, 선행 담화 전체나 복수의 문장에 이어짐을 드러내는 데 활용된다. 만약 이들 연결어미절이 담화 내부 어딘가에서 선행절로 쓰였다면 담화 전체에 대한 영향력은 지금만큼 확보하기가 쉽지 않다.

(98)은 위의 (97)에서 연결어미절의 위치를 바꿔 본 것이다. 단적으로 (97)의 ⑥, ⑦이 '면서'절을 ① 앞으로 옮기면 보통은 ①의 문장과만 연결되기가 쉽다. 즉 간호하고 아이들의 밥을 해 먹이면서 생각을 많이 한 것이 된다. ④ 앞으로 옮겨도 역시 주로 ④와만 연결된다. 즉 간호하고 아이들의 밥을 해 먹이면서 노력도 한 것이 된다. 그러나 원래처럼 단독으로 뒤에 둔다면, 간호하고 아이들의 밥을 해 먹이면서 생각도 많이 하고, 노력도 의식적으로 많이 한 것이 된다.

(98) 가. ⑥<u>당신을 간호하면서.</u> ⑦<u>아이들의 옷을 빨고 밥을 해 먹이면서.</u> ①생각 많이 했어요. 아이들과 당신에게 돌아가는 일에 대해. ②모든 걸 다 돌려놓고 싶었지요. ③복귀하는 것 말이에요.

　　나. ①생각 많이 했어요. 아이들과 당신에게 돌아가는 일에 대해. ②모든 걸 다 돌려놓고 싶었지요. ③복귀하는 것 말이에요. ⑥<u>당신을 간호하면서</u> ⑦<u>아이들의 옷을 빨고 밥을 해 먹이면서</u> ④노력도 했지요. ⑤문득문득 가족이라는 구조로부터 아득히 멀어져 있다는 것을 느끼면서도 의식적으로 노력했어요. ⑧수없이. ⑨하지만 어찌해야 할지 아직 모르겠어요.

문 종결의 형식에도 담화 의존성을 표현하는 것이 있다.[26] 즉 의미적으로 의존적이지만 통사적으로 종속적이지 않은 문장이 존재한다.

문장의 담화 의존성이 표현되는 방법에는 여러 가지가 있다. 일단, 어떤 표시도 없이 전적으로 청자/독자의 추론에 의해 얻어지는 경우도 있고, 어휘 중복이나 대용어와 같은 일명 응집성 구현 장치에 의해 얻어지는 경우도 있다. 그러나 더 노골적으로 아예 담화 의존적 요소임을 드러내는 형식을 발달시킬 수도 있는데, '(으)ㄴ 것이다'나 '다는 말이다'와 같은 구성이 그러하다.

> (99) ①유럽국가들이 식민주의 시류에 편승해 선교 활동을 폈다 중단했다 하면서 생긴 한 가지 효과는 세계 언어가 얼마나 다양한지, 그 규모가 얼마나 되는지에 대한 호기심을 부추겼다는 점이다. ②여행가나 탐험가 들이 새로 접한 언어에 관심을 갖고 최선을 다해 그 언어들을 기록하는 일이 역사상 처음으로 일어난 것이다.

위 (99)의 예에서 ② 문장은 ①에 대한 부연 설명으로, ① 문장 없이 단독으로 쓰일 수 없다. 이런 사실은 ① 문장을 지워 보면 바로 드러난다. 구어에서와는 달리 문어에서 '(으)ㄴ 것이다'는 담화의 시작 부분에 쓰일 수 없는데, 이는 선행 담화에 해석상 의존해 있음을 표시하기 때문이다. 예컨대 "나는 일을 그만두었다. 더 이상 보람을 찾을 수 없었던 것이다."의 연쇄가 '결과-원인'으로 해석되는 데도 '(으)ㄴ 것이다'의 의존성이 기여하는 면이 있다.

(100)에서 '다는 말이다'로 표현된 ③ 문장도 ②의 환언, 혹은 ①과 ② 전체에 대한 환언으로 해석된다. 따라서 앞의 문장 없이 단독으로는 쓰이기 어렵다. 그런데 어떤 문장이 선행 담화에 의존적이라는 것

---

26 이 부분은 문숙영(2019ㄴ: 518~519)을 가져왔고, 아주 일부만 추가 수정하였다.

은 선행 담화와 함께 단위를 이루어 해석하라는 뜻이지, 선행 담화에 비해 '정보가 부수적이거나 수의적'이라는 식의 정보의 위상을 뜻하는 것은 아니다. (99)의 문장 ②나 (100)의 문장 ③은 충분히 새 정보를 전달하고 있으며 따라서 앞의 문장보다 덜 중요하다고 볼 근거는 없다.

(100) ①한국 복식의 조형미 예술 형식에 있어서 외적 형식은 항상 내적 형식에 의해 버텨지고, 한편 내적 형식은 외적 형식을 있게 한다고 한다. ②그래서 예술의 조형성에서 감각적 지각의 대상으로서의 외적 형식은 일정한 내적 형식의 뒷받침으로 보아야 한다. ③즉, 예술의 외적인 것을 단서로 해 그 내적인 것, 본질적인 것을 파악할 수 있다는 말이다.

Mithun(2008)에서 주절 종속적인 부사절이 담화를 작용역으로 하는 독립절로 발달하는 양상을 '확장'으로 설명하였다. 그녀는 이들 확장한 독립절은 이야기 줄거리를 진행하는 데 쓰이지 않고 배경, 설명, 평가를 표현한다고 하였다. 이로써 배경 정보를 제공하는 부사절과 이들 담화 의존적인 독립절의 사용 동인이 유사해서 그 기능이 확장될 수 있다고 보았다. 그러나 주장에 대한 근거를 제공하거나 사태에 대한 발생 이유를 추가하는 것이, 담화의 정보적 위상에서는 배경 정보일 수 있지만, 담화 안에서의 위상이 '단언이 아님'을 보증하지는 않는다. 한국어의 종속접속절은 얼마든지 단언일 수 있음은 앞에서 살펴본 바 있다. 주절-독립적이지만 담화-의존적으로 쓰인 이들 연결어미절도 얼마든지 단언일 수 있다.

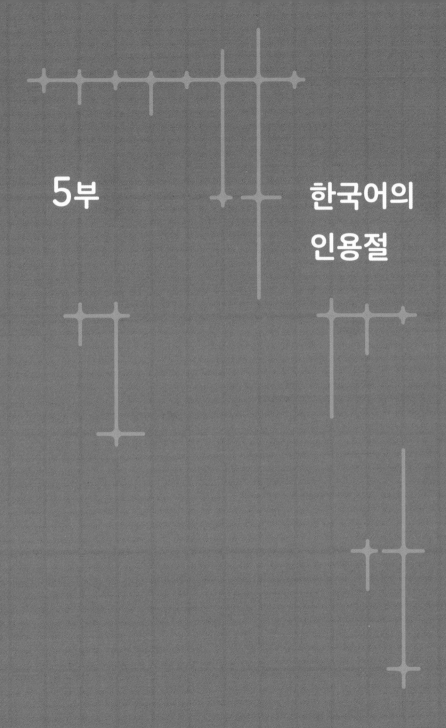

5부 　　　　　　　한국어의
　　　　　　　　　인용절

12장
한국어 인용절의 종류와 특징

12.1. 인용의 속성과 유형

12.1.1. 화시 중심과 화시어의 전이

화시와 화시 중심

누구에 의해, 언제, 어디에서 쓰인 것인가에 따라, 가리키는 바가 달라지는 표현들이 있다. 예를 들어 연구실 복도에 책들이 나와 있고, 여기에 다음과 같은 메모가 붙어 있다고 하자.

'내일 치울 테니, 건들지 마시오!'

이 복도의 청소 담당자는 이를 언제까지 지켜봐야 할까. 즉 언제쯤이면 복도를 어지럽히는 이 책들을 처리할 권리가 자신에게 생긴다고 여기게 될까.

'내일'은 오늘의 바로 다음 날이다. 따라서 '오늘'이 언제인가에 따라 '내일'은 달라진다. 일단, 이 메모를 쓴 이의 기준에서 '오늘'은 메모를 쓴 날이며 '내일'은 그 이튿날을 가리킨다. 그러나 이 메모를 읽는 독자는 메모를 읽는 날이 '오늘'이고, '내일'은 그다음 날이라고 생각하기 쉽다. 으레 그 메모를 읽는 날인 '오늘' 붙여진 메모라 생각하기도 하고, 이 메모가 작성되던 상황보다 독자가 이 메모를 읽는 상황을 기준으로 해석하는 경향도 있기 때문이다.

따라서 이 메모를 매번 다른 사람이 본다면, 혹은 동일한 사람이 보더라도 매번 메모를 읽는 날을 기준으로 해석한다면, 책을 치우기로 기약한 '내일'은 영원히 계속될 수도 있다. 아마도 이 메모의 필자는, 정리할 시간을 벌기 위한 묘책으로 이를 의도했을 것이다.

'오늘'이나 '내일'처럼 전적으로 해당 표현이 발화된 환경, 즉 '누가, 언제, 어디에서' 사용한 것인가에 따라 지시하는 대상이 달라지는 현상을 화시(deixis)라고 한다. 그리고 이런 화시적 표현이 선택되는 조건, 즉 누가, 언제, 어디에서 쓰인 것인가로 구성되는 일종의 기준점이 '화시 중심(deictic center)'이다. 배가 정박하기 위해서는 일정 지점에 닻을 내려야 하는 것과 같이, 화시 중심은 부유하는 화시어들이 특정 대상을 지시하도록 정박되는 지점이다. 위의 메모에서 '오늘'과 '내일'을 쓰거나 해석하는 데 기준이 되는, 화자가 메모를 쓴 날 혹은 독자가 그 메모를 읽은 날이 모두 화시 중심이다. 쉽게 말해, 수많은 '오늘' 중에서 '오늘'이 8월 15일과 같은 특정일을 가리키려면 '오늘'이라는 말이 그 특정일에 쓰여야 하는데, 이는 '오늘'이라는 단어가, 8월 15일이라는 화시 중심에 매임으로써 얻어지는 효과이다.

화시의 종류와 대표적인 부류는 다음과 같은 것들이다.

인칭 화시: '나, 너' 등의 인칭대명사

시간 화시: '지금, 어제, 오늘' 등의 시간부사, 시제

장소 화시: '여기, 저기' 등의 대명사, '이, 그, 저'의 지시사

이들 화시어는, 전적으로 누가, 언제, 어디에서 쓴 것인가에 따라 지시대상이 결정된다. 예를 들어, 화자를 가리키는 '나'는, 철수가 말하면 '철수'를, 영희가 말하면 '영희'를 가리킨다. 또한 '지금'은 작년 여름에 쓰였으면 작년 여름을, 올해 봄에 쓰였으면 그 봄을 가리킨다. '이 자리'는 화자가 도서관에서 발화한 것이면 도서관의 자리를, 연구실에서 발화한 것이면 연구실의 자리를 가리킨다. 이런 차이는 모두 화시 중심이 다른 데서 기인하는 것들이다.

화시 중심은 보통 '화자, (화자가 말하는 시간인) 현재, (화자가 처한 위치인) 여기'가 채택된다. 일례로 '여기, 거기'를 보자. 복도에 책을 놓아둔 A가 청소 담당자 B에게 전화를 걸어 묻는 상황이다.

(1) A의 물음: "혹시 여기 복도에 있던 책 치웠어요?"

　　B의 대답: "네? 거기 복도에 없어요?"

A는 책을 내놓은 복도를 '여기'라고 하였다. A가 화자이고, 이 말을 하는 시간에 화자가 위치한 곳이 복도이기 때문이다. 반면에 B는 복도를 '거기'라고 하였다. 화자 B가 말하는 시간에 위치한 곳에서, '그 복도'는 화자로부터는 멀고 청자 A에 가까운 곳이기 때문이다. 이처럼 A의 발화는 '화자 A, A가 발화한 시간, A가 처한 위치' 중심으로 조직되고, B의 발화는 '화자 B, B가 발화한 시간, B가 처한 위치' 중심으로 조직된다. 이런 점에서 화시 체계는 자기중심적(egocentric)이

라고 한다.

그러나 언어에 따라, 혹은 같은 언어 안에서도 구문과 표현에 따라, 다른 화시 중심이 채택되거나 허용되는 일도 있다. 일례로, 영어에서 "I'm coming to your office."와 같은 표현은, 청자가 위치한 곳으로 이동하는 것을 'come(오다)'이라고 함으로써 청자의 위치를 화시 중심으로 삼은 것이다. 반면에, 한국어는 이런 경우 "내가 너의 사무실로 갈게."와 같이 화자의 위치를 화시 중심으로 한다. 개별 언어의 구문 문법 중에는 이처럼 화시 중심이 '화자−현재−여기'의 기본값과는 다른 종류가 허용되는 것들이 있다. 인용절도 그런 구문 중의 하나이다.

화시 중심에 따른 화시어의 전이

인용절의 문법은 화시 중심에 따른 화시어의 사용과 깊게 관련되어 있다. 발화 상황을 가정해 보자. (2)의 원발화는 어제 영희가 엄마에게 한 말이다. 그리고 (가)와 (나)는 이런 영희의 말에 대해, 엄마가 아빠에게 하소연하는 상황이다.

(2) 원발화: [어제, 영희가 엄마에게] "엄마, 오늘 엄마가 나 안 깨워 줘서 지각했잖아."

　가. [오늘, 엄마가 아빠에게] 영희가 "오늘 엄마가 나 안 깨워 줘서 지각했어." 이러더라고.

　나. [오늘, 엄마가 아빠에게] 영희가 어제 내가 자기 안 깨워 줘서 지각했다고 하더라고.

(2가)의 큰따옴표로 묶인 인용절은 영희의 말을 그대로 가져온 것

이다. 즉 직접인용이다. 반면에 (나)는 영희의 말을, 엄마의 입장에서 재구성한 것이다. 즉 간접인용이다.

간접인용절에는 원래의 말이 그대로 쓰일 수 없고 변화가 따른다. 영희의 처지에서 쓴 말이, 엄마의 처지에서 쓸 수 있는 말로 바뀌는 것이다. 이는 화시의 중심이 바뀌면서 자동적으로 수반되는 변화들 이다.

앞의 발화들 각각의 화시 중심을 살펴보자. (2)의 원발화의 화시 중심은 '영희'이다. 그래서 화자가 영희 자신이기에 '나', 영희가 말하 는 시간 기준에서 '오늘', 영희의 입장에서 청자는 '엄마'이기에 '엄마' 를 선택한 것이다. 반면에, 간접인용절을 내포한 (2나)의 화시 중심 은 전적으로 엄마이다. 그래서 엄마 입장에서 '영희의 엄마'인 자신은 '나', 엄마 자신이 말하는 시간 기준으로 영희가 말한 '오늘'은 '어제', 영희가 자신을 가리켰던 '나'는 엄마의 입장에서 영희 자신을 가리키 는 말인 '자기'로 바뀌었다.

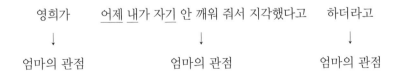

(2)의 원발화와 (2나)의 화시 중심이 각각 '영희'와 '엄마'로 단일한 것과는 달리, 직접인용인 (가)는 화시의 중심이 두 개이다. 즉 '영희가 ~라고 하더라고' 부분은 화시 중심이 인용하는 사람인 엄마이지만, 영희의 말을 옮겨 온 큰따옴표 안은 화시 중심이 여전히 영희이다.

영희가	"오늘 엄마가 나 안 깨워 줘서 지각했잖아."	이러더라고.
↓	↓	↓
엄마의 관점	영희의 관점	엄마의 관점

인용문의 전형적인 유형은 다른 사람의 말을 옮겨 오는 것이다. 따라서 화자가 한 명으로 전제되는 보통의 발화와는 달리, 인용 발화에는 원화자(original speaker)와 이 말을 옮겨 온 인용화자(reporter, current speaker) 두 명이 있기 마련이다. 따라서 화시 중심도 원래 발화의 것과 인용 발화의 것, 두 개가 있을 수 있다. 인용절의 종류와 문법은 결국 이 두 개의 화시 중심이 유지되느냐, 하나로 일원화되느냐에 따른 문제이다.

문법적으로 직접인용절은 피인용절의 화시 중심이 원화자의 것을 유지하는 절이고, 간접인용절은 피인용절의 화시 중심이 인용화자의 것으로 바뀌는 절이다. 간접인용에서 인칭대명사, 시간부사어 등이 바뀌는 것은, 화시의 중심이 원화자의 발화 상황에서 인용자의 인용 상황으로 바뀌면서 조정을 겪는 현상이다. 즉 화시적으로 응집된 발화를 생산하기 위한 불가피한 변화인 것이다.

12.1.2. 직접인용과 간접인용

인용문의 종류

인용에는 크게 네 종류가 있다. 직접인용, 간접인용, 자유직접인용, 자유간접인용이다.

누가	" A "	라고 말하다	직접인용
누가	A'—다고/냐고/라고/자고/마고	말하다	간접인용
	" A "		자유직접인용
	A" (직접인용의 표현+간접인용의 표현)		자유간접인용

기능적으로, 직접인용이 원화자의 말을 전혀 바꾸지 않고 그대로 재현하는 것이라면, 간접인용은 인용화자의 관점에서 주요 내용을 추려서 전달하는 인용이다. 발화 목적의 차원에서 구분하면, 간접인용은 무엇이 말해졌는가를 전달하고자 한다면, 직접인용은 어떻게 말해졌는지까지 전달하고자 하는 절이다(Wierzbicka 1974).

'자유'가 붙는 인용의 종류는 '누가 ~ 말하다'와 같은 부분이 없이, 피인용절만 있는 종류이다. 자유직접인용은 피인용절의 자리에 원래의 발화가 그대로 쓰이는 종류이다. 채숙희(2011/2013)에서는 다음을 자유직접인용의 예로 제시하고, 이런 종류는 문학 텍스트에서 주로 쓰이기는 하지만 한국어 구어 담화에서도 자주 발견된다고 하였다.

(3) 딱 올라탔어. 기사 뒤에 앉았어. 사람도 없잖아. 기사 뒤에 앉아
　　가지고 새벽 세 시에 "아우, 기사님, 죄송합니다. 술 많이 취했으

니까요 술 냄새 나드래도 양해해 주세요." 그 정신에도 매너를 지킬라고. (채숙희 2013: 36의 예)

위의 예에서 큰따옴표 부분의 앞뒤에는 인용동사가 없다. 그러나 자신의 과거의 사건과 이때 자신이 한 말을 그대로 재현한 것으로 보아 직접인용인 것은 분명하다. 이처럼 인용동사 없이, 있었던 혹은 있었음 직한 원발화를 그대로 재현하는 방식은, 구어에서는 흔히 쓰인다. 그런데 이런 자유직접인용은 인용동사는 없으면서 형식은 보통의 발화와 동일해서, 구문으로는 식별되지 않는다. 앞뒤 문맥을 통해서만 인용된 발화임을 알아낼 수 있는 것이다.

자유간접인용은, 피인용절의 문법이 간접인용의 것과 직접인용의 것이 공존하는 특이한 종류이다. 일부 표현은 원화자의 것을 유지하고 또 일부 표현은 인용화자의 것으로 바뀌기 때문이다. 이를테면 인칭대명사는 인용화자에 맞추되, 원래의 발화가 가질 만한 억양은 유지되는 등의 방식이다. 이런 특수함 때문에 문학에서는 이를 '자유간접화법'이라 하여 서사기법의 일종으로 다루어 왔다. 이에 대해서는 13장에서 자세히 다룬다.

직접인용과 간접인용의 구분

직접인용과 간접인용의 차이는, 아래와 같은 속성에 의해 구분된다. 이들은 범언어적 대조나 개별 언어에서 인용문의 문법적 특징을 탐색할 때도 쓰이는 것들이다. 간접인용절의 문법은 12.2.에서 자세히 다룰 예정이므로, 여기에서는 ⑤ 표현소와 ① 인용표지를 살펴본다.

	직접인용	간접인용
① 인용표지의 종류	라고	고, ∅
② 화시어의 전이 여부	원화자의 것이 유지됨	인용화자에 따라 바뀜
③ 청자 대우 여부	다양한 청자 대우 가능	청자 대우 불가능
④ 수행 억양	실현 가능	실현 불가, 결여
⑤ 호격어, 감탄사 등의 표현소	가능	불가
	⇓ 독립절의 양상	⇓ 내포절의 양상

간접인용절에는 "와, 이런, 깜짝이야"과 같은 감탄사, "영수야"와 같은 호격어가 쓰이지 못한다. 이들은 (4가)처럼 직접인용으로만 가능하고, 간접인용절에서는 (나)처럼 놀람의 억양 없이 '깜짝이라고'로 바뀐다.

(4) 가. 영수가 "아, 깜짝이야!"라고 했다.
　　나. 영수가 깜짝이라고 했다.

또한, 미처 끝맺지 못한 발화나 생략문 등도, 그 형태 그대로는 간접인용절에 쓰이지 못한다. 생략된 발화가 간접인용절에 쓰일 때는 (5나)와 (다)에서 보듯이 생략된 부분이 어떤 식으로든 채워진다.

(5) 원발화: "하고 싶은 말은 많지만…"
　　가. 영수는 "하고 싶은 말은 많지만…"이라고 했다.
　　나. 영수는 하고 싶은 말은 많다고 했다.

다. 영수는 하고 싶은 말은 많지만 안 하겠다며 말을 아꼈다.

이런 제약들은 비교적 언어 보편적이다. 일례로 영어에서도 (6)처럼 쓰이지는 못한다.

(6) *He said that {hello/wow/surprise/no!}

수행 억양을 동반한 감탄, 호격어, 생략문 등은 주로 독립된 절에만 나타날 수 있는 것들이다. 따라서 이들이 간접인용절에 나타날 수 없는 것은 간접인용절이 독립절이 아닌, 내포절이기 때문에 받는 제약이다. 간접인용절과 직접인용절의 통사적 차이는, 단독으로 통보적 기능을 수행하지 못하는 내포절과, 이런 제약을 가지지 않는 독립절의 기능적 차이가 반영된 결과이다.

인용표지

직접인용과 간접인용을 구분하는 직접적인 지표로는 인용표지가 거론되어 왔다. 대체로 직접인용에는 '라고', 간접인용은 '고'가 쓰이기 때문이다.

(7) 가. 나는 "내일 해도 될 일은 절대 오늘 하지 않습니다."라고 당당히 말했다.
　　나. 나는 내일 해도 될 일은 절대 오늘 하지 않는다고 당당히 말했다.

그런데 직접인용이지만 '고'만 쓰이거나, 아예 표지가 없을 수도 있다.

(8) 가. 나는 "내일 해도 될 일은 절대 오늘 하지 않습니다."고 당당히
　　　　말했다.

　　나. 나는 "내일 해도 될 일은 절대 오늘 하지 않습니다." ∅ 당당히
　　　　말했다.

또한, 간접인용절이지만 '고'가 쓰이지 않는 일도 많다.

(9) 나는 내일 해도 될 일은 절대 오늘 하지 않는다 ∅ 당당히 말했다.

이처럼 어떤 표지도 없는 경우는, 휴지나 억양과 같은 운율적 요
소가 역할을 한다. 인용의 종류가 형식적으로 구분되지만, 그 형식적
차이가 드러나지 않고 운율적 요소로만 구분되는 예는 상당히 흔하
다. 다음 영어의 예도 그런 경우이다.

(10) 가. Martin said : "He had gone to the library."

　　나. Martin said he had gone to the library.

(10가)는 직접인용의 발화이고 (나)는 간접인용이지만 내포절을 이
끄는 'that'이 생략된 것이다. 이 둘은 억양으로만 구별된다.

직접인용과 간접인용의 표지가 서로 넘나들어 쓰이거나 생략되는
일은, 구어에서는 흔한 일이다. 이는 방언에서도 확인된다.[1] 아래 정

1　이는 문숙영(2012: 60~68)에서 언급한 바 있다.

리해 놓았듯이[2] 동남 방언의 '고/꼬'를 제외하고는 대부분의 방언은 간접인용과 직접인용의 표지를 가진다. 그러나 실제 사용에서는 인용표지가 수의적으로 나타나는 일이 많다.

인용동사	간접인용	직접인용	인용동사
[중부]	고/구	라고, 하고	'말하다'류, 하다, '그러하다'류
[서남]	고/ㄱ[3]	라고, 하고	'말하다'류, 하다, '그러하다'류
[동남]	고/꼬	고/꼬, 카고[4]	'카-', '쿠-', '이카-'류, '그러하다'류
[제주]	엔(옌)/ㄴ[5]		{영, 경} 굳다,[6] ᄒ다

경북 방언에서는 특히 '고'가 생략되는 것이 더 자연스럽고(권재일 1996: 155), 중부 방언의 담화 자료에서도 인용표지 없이 직접인용절이 나타나는 경우가 대부분(이기갑 2003: 572~573)이라는 보고도 있다. 게다가 최근에는 간접인용에 '라고'를 쓰는 일도 늘고 있다. 인용표지는 인용의 종류를 가르는 데 그다지 결정적이지는 않다.

---

2 이는 이기갑(2003)에 기반하여 정리한 것이다.
3 서남 방언의 'ㄱ'은 '고'의 'ㅗ'가 인용동사 '하-' 앞에서 수의적으로 탈락한 형태(이기갑 2003:583, 588)라고 한다. "비가 겁나게 온닥 해라우"와 같은 예이다.
4 '카고'는 '-고 하-'가 줄어들어 만들어진 인용동사 '카-'에서 만들어진 것이다.
5 'ᄒ고'에서 '고'가 나온 중앙어와는 달리, 제주 방언의 '엔'은 'ᄒ-'에 '안/앙'이 결합된 '헨'에서 만들어졌다. 제주 방언에서는 연결어미 '고'가 잘 쓰이지 않고 대신 '안/언, 앙/엉'이 오는 일이 많다. 정승철(1997: 99~100)에서는 'ᄒ'에 '안'이 붙으면 'ᄒ연' 또는 '헨'으로 나타나는데, 후자의 '헨'이 종결어미와 융합되면 어두의 'ᄒ'이 탈락하여 '덴, 으녠, 읍센' 등으로 나타난 것으로 보아, 인용 어미는 '엔'으로 분석된다고 하였다. 이 '엔'이 직접인용일 경우 'ㄴ'으로 나타나기도 한다.
6 '영 굳다'는 '이렇게 말하다', '경 굳다'는 그렇게 말하다 정도에 해당되는 제주 방언이다.

12.1.3. 반직간접인용 및 특이 형식

반직접인용, 반간접인용

직접인용절의 속성과 간접인용절의 속성이 함께 나타나는 경우도 있다. 아래 예에서 대괄호 부분은 원화자인 엄마의 말을 인용화자인 '세현이'가 옮긴 것이다.

(11) 근데 엄마가 그러는 거야, [세현아, 너는 장남한테 시집가지 말라 구, 나는 내 딸은 장남한테 안 보낸다고.] (채숙희 2013: 40의 예)

그런데 이 대괄호 부분에는 엄마가 쓸 만한 표현과 인용화자인 세현이가 쓸 만한 표현이 섞여 있다. '세현아'라는 호격어, 엄마의 입장에서 '딸'을 '너'라고 한 것, 엄마 자신을 '나'라고 한 것은 엄마 입장에서의 표현들이다. 즉 직접인용에서 가능한 것들이다. 반면에, 상대높임이 해라체로 중화되고 어미가 '라고, 다고'가 쓰인 것은 인용화자인 세현이의 입장에서 선택된, 즉 간접인용의 형식이다. 이에 채숙희 (2011/2013)는 이를 반직접인용이라 하였다.

세현아　　　너는, 나는, 내 딸은　　　시집가지 말라고, 안 보낸다고
↓　　　　　　　↓　　　　　　　　↓
엄마의 화시 중심　엄마의 화시 중심　(인용자인) 세현의 화시 중심

위의 양상과는 반대로, 피인용절의 어미는 원발화의 것이고, 인칭대명사가 인용화자 중심으로 바뀐 형태도 있다. 채숙희(2011/2013)에서는 (12가)의 대괄호 부분의 원사유는 (나) 정도로 상정될 수 있다고

하고, 이런 형태를 반간접인용이라 할 수 있겠다고 하였다.

(12) 가. 이걸 고르면서 나를 생각했겠구나. [나는 무엇을 좋아할까]
　　　　생각했겠구나.
　　나. 걔는 뭘 좋아할까? (채숙희 2013: 43의 예)

나는 (← 걔는)　　　　　　좋아할까
↓　　　　　　　　　　　　↓
인용화자 중심(← 원화자 중심)　　　원화자 중심

이처럼 속성이 반씩 섞인 종류는 언어유형론에서도 꽤 보고된 바
가 있다. 이들은 12.3.에서 다시 다룬다.

신문 기사문에서의 특이 형식

신문 기사문에는 누군가의 발화가 큰따옴표로 표현되어 있지만,
직접인용으로 보기 어려운 형식이 자주 등장한다. 이는 김정남(2005)
에서 다룬 바 있는데, 아래와 같은 예이다.

(13) 김 대통령은 또 "고액 과외를 시키는 학부모에 대해서는 자금 출
　　　처를 조사하는 등 특단의 대책을 세우라"고 지시했다. (김정남
　　　2005: 282의 예)

이 예에서 큰따옴표 부분은, 대통령의 발화를 그대로 옮겨 온 것
이 아니다. 청자를 대면한 발화라면 간접명령의 '으라'가 붙은 '세우
라'가 아니라 직접명령의 '어라'가 붙은 '세워라'를 썼어야 할 뿐 아니

라, 무엇보다 대통령이 간접/직접명령의 어미의 차이를 몰랐다 하더라도 해라체로 지시했을 가능성은 낮다. 게다가, 큰따옴표 안의 내용도, 대통령이 내린 지시의 핵심을 요약한 것으로 보인다. 큰따옴표만 제외하면, 모두 간접인용으로 볼 만한 양상들이다.

직접인용이 아닌데도 따옴표로 표시한 이유는, 김정남(2005: 283)의 지적대로 특정인에 의한 발화임을 강조하기 위한 것으로 보인다. 큰따옴표가 신문 기사에서 누군가의 발화 중 핵심 내용을 강조할 때 쓰임은, 아래 예에서도 확인된다. 따옴표 안의 표현은 그의 측근이 한 말의 일부라는 사실만 보증할 뿐, 직접인용으로도 간접인용으로도 보기 어렵다.

(14) 그의 측근은 그게 단순히 "우의를 다지기 위한 것"이라고 말했다.

(김정남 2005: 291의 예)

누군가의 발화임을 드러내기 위해 텍스트에서는 큰따옴표라는 문장부호를 활용하지만, 구어에서는 인용표지 '라고'를 이용한다. 다음은 간접인용절에 '라고'가 쓰인 예들이다.

(15) 가. 고칠 수 있는 데가 없다라고 하더라고요.
나. 운동이 답이다라고 말씀하시더라고요.

간접인용절에 '라고'를 붙이는 일은 그간 비문법적인 것으로 처리해 왔다. 그러나 문법성과는 별개로, 이런 쓰임이 좀처럼 줄지 않고 오히려 늘어나는 것은, 이런 표현이 가지는 효용 때문이라고 볼 여지가 있다.

'라고'를 쓰면, 누군가의 발화를 인용하고 있음을 표시함으로써, 이들 발화를 분리해 내는 효과가 발휘된다. 이는 신문 기사에서 큰따옴표가 했던 기능과 아주 유사하다. 예컨대 온전한 간접인용절인 (16가)에 비해 (나)는 누군가가 한 말이라는 사실을 훨씬 부각시킨다.

(16) 가. 고칠 수 있는 데가 <u>없다고</u> 하더라고요.
　　　나. 고칠 수 있는 데가 <u>없다라고</u> 하더라고요.

간접인용절을 '다고'가 아니라, '다√라고"를 통해 따로 분리해 내는 방식은, '말하다'와 같은 발화동사 외에, '느끼다, 생각하다' 등의 사유동사에도 폭넓게 쓰인다.

(17) 가. 한편으로는 다행스럽다라고 느껴져요.
　　　나. 그걸 보면 나쁘지 않다라고 생각이 들어요.

12.2. 간접인용절의 문법[7]

간접인용절은 화시의 중심이 인용화자로 바뀌면서 화시어도 바뀌는 과정이 수반된다. 그러나 언어마다 바뀌는 화시어의 종류는 다르다. 그리고 화시어의 전이와 무관하게 이루어지는 문법적인 변화도 있다. 이 절에서는 이런 내용을 다룬다.

7　12.2.와 12.3.은 문숙영(2012ㄴ: 232~236)에서 대부분 가져왔고, 아주 일부만 수정하였다.

12.2.1. 청자 대우

한국어 간접인용절이 보이는 가장 큰 문법적 변화는 청자 대우법의 중화이다. 원래 발화에서 다양한 종결어미로 표시되었던 청자 높임은 간접인용절에서는 모두 해라체로 통일된다. 즉 원래 발화에서 종결어미가 무엇이었든, 평서문, 의문문, 청유문, 명령문, 약속문 등의 문장 유형에 따라 각각 '다고, 냐고, 자고, 라고, 마고'로 바뀐다.

(18) 가. "저녁은 이미 먹었습니다." → 저녁은 이미 먹었다고 말했다.
　　 나. "저녁은 이미 먹었습니까?" → 저녁은 이미 먹었냐고 물었다.
　　 다. "저녁 먹읍시다."　　　　→ 저녁 먹자고 말했다.
　　 라. "저녁은 먼저 드십시오."　→ 저녁은 먼저 먹으라고 말했다.
　　 마. "저녁은 꼭 먹으마."　　　→ 저녁은 꼭 먹으마고 했다.

청자 높임이 중화되는 현상은 화시 중심에 따른 화시어의 전이 현상이 아니다. 높임은 발화장면이 아니라 화자와 청자 간의 관계에 의해 결정되는 것이므로, 종결어미는 화시어가 아니다. 따라서 화시어의 전이가 상당히 언어 보편적인 변화인 것에 비해, 청자 대우의 중화는 언어 개별적인 특징으로 한국어 간접인용절의 독특한 문법이다.[8]

그런데 모든 한국어가 이런 특징을 보이는 것은 아니다. 일례로 제주 방언에서는 청자높임을 유지하는 간접인용이 가능하다.

---

8 이는 청자 대우의 중화가 세계 언어에서 한국어에만 존재한다는 의미는 아니다. 화시어의 전이는 언어 보편적인 변화인 데 반해, 이는 언어 개별적인 현상이라는 의미이다.

(19) 원발화: "밥 먹읍써. (밥 먹으십시오.)"

　　가. A가 B 신디 "밥 먹읍써." ᄒᆞ난 ("밥 먹으십시오" 하니까)

　　나. A가 B 신디 밥 먹읍쎈 ᄀᆞ라신디. (밥 먹으십시오라고 말했는데)

　　다. A가 B 신디 밥 먹으렌 ᄀᆞ라신디 (밥 먹으라고 말했는데)

(19가)는 원발화를 직접인용한 것이다. (나)와 (다)가 간접인용인데, (나)는 청자 높임이 그대로 유지된 형태이고 (다)는 해라체로 중화된 형태이다. (나)의 '먹읍쎈'은 '먹읍써'에 간접인용의 어미 '엔'이 결합한 형태이다. 종결어미에 '엔'이 결합되면 아래와 같은 형태가 된다.

• '종결어미+엔' 형태 예시

– 홉서체(높임) 평서: 일 아니우다 → 아니우덴, 갑네다 → 갑네댄

– 홉서체(높임) 의문: 먹엄수가 → 먹엄수겐

– ᄒᆞ라체(낮춤) 평서: 소리여 → 소리엔, 구엇져 → 구엇젠, 좋다 → 좋댄

– ᄒᆞ라체(낮춤) 명령: 먹으라 → 먹으렌

(19나)의 '밥 먹읍쎈'과 같은 형태는, 청자 대우 등급이 유지된다는 이유로 직접인용으로 분류되어 왔다. 이에 따라 제주 방언은 직접/간접인용절에 모두 '엔/ㄴ'이 붙는, 즉 인용표지의 차이가 없는 언어로 기술되어 왔다. 그러나 '엔'은 간접인용의 어미이며, 이들 형태가 붙은 절은 간접인용절이다. 근거는 다음과 같다.

첫째, 수행 억양이 이 환경에서는 유지될 수 없다. 즉 (19나)에서는 원발화와 동일한 수행 억양이 실현되지 않는다. 게다가, 종결어미와 인용의 표지가 한 음절로 융합되기 때문에, 사이에 휴지도 개입될 수

없다. 중앙어에 빗대어 설명하자면, '다√라고'와 같은 형태가 아니라 '다고'와 같은 형태이다. 따라서 직접인용의 운율적 속성을 가지기 어렵다.

둘째, '엔' 앞에는 감탄사나 호격어 등이 오지 못한다. 예컨대 "?철수야렌"이나 "?어머나렌 해도" 등이 수행 억양까지 동반한 형식으로는 허용되지 않는다. 이들은 모두 '엔'절이 독립절일 수 없음을 보여 주는 양상들이다.

구술 담화에서는 실제로 어떻게 쓰이는지 보자. 아주 높임의 어미에 '엔'이 붙은 형태로 '기우덴'이 쓰이고 있는데, 대당되는 원발화는 "기우다"가 될 것이다. 그런데 이 "기우다"에 얹힐 만한 억양이 '기우덴'에서는 허용되지 않는다.

(20) 어머니는 그게 아니라. ᄒ끔 아이덜을 깨닫게 허여시믄 허는디 우리 아버지가 워녕 영 아니다 허민 이것이 아니다, 아니로 생각 허여사지 <u>기우덴</u> 우기질 못허엿어.
[(중앙어 해석) 어머니는 그게 아니라, 약간 아이들을 깨닫게 했으면 하는데. 우리 아버지는 워낙 영 아니다 하면 이것이 아니다 아닌 걸로 생각해야 하지 <u>그렇습니다고</u> 우기질 못했어.]

이들 형태가 간접인용이라는 증거로 셋째, '나'가 '자기'로 바뀔 수 있다는 점도 들 수 있다. 원발화의 '나'가 '엔'절에서는 (21가)처럼 '나'가 유지되기도 하고 (나)처럼 중앙어 '자기'에 해당하는 '지'로 바뀌기도 한다. '지'가 쓰일 수 있는 것은 간접인용절의 속성이다.

(21) 원발화: "오널 나 생일이우다." (오늘 나 생일입니다.)

가. 철수가 선생님ᄀ라 오널 <u>나</u> 셍일이우뎅 햇저.

나. 철수가 선생님ᄀ라 **지** 오널 셍일이우뎅 햇저.

'자기'는 내포절의 주어가 모절의 3인칭 주어와 동일인임을 표시하기 위해 쓰이는 대명사이다. 따라서 (22가)의 직접인용처럼 화자가 자신을 가리키는 말로 '자기'를 쓸 수는 없고 (나)처럼 간접인용절일 때 '철수'를 대신 가리키는 말로 쓰인다.

(22) 원발화: "오늘 저 생일입니다."

가. 철수ᵢ가 선생님께 "*오늘 자기ᵢ 생일입니다"라고 말했다.

나. 철수ᵢ가 선생님께 오늘 자기ᵢ 생일이라고 말했다.

요약하면, 간접인용절에서 청자 대우가 해라체로 중화되는 것은 화시어의 전이 현상은 아니지만 한국어 간접인용절의 주요 특징이다. 그러나 모든 한국어가 이런 것은 아니고, 제주 방언처럼 청자 대우가 유지되는 경우도 있다.

12.2.2. 시제

간접인용절의 시제는 원발화의 시제가 변하는 언어와 그렇지 않은 언어가 있다. 영어와 독일어는 시제가 바뀌는 언어이고, 한국어와 러시아어는 원발화의 시제가 그대로 쓰이는 언어이다.

영어의 경우, 아래 A의 원발화는 간접인용절로 바꾸면 B와 같이 표현된다. 원발화에서 'am'으로 표현된 것이, 간접인용에서는 'was'로 바뀌는 것이다.

(23) A: "I am ill."

　　B: She said that she was ill.

　그렇다면 영어의 이런 시제 변화는 화시 중심이 인용화자로 바뀌면서 야기되는 화시어의 전이 현상일까. 아니다.

　만약 화시 중심의 변화에 따른 전이라면, 설명할 수 없는 예들이 생긴다. 일례로 이런 상황을 가정해 보자. 내 동생은 교수이고 2023년 현재 아직 정년심사를 받지 않았다. 그런데 엄마가 동생이 언제쯤 정년보장을 받을지 궁금해한다. 그러면 나는 엄마에게 지금 준비 중이니, 2025년에는 2024년에 이미 받았다고 답할 것이라고 안심시킨다고 하자. 나의 이 발화는 (24)처럼 표현된다. 'got tenure'라고 과거로 표현한 것은 2025년 기준으로는 이미 일어난 일이기 때문이다.

(24) In 2025, My sister will say, "I got tenure in 2024."

　그러면 이 발화에 대한 간접인용절로는 (25가)와 (나) 중에서 무엇이 더 적절할까. (가)가 더 적절하다. (가)처럼 2025년에는 정년보장을 이미 받은 것으로 표현해야지, (나)처럼 2025년에도 정년보장을 받을 예정이라고 표현해서는 안 된다.

(25) 가. In 2025, My sister will say that she got tenure in 2024.

　　나. *In 2025, My sister will say that she will get tenure in 2024.

　(24)의 간접인용으로 (25가)가 적절하다는 것은, 한국어로 바꾸어

보아도 쉽게 확인된다.

(26) 가. 내 동생은 2024년에 정년보장을 받았다고 2025년에 말할 것
이다.

나. *내 동생은 2024년에 정년보장을 받을 것이라고 2025년에 말
할 것이다.

(25가)와 (26가)의 인용절의 과거형은 인용화자의 관점으로 조정된
것이 아니다. 만약 인용화자의 관점에서라면, 인용화자인 나는 2023
년에 있으므로, 2024년과 2025년이 모두 미래로 표현되어야 한다. 즉
(25나)와 (26나)처럼 되어야 하는 것이다.

이런 근거로 Comrie(1985, 1986)에서는 영어의 간접인용절의 시제
변화는, 화시 중심에 따른 변화가 아니라 시제일치규칙의 결과라고
주장한다. 즉 모문의 인용동사가 과거일 때 피인용절의 시제가 하나
씩 앞당겨지는 통사규칙의 결과라는 것이다.

(27) 가. "I was ill." → She said that she <u>had been</u> ill.

나. "I will leave." → John said that he <u>would</u> leave.

(27가)의 'had been'은 'was'였던 것이 인용동사 'said'에 맞추어 시
제가 하나 앞당겨진 것이다. (나)의 'would'도 인용동사 'said'에 따라
'will'에서 과거로 바뀐 것이다. 만약 화시 중심에 따른 변화라면, 그
가 떠나는 날이 실제 언제이냐에 따라 "John said that he will leave"
도 가능해야 하지만, 이는 거의 허용되지 않는다.

반면에 모문의 인용동사가 현재나 미래일 때는 시제일치규칙의 적

용을 받지 않는다. 따라서 앞의 (24)의 원발화의 과거시제가 간접인용절인 (25가)에서 그대로 쓰이고 있는 것이다. (25가)의 'got tenure'는 원화자가 말하는 시점인 'will say' 기준에서 과거이고, 'will say'는 인용화자의 현재 기준에서 미래이다.

결국 (25가)는 인용화자의 화시 중심으로 일원화되지 않고 두 개의 기준 즉, 두 개의 화시 중심을 가진 문장이라고 할 수 있다. 사실, (27나)의 'would'도 원화자가 말하는 시점 기준으로 미래이면서, 인용화자가 말하는 시점인 현재 기준으로 과거이다. 따라서 화시 중심이 두 개이므로, 'would'로의 변화도 화시 중심의 일원화에 따라 화시어가 전이된 결과가 아니다.

경우에 따라 시제가 변하기도 하는 영어와는 달리, 한국어는 원발화의 시제가 대체로 유지된다. 다음의 예가 모두 이를 보여 준다.

(28) 가. "꽃잎이 노랗다." 이렇게 말했다.

→ 꽃잎이 노랗다고 말했다.

나. "늦잠 자서 지각했어." 이렇게 말했다.

→ 어제 늦잠 자서 지각했다고 말했다.

다. "난 2024년에 심사를 통과할 거야." 이렇게 말했다.

→ 난 2024년에 심사를 통과할 거라고 말했다.

라. "2024년에 심사를 통과했다." 이렇게 말했다.

→ 난 2025년에는 2024년에 심사를 통과했다고 말할 거야.

따라서 한국어 간접인용절의 시제는, 인용화자의 화시 중심에 따라 바뀌지 않고, 오히려 원화자의 화시 중심을 유지한다고 할 수 있다. 영어나 한국어의 이런 양상은, 간접인용절이라 하더라도 늘 화시

의 중심이 인용화자로 일원화되지 않고, 두 개의 화시 중심이 공존할
수도 있음을 보여 준다.

12.2.3. 장소와 시간의 화시어

간접인용에서 전이가 일어나는 화시어로 장소부사/장소대명사와
시간부사/시간명사가 언급된다. 그러나 장소의 화시어는 간접인용
절에서 조정을 받는 양상과는 조금 다른 면이 있다. 원발화와는 다른
공간부사가 쓰일 수 있지만, 이는 인용화자의 공간적 위치 외에도,
다른 요인들이 관련되기 때문이다.

다음과 같은 발화 상황을 가정해 보자.

(29) 아들: (새로 꾸며 낸 방 옆에서) ①"이 방은 이제부터 내 방이야."
　　엄마가 친구에게: ②아들이 이 방은 자기 방이라고 하더라.
　　　　　　　　　　③아들이 저 방은 자기 방이라고 하더라.
　　　　　　　　　　④아들이 그 방은 자기 방이라고 하더라.

아들 말인 ①의 '이 방'은 아들이 방 가까이에 있어서 쓰인 표현이
다. 이를 엄마가 인용할 때는 ②~④가 가능하다. ②의 '이 방'은 화자
인 엄마가 그 방 가까이에 있을 때, ③의 '저 방'은 화자인 엄마와 청
자인 친구가 모두 그 방 멀리 있을 때, ④는 청자가 그 방 가까이에
있을 때 선택하는 표현이다. 즉 ②~④는 방에 대한 화청자의 위치와
방과의 거리까지 고려되어 표현이 결정되는 것이다.

그런데 ②처럼 '이 방'이라고 하더라도, 화자가 그 방 가까이 있음
을 보증하지는 않는다. 인용화자의 입장에서 바꾼 것이 아니라, 원화
자가 쓴 것을 그대로 가져온 것일 수 있기 때문이다. 예를 들어 보자.

(30)의 아래 ①의 '이 방, 여기'는 원화자인 아내가, 해당 방 가까이에 있어서 선택한 것이다. 그런데 이를 남편이 인용하면서 (30)의 ③처럼 원화자의 표현을 그대로 가져다 쓸 수 있다.

(30) 아내: ①{이 방은, 여기는} 이제 내 서재야.
    남편: 오락하려고 ②저 방을 만들어 놓았더니, 우리 마님이 ③
        {이 방은, 여기는} 이제 자기 서재래.

③이 원화자인 아내의 것임은, 남편이 ②에서처럼 '저 방'이라고 표현한 데서 알 수 있다. 남편은 방에서 멀리 위치해 있기에 '이 방'이라고 할 처지에 있지 못하다. 이런 점에서 (29)의 ②의 '이 방'도 아들이 한 말을 그대로 가져온 것일 수 있다.

무엇보다, 인용절에서 '저 방'이라고 해도, 이것이 원발화 '이 방'에서 바뀐 것이라고 단정할 수 없다. 원발화에서도 '저 방'이라고 했을 수 있고, 아니면 '그 방'이라고 했을 수도 있고, 아니면 '새로 꾸민 방'이라고 했을 수도 있다.

(31) 가. "그 방은 내 서재야." → 우리 아들이 {그 방은, 저 방은, 이 방은} 자기 서재라고 했어.
    나. "새로 꾸민 방은 내 서재야." → 우리 아들이 {그 방은, 저 방은, 이 방은} 자기 서재라고 했어.

영어의 인용절에서도 장소 화시어는 전이된 형식을 가지지 않는 것으로 알려져 있다(Anderson & Keenan 1985: 306). (32가)의 'there'와 'that'은 (나)에 있는 'here'와 'this'에서 전이된 것이라고 볼 수 없다.

(32) 가. John said that he would put the book {there, in that drawer}…

나. I'll put the book {here. in this drawer}.

만약 'here'에서 전이된 것이라면 이 문장은 [존이 "나는 이 책을 여기에 둘 거야."를 말할 때 '여기'로 가리키는 장소에 책을 둘 것이라고 존이 말했다]의 의미를 가져야 한다. 그런데 (32가)에 이런 의미는 없다. 그저 현재 인용화자에게서 떨어진 어느 장소에 둘 것이라는 의미만 읽힐 뿐이다.

시간 화시어는 장소 화시어에 비해 화시의 전이를 겪는 편이기는 하나, 이것 역시 불완전한 경우가 흔하다. 아래의 '지금'과 '내일'은 중의성을 갖는다. 즉 인용화자의 화시 중심에 의해 조정된 것일 수도 있고, 원화자가 '지금'이나 '내일'이라고 말한 것을 그대로 옮겨 온 것일 수도 있다.

(33) 가. 그때 친구가 지금 안 찾으면 못 찾는다고 했을 때 들을걸.

나. 며칠 전에 그 친구가 그러는데 내일 떠난다고 하더라.

만약 후자라면 간접인용의 전이 원칙에 의해 '그때'나 '그다음 날' 정도로 바꿀 만한 것이다. 만약 원화자가 말한 것을 그대로 '언급 (mention)'한 것이라면, 이들은 인용화자의 중심으로 화시 중심이 일원화되지 않고 원화자의 화시 중심을 일부 유지함으로써 복수의 화시 중심을 가지는 경우가 된다.

시간 화시어의 전이가 한국어보다 엄격한 것으로 알려져 있는 영어에서도 종종 그 전이가 불완전한 경우가 있다. 다음이 그 예이다.

(34) 가. One senator(John Kerry) who has been investigating the bank for some years said that only <u>now</u> was the true extent of the wrongdoing becoming clear. (Vandelanotte 2006의 예)

　나. John said that he would do it the day after.

　나′. John said, "I'll do it tomorrow."

(34가)는 'now'가 과거시제와 공기하고 있는 예이다. 이때 과거시제는 인용화자의 화시 중심에서 선택된 것이고, 'now'라는 시간 지시어는 원화자의 화시 중심에서 선택된 것이다. (나)는 Anderson & Keenan(1985: 306~307)에서 일부 영어 화자에게는 (나′)을 보고하는 데 쓰지 않는 것으로 판단한 예이다. (나′)의 'tomorrow'는 존이 발화한 시점 기준에서 '내일'을 가리키지만, (나)의 'the day after'는 존이 발화를 한 바로 다음 날로 해석하지 않는 화자들도 일부 있다는 것이다. 화자들에게는 '다음 날'이 '존이 이 발화를 한 바로 다음 날'의 의미로 해석되는 것이 불가능하다고 한다.

12.2.4. 인칭대명사

인칭대명사의 전이는 간접인용의 가장 두드러진 변화에 속한다. 영어처럼, 대명사의 전이가 의무적이고 이를 어기면 수용성이 급격히 떨어지는 언어들이 있기 때문이다. 한국어에서도 다른 화시어에 비해 인칭대명사의 전이가 비교적 더 강제되는 편이다.

아래 원발화를 간접인용한 것이 (35가)이다. (가)에는 (나)에 제시된 것처럼 '내 → 네', '너 → 나'의 변화가 확인된다. 화시 중심이 '영수'에서, 청자였던 '은우'로 바뀌었기 때문에 자동적으로 따라오는 변화이다.

(35) 원발화: [영수가 은우에게] "내$_i$가 너$_j$한테 전화할게. 먼저 하지 마."

　　가. [은우가 영수에게] 뭐? 네$_i$가 나$_j$한테 전화한다고? 내가 먼저
　　　　하면 안 돼?

　　나. 내$_i$가 → 네$_i$가, 너$_j$한테 → 나$_j$한테

　그런데 인칭대명사의 전이도 불완전하게 이루어지는 경우가 구어
에서는 종종 목격된다. (36)의 원발화의 청자였던 A가 이 원발화를 B
에게 전달하는 말로는 (36가)와 (나)가 가능하다.

(36) 원발화: (C$_i$가 A에게) "나$_i$ 이제 너$_A$ 안 볼 거야."

　　가. (A가 B에게) C$_i$가 그러더라. <u>자기$_i$</u>는 이제 나$_A$를 안 볼 거라고

　　나. (A가 B에게) C$_i$가 그러더라. <u>자기$_i$</u>는 이제 너$_A$를 안 볼 거라고

　　다. 너$_{A(원화자의 관점)}$ = 나$_{A(인용화자 A의 관점)}$ = 너$_{A(원화자의 관점)}$

　(36가)의 '나'는 원발화의 청자가 화자가 되면서 야기된 변화이다.
즉 A에게 '너'라고 했으니 A가 말할 때는 자신을 '나'로 가리키게 된
것이다. 인용화자의 관점에서 조정된 것이다. 그러나 (나)의 '너'는 원
발화의 표현을 그대로 가져온 것이다.

　다음 (37)에서의 '너'도 원화자의 표현이다. 원발화 당시의 청자,
즉 현재의 인용화자를 '너'라고 한 것이다. 인용화자가 아니라면 '너'
가 다른 청자여야 하는데, 뒤에 이어지는 '술을 사겠다고 불러내는 거
예요'를 보면 별도의 청자가 있다고 보기는 어렵다. 따라서 이 예도
'다고'를 가진 간접인용절에서 대명사 '너'만 원발화의 것을 유지하고

있는 경우이다.

(37) 전화가 온 거예요, 한번 만나자. 너한테 밥하고 술을 사겠다고 불러내는 거예요.

다음 (38가)도 대당되는 원발화는 (나)가 될 것이다. 그러면 이 또한 원발화의 표현인 '우리 성우'가 그대로 쓰임으로써 대명사의 전이가 일어나지 않은 예가 된다.

(38) 가. 신성우 씨 어머니가 문을 열어 주셨어요, 지금 우리 성우가 잔대요. 그래서 내가…
    나. (어머니의 발화) "지금 우리 성우가 자고 있어."

아래 (39)도 비슷하다. (가)의 간접인용구문에 대당할 만한 원발화는 (나)인데, 원발화에서 '경림이가'로 표현된 것이 (가)에서는 하나는 '제가'로, 또 하나는 '경림이가'로 표현되고 있다. '제가'는 인용화자의 관점에서 조정된 것이고 '경림이가'는 원발화의 표현을 가져온 것이다.

(39) 가. (경림이가 하는 말) 학생들이 제$_i$가 늘 사회를 봤으니까 졸업 축제도 경림이$_i$가 사회를 봐야 된다 그랬는데.
    나. (학생들의 말) "경림이가 늘 사회를 봤으니까 졸업 축제도 경림이가 사회를 봐야 해."

지금까지 살펴본 예들은 모두 간접인용구문에서 인칭대명사의 전이가 부분적으로 일어난 것들이다. 이는 간접인용절의 화시의 중심이 인용화자의 것과 원화자의 것이 공존할 수 있음을 보여 준다. 사실 이런 현상은 다른 언어에서도 꽤 발견된다. 이 때문에 언어유형적으로 반직접인용, 반간접인용과 같은 중간 부류를 세우자는 주장도 있어 왔다.

인칭대명사와 관련해서는 언중조응(logophoric) 대명사에 대한 언급을 빼놓을 수 없다. 이 대명사는 간접인용에서 3인칭 대명사의 중의성을 해소하기 위해 쓰이는 것이다. 3인칭 주어의 간접인용문에서 원발화의 1인칭 주어는 3인칭 대명사로 바뀐다. 그런데 이때 보통의 3인칭 대명사를 쓰면 다른 사람으로 해석될 수도 있다. 아래 영어의 예에서 'I'는 간접인용으로 바꾸면 'he'가 되는데, 이 'he'는 주절의 'he'와 동일인임이 보증되지 않는다. 이들이 같은 사람임을 표현하고자 할 때 쓰이는 대명사가 바로 언중조응사이다.[9]

(40) He said, "I've arrived" → He$_i$ said that he$_{i/j}$ had arrived.

한국어에서 이와 가장 비슷한 '자기'를 들어 설명해 보자. 영어에서와 마찬가지로 (41가)에서 '그'는 앞의 '그'와 동일인이라는 보장이 없다. 그러나 (나)에서 '자기'는 '그'와 동일인이다. (다)의 '자기'는 선행절의 '그 사람'과 동일인이다.

(41) 가. 그$_i$는 그$_{i/j}$가 식사를 대접했다고 했다.
　　　나. 그$_i$는 자기$_i$가 식사를 대접했다고 했다.

9　이 번역어는 이화여대 국문과 임동훈 선생님께서 제안해 주신 것이다.

다. 그 사람ᵢ이 그러더라. 자기ᵢ는 이제 너를 안 볼 거라며.

간접인용절 내부에 언중조응사 대명사가 오면 주절의 3인칭 대명사와 공지시하는 것으로 해석된다. 즉 이 대명사는 '나'로 표현된 원화자를 다른 3인칭 참여자와 구별하기 위한 장치이다. 따라서 간접인용의 한 지표로 여겨져 왔다.

그런데 언중조응사는, 사실 두 개의 시점이 전제되어 있다. 인용된 사건의 시점(1인칭으로)과 인용하고 있는 사건의 시점(3인칭으로)이 동시에 계산된 인칭이라는 점에서 그렇다(Evans 2005: 106). '자기'를 빌려 설명하면, '자기'에는 원화자가 자신을 투영한 면도 가지고 있고 인용화자가 제3자를 지칭하는 면도 가지고 있는 것과 같다. 이런 점에서 언중조응사는 화시 중심의 일원화에 부합하기 위한 장치라기보다 화시 중심의 충돌을 막기 위한 완충 지대로서, 두 개의 화시 중심을 하나의 형태에 담은 요소라고 할 수 있다.

이는 이런 표지를 가지는 언어의 경우 간접인용이 전적으로 화시 중심이 일원화되는 방식으로 구현되지는 않음을 시사한다. 아울러 간접인용에 요구되는 화시 중심의 일원화 정도가 언어에 따라 편차가 있음을 짐작하게 한다. 물론 이 특별한 표지를 가지고 있는 언어에서도 간접인용의 전이 정도는 제각각인데 이에 대해서는 12.3.에서 더 자세히 다룬다.

12.3. 인용절에 대한 언어유형적 논의

12.3.1. 화시어의 부분 전이와 다중 시점

간접인용은 원화자의 화시 중심을 유지하지 않고 인용화자의 화시 중심으로 단일화하는 과정으로 이해되어 왔다. 따라서 화시어의 전이도 불가피한 변화로 간주되었다. 그런데 12.2.에서 살펴본 것처럼 모든 화시어가 간접인용에서 전이를 겪는 것은 아니었다. 어떤 화시어는 원칙적으로 전이를 겪지 않거나 어떤 화시어는 원칙적으로는 바뀌어야 하나 원발화의 표현을 쓰는 일이 허용되기도 하였다. 이런 현상은 간접인용절의 화시 중심이 인용화자로 단일화되지 않고, 두 개의 시점이 혼재할 수도 있음을 보여 준다.

앞에서 살펴본, 두 개의 화시 중심이 공존하는 문례로 보았던 것을 모아 보면 다음과 같다. 아래에서 밑줄 친 부분은 인용화자의 관점으로 재조정되어 바뀐 표현이 아니라 원화자의 것이 그대로 옮겨진 화시어이다.

(42) 가. [아들이] "여기는 이제 내 공간이야."

　　　　→ 우리 아들이 여기는 이제 자기 공간이래.

　　나. [며칠 전 친구가] "지금 안 찾으면 못 찾아."

　　　　→ 그때 친구가 지금 안 찾으면 못 찾는다고 했는데.

　　다. [A가 B에게] "나 이제 너(A) 안 봐."

　　　　→ 그 사람이 그러더라. 자기는 이제 너$_A$를 안 볼 거래.

　　라. [어머니] "우리 성우 지금 자."

　　　　→ 어머니가 문을 열어 주셨어요, 지금 우리 성우가 잔대요.

시제도 대표적인 화시어이지만, 한국어는 원발화의 시제가 그대로 쓰인다. 영어는 시제일치규칙에 의해 변할 때가 있지만 이 역시 주절 동사가 과거인 경우에 한한다. 게다가 시제일치규칙에 의한 변화도 인용화자 관점으로 일원화한 결과는 아니다.

(43) 가. [그의 말] "I will go there."

　　　　→ He said that he would go there.

　　나. [그의 말] "I've eaten breakfast."

　　　　→ He said that he had eaten breakfast.

(43가)의 'would'와 (나)의 'had eaten'은 과거인 주절 동사 'said'에 따라 시제가 하나씩 앞당겨진 것이다. (가)는 그가 말한 과거 시점에서의 미래, (나)는 그가 말한 과거 시점에서의 과거를 의미하기 위해서이다.

그런데 이들 시제는 의미적으로 모두 복수의 화시 중심을 가지는 것들이다. 인용화자 기준의 과거와 미래 외에 각각, 원화자 기준에서의 상대적인 미래와 상대적인 과거의 의미가 공존하고 있기 때문이다. 쉽게 말해 '과거 속의 과거'와 '과거 속의 미래'에서 앞의 [과거]는 현재 발화시 기준의 과거이므로 인용화자의 기준이다. 그리고 이런 과거 안에서의 또 다른 [과거]와 [미래], 즉 이런 상대적인 시간 관계는 원화자 기준의 것이다. 따라서 이들은 기준점이 두 개이다.

Evans(2005)에서도 '과거 속의 과거'인 영어 과거완료(pluperfect)와 '과거 속의 미래'인 'would'를 다중 시점(multiple perspective)의 대표적인 예라고 한 바 있다.[10] Anderson & Keenan(1985: 302)에서도 'would'의 주요 용법 중 하나는 과거에 상대적인 미래 표시라고 하고, 예컨대 'he would go'는 독립적으로는 쓰이지 않는데, 영어는 이런 상대화된 용법만을 표시하는 시제 형식을 가진다고 하였다.

그간 하나의 문장에는 하나의 화시 중심이 있다고 가정해 온 경향이 있다. Evans(2005)는 다중 시점 구성의 유형론에 대한 시론인데, 그 서두에서 그간의 시점 연구는 한 번에 하나의 시점만 작동되고 시점의 전이는 절들 사이나 대화 참여자의 순번 교대에 반영되는 것으로 가정해 왔지만, 실제는 한 번에 다중의 시점을 표현하는 구성이 아주 다양하다고 하였다.

사실, 두 개 이상의 화시 중심을 허용하는 일은 인용구문이 아니라 단문에서도 가능하다. 일례로, (44)의 과거시제는 인용화자의 발화시가 중심이 된 것이지만 'now'와 'tomorrow'는 문면에 드러나지 않은 다른 상황의 발화시가 중심이 된 것이다. 일반적으로 영어에서 이들 부사는 과거시제와 공기하지 않는 것들이다.

(44) Now was his last chance to see her ; his plane left tomorrow.
　　 (Fleischman 1991의 예)

아래 (45)도 인용화자가 아닌 청자의 화시 중심으로 전이되면서 화시어의 선택이 이루어진 예이다.

(45) "Go into my room, face my desk, and it's right here on your

---

10 Evans(2005)는 언어적으로 다중 시점을 전제하는 형식들을 다루면서 'perspective, viewpoint'와 같은 술어의 차이를 구분하지 않았다. Evans(2005)의 시점은 사태를 바라보는 화시 중심과도 다르지 않다. 따라서 이 책에서는 시점, 화시 중심, 관점 사이의 미세한 차이를 고려하지 않고 동일한 것으로 다룬다.

left hand side." (Levinson 1994: 13의 예)

이는 책을 둔 곳을 누군가에게 설명하는 장면에서 할 만한 발화인데, 여기서 'here'는 화자가 자신을 청자의 상황에 감정이입하고 청자를 화시의 중심으로 세우면서 선택된 것이다.[11] 즉 'here'와 'your'의 화시 중심이 서로 다르며, 따라서 이 문장에는 적어도 두 개의 화시 중심이 있다고 할 수 있다.

이처럼 화시 중심이 바뀌는 현상은 여러 연구에서 이미 관찰된 바 있다. Fillmore(1975)의 '관점의 전이(shift in points of view)'나 Lyons (1977: 578~579)의 '화시의 투사(deictic projection)', Anderson & Keenan(1985)의 '화시어의 상대화(relativization of deixis)' 등도 모두 화시 중심이 바뀌는 현상을 가리킨다.[12] 요컨대 한 문장에 단 하나의 화시 중심만이 허용되는 것은 아니며 화시 중심이 서로 다른 화시어가 공존하는 일은 자연스러운 일이다. 따라서 앞에서 살펴본 화시 중심이 서로 다른 화시어의 출현을 인용문의 특이 현상으로 볼 이유는 없다.

12.3.2. 반직접인용

화시어의 전이가 불균형하게 일어나는 예, 특히 인칭대명사가 불완전하게 전이되는 언어들의 예가 발견되면서, 반직접인용이 인용의

---

[11] 유사한 예로 "The door of Henry's lunchroom opened and two men came in"도 들고 있다.

[12] '화시의 투사'란 원래 화자와 청자가 동일한 시공간에 있지 않은 경우, 화자는 자신의 위치를 고려하여 말할 수도 있고, 청자의 위치를 고려하여 말할 수도 있다. 대표적인 예는 영어의 'come'이 있다.

한 종류로 기술되기 시작하였다. 이런 언어들은 Wierzbicka(1974) 이후 꾸준히 지적되어 왔는데, 주로 아프리카 언어나 아이누어 등을 중심으로 이런 유형이 보고되고 있다.

인칭의 부분 전이의 유형과 수의성 여부

Aikhenvald(2008)는 아프리카 몇몇 언어와 파푸아뉴기니 지역의 몇 언어를 대상으로, 인칭대명사의 전이가 불완전하게 일어나는 중간지대의 인용을 모두 반직접인용이라 하고, 간접인용으로 보이지만 원화자 중심의 인칭 표현이 나타나는 예를 '유형 1', 직접인용 같은데 인용화자 중심의 인칭 표현이 일어나는 예를 '유형 2'로 분류하였다.[13]

유형 1에 해당되는 인용이 나타나는 언어에는 마남부어(Manambu)와 아쿠스어(AKɔɔse)가 논의되었다. 다음은 Aikhenvald(2008)에 소개된 마남부어의 예로, 이야기꾼에 의해 전해 들은 옛날이야기에서 발췌한 것이다. 영어 대역에서 'us(←you two)'와 같은 표현은 원발화에서 'you two'였던 것이 인용발화에서 'us'로 표현되었음을 표시한 것으로, 독자의 이해를 위해 필자가 덧붙인 것이다.

(46) [lə-kə   mamək   ɑtɑ   wa-lə-l]
     she-LK+fem.sg   elder.sinling+LK+DAT   then   say-dfem.sgSUBJ.
                                                      P-3fem.sgOBJ.P.

     [a-də   du   [pause] [wun   kɑtɑ

---

13 Wierzbicka(1974)는 인칭대명사가 원발화대로 유지되는 형태를 '반직접인용'이라 하였다.

DEM.DIST—masc.sg	man	I:**DIR.SP.REP**	now

an—aːm　　　　　　　　　*kə—kər*　　[*ata*　*wa—na—d*]

1du—LK+OBJ:**IND.SP.REP**　　eat—DES　　thus　　say—ACT.FOC—3masg.
　　　　　　　　　　　　　　　　　　　　　　　　　　　　　　sgSUBJ.NP

'She said to her elder sister thus: "that man$_i$. "I$_i$ want to eat **us**(←**you two**) now" (he$_i$) said." (Aikhenvald 2008: 395의 예)

위의 예에서 'I'에 해당하는 'wun'도 인용화자의 관점에 따라 조정되지 않고 원화자의 것이 그대로 쓰였다는 점에서 직접인용의 성격을 가진다. 그러나 목적어 'us'에 해당하는 'an'은 원발화에서 'you two'였던 것인데, 인용화자 중심으로 전이된 것이다. 그러니까 'I'는 원화자 중심의 인칭이 사용된 것이고 'us'는 인용화자 중심의 인칭 전이가 일어난 예인 것이다. 이들 언어에서 간접인용은 극히 제한적으로 쓰이며,[14] 반직접인용의 출현은 마남부어 전체 빈도의 10% 내외로 수의적이다.

Aikhenvald(2008)에는 위의 예처럼 원화자 중심의 인칭 표현이 살아남는 예는 극히 적은 데 반해, 인용화자 중심의 인칭 전이를 허용하는 예는 상대적으로 많은 언어의 예가 소개되고 있다. 아프리카 언어들 중에도 많고 파푸아 지역의 많은 언어들이 그렇다. 이들 언어들은 전형적으로 직접인용만 가지고 간접인용은 가지지 않는다.

아래 예는 원래 'ñən(너)'이었던 것이 간접인용에서 'wun(나)'으로 바뀌기에 인용화자 중심의 인칭 표현이 쓰인 '유형 2'의 예이다. 그러나 동

---

14 이들 언어의 간접인용 지표는 인칭의 변화와 직접인용에 나타나는 지시부사(thus에 해당하는 것)가 나타나지 않는 정도이다.

사 활용은 명령형이 그대로 유지되고 있어 반직접인용으로 분류된다.

(47) [wun   wiya:m   adakw]   [wa-ɓər-kəkəb]
     I:IND.SP.REP   house+LOC   stay:IMPV.2pers   say-3du-AS.
                                               SOON.AS

[wiya:m   kwa-kə-na-wun-ək wun]
house+LOC   stay-FUT-ACT.FOC-lfem.sgSUBJ.NP-CONF   I
'Since the two told me to stay (lit. **I you-stay**) in the house I will stay
in the house' (Aikhenvald 2008: 393의 예)

Aikhenvald(2008)는 인용화자 중심의 인칭 전이가 일어나는 언어로
우산어(Usan), 로어 밸리 다니어(Lower Valley Dani), 가후쿠어(Gahuku),
돔어(Dom)를 들었고, 이들 중 가후쿠(고로칸어족), 돔어(침부어족)만이
이런 반직접인용이 의무적이고[15] 다른 언어에서는 수의적이라고 하
였다.[16]

사실 이들 언어의 이런 현상은 이미 Evans(2005)에서 '이중 1인칭

---

15 의무적인 언어인 경우는 만약 인용화자가 1인칭이고 청자가 그 인용에 포함되어 있으
    면 꼭 반직접인용이 쓰여야 한다는 것인데, 예컨대 "we will seize your hands"라고
    원화자가 말했다면 간접인용일 때는 "we will seize my hands"라고 해야 한다는 것이
    다. 그리고 이런 구성들을 간접인용이라 하지 않고 반직접인용이라고 하는 것은, 직
    접인용일 때의 억양이 그대로 얹히기 때문이라고 하였다.
16 이들 언어에서 반직접인용의 출현은 수의적인데, 대개 화용적 효과는 가진다고 기
    술하고 있다. 즉 각각의 이야기에서 가장 절정의 부분에서 따온 것이고 이들은 문체
    적 장치이지 누가 누구에게 했는지의 모호성을 해소하기 위한 것이 아니라고 하였다.
    영향을 미치는 상황에 원화자나 현재화자가 관련되어 있음을 표시하는 전략이고, 이
    전의 화행 사건이 현재의 상황과 관련이 있거나 이야기의 절정이거나 참여자들 간의
    관련성을 강조하는 것이 적절할 때 발생하는 경향이 있다고 한다(Aikhenvald 2008:
    396~397).

구성'이라는 이름 아래, 하나의 절 안에서 동일 인칭으로 명세된 논항은 공지시되어야 하는데, 그렇지 않은 예로 다루어진 바 있다. Evans(2005)에서는 종속절의 주어가 마치 직접인용처럼 1인칭으로 나타나고 목적어는 간접인용처럼 전이된 형식이 나타나는 예를 들었다. 영어로 바꿔 쓰면 아래와 같은 예이다.

(48) "I$_{(x)}$ will hit me$_{(y)}$" doing, he$_{(x)}$ said (he wanted hit me)"

이는 주어는 직접인용처럼 쓰이고 목적어는 간접인용처럼 계산된 것으로, 하나의 절에 두 개의 시점이 구현된 예로 다루어졌다. 이를 한국어로 빗대어 설명한다면, "나는 나를 칠 거래"와 같이 말하되, '나는'은 원화자를, '나를'은 인용발화를 하는 인용화자를 가리키는 것처럼 쓰인 예이다.

그런데 이처럼 인칭의 전이가 불완전하게 일어나는 경우는 영어 구어에서도 드물지 않게 발견된다. Aikhenvald(2008)도 구어 영어에서 현재화자 중심의 인칭 전이가 일어나는 예가 있다고 하고, 다음을 소개한다.

(49) 가. I rang up Paul$_i$, and Paul$_i$ said "come and see him$_i$"

　　 나. She$_i$ said [make an appointment with her$_i$ as soon as]

(49가)는 [나는 폴에게 전화했다. 그리고 폴이 말했다. 와서 그(=Paul)를 봐] 정도에 해당된다. 'him'은 원래화자인 Paul이 'I'라고 했음 직한 것을 현재 화자인 나의 관점에서 바꾼 것이다. (나)는 [그녀는 가능한 한 빨리 나와 약속 잡으라고 말했다] 정도에 해당되는 것

인데, 원발화라면 '나'로 쓰일 만한 자리에 'her'가 쓰였다. 인용화자에 맞춘 것이다. 이런 인칭대명사를 제외하고는 호격이나 명령의 억양 등은 그대로 유지되는데, 이 같은 흉내 내기 효과는 직접인용의 것이다.

Aikhenvald(2008)의 위의 예는 모두 명령문의 것이지만, 명령문 외에 구어 영어에서 현재 화자 중심의 인칭 전이가 일어나는 경우는 종종 있다.

(50) 가. Who am I_i and What do I_i want, he asked me_i.

　　　나. John_i said I_i saw Fred. (Aikhenvald 2008: 384의 예)

(50가)는 ['난 누구지, 난 뭘 원하니' 그가 나에게 물었다] 정도로 해석되는 예이다. 작은따옴표 안이 직접인용된 것이라면 '넌 누구지, 넌 뭘 원하니'가 되어야 한다. 즉 간접인용처럼 인칭대명사만 '너'에서 현재 화자인 '나'로 바뀐 것이다. 이 외의 어순과 시제는 원발화의 것이 그대로 쓰여, 직접 인용의 속성도 함께 가지고 있다.

(나)는 "You saw Fred."에서 온 것인데 'I'는 인용화자를 지시하므로 간접인용의 인칭 전이가 일어났다. 그러나 'saw'가 'had seen'으로 바뀌지 않고 원발화의 단순과거가 유지되고 있다는 점에서 직접인용의 특징도 일부 가지고 있다.

원화자 중심의 인칭이 유지되는 경우도 찾을 수 있다. 다음이 그 예이다.

(51) And he_i was telling Dolly, I_i don't want Dolly. (Polanyi 1982: 159의 예)

위 예에서 두 번째 'Dolly'는 간접인용의 조정을 겪은 형태로서 직접인용이라면 'you'로 나타나야 하는 것이고, 'I'는 이런 조정을 겪지 않은 형태이다. Aikhenvald(2008)는 아프리카의 언어에서들뿐만 아니라 이처럼 영어에서도 발견된다는 점을 들어 반직접인용의 유형론을 세울 가능성이 있다고 전망하였다.

그런데 이런 유형은 인용의 특정한 종류라기보다 구어의 산물일 가능성도 있다. 이들의 쓰임이 수의적이라는 점, 이들 예가 대부분 구술 과정에서 얻어진 것이고 이들 언어가 대개 문어의 전통을 가지고 있지 않다는 점이 이런 의심을 부추긴다. 간접인용을 가진 것으로 알려진 많은 언어에서도 구어를 들여다보면 이런 식의 부분 전이의 유형이 발견될 가능성을 배제할 수 없다.

게다가 이어서 언급하겠지만 이런 부분 전이가 의무적인 언어도 있기 때문에, 이와의 구별도 부담으로 남는다. 다만, 원화자 중심의 인칭이 유지되는 예에 비해 인용화자 중심의 인칭 전이가 일어나는 예가 훨씬 폭넓게 발견된다는 점, 특히 원화자 중심의 인칭이 유지되는 예라 하더라도 인용화자가 대화 참여자로 포함될 경우 인용화자 중심의 인칭 전이도 함께 일어난다는 점, 무엇보다 이들 언어는 간접인용이 없는 언어로 알려져 있다는 점은 이런 유형의 출현 배경에 어떤 단서를 줄 것으로 기대된다.

인칭대명사의 부분 전이가 수의적인 언어들과는 구별되는, 이런 전이가 의무적인 언어들이 많다는 보고가 최근 있었다. Nikitina (2012)는 대화 참여자의 역할이 인칭으로 사상되는 양상은 범언어적 변이를 보인다고 하면서, 유럽어가 현재 대화 참여자는 1·2인칭으로 표시하고 원래 대화 참여자를 포함한 나머지는 3인칭으로 표시하는 것과는 달리, 현재 대화 참여자와 원래 대화 참여자 중 하나와 나머지를 구별하는 언어들이 있다고 하였다. 이를테면 화자는 모두 1인칭으로 표시하고 원래청자만 별도의 표지를 쓰는 언어가 있는가 하면, 청자는 모두 2인칭으로 표시하고 원화자만 별도의 표지를 쓰는 언어가 있다.[17]

이 중 하나의 예만 들면 아래와 같다.

(52) wìzín vú ndzὲ ὰ wìn nɪ́á é ŋ́gé 'líghá wò
     woman that said to him that LOG.SUBJ.   much like you
     "(Lit. The woman$_i$ said to HIM$_j$ that she$_i$(LOG) likes YOU$_j$ a lot."

이는 아헴어(Aghem)의 예인데, 원화자는 간접인용처럼 언중조응사(LOG)로 표시되지만 원래청자는 직접인용처럼 2인칭으로 표시되고 있다. 이 언어는 Evans(2005)에서도 인칭대명사를 통해 두 개의 시점이 구현되는 언어로 소개된 바 있다.

Nikitina(2012)는 이런 양상이 생각보다 꽤 폭넓게 발견되며 인칭화시어 외의 다른 화시 범주로는 확장이 안 된다고 하였다. 또한 이런 부분 전이의 규칙이 무척 엄격한 것으로 보아, 이는 개별 언어의 특성이지 화시어의 창의적 사용과는 구별된다고 하였다. 그러면서 인칭대명사의 전이에 대한 그간의 관찰이 상당히 유럽 중심적인 것이라고 평하고 있다.

---

17 인용화자와 원화자를 구별하는 언어는 '1인칭-현재화자, 2인칭-모든 청자, 원화자는 3인칭으로 표현되거나 언중조응 대명사'로 표시된다. 오볼로어(Obolo), 아디오우크로어(Adioukrou) 등 많은 서부 아프리카 언어들이 이에 해당된다. 또 인용청자와 원래청자를 구별하는 언어도 있는데, '1인칭-인용화자, 2인칭-인용청자, 원화자 언중조응 대명사, 원래청자도 별도의 언중조응 대명사를 쓰거나 3인칭'으로 나타나는 경우이다.

인칭대명사의 부분 전이가 의무적으로 요구되는 언어가 있다는 사실은, 유럽어 중심의 간접인용과는 다른 방식의 간접인용이 있을 수 있으며, 언어유형적으로 이런 유형에 대한 구분도 필요하다는 것을 시사한다. 부분 전이가 의무적인 언어인 경우는 그 부분 전이 자체가 간접인용 지표의 최대치가 될 가능성이 있기 때문이다.[18]

수의적인 반직접인용이 구어의 산물일 가능성이 높지만, 개별 언어의 특성이 허용 정도에 영향을 미칠 수는 있다. 일례로 한국어의 경우 다른 이의 관점에서 '나'를 쓰는 일이 무척 흔한데, 이것이 한국어 간접인용에서의 부분 전이에 크게 영향을 미친다. 다음이 그 예이다.

(53) 가. 내 집처럼 편히 지내게.

나. 이수근 씨$_i$, 내$_i$가 생각하는 내$_i$ 단점은 뭐예요?

위의 예는 모두 '너' 혹은 '당신'과 같은 2인칭이 와야 할 자리에 1인칭이 쓰인 예이다. 이런 예는 얼마든지 찾을 수 있다. 아래도 유사한 예이다.

(54) 가. 이준희 씨$_i$는요, 내$_i$ 성격 가운데 특이하다 하는 게 뭐예요?

나. 솔직히 김규동 씨$_i$ 내$_i$가 내 전공 분야만 잘 알지 그 밖의 시사 문제는 잘 몰라서 실수를 했다고는 생각 안 하시나요?

---

18 혹자는 화시어의 변화가 최대치로 반영된 유럽어식의 형태를 간접인용의 전형으로 삼고, 여러 아프리카어처럼 부분 전이만 허용하는 형태를 반직접인용과 같은 중간 형태로 두는 것이 어떠냐고 할 수도 있다. 그러나 이런 접근은 현상의 본질과 가깝지도 않고 기술적 유용성도 별로 없어 보인다.

다. 너는 나 아니면 안 된다는 생각을 좀 버려. (박철우 2011)

박철우(2011)는 (54다)와 같은 예를 화자가 내포문의 참여자의 입장에 자신을 투영한 것으로서 화시의 상대화로 다루었다. 이런 예들을 보면 한국어의 간접인용에서 인칭대명사의 전이가 불완전한 것은 인용구문의 문제가 아니라 한국어 인칭대명사의 특성일 가능성도 높다고 할 수 있다.

언어에 따라 필수적으로 전이되어야 하는 화시 요소가 달라진다는 것은, 언어유형적으로 매우 중요한 변수이다. 이로써 원화자 지시 대명사만 바뀌는 유형, 원래청자 지시 대명사만 바뀌는 유형, 인용화자 중심으로 바뀌는 유형, 화시어의 전이보다 인용의 보문자나 간접인용만을 위한 표지가 발달한 언어유형 등으로 나눌 가능성이 생기기 때문이다. 따라서 우선, 수의적인 전이와 의무적인 전이 사이의 차이가 언어유형적으로 구별되는 것이 유용할 것이다.

이런 점에서 개별 언어 안에서 일어나는 수의적인 부분 전이를 편의상 반직접인용 등으로 분류하는 데 특별히 반대할 명분은 없지만, 명명의 편의 외에 얼마나 더 큰 소득이 있는지는 잘 모르겠다. 반직접인용을 도입한다 하더라도 앞에서 살펴본 대로 화시어의 종류에 따라 전이의 정도가 다르고 원화자와 인용화자의 시점이 혼재하는 방식은 너무나 폭넓다. 따라서 이런 다양한 종류를 어차피 이 이름 아래 모두 담아야 하는 문제가 남는다. 이런 점에서 직접인용과 간접인용 사이에 전이가 불완전한 인용의 형태가 있다는 진술이나, 이들을 묶어 반직접인용이라고 하는 것 사이에 본질적인 차이는 없어 보인다.

12.3.3. 인칭 전이와 주관화

부분 전이가 수의적으로 허용되는 반직접인용은 구어의 산물이며, 따라서 정도의 차이는 있겠지만 다른 언어에서도 구어 자료로 대상을 확대할 경우 발견될 가능성이 있다. 특히 인칭대명사의 부분 전이는 구어, 더 정확히 말하면 구술의 특징일 가능성이 높다. 인용화자가 원화자의 시점에 대한 전권을 부여받기 좋은 환경이기 때문이다.

Aikhenvald(2008)에 소개된 수의적인 반직접인용의 예는 대개 구술 과정에서 나온 것이었다. Nikitina(2012)에서도 인칭대명사의 부분 전이가 의무적인 경우에 대해 아프리카에 퍼져 있는 내러티브의 구술 퍼포먼스와 관련되어 있다고 분석하였다. 내러이터가 다중의 역할을 해내면서 인물과 내러이터 사이의 구별이 흐릿해질 때가 있는데, 구술 시 언중조응사를 사용함으로써 인물의 발화를 보고하기 시작하지만 내레이션이 보다 극적인 상황으로 치달으면 1인칭으로 바뀌어 '보고'가 아닌 직접 연기를 하게 되고 동시에 원화자의 억양과 몸짓 등을 흉내 내기 시작한다는 것이다. 현대 일상 구술에서도 이런 상황은 얼마든지 일어난다.

그렇다면 인용화자가 자신의 시점과 원화자의 시점을 넘나드는 것은 왜일까? 이는 주관성(subjectivity)과 관련지을 수 있다. 주관성이란 개념은 언어학자에게 아주 새로운 것은 아니지만 그렇다고 꾸준히 관심을 받아 온 개념이라고 하기도 어려운 점이 있다. 언어학의 주요 분석 대상은 객관적인 명제에 주로 집중되어 왔기 때문이다.

Lyons(1982: 103)는 "현대 앵글로-아메리칸 언어학은 (중략) 언어란 본질적으로 명제적 사고 표현의 도구라는 지성적 편견에 지배되어 왔다."고 하면서 언어에서 발견되는 주관성에 대한 홀대를 비판한 바 있다. 형식으로서의 언어, 명제적 사고의 표현으로서의 언어, 자율적인 구조나 논리 명제의 표상으로서의 언어가 아닌 지각하고, 느끼고, 말하는 주체에 대한 표현으로서의 언어에 관심을 가지자는 것이 이 주관성의 등장과 부흥의 배경이다.

하지만 주관성 혹은 주관주의라는 술어가 너무나 포괄적이고 추상적이어서 정확히 어떤 현상, 어떤 기제에 해당되는 것인지 분명히 하기는 어렵다. 연구자마다 이에 대한 정의도, 이를 적용한 사례도 조금씩 다르다. Finegan(1995: 1)은 넓은 의미의 주관성을, 화자 자신에 대한 표현 그리고 화자의 마음속 각인이라 불려 왔던, 화자(혹은 locutionary agent)의 관점(point of view)이라고 하였다. 그리고 주관화(subjectivisation, subjectification)는 주관성의 언어적 실현이나 언어적 진화에 관련된 과정에서, 언어가 발달시키는 구조와 전략을 지시한다고 하였다.

이런 정의는 Lyons(1982: 105)가 주관성을 '자연언어가, 발화 주체의 표현과 그의 태도나 믿음을 표현하는 데 제공하는 방식'이라고 정의한 데 따른 것인데, Lyons(1982)의 이런 정의는 Traugott(1989: 35)도 받아들여 '의미가 점점 명제에 대한 화자의 주관적인 믿음과 태도에 기반하게 되는 화용적-의미적 과정'이라고 정의하고, 문법 표지의 발달에 포함된 주관화의 종류들을 탐구하였다. 화자의 태도나 믿음이 문법화 과정에 영향을 미치고 이것이 문법 표지 의미의 부분으로 굳어지는 현상을 주관주의로 포착한 것이다.

그러나 이런 정의들을 보아도 주관성의 외연의 경계는 물론, 그것의 유개념도 여전히 모호하다. 주관성을 관점이나 방식이라고 정의하는 것도 언어적으로는 맞지 않고 주관성과 공기하는 고정 술어도 찾기 어렵다. 이런 점들이 '주관성'이나 '주관화' 개념을 국어학 논의의 전면에 끌어들이는 것을 주저하게 만드는 요인이다.

그러나 이런 사정임에도 불구하고 주관성 개념에 기대어 언어 형식의 변화 및 사용 양상을 이해할 필요가 있다고 생각한다. Traugott (1989)의 지적처럼, 언어 변화의 결과를 보면, 화자의 태도나 관점과 같은 화자 관련 요소가 의미의 일부분으로 편입되는 변화가 분명히 발견되기 때문이다. 일례로 영어의 'must be'가 '해야 한다'라는 의무 양태에서 '틀림없다'라는 의미의 인식 양태로 변한 것도 그런 종류이다.

어휘의 의미 변화에서도 주관화 경향은 발견된다. 처음에는 주로 경계가 분명하고 객관적인 의미를 표현하는 형식이 점점 더 추상적이고 화자 중심의 기능을 수행하도록 변하는 것은 새삼스러운 사실이 아니다. 언어의 주관화 경향이 발견되는 이상, 화자의 관점이나 태도가 언어의 구조와 형식에 반영되는 방향으로의 변화가 있었거나 이런 변화를 이끌기 위한 어떤 사용이 있었으리라고 가정하는 것도 크게 부담스러운 일이 아니다.

특히 인용의 과정은 화자의 주관성이 개입될 여지가 무척 크다. 다른 이의 발화가 인용화자의 처리 과정을 거쳐 실현되기 때문이다. 13장에서 살펴볼 것처럼, 인용은 해석적 사용의 대표적인 종류이다. 또한 간접인용이 없는 언어는 있지만 직접인용이 없는 언어는 없는 것으로 알려져 있다. 따라서 만약 간접인용이 후대에 발달했음이 분명한 언어가 있다면, 이는 현재화자 중심의 구문이 생성된 것이기 때문에, 주관화 경향의 하나로 간주될 수 있다. 직접인용은 원화자의 관점이 그대로 유지되기 때문에 현재화자의 관점이나 주관성이 개입될 여지가 없다.

다음과 같은 유형론적 사실도 간접인용이나 간접인용의 중간 형식이 출현하게 된 배경을 화자 주관성의 강화 차원에서 보려는 배경이

된다.

Aikhenvald(2008)의 예를 보면 원화자 중심의 인칭이 유지되는 것보다 현재화자 중심의 인칭 전이가 일어나는 예가 훨씬 많다. 또한 원화자 중심의 인칭이 유지되는 예라 하더라도 인용화자가 대화 참여자로 포함될 경우는 인용화자 중심의 인칭 전이도 함께 일어난다.

Nikitina(2012)에 따르면, 많은 수의 언어가 원래청자를 2인칭으로 다루고 현재화자와 원화자 사이의 구별만을 부호화하는 반면에, 그 반대 패턴이 포착되는 언어는 없다. 어떤 언어도 원화자를 1인칭으로 부호화하면서, 현재청자와 원래청자만을 구별하는 언어는 없다. 게다가 청자를 위한 언중조응사는 화자를 위한 표지에 비해 극히 드물다.

위의 사실은 반직접인용과 같은 형식이 인용화자의 시점을 강화하면서 시작될 가능성이 높으며, 적어도 청자보다는 화자의 주관성을 강화하는 방향으로 이끌어졌음을 시사한다. 직접인용에서의 첫 단계의 변이는, 인용화자가 보고되는 사건의 참여 당사자일 경우 인용화자 중심의 인칭 전이를 통해 그 개입 정도를 높이면서 시작되었을 가능성이 있다. 특히 인용화자가 목적어나 사격 명사구에 포함될 경우 주어는 원화자의 인칭을 쓰면서 이들 목적어나 사격에는 현재의 화자인 인용화자 중심의 인칭을 쓴 예가 발견되는데, 이는 화시어가 자기중심적으로 조직되는 경향(Lyons 1977: 638)과 일치한다.

그렇다면 원화자 중심의 인칭이 유지되는 경우는 어떻게 보아야 할까. 주관성의 차원에서 보자면, 현재화자의 주관성이 아니라 원화자의 주관성 차원에서 이해될 여지가 있다. 여러 화시어들을 원화자의 것을 그대로 가져다 쓰는 것은 원화자의 주관적 표현으로 간주될 수 있다(Lyons 1977: 677). 이런 것처럼 인용화자 중심의 인칭 전이가 일어나지 않은 '나'도 주관성이 원래 화자에게로 이전되는 수단으로 활용된다고 보면 된다. 일종의 감정이입된 주관성으로 파악하는 것이다.

13장
자유간접화법과 해석적 사용

13.1. 자유간접화법의 구현 방식

자유간접화법의 개념

자유간접화법(free indirect speech, 이하 FIS)은 인용의 한 종류이면서 문학의 서사기법으로 알려진 것이다. 직접인용과 간접인용으로 대별해 온 문법과는 달리, 문학 분야에서는 자유간접화법이 비중 있게 다루어져 왔다.

다음은 장인봉(2003: 651~652)에서 가져온 예문이다. (1가)는 직접 인용, (나)는 간접인용, (다)가 자유간접화법, FIS이다. FIS는 'he said' 와 같은 도입절과 피인용절을 이끄는 보절자 'que'가 없기 때문에 '자유'라는 말이 붙었다. 내포된 절이 아니라는 의미이다.

(1) 가. Il a dit: Je suis malade. (He said, "I am sick.")

　　나. Il a dit qu'il était malade (He said that he was sick)

다. Il avait l'air fatigué. Il éait malade.

(He looked tired. He was sick)

FIS는 직접인용과 간접인용의 문법을 반반씩 가진다. (다)의 아래 정리한 인칭대명사와 시제의 사용은, 아래 제시한 것처럼 간접인용 절인 (나)와 동일하다. 여기에 원래 발화의 억양이나 어순이 그대로 유지되는데, 이는 직접인용절과 동일하다.

인칭대명사: je('나') → il('그')

시제: suis(현재시제) → etait(반과거)

문학에서는 꽤 일찍부터 이런 FIS를, 특별한 효과를 노린 문체적 장치로 다루어 왔다. 이 책에서 자유간접인용 대신에 자유간접화법이란 술어를 내세운 것도 문학에서의 비중과 대중성을 고려한 것이다.

Banfield(1973)에서의 자유간접화법의 예

다음은 FIS에 대한 본격적인 논의를 불러온 Banfield(1973: 10)에서 가져온 것이다. 문학 텍스트에서 직접인용과 간접인용의 구별이 흐릿해지는 경우로 든 예이다.

(2) Was there blood on his face? Was hot blood flowing? Or was it dry blood congeling down his cheek? It took him hours even to ask the question: time being no more than an agony in darkness, without measurement. A long time after he had opened his eyes he realized he was seeing something—

something, but the effort to recall was too great. <u>No, no</u>; no recall. (D. H. Lawrence, *England, my England*)

위 예의 특징을 요약적으로 제시하면 다음과 같다.

① 밑줄 친 부분은 내포된 의문문이 아니라, 직접 의문문의 형식이다. 주어와 동사가 도치되어 있고 'that'과 같은 보절자도 없다.
② 이들 의문문은, 뒤에 이어지는 'it took him hours' 이하를 볼 때, 내레이터의 것이 아니라 'he'로 지시되는 인물의 것이다.
③ 그런데 이 'he'로 지시되는 인물이, 자신의 얼굴과 뺨을 'his face', 'his cheek'이라고 할 리는 없다. 그리고 의문문으로 표현된 사태는 발화할 당시라면, 현재시제인 'Is there blood on my face?'로 표현됨 직하다. 즉 간접인용절을 만들 때처럼 인칭대명사와 시제를 인용화자(내레이터)의 화시적 중심에 맞추어 바꾼 것이다.

요컨대 'he'가 했음 직한 생각이나 발화를, 위 ①의 설명처럼 직접 의문문의 형식으로 표현한 것은 직접인용의 형식이다. 그리고 ③의 설명처럼 대명사와 시제를 인용화자에 맞추어 바꾼 것은 간접인용의 형식이다. 이 때문에 FIS는 내레이터의 목소리(혹은 시점)와 인물(혹은 원화자)의 목소리가 혼합되는 서사 방식으로 기술되어 왔다. 이런 FIS는 의도적인 문체적 장치로 17세기에 출현해서, 19세기에 크게 확대되었다고 보는 것이 일반적이다.[1]

---

1 자유간접화법의 가치를 인식하고 문체적으로 활용하기 시작한 것은 17세기이지만 그

자유간접화법의 문법적 기제

FIS에서 '자유'는 '그가 말했다'와 같은 부분이 없다는 뜻으로 이해되기도 하지만, '내포되지 않고 독립된'이라는 뜻이 더 정확하다.[2] 그 근거는 첫째, FIS의 앞이나 뒤에 직접인용처럼 인용절이 오는 경우도 있다. (3)에서 "Elizabeth interrupted her"가 그런 예이다.

(3) What department did she want? Elizabeth interrupted her. (*Mrs. Dalloway*(143), Banfield 1973: 25에서 재인용)

둘째, '그가 말했다'와 같은 절이 있든 없든, FIS에서는 보절자 'that'이 없고, 의문문의 어순과 발화수반력이 그대로 실현된다. 이는 독립적인 절의 문법이다.

또한 FIS의 문장에는 감탄의 표현이나 불완전한 문장 등이 올 수 있다. 아래 예에서 느낌표와 함께 쓰인 'the beginning of another school week'이 그런 예이다. 이런 표현은 내포절인 간접인용절에서는 쓰일 수 없다. 또한 이 예에서 미래 시간부사 '내일'이 과거시제인 'was'와 함께 쓰인 것도 FIS적 특징이다.

(4) Tomorrow was Monday, Monday, the beginning of another school week! (*Women in Love*, p. 185, Giorgi 2015: 233에서 재

비중이 아주 빈약했고, 18세기 중엽 이후가 되어서야 여러 작가들이 애용하게 되었으며, 언어학적으로 자유간접화법에 대한 논의가 이루어진 것은 19세기 말이라고 한다 (정지영 1992, 전명수 2004 참조).

2 Banfield(1973: 3, 각주 3)에서는 'Libre'가 언어학적으로 'nonembeded' 의미를 가지는 것 같다고 하였다.

인용)**3**

FIS를 구현하는 대표적인 방식은 일부 화시어는 원화자가 한 표현으로 두고, 또 다른 화시어는 인용화자(혹은 내러이터)의 것으로 바꾸는 것이다. 예컨대 다음과 같이 이원화하는 것이다.

시간부사, 지시사: 원화자의 것을 유지
시제, 인칭대명사: 간접인용처럼 인용화자의 것으로 변화

이렇게 화시어의 일부만 바뀌는 부분 전이는 FIS 문장만으로는 알기 어렵고, 문맥을 통해서 독자가 찾아내야만 한다. 원화자를 찾아내어 원래 표현에 대한 힌트를 얻은 이후에야, 이 원화자의 것이 아닌 다른 것도 찾아낼 수 있기 때문이다. 이 때문에 FIS의 주요 특성으로, 외현적인 표지나 명시적인 진술 없이 목소리의 변화가 초래되고 두 개의 목소리는 서로 얽혀 있기에, 발화의 주체를 파악하고 다성적인 모호성을 해석하는 역할은 전적으로 독자에게 넘겨진다는 사실이 언급되어 왔다(Coulmas 1986a: 9).

FIS를 가진 대표적인 언어는 프랑스어와 영어이다. 이들은 독립절의 문법과 간접인용절의 문법이 형식적으로 구분되는 언어이기 때문에 이들 성격을 반반씩 드러내기가 쉽다. 예컨대 영어는 시제일치규칙이 적용되고, 프랑스어는 간접인용절에 반과거가 쓰인다.

문제는 시제일치규칙과 같은, 간접인용절만의 문법이 별로 존재하지 않는 언어들이다. 한국어, 중국어, 일본어가 모두 이에 해당한

---

3 이는 1971년 런던에서 출판된 Lawrence 소설의 예이다.

다. 이들 언어는 모두 FIS가 존재하는지가 논의의 대상이 되거나, 시제 외의 다른 화시어가 FIS의 구현 장치로 제시된다. 한국어의 사정은 어떠한지 이어서 살펴보자.

13.2. 자유간접화법의 지표와 한국어 문법[4]

앞에서 언급한 것처럼, FIS에는 특별한 문법이 따른다. 해당 언어에 간접인용절의 문법이 있어야 하고, 아울러 이것이 부분적으로 파괴되어야 한다. 따라서 언어에 따라 FIS로의 표현이 어려울 수도 있고, 아예 불가능할 수도 있다. 대표적으로 번역 분야에서는 출발어에 있는 FIS가 도착어에도 있는지가 아주 중요한 관심사가 되어 왔다. 한국어의 FIS 논의도 상당수가 프랑스 소설을 번역하는 과정에서 제기된 것이다.

한국어도 FIS 구현이 가능한가에 대해서는 의견 차이가 무척이나 크다. FIS가 없어 번역이 상당히 어렵다는 주장이 있는가 하면(전명수 2004), 다른 언어보다 FIS 구현이 더 손쉽다는 주장도 있다(강이연 2001).[5] 이런 시각 차이는 FIS의 범위와 구현 수단에 대한 다른 이해에서 비롯한 것이다. 즉 FIS로 볼 만한 현상을 새로이 발굴하면서 생겨난 의견 차이라기보다는 동일한 현상을 어떤 논의는 FIS로 수용하

---

4 이 부분은 문숙영(2018)에서 대부분 가져왔다.
5 강이연(2001: 488)은 한국어의 자유화법의 활용에 대하여 프랑스어보다 훨씬 자유로워 보인다고 하였다. 무작위로 선택한 소설 모두에서 자유화법 문장은 언제나 눈에 띄었고 가끔은 지나치게 돌출적이며 때로는 남용을 한다는 인상을 갖게 하는 경우도 있다고도 하였다.

고 어떤 논의는 수용하지 않은 결과이다. 따라서 쟁점은 해당 현상이 진정 FIS의 지표인가 하는 데 있을 것이다.

이 절에서는 지금까지 한국어 FIS로 지목되어 온 현상을 중심으로, 이들이 진정 FIS 지표로 볼 만한지를 다룬다. 결론부터 이야기하자면 한국어는 문법으로서의 자유간접화법은 없는 언어이다.

- 시제의 변화: 시제일치규칙에 의한 시제 변화 유무.
- 시간부사의 변화: 간접인용은 변하는 것이 원칙, FIS에서는 원발화 표현대로 유지.
- 인칭대명사의 변화: 인용화자 중심으로 변화.
- 종속접속사(혹은 보절자)의 생략, 어미의 문제
- 3인칭 주어와 감각·심리형용사의 공기

본 절의 예문은 대부분 기존의 논의에서 다룬 것을 대상으로 한다. 이에, 예문 제시 방식도 이 책의 원칙이 아니라, 각각의 선행 논저에서 제시한 방식대로 인용한다. 또한 예문의 출처인 작품은 인용한 논저의 방식대로 예문 옆에 밝히고, 참고논저에는 따로 제시하지 않는다.

13.2.1. 어미

유럽어의 전통에 따르면, FIS는 독립절의 형식이어야 한다. 그리고 간접인용절과는 달리 발화수반력이 유지된다고 하였으므로, '서술'보다는 '발화'가 될 만한 형식이어야 한다. 그러나 한국어 논의에서 전자는 거의 관심의 대상이 되지 않았고, 후자는 특별히 구분하지 않거나 오히려 서술의 어미가 한국어 FIS의 지표이며 특징이라는 분석이 있었다. 너무나 큰 차이이다.

먼저 전성기(2005: 257~259)에서는 '다는 것이(었)다'류를 FIS의 지표로 보았다. 아래에서 '는 것이었다'는 앞선 발화에 대한 설명을 제공하고 그 발화에 대해서는 거리를 둠으로써, '자기에게는'과 같은 다른 지표들의 도움을 받아 FIS의 효과를 이끌어 낸다는 것이다.

(5) 송영감이 갑자기 눈을 뜨면서 앵두나뭇집 할머니에게 돈을 도로 내밀었다. 자기에게는 아무 소용 없으니 애 업고 가는 사람에게나 주어 달라는 것이었다. 그러고는 다시 눈을 감았다. (황순원, 『독 짓는 늙은이』, 1944, 376)

그러나 여기서 화시어의 전이는 전형적인 간접인용의 것이다. 그리고 '는 것이다'도 인용화자의 해설이다. 즉 원화자의 관점이 아니라 모두 서술자(인용화자)의 관점으로 일원화되어 있는 것이다.

친구 1이 친구 2에게: "나에게 줘."
친구 2가 친구 3에게 친구 1의 말을 전할 때: 자기에게 달라고 하더라.
　　나 → 자기
　　주라 → 달라

반대로, 전혀 다른 이유로, '다는 것이다'를 FIS 요소로 보지 않는 경우도 있다. 박선희(2008: 154, 2011: 71)에서는 '다는'이 서술자와 인물의 음성 경계를 명확히 하기 때문에 FIS의 다음성적인 모호성을 재현할 수 없다고 하였다. '다는'은 시점이 일원화된 것이지, 두 시점이 공존하는 형태가 아니다.

박선희(2011: 67~69, 71~72, 2015: 53)에서는 오히려 서술자의 목소

리를 담은 문어형 종결어미가 FIS의 지표라는 파격적인 주장도 한다. 시제나 인칭대명사가 늘 서술자의 목소리를 담지는 않기 때문에 안정적으로 서술자의 목소리를 담을 수 있는 것은 어미밖에 없다는 것이다. 그러면서 한국어의 자유간접화법은 서술과 형태적으로 차이가 나지 않는 것이 특징이라고 하였다(박선희 2011: 57). 그러고는 전성기(2005)를 따라 아래 예의 ②, ③을 FIS라 하였다.

(6) ①남은 우선 지 참봉의 입을 막아 놔야겠기에 모두 자기의 짓이라 거짓 자백하였다. ②그리고 정말 자기도 오몽내가 아쉽다. ③어떤 놈의 짓인지, 이 밤으로, 거리의 술집을 뒤지고 서수라나 옹기까지 가더라도 기어이 오몽내를 찾아내고 싶었다. ④남 순사는 지 참봉에게 오늘 밤으로 오몽내를 데려온다고 장담하고 나왔다. (이태준, 『오몽내』, 『달밤』, 깊은 샘, 1925: 26, 전성기 2005: 246에서 재인용)

먼저, 이런 논리에서라면 모든 종결어미가 FIS의 지표가 되는 문제가 생긴다. 어미가 서술자의 목소리를 고정적으로 담고 나머지 화시어가 인물의 목소리를 담는 양상이 FIS라면, 어미가 인물의 목소리를 고정적으로 담고 나머지 화시어가 서술자의 목소리를 담는 양상도 FIS에서 배제할 근거가 없기 때문이다.

다음은, FIS가 서술자 외의 인물의 발화(혹은 생각)로도 해석되어야 하는데, 서술의 어미는 인물의 발화 자체로는 해석되지 않는다는 문제가 있다. 위의 ③도 인물 '남 순사'의 속마음을 비교적 전능한 내레이터가 서술한 것이지, 인물의 발화나 생각 그 자체로는 해석되지 않는다. 즉 어떤 발화가 공교롭게 서술과 형태적으로 같아진 것이 아니

라, 서술 그 자체이다.[6]

　간접인용의 어미나 서술의 어미를 FIS의 지표로 지목한 이런 논의들과는 달리, 한국어에는 FIS를 위한 고정적인 지표가 없음을 인정하고, 대신에 비슷한 효과를 내기 위해 동원되는 장치의 자격으로 어미를 소개하는 논의도 있다. 일례로 장인봉(2002: 147)에서는 프랑스어의 FIS는 한국어에서 아예 직접인용으로 번역되거나 (7)처럼 직접인용의 요소 뒤에 이를 요약하는 '다느니'나 '는 것이다'를 붙여 번역되는 경향이 있다고 하였다. 원문의 3인칭 대명사 'il', 'la'가 한국어 번역에서는 '당신은', '나를'로 번역되어 인물의 목소리를 드러내고, 간접인용의 뉘앙스가 느껴지는 '다느니'를 통해 서술자가 요약하는 목소리를 추가한다는 것이다(박선희 2011: 147에서 재인용).

(7) 밤에 샤를르가 돌아오면 그녀는 말라빠진 팔을 이불 속에서 내밀어 그의 목을 껴안으며, 그를 침대 모서리에 앉혀 놓고, [신은 나를 잊고 다른 여자를 사랑하고 있다느니, 자기는 불행한 운명을 타고났다고 남들이 말하였다느니] 하며 원망의 말을 늘어놓기 시작하고는

　위의 예에서 '나를'은 분명히 인물 시점의 표현이고, '다느니'는 유사 인용 어미이다. 간접인용절의 어미는 주로 '다고/냐고/자고/라고/

6　장인봉(2003: 661~662)에서도 프랑스어의 FIS가 형식에 맞추어 번역되면 많은 경우 다음성의 효과를 발휘하지 않는 내러티브 형식으로 번역된다고 하였다. 일례로 프랑스어의 예를 "그는 아팠다"로 번역하면 이는 FIS의 형식으로 보고하는 것이 아니라 그의 담화를 서술하는 것이라고 하였다. 그리고 프랑스어의 자유간접화법은 많은 경우 한국어에서 자유직접화법으로 번역된다고도 하였다. FIS 장치가 있는 언어와 없는 언어 사이의 번역의 고충은 FIS가 등장한 초기부터 있었던 문제이다.

마고'가 대표적으로 언급되는데, '느니'와 '는 둥' 앞의 '다/냐/자/라'는 이런 간접인용절에 쓰이는, 청자 대우가 중화된 어미들이다. 즉 '다 느니'류와 '다는 둥'류도, 누군가가 한 말을 간접적으로 전할 때 쓰이 는 표현들이다. 이들은 (8)에서 보듯이 인칭대명사 '나'도 모두 허용 한다. 다만 '는 둥'은 내포절 어미보다는 아직은 연결어미에 가깝다.[7] 이들 어미들은 원화자의 것이 아니라 인용화자의 것이다. 따라서 장 인봉(2002)에서 이를 서술자의 시점으로 본 것은 정확하다.

(8) 가. 신은 나를 잊고 다른 여자를 사랑하고 있다고 원망의 말을…

　　나. 신은 나를 잊고 다른 여자를 사랑하고 있다는 둥 원망의 말 을…

그렇다면 '다느니'와 같은 간접인용적 어미에 1인칭 대명사 '나'와 같은 직접인용의 요소가 함께 나타나면 FIS로 볼 수 있는가. 이들 예 에서의 '다고, 다느니' 등의 어미는 내포절 어미[8]이고 주절이 생략될 때가 있기는 하지만 원칙적으로 독립절로 쓰이지는 않는다는 점이, FIS의 주요 특징과 배치된다. 앞에서 언급한 것처럼 FIS는 'he says'와 같은 도입절이 있을 때도 있지만, 이런 경우에도 'that'과 같은 종속접 속사(혹은 보절자)는 나타나지 않는다. 장인봉(2002)에서는 이런 구문

7　'다는 둥'은 하나의 어미로 등재되어 있지 않다. 『표준국어대사전』에서 '둥'은 "('다는/냐 는/라는/자는 둥' 구성으로 쓰여) 이렇다거니 저렇다거니 하며 말이 많음을 나타내는 말."로 기술되고 있다. 간접인용절은 예컨대 "예쁘다고 말했다."의 경우 '예쁘다고'를 '그렇게'로 바꿀 수 있다는 것을 이유로 부사어로 처리하는 일이 있어 왔다. 그러나 "처 들어가 군기고를 깨자는 둥, 그것은 국법에 걸리니 동촌 백성과 합세하자는 둥, 설왕설 래 중구난방으로 입방아를 찧을 뿐"과 같은 예를 보면 '다는 둥' 절이 특정 성분 역할을 한다고 보기는 어렵고 연결어미처럼 쓰인다고 할 만하다.

8　해체 종결어미로 굳어진 '다고/자고/냐고/라고'는 대상이 아니다.

을 FIS로 보기보다 한국어에서는 이런 형식으로라도 두 개의 목소리를 담아 FIS의 효과를 부분적으로라도 구현한다고 보는 듯하다. 필자도 이에 동의한다.

13.2.2. 시제

FIS의 구현에 기여하는 대표적인 장치는 시제이다. 그래서 FIS의 존재 유무를 논할 때는, 간접인용절을 위한 시제나 시제일치규칙이 존재하는가 여부가 중요하게 취급되어 왔다. 프랑스어는 간접인용절에 반과거시제가 쓰이는데, FIS에서도 반과거시제가 나타난다. 영어는 간접인용절만을 위한 시제가 따로 있지는 않지만 시제일치규칙에 의해 간접인용절의 시제가 바뀐다.

시제일치규칙이란 (9가)에서 'will'이었던 것이 'said'의 시제에 따라 'would'로 바뀌는 현상을 가리킨다. (나)처럼 나타나면 FIS이다. 반면에 한국어는 (다)에서 보듯이, 시제일치규칙이 없고 원발화에서 쓰인 시제 형태가 그대로 나타난다. 이 때문에 프랑스어나 영어와는 달리 한국어는 FIS의 문법적 구현이 어렵다는 지적이 있어 왔다.

(9) 가. He said, "I'll be there tomorrow."

　　　→ He said that he would be there the next day.

　　나. He would be there tomorrow.

　　다. "밥 먹었어." → 영희는 밥 먹었다고 말했다.

그런데 12.2.2.에서 살펴본 것처럼, 영어의 시제일치규칙은 화시적 중심이 바뀌면서 조정을 겪는 과정이 아니라, 통사적인 규칙이다. 인용동사가 미래이거나 현재일 때는 적용되지 않고, 인용동사가 과거일 때에 한해 피인용절의 시제가 하나씩 앞당겨지는 현상이기 때문이다.

일례로 (9가)에서 'would'는 'will'이 시제일치규칙에 의해 바뀐 것으로, '과거 속의 미래'를 의미한다. '과거'는 인용화자(서술자) 기준에서의 시위치이고 '미래'는 원화자 기준에서의 시위치이다. 만약 인용화자의 시점으로만 일원화된 것이라면, 아직 벌어지지 않은 사태일 경우 'will'을 그대로 쓰는 일이 가능해야 할 것이다. 그러나 간접인용절에서는 이런 시간 계산이 이루어지기보다 시제일치규칙에 의해 자동적으로 시제가 앞당겨지는 것이 일반적이다.

영어의 시제일치규칙이 인용동사가 과거일 때만 적용된다는 것은, 영어의 FIS에서도 시제의 특이성은 독자가 문맥에서 추론해 내야 하는 정보임을 의미한다. 'would'처럼 내포절에 주로 쓰이는 시제 형식이 아닌 한, 해당 시제가 시제일치규칙에 의한 것인지는 드러나지 않기 때문이다. 예컨대 과거시제의 구문이라면 원래의 발화에서는 현재시제로 표현됨 직하다는 확신이 들 때 비로소 FIS로 읽힌다.[9] 그렇다면 시제일치규칙이 없는 언어라고 해서 유독 FIS의 구현이 어렵다고 할 수 있는지가 모호해진다. 어차피 원발화와는 다른 시제가 쓰였음을 문맥에서 읽어 내야 한다면, 시제일치규칙의 유무와는 무관하게 시제를 바꿔 표현함으로써 다성성을 구현하는 방법이 있을 것 같기 때문이다.

FIS에서 시제일치규칙이 주요 변수가 되어 온 것은, 아마도 시제일치규칙이 내포절 문법의 일환이기 때문인 듯하다. 시제일치규칙은

---

9 이는 인물의 발화라면 현재시제로 표현될 만한 것이 과거시제로 표현되거나, 과거시제로 표현될 만한 것이 과거완료로 표현되는 정도에 국한되기 때문이다. 게다가 무엇보다 인물의 발화라면 어떤 시제였을 것인가는 문맥을 통해 독자가 찾아내야 한다.

절이 내포될 때 적용되는 현상이다. 따라서 시제일치규칙이 없는 언어에서의 시제의 변화는, 내포절의 문법도 독립절의 문법도 아니다. 따라서 인용의 종류를 가르는 데도 영향을 미치지 않는다. 다시 말해 시제일치규칙이 없는 언어에서 시제의 변화로 서술자의 목소리를 담는 것은, 해당 언어의 인용의 문법 안에서는 찾을 수 없는, 전혀 새로운 제3의 구문이다. 이것이 시제일치규칙이 있는 언어와 없는 언어의 차이이다.

그간 한국어 FIS에서의 시제의 역할에 대해서는 상반적인 태도가 있어 왔다. 장인봉(2003)처럼 시제일치규칙이 없기 때문에 FIS를 표현하는 게 어렵다는 주장도 있었고, 프랑스어에 준해 과거시제를 FIS의 지표로 분석하는 일도 있어 왔다. 후자의 사례로 아래의, 강이연(2001:489~490)에서의 분석을 들 수 있다.

(10) 유자한이 호령하였다. 매월당을 붙들어 보라는 말이었다. 그 서슬에 놀라 오십주가 쪼르르 내달으며 소매를 잡았다. (중략) "사또 마님께서 근심해 계시오이다.""영감과 이 몸은 어차피 길이 해륙(海陸)으로 다르더니라."

[1] 달빛에 가는 길은 모두가 뚜렷하지 않아서 차라리 나았다. 인간도 하나의 티끌에 불과한 것이라면, 달빛에 가는 한 인간의 초상이야말로 한 폭의 수묵화 속에 가려진 티끌의 성질과 같은 것인지도 몰랐다. 산이며 바다며 길이며가 뚜렷하지 않았다. 심지어는 매월당 자신도 뚜렷하지가 않았다. 이렇게 모든 것이 뚜렷하지 않은 가운데 그 뚜렷하지 않다는 사실 하나만이 뚜렷한 것. ①그것은 무엇일까. 그것은 아마도 생명력일 것이었다. 모든 것이 뚜렷하지 않음

에서 비롯된 어떤 가능성에 힘입어 존재하는 힘. 그러므로 왈 홍몽(鴻濛)이요, 왈 혼돈이야말로 생명의 잉태이며 생동의 근본일 것이었다. 따라서 생활은 인공(人工)이 아니었다. 운명이었다. 운명은 또한 길이었다. 탄탄한 대로도, 첩첩한 험로도, 달빛 어린 밤길도 운명이었다.

[2] 매월당은 밤길을 갔다. 딱따구리는 나무를 두들기지 않았다. 그 대신에 부엉이의 울음소리가 끊임없이 이어졌다. (이문구『매월당 김시습』문이당, 1994, 115쪽)

강이연(2001: 489~490)에서는 [1] 부분은 [2] 부분과는 매우 다르다고 하면서, 형태적으로 도입부의 비가시성, 대명사, 지시소, 시제, 감정을 나타내는 부사, 동사 등에서 FIS의 요소들을 두루 갖추었다고 하였다. 또한 동사의 시제를 한결같이 '(ㄹ)-었(았)다'로 진행하고 있는데, 여기서 프랑스어의 자유화법 속 반과거와 조건법을 발견하게 되며, 그 다성적 효과도 강렬하다고 하였다. 서술자가 주인공 매월당의 심정과 그의 사고를 분신처럼 읽어 내며 대변하는 듯하여, 말하자면 일종의 3인칭 시점에 의지한 독백처럼 보인다는 것이다.

우선 이들은 모두 서술의 어미 '다'를 취하고 있다. 또한 대명사, 지시소, 감정의 부사의 어떤 점이 FIS의 요소로 볼 만한지도 정확하지 않다. 이들은 서술문이면 다 가능한 것들이다. 무엇보다 특별히 과거시제가 다성성의 효과에 기여한다고 보기도 어렵다. 이 부분을 둘러싼 문장들이 모두 과거시제이기에 더욱 그렇다. ①의 '그것은 무엇일까' 정도만 현재시제로 쓰이고 있는데, 이는 역사적 현재 용법으로 보면 특별한 상황이 아니다.

이런 사정은 이들 문장을 현재시제로 바꾸어도 크게 달라지지 않는 데서도 확인된다. '달빛에 가는 길은 모두 뚜렷하지 않아서 차라리 낫다. 달빛에 가는 인간의 초상이야말로 티끌의 성질과 같은 것인지도 모른다.'라고 해서 목소리의 수와 관련한 효과가 크게 달라지는 것 같지 않다. 다만 차이가 있다면, 서술자가 인물이든 별도의 제삼자이든 (절대적) 현재 시위치에서 당시의 사태를 기술하고 있느냐 당시(즉 상대적 현재)의 시위치에서 사태를 기술하고 있느냐가 다를 뿐이다.

한국어의 시제는 FIS의 고정적인 지표가 되기 어렵다. 간접인용절만을 위한 시제 규칙도 없고, 한국어의 시제의 종류가 많지 않으며 무엇보다 '었'이 늘 과거 사태를 나타내지는 않기 때문이다. '었'은 과거에 발생해서 현재까지 지속되는 상태에 쓰인다. 따라서 예컨대 '지금 정원에 꽃이 피었다'나 '지금 그 옷을 입었다'처럼 현재 상태를 나타낼 수도 있고, 이런 경우 이들의 쓰임은 담화에 쓰인 다른 현재시제 문장들과 특별히 시제적 차이를 가지지 않을 수 있다.

게다가 한국어는 역사적 현재의 사용도 상당히 손쉽다. 즉 서사담화에서 과거시제와 현재시제가 넘나들어 쓰이는 데 큰 제약이 없다. 따라서 과거시제가 쓰인 경우 원발화에서는 현재시제로 표현됨 직하다는 사실을 추적하는 것이 현실적으로 어려울 때가 많다. 따라서 시제의 차이로 서술자의 개입을 파악해야 하는 FIS의 효과도 발휘되기가 아주 어려운 편이다.

13.2.3. 인칭대명사

FIS에서 서술자의 목소리를 담는 장치는 시제 외에 인칭대명사가 있다. 내포절을 만들 때 화시어의 중심이 인용화자로 바뀌면서 인칭대명사도 이에 맞춰 바뀌는데, 바뀐 인칭대명사가 FIS에서도 그대로 나타난다. 시제와 더불어 인칭대명사의 변화는 내포절 문법의 일환이다. 따라서 내포절만의 시제가 없는 언어에서는 인칭대명사가 FIS의 구현에 더욱 절대적인 역할을 한다. 장인봉(2003: 661)에서 한국어는 시제 일치가 없기 때문에 이중의 목소리를 내기 위해서는 인칭대명사에 주로 기대어야 한다는 지적은 이런 사정을 반영한다.

다음은 장인봉(2003: 657~658)에서 예로 제시한 것이다. 아래 예의 대괄호 부분은 '그들 부자'만 빼면 최 씨의 속마음을 그대로 옮긴 듯하다. 여기에 쓰인, 스스로에게 묻는 종결어미인 '는가'도 그러하고, '이 방', '저자' 등도 이 부분이 서술자보다는 최 씨의 생각임을 드러낸다. '그들 부자'는 '우리 부자'로 표현될 만한 것을 서술자의 시점으로 바꾼 것이다. 따라서 이 구문은 이중의 목소리를 담고 있다고는 할 수 있다.

(11) 순경 최 씨는 깨끗이 설거지해 둔 국 대접을 가지고 들어오면서 한없는 절망감에 사로잡혔다. [그들 부자의 작고 깨끗한 행복이 이제 쓰레기통으로 변하려 하지 않는가! 그의 냄새나는 옷, 더러운 발…로 이제 이 방은 가득하게 되지 않았는가!…그렇다고 저자를 쫓아낼 수도 또한 없는 노릇 아닌가!] (조해일, 『방』)

아래의 괄호 부분도 바우의 생각을 옮긴 것이다. 그런데 '자기'라는 단어는 바우의 시점에서 자신을 가리키는 말이 되지 못한다. 즉 '자기'는 서술자 시점의 단어이다. 많은 선행 연구에서 '자기'는 한국어 FIS의 지표로 분류해 왔다(박선희 2011: 68).

(12) 톡톡 무엇이 튀는 소리가 들려온다. 바우는 저도 모르게 우뚝 서

고 만다. 그 무서운 총소리인 것 같다. 뒤이어 사람들의 아우성 소리 같은 것이 들린다. 그 속에 쓰러져 넘어지는 아버지의 모양이 떠오른다. [큰일이다. 큰일이다. 왜 자기는 빨리 어른들을 쫓아가지 못했을까? 바보 같은 것, 바보 같은 것.] (황순원, 『황소들』)

시제로 FIS를 구현할 방법이 없기에 인칭대명사가 중요한 역할을 하는 사례는, 중국어에서도 확인된다. Hagenaar(1996: 292~294)에서는 중국어에 시제가 없기 때문에, 서술자와 인물의 발화 사이의 구별은 전적으로 인칭에 달려 있으며[10] FIS도 서술자의 시점인 인칭대명사와 인물의 시점인 어떤 요소가 혼합될 때에 발견된다고 하였다. 예컨대 다음의 예에서, 인물의 것은 '絕對的(definitely)'과 문말의 의심을 표현하는 첨사 '啊'이고, '她(she)'는 서술자의 것이다.

(13) 没有, 绝对的没有锁上, 不然, 为什麼她记忆中没有这一动作啊? 没有把保管箱锁上? 真的? 这是何等重要的事!
(아니야, 절대로 잠그지 않았어, 아니면 왜 그녀의 기억 속에 이런 동작이 없지? 금고를 잠그지 않았어? 정말? 이게 얼마나 중요한 일인데!)

중국어는 발화의 주어가 잘 표현되지 않고 인칭대명사와 소유대명사도 잘 사용되지 않는다.[11] 또한 직접인용과 간접인용도 인칭대명사

---

10 중국어는 보절자도 없기 때문에 직접인용과 간접인용의 유일한 차이도 인칭대명사가 '나'이냐 '그'이냐 하는 데 있다.

11 『율리시스』의 중국어판을 보면, 대명사 없이 번역되어 있는 양상이 보인다. 발화의 주

로 구별되므로 1인칭의 담화에서는 아예 인용의 종류가 구별되지 않는다. 그렇다고 3인칭 대명사가 쓰였다고 해서 다 FIS로 해석되는 것도 아니며, 이런 해석의 근거, 즉 1인칭 대명사를 대신해 쓰인 것임을 독자가 찾아내야 한다. 이런 이유들로 Hagenaar(1996: 295~296)는 중국어에도 FIS가 존재하기는 하지만, 이를 표현할 언어적 장치가 별로 없어 문맥 의존도가 매우 높다고 하였다.

지금까지 논의한 것은 3인칭 대명사의 경우이다. FIS는 3인칭 소설에 주로 나타나기에, 주어 역시 3인칭으로 실현되는 것이 보통이다. 따라서 FIS에서의 3인칭 대명사는 인용화자(혹은 서술자)의 시점을 반영한 것으로 분석하기 쉽다. 그런데 우리는 앞서 "신은 나를 잊고 다른 여자를 사랑하고 있다느니"의 예에서 '나'를 원화자의 시점으로, '다느니'를 서술자의 시점으로 분석하는 일이 있음을 살펴본 바 있다. 그렇다면 이런 '나'의 출현도 FIS의 지표가 될까?

한국어의 '나'는 구문의 종류와 상관없이 다른 이의 시점에서 사용되는 일이 무척 흔하다. 다음은 12.3.2.에서 간접인용에서 인칭대명사의 전이가 불완전한 것은 인용구문의 문제라기보다 한국어 인칭대명사의 특성일 가능성이 높다고 하며 제시한 예이다.[12]

(14) 가. 이수근 씨ᵢ, 내ᵢ가 생각하는 내ᵢ 단점은 뭐예요?

어도 대개는 잘 표현되지 않고 'wo(I)'와 'ziji(myself)' 정도가 자주 나타난다. 결국 자유간접화법에서 서술자 텍스트의 요소가 덜 분명히 표시되는 것이다(Hagenaar 1996: 294).

12 강이연(2001: 496)에서는 이들 외에 다음 예들을 포함하여, 구어 방송매체 및 인터넷 게시판에 나온 FIS라고 하였다. "나갈 때는 나는 안 썼으니까 그냥 꾸깃꾸깃 넣어가지 마시고…" "나중에 신념이도 우리 엄마 자랑스럽게 생각할 거야." 이 책의 관점에서는 모두 FIS가 아니다.

나. 솔직히 김규동 씨₁ 내₁가 내 전공 분야만 잘 알지 그 밖의 시사
　　문제는 잘 몰라서 실수를 했다고는 생각 안 하시나요?

위 예에서의 '내'가 쓰인 자리는 '당신'과 같은 2인칭이나 '이수근
씨' 같은 3인칭 혹은 3인칭과 공지시하는 '자신'이 와야 하는 예이다.
그러나 이런 자리에 '이수근 씨'나 '김규동 씨'의 입장으로 감정이입한
'나'가 쓰이고 있다. (14)의 (가)는 인용구문이 아니며 (나)는 '다고는
생각 안 하시나요'를 보면 간접인용구문에 가깝다. 그런데 이런 '나'
의 쓰임은 "내 집처럼 생각하게."를 고려하면 내포절에서만 허용되는
것도 아니다. 따라서 이런 '나'가 '다고' 등의 서술자 시점의 표지와 함
께 나타난다고 해서 바로 FIS의 지표로 간주할 수는 없다.[13]

위의 예는 현재화자가 '당신, 이수근 씨, 나, 스스로, 자신' 등 가
능한 여러 후보에서 자신의 표현 의도에 따라 '나'를 선택한 것으로
보인다. 그리고 이때의 표현 의도에는 '언급'의 효과가 있을 수 있
다. 한국어의 인용절에는 원발화에서 있음 직한, 언급되는 성분이 있
을 수 있다. 언급되는 성분이 인용절의 종류와 어떻게 관련되는지는
13.3.에서 다룬다.

13.2.4. 시간부사

FIS에서 시간부사는 원발화의 요소로 분석된다. (15)는 바뀌어야
할 'now'가 그대로 쓰이고, 과거시제와 공기하고 있다. 과거시제가
인용화자의 화시적 중심에서 선택된 것이라면, 'now'는 원화자의 것

13　적어도 1인칭, 2인칭 대명사가 FIS의 지표로 쓰이고 있음이 확인되려면 '–다고' 외에
　　시제와 같이 서술자의 시점을 나타내는 다른 요소가 있어야 할 것이다.

이 그대로 쓰인 것이다.

(15) How her heart was beating <u>now</u>! she thought. (Banfield 1982: 99)

FIS를 구현할 다른 장치가 없는 언어에서는 '지금'과 같은 시간부사가 큰 역할을 한다.[14] 그러나 한국어는 현재시제와만 공기하는 시간부사가 없다. 한국어의 '지금'은 모든 시제와 쓰일 수 있다.

(16) 지금 출발한다. ; 지금 출발했어. ; 지금 출발할 거야.

그리고 '지금'은 인용절에 쓰일 때, 시간이 계산되어 바뀔 수도 있고, 원래 표현이 그대로 쓰일 수도 있다. 아래에서 '그때'와 '그날'은 현재라는 화시적 중심에서 계산된 것이다. 반면에 '지금'은 원발화의 표현을 그대로 가져온 것이다.

(17) 가. "지금 막 먹었어."라고 어제 철수가 말했다.
　　　→ 어제 철수가 {지금, 그때} 막 먹었다고 말했어.
　　나. "지금 갈게." 그저께 철수는 말했다.
　　　→ 그저께 철수는 {지금, 그날} 가겠다고 말했어.

시간부사 '지금'은 상대시제 현재로는 거의 쓰이지 않는다. 즉 현재

---

14 Jonasson(2004)에서는 스웨덴어는 과거가 하나이므로, 시제로는 서술자의 시점을 나타낼 수 없어서 '지금'을 부가하는 경우가 있다고 하였다(박선희 2011: 63).

발화시 기준의 '지금'으로만 쓰이지, 과거시 기준의 상대적 현재로서의 '지금'의 용법은 없다. 따라서 위의 '지금'은 원화자의 것이다.

그런데 '지금'의 이런 사용은 인칭대명사에서 '나'를 썼던 예와 유사해 보인다. 결과적으로는 '지금'이라는 단어로 인물의 목소리를 듣는 듯한 효과가 발휘되지만, 이는 인용절에서 이루어져야 할 조정이 불완전하게 된 결과라기보다 특별한 효과를 위해 일부러 원화자의 말을 '언급'한 것으로 보이기 때문이다. 더군다나 위의 예는 모두 완벽한 간접인용절이다. 즉 '지금'이 허용되는 것이 인용절의 문법이 일부 파괴되는 FIS 구문이라서가 아니다. 무엇보다, 한국어는 인용절에서의 시제 변화가 없기 때문에, 유럽어의 FIS처럼 시제의 변화로 서술자의 목소리를 내고 시간부사로 인물의 목소리를 담는 방식은 거의 불가능하다.

13.2.5. 주관 형용사

FIS의 지표로 형용사가 거론되는 일은 프랑스어나 영어에서는 별로 없다. 이는 한국어 형용사의 특이성에서 비롯되는 일이다. 전성기(2005: 259)는 '슬프다, 무겁다, 언짢다, 아쉽다' 등의 표현적 어휘들이 모두 FIS의 지표가 될 만하다고 하였다.

다음은 전성기(2005: 246)의 예로, ②와 ③이 FIS로 분석된 것이다. 아마도 '아쉽다'나 '찾아내고 싶다'는 인물의 심정이지, 서술자의 심정이기 어렵기 때문일 것이다. '아쉽다'나 '고 싶다'가 한국어 FIS에서 주목받는 이유는, 영어나 프랑스어와는 달리 3인칭 주어와 어울리지 않기 때문이다.

(18) ①남은 우선 지 참봉의 입을 막아 놔야겠기에 모두 자기의 짓이

라 거짓 자백하였다. ②그리고 정말 자기도 오몽내가 아쉽다. ③
어떤 놈의 짓인지, 이 밤으로, 거리의 술집을 뒤지고 서수라나 웅
기까지 가더라도 기어이 오몽내를 찾아내고 싶었다. ④남 순사는
지 참봉에게 오늘 밤으로 오몽내를 데려온다고 장담하고 나왔다.
(이태준, 『오몽내』, 『달밤』, 깊은 샘, 1925: 26, 전성기 2005: 246
에서 재인용)

Kuroda(1979: 185~186)는 언어가 수행하는 기능은 크게, 사실을
지시하는 것과 화자의 상태를 표현하는 것 두 가지가 있다고 하고,
이 둘이 경우에 따라 명시적으로 구분되는 언어가 있다고 하였다. 일
례로 일본어의 'tall(takai)'은 1인칭, 3인칭 주어가 모두 가능하지만,
'hot(attui)'과 같은 감각어는 3인칭 주어와는 쓰일 수 없는 것이 그렇
다. 3인칭 주어일 때는 형용사가 아닌 형용동사 'atugatte'가 쓰인다.

한국어도 마찬가지이다. 일상 언어에서 "나는 슬프다."는 가능하
지만 "그는 슬프다."는 어색하다. 대신에 "그는 슬퍼한다."를 써야
한다. 그런데 서사담화에서는 "그는 슬프다."도 허용된다. 그래서
Kuroda(1979)는 이를 언어 수행의 패러다임을 초월하는 문학적 문체
라 하고, 이런 표현은 비-보고(non-reportive) 스타일로서, 둘 이상의
시점을 담은 다중-의식 스타일이라 하였다.

염인수(2014: 30~31)에서도 "그는 몹시 슬펐다."와 같은 표현을 FIS
로 보았다. 보고하는 주체와 지각하는 주체 사이에서 모호성을 내포
하여, 두 주체가 분명하게 개별화되지 않는다고 본 것이다. 그리고
'슬프다'라는 단어는 인물의 상태를 보고하면서도 인물의 마음속 표
현을 재생하는 말이 된다고 하였다.

그러나 이런 종류의 형용사와 3인칭의 어울림을 FIS로 보면, 한국

어와 일본어의 FIS는 다른 언어의 FIS와 문체적 존재감이 사뭇 달라진다. 2인칭과 3인칭 주어에 쓰인 심리형용사와 감각형용사 구문은 모두 FIS로 분류되는 결과를 가져오기 때문이다. 이렇게 흔한 것이 문체적 효과를 노린 특수 장치일 수 있는가.

"그는 슬펐다."와 같은 표현은 인물의 의식 속으로 들어가는 효과가 나며, 인물과의 거리가 가까워져 '혼잣말하기'와 같은 인위적인 장치가 없어도 생생함이 유지된다. 그러나 FIS는 온전히 인물의 말(혹은 생각)에 서술자가 일부 개입하는 것이므로 인물과 독자 사이에 다소 거리감이 생기는 효과를 낸다. 즉 이 둘의 효과는 차이가 있다는 것이다.[15] 무엇보다 3인칭 주어에 이런 종류의 형용사가 쓰인 예를 모두 FIS의 지표로 간주하면, '아버지는 아쉬웠다.', '어머니는 마음이 아팠다.' 등의, 너무나 평범한 표현들도 FIS에 포함되어야 한다. 감각형용사가 3인칭과 어울리는 일은 전지전능한 서술자를 상정한 서사 담화의 한 특징일 뿐, 특별한 효과를 겨냥한 문체적 장치라고 하기는 어렵다.

13.3. 인용과 해석적 사용

관련성 이론에서 인용은 언어의 '해석적 사용(interpretive use)'의 대표적인 종류이다. 자유간접화법을 비롯한 인용문의 표현 중 일부는 인용화자가 재량껏 추가한 정보일 수도 있고 특별한 효과를 노려 '언

---

15 Leech & Short(1981)는 화법을 등장인물의 발화를 제시하는 방식과 사고를 제시하는 방식으로 나누고, 자유간접사고와 자유간접발화는 그 효과 면에서 크게 다르므로 구별해야 한다고 한 바 있다. 위의 효과의 차이도 이 책에서 언급한 것이다.

급'한 것일 수도 있다. 이런 점에서 인용절의 종류는, 어떤 표현의 원래 주인을 기계적으로 할당하는 방식에 의해 판단될 수 없다.

13.3.1. 간접인용의 비-파생적 증거, de re 해석

간접인용은 직접인용에서 도출되는 것으로 보아 온 전통이 있다. 간접인용에서의 화시어의 전이 현상을 통사적 규칙으로 기술해 온 것은 바로 이런 관점이 반영된 것이다. 그러나 이렇게 볼 수만은 없는 증거가 있다. 대표적으로 간접인용의 de re 해석이 그러하다.

아래에서 'his'는 오이디푸스가 'my mother'라고 한 것이 간접인용에서 'his'로 바뀐 것일 수도 있지만, 원발화에서의 표현과는 상관없이 인용화자가 오이디푸스의 어머니임을 알고 'his mother'로 바꿔 표현한 것일 수도 있다. 전자의 해석이 de dicto 해석이고, 후자의 해석이 de re 해석이다. 물론 아래의 사례는 오이디푸스가 자신의 어머니에 대해서 알지 못했으므로 후자의 해석만 가능하다.

(19) Oedipus said that his mother was beautiful.

대개 직접인용에서는 de dicto 해석만 가능하고, 간접인용에서는 de re 해석도 가능하다(Banfield 1973, Coulmas 1986a).

de re 해석이 가능하다는 것은, 간접인용에서 인용화자가 재량껏 정보를 추가할 수 있다는 의미이다. 정보를 추가해 '그의 어머니'라고 표현하는 현상은, 변형 규칙으로 설명할 수 없다. 변형 전의 원래 표현이 될 만한 후보가 무한하기 때문이다. 그런데 이런 문제가 대명사에만 국한되는 것도 아니다. 예컨대 "아이 말로는 [그 바보가 자기를 질투하는 거라고] 해."와 같은 예에서 '그 바보'도 인용화자가 바꾼 표현일 수 있다. 이런 현상들은 간접인용이 전적으로 원발화의 언어적 요소에만 의지해 도출되는 것은 아님을 보여 준다.

FIS는 직접인용과 간접인용의 성격을 다 가진다. 즉 직접인용에서나 가능한 형식들, 예컨대 감탄사, 조각문 등이 오고, 간접인용처럼 인칭대명사와 시제가 인용화자의 화시적 중심에 따라 바뀐다. 그런데 위에서 본 것처럼 간접인용에는 인용화자의 간섭이 가능하다. 이는 FIS에서 직접인용적 요소라고 분류되는 것들이 모두 원발화, 즉 원화자의 것이라고 단정할 수는 없음을 시사한다.

사실 관련성 이론의 관점에서, 인용의 모든 종류는 언어를 해석적으로 사용한 예이다. 직접인용이라 하더라도 그것이 실제 발화 그대로 옮겨졌다기보다는 이와 내용적으로 닮은 명제를 발화 형식으로 표현했다고 볼 수 있기 때문이다. 사실, 발화의 완벽한 재현이란 그리 가능한 일이 아니다. 인용절에서의 해석자의 간섭은 다양하게 일어날 수 있고 따라서 FIS의 지표로 삼는 데는 주의가 필요하다. 이를 다음 절에서 살펴보겠다.

13.3.2. 해석적 사용

Sperber & Wilson(1986/1995: 228~229)의 관련성 이론에서는, 발화가 대상을 표상하는 방식에 두 가지가 있다고 본다. 하나는 어떤 사태의 표상이 되는 명제형식을 통해, 그 사태를 표상하는 것이다. 이런 경우 그 표상은 '기술'이라고 하거나, 기술적으로 사용된다고 한다. 다른 하나는 어떤 표상이, 두 명제 형식 사이의 유사성을 이용해, 다른 표상을 표상하는 것이다. 이런 경우 첫 번째 표상이 두 번째 표상의 해석이라고 하거나 해석적으로 사용된다고 한다.

발화의 해석적 사용 가운데 일반적으로 인정되는 것은, 남의 말이나 사고 내용에 대한 '인용'이다. (20가)의 질문에 아래와 같은 세 개의 대답이 있다고 하자. 직접인용인 (나)는 발화의 명제 자체를 소통하고 있다기보다, 여관 주인의 말과 가장 닮은 발화를 표상하고 있다. 직접인용은 기술되는 사태를 표상하기 위해서가 아니라, 언급된 발화와 닮은 것을 표상하기 위해 사용되는 가장 분명한 예이다.

(20) 가. 피터: 그럼 여관 주인은 뭐라고 말했니?

　　나. 메리: Je l'ai cherché partout!

　　다. 메리: 나 여기저기 다 찾아봤어.

　　라. 메리: 그는 네 지갑 찾는다고 여기저기 다 찾아봤어.

(20다)는, (나)의 여관 주인의 말을 번역하여 옮긴 것으로, 역시 주인의 발화와 의미상 닮아 있음을 표상한다. (라)는 주인의 말에서 대명사가 바뀌면서 의미 구조가 달라졌지만 명제 형식은 역시 원발화와 닮아 있다(Sperber & Wilson 1986/1995: 227~228). 요컨대 (가)의 물음에 (나), (다), (라)가 모두 답이 되는 것은, 이들이 모두 여관 주인의 발화 내용에 대한 정보를 담고 있어 (가)와 관련성을 가지고 있기 때문이다. 그리고 이 답들은 서로 내용상 닮아 있다.

Blakemore(1992: 107)는 해석으로서 의도된 담화는 누군가의 발화뿐 아니라 생각에 대한 표상일 수도 있다고 하면서, FIS는 이런 의미에서 해석적이라고 하였다. 다음 (21)이 그녀가 든 예이다. 더 이상의 설명은 없지만, ②가 인물인 '그녀'의 생각을 과거시제 'was'로 바꾸어 표현한 FIS인데, 이를 인물의 생각에 대한 서술자의 해석을 표상한 구문으로 본 듯하다.

(21) ①She walked slowly along the path kicking the papery gold and brown leaves. ②Yes, autumn was certainly the best season of the year.

직접인용도 해석적 사용으로 보는 관련성 이론에서, FIS가 해석적 사용의 일례가 되는 것은 당연하다. McHale(1978: 258~60)에서는 '보고 발화'의 유형을 '완전한 모방(purely mimetic)'에서부터 '완전한 요약(purely digestic)'에 이르기까지 모두 일곱 종류로 나눈다.**16** 이런 다양성도 결국은 이들이 해석적 사용의 예들이어서 해석자의 개입 정도에 따라 구별되기에 가능한 것이다. 자신의 발화가 '해석'으로 이해되길 의도하는 화자는, 참/거짓과 같은 진실성(truthfulness) 기대보다 충실성(faithfulness)의 기대를 고려한다.**17** 그리고 화자에 의해 시도되는 충실성 정도는 상황에 따라 다르다(Blakemore 1992: 105). 또한 원화자의 사고에 대한 충실한 해석을 제공하고자 하는 목표는, 결국 원천 발화에 없는 재료를 추가하는 것으로 나타나기도 한다(Blakemore et al. 2014: 108).

그렇다면 인용화자의 개입은 어느 정도까지 허용될까? 영어나 프

---

16 '완전한 요약'은 문법 차원에서는 화법의 종류에 두지 않는 것이다. 이는, 사건의 상대적인 중요도에 따라 유형이 결정되기도 하는데 '완전한 요약'은 중요성이 가장 덜한 사건에 쓰인다는 식의 차이가 있기 때문에 시도된 분류이다.

17 한국어에는 해석적 사용임을 표시하는 장치들이 있는데 앞에서 살펴본 인용 어미나 유사 인용 어미도 이런 장치이다. 어미만 가지고 비교하자면 인용조사 '라고'가 가장 충실도 정도가 높을 것이고 다음이 간접인용의 어미 '다고', 유사 인용 어미 '다는 둥'이나 '다느니' 순일 것이다. '다고'에 비해 '다는 둥'과 '다느니'의 경우 '는 둥'과 '느니'에서 이미 '대충 이런 식으로' 정도의 뉘앙스가 있다. 물론 어미에 따라 충실도의 절대성이 결정되는 것은 아니다. 인용화자가 선택한 표현에 따라, 직접인용의 형식을 띠지만 덜 충실할 수도 있고 간접인용의 형식을 띠지만 가장 충실할 수도 있다.

랑스어처럼 간접인용절의 문법이 분명한 언어에서는, 시제일치규칙
이 지켜져야 하는 등 인용화자의 재량에 한계가 있을 수 있다. 그러
나 FIS는 간접인용절의 문법이 부분적으로 파괴된 것이다. 따라서 간
접인용절보다 선택의 폭이 넓으리라고 기대할 수 있다. FIS에서 인용
화자가 발휘할 수 있는 선택은, 원발화의 표현을 '언급하는' 차원과
인용화자 자신이 정보를 추가하는 차원에서 이루어진다.

지금까지 직접인용은 명제를 표현하기보다 원발화를 지시하기
위해 쓰였다고 보아 '언급(mention)'의 한 종류로, 간접인용은 '사용
(use)'의 예로 간주해 왔지만 실제로는 이렇게 대별되지 않는다. 직
접인용에도 '사용'으로 볼 만한 요소가 쓰일 수 있으며 간접인용에도
'언급'으로 볼 만한 요소가 올 수 있다.

다음은 Maier(2007: 3~4)에서 지표어(indexicals)가 마치 언급되는
것처럼 원래의 형식을 유지하는 일이 있다면서 든 예이다.

(22) 가. John$_i$ said that I$_i$ am a hero. (Amharic, Schlenker 2003)

나. Bush$_i$ said the enemy "misunderestimates me$_i$."

위의 예는 간접인용절의 예로, 인용절에 주절 주어와 공지시하는
'I'와 'me'가 각각 쓰였다. 'he'나 'him'으로 바뀌는 대신에 원발화에
썼음 직한 형식이 그대로 '언급'되고 있는 것이다. 여기에는 종속접
속사 'that'이 있어 FIS 구문도 아니다. 앞에서 살펴본 한국어의 '나'와
'지금'도 이런 식의 '언급'일 수 있다. 원칙적으로 '언급'된 요소는 원
래 화자의 시점(혹은 목소리)을 담은 것으로 분류된다. 그러면 결과적
으로 위의 예들은 두 개의 목소리를 가진 것이 된다.

그렇다면 이런 식으로라도 두 개의 목소리를 한 문장이 담을 수 있

으면 FIS 구문인가 하는 후속 질문이 생긴다. 실제로 최근에는 원발화에서 이런 식의 '언급'된 요소가 있으면 FIS로 보는 태도가 있기는 하다.

일례로 Leech & Short(1981: 260~266)는 (23가)의 FIS는 (나)와 (다)가 모두 가능한데, (다)가 'tomorrow'와 'come back'을 썼기에 (나)보다 더 자유로운 형식이라고 하였다.

(23) 가. He said, "I'll come back here to see you again tomorrow."

　　 나. He would return there to see her again the following day.

　　 다. he would come back there to see her again tomorrow.

또한 FIS의 전통적인 장치인 시제나 대명사의 변화 외에, 아래와 같이 원화자가 썼음 직한 어휘나, 억양을 나타내는 부호를 통해 원화자의 목소리를 담는 것도 자유간접발화에 포함된다고 하였다.

(24) 가. He said that the <u>bloody</u> train had been late.

　　 나. He told her to leave him alone<u>!</u>

그러나 이런 식의 '언급'되는 요소까지 포함할 경우, FIS를 특별한 문체적 효과를 노린 특이 구문으로 보기는 어려워진다. 이 외에도 한 문장에 두 개의 목소리(혹은 시점)를 담는 일은 아주 흔하기 때문이다. 일례로 완전한 간접인용절에서조차도 한두 성분을 '언급'함으로써 원화자의 목소리를 얹는 일은 아주 손쉽다. 예컨대 "나는 어제 밥을 참 많이 먹었어."를 간접인용으로 바꾸는 경우, "그 사람이 [나는] [어제] [밥을] [참] [많이] 먹었다고 말했어."처럼 대괄호 성분은 각각

적절한 음성적 효과와 더불어 '언급'될 수 있다. 게다가 원칙적으로 간접인용절보다 FIS는 '언급'이 더 자유롭다.

언급되는 성분을 모두 원화자의 목소리를 담는 FIS 지표로 보게 되면, 인용절과는 무관한 단순문들도 모두 FIS로 분류됨으로써, FIS의 범위가 너무 넓어진다. 무엇보다 이들은 문법의 파격성이 거의 안 느껴지기 때문에 전통적으로 FIS로 불려 왔던 구문들과 그 효과 면에서 상당히 다르다. 시점이나 목소리가 하나이냐 둘이냐 하는 기준으로 문장을 나눈다면, 시점이 단일한 문장만큼 시점이 복수인 문장이 존재할 가능성이 높다. 전체 문장의 반을 차지할 만한 구문을, 특별한 효과를 노린 문체적 존재로 명명하여 얻는 이득이 있는가. 이런 점이 하나의 문장에 목소리가 두 개인 문장을 모두 FIS로 분석하는 입장을 선뜻 지지할 수 없는 이유가 된다.

그렇다면 반대로, FIS의 직접인용의 요소는 모두 '언급'의 예들인가? 감탄사 등의 표현소나 조각문 등이 직접인용의 요소로 간주되어 왔는데, 이들은 '언급'일 수도 있고, 아닐 수도 있다.

고 본다. '언급'임이 확인되려면 원발화가 문맥에 존재하고 확인할 수 있어야 하는데, FIS의 경우 이것이 거의 불가능하다. 실제로 대당되는 원발화가 존재하는 것이 아니기 때문이다. 그동안 이들을 모두 원화자의 것으로 보아 온 데는, 간접인용이 직접인용에서 파생된 것이며 어떤 형태가 간접인용절에 있기 어려운 형식이라면 으레 직접인용절에 있었던 것으로 간주해 온 전통이 자리하고 있다.

이와 비슷하게, FIS에서 직접인용의 요소로 간주되어 온 담화표지가, 원발화에는 없던 것일 수 있다는 분석이 최근에 있었다. FIS에 쓰인 담화표지 'well'에 대해, 독자가 원화자의 생각에 접근할 수 있도록 서술자가 덧붙인 형식일 수 있다는 분석이 Blakemore(2010),

Blakemore et al.(2014)에서 제시된 바 있다. 인물 린다의 생각을 기술한 다음 부분을 예로 들었다.

(25) And what made it doubly hard to bear was, she did not love her children. […] Even if she had the strength she would never have nursed and played with the little girls. No, it was a though a cold breath had chilled her thought and through on each of those awful journeys; she had no warmth left to give them. As to the boy — well, thank heaven, mother had taken him. (Katherine Mansfield, 'At the Bay', Collected Stories, p. 223, Blakemore 2010: 577에서 재인용)

Blakemore(2010)에서는 위의 예문의 독자가 'well'을 린다 발화의 성분으로 가정할 필요가 없다고 주장한다. 대신에, 'well'은 이것이 린다의 생각임을 알게 하는 (추론) 과정을 활성화하는 수단이면 된다는 것이다. 'well'의 사용은 독자에게 문맥 가정에 접근할 책임을 부여하고, 이것은 린다의 마음속 상태에 직접 접근했다는 인상, 즉 실제로 린다의 사고 과정에 참여하고 있다는 환상을 만든다고 하였다. 이것이 자유간접사고 표상에서, 이런 표현들이 담당하는 기능의 핵심이라는 것이다(Blakemore et al. 2014: 111). 결국 'well'이 원화자의 것임을 보증할 수는 없지만, 해당 문장이 인물의 생각임을 독자로 하여금 해석해 내도록 유도하는 장치로 활용되었다고 보는 분석이다.

이런 논의에 기대면 앞에서 살펴본 한국어 예들에서 화시어의 전이가 일어나지 않은 1인칭 대명사 '나'나 '지금'도 언급된 것일 수도 있고, 언급된 것과 같은 효과를 주기 위해 인용화자가 선택한 것일 수도 있다. 어떻게 보든 원화자의 목소리를 전달하는 효과를 가지는 것은 분명하다. 관건은 한국어의 '나'나 '지금'은 FIS가 아닌 간접인용절 혹은 단순문에서도 이런 식의 쓰임이 가능하므로 FIS 구문인지 여부를 판단할 때는 다른 지표가 반드시 요구된다는 점이다.

한국어 FIS 논의에서도 구어적 요소나 감정적 표현들이 으레 인물(혹은 원화자)의 것으로 분류되어 왔다. 그러나 (26가)의 '참으로'는 인물의 목소리를 보증하지 않는다. (나)의 예도 비슷하다.

(26) 가. ①색시는 선생님이 말장난을 좋아한다고 생각했다. (중략) ① 선생은 그 말이 옳다고 생각했다. [같이 살았는데도 떠나 살았으니, 떠나 살았는데도 같이 살아야겠다!] [②참으로 옳은 말이었다.] (서정인, 『달궁』)

나. 그리고 정말 자기도 오몽내가 아쉽다. 어떤 놈의 짓인지, 이 밤으로, 거리의 술집을 뒤지고 서수라나 웅기까지 가더라도 기어이 오몽내를 찾아내고 싶었다.

박선희(2011: 67~68)에서는 (26나)를 FIS로 보고, '정말, 어떤 놈의 짓인지, 이 밤으로, 기어이'는 인물의 발화를 그대로 노출하는 구어 표현으로 보았다. 이들이 인물의 발화를 실감 나게 보여 주는 표현들인 것은 맞지만, 이 문장은 FIS일 수 없다. 앞에서 언급한 영어 'well'이, 원화자의 것이든 아니든 원화자의 생각이라고 생각하게 만드는 장치로 활용되는 것은, 이런 담화표지가 영어의 간접인용절의 문법에서는 허용되지 않기 때문이다.

그런데 한국어는 위의 표현들이 간접인용절이라 하더라도 다 허용된다.

(27) 가. [참으로 옳은 말이라고] 말했다.

　　　나. [정말 어떤 놈의 짓인지 기어이 끝까지 가더라도 그 사람을
　　　　　찾아내고 싶다고] 말했다.

　표현소나 조각문이라고 해서 기계적으로 원화자의 것이라거나 FIS
의 지표라는 결론을 내릴 수 없다. 전통적인 의미에서 FIS의 지표가
되려면 인용절 문법이 허용하지 않는 표현의 조합이라는 사실이 확
인되어야 한다.

참고문헌

강이연(2001), 「현대 한국어와 현대 프랑스어의 자유화법에 대한 문체적 연구와 번역의 문제」, 《불어불문학연구》 48, 477~511쪽.

고비비(2013), 『현대 한국어 '-든지'와 '-든가'에 대한 연구-구어 자료를 바탕으로』, 서울대학교 문학 석사학위논문.

고영근·구본관(2008), 《우리말 문법론》, 집문당.

고재필(2015), 「대용언 '그러(하)-'의 역행 대용 연구」, 《관악어문연구》 40, 서울대학교 국어국문학과, 225~249쪽.

구본관(1996/1998), 『15세기 국어 파생법에 대한 연구』, 국어학총서 30, 태학사.

＿＿＿(2004), 「중세국어 'Xㅎ-+-이' 부사 형성」, 《국어국문학》 136, 국어국문학회, 105~134쪽.

국립국어원(2005), 『외국인을 위한 한국어 문법 2』, 커뮤니케이션북스.

국어교육연구소(2002), 『고등학교 문법(지난 교과서)』, 서울대학교 국어교육연구소.

권재일(1996), 「경북방언의 인용구문 연구」, 《인문논총》 36, 서울대학교 인문과학연구소.

김건희(2006), 「형용사의 부사적 쓰임에 대하여-'-이'와 '-게'의 결합형을 중심으로」, 《형태론》 8-2. 박이정, 313~337쪽.

_____(2012), 「부사절의 수식과 접속-종속 접속절과의 차이점을 중심으로」, 《한글》 297, 한글학회, 161~203쪽.

_____(2016), 「형용사 '게'의 부사되기-표준국어대사전의 '형용사+게'꼴로 쓰여 분석을 중심으로」, 《한말연구》 41, 5~36쪽.

김광희(2011), 「대용 표현」, 《국어학》 60, 국어학회, 360~388쪽.

김기혁(2005), 「개화기 국어의 문법범주」, 《인문학연구》 3, 경희대학교 인문학연구소, 19~57쪽.

김민국(2008), 『접미사에 의한 공시적 단어형성 연구-통사적 구성과 형태적 구성의 경계를 중심으로』, 연세대학교 석사학위논문.

김선영(2005), 「부정 구성 '-지 말-'의 통합 양상과 의미」, 《국어학》 46, 국어학회, 331~353쪽.

김성규(1987), 「어휘소 설정과 음운현상」, 《국어연구》 77, 서울대 국어연구회.

김영희(1981), 「간접명사보문법과 '하'의 의미기능」, 《한글》 173·174, 한글학회.

_____(1988), 「등위 접속문의 통사 특성」, 《한글》 201, 한글학회, 83~118쪽.

_____(2004), 「종속 접속문의 조응 현상과 구조적 이중성」, 《국어학》 43, 국어학회, 247~272쪽.

김일환(2005), 「명사형 어미 '-기'의 특이성」, 《한국어학》 28, 한국어학회, 39~53쪽.

_____(2007), 「'-이'와 '게'의 범주와 의미 해석」, 《언어》 32-3. 한국언어학회, 411~431쪽.

_____(2011), 「주어적 속격과 명사형 어미의 상관성」, 《Journal of Korean Culture》 18, 한국어문학국제학술포럼, 106~124쪽.

김일환·박종원(2003), 「명사형 어미의 분포에 대한 계량적 연구」, 《국어학》 42, 국어학회, 141~175쪽.

김정남(2005), 「신문 기사 인용문의 특성에 대하여」, 《국어학》 46, 국어학회, 277~296쪽.

김정대(2003), 「'문장'에 대한 이해」, 《시학과 언어학》 6, 시학과언어학회, 65~113쪽.

김종록(1989), 「부사형 접사 '-이'와 '-게'의 통시적 교체」, 《국어교육연구》 21, 국어교육학회, 115~152쪽.

김종명·박만규(2001), 「'게(도)' 형의 문장부사어 및 그 구문에 관하여」, 《언어학》 28, 한국언어학회, 57~75쪽.

김종복·강우순·안지영(2008), 「말뭉치에 나타난 '것' 구문의 유형 및 특성」, 《언어과학연구》 45, 언어과학회, 141~163쪽.

김종복·김태호(2009), 「'것' 보문절의 문법적 특징: 말뭉치 조사를 바탕으로」, 《언어과학연구》 48, 언어과학회, 181~199쪽.

김지은(2002), 「관형절의 한 유형에 대한 연구」, 《애산학보》 27, 애산학회, 157~185쪽.

김창섭(1987), 「국어 관형사절의 과거시제: '-(았)던-'을 중심으로」, 《어학》 14, 전북대학교 어학연구소, 95~117쪽.

김창환·김재경(2000), 「소설의 자유간접화법」, 《비평과 이론》 5, 161~181쪽.

김태엽(1998), 「국어 비종결어미의 종결어미화에 대하여」, 《언어학》, 한국언어학회 22, 171~189쪽.

김홍수(1993), 「명사화 관련 '것' 구조에 대한 의미 기능적 접근」, 《어문학 논총》 12, 국민대학교 어문학연구소, 93~108쪽.

나병철(1998), 『소설의 이해』, 문예출판사.

남경완(2007), 「굳은 관형사형의 유형별 처리 방안 연구」, 《한국어 의미학》 22, 25~45쪽.

남기심(1972), 남기심(1972/1995), 「현대국어 시제에 관한 문제」, 《국어국문학》 55·57(합병호)[남기심(1995), 1~34쪽에 재수록].

_____(1973), 『국어완형보문법연구』, 탑출판사.

_____(1991), 「불완전명사 '것'의 쓰임」, 《국어의 이해와 인식》(갈음 김석득 교수 회갑기념논문집), 한국문화사[남기심(1996), 《국어 문법의 탐구》

I, 113~132쪽에 재수록].

_____(1995), 「어휘 의미와 문법」, 《동방학지》 88, 연세대 동방학연구소, 157~179쪽.

_____(2001), 『현대 국어 통사론』, 태학사.

도재학(2018), 『국어의 문장 의미와 어휘 의미』, 역락.

목정수·유현조(2007), 「구어 한국어 접속문의 문장 패턴 연구−접속 어미의 통사적 제약 현상을 중심으로」, 《한국어학》 35, 275~303쪽.

문병열(2015), 『한국어 조사 상당 구성에 대한 연구』, 서울대학교 박사학위 논문.

문숙영(2005/2009), 「한국어 시제 범주」, 《국어학총서》 150, 국어학회.

_____(2011), 「접속문의 시제 현상과 상대시제」, 《한국어학》 50, 한국어학회, 141~172쪽.

_____(2012ㄱ), 「유형론적 관점에서 본 한국어 관계절의 몇 문제」, 《개신어문연구》 35, 개신어문학회, 31~68쪽.

_____(2012ㄴ), 「인용과 화시소의 전이」, 《국어학》 65, 국어학회, 219~249쪽.

_____(2012ㄷ), 「한국어 문법 연구와 방언 문법」, 《방언학》 16, 한국방언학회, 43~74쪽.

_____(2015), 「영어권에서의 한국어 문법 기술−단행본 시리즈를 중심으로」, 《국어학》 77, 국어학회, 287~375쪽.

_____(2016), 「한국어 탈종속화(Insubordination)의 한 종류」, 《한국어학》 69, 한국어학회, 1~39쪽.

_____(2017), 「유형론의 관점에서 본 한국어의 '것' 명사절」, 《국어학》 84, 국어학회, 33~88쪽.

_____(2018), 「자유간접화법의 지표와 인용문의 해석적 사용」, 《한국어의미학》 62, 한국어의미학회, 101~132쪽.

_____(2019ㄱ), 「한국어의 부사 및 부사절의 언어유형적 특징」, 《국어국문학》 187, 국어국문학회, 5~53쪽.

_____(2019ㄴ), 「과연 한국어의 종속접속절은 부사절인가」, 《언어》 44-3,

한국언어학회, 489~532쪽.

_____(2022), 「파생도 겸하는 굴절, 한국어의 전성어미」, 《언어》 47-4, 한국언어학회, 국어국문학회, 777~807쪽.

민현식·왕문용(1993), 『국어 문법론의 이해』, 개문사.

박병수(1974), 「한국이 명사보문 구조의 분석-불완전명사를 중심으로」, 《문법연구》 1, 문법연구회, 151~185쪽.

박선희(2008), 「자유간접화법의 불한 번역에서 다음성 재현에 관한 연구」, 《번역학연구》 12-3, 55~82쪽.

_____(2011), 「자유간접화법의 번역 이론 비교 고찰」, 《통번역학연구》 14-2, 137~158쪽.

_____(2015), 「문학 번역에서 자유간접화법, 어떻게 번역할 것인가?」, 《번역학연구》 16-5, 한국번역학회, 39~60쪽.

박소영(2002), 「한국어 부사절과 접속문 체계 다시 보기」, 《언어학》 34, 한국언어학회, 49~73쪽.

박재연(1998), 「현대국어 반말체 종결어미 연구」, 《국어연구》 152, 서울대 국어연구회.

_____(2004/2005), 『한국어 양태 어미 연구』, 태학사.

_____(2009), 「한국어 관형사형 어미의 의미 기능과 그 문법 범주」, 《한국어학》 43, 한국어학회, 151~177쪽.

_____(2011), 「한국어 연결어미 의미 기술의 메타언어 연구-'양보, 설명, 발견'의 연결어미를 중심으로」, 《국어학》 62, 국어학회, 167~197쪽.

_____(2018), 「한국어 인식 양태 범주의 안과 밖」, 한국언어학회 학술대회지, 34~51쪽.

박철우(2011), 「국어 화시 표현의 유형」, 《한말연구》 29, 141~164쪽.

_____(2011), 「화시의 기능과 체계에 대한 고찰」, 《한국어 의미학》 36, 1~37쪽.

박형진(2019), 「한국어의 일명 내핵관계절 구성의 통사와 의미」, 《반교어문연구》 52, 반교어문학회, 87~118쪽.

배주채(1997), 「고흥방언의 장형부정문」, 《애산학보》 20, 애산학회, 109~143

쪽.

배희임(1981), 「국어 보문의 몇 가지 문제」, 《어문논집》 22, 민족어문학회, 265~277쪽.

서울대학교 국어교육연구소(2002), 『고등학교 문법』, 교육인적자원부.

서정수(1994), 『국어 문법』, 뿌리깊은나무.

_____(1995), 『한국어의 부사』, 서울대학교 출판부.

석주연(2006), 「'도록'의 의미와 문법에 대한 통시적 고찰」, 《한국어 의미학》 19, 한국어의미학회, 109~132쪽.

_____(2013), 「신소설 자료에 나타난 '-도록'의 의미와 문법−사동과 명령의 범주를 중심으로」, 《우리말글》 59, 우리말글학회, 25~49쪽.

손남익(2016), 「부사의 의미론〈어휘적 관점에서〉」, 《한국어 의미학》 52, 한국어의미학회, 139~161쪽.

송철의(1990), 『국어의 파생어형성 연구』, 서울대학교 박사학위논문.

_____(1998), 「파생어」, 『문법 연구와 자료』, 태학사, 717~752쪽.

신서인(2006/2017), 『한국어 문형 연구』, 태학사.

_____(2014), 「담화 구성 요소를 고려한 문장부사 하위분류」, 《한국어 의미학》 44, 한국어의미학회, 89~118쪽.

신선경(1986), 「인용문의 구조와 유형분류」, 《국어연구》 73, 서울대학교 국어연구회.

신현숙(1986), 『의미 분석의 방법과 실제』, 한신문화사.

심재기(1980), 「명사화의 의미 기능」, 《언어》 5-1, 한국언어학회[심재기(1982), 307~332쪽에 재수록].

_____(1982), 『國語語彙論』, 집문당.

안명철(1989), 「'것' 명사구와 '고' 보문에 대하여」, 『외국어교육연구』 4, 대구대학교 외국어교육연구소, 65~78쪽[이병근·서태룡·이남순 편(1991), 『문법』 I, 태학사, 375~394쪽에 재수록].

_____(1992), 『현대 국어의 보문 연구』, 서울대학교 박사학위논문.

_____(1999), 「보문의 개념과 체계」, 《국어학》 33, 국어학회, 337~365쪽.

안병희·이광호(1990), 『중세국어 문법론』, 학연사.

안예리(2008), 「현대국어 초기 명사절의 사용 양상」, 《한글》 281, 한글학회, 255~288쪽.

_____(2015), 「'-단'과 '-다는'의 관계에 대한 재고찰-'-단'의 역사적 발달 과정을 중심으로」, 《한민족어문학》 71, 45~72쪽.

양정호(2005), 「명사형 어미 체계의 변화에 대하여」, 《어문연구》 128, 한국어 문교육연구회, 57~80쪽.

엄정호(1999), 「동사구 보문의 범주」, 《국어학》 33, 국어학회, 399~428쪽.

_____(2005), 「보문자의 개념과 국어의 보문자」, 《한국어학》 27, 한국어학회, 201~224쪽.

연재훈(2012), 「유형론적 관점의 한국어 관계절 연구」, 《국어학》 63, 국어학회, 413~455쪽.

연재훈·박종원(2021), 「보문절, 내핵관계절, 분열문에 나타나는 '것'의 통사 의미론」, 《언어학》 90, 사단법인 한국언어학회, 129~154쪽.

염인수(2014), 「근대의 주체 분열에 대한 문학의 응수-FIS이란 무엇에 대한 이름인가」, 《계간 시작》 13-1, 9~38쪽.

우순조(2001), 「구문분석기 개발의 관점에서 본 '이' 파생접사의 문제와 대안적 분석-내부 논항을 중심으로」, 《언어학》 28, 한국언어학회, 129~154쪽.

유현경(1986), 「국어 접속문의 통사적 특질에 대하여」, 《한글》 191, 한글학회, 77~104쪽.

_____(1998), 『국어 형용사 연구』, 한국문화사.

_____(2002), 「부사형 어미와 접속어미」, 《한국어학》 16, 333~352쪽.

_____(2003), 「연결어미의 종결어미적 쓰임에 대하여」, 《한글》 261, 한글학회, 123~148쪽.

_____(2005), 「부사절을 필수적으로 요구하는 구문에 대한 연구」, 《한국어학》 29, 159~185쪽.

_____(2011ㄱ), 「한국어 어말 어미 체계에 대한 새로운 제안」, 《어문논집》 46, 중앙어문학회, 189~212쪽.

_____(2011ㄴ), 「접속과 내포」, 《한국어 통사론의 현상과 전망》, 태학사,

339~391쪽.

_____(2015), 「국어 문법 기술에 있어서의 절의 문제」, 《어문론총》 63, 한국 문학언학회, 63~87쪽.

이기갑(2003), 『국어 방언 문법』, 태학사.

이동석(2015), 「중세국어 부사 파생법의 연구 성과와 한계」, 《국어사연구》 21, 95~153쪽.

이민(2012), 『구어체 종결 표현 '-을걸'에 대한 연구』, 서울대학교 문학 석사 학위논문.

이병기(2006), 『한국어 미래성 표현의 역사적 연구』, 서울대학교 대학원 박사학위논문.

이선웅(2015), 「통사 단위 '절'에 대하여」, 《배달말》 56, 77~104쪽.

이수연(2014), 「동일 어간 반복 구문의 의미 특성: 'V-기는 V, V-기만 V' 구문을 중심으로」, 《한국어 의미학》 46, 한국어 의미학회, 141~161쪽.

이숭녕(1975), 「중세국어의 '것'의 연구」, 《진단학보》 39, 진단학회, 106~138쪽.

이승희(2004), 「명령형 종결어미 '-게'의 형성에 대한 관견」, 《국어학》 44, 국어학회, 109~131쪽.

이은경(2000), 『국어의 연결 어미 연구』, 국어학총서 31, 태학사.

이익섭(2003), 『국어 부사절의 성립』, 태학사.

이익섭·임홍빈(1983), 『국어문법론』, 학연사.

이지영(2008), 「'-은지'와 '-을지'의 통시적 변화」, 《국어학》 53, 국어학회, 113~141쪽.

이필영(1993/1995), 『국어의 인용구문 연구』, 탑출판사.

_____(1995), 「주어적 속격 구문에 대하여」, 《한양어문》 13, 한양어문학회, 1057~1079쪽.

_____(1998), 「명사절과 관형사절」, 《문법연구와 자료》, 태학사, 491~516쪽.

이현희(1982), 「국어 종결어미의 발달에 대한 관견」, 《국어학》 11, 국어학회, 143~163쪽.

_____(1986), 「중세 국어 내적 화법의 성격」, 《한신대 논문집》 3, 한신대학교, 1991~228쪽.

_____(1989), 「국어 문법사 연구 30년」, 《국어학》 19, 국어학회, 291~351쪽.

_____(1994), 『중세 국어 구문 연구』, 신구문화사.

_____(1994), 「19세기 국어의 문법사적 고찰」, 《한국문화》 15, 서울대 한국문화연구소, 57~82쪽.

_____(2012), 「개화기 한국어의 일면: 낙선재본 번역소설 〈홍루몽〉을 중심으로」, 『관악어문연구』, 서울대학교 국어국문학과, 81~99쪽.

이홍식(1990), 「현대국어 관형절 연구」, 《국어연구》 98, 서울대 국어연구회.

_____(1999), 「명사구 보문」, 《국어학》 33, 국어학회, 367~398쪽.

이희자(1995), 「접속어 연구 I-'그래서' 연구를 통해서 본 '그-표제어'류와 관련된 문제」, 《언어사실과 관점》 6, 연세대학교 언어정보연구원, 219~252쪽.

_____(1995), 「접속어 연구 II-'그리하여' 연구를 통해서 본 접속어 설정의 문제를 중심으로」, 《언어사실과 관점》 6, 연세대학교 언어정보연구원, 253~281쪽.

이희자·이종희(2001), 『한국어 학습용 어미, 조사 사전』, 한국문화사.

임동훈(1995), 「통사론과 통사 단위」, 《어학연구》 31-1, 서울대 어학연구소, 87~138쪽.

_____(2009ㄱ), 「'-을'의 문법범주」, 《한국어학》 44, 한국어학회, 55~81쪽.

_____(2009ㄴ), 「한국어 병렬문의 문법적 위상」, 《국어학》 56, 국어학회, 87~130쪽.

_____(2011), 「한국어 문장유형과 용법」, 《국어학》 60, 국어학회, 323~359쪽.

임채훈(2008), 「'감각적 증거' 양태성과 한국어 어미 교육: '-네, -더라, -더니, -길래' 등을 중심으로」, 《이중언어학》 37, 이중언어학회, 199~234쪽.

임홍빈(1974), 「명사화의 의미 특성에 대하여」, 《국어학》 2, 국어학회, 83~104쪽[임홍빈(1998), 『국어 문법의 심층 1』, 태학사, 529~549쪽에 재수록].

_____(1974), 「명사화의 의미특성에 대하여」, 《국어학》 2 [임홍빈(1998), 《국어 문법의 심층》 1, 태학사, 529~552쪽에 재수록].

_____(1982), 「동명사 구성의 해석방법에 대하여」, 정병욱선생 회갑기념논총.

_____(1998), 『국어 문법의 심층 I·II·III』, 태학사.

임홍빈·장소원(1995), 『국어문법론(I)』, 방송통신대학 출판부.

장경희(1985), 『현대국어의 양태범주 연구』, 탑출판사.

_____(1987), 「국어의 완형보절의 해석」, 《국어학》 16, 국어학회, 487~519쪽.

_____(1995), 「국어 접속 어미의 의미 구조」, 《한글》 227, 한글학회, 151~174쪽.

장인봉(2002), 「프랑스어 자유간접화법의 번역에 관하여」, 한국불어불문학회 동계학술대회 발표집, 1~13쪽.

_____(2003), 「Free Speech and Polyphony : Focusing on French and Korean Languages」, 《담화 인지 언어학회 학술대회 발표논문집》, 담화 인지언어학회, 650~664쪽.

전명수(2004), 「현대불어 자유간접화법의 한국어번역」, 《아시아문화연구》 8, 가천대학교 아시아문화연구소, 213~233쪽.

전성기(2005), 「Le style indirect libre en coréen」, 《프랑스어문교육》 20, 243~277쪽.

정병설(1998), 《완월회맹연 연구》, 태학사.

정승철(1997), 「제주도 방언의 형태음소론-인용어미를 중심으로」, 《애산학보》 20, 애산학회.

정인승(1956), 『표준고등말본』, 신구문화사.

정주리(1994/2004), 『동사, 구문 그리고 의미』, 국학자료원.

정지영(1992), 「자유간접화법 연구-A. Camus의 《이방인》을 중심으로」, 《인문논총》 31, 89~103쪽.

채숙희(2002), 『연결어미 상당의 명사구 보문 구성 연구』, 서울대학교 석사학위논문.

_____(2011/2013), 《현대 한국어 인용구문 연구》, 국어학 총서 68, 국어학회.

채완(1979), 「명사화소 '-기'에 대하여」, 《국어학》 8, 국어학회, 95~107쪽.

채현식(2003), 《유추에 의한 복합명사 형성 연구》, 국어학 총서 46, 국어학회.

최웅환(2003), 「현대국어 '-이'형 부사화의 문법적 특성」, 《언어과학연구》 27, 언어과학회, 365~384쪽.

최준호(2019), 『한국어 어미 '-을'의 역사적 연구』, 서울대학교 국어국문학과 석사학위논문.

최현배(1937/1971), 『우리말본』, 정음문화사.

한성우(2016), 『우리 음식의 언어(국어학자가 차려낸 밥상 인문학)』, 어크로스.

한송화(2016), 「한국어 부사 연구에 있어서의 쟁점과 과제-담화 화용적 관점에서」, 《한국어 의미학》 52, 한국어의미학회, 223~250쪽.

한지수(2020), 「한국어 탈종속화 연구: '-게시리', '이럴 수가', '하고는'을 중심으로」, 《관악어문연구》 45, 서울대학교 국어국문학과, 217~233쪽.

함병호(2020), 「통사 단위 '절'에 대한 일고찰」, 《동악어문학》 80, 249~278쪽.

허원욱(1988), 「15세기 우리말 매김마디 연구」, 《한글》 200, 한글학회, 69~103쪽.

호정은(1999), 「개화기 국어의 명사화 연구-독립신문 전산 자료를 중심으로」, 《인문학 연구》 3, 경희대 인문학연구원, 83~101쪽.

홍윤기(2010), 「문법 교육 항목으로서의 새로운 관형사절 도입에 대하여」, 《이중언어학》 42, 이중언어학회, 331~361쪽.

홍종선(1983), 「명사화어미 '-음'과 '-기'」, 《언어》 8-2, 한국언어학회, 241~272쪽.

황화상(2006), 「'-이'형 부사어의 문법 범주」, 《한국어학》 32, 한국어학회, 265~287쪽.

_____(2013), 「'-고'접속 부사구의 한 유형」, 《한국어학》 60, 한국어학회, 85~110쪽.

Aikhenvald, A.Y.(2008), "Semi-direct Speech: Manambu and beyond," *Language Science 30*, pp. 383~422.

Anderson, S.R. & Keenan, E. L.(1985), "Deixis," In Shopen T.(ed.), *Language typology and syntactic description III, Grammatical categories and the lexicon*, pp. 259~308.

Anderson, Stephen A.(1992), *A Morphous Morphology*, Cambridge: Cambridge University Press.

Banfield, A.(1973), "Narrative style and the grammar of direct and indirect speech," *Foundations of Language 10*(1), pp. 1~39.

_____(1982), *Unspeakable Sentences: Narration and Representation in the Language of Fiction*, Routledge.

Bhatia, Tej K.(1993), *Punjabi: A Cognitive-Descriptive Grammar* (Routledge Descriptive Grammar Series), London: Routledge.

Bickel, B.(1999), "Nominalization and focus constructions in some Kiranti languages," Yogendra P. Yadava & Warren G. Glover(eds.), *Topics in Nepalese Linguistics*, Kathmandu: Royal Nepal Academy, pp. 271~296.

Bird, Charles & Kante, Mamadou(1976), *An Kan Bamanakan Kalan: Intermediate Bambara*, Bloomington: Indiana University Linguistics Club.

Bisang, W.(1998), "Adverbiality: The view from the Far East," *Adverbial Constructions in the Languages of Europe*, Mouton de Gruyter, pp. 641~812.

_____(2001), "Finite vs. Non Finite Languages," In Haspelmath et al.(eds.), *Language Typology and Language Universals*, Vol. 2, Berlin/New York: Walter de Gruyter. pp. 1400~1413.

_____(2007), "Categories that make finiteness: discreteness from a functional perspective and some of its repercussions," *Finiteness: Theoretical and Empirical Foundations*. Oxford: Oxford

University Press. pp. 115~137.

Blakemore, D.(1992), *Understanding utterance*, Oxford, England: Blackwell.

_____(2010), "Communication and the representation of thought: the use of audience-directed expressions in free indirect thought representations," *Journal of Linguistics, 46*(3), pp. 575~599.

Blakemore, D. & F. Gallai(2014), "Discourse markers in free indirect style and interpreting," *Journal of Pragmatics, 60*, pp. 106~120.

Booij, Geert E.(2006), "Inflection and Derivation," *Encyclopedia of Language & Linguistics*, Vol. 5, pp. 654~661.

Buscha, A.(1976), "Isolierte Nebensätze im dialogischen Text," *Deutsch als Fremdsprache 13*, pp. 274~279.

Bybee et al.(1994), *The Evolution of grammar: Tense, Aspect and Modality in the languages of the world*, Chicago: The university of Chicago press.

Bybee, J. & S. Fleischman(eds.)(1995), *Modality in Grammar and Discourse*, Amsterdam: Benjamins.

Bybee, J.(1985), *Morphology: A Study of the Relation between Meaning and Form*, Amsterdam: Benjamins.

Bybee, J.(1998), "'Irrealis' as grammatical category," *Anthropological Linguistics 40*, The Trustees of Indiana University, pp. 257~271.

Bybee, J.L., R. Perkins and W. Pagliuca(1994), *The Evolution of Grammar*, Chicago: The university of Chicago press.

Carlin, Eithne B.(2004), *A Grammar of Trio, a Cariban language of Suriname*, Frankfurt am Main: Peter Lang.

Chafe, W.(1984), "How people use adverbial clauses," in *Proceedings of the Tenth Annual Meeting of Berkeley Linguistic Society*, pp. 437~449.

Chamoreau, Claudine & Zarina Estarda-Fernández(eds.)(2016),

Finiteness and Nominalization, John Benjamims.

Chan Chung & Jong-Bok Kim(2003), "Differences between externally and internally headed relative clause constructions," *The proceedings of the 9th International conference on HPSG*, Stanford University, pp. 43~65.

Chang, Suk-Jin(1996), *Korean*, London Oriental and African Language Library 4, John Benjamins Publishing Company.

Chung, Sandra & Alan Timberlake(1985), "Tense, mood and aspect," Shopen, Timothy(ed.), *Language typology and syntactic description*, Cambridge: Cambridge University Press, pp. 202~258.

Cole, Peter(1982), *Imbabura Quechua*(Lingua Descriptive Studies 5), Amsterdam: North-Holland.

Comrie, B. & Kaoru Horie(1995), "Complement Clauses Versus Relative Clauses: Some Khmer Evidence," T. Givon & Sandra A. Thompson(eds.), *Discourse Grammar and Typology; Papers in honor of John W.M. Verhaar*, Werner Abraham, John Benjamins Publishing Company Amsterdam/Philodelphia, pp. 65~75.

Comrie, B. & Sandra A. Thompson(1985/2007), "Lexical Nominalizations," Shopen, T.(ed.), *Language Typology and Syntactic Descriptions, Vol. III: Grammatical categories and the Lexicon*, Cambridge: Cambridge University Press, pp. 349~398.

Comrie, B.(1976), "The syntax of action nominals: a cross-language study," *Lingua* 40, Amsterdam: North-Holland Pub. Co., pp. 177~201.

_____(1985), *Tense*, Cambridge: Cambridge University Press.

_____(1986), "Conditionals: A typology," Elizabeth Closs Traugott, Alice Ter Meulen, Judy Snitzer Reilly, Charles A. Ferguson(eds.), *On Conditionals*, Cambridge University Press, pp. 77~100.

_____(1986), Tense in indirect speech, Folia Linguistica 20, Mouton

Publishers, The Hague: Societies Linguistica Europaea, pp. 265~296.

_____(1989), *Language Universals and Linguistic Typology: Syntax and Morphology*, 2nd. The University of Chicago Press.

_____(1997), "Attributive clauses in Asian languages: Towards an areal typology," *Sprache in Raum und Zeit*, Gunter Narr Verlag Tubingen, pp. 51~60.

_____(1998), "Rethinking the typology of relative clauses," *Language Design 1*, Granada: Universidad de Granada, Laboratorio de Lingüística Experimental y Computacional, pp. 59~86.

_____(1999), "Relative clauses: structure and typology on the periphery of standard English," In Collins P & Lee D.(eds.), *The clause in English: In honor of Rodney Huddleston*, Amsterdam: John Benjamins, pp. 81~91.

_____(2005), "Relativization strategies," *WALS*, pp. 494~495.

_____(2008), "Subordination, Coordination: Form, semantics, pragmatics," Vajda, E.J.(ed.), *Subordination and Coordination Strategies in North Asian Languages*, Amsterdam/Philadelphia: John Benjamins Publishing Company, pp. 1~16.

Corbett, Greville G.(1987), "The Morphology/Syntax Interface: Evidence from Possessive Adjectives in Slavonic," *Language 63*, pp. 299~345.

Cornyn, William S. & D. Haigh Roop(1987), *Beginning Burmese*, Manoa: University of Hawaii at Manoa.

Coulmas, F.(1986a), *Reported Speech: Some general issues*, Direct and Indirect Speech(Coulmas ed.), Mouton de Gruyter.

_____(1986b), "Direct and Indirect speech in Japanese," In Coulmas(ed.) *Direct and Indirect Speech*, Mouton de Gruyter, pp. 161~178.

Couper-Kuhlen, E.(1996), "Intonation and clause combining in discourse: The case of 'because'," *Pragmatics 6*, pp. 389~426.

Couro, Ted & Langdon, Margaret(1975), *Let's talk 'Iipay Aa: An introduction to the Mesa Grande Diegueño Language*, Ramona, California: Ballena Press.

Cristofaro, S.(2003), *Subordination*, Oxford Studies in Typology and Linguistic Theory, Oxford University Press.

_____(2005), Reason Clauses, Comrie et al.(eds.), *The World Atlas of Language Structures*, Oxford: Oxford university press.

_____(2007), "Deconstructing categories: finiteness in a functional-typological perspective," *Finiteness: Theoretical and Empirical Foundations*, Oxford:Oxford University Press, pp. 91~114.

_____(2016), "Routes to insubordination: a cross-linguistic perspective," in Evans & Watanabe(eds.) *Insubordination*, John Benjamins, pp. 1~29.

Declerck, Renaat & Susan Reed(2001), *Conditionals: a comprehensive empirical analysis*, Berlin: Mouton de Gruyter.

DeLancey, Scott(2011), "Finite Structures from clausal Nominalization in Tibeto-Burman," Foong Ha Yap, Karen Grunow-Hårsta & Janick Wrona(eds.), *Nominalization in Asian Languages: Diachronic and typological perspectives*, John Benjamins Publishing Company, pp. 343~360.

Diessel, Holger & Katja Hetterle(2011), "Causal clauses: a cross-linguistic investigation of their structure, meaning, and use", *Linguistic Universal and Language Variation*, De Gruyter Mouton, pp. 1~29.

Diessel, Holger(2001), The Ordering Distribution of Main and Adverbial Clauses: A Typological Study, Language 77-3, Linguistic Society of America, pp. 433~455.

Dixon, R.M.W.(2009), "The Semantics of Clause Linking in Typological Perspective," Dixon & Aikhenvald(ed.), *The Semantics of Clause Linking*, Oxford University Press, pp. 1~55.

_____(2010a), *Basic Linguistic Theory*, vol I (Methodology), II (Grammatical Topics.), Oxford: Oxford University Press.

_____(2010b), "Complement Clauses," *Basic Linguistic Theory*, Vol. 2, Oxford, pp. 370~421.

_____(2012), *Basic Linguistic Theory*, vol III. Further Grammatical Topics, Oxford: Oxford University Press.

Dryer, Matthew S.(2005), "Order of Relative Clause and Noun," *WALS*.

Džanmavov, Jesup D.(1967), *Deepričastija v kumykskom literaturnom jazyke* [Converbs in standard Kumyk], Moskva: Nauka.

Ekdahl, Muriel & Joseph E. Grimes(1964), "Terêna verb inflection," *International Journal of American Linguistics 30*, pp. 261~268.

Elliot, Jennifer, R.(2000), "Realis and irrealis: Forms and concepts of the grammaticalisation of reality," *Linguistic Typology* 4, Berlin; New York: Mouton de Gruyter, pp. 55~90.

Emonds, J.E.(1969), *Root and Structure-Preserving Transformations*, unpublished Doctoral dissertaion, MIT, Cambridge, Mass. [Reproduced in mimeograph by the Indiana Linguistics Club, Indiana University, Bloomington.]

Erteshik−Shir, N. & S. Lappin(1979), "Dominance and the functional explanation of island phenomena," *Theoretical Linguistics 6*, pp. 41~86.

_____(1983), "Under stress:a functional exlanation of English sentence stress," *Journal of Linguistics 19*, pp. 419~453.

Evans, N.(2005), "View with a View: Towards a Typology of Multiple Perspective Constructions," *Proceedings of the Annul Meeting of the Berkley Linguistic Society* 31−1, pp. 93~120.

_____(2007), :Insubordination and its uses," *Finiteness: Theoretical and Empirical Foundations*, Oxford: Oxford University Press, pp. 366~431.

Fasold, Ralph(1992), "Linguistics and grammatics," Martin Pütz(ed.), *Thirty years of linguistic evolution*, Studies in honour of René Dirven on the occasion of his sixtieth birthday, Amsterdam–Philadelphia: Benjamins, pp. 161~176.

Feldman, Harry(1986), *A Grammar of Awtuw*, Pacific Linguistics B–94, Canberra: Australian National University.

Fillmore, Charles(1975), *Santa Cruz Lectures on Deixis*, Indiana University Linguistics CLub, Bloomington.

Finegan, E.(1995), "Subjectivity and subjectivisation: an introduction," In D. Stein and S. Wright(eds.) *Subjectivity and subjectivisation*, Linguistic perspectives, Cambridge: Cambridge University Press, pp. 1~15.

Fleischman, S.(1991), "Toward a theory of tense–aspect in narrative discourse," *The function of tense in texts*, pp. 75~102.

Foley, William A. and van Valin Robert D. Jr.(1984), *Functional syntax and Universal Grammar*, Cambridge: Cambridge University Press.

Ford, Cecilia E. & Junko Mori(1994), "Causal markers in Japanese and English conversations: A cross–linguisic study of interactional grammar," *Pragamtics 4*, pp. 31~61.

Frawley, W.(1992), *Linguistic Semantics*, Hillsdale, N. J.: Erlbaum.

Fuji, Masaaki(2010), "On internally headed relative clauses in Japanese and Navajo," *Journal of the Tokyo university of Marine science and technology*, Vol. 6, pp. 47~58.

Genetti, C.(2006), "Complement clause types and complementation strategy in Dolakha Newar," In *Complementations: A Cross-Linguistic Typology*, Dixon R.M.W. & Aikhenvald, Alexandra Y. Oxford: Oxford University Press, pp. 137~158.

_____(2010), "Complement clause types and complementation strategy in Dolakha Newar," In Dixon R.M.W. & Aikhenvald, Alexandra

Y.(eds.) *Complementations: A Cross-Linguistic Typology*, Oxford: Oxford University Press, pp. 137~158.

Genetti, Carol, A.R. Coupe, Ellen Bartee, Kristine Hilldebrandt and You-Jing Lin(2008), "Syntactic aspects of Nominalization in Five Tibeto-Burman languages of the Himalayan area," *Linguistics of the Tibeto-Burman Area* 31-2, John Benjamins Publishing Company, pp. 97~143.

Gerner, Matthias(2012), The Typology of Nominalization: Review article on Foong Ha Yap et als.(eds.)(2011), *Language and Linguistics* 13-4, The Institute of Linguistics, Academia Sinica, pp. 803~844.

Giorgi, A.(2015), "Free indirect Discourse and the syntax of the left periphery," In Jacqueline Guéron(ed.) *Sentence and Discourse*, Oxford University Press, pp. 232~255.

Givón, T.(1987), "Beyond foreground and background," In R. Tomlin(ed.), *Coherence and Grounding in Discourse: outcome of a symposium, Eugene, Oregon, June 1984*(=Typological Studies in Language 11), Amsterdam: John Benjamins, pp. 175~188.

_____(1990), *Syntax: a functional-typological introduction*, Vol. II, Amsterdam: John Benjamins.

_____(2001), *Syntax*, Vol. II, Amsterdam: John Benjamins.

_____(ed.)(1985), *Quantified Studies in Discourse*, special volume of Text.

Gordon, Lynn(1986), *Maricopa morphology and syntax*, Berkeley and Los Angeles: University of California Press.

Greenberg, J.H.(1963), "Some universals of grammar with particular reference to the order of meaningful elements," In Greenberg, J.H.(ed), *Universals of grammar*, Cambridge, MA: MIT Press, pp. 73~113.

Gregory T. Stump(2005), "Word-Formation and Inflectional Morphology,"

Štekauer P., and R. Lieber(eds.), *Handbook of Word-Formations*, Netherlands: SpringerLieber, pp. 49~71.

Haegeman, L.(1985), "Subordinating conjunctions and X'-syntax." *Studies Germanica Gandensia 2.*

_____(2012), *Adverbial clauses, Main clauses phenomena, and the Composition of the Left Periphery*, Oxford University Press.

Hagenaar, Elly(1996), "Free indirect speech in Chinese," *Reported Speech*, John Benjamins Publishing company Amsterdam/Philadelphia, pp. 289~298.

Haiman, John(1980), *Hua: A Papuan language of the Eastern Highland of New Guinea*, Amsterdam: Benjamins.

Haiman, John(1985), *Natural syntax*, Cambridge: Cambridge University Press.

Halliday, Michael A.K.(1985a), *An Introduction to Functional Grammar*, London: Edward Arnold.

_____(1985b), "Dimensions of discourse analysis: Grammar," T.A. van Dijk(ed.), *Handbook of discourse analysis*, Vol. 2: dimensions of discourse. London: Academic Press, pp. 29~57.

Halmøy, Jane-Odile(1982), *Le gérondif. ÉLément pour une description syntaxique et sémantique*, Trondheim: Tapir.

Haspelmath M. Ekkehard König, Wulf Oestereicher and Wolfgang Raible(eds.)(2001), *Language Typology and Language Universals*, Vol. 2, Berlin/New York: Walter de Gruyter.

Haspelmath, M.(1995), "The converb as a cross-linguistically valid category," *Converbs in cross-linguistic perspective*, De Gruyter Mouton, pp. 1~56.

_____(1996), "Word-class-changing inflection and morphological theory," G.E. Booij, Jaap van Marle(eds.), *Yearbook of Morphology* 1995, Kluwer Academic Publishers. pp. 43~66.

_____(2007), "Coordination," In Shopen, Timothy(ed.), *Language Typology and Syntactic Description* Vol. 2: Complex Constructions, 2nd, Cambridge University Press, pp. 1~51.

Haspelmath, M. & Andrea D. Sims(2010), *Understanding Morphology*, 2nd. Hodder Education.

Haspelmath, M. & E. König(eds.)(1995), *Converbs in Cross-linguistic Perspective. Structure and Meaning of Adverbial Verb Forms — Adverbial Participles, Gerunds—*, Berlin, New York: Mouton de Gruyter.

Haspelmath, M., M.S. Dryer, D. Gil and B. Comrie eds.(2005), *The World Atlas of Language Structures*, Oxford: Oxford university press.

Hengeveld, Kees(ed.)(1993), The internal structure of adverbial clauses, *EUROTYP Working Paper* V.5, Strasbourg: European Science Foundation.

Hiraiwa, Ken(2007), "The head-internal Relativization parameter in Gur: D and its typological implications," *NELS 38*, University of Ottawa.

Hoper, P.(1979), "Aspect and foregrounding in discourse," in T. Givón(ed.) *Discourse and Syntax: Syntax and Semantics*, Vol. 12, NY: Academic Press.

Hoopper, Joan B. & Sandra A. Thompson(1973), "On the applicability of root transformation", *Linguistic Inquiry 4*, pp. 465~497.

Hoopper, Paul. & Sandra A. Thompson(1980), "Transitivity in grammar and discourse", *Language* 56(2), pp. 251~299.

Huddleston R. & G. Pullum(2002), *The Cambridge Grammar of English*, Cambridge: Cambridge university press.

_____(2006), *Coordination and subordination*, A handbook of English linguistics, pp. 198~219.

Janssen, Theo & van der Wurff(eds.)(1996), *Reported Speech: Forms and*

Functions of the Verb, Amsterdam/Philadelphia: John Benjamins Publishing Company.

Jonasson, K.(2004), "La traduction du discours indirect libre," *Forum* 2(2), pp. 199~219.

Juldašev, Axnef Λ.(1977), *Sootnošenie deepričastnyx i ličnyx form glagola v tjurkskix jazykax* [The relation between converbal and personal verb forms in Turkin languages], Moskva: Nauka.

Kalmar, Ivan(1982), "Transitivity in a Czech folk tale," In Paul J. Hopper & Sandra A. Thompson(eds.), *Studies in Transitivity*, New York: Academic Press.

Keenan, E.L. & B. Comrie(1977), "Noun phrase accessibility and universal grammar," *Linguistic Inquiry 8*, pp. 63~99.

_____(1979), "Data on the Noun phrase Accessibility Hierarchy," *Language 55*, pp. 333~351.

Keenan, E.L.(1985), "Relative clauses," in T. Shopen(ed.), *Language typology and syntactic description II: complex constructions*, Cambridge University Press: Cambridge.

Kim, Jong-Bok & Kyung-sup Lim(2001), *Internally headed Relative clause constructions: revisited. Paper presented at the 9th Harvard Biennial International Symposium of Korean*, Harvard University.

Kim, Min-Joo(2007), "Formal Linking in Internally Headed Relatives," *Nat Lang Semantics 15*, pp. 279~315.

Kim, Nam-Kil(1979), "Some Syntactic Property of Noun Phrase Complementation in Korean and Japanese,"《어학연구》15-1, 서울대 어학연구소, 83~103쪽.

Kim, Yong Beom(2002), "Relevancy in internally headed relative clauses in Korean," *Lingua* 112, pp. 541~559.

König, E.(1995), "The meaning of converb constructions," Martin Haspelmath & Ekkehard König(ed.), *Converbs in cross-linguistic perspective*,

Berlin & New York: Mouton de Gruyter, pp. 57~96.

Koptevskaja-Tamm, Maria(1993), *Nominalizations*, Oxford, New York: Routledge.

_____(1994), "Finiteness," in R. E. Aher(ed.), *The encyclopedia of language and linguistics*, Vol. 3, Oxford: Pergamon Press, pp. 1245~1248.

Koptjevskaja-Tamm, Maria(2003), "Action Nominal Constructions in the Languages of Europe," In Plank, Frans(ed.), *Noun Phrase Structure in the Languages of Europe*, Berlin: Mouton de Gruyter, pp. 723~759.

_____(2005), "Action Nominal Constructions," Comrie et als.(eds.), *World Atlas of Language structures*, Oxford: Oxford University Press.

Kortmann, B.(1997), *Adverbial Subordination: A Typology and History of Adverbial Subordinators Based on European Language*, Berlin/ New York: Mouton de Gruyter.

Kuroda, S.Y.(1975~1977), *Pivot Independant Relativization in Japanese*, Reprinted in Kuroda S.Y., 1992. Japanese Syntax and Semantics: Collected Papers, Dordrecht: Kluwer.

_____(1976), "Headless relative clauses in Modern Japanese and the Relevancy condition," *Proceedings of the second annual society (BLS)*, pp. 269~279.

_____(1979), "Where epistemology, style, and grammar meet: a case study from Japanese," *Toward a Poetic Theory of Narration*, pp. 185~203.

Labov, William(1972), "The transformation of experience in narrative syntax," *Language in the Inner City*, Philadelphia: University of Pennsylvania Press.

Lambrecht, Knud(1994), *Information structure and sentence form: Topic, focus, and the mental representation of discourse rferents*,

Cmabridge University Press.

Langacker, R.W.(1991), *Foundations of Cognitive Grammar*, Vol. 2: Descriptive Applications, Stanford: Stanford University Press.

Lee, Hong—Bae(1970), *A study of Korean Syntax*, 범한서적.

Lee, Hyo—Sang(1991), *Tense, Aspect, and Modality: a Discourse-Pragmatic Analysis of Verbal Affixes in Korean from a Typological Perspective*, PH.D. dissertion, UCLA Press.

Lee, Maeng—Sung(1968), "Nominalization in Korean," 《어학연구》 4-1, 서울대 어학연구소, 별권.

Leech G. & Short M.(1981), *Style in fiction: a linguistic introduction to English fictional prose*, London and New York: Longman.

Lehmann, Christian(1988), "Towards a typology of clause linkage," Haiman, John and Sandra A. Thompson(ed.), *Clause Combining in Grammar and Discourse*, John Benjamins Publishing Company, pp. 181~225.

Levinson, S.C.(1994), "Deixis and Pragmatics" for Handbook of Pragmatics https://pure.mpg.de/rest/items/item_59489_2/component/file_59490/content

Longacre, Robert(1970), "Sentence structure as a statement calculus," *Language 46*, pp. 783~815.

Lyons, J.(1977), *Introduction to Theoretical Linguistics*, Cambridge: Cambridge University Press.

_____(1982), "Deixis and Subjectivity Loquor, ergo sum?," *Speech, Place, and Action*, UMI, pp. 101~124.

MacDonald, Lorna(1990), *A grammar of Tauya* (Mouton Grammar Library 6), Berlin: Mouton de Gruyter.

Maier, E.(2007), "Mixed quotation: between use and mention," In *Proceedings of LENLS 2007*, Miyazaki, Japan.

Malchukov, Andrej(2006), "Constraining nominalizations: Function/form competition," *Linguistics 44(5)*, pp. 973~1009.

Mann, William C. & Sandra A. Thompson(1986), "Relational Proposition in Discourse," Discourse *Processes 9*, pp. 57~90.

Maslova, Elena(2003), *A Grammar of Kolyma Yukaghir*(Mouton Grammar Library, 27.), Berlin/New York: Mouton de Gruyter.

Matsumoto, Yoshiko(1988), "Semantics and pragmatics of noun-modifying constructions in Japanese," *Berkeley Linguistic Society 14*, pp. 166~175.

Matthiessen, Christian & Sandra A. Thopmson(1988), "The structure of discourse and 'subordination'," In Haiman, J. & Thompson, S. A.(eds.), *Clause combining in grammar and discourse*, John Benjamims Publishing, pp. 275~329.

McCleary, Lelan(1982), "Transitivity and grounding in a Portuguese narrative Text," *UCLA M.A. thesis*.

McHale B.(1978), "Free indirect discourse; A survey of recent accounts," *Poetics and theory of literature 3*, pp. 249~287.

Merlan, Francesca C.(1994), *A Grammar of Wardaman, a Language of the Northern Territory of Australia*, Berlin: Mouton de Gruyter.

Milsark, Gary L.(1977), "Toward an explanation of certain peculiarities of the existential quantification," *Linguistic Analysis 3*, pp. 1~29.

Mithun, M.(1995), "On the relativity of irreality," Bybee & Fleischman(eds.), *Modality in Grammar and Discourse*, John Benjamins Publishing Company, pp. 367~388.

_____(1999), *The languages of native North America*, Cambridge: Cambridge University Press.

_____(2008), "The extension of dependency beyond the sentence," *Language 84*-1, pp. 69~119.

_____(2016), "Shifting finiteness in nominalization: From definitization to refinitization," *Finiteness and Nominalization*, John Benjamins Publishing Company, pp. 297~322.

Mori, J.(1999), *Negotiation agreemeent and disagreement in Japanese: connective expressions and turn constructions*, Amsterdam and Philadelphia: John Benjamins.

Myhill, John & Junko Hibiya(1988), "The discourse function of clause-chaning," In Haiman & Thopmson(eds.), *Clause combining in Grammar and discourse*, Amsterdam/Philadelphia: John Benjamins Publishing, pp. 361~398.

Narrog, Heiko(2016), "Insubordination in Japanese diachronically," in Evans & Watanabe(eds.), *Insubordination*, John Benjamins, pp. 1~30.

Nedjalkov, Igor' V.(1998), "Converbs in the Language of Europe," In J. van der Auwera(ed.), *Adverbial Constructions in the Language of Europe*, pp. 421~455.

Nedjalkov, Vladmir P.(1995), "Some typological parameters of converbs", Haspelmath et al.(ed.), *Converbs in Cross-Linguistic Perspective*, Mouton de Gruyter, pp. 97~136.

Nikitina, T.(2012), "Personal deixis and reported discourse: Towards a typology of person alignment," *Linguistic typology* 16-2, Walter de Gruyter, pp. 233~263.

Nikolaeva, I.(2006) "Relative Clause," *The encyclopedia of language and linguistics 10*, pp. 501~508.

_____(2007), "Constructional Economy and nonfinite independent clauses," *Finiteness : Theoretical and Empirical Foundations* 237-72, Oxford: Oxford University Press, pp. 138~180.

Noonan, M.(1985), "Complementation," In Shopen, T.(ed.), *Language Typology and Syntactic Descriptions Vol. 2: Complex constructions*, Cambridge, Cambridge University Press, pp. 42~140.

_____(1997), "Versatile Nominalizations," In J.L. Bybee, John Haiman & Sandra A. Thompson(eds.), *Essays on Language Function and*

Language Type: Dedicated to T. Givón, John Benjamins Publishing Company, pp. 373~390.

_____(2008), "Nominalizations in Bodic languages," In M. J. López-Couso & E. Seoane(eds.), *Rethingking Grammaticalization: New perspectives*, Amsterdam/Philadelphia: John Benjamins, pp. 219~237.

Ogihara, Toshyuki & Yael Sharvit(2012), "Embedded Tenses," *The Oxford Handbook of Tense and Aspect*, Oxford Unversity Press, pp. 638~668.

Olson, Michael(1981), *Barai clause junctures: Toward a functional theory of interclausal relations*, Australian National University dissertation.

Park, Byung-soo(1994), "Modification vs. Complementation: The so-called Internally Headed Relative Clauses Reconsidered," *The proceedings of the 1994 Kyoto conference: A Festschrift for professor Akira Ikeya*, The Logico-Linguistic society of Japan, pp. 41~48.

Payne John, Rodney Huddleston and Geoffrey K. Pullum(2010), "The distribution and category status of adjectives and adverbs," *Word Structure* 3(1), pp. 31~81.

Plank, Frans(1994), "Inflection and Derivation," In Asher, R.E.(ed.), *The Encyclopeida of Language and Linguistics*, Vol. 3. Oxford: Pergamon Press, pp. 1671~1678.

Polanyi, L.(1982), "Literary Complexity in Everyday Storytelling," *Spoken and written language*, pp. 155~169.

Quirk, Randolph, Greenbaum, Sidney, Leech, Geoffrey and Svartvik, Jan(1985/2010), *A Comprehensive Grammar of the English Language*, London: Pearson Longman.

Račkov, Georgij E.(1958), Vremena deepričastij pervoj i vtoroj group v sovremennom korejskom jazyke [The tenses of converbs of the first and second groups in modern Korean] *Učenye zapiski*

Leningradskogo gosudarstvennogo universiteta, No. 236. Serija vostokovednyx nauk. Vyp. 6, Leningrad.

Ramat, Paolo & Divide Ricca(1998), "Sentence adverbs in th languages of Europe," *Adverbial Constructions in the Languages of Europe,* Mouton de Gruyter, 187−275.

Reesink, Ger(1983), "Switch reference and topcality hierarchies," *Studies in Language* 7(2), pp. 215~246.

Robert D. van Valin, Jr.(1984), "A Typology of Syntactic relation in clause linkage," *Proceedings of the Tehth Annul Meeting of the Berkeley Linguistics Society,* pp. 542~558.

Roberts, John R.(1988), "Amele switch−reference and the theory of grammar," *Linguistic Inquiry* 19(1), pp. 45~63.

Ross, John R.(1967), *Constraints on variables in syntax* [Unpublished Ph.D. dissertation, MIT]

Rutherford, J.(1970), "Front−placed Clauses and Parenthetic Clauses in Present−day English," *Wydawnictwa Uniwersytetu Warszawskiego,* Warsaw.

Sadock, Jerrold M. & Arnold M. Zwicky(1985), "Speech act distinction in syntax," Shopenm Timothy(ed.), *Language Typology and Syntactic Description* Vol. I, Cambridge University Press, pp. 155~196.

Scalise, S.(1986), Inflection and derivation, Linguistics 22, 561−581.

Schiffrin, D.(1987), "Discourse markers," *Studies in International Linguistics 5,* Cambridge: Cambridge University Press.

Schlenker, P.(2003), "A plea for monsters," *Linguistics and Philosophy* 26, pp. 29~120.

Schmidtke−Bode, Karsten(2009), *A Typology of Purpose Clauses,* Amsterdam/Philadelphia: John Benjamins Publishing Company.

Scott, G.(1978), *The Fore language of Papua New Guinea*(Pacific

Linguistics, B.47), Canberra: Australian National University.

Shibatani, Masayoshi(1990), *The languages of Japan*, Cambridge: Cambridge University Press.

Shimoyama, Junko(1999), "Internally headed relative clauses in Japanese and E-type anaaphora," *Journal of East Asian Linguistics 8*, pp. 147~182.

Sio, Jonanna Ut-Seong(2011), "The Cantonese ge3," in Foong Ha Yap et als.(eds.), *Nominalization in Asian Language*, Amsterdam & Philadelphia: John Benjamins, pp. 125~146.

Slobin, D.I.(2001), "Form-Function relations: how do children find out what they are?," in M. Bowerman and S.C. Levinson(eds.), *Language Acquisition and Conceptual Development*, Cambridge: Cambridge University Press, pp. 406~449.

Sohn, Ho-Min(1994), *Korean*.(Descriptive Grammars.), London/New York: Routledge.

_____(2009), *The Semantics of Clause Linking in Korean, The Semantics of Clause Linking*, Oxford University Press, pp. 285~317.

Song, J.J.(1991), "Korean relative clause constructions: conspiracy and pragmatics," *Australian Journal of Linguistics 11*, pp. 195~220.

_____(2001), Relative clauses, *Linguistic Typology: Morphology and Syntax*, Longman, pp. 211~256.

_____(ed.)(2011), *The Oxford Handbook of Linguistic Typology*, Oxford: Oxford University Press.

Song, Zino(1978), "Noun Complementation in KOREAN," *Korean Linguistics 1*, pp. 108~127.

Sperber, D., D. Wilson(1986/1995), *Relevance: Communication and Cognition*, Oxford: Blackwell.

Stassen, Leon(1985), *Comparison and Universal Grammar*, Oxford: Basil Blackwell.

_____(2005), "Predicative Adjectives," Comrie et al.(eds.), *The World Atlas of Language Structures*, Oxford: Oxford university press.

Stephany, Ursula(1982), "Inflectional and Lexical Morphology: a Linguistic Continuum," *Glossologia 1*, pp. 27~55.

Stokes, Bronwyn(1982), *A description of Nyigina, a language of the west Kimberley, Western Australia*, Ph.D. dissertation, Australian National University.

Stump, Gregory T.(2005), "Word–Formation and Inflectional Morphology," Štekauer P., & R. Lieber(eds.), *Handbook of Word-Formations*, Netherlands: SpringerLieber, pp. 49~71.

Sutton, Peter(1978), *Wik: Aboriginal society, territory and language at Cape Kerweer, Cape York Peninsula, Austalia*, PhD thesis, University of Queensland.

Sweetser, E.(1990), *From Etymology to Pragmatics: Metaphorical and Cultural Aspects of Semantic Structure*, Cambridge: Cambridge University Press.

Tagashira, Y.(1972), "Relative clauses in Korean," In Peranteau, P.M., Levi, J.N. and Phare, G.C.(eds.), *The Chicago which hunt: Papers from the relative clause festival*, Chicago: Chicago Linguistic Society, pp. 215~229.

Thompson, Sandra A.(1987), ""Subordination" and narrative event structure," *Coherence and Grounding in Discourse*, John Benjamins Publishing Company, pp. 435~454.

Thompson, Sandra A., R.E. Longacre and Shinja J. Hwang(2007), "Adverbial clauses," In Shopen, Timothy(ed.), *Language Typology and Syntactic Description* Vol. 2, Cambrdige University Press, pp. 237~300.

Thompson, Sandra A. & R.E. Longacre(1985), "Adverbial clauses," *Language Typology and Syntactic Description*, Cambridge:

Cambridge University Press, pp. 171~234.

Thurman, Robert(1975), Chuave medial verbs, *Anthropological Linguistics* 17-7, pp. 342~352.

Tikkanen, B.(2001), "Converbs," In M. Haspelmath et al.(ed.), *Language Typology and Language Universals*, pp. 1112~1123.

Trask, R.L.(1993), *A Dictionary of Grammarical Terms in Linguistics*, Routledge.

Traugott, E.C.(1989), "On the Rise of Epistemic Meanings in English: An Example of Subjectification in Semantic Change," *Language 65*, pp. 31~55.

van der Auwera, J. & Dónall P. Baoill(eds.)(1998), *Adverbial Constructions in the Languages of Europe*, Mouton de Gruyter.

van der Auwera, J.(1998), "Defining Converbs," In L. Kulikov and H. vater(ed.), *Typology of Verbal Categories*, Tübingen: Max Niemeyer Verlag, 273-282.

van Valin R.D. JR. & LaPolla(1997), *Syntax: Structure, Meaning and Function*, Cambridge: Cambrdige University Press.

van Valin, R.D. Jr.(1984), "A Typology of Syntactic relation in clause linkage," *Proceedings of the Tenth Annul Meeting of the Berkeley Linguistics Society*, pp. 542~558.

Vandelanotte, Lieven(2006), "Speech or Thought Representation and Subjectification, or on the need to think twice," *Belgian Journal of Linguistics* 20(1), pp. 137~168.

Weuster, E.(1983), "Nicht-einggebettete Satztypen mit Verb-Endstellung im Deutschen," In K. Olszok and E. Weuster(eds.), *Zur Wortstellungsproblematik im Deutschen*, Tübingen: Narr, pp. 7~88.

Whaley, Lindsay J.(1997), *Introduction to Typology: The Unity and Diversity of Language*, SAGE Publications.

Wierzbicka, A.(1974), "The semantics of direct and indirect discourse,"

Papers in Linguistics 7, pp. 267~307.

Wise, Hilary(1975), *A Transformational Grammar of Spoken Egyptian Arabic*, Oxford: Blackwell.

Xolodovič, Aleksandr A.(1954), *Očerki grammatiki korejskogo jazyka* [Grammatical sketch of Korean], Moskva: Izdatel'stvo literatury na inostrannyx jazykax.

Xu, Hui Ling & Stephen Matthews(2011), "On the polyfunctionality and grammaticalization of the morpheme kai in the Chaozhou dialect," in Foong Ha Yap et als.(eds.), *Nominalization in Asian Language*, Amsterdam & Philadelphia: John Benjamins, pp. 109~124.

Yang, In-Seok(1972), *Korean Syntax*, 백합출판사.

Yap, Foong Ha & Karen Grunow-Hårsta(2010), "Non-Referential Uses of Nominalization Constructions: Asian Perspectives," *Language and Linguistics compass* 4, pp. 1154~1175.

Yap, Foong Ha & Stephen Matthews(2008), *The development of nominalizers in East Asian and Tibeto-Burman Languages*, John Benjamins Publishing Company.

Yap, Foong Ha, Karen Grunow-Hårsta, and Janick Wrona(2011), "Introduction: nominalization strategies in Asian languages," Foong Ha Yap et al.(eds.), *Nominalization in Asian Language*, Amsterdam & Philadelphia: John Benjamins, pp. 1~57.

지은이

문숙영

제주대학교 국어교육과를 졸업하고, 서울대학교 국어국문학과에서 박사 학위를 받았다. 독일 막스플랑크 연구소에서 박사 후 연수를 했고, 서울 대학교 국어국문학과에서 조교수와 부교수를 거쳐, 현재 교수로 재직 중 이다. 관심 분야는 한국어 문법, 의미화용, 방언문법이며, 특히 언어유형 론이나 언어 대조에 기반한 문법 기술에 주된 관심이 있다. 저서로는 『한 국어 시제 범주』(태학사, 2009), 『설명을 위한, 한국어 문법』(집문당, 2023) 이 있으며, 논문으로는 「상 범주의 의미와 종류에 관한 몇 문제」(2014), 「관련성 이론의 관점에서 본 접속부사의 의미기능」(2018), 「통사적/비통사 적 합성어 구분의 위상에 대한 문제제기」(2021) 등 다수가 있다.

언어유형론 관점에서 본
한국어 내포절과 접속절

대우학술총서 646

1판 1쇄 찍음 | 2023년 12월 8일
1판 1쇄 펴냄 | 2023년 12월 29일

지은이 | 문숙영
펴낸이 | 김정호

책임편집 | 박수용
디자인 | 이대응

펴낸곳 | 아카넷
출판등록 | 2000년 1월 24일(제406-2000-000012호)
주소 | 10881 경기도 파주시 회동길 445-3
전화 | 031-955-9511 (편집) · 031-955-9514 (주문)
팩시밀리 | 031-955-9519
www.acanet.co.kr

ISBN 978-89-5733-905-3 (94710)
ISBN 978-89-89103-00-4 (세트)

이 책은 대우재단의 지원을 받아 연구 및 출간되었습니다.